D1725523

J. von Staudingers
Kommentar zum Bürgerlichen Gesetzbuch
mit Einführungsgesetz und Nebengesetzen
Viertes Buch. Familienrecht
§§ 1564–1568;
§§ 1–27 HausratsVO

Kommentatorinnen und Kommentatoren

Dr. Karl-Dieter Albrecht
Vorsitzender Richter am Bayerischen
Verwaltungsgerichtshof, München

Dr. Hermann Amann
Notar in Berchtesgaden

Dr. Christian Armbrüster
Wiss. Assistent an der Freien Universität
Berlin

Dr. Martin Avenarius
Wiss. Assistent an der Universität
Göttingen

Dr. Christian von Bar
Professor an der Universität Osnabrück,
Honorary Master of the Bench, Gray's
Inn (London)

Dr. Wolfgang Baumann
Notar in Wuppertal

Dr. Okko Behrends
Professor an der Universität Göttingen

Dr. Detlev W. Belling, M.C.L.
Professor an der Universität Potsdam

Dr. Werner Bienwald
Professor an der Evangelischen
Fachhochschule Hannover

Dr. Andreas Blaschczok
Professor an der Universität Leipzig

Dr. Dieter Blumenwitz
Professor an der Universität Würzburg

Dr. Reinhard Bork
Professor an der Universität Hamburg,
Richter am Hanseatischen Oberlandes-
gericht zu Hamburg

Dr. Wolf-Rüdiger Bub
Rechtsanwalt in München, Lehrbeauf-
tragter an der Universität Potsdam

Dr. Elmar Bund
Professor an der Universität Freiburg
i. Br.

Dr. Jan Busche
Wiss. Assistent an der Freien Universität
Berlin

Dr. Michael Coester, LL. M.
Professor an der Universität München

**Dr. Dagmar Coester-Waltjen,
LL.M.**
Professorin an der Universität München

Dr. Dr. h. c. mult. Helmut Coing
em. Professor an der Universität
Frankfurt am Main

Dr. Matthias Cremer
Notar in Dresden

Dr. Hermann Dilcher †
em. Professor an der Universität Bochum

Dr. Heinrich Dörner
Professor an der Universität Düsseldorf

Dr. Christina Eberl-Borges
Wiss. Assistentin an der Universität
Potsdam

Dr. Werner F. Ebke, LL.M.
Professor an der Universität Konstanz

Dr. Jörn Eckert
Professor an der Universität Kiel, Richter
am Schleswig-Holsteinischen Oberlandesgericht in Schleswig

Dr. Eberhard Eichenhofer
Professor an der Universität Jena

Dr. Volker Emmerich
Professor an der Universität Bayreuth,
Richter am Oberlandesgericht Nürnberg

Dipl.-Kfm. Dr. Norbert Engel
Leitender Ministerialrat im Bayerischen
Senat, München

Dr. Helmut Engler
Professor an der Universität Freiburg
i. Br., Minister in Baden-Württemberg
a. D.

Dr. Karl-Heinz Fezer
Professor an der Universität Konstanz,
Honorarprofessor an der Universität
Leipzig, Richter am Oberlandesgericht
Stuttgart

Dr. Johann Frank
Notar in Amberg

Dr. Rainer Frank
Professor an der Universität Freiburg
i. Br.

Dr. Bernhard Großfeld, LL.M.
Professor an der Universität Münster

Dr. Karl-Heinz Gursky
Professor an der Universität Osnabrück

Dr. Ulrich Haas
Professor an der Universität Halle-
Wittenberg

Norbert Habermann
Richter am Amtsgericht Offenbach

Dr. Johannes Hager
Professor an der Humboldt-Universität
Berlin

Dr. Rainer Hausmann
Professor an der Universität Konstanz

Dr. Dott. h. c. Dieter Henrich
Professor an der Universität Regensburg

Dr. Reinhard Hepting
Professor an der Universität Mainz

Joseph Hönle
Notar in Tittmoning

J. von Staudingers
Kommentar zum Bürgerlichen Gesetzbuch
mit Einführungsgesetz und Nebengesetzen

Viertes Buch
Familienrecht
§§ 1564–1568;
§§ 1–27 HausratsVO

Dreizehnte
Bearbeitung 1999
von
Thomas Rauscher
Gerd Weinreich

Redaktor
Christian von Bar

Sellier – de Gruyter · Berlin

**Die Kommentatorinnen
und Kommentatoren**

Dreizehnte Bearbeitung 1999
§§ 1564−1568: THOMAS RAUSCHER
§§ 1−27 HausratsVO: GERD WEINREICH

12. Auflage
§§ 1564−1568: THOMAS RAUSCHER (1994)
§§ 1−27 HausratsVO: GERD WEINREICH
(1996)

10./11. Auflage
§§ 1564−1568: Professor Dr. WILHELM
FELGENTRAEGER (1970)
HausratsVO: . /.

Sachregister

Rechtsanwalt Dr. Dr. VOLKER KLUGE, Berlin

Zitierweise

STAUDINGER/RAUSCHER (1999) § 1564 Rn 1
STAUDINGER/WEINREICH (1999) § 1 HausratsVO Rn 1

Zitiert wird nach Paragraph bzw Artikel und
Randnummer.

Hinweise

Das **vorläufige Abkürzungsverzeichnis** für das
Gesamtwerk STAUDINGER befindet sich in
einer Broschüre, die zusammen mit dem Band
§§ 985−1011 (1993) geliefert worden ist.

Der **Stand der Bearbeitung** ist jeweils mit Monat
und Jahr auf den linken Seiten unten angege-
ben.

Am Ende des Bandes befindet sich eine Übersicht über den aktuellen **Stand des Gesamtwerks**
STAUDINGER zum Zeitpunkt des Erscheinens
dieses Bandes.

Die Deutsche Bibliothek – CIP-Einheitsaufnahme

J. von Staudingers Kommentar zum Bürgerlichen Gesetzbuch : mit Einführungsgesetz und
Nebengesetzen / [Kommentatoren Karl-Dieter Albrecht . . .]. – Berlin : Sellier de Gruyter.
Teilw. hrsg. von Günther Beitzke . . . – Teilw. im Verl. Schweitzer, Berlin. – Teilw. im
Verl. Schweitzer de Gruyter, Berlin
Teilw. u. d. T.: J. v. Staudingers Kommentar zum Bürgerlichen Gesetzbuch
ISBN 3-8059-0784-2

Buch 4. Familienrecht
§§ 1564−1568; §§ 1−27 HausratsVO / Red. Christian von Bar. – 13. Bearb. / von Thomas
Rauscher ; Gerd Weinreich. – 1999
ISBN 3-8059-0909-8

Printed in Germany.

Satz und Druck: Buch- und Offsetdruckerei
Wagner GmbH, Nördlingen.

Bindearbeiten: Lüderitz und Bauer, Buch-
gewerbe GmbH, Berlin.

Umschlaggestaltung: Bib Wies, München.

⊗ Gedruckt auf säurefreiem Papier, das die
DIN ISO 9706 Norm über Haltbarkeit erfüllt.

Inhaltsübersicht

—————

* Zitiert wird nicht nach Seiten, sondern nach
Paragraph bzw Artikel und Randnummer; siehe
dazu auch S VI.

Siebenter Titel
Scheidung der Ehe
I. Scheidungsgründe

Vorbemerkungen zu §§ 1564-1568

Schrifttum

1. Zur Rechtslage vor Inkrafttreten des 1. EheRG

Siehe das Schrifttumsverzeichnis in der 12. Auflage, sowie
HORN, Die Rechtsprechung des Reichsgerichts in Ehescheidungssachen der Jahre 1900 bis 1905 (1997)
NIKSCH, Die sittliche Rechtfertigung des Widerspruchs gegen die Scheidung der zerrütteten Ehe in den Jahren 1938-1944 (1990)
SCHLEI, Schenkungen unter Ehegatten: Zu ihrer Behandlung nach römischem Recht und in der Rechtsprechung des RG mit Ausblicken auf das geltende Recht (1993)
SCHUBERT, Das Familien- und Erbrecht unter dem Nationalsozialismus (1993).

2. Zur Reformdiskussion – auch zum ausländischen Scheidungsrecht

Arbeitsgemeinschaft sozialdemokratischer Juristen, Entschließung des erweiterten Bundesvorstandes der Arbeitsgemeinschaft sozialdemokratischer Juristen (ASJ) vom 15.5.1971 zur Reform der Ehescheidung, FamRZ 1971, 301
Arbeitskreis „Juristen der CSU", Resolution des Arbeitskreises „Juristen der CSU" zum Thema „Eherechtsreform", FamRZ 1971, 300
BEITZKE, Verfassungsmäßigkeit des Ehescheidungsrechts? Eine Skizze, in: GS Franz Gschnitzer (1969) 87
BLOMEYER, Der Entwurf eines Zweiten Gesetzes zur Reform des Ehe- und Familienrechts – insbesondere: Die geplante Änderung des Verfahrensrechts, FamRZ 1972, 432
BOGS/DEUBNER/GRUNSKY/NELL-BREUNING/SCHWAB/WURZBACHER/CYPRIAN, Eherechtsreform, Band 2 der Reihe „Rechtspolitik und Gesetzgebung" (1971)

BOSCH, Familienrechtsreform (1952)
ders, Neue Rechtsordnung in Ehe und Familie (1954)
ders, Ehescheidung und ihre Folgen, FamRZ 1970, 109
ders, Aktuelle Probleme des Familien- und Erbrechts, FamRZ 1970, 497
ders, Eherecht in Gefahr?, FamRZ 1971, 57
ders, Weitere Reformen im Familienrecht der Bundesrepublik Deutschland, FamRZ 1982, 862
BREITHAUPT, Konventionalscheidungen nach künftigem Recht, ZRP 1973, 289
dies, Die Akzeptanz des Zerrüttungsprinzips des 1. EheRG (1986)
BÜRGLE, Reform des Rechts der Ehescheidung. Zu den Gutachten und Beschlüssen der zivilrechtlichen Abteilung des 48. Deutschen Juristentages, FamRZ 1971, 68
ders, Die Stellungnahme des Bundesrats zum Entwurf 1973 eines 1. Gesetzes zur Reform des Ehe- und Familienrechts, FamRZ 1973, 508
Bundesarbeitskreis christlich-demokratischer Juristen, Zur geplanten Neuordnung des Ehescheidungsrechts, FamRZ 1970, 301
Bundesministerium der Justiz, Diskussionsentwurf eines Gesetzes über die Neuregelung des Rechts der Ehescheidung und der Scheidungsfolgen (1970)
Bundesministerium der Justiz, Entwurf eines 1. Gesetzes zur Reform des Ehe- und Familienrechts (1. EheRG) (1971)
Bundesministerium der Justiz, Entwurf eines 2. Gesetzes zur Reform des Ehe- und Familienrechts (2. EheRG) (1972)
Bundesministerium der Justiz, Reform des Ehe- und Familienrechts (1973)
CUNY, Die Reform des Ehescheidungsrechts, StAZ 1968, 309

Thomas Rauscher

DEINHARDT, Kritische Bemerkungen zum Entwurf eines Gesetzes über die Neuregelung des Rechts der Ehescheidung und der Scheidungsfolgen, FamRZ 1971, 273

ders, Neuere Stimmen und Vorschläge zur Eherechtsreform, FamRZ 1972, 236

DEUBNER, Scheidungsreform – Eine Forderung der Realität, JR 1970, 291

Deutscher Anwaltverein, 1. Eherechtsreformgesetz (Stellungnahme des Eherechtsausschusses des DAV zum Entwurf eines 1. Gesetzes zur Reform des Ehe- und Familienrechts), AnwaltsBl 1971, 339

DIECKMANN, Zur Zerrüttungsvermutung bei Ehescheidungen im Einvernehmen, ZRP 1971, 193

DIEMER-NICOLAUS, Für eine Vermenschlichung des Scheidungsrechts, Der Bürger im Staat 1970, 132

dies, Vorstellungen zur Reform des Ehescheidungsrechts, Freie demokratische Korrespondenz 1970, Ausgabe 34, 2

DOEPFNER/DIETZFELBINGER, Das Gesetz des Staates und die sittliche Ordnung. Zur öffentlichen Diskussion über die Reform des Eherechts und des Strafrechts (1970)

DOMBOIS, Unscheidbarkeit und Ehescheidung in den Traditionen der Kirche (1976)

Eherechtskommission beim BMJ, Vorschläge zur Reform des Ehescheidungsrechts und des Unterhaltsrechts nach der Ehescheidung (1970)

EHRLE, Zum Ehescheidungsrecht. Entschließung der Arbeitsgemeinschaft der katholischen deutschen Frauen, FamRZ 1970, 76

ENGELHARD, Die Familienrechtsreform in Gegenwart und Zukunft. Eine rechtspolitische Bestandsaufnahme, in: 5. Deutscher Familiengerichtstag (Brühl 1983) 6

ENGLER/SCHWAB, Beiträge zur Familienrechtsreform (1974)

FARNBOROUGH, Das neue englische Scheidungsrecht. Ein Beitrag zur Diskussion über die Reform des deutschen Scheidungsrechts, NJW 1971, 311

FRANTZ, Die Ehezerrüttung als Grundlage der Scheidung (Ein Beitrag zur Frage der Reform unseres Scheidungsrechts), FamRZ 1954, 190

FREIMUTH/JANSEN/KURTENBACH/SIEKMANN/WOLF, Der Diskussionsentwurf eines Gesetzes über die Neuregelung des Rechts der Ehescheidung und der Scheidungsfolgen, FamRZ 1970, 431

GERBER, Loccumer Protokolle 3/1973. Scheidung 74. Reform des Rechts der Ehescheidung und der Scheidungsfolgen. Tagung vom 15. bis 17. Juni 1973 (1973)

GIESEN, Aktuelle Probleme einer Reform des Scheidungsrechts (1971)

HATTENHAUER, Das Zerrüttungsprinzip, in: FS E Wolf (1985) 143

HEINZ, Zur Reform des Ehescheidungsrechts, DRiZ 1972, 305

HEGNAUER, Die Reform des schweizerischen Scheidungsrechts, FamRZ 1994, 729

HELD, Gedanken zur Reform des Ehescheidungsrechts, FamRZ 1970, 298

ders, Reform des Scheidungsrechts. Kritische Betrachtungen zum Entwurf des Bundesjustizministeriums, FamRZ 1970, 509

ders, Die Stellungnahme des Bundesrates zur Reform des Eherechts, FamRZ 1971, 490

M HIRSCH, Probleme einer Reform des Scheidungsrechts, ZRP 1969, 246

ders, Zum Stand der Diskussion über das Ehescheidungsrecht, ZRP 1971, 82

ders, Einige Anmerkungen zur Eherechtsreform, FamRZ 1972, 245

JAHN, Notwendige Reform des Ehescheidungsrechts. Rechtspolitische und gesellschaftspolitische Aspekte. Schwerpunkte des Reformentwurfs, Bulletin des Presse- und Informationsamtes der Bundesregierung 1970, Nr 13, S 125

ders, Reform des Ehe- und Familienrechts, Presse- und Informationsamt der Bundesregierung (Hrsg) (1971)

JÜLKENBECK, Vorschlag für ein neues Scheidungsrecht auf sozialwissenschaftlicher Grundlage (1971)

Katholischer Arbeitskreis für Eherecht beim Kommissariat der deutschen Bischöfe, Erwägungen zur Reform des zivilen Scheidungsrechts in der Bundesrepublik Deutschland (1970)

Kommissariat der deutschen Bischöfe, Thesen zur Reform des staatlichen Scheidungsrechts in der Bundesrepublik Deutschland (1970)

dass, Elemente eines zeitgemäßen Ehe- und Familienrechts (1973)

KRAUT, Zur sozialen Situation der Ehefrau bei

Einführung des Zerrüttungsprinzips im Schei-
dungsrecht. Stellungnahme des Rechtsaus-
schusses der Evangelischen Frauenarbeit in
Deutschland vom 3. 12. 1969, FamRZ 1970, 74
KÜHN, Die Entwicklung und Diskussion des
Ehescheidungsrechts in Deutschland (Diss
Hamburg 1974)
dies, Scheidungsrecht in rechtspolitischer und
sozialwissenschaftlicher Perspektive, ZRP 1975,
163
KÜHN/TOURNEAU, Familienrechtsreform –
Chance einer besseren Wirklichkeit (1978)
LANGE, Zum Entwurf eines Ersten Gesetzes zur
Reform des Ehe- und Familienrechts
(1. EheRG), FamRZ 1971, 481
ders, Die Folgen der Ehescheidung im Entwurf
eines Ersten Gesetzes zur Reform des Ehe- und
Familienrechts (1. EheRG), FamRZ 1972, 225
ders, Zum Entwurf eines Ersten Gesetzes zur
Reform des Ehe- und Familienrechts
(1. EheRG) vom 1. 6. 1973, FamRZ 1973, 580
LANTZKE, Die Scheidungsgründe nach dem
Zerrüttungsprinzip, in: FG Hefermehl (1971)
423
LIMBACH/ROTTLEUTHNER/LUTTER, Ehestabilität
im Spannungsfeld von Schuld- und Zerrüt-
tungsprinzip, KritVj 1988, 266
LÜDERITZ, Empfiehlt es sich, Gründe und Fol-
gen der Ehescheidung neu zu regeln?, in: Ver-
handlungen des 48. Deutschen Juristentages,
Band I (Gutachten), Teil B (1970)
MAIER-REIMER, Empfiehlt es sich, Gründe und
Folgen der Ehescheidung neu zu regeln?, in:
Verhandlungen des 48. Deutschen Juristentages,
Band I (Gutachten), Teil A (1970)
MAGNUS, Jüngste Entwicklungen im Scheidungsrecht Englands, der Schweiz und der DDR
– noch bedeutsam für die deutsche Reform?,
ZRP 1975, 56
MIKAT, Rechtsgeschichtliche und rechtspolitische Erwägungen zum Zerrüttungsprinzip,
FamRZ 1962, 81, 273, 497; FamRZ 1963, 65
ders, Möglichkeiten und Grenzen einer Leit-
bildfunktion des bürgerlichen Ehescheidungsrechts (1969)
ders, Scheidungsrechtsreform in einer pluralistischen Gesellschaft, 1970 = FamRZ 1970, 333
ders, Zum Regierungsentwurf eines Ersten Ge-

setzes zur Reform des Ehe- und Familienrechts,
FamRZ 1972, 1
ders, Zur Bedeutung Friedrich Carl von Savignys
für die Entwicklung des deutschen Scheidungsrechts im 19. Jahrhundert, in: FS Bosch (1976)
671
MÜLLER-FREIENFELS, Zur revolutionären Fa-
miliengesetzgebung, insbesondere zum Ehegesetz der Volksrepublik China vom 1. 5. 1950, in:
FS Rheinstein (1969) 843
ders, Empfiehlt es sich, Gründe und Folgen der
Ehescheidung neu zu regeln?, in: Verhandlungen des 48. Deutschen Juristentages, Band II
(Sitzungsberichte), Teil M 9 (1970)
NEUHAUS, Was heißt „Zerrüttung der Ehe"?,
FamRZ 1968, 57
ders, Ehescheidungsgründe in rechtsverglei-
chender Sicht, RabelsZ 32 (1968) 24
ders, Ehescheidungsreform? Zum 1. Teilbericht
der Eherechtskommission beim Bundesministerium der Justiz vom 8. 5. 1970 „Zur Reform des
Ehescheidungsrechts und des Unterhaltsrechts
nach der Ehescheidung", FamRZ 1970, 348
ders, Wann ist die Ehe zerrüttet?, ZRP 1972, 155
NOLTE, Empfiehlt es sich, Gründe und Folgen
der Ehescheidung neu zu regeln?, in: Verhandlungen des 48. Deutschen Juristentages, Teil M
45 (1970)
OTTE, Übergang vom Schuldprinzip zum Zerrüttungsprinzip im Scheidungsrecht, JA 1979, 15
PAULI, Das Verbot der Konventionalscheidung
im pluralistischen Staat (Diss Regensburg 1976)
PAWLOWSKI, Entwicklungen und Entwicklungs-
tendenzen im Ehe- und Familienrecht in der
Bundesrepublik Deutschland und in der DDR,
DRiZ 1976, 101
PINTENS, Die belgische Reform des Schei-
dungsverfahrensrechts und des Rechts eines
Kindes auf Anhörung, FamRZ 1995, 1043
RAMM, Zur Neuregelung des Rechts der Ehe-
scheidung und der Scheidungsfolgen, JZ 1970,
705, 753 ders, Grundgesetz und Eherecht (1972)
ders, Die Umgestaltung des Eherechts durch das
Grundgesetz, JZ 1973, 722
Rat der evangelischen Kirche in Deutschland,
Zur Reform des Ehescheidungsrechts in der
Bundesrepublik Deutschland. Eine Denkschrift
der Familienrechtskommission der evangelischen Kirche in Deutschland (1970)

RICHTER, Die Reform des Rechts der Ehescheidung und der Scheidungsfolgen. Versuch einer Zwischenbilanz, JR 1971, 485 = BWNotZ 1971, 153

RÖHRMANN, Verzerrte Scheidungsprozesse, JR 1953, 88

RUMLER, Möglichkeiten und Grenzen der Eliminierung des Verschuldensprinzips aus dem Scheidungsrecht (Diss Bielefeld 1983/84)

SCHULTZ, Blick in die Zeit, MDR 1970, 16, 732

SCHWAB, Grundlagen und Gestalt der staatlichen Ehegesetzgebung der Neuzeit bis zum Beginn des 19. Jahrhunderts (1967)

SEIDL, Neue Tendenzen im englischen und deutschen Scheidungsrecht. Ein Diskussionsbeitrag zur Reform des Rechts der Ehescheidung und deren Folgen in der Bundesrepublik Deutschland (1973)

SIMITIS, Zur Reform des Ehescheidungsrechts. Schwierigkeiten einer Neuregelung, ZRP 1971, 38

SOETE, Das aus Gründen der Gerechtigkeit sowie der sozialen Ordnung unverzichtbare Verschuldensprinzip im Ehescheidungsrecht, FamRZ 1971, 129

STROHM, Impliziert die Scheidungsrechtsreform ein neues Sozialmodell?, ZevEthik 1971, 321

VOGEL, Die rechtspolitischen und rechtsethischen Grundgedanken einer Eherechtsreform in der Bundesrepublik Deutschland, in: FS Broda (1976) 405

WACKE, Französische und deutsche Scheidungsrechtsreform in vergleichender Sicht, FamRZ 1978, 217

WATZKA, Die Kirchen und die Reform des staatlichen Scheidungsrechts. Eine vergleichende Darstellung, FamRZ 1971, 73

WIEGMANN, Auf Umwegen zum Verschuldensprinzip, ZRP 1985, 64

WOLF, Zwang zur Ehe, JZ 1967, 659

ders, Dogmatische Grundlagen einer Reform des Ehescheidungsrechts, JZ 1970, 441

ders, Grundgesetz und Eherecht, JZ 1973, 647

WOLF/LÜKE, Eheverfehlung, Ehezerrüttung und einverständliche Scheidung in den Vorschlägen zur Reform des Ehescheidungsrechts in England (1969)

WÜSTENBERG, Überlegungen zu einer Reform des Ehescheidungsrechts, DRiZ 1970, 252

ZEIDLER, Zeitgeist und Rechtsprechung. Einige Beobachtungen zu fünf Jahrzehnten Rechtsentwicklung und Rechtsprechung zu Fragen von Sitte und Moral: Vom Geist der Zeit in der Rechtsprechung, in: FS Faller (1984) 145

Zentralkomitee der deutschen Katholiken, Zur Reform des Scheidungsrechts, FamRZ 1970, 364, 616; FamRZ 1971, 299

ZUCK, Die eigenständige Bedeutung des Art. 6 I GG gegenüber Reformgesetzen, FamRZ 1979, 873.

3. Zum geltenden Recht

AMBROCK, Ehe und Ehescheidung (1977)

APFELBACHER, Ehebedingte Zuwendungen und Ehegatten-Eigenheimgesellschaft (1993)

BASTIAN/ROTH-STIELOW/SCHMEIDUCH, 1. EheRG, Das neue Ehe- und Scheidungsrecht (1978)

BAUERMANN, Erfahrungen mit der praktischen Anwendung des 1. Eherechtsreformgesetzes vom 14. Juni 1976 im ersten Jahr nach seinem Inkrafttreten, StAZ 1978, 285

BAUMEISTER/FEHMEL, Familiengerichtsbarkeit (1992)

BERGERFURTH, § 629 a ZPO – die Sphinx im neuen Verfahrensrecht, FamRZ 1986, 940

ders, Der Ehescheidungsprozeß (11. Aufl 1998)

ders, Das Eherecht (1993)

BERGSCHNEIDER, Die Ehescheidung und ihre Folgen (3. Aufl 1992)

BISCHOF, Kostenrechtliche Zuständigkeitsprobleme des 1. EheRG, MDR 1978, 716

BÖHMER, Das Erste Gesetz zur Reform des Ehe- und Familienrechts (1. EheRG) vom 14. Juni 1976 – Ein informativer Überblick, StAZ 1976, 237

ders, Das erste Gesetz zur Reform des Ehe- und Familienrechts (1. EheRG) vom 14. Juni 1976, JR 1977, 45

BOSCH, Neues deutsches Familienrecht 1976/1977, FamRZ 1976, 401

ders, Die Neuordnung des Eherechts ab 1. 7. 1977, FamRZ 1977, 569

ders, Familiengerichtsbarkeit – Bewährung und weiterer Ausbau?, FamRZ 1980, 1

ders, Neuere Entwicklungen im Familienrecht, in: FS Beitzke (1989) ders, Entwicklungslinien des Familienrechts in den Jahren 1947 – 1987, NJW 1987, 2617

ders, Familien- und Erbrecht als Themen der Rechtsangleichung nach dem Beitritt der DDR zur Bundesrepublik Deutschland, FamRZ 1991, 1370

ders, Gesammelte Abhandlungen zum Familien- und Erbrecht (1991)

BOSCH/SCHWAB (Hrsg), Familienrecht 1976/77. 16 Abhandlungen zu: Eherechtsgesetz Unterhaltsrentenanpassung – Adoption (1977)

BRAGA, Reformgesetze und Zukunftsforschung – Zur Frage nach der Verfassungsmäßigkeit des 1. EheRG, in: FS Beitzke (1979) 145

BREHM, Zulässigkeitsvoraussetzungen bei einverständlicher Scheidung, JZ 1977, 596

BREITHAUPT, Die Akzeptanz des Zerrüttungsprinzips des 1. EheRG (1986)

BRUDERMÜLLER/KLATTENHOFF, Tabellen zum Familienrecht (1996)

BRÜGGEMANN, Erste Erfahrungen mit dem neuen Eherecht in der Praxis – Übergangsrechtliche Schwierigkeiten, FamRZ 1977, 582

ders, Familiengerichtsbarkeit – Verfahren in Familiensachen im allgemeinen – Verfahren in anderen Familiensachen, FamRZ 1977, 1

ders, Drei neuralgische Punkte des materiellen Scheidungsrechts, FamRZ 1978, 91

Bundesministerium der Justiz, Das Erste Gesetz zur Reform des Ehe-und Familienrechts vom 14. Juni 1976 – Gesetzestext, Auszug aus den Materialien und ergänzende Erläuterungen (1976)

DAMRAU, Das Verfahren bei der Konventionalscheidung nach dem 1. EheRG, NJW 1977, 1169

ders, Probleme des neuen Rechts der Ehescheidung, NJW 1977, 1620

DEISENHOFER, Die Zuweisung der Ehewohnung vor Rechtshängigkeit eines Scheidungsantrags, FamRZ 1979, 102

DEIXLER-HÜBNER, Scheidung, Ehe und Lebensgemeinschaft (3. Aufl 1996)

DENEKE, Die Bedeutung des § 629 c ZPO innerhalb des Rechtsmittelsystems des Verbundverfahrens, FamRZ 1987, 1414

DERLEDER, Die neue Zähmung der Widerspenstigen – Zur Renaissance des Verschuldensprinzips im Scheidungsfolgenrecht, KritJ 1982, 18

DETHLOFF, Die einverständliche Scheidung (1994)

DEUBNER, Der Vorrang der Zerrüttungsvermutung im Scheidungsrecht, NJW 1978, 2585

DE WITT, Mediative Elemente in der familienrichterlichen Arbeit, FamRZ 1998, 211

DIEDERICHSEN, Das Recht der Ehescheidung nach dem 1. EheRG (Scheidungsgründe), NJW 1977, 273

ders, Die Einführung der Familiengerichte durch das 1. EheRG, NJW 1977, 601

ders, Das Verfahren vor den Familiengerichten nach dem 1. EheRG, NJW 1977, 649

ders, Entwicklung und Funktion des Familien- insbesondere des Eheprozeßrechts in der Bundesrepublik Deutschland, ZZP 1978, 397

ders, Teilhabegerechtigkeit in der Ehe, FamRZ 1992, 1

DIEDERICHSEN/WINKLER/DAMM, Ehescheidung in der Landwirtschaft (1987)

DITZEN, Acht Thesen zum verfrühten Scheidungsantrag, FamRZ 1988, 1010

DÖRR, Die Entwicklung des Ehe- und Scheidungsrechts seit dem 1. EheRG, NJW 1989, 488

ders, Die Entwicklung des Familienrechts, NJW 1991, 77, 1090; NJW 1992, 529

ders, Die Entwicklung des Familienrechts seit Ende 1991, NJW 1993, 2406

DÖRR/HANSEN, Die Entwicklung des Familienrechts seit [jährlich], NJW 1994, 2456; NJW 1995, 2753; NJW 1996, 2698; NJW 1997, 2918

DOMS, Fristgebundene Beschwerdebegründung im Scheidungsverfahren?, NJW 1980, 2450

DOPFFEL, Die Voraussetzungen der Ehescheidung im neuen Internationalen Privat- und Verfahrensrecht, FamRZ 1987, 1205

VAN ELS, Nacheheliche Solidarität, FamRZ 1992, 625

FUCHS, Die Behandlung von Ehe und Scheidung in der „ökonomischen Analyse des Rechts", FamRZ 1979, 553

FESTER-WALTZING, Scheidung – eine psychologische Analyse (1983)

FINGER, Familienrecht mit familiensoziologischen und familienpolitischen Schwerpunkten (1979)

FINKE/GARBE, Familienrecht in der anwaltlichen Praxis (1995)

FTHENAKIS ua, Ehescheidung: Konsequenzen für Eltern und Kinder (1982)

FTHENAKIS ua, Trennung, Scheidung und Wiederheirat (1996)

GERHARDT, Zur formellen Rechtskraft von Scheidungsurteilen, in: FS Beitzke (1979) 191

GERHARDT/vHEINTSCHEL-HEINEGG/KLEIN, Familienrecht in gerichtlicher und anwaltlicher Praxis (1995)

GIESEN, Das neue Scheidungsrecht auf dem Prüfstand der Rechtsprechung, JR 1980, 177, 360

ders, Einzelfallgerechtigeit als Problem – zur Entwicklung des Scheidungs- und Scheidungsfolgenrechts in Deutschland, FamRZ 1984, 1188

GIESEN/GICK, Ein Jahr neues Ehescheidungsrecht, JR 1979, 1, 45

GIESSLER, Vorläufiger Rechtsschutz in Ehe-, Familien- und Kindschaftssachen (2. Aufl 1993)

GÖPPINGER/BÖRGER, Vereinbarungen anläßlich der Ehescheidung (7. Aufl 1998)

GÖRGENS, Zur Rechtsprechung der Oberlandesgerichte zu den Härteklauseln im neuen Scheidungsrecht (insbesondere zu §§ 1568, 1565 II BGB), FamRZ 1978, 647

GRASSHOF, Zur Rechtsmittelzuständigkeit in Familiensachen, FamRZ 1978, 323

dies, Keine Doppelehe nach fehlerhaftem Rechtskraftzeugnis!, NJW 1981, 437

GRÜNENWALD, Güterrechtlicher und schuldrechtlicher Ausgleich von Zuwendungen unter Ehegatten bei Beendigung des gesetzlichen Güterstandes durch Ehescheidung (1988)

HABSCHEID, Vermutungen im neuen Scheidungsrecht, in: FS Bosch (1976) 355

HANSLIK, Schnellübersicht neues Eherecht, Leitsätze und Literatur zum 1. EheRG Bde 1–3 (1978-1980)

HATTENHAUER, Die Privatisierung der Ehe. Thesen zum künftigen Eherecht, ZRP 1985, 200

ders, Das Zerrüttungsprinzip, in: FS Wolf (1985) 143

ders (Hrsg), Ehestabilisierende Faktoren (1990)

HEINTZMANN, Doppelehe nach fehlerhaftem Rechtskraftzeugnis, NJW 1981, 208

ders, Zur Rechtskraft des Scheidungsausspruchs. Gedanken zum Anschlußrechtsmittel im Scheidungsverbund, FamRZ 1980, 112

ders, Nochmals: Rechtskraft und Doppelehe.

Die Änderungen des Prozeßkostenhilfegesetzes, FamRZ 1981, 329

vHEINTSCHEL-HEINEGG, Das Verfahren in Familiensachen (1989)

vHEINTSCHEL-HEINEGG/GERHARDT, Materielles Scheidungsrecht (4. Aufl 1997)

HENRICH, Auswirkungen des Eherechtsreformgesetzes auf das internationale Familienrecht, in: FS Bosch (1976) 411

ders, Die Bedeutung von Teilrechtskraftzeugnissen in Scheidungsurteilen, die im Verbund ergangen sind, StAZ 1981, 69

ders, Die Scheidung gemischt-nationaler Ausländerehen, IPRax 1984, 186

ders, Das internationale Eherecht nach der Reform, FamRZ 1986, 841

HEPTING, Ehevereinbarungen (1984)

HERB, Vereinbarung des Schuldprinzips in Ehe- und Scheidungsverträgen, FamRZ 1988, 123

HERRMANN, Standesrechtliche Fragen des „gemeinsamen Scheidungsanwalts", BRAK/Mitt 1985, 64

HILLERMEIER, Das Erste Gesetz zur Reform des Ehe- und Familienrechts aus der Sicht der Bundesratsvorschläge – insbesondere deren Bedeutung für die Auslegung und Anwendung des neuen Rechts, FamRZ 1976, 577

HINDERLING, Scheidungsgründe, in: FS Vischer (1983) 35

HOLZHAUER, Auslegungsprobleme des neuen Eherechts, JZ 1977, 729

ders, Die Scheidungserschwernis des § 1565 Abs. 2 BGB, JZ 1979, 113

vHORNHARDT, Familienrechtliche Nebengesetze (1980)

HOPPENS, Familiensachen (5. Aufl 1995)

HUBA, Recht und Liebe, FamRZ 1989, 127

JAUERNIG, Weitere praktische Erfahrungen mit dem neuen Verfahrensrecht in Familiensachen, FamRZ 1977, 761

JOHANNSEN/HENRICH, Eherecht – Scheidung, Trennung, Folgen (3. Aufl 1998)

JOST, Anwaltszwang und einverständliche Scheidung, NJW 1980, 327

KATH/ZURHORST, Nochmals: Anwaltszwang und einverständliche Scheidung, AnwaltsBl 1980, 189

KEMNADE/SCHOLZ/ZIEROTH, Familienrecht '96 (1996)

KEMPER, Aufgaben des Jugendamtes auf Grund der Eherechtsreform, insbesondere bei der Regelung von Scheidungsfolgesachen, ZBlJugR 1977, 411

KEMPKEN, Probleme der einverständlichen Scheidung in der Praxis, DRiZ 1978, 51

KERSTEN, Ist der Scheidungsverbund gem. § 623 ZPO zwingendes Recht?, FamRZ 1986, 754

ders, Praxis der Familiengerichtsbarkeit (2. Aufl 1986)

KISSEL, Ehe und Ehescheidung, Band 1, Reform 1976, Eherecht – Ehescheidung – Unterhalt – Elterliche Gewalt – Versorgungsausgleich (1977)

ders, Ehe und Ehescheidung, Band 2, Familiengericht – Verfahrensrecht – Internationales Privatrecht – Kosten – Muster (1977)

ders, Die Überleitung nach dem 1. Eherechtsreformgesetz, DRiZ 1978, 133

ders, Ein Jahr Eherechtsreform, DRiZ 1978, 225

KLAUSER, Aus der Rechtsprechung in Familiensachen. Die leidige Zuständigkeit, MDR 1980, 809

KLEINLE, Die Ehegattengesamtschuld bei Trennung und Scheidung, FamRZ 1997, 8

KLUSSMANN, Das Kind im Rechtsstreit der Erwachsenen (2. Aufl 1995)

KNIEBES, Das Erste Gesetz zur Reform des Ehe- und Familienrechts (1. EheRG) – Die Neuregelungen des materiellen Zivilrechts, DRiZ 1976, 325

KNÜTEL, Scheidungsverzicht und Scheidungsausschlußvereinbarungen, FamRZ 1985, 1089

KOCH, Schulden und Scheidung, FamRZ 1994, 537

KOLLHOSSER/SCHWEITZER, Die Entwicklung des Scheidungsrechts in Deutschland, JA 1986, 169

Kommissariat der deutschen Bischöfe, Erklärung zum Inkrafttreten des neuen Ehescheidungsrechts, FamRZ 1977, 699

KONZEN, Verfahrensgrundsätze und familiengerichtliches Verbundprinzip, JR 1978, 362, 403

KOPP, Scheidung in der Bundesrepublik (1993)

KRENZLER, Vereinbarungen bei Trennung und Scheidung (1992)

KREUZER, Zur Entwicklung und Funktion des Ehescheidungsrechts, in: FS Schad (1978) 307

KÜHN, Die Entwicklung und Diskussion des Ehescheidungsrechts in Deutschland (1974)

LANGE, Das neue Eherecht, JuS 1976, 684

LANGENFELD, Aktuelle Probleme der Scheidungsvereinbarung, MittRhNotK 1988, 111

ders, Handbuch der Eheverträge und Scheidungsvereinbarungen (3. Aufl, 1996)

LANTZKE, Unterhalt und Getrenntleben – Eine Bilanz der Eherechtsreform, NJW 1979, 1483

LINKE, Parteifreiheit und Richterinitiative im Scheidungsverfahren, in: FS Beitzke (1979) 269

LOSSEN/VERGHO, „Familienberatung bei Trennung und Scheidung" – Modellprojekt im Familiengericht Regensburg, FamRZ 1993, 768

dies, Zwischenbericht zum Modellprojekt „Familienberatung bei Trennung und Scheidung" im Familiengericht Regensburg, FamRZ 1995, 781

LOUVEN, Eheverbot für gleichgeschlechtliche Paare, ZRP 1993, 12

LUCKE, Die angemessene Erwerbstätigkeit im neuen Scheidungsrecht (1982)

LUCKE/BERGHAHN, „Angemessenheit" im Scheidungsrecht (1983)

LÜKE, Die persönlichen Ehewirkungen und die Scheidungsgründe nach dem neuen Ehe- und Familienrecht, in: FS Bosch (1976) 627

ders, Grundsätzliche Veränderungen im Familienrecht durch das 1. EheRG, AcP 178 (1978) 1

ders, Die Scheidungsschuld in einem Scheidungsrecht ohne Verschulden – Rechtsvergleichung, Europarecht und Staatenintegration, in: GS Constantinesco (1983) 457

ders, Verzicht auf das Recht zur Ehescheidung, Keio Law Review 1990, 319

vLÜPKE, Das neue Ehe- und Familienrecht, in: Neue Wirtschaftsbriefe 1976, 2283

ders, Das neue Ehe- und Familienrecht, Sonderbeilage Nr l/1977 zur „Deutschen Rechtsprechung"

LYNKER, Das neue Scheidungsrecht – Hinweise und Muster für die Anwaltspraxis (1977)

MAGALOWSKI, Die Dauer des Scheidungsverfahrens unter dem Blickwinkel der Scheidungstatbestände sowie der Verhandlungs- und Entscheidungskonzentration (1992)

MENTER, Verbotene Eigenmacht hinsichtlich der Ehewohnung bei getrennt lebenden Ehegatten, FamRZ 1997, 76

MÖRSCH, Rechtsschutzlücke durch das Unterhaltsänderungsgesetz bezüglich des Ehegattenunterhalts, FamRZ 1986, 629

Thomas Rauscher

MÜLLER, Roma locuta – causa finita? Eherecht nach Karlsruhe, DRiZ 1980, 448

MÜLLER-ALTEN, Ehescheidung und Scheidungsverträge – Eine juristische und empirische Untersuchung über die einverständliche Scheidung und über die Scheidungsfolgenvereinbarungen (1984)

MÜLLER/TRAXEL, Trennung und Scheidung im Zivil- und Steuerrecht (2. Aufl 1995)

MÜMMLER, Rechtsmittel, Rechtskraft und Vollstreckbarkeit von Entscheidungen in Familiensachen, JurBüro 1979, 485

ders, Scheidungsvereinbarung und Prozeßkostenhilfe, JurBüro 1986, 15

vMÜNCH, Die Scheidung nach neuem Recht (9. Aufl 1996)

MÜNDER, Sozialrechtliche Aspekte bei Trennung und Scheidung, NJW 1998, 5

OTT, Die Begriffe „Ehe und Familie" in Art. 6 I GG, NJW 1998, 117

PAPSTHART, Recht auf eheliches Glück, FamRZ 1989, 557

PARCHE, Aus der neueren Rechtsprechung zum Ehe- und Familienrecht, NJW 1979, 139

PIRSON, Art. Ehe und Familie, in: Evangelisches Staatslexikon Band 1 (3. Aufl 1987)

PROKSCH, Scheidungsvermittlung (Divorce Mediation) – ein Instrument integrierter familiengerichtlicher Hilfe, FamRZ 1989, 916

RAHM/KÜNKEL (Hrsg), Handbuch des Familiengerichtsverfahrens (1978 ff)

RAMM, Scheidung zur Unzeit, JZ 1981, 82

ders, Zum Unterhaltsänderungsgesetz, JZ 1986, 164

ders, Familienrecht: Verfassung, Geschichte, Reform (1996)

RASCH, Juristische Probleme bei der Durchführung des Getrenntlebens (Diss Berlin 1983)

RHEINSTEIN, Marriage, Divorce and the Law (1972)

ROLLAND, Das neue Eherecht vor der Bewährung, SGb 1978, 1

ders, Das neue Ehe- und Familienrecht, 1. EheRG, Kommentar zum 1. Eherechtsreformgesetz (2. Aufl 1982)

ROTH/STIELOW, Scheidungsantrag als Rechtsmißbrauch, FamRZ 1977, 766

RÜFFER, Rechtskraftprobleme bei Ehescheidung im Verbundverfahren, FamRZ 1979, 405

ders, Die formelle Rechtskraft des Scheidungsausspruchs bei Ehescheidung im Verbundverfahren (Diss Bielefeld 1982)

RUMLER, Möglichkeiten und Grenzen der Eliminierung des Verschuldensprinzips aus dem Scheidungsrecht (1984)

SCHELD, Zur „einverständlichen Scheidung": Gegen eine Ausdehnung von § 630 ZPO in der Fassung des 1. EheRG, FamRZ 1977, 226

SCHLOSSER, Die einverständliche Scheidung im Spannungsfeld der Streitgegenstandsdogmatik, FamRZ 1978, 319

E SCHNEIDER, Das materielle und prozessuale Scheidungsrecht des 1. EheRG, MDR 1976, 705

ders, Die gekaufte Ehefrau, MDR 1984, 636

O SCHNEIDER, Die formelle Rechtskraft des Scheidungsausspruchs im Verbundverfahren (Diss Bielefeld 1982)

SCHÖPPE-FREDENBURG, Steuerliche Behandlung von Scheidungskosten, FuR 1997, 12

SCHRÖDER, Einverständliche Scheidung ohne einjährige Trennung, FamRZ 1977, 767

SCHUCHMANN, Das nacheheliche Unterhaltsrecht in einem Scheidungsrecht ohne Verschulden (1986)

SCHUMANN, Verdienstvolle Scheidungshilfe – Die anwaltliche Praxis des reformierten Familienrechts (1989)

K H SCHWAB, Der Verbund von Scheidungs- und Folgesachen, FamRZ 1976, 658

D SCHWAB, Das Recht der Ehescheidung nach dem 1. EheRG: Die Scheidungsgründe, FamRZ 1976, 491

ders, Probleme des materiellen Scheidungsrechts, FamRZ 1979, 14

ders, Verhinderung der „Scheidung zur Unzeit" – Zur Funktion und Reform des § 1568 BGB, FamRZ 1984, 1171

ders, Handbuch des Scheidungsrechts (3. Aufl 1995; zit SCHWAB/BEARBEITER)

ders, Familienrecht im Umbruch, FamRZ 1995, 513

SEDEMUND-TREIBER, Die Schaffung von Familiengerichten und das Verfahren vor dem Familiengericht nach dem Ersten Eherechtsreformgesetz, DRiZ 1976, 331

dies, Die Einwirkung des neuen Verfahrensrechts nach dem Ersten Eherechtsreformgesetz auf anhängige Verfahren, DRiZ 1977, 103 dies, Änderungen des Verfahrensrechts nach dem Gesetz zur Änderung unterhaltsrechtlicher, verfahrensrechtlicher und anderer Vorschriften, FamRZ 1986, 209

SMID, Der Verfahrens- und Scheidungsverbund im Scheidungsprozeß, Jura 1990, 400

SPELLENBERG, Scheinehen, StAZ 1987, 33

STOLLENWERK, Die Antragsschrift in Scheidungs- und Folgesachen (1977)

SUYTER, Die Auswirkung ehebedingter Vermögenszuwendungen zwischen Ehegatten im Erbinsb. Pflichtteilsrecht (1996)

TEXTOR, Scheidungszyklus und Scheidungsberatung (1991)

THALMANN, Die Verhandlungsführung des Familienrichters bei „existenzgefährdenden" Familiensachen unter Berücksichtigung des Kübler-Ross Phänomens, FamRZ 1984, 634

ULLMANN, Scheidungsfolgen im Völkergewohnheitsrecht. Die Allgemeine Erklärung der Menschenrechte als vor den Gesetzen geltendes Bundesrecht nach Art. 25 GG (1989)

UNGER, Das Verfahren in Familiensachen, JuS 1985, 769

VESPERMANN, Scheidungs- und Scheidungsverbundverfahren, Diktat- und Arbeitsbuch für Rechtsanwälte (3. Aufl 1988)

VOEGELI, Funktionswandel des Scheidungsrechts, KritJ 1982, 132

VOGEL, Das Erste Gesetz zur Reform des Ehe- und Familienrechts vom 14. Juni 1976 (1. EheRG), FamRZ 1976, 481

WAGNER, Scheidung in Ost- und Westdeutschland: Zum Verhältnis von Ehestabilität und Sozialstruktur seit den 30er Jahren (1997)

WALTER, Die Abtrennung der Folgesache „Unterhalt", JZ 1982, 835

ders, Der Prozeß in Familiensachen (1985)

ders, Die Änderungen des familiengerichtlichen Verfahrensrechts durch das UÄndG, JZ 1986, 360

WENDL-KEMPMANN/WENDL, Partnerkrisen und Scheidung -Ursachen, Auswirkungen und Verarbeitung aus psychoanalytischer und richterlicher Sicht (1986)

WEYCHARDT, Eine neue Aufgabe des Oberlandesgerichts: Die Familiengerichtsbarkeit, ZBlJugR 1980, 69

WILKENS, Zur verfassungsrechtlichen Prüfung der Scheidungsgründe des 1. EheRG, FamRZ 1980, 527

ders, Milderung der Scheidungsautomatik, FamRZ 1981, 109

WILLUTZKI, 20 Jahre Eherechtsreform, FamRZ 1997, 777

A WOLF, Über den Verzicht auf einen Scheidungsanspruch, in: FS Rebmann (1989) 703

J WOLFF, Kann bei Vorliegen eines Verbundurteils Teilrechtskraft des Scheidungsurteils durch Rechtsmittelverzicht der Ehegatten eintreten?, MDR 1979, 274

WYSK, Rechtsmißbrauch und Eherecht (1994)

ZUCK, Die eigenständige Bedeutung des Art 6 Abs 1 GG gegenüber Reformgesetzen, FamRZ 1979, 873

ZULEEG, Familienpolitik und Verfassungsrecht, FamRZ 1980, 210.

Systematische Übersicht

7. Titel. Scheidung der Ehe.   **Vorbem zu §§ 1564 ff**

I. Scheidungsgründe   **1**

I.   Ehescheidung und Grundgesetz

1.   Ehemodell

a)   Gemäß Art 6 Abs 1 GG steht die Ehe unter besonderem staatlichem Schutz. **1** **Grundfrage** der Bestimmung dieses Schutzes ist die Einordnung der Verfassungsgarantie als **subjektives Recht** oder als **institutionelle Garantie**.

Die in der Rechtsprechung des BVerfG entwickelte Einordnung der Ehegarantie als *Institutionsgarantie, wertentscheidende Grundsatznorm* und *Individualgrundrecht* wird zwar allgemein übernommen (vgl dazu STAUDINGER/STRÄTZ[12] Einl 49 ff zum EheG). Die entscheidende Frage für eine Herleitung einfachgesetzlicher Folgerungen im Ehescheidungsrecht aus dem Verfassungsgebot aber ist, in welchem Verhältnis die Garantien zueinander stehen und welchem Aspekt Priorität zugemessen wird. Bereits seit den frühen 50-er Jahren wird Art 6 Abs 1 GG auch instrumentalisiert, um die Gebotenheit bestimmter zivilrechtlicher Ehemodelle, insbes aber Scheidungsmodelle verfassungsrechtlich zu dokumentieren.

2 b)   Betrachtet man mit der früher hM (BGH FamRZ 1960, 188; BGH FamRZ 1967, 93; MIKAT FamRZ 1963, 65; BOSCH FamRZ 1966, 61) Art 6 Abs 1 GG primär als eine **institutionelle Garantie**, so liegt es nahe, den Bestand der (einzelnen) Ehe auch gegen den Willen der Ehegatten zu schützen (deutlich BOSCH, Familienrechtsreform 45 ff). Sieht man in Art 6 Abs 1 GG stärker das **subjektive Recht** (WOLF NJW 1968, 1497; ders JZ 1970, 441), so gewährleistet diese Garantie dem einzelnen die Freiheit zur Eheschließung, den Ehegatten die Freiheit zur Ausgestaltung ihrer Ehe, aber auch die Freiheit zur Auflösung der Ehe im Falle des Scheiterns.

3 c)   Denknotwendig gewährleistet Art 6 Abs 1 GG (nur) einen **institutionellen Mindestbestand der „Ehe"**. Eine Ehe wird im Rechtssinne zur Ehe und unterscheidet sich von nichtehelichen Formen des Zusammenlebens signifikant nur dadurch, daß sie Rechtsgestalt gewonnen hat; diese rechtliche Verfaßtheit findet Ausdruck letztlich nur in der *Formalisierung* der Eheschließung (SCHWAB FamRZ 1995, 413, 418).

Freilich erfordert darüber hinaus Art 6 Abs 1 GG auch ein Mindestmaß an *Inhalten*. Garantiert ist jedenfalls die Bereitstellung eines Rechtsinstituts Ehe durch das einfachgesetzliche bürgerliche Recht, das sich an den Strukturprinzipien der Ehe im überkommenen Verständnis **in Verbindung mit dem Freiheitscharakter des verbürgten Grundrechts** auszurichten hat (BVerfGE 31, 58, 69). Dieser Grundbestand (Institutionsgarantie) kann nicht aus dem hergebrachten bürgerlichen Recht herausgelesen werden, sondern ist von diesem unabhängig zu bestimmen und über diesem stehend (BVerfGE aaO). Hierzu rechnet nach allgemeiner Ansicht die *Monogamie* zwischen Partnern *verschiedenen Geschlechts* (BVerfG FamRZ 1993, 1419; STAUDINGER/STRÄTZ[12] Einl 50 zum EheG). Unbestritten zählt zum institutionellen Mindestbestand auch der – das Scheidungsrecht berührende – in § 1353 Abs 1 einfachgesetzlich aufgenommene Rechtssatz der **grundsätzlich lebenslänglichen Dauer** der Ehe (BVerfGE 53, 224, 246; MünchKomm/WOLF Rn 15; JOHANNSEN/HENRICH/JAEGER § 1564 Rn 17; SOERGEL/HEINTZMANN Rn 2). Ein familienrechtliches Rechtsinstitut, welches diesen Grundsatz aufgibt, erweist sich begrifflich nach dem Verständnis des *europäischen Kulturdenkens* nicht mehr als Ehe. Sieht man von schärfstens abzulehnenden, selbst in die deutsche Rechtsprechung eingedrungenen Tendenzen (Aufgebot für gleichgeschlechtliche Partner: AG Frankfurt/Main NJW 1993, 940; hiergegen zutreffend: LG Bonn StAZ 1993, 13; AG Tübingen StAZ 1993, 13, 14; dezidiert: LOUVEN ZRP 1993, 12; weder aus Art 6 Abs 1 GG, noch aus Art 3 Abs 1 oder Art 2 Abs 1 GG ist ein Recht auf gleichgeschlechtliche Ehe herleitbar: BVerfG FamRZ 1993, 1419; s auch: PAULY NJW 1997, 1955) zu einer Aushöhlung des *verschiedengeschlechtlichen* Ehebegriffs ab (zu Entwicklungen in Schweden und Dänemark vgl RAUSCHER, Reformfragen des gesetzlichen Erb- und Pflichtteilsrechts Bd II 2 Kap 4.0.), so stößt man nur in entfernteren Rechtsordnungen auf Rechtsinstitute, die mit diesem Ehebegriff kollidieren würden (vgl die im shi'itischen Recht vorgesehene Ehe auf Zeit *[mut'a]*). Die Institutionsgarantie ist also in diesem Mindestbestand von geringer Brisanz.

4 d)   Jenseits dieses elementaren Grundbestands schützt Art 6 Abs 1 die Ehe aber nicht abstrakt, sondern in der Ausgestaltung, wie sie den herrschenden, in der gesetzlichen Regelung zum Ausdruck gelangenden Anschauungen entspricht (BVerfGE 53, 224). Im Verhältnis zur gesetzgeberisch gewählten Ausgestaltung muß daher jenseits des elementaren Grundbestands eines Eheinstituts die Garantie des Art 6 Abs 1 GG primär als ein staatsgerichtetes Grundrecht, also ein Freiheitsrecht und ein Teilhaberecht verstanden werden, das nicht dazu instrumentalisiert werden darf,

7. Titel. Scheidung der Ehe. **Vorbem zu §§ 1564 ff**

I. Scheidungsgründe **5**

die Ehegatten nach den Maßgaben eines ideologischen oder theologischen **Ehemodells**, eines Wesens der Ehe zu disziplinieren. Damit ist – mit dem Gesetzgeber des 1. EheRG – von einem Vorrang des individuell-personalen Ehebildes gegenüber der institutionell-überindividuellen Sicht auszugehen („**verweltlichte bürgerlich-rechtliche Ehe**": BVerfGE 31, 58, 83; BGH FamRZ 1984, 254; BGB-RGRK/GRASSHOF Rn 11; anders noch Art 119 WRV). Gegenstand des Teilhaberechts ist insbesondere der Auftrag an den Staat, die Voraussetzungen für die Führung der Ehe zu verbessern (STAUDINGER/STRÄTZ[12] Einl 52 ff zum EheG) und – bezogen wiederum auf das Scheidungsrecht – zu gewährleisten, daß die Zerrüttung der einzelnen Ehe nach Möglichkeit vermieden wird.

Hingegen ist es nicht Aufgabe des Gesetzgebers, eine **statistische Verbesserung** durch Reduzierung der Scheidungsquote mittels des Ehescheidungsrechts zu erzielen (zur Statistik der Ehescheidung vgl unten Rn 36 ff). Eine solche Orientierung wäre ein rein quantitativer Institutionsschutz, der außer Acht läßt, daß Ziel des Art 6 Abs 1 GG die Verbesserung der tatsächlichen Situation der Ehen, nicht aber eine Erhöhung der Anzahl formell nicht geschiedener, durchaus aber gescheiterter Ehen sein kann (vgl schon WOLF/LÜKE/HAX 235).

e) Hierbei ist zu bedenken, daß gerade im Hinblick auf die Verankerung des als **5** *lebenslange* Gemeinschaft gekennzeichneten Ehebegriffs in allgemeinen ethischen Überzeugungen die Ehe nicht primär als Rechtsinstitut verstanden werden kann, sondern zunächst ein **sozialkulturelles Phänomen** ist (SCHWAB/SCHWAB Teil II Rn 3: „primär vorrechtliches und psychisches Verhältnis"). Eherecht kann nur als Einbettung dieses Phänomens in die Rechtsordnung verstanden werden, die diesem Phänomen Rechtswirkungen verleiht und einem Bedürfnis der Partner nach einem rechtlichen Rahmen ihrer personalen Beziehung entgegenkommt (vgl dazu eingehend HUBA FamRZ 1989, 127). Es erscheint daher zweifelhaft, ob der Gesetzgeber überhaupt die **Möglichkeit** hat, durch das Eherecht, insbesondere durch das Ehescheidungsrecht **bewußtseinsbildend** im Sinne einer Scheidungsverhinderung zu wirken. Die Praxis der Konventionalscheidung unter dem früheren Scheidungsrecht spricht eher dafür, daß zumindest die Ermöglichung einer *einverständlichen* Scheidung – bei *geordneter Regelung der Scheidungsfolgen* – in der Gesellschaft von solchermaßen hoher Konsensfähigkeit ist, daß das staatliche Ehescheidungsrecht nur die Wahl hat, diese Überzeugung nachzuvollziehen oder das Risiko des Auseinanderklaffens von Gesetz und Wirklichkeit zu erhöhen (ähnlich MünchKomm/WOLF Rn 2; vgl auch GERNHUBER/COESTER-WALTJEN § 24 II 1). Der dem 1. EheRG zugrundeliegende – nicht etwa erst von ihm geschaffene – gesellschaftliche Verständniswandel kennzeichnet letztlich jeden Versuch der Ehestabilisierung durch Scheidungserschwerung als aussichtslos und wertungswidersprüchlich: Die Ehe erlangt im Wandel der Gesellschaft des 20. Jhdt zunehmend ihren Wert aus der seelisch-geistigen Partnerbindung. Die Ehe als Rechtsinstitut bedeutet lediglich die staatliche Anerkennung dieses Verhältnisses bei angemessener Förderung seiner Existenzgrundlagen. Eine Ehe ohne Partnerbindung ist dann nur noch rechtliches Gehäuse ohne Inhalt; auch wenn sie in einzelnen äußeren Elementen noch funktioniert, ist sie nach dem personalen Ehebegriff gescheitert (SCHWAB/SCHWAB Teil II Rn 14) und daher zwecklos, weil sie als Schutz eines nicht mehr vorhandenen Inhalts nicht geeignet ist. Auch rechtssoziologische Erfahrungen aus Staaten, die lange Zeit kein Ehescheidungsrecht kannten, zeigen den hohen Druck gesellschaftlicher Entwicklungen auf die Rechtslage. Die Bereitschaft, hinkende Ehescheidungen hinzunehmen, die der Heimatstaat nicht anerkennt (insbes bei Italienern in den 60-er Jahren), die Entwicklung von Rechtsinstituten, die bei Scheidungsrestriktionen dem Phänomen hochschnellender Zahlen von ehekonkurrierenden nichtehelichen Familien dienen (so die *famiglia di fatto* im italienischen Recht) oder gar die innere Inkonsequenz einer Rechtsordnung, die eine Ehescheidung nicht kannte, zugleich aber Ehescheidungen eigener Staatsangehöriger aus dem Ausland anerkannte (so Argentinien; vgl auch die Entwicklung in Kolumbien, wo das materielle Recht und der Verfassungsauftrag kollidierten, IPRax 1993, 59), machen deutlich, daß die Gesellschaft schwerlich einem scheidungsfeindlichen Recht folgt, wohl aber das Recht sich letztlich den Überzeugungen einer Mehrheit der Gesellschaft beugen muß.

6 **f)**   Art 6 Abs 1 gebietet **nicht eine restriktive Gestaltung der Scheidungtatbestände**, mit dem Ziel, einzelne Ehen zu erhalten; ein Verfassungsverstoß könnte nur in Betracht kommen, wenn der Gesetzgeber die Grenze überschreitet, jenseits derer auch nicht gescheiterte Ehen geschieden werden könnten (vgl BVerfGE 53, 224, 247 f zu § 1566 Abs 2). Solange das Familienrecht gewährleistet, daß **nur gescheiterte** Ehen geschieden werden, befaßt sich das Scheidungsrecht mit dem sozialen Faktum Ehe erst in einem Moment, in dem Zerstörung nicht mehr eintreten kann, weil sie schon eingetreten ist. Daher ist aber ein restriktives Scheidungsrecht, welches trotz Scheiterns der Ehe die Scheidung ausschließt, nicht zur Erhaltung von Ehen durch Art 6 Abs 1 GG geboten. Einerseits wird selbst die Scheidungsrate angesichts immer gesuchter Umgehungsmöglichkeiten nicht reduziert (hierzu MünchKomm/WOLF Rn 29, näher zur Scheidungswilligkeit und -statistik unten Rn 36). Wesentlicher aber ist, daß der Gesellschaft und damit auch der Rechtsordnung an der Erhaltung einer sozial gescheiterten Ehe nicht gelegen sein kann, so daß der formale Erhalt einer sozial gescheiterten Ehe nicht von Verfassungs wegen geschützt sein kann. Etwas anderes könnte nur annehmen, wer eine **Institution Ehe** mit einem dieser Institution immanenten **Wesen** gegen die daran beteiligten Individuen schützen möchte (vgl hierzu die abweichende Meinung zweier Richter in BVerfGE 53, 225, 252; BGH JZ 1968, 466, 468; BOSCH, Familienrechtsreform S 45; zum Streit um das Wesen der Ehe: WOLF JZ 1967, 659; JZ 1968, 15; RAUSCHER, Reformfragen des gesetzlichen Erb- und Pflichtteilsrechts [1993] Bd I 235 ff). Die Entscheidung des BVerfG zur *zeitlichen Befristung der Härteklausel – § 1568 Abs 2 BGB –* (BVerfGE 55, 134) sollte nicht im Sinne eines in diesem weitergehenden Sinn institutionalisierten Ehebildes verstanden werden; zwar klingt dort an, auch eine gescheiterte Ehe sei ggf aufrechtzuerhalten. Dies wird jedoch ausschließlich mit dem Schutz beteiligter *Individuen*, nicht einer *Institution* begründet.

2.   Scheidbarkeit der Ehe

7 **a)**   Insbesondere enthält **Art 6 Abs 1 GG kein Verbot der Ehescheidung**. Die Bereitstellung eines geordneten staatlichen Verfahrens, in dem die Ehe geschieden werden kann, tritt auch nicht in Widerspruch zu dem verfassungsgeschützen Postulat der auf Lebenszeit geschlossenen Ehe (so aber ERMAN/DIECKMANN § 1568 Rn 1). Selbst wenn man – entgegen der hier vertretenen Ansicht – Art 6 Abs 1 GG einen weitergehenden institutionellen Schutzauftrag unterlegt, ist festzustellen, daß die zwangsweise Aufrechterhaltung einer inhaltslosen und zerrütteten Ehe dem Ansehen der Ehe, verstanden als Rechtsinstitut, bedeutend mehr schadet als die Scheidbarkeit (JOHANNSEN/HENRICH/JAEGER § 1564 Rn 14).

8 **b)**   Im Gegenteil ist es **geboten**, ein gesetzliches **Instrumentarium zur Scheidung der**

Ehe bereitzustellen (ROLLAND Rn 7), um zu vermeiden, daß die Ehegatten oder auch nur einer von ihnen in einer inhaltsleer gewordenen Ehe gefangen bleibt. Die durch Art 6 Abs 1 GG gewährleistete Eheschließungsfreiheit kann nur insoweit durch eine erfolgte Eheschließung als verbraucht angesehen werden, als die individuelle Ehe ihre von den Ehegatten gewollte Funktion (noch) erfüllt. Einem Grundrechtsträger darf nicht auf Lebenszeit das Recht versagt werden, sein Leben in einer *glücklichen* Ehe zu verwirklichen. Art 6 Abs 1 GG gebietet nicht den Schutz einer Ehe gegen den oder die in ihr nicht mehr glücklichen Ehegatten (so aber wohl PAPSTHARDT FamRZ 1989, 557, den damit verbundenen Zwang als „Motivationshilfe" verschönend, 558). Das Bundesverfassungsgericht hat in seinem bekannten „Spanierbeschluß" (BVerfGE 31, 58) die Nichtanerkennung eines deutschen Scheidungsurteils durch Spanien und die aufgrund dessen erfolgte Versagung der Eheschließung eines Spaniers mit einer von einem deutschen Gericht geschiedenen Partnerin als gegen Art 6 Abs 1 GG verstoßend angesehen. Weiter hat das BVerfG (NJW 1980, 690) zutreffend darauf hingewiesen, daß ein Erhalt einer Ehe gegen die nachhaltige Ablehnung eines oder beider Ehegatten geeignet wäre, das verfassungsrechtliche Leitbild der Ehe zu verzerren. Daraus folgt zwingend, daß die Scheidbarkeit der Ehe zu dem von Art 6 Abs 1 GG geschützten Bereich der Eheschließungsfreiheit rechnet, auch wenn das BVerfG formell nur auf die Tatsache der Scheidung und der dadurch nach deutschem Recht wiedererlangten Eheschließungsfreiheit abstellt. Ein vollständiger Ausschluß der Ehescheidung verstieße also gegen Art 6 Abs 1 GG.

c) Ein solcher Ausschluß der Ehescheidung würde aber auch, griffe Art 6 Abs 1 **9** GG insoweit nicht ein, gegen das Grundrecht der **allgemeinen Handlungsfreiheit (Art 2 Abs 1 GG)** verstoßen. Die Gewährleistung der Handlungsfreiheit besteht zwar – anders als das Grundrecht des Art 6 Abs 1 (vgl insbes BVerfGE 31, 58, 68) – nur im Rahmen der Gesetze. Damit erlaubt dieses Grundrecht weitergehend als Art 6 Abs 1 GG, daß der Gesetzgeber Vinkulierungen des Scheidungsrechts vorsieht, welche den scheidungsunwilligen Ehegatten und andere Betroffene, insbesondere Kinder angemessen schützen (so zu § 1568 Abs 2 aF: BVerfGE 55, 134). Weitergehende Einschränkungen des Scheidungsrechts sind aber aus keiner Grundrechtsposition geboten, weil ein noch so liberales Scheidungsrecht keine Freiheitsrechte anderer als der Genannten verletzen kann. Insbesondere religiös motivierte Gegner der Ehescheidung, die sich auf Art 4 GG berufen, müssen sich nämlich entgegenhalten lassen, daß auch ein liberales Scheidungsrecht nie in ihre Überzeugungen eingreifen wird; niemand ist gezwungen, von der Scheidbarkeit der Ehe Gebrauch zu machen. Die Forderung aber, der gesamten Gesellschaft die ethische Vorstellung einer Gruppe über das Mittel der Rechtssetzung zum Vorbild zu machen, steht immer in Gefahr, zum Oktroy zu geraten, in Freiheitsrechte anderer einzugreifen und sich damit in Widerspruch zu einer freiheitlichen, religiös wertfreien und pluralistischen Grundordnung zu setzen (selbst schon für den bloß appellativen Charakter eines religiösen Symbols angenommen in BVerfGE 93, 1, 20). Die **Bereitstellung eines Rechtsinstituts** kann hingegen nie Gruppen, sondern nur unmittelbar Betroffene in ihren grundrechtlich relevanten Rechtspositionen verletzen; niemand wird durch ein solches Rechtsinstitut gehindert, nach seinen moralischen Grundüberzeugungen zu leben (aus denselben Erwägungen gegen die scheinliberalen Forderungen nach Abschaffung des Verlöbnisrechts: STAUDINGER/RAUSCHER [1996] Art 234 § 2 EGBGB Rn 4).

d) Art 6 Abs 1 GG bindet den Gesetzgeber aber auch nicht an ein bestimmtes **10**

Scheidungsprinzip. Der Gesetzgeber hat insbesondere einen weiten Gestaltungsspielraum zwischen den grundsätzlich möglichen Typen der **Verschuldensscheidung** und der **Zerrüttungsscheidung** (BVerfGE 53, 224; BGHZ 72, 107, 112; Johannsen/Henrich/Jaeger § 1564 Rn 18; MünchKomm/Wolf Rn 14; Gernhuber/Coester-Waltjen § 24 II 2).

11 e) Durch Art 6 Abs 1 **geboten** ist daher (nur) eine Ausgestaltung des Scheidungsrechts, die **prinzipiell eheerhaltend** wirkt (BVerfGE 53, 224), soweit die Scheidung einer nicht zerrütteten Ehe begehrt wird, insbesondere also die Eheleute vor einer **übereilten und verfehlten Einschätzung über die Zerrüttung** ihrer Ehe schützt. Geboten ist weiter eine **Ausgestaltung des Ehescheidungsverfahrens**, die sicherstellt, daß die Persönlichkeitsrechte der Ehegatten soweit möglich geschont werden und daß die Rechte des nicht scheidungswilligen Partners und die Interessen der Kinder in angemessener Weise berücksichtigt werden. Das kann in **Ausnahmefällen** zur Versagung der Scheidung auch über einen längeren Zeitraum führen (vgl BVerfGE 53, 224), wird aber regelmäßig dadurch verwirklicht, daß die Ehe durch Scheidung beendet wird, jedoch als Restbestand des Grundsatzes der lebzeitigen Ehe ggf lebenslang fortwirkende **Pflichten** statuiert werden (MünchKomm/Wolf Rn 15; Johannsen/Henrich/Jaeger § 1564 Rn 15). Hingegen ist die **Ausgestaltung des Scheidungsfolgenrechts** nicht darauf angelegt und auch nicht geeignet, scheidungserschwerend zu wirken. Keinesfalls ist eine *Erschwerung der Scheidung* durch belastende Scheidungsfolgen durch Art 6 Abs 1 GG geboten, mögen auch einzelne scheidungsfolgenrechtliche Regelungen um ihrer selbst willen (nicht aber wegen der Eheerhaltung) zur Verwirklichung von Grundrechtsgarantien geboten sein. Man sollte das Scheidungsfolgenrecht wohl noch nicht einmal für die Apologie der Zerrüttungsscheidung heranziehen, um den Vorwurf zu zerstreuen, das Zerrüttungsscheidungsrecht mache den Ehegatten die Scheidung zu leicht (so aber wohlmeinend MünchKomm/Wolf Rn 17 a). Die Scheidung einer gescheiterten Ehe rechtfertigt sich aus sich selbst; verfassungsrechtlich geboten ist nur die Vermeidung der Scheidung einer *nicht* gescheiterten Ehe.

12 f) Darüber hinaus gebietet oder erlaubt Art 6 Abs 1 GG **keine grundsätzlich enge oder generell scheidungserleichternde Auslegung** der einfachgesetzlichen Scheidungsnormen (aA wohl Soergel/Heintzmann Rn 10). Da im Rahmen des Art 6 Abs 1 GG der Gesetzgeber einen weiten Gestaltungsspielraum hat, muß das innerhalb dieses Spielraums gesetzte Recht als die vom Gesetzgeber getroffene Wertentscheidung seitens der Rechtsprechung hingenommen werden. Aufgabe des Gerichts ist daher nur die Subsumtion unter die Tatbestandsmerkmale der §§ 1564 ff (MünchKomm/Wolf Rn 18). Die grundsätzlich eheerhaltende Tendenz bzw das Lebenszeitprinzip hat also nicht als Wertungsfaktor in die gerichtliche Abwägung einzugehen; der Richter kann auch nicht von sich aus auf die Inanspruchnahme eheberatender Einrichtungen hinwirken, wenn die Ehegatten dies nicht wünschen.

Das schließt es jedoch nicht aus, daß – wie bei jeder einfachgesetzlichen Norm – der Richter in Anwendung der Tatbestände der §§ 1564 ff die **Verfassungskonformität des Tatbestandes** auch in seiner durch die gesellschaftliche Beweglichkeit der Wertnormen geprägten Entwicklung weiterhin überprüft. Insbesondere sind Bestimmungen, welche dem Richter eine Abwägung abverlangen (zB § 1565 Abs 1 – Scheitern; § 1568 – schwere Härte) nicht ohne Blick auf die verfassungsrechtliche Lage subsumierbar. So überschreitet etwa eine extensive Handhabung des § 1568, die nach Beseitigung der Fristgrenze des § 1568 Abs 2 denkbar wäre, die Grenzen verfassungskonformer Auslegung, weil die der Grundsatzwertung der §§ 1564 ff BGB entsprechenden Rechte des scheidungswilligen Ehegatten nur ausnahmsweise zurückgedrängt werden dürfen.

3. Einzelfragen

a) Zerrüttungsvermutung
aa) Die **unwiderlegbare Zerrüttungsvermutung** des § 1566 Abs 2 führt nicht dazu, daß **13** in verfassungswidriger Weise eine nicht zerrüttete Ehe geschieden werden kann. Das ergibt sich zutreffend daraus, daß der objektive Tatbestand des *Getrenntlebens* (§ 1567) auf dem Hintergrund der Scheiternsvermutung eng ausgelegt wird, so daß nach menschlichem Ermessen das Getrenntleben das Scheitern indiziert und damit sichergestellt ist, daß die aufgrund der Vermutung geschiedene Ehe tatsächlich gescheitert ist. Allerdings würde der Zweck des § 1567 wiederum verfehlt, wenn in den subjektiven Tatbestand des § 1567 („Ablehnung der ehelichen Lebensgemeinschaft") Elemente einer konkreten Zerrüttungsprüfung hineingelesen werden (gegen eine „kleine Zerrüttungsprüfung" auch BGH NJW 1989, 480 mit der ganz hM, vgl § 1567 Rn 14, 22). Die Dreijahresfrist ist ausreichend lang, um eine tatsächliche Zerrüttung nachzuweisen. Die Annahme, Ehegatten könnten in der von § 1567 Abs 1 vorgesehenen *qualifizierten* Form 3 Jahre lang getrennt leben, ohne daß die Ehe gescheitert sei, wäre lebensfremd (BVerfGE 53, 225, 247 ff; BGH NJW 1979, 979; MünchKomm/WOLF Rn 16, § 1566 Rn 73; BGB-RGRK/GRASSHOF § 1566 Rn 5; SOERGEL/HEINTZMANN § 1566 Rn 2; JOHANNSEN/HENRICH/JAEGER § 1564 Rn 18; ROLLAND Rn 8). Die Rechte des Antragsgegners, insbesondere sein Recht auf rechtliches Gehör mit dem Einwand, es gebe Chancen zu einer Heilung der Ehe wird dadurch gewahrt, daß über die Aussetzungsbefugnis des § 614 ZPO ein klärendes Gespräch im Verfahren ermöglicht wird.

bb) Nachdem der Streit um die **Verfassungsgemäßheit der unwiderlegbaren Zerrüt-** **14** **tungsvermutung** als abgeschlossen gelten darf, erscheint angesichts der Dynamik der gesellschaftlichen Wertvorstellungen von größerem Interesse, bis zu welchen **Gestaltungsgrenzen** der Gesetzgeber ein verfassungskonformes Zerrüttungsscheidungsrecht gestalten könnte. Diese Frage ist zwar derzeit nicht von aktueller rechtspolitischer Relevanz. Da aber rechtsvergleichend Tendenzen zu einer Verkürzung der Zerrüttungsfristen auch in vormals extrem scheidungsfeindlichen Rechtsordnungen erkennbar sind (vgl im *italienischen* Recht die Verkürzung der Trennungsdauer durch *legge 74/1987* auf drei Jahre; zur ansteigenden Scheidungshäufigkeit in Italien: BUONO StAZ 1997, 201), erscheint diese Überlegung aber auch nicht müßig. Ein Schlüssel hierzu dürfte sich aus der Antwort auf die Frage nach der Verfassungsgemäßheit der **unwiderlegbaren Zerrüttungsvermutung** des § 1566 *Abs 1* ergeben. Diese Zerrüttungsvermutung ermöglicht es den Ehegatten, bei Einigung über die in *§ 630 Abs 1 Nr 2 und 3* ZPO bestimmten Folgesachen, die Ehescheidung zu erreichen, ohne daß sämtliche im Zusammenhang mit der Verfassungsgemäßheit von § 1566 Abs 2 angeführten (oben Rn 13) Kautelen verwirklicht sind. Die Bestimmung ist dennoch ebenfalls verfassungsgemäß (MünchKomm/WOLF Rn 16). Das entscheidende Kriterium dürfte aber *nicht* in den gegenüber § 1566 Abs 2 nochmals reduzierten *eheerhaltenen Verfahrenselementen* zu suchen sein. Entscheidend ist vielmehr, daß die **Interessen der Ehegatten** und der aus der Ehe hervorgegangenen **Kinder** durch das Erfordernis der **Einverständlichkeit des Scheidungsantrags** und die zwingende **Folgesacheneinigung** hinreichend gesichert sind. Dies erweist aber deutlich, daß nicht die **Ehe als solche**, sondern die Rechte der an der Ehe unmittelbar bzw mittelbar Beteiligten den Maßstab der Prüfung der Verfassungsmäßigkeit einer Ehescheidungsregelung stellen. Hierzu gehört allerdings auch ein hinreichender *Übereilungsschutz*, der zwar durch §§ 630 und 622 Abs 2 ZPO mit gewährleistet ist, aber ohne eine **Mindesttrennungsdauer** kaum mehr verfassungskonform gewährleistet werden könnte.

15 cc)   Die Zulassung einer einverständlichen Protokollierungsscheidung mit einverständlicher Folgesachenregelung (vgl jüngst den Vorschlag zu einer einvernehmlichen Scheidung [vor dem Standesamt] des Berliner Justizsenators KÖRTING Süddeutsche Zeitung v 25. 11. 1997, dazu FamRZ 1998, Heft 1 II) erschiene daher verfassungsrechtlich äußerst bedenklich (GERNHUBER/COESTER-WALTJEN § 24 II 4: unvereinbar mit Art 6 Abs 1 GG). Erst recht kann ein einseitiges **Aufkündigungsrecht** eines Ehegatten Art 6 Abs 1 GG nicht standhalten (SOERGEL/HEINTZMANN Rn 2). Allerdings darf nicht verkannt werden, daß die Scheidungspraxis gerade für die einverständliche Scheidung Wege gefunden hat, das Erfordernis der Mindesttrennungsdauer zu umgehen. Unwahrer Vortrag zum Getrenntleben wird jedenfalls partiell von der rechtsberatenden Praxis zum Gegenstand der Scheidungsberatung gemacht, entzieht sich aber weit stärker der statistischen Erhebung als vormals die theatralisch organisierte Konventionalscheidung mit Schuldübernahme nach altem Recht. Im Interesse der **sozialen Glaubwürdigkeit** des Rechts mag daher überdacht werden, ob das umgehungsfähige Erfordernis der Mindesttrennungszeit bei einverständlicher Scheidung entfallen kann, wenn ein verfassungskonformer Übereilungsschutz (zB durch eine Pflicht-Eheberatung und/oder ein Versöhnungsverfahren) in anderer Weise sichergestellt werden kann.

Auszuschließen ist hingegen der Übergang zu einer **formalisierten Trennung** (vgl die *separazione giudiziale* [Art 150 codice civile] als Voraussetzung einer Trennungsscheidung nach Art 3 Nr 2 b italienisches Scheidungsgesetz [Nr 898/1970]; dazu BUONO StAZ 1997, 201 ff). Eine solche Formalisierung verhindert zwar weitgehend Umgehungen, verstärkt aber die Intensität und Endgültigkeit der Trennung und wirkt daher der Eheerhaltung entgegen. Der stärkste Übereilungsschutz besteht wohl nicht in der rechtlichen Formalisierung, sondern im Gegenteil in den faktischen Möglichkeiten der Kontakt(wieder)aufnahme während des Scheidungsverfahrens. Diese aber setzt voraus, daß ggf eine gescheiterte Kontaktaufnahme nicht die Chance, geschieden zu werden, beeinträchtigt, und daß nicht ein vorausgehendes förmliches Verfahren bereits einen hohen Grad an Endgültigkeit markiert.

16 dd)   Berücksichtigt man den persönlichen Schutz als Hauptelement der verfassungsrechtlichen Prüfung, so erweist sich die **ausreichende Trennungsfrist** als das tragende Element einer **verfassungskonformen streitigen Scheidung**. Will ein Ehegatte nicht geschieden werden, so dürfte eine Regelung, welche die gegenwärtige Dreijahresgrenze deutlich unterschreitet, derzeit kaum verfassungsgemäß sein. Das Problem der Simulation der Trennung stellt sich hier nicht, da der scheidungsunwillige Ehegatte alle gegen ein Getrenntleben sprechenden Umstände vortragen wird, so daß in diesem Fall das Erfordernis des Getrenntlebens auch *glaubwürdig* ist.

b) Härteklauseln

17 aa)   Auch die verfassungsrechtliche Beurteilung der **Härteklauseln des § 1568** stellt ganz entscheidend auf den Schutzgedanken ab. Die Härteklauseln dienen nur dem Zweck, den gemeinsamen minderjährigen Kindern bzw dem nicht scheidungswilligen

7. Titel. Scheidung der Ehe.   **Vorbem zu §§ 1564 ff**

I. Scheidungsgründe   **18–20**

Ehegatten eine Umstellung auf die veränderte Lage zu ermöglichen (BVerfGE 53, 224; BVerfGE 55, 134). Ohne sie wäre *deshalb* (und nicht wegen einer objektiv eheerhaltenden Tendenz, so aber SOERGEL/HEINTZMANN Rn 9) der Zerrüttungstatbestand nicht verfassungskonform (ROLLAND Rn 10: „Schonfrist"). In dieser Beschränkung auf krasse Ausnahmefälle halten die Härteklauseln selbst – zur Befristung sogleich – sowohl Art 6 Abs 1 GG (Eheschließungsfreiheit) als auch der nach Art 2 Abs 1 GG gebotenen Abwägung der allgemeinen Handlungsfreiheit des Antragstellers stand (aA LÜKE, in: FS Bosch [1976] 642). Insbesondere stellt das Gebot der Abwägung gegen die „Belange des Antragstellers" in § 1568 Abs 1 die Möglichkeit einer verfassungskonformen Anwendung sicher.

bb) Fraglich ist, ob der Gesetzgeber mit der Beseitigung der *verfassungswidrigen* **18** (BVerfGE 55, 134; aA noch BGH NJW 1979, 978) **absoluten Befristung** der Härteklausel nach § 1568 Abs 2 (aF) BGB nunmehr einen verfassungskonformen Zustand geschaffen hat. RAMM (JZ 1986, 165) nimmt Verfassungswidrigkeit wegen eines Verstoßes gegen die Gewaltenteilung an; die Beseitigung der Frist ohne Bestimmung von Kriterien zur Anwendung der Härteklausel überantworte dem Richter die Möglichkeit, die Ehe im Einzelfall unscheidbar zu machen. Dem ist nicht entgegenzuhalten, daß diese Ansicht auf die generelle Unzulässigkeit von *Generalklauseln* hinausliefe (so aber: JOHANNSEN/HENRICH/JAEGER § 1564 Rn 20). Die Streichung von § 1568 Abs 2 könnte dem Richter eine zu *weit gehende Freiheit* gewähren, eine konkrete Ehe unscheidbar zu machen.

cc) Dieses Bedenken betrifft aber dann nicht die Gewaltenteilung, sondern die **19** Frage, ob der Gesetzgeber überhaupt die Möglichkeit eröffnen durfte, daß eine Ehe ggf über § 1568 lebenslang unscheidbar wird, ob also die völlige Beseitigung der Befristung der Härteklausel, die durch die Entscheidung des BVerfG (BVerfGE 55, 134) nicht geboten war, gegen Art 2 bzw 6 Abs 1 GG verstößt, weil sie die **Wiedererlangung der Eheschließungsfreiheit** ggf lebenslang verhindert. Diese Bedenken lassen sich nur durch eine **enge Auslegung** der Begriffe *„besondere Gründe", „außergewöhnlichen Umstände"* und der *„schweren Härte"* ausräumen. Gerade die Notwendigkeit einer am Ausnahmecharakter der Norm orientierten Auslegung, die eine Grundrechtsabwägung erforderlich macht, widerlegt auch das Argument von RAMM (soeben Rn 18); die gebotene Grundrechtsabwägung gibt dem Richter klare Maßstäbe und stellt die lebenslange Unscheidbarkeit gerade nicht in dessen Belieben. Insbesondere ist der Ausnahmecharakter der Anwendung der Härteklausel bei einer langfristigen Trennung zu beachten. Die beiden Entscheidungen des BVerfG zu § 1568 Abs 2 geben deutlich zu erkennen, daß die ursprüngliche Befristung der Härteklausel für den ganz vorrangigen Regelfall verfassungskonform gewesen wäre (BVerfGE 53, 224, 250 ff; vgl dort aber die abweichenden Voten von vier Richtern). Gescheitert ist die zeitliche Befristung letztlich an ihrer Unflexibilität für extreme Fälle (BVerfGE 55, 134). Es sollte für die Rechtsprechung klarer Maßstab sein, die Härteklausel über einen fünfjährigen Trennungszeitraum hinaus nur in Extremfällen anzuwenden (näher zur Zielbestimmung aus den Grundrechtsvorgaben § 1568 Rn 11 ff).

c) **Unbilligkeitsklauseln**

Hingegen erscheint es zweifelhaft, die gegen Scheidungsfolgeansprüche eingreifen- **20** den **Unbilligkeitsklauseln** (§ 1578 Abs 1 S 2, § 1579, § 1381 Abs 2) als verfassungsrechtlich zum Zweck des Eheschutzes geboten anzusehen (so aber teilweise SOERGEL/

HEINTZMANN Rn 6 ff). Es ist nicht zu bestreiten, daß diese Klauseln verfassungsrechtlich geboten sind, jedoch, um den Eingriff in Freiheitsrechte des Schuldners, den ein Anspruch immer bedeutet, dann einzugrenzen, wenn sich der familienrechtlich berechtigte Gläubiger *grob pflichtwidrig* verhalten hat oder der Anspruch sonst unangemessen ist. Das betrifft aber wieder nur das *individuelle* Verhältnis der (ehemaligen) Ehegatten. Äußerst bedenklich erschiene es hingegen, wollte man auf diesem Umweg die Ehe als Institut schützen; das liefe nämlich darauf hinaus, beispielsweise den scheidungswilligen, aber bedürftigen Ehegatten an der Stellung des Scheidungsantrags zu hindern, weil er sich vom Fortbestehen der zerrütteten Ehe Vermögensvorteile verspricht, die er bei geschiedener Ehe nicht mehr erlangt (so aber wohl SOERGEL/HEINTZMANN Rn 6; hiergegen auch MünchKomm/WOLF Rn 17 a). Ein solcher „Schutz" der Ehe wäre nicht nur sittlich anstößig; auch das Zerrüttungsprinzip wendet sich gegen diesen Argumentationsweg. Auch der potentiell scheidungsfolgenrechtlich *Verpflichtete* kann ja den Scheidungsantrag stellen und *dennoch* ggf die Unbilligkeit der Scheidungsfolgenansprüche des Antragsgegners geltend machen. Als Scheidungshemmnis wären also die Unbilligkeitsklauseln noch nicht einmal effizient. Es geht, wie sich zeigt, nur um den verfassungsrechtlich höchst gebotenen Einbruch von *Treu und Glauben* in das Scheidungsfolgenrecht, aber nicht um die Beeinflussung der Scheidung selbst.

II. Jüngere historische Entwicklung

21 1.   Das Scheidungsrecht des **1900** in Kraft getretenen BGB ist ausdrücklich (Mot IV 562, 566) einer **christlichen Gesamtanschauung** verhaftet. Es lehnt sich an das **protestantische Scheidungsrecht** an, weil schon damals ein Ausschluß der Ehescheidung, wie ihn das kanonische Recht vorsieht, vom sittlichen Standpunkt nicht ableitbar schien bzw angesichts der von der Aufklärung geprägten Scheidungsrechte der französisch-rechtlichen Länder auch nicht konsensfähig war (vgl MünchKomm/WOLF Rn 4; BOSCH FamRZ 1991, 1370 f betont hingegen stark die Zugeständnisse aus katholischer Sicht, also aus Sicht der Partei des Zentrums). Mit der einzigen Ausnahme der Scheidung wegen *Geisteskrankheit* (§ 1569 aF) war die Ehescheidung nur wegen eines *schuldhaften* Verstoßes des beklagten Ehegatten gegen eheliche Pflichten möglich; hierzu sah das BGB drei absolute Scheidungsgründe (Ehebruch, Lebensnachstellung, bösliches Verlassen – §§ 1565 bis 1567 aF) vor. Die **Generalklausel** des § 1568 aF als weiterer Scheidungsgrund stellte zwar auf die „tiefe Zerrüttung des ehelichen Verhältnisses" ab, ermöglichte aber nicht eine Scheidung wegen objektiver Zerrüttung iSd Nicht-Wiederherstellbarkeit einer ehelichen Gemeinschaft. Vielmehr diente auch die Generalklausel nur dem Schutz des klagenden Ehegatten gegen eine **sonstige Verletzung** ehelicher Pflichten durch den Beklagten, aufgrund derer dem Kläger die Fortsetzung der Ehe nicht mehr zugemutet werden konnte. Eine **einverständliche Scheidung** schied nach diesem Verständnis aus. Selbst eine Scheidung wegen unverschuldeter körperlicher Gebrechen (mit Ausnahme der Geisteskrankheit) wurde nicht zugelassen (MünchKomm/WOLF Rn 5; JOHANNSEN/HENRICH/JAEGER § 1564 Rn 8).

22 2.   Während der **Weimarer Republik** kam es zu vielfältiger Kritik und stark divergierenden, vor allem zwischen konservativem Zentrum und Liberalen strittigen Reformvorstößen (im einzelnen: BOSCH FamRZ 1991 1371; MünchKomm/WOLF Rn 6). Diese Reformvorstöße blieben allesamt fruchtlos; erst im Zuge des sog. Anschlusses der ersten österreichischen Republik an das Deutsche Reich durch die Nationalsoziali-

sten wurden die Scheidungsvorschriften in das neu geschaffene **Ehegesetz 1938** aus-
gegliedert. Hintergrund war vorrangig die Einführung der obligatorischen Zivilehe
und der zivilen Ehescheidung im bis dahin insoweit kanonischrechtlich geprägten
Österreich und nur marginal die Einbringung nationalsozialistischen Gedankenguts
(vgl auch die Bezeichnung als „Gesetz zur Vereinheitlichung des Rechts der Eheschließung und der Ehescheidung im Land Österreich und im übrigen Reichsge-
biet"). Die Verschuldenstatbestände wurden im wesentlichen übernommen, teilweise in der Generalklausel des § 43 EheG aF zusammengefaßt. Die zentrale,
nicht nationalsozialistisch geprägte Neuerung bestand neben der Ausweitung von
verschuldensunabhängigen konkreten Scheidungsgründen (geistige Störung, anstek-
kende und ekelerregende Krankheit, §§ 50, 52 EheG 1938) in der Einführung eines
Zerrüttungstatbestands (§ 55 EheG 1938); hiernach war nach mindestens dreijähriger
Aufhebung der häuslichen Gemeinschaft eine Ehescheidung auch ohne Verschulden
zulässig. Das **nationalsozialistische Gedankengut** äußerte sich in den neuen „Verschuldens"-Scheidungsgründen der Verweigerung der Fortpflanzung und der frühzeitigen
Unfruchtbarkeit. Prägend wurde es aber auch für die **Auslegung** des § 55 EheG 1938.
Das in § 55 Abs 2 enthaltene und später (in § 48 Abs 2 EheG 1946, dazu unten Rn 24)
durch den BGH scheidungsrestriktiv gehandhabte Widerspruchsrecht des Beklagten
wurde durch die Rechtsprechung in nationalsozialistischer Zeit weithin als „sittlich
nicht gerechtfertigt" außer Betracht gelassen, insbesondere dann, wenn die Ehescheidung der Durchsetzung der rassistischen nationalsozialistischen Doktrin diente
(eingehend: BOSCH FamRZ 1991 1372).

3.   Angesichts der weitgehend vom Nationalsozialismus abstrahierbaren Reform **23**
des Jahres 1938 bestand für die **Bereinigung des EheG** durch das Kontrollratsgesetz
Nr 16 (ABl des KR 1946, 77, 294) nur geringer Handlungsbedarf. Gestrichen wurden die
Scheidungsgründe der Verweigerung der Fortpflanzung und der Unfruchtbarkeit.
Die Generalklausel der Scheidung wegen Zerrüttung nach dreijähriger Trennung
blieb als § 48 EheG 1946 erhalten; hinzugefügt wurde neben dem übernommenen
Widerspruchsrecht des Ehegatten lediglich eine *Kinderschutzklausel* (§ 48 Abs 3
EheG). Der für die Entscheidung zwischen Verschuldens- und Zerrüttungsscheidung
zentrale Impuls gründete daher nicht auf dem Wortlaut des Gesetzes, sondern auf
einer zunehmend restriktiven Praxis des BGH (BGHZ 18, 13, 20; BGHZ 38, 116; BGH
FamRZ 1961, 428) zu § 48 Abs 2 EheG 1946. Durch Art 2 Nr 1 g FamRÄndG wurde
§ 48 EheG weiter verschärft. Gegen den zulässigen Widerspruch des anderen Ehegatten durfte die Ehe nicht geschieden werden, es sei denn, daß dem widersprechenden Ehegatten die Bindung an die Ehe und eine zumutbare Bereitschaft fehlte, die
Ehe fortzusetzen; dies zu beweisen war für den Kläger nahezu unmöglich. Der Widerspruch des beklagten Ehegatten wurde kaum je als unbegründet beurteilt, so daß die
Zerrüttungsscheidung gegen den Willen eines Ehegatten de facto ausschied. Die
Praxis war gekennzeichnet von einer großen Anzahl nur noch auf dem Papier bestehender Ehen und dem üblen Mißstand des vorprozessualen Schacherns um den
(häufig bezahlten) Verzicht des scheidungsunwilligen Ehegatten auf sein Widerspruchsrecht. Insbesondere aber erwies sich als mißlich, daß angesichts des ohnehin
bestehenden de facto-Zwanges zur Einigung der überwiegende Teil der objektiv nur
auf Zerrüttung zu gründenden Scheidungen nicht über § 48 EheG 1946 abgewickelt
wurde. Da das Abwarten der dreijährigen Trennung sich als wenig fruchtbar erwies,
wenn sodann dennoch keine einseitig begehrte Scheidung durchsetzbar war, wich die
Praxis auf die **Konventionalscheidung** aus. Über 90% der Scheidungen wurden tat-

bestandlich vorprozessual mit abgesprochener Rollenverteilung konstruiert und in offener Umgehung der Rechtslage vor Gericht als Verschuldensscheidung ohne Prüfung von Verschulden oder Zerrüttung durchgeführt, wenn Rechtsmittelverzicht erklärt wurde. Einer äußerst restriktiven höchstrichterlichen Rechtsprechung stand also eine dem eheerhaltenden Zweck des Scheidungsrechts vollständig widersprechende untergerichtliche Praxis gegenüber (MünchKomm/WOLF Rn 10; JOHANNSEN/HENRICH/JAEGER § 1564 Rn 9; ROLLAND Rn 3).

24 **4.**   Den Ausgangspunkt für eine **umfassende Reform** des Ehescheidungs- und Scheidungsfolgenrechts, die 1976 zum Erlaß des **Ersten Eherechtsgesetzes (1. EheRG)** führte, bildete ein Gesetzentwurf der FDP-Fraktion des Bundestages vom 17. 2. 1967 (BT-Drucks 5/1444); der Antrag sah die Wiederherstellung der bis zum Familienrechtsänderungsgesetz vom 11. 8. 1961 (BGBl I 1221) geltenden Fassung des **§ 48 Abs 2 EheG** vor. Der Vorschlag fand jedoch bei den anderen Fraktionen des Bundestages keine Unterstützung. Auf Antrag der SPD-Fraktion (BT-Drucks 5/2162), die eine grundsätzliche Reform des Scheidungsrechts befürwortete, beschloß der Bundestag am 8. 11. 1967, die Bundesregierung zu ersuchen, eine Sachverständigenkommission zur Vorbereitung einer Reform des Ehe- und Ehescheidungsrechts zu berufen. Diese sog. Eherechtskommission legte am 8. 5. 1970 dem Bundesjustizministerium ihre Thesen vor; danach sollte dem neuen Scheidungsrecht das **Zerrüttungsprinzip** zugrunde gelegt werden. Auf der Grundlage dieser Empfehlungen erarbeitete das BMJ im August 1970 einen sog **Diskussionsentwurf** eines Gesetzes über die Neuregelung des Rechts der Ehescheidung und der Scheidungsfolgen. Der Vorschlag stieß vor allem bei den **christlichen Kirchen** auf Ablehnung, weil er eine unwiderlegbare Vermutung des Scheiterns der Ehe bei 3-jähriger Trennungszeit oder 1-jähriger Trennungszeit und einverständlichem Scheidungsantrag der Ehegatten enthielt. Ein am 20. 9. 1971 dem Bundestag vorgelegter Regierungsentwurf eines 1. EheRG (BT-Drucks VI/2577) konnte wegen der vorzeitigen Auflösung des 6. Deutschen Bundestages nicht mehr verabschiedet werden. Dieser Entwurf ließ den Vorschlag des Diskussionsentwurfes einer unwiderlegbaren Vermutung des Scheiterns der Ehe nach 3-jähriger Trennungszeit der Ehegatten zugunsten einer widerlegbaren gesetzlichen Vermutung fallen. In der 7. Wahlperiode des Bundestages wurde der Entwurf des 1. EheRG mit dem Entwurf eines 2. EheRG zur Neuordnung der Zuständigkeiten und des Verfahrens in familienrechtlichen Angelegenheiten zu einem Gesetzentwurf zusammengefaßt und am 1. 6. 1973 im Bundestag eingebracht (BT-Drucks 7/650). Der Regierungsentwurf enthielt wiederum die unwiderlegbare Vermutung des Scheiterns der Ehe nach 3-jähriger Trennungszeit der Ehegatten. Er wurde am 8. 6. 1973 in erster Lesung beraten und anschließend an den Rechtsausschuß überwiesen. Dort war insbes die Ausgestaltung der in dem Regierungsentwurf enthaltenen **Härteklausel** des § 1568 BGB umstritten. Der Rechtsausschuß empfahl mehrheitlich eine Regelung, nach welcher die Ehe dann aufrechterhalten werden konnte, wenn infolge nicht-wirtschaftlicher Umstände die Scheidung für den Antragsgegner eine besondere Härte darstellte; im Gegensatz zum RegE sollte die Aufrechterhaltung der Ehe jedoch auf einen 3-jährigen Trennungszeitraum der Ehegatten begrenzt werden (BT-Drucks 7/4361, 13 f). Auf der Grundlage der Empfehlungen des Rechtsausschusses verabschiedete der Bundestag am 11. 12. 1975 in zweiter und dritter Lesung den Entwurf mit den Stimmen der SPD/FDP-Koalition gegen die Stimmen der CDU/CSU als „Erstes Gesetz zur Reform des Ehe- und Familienrechts (1. EheRG)". Der vom Bundesrat am 30. 1. 1976 in zahlreichen Punkten angerufene Vermittlungsausschuß (BR-Drucks 1/

76) befürwortete in einem Vermittlungsvorschlag vom 7. 4. 1976 die Berücksichtigung materieller Umstände und von Kindeswohlinteressen bei der Ausgestaltung der Härteklauseln und die Begrenzung ihrer Wirksamkeit auf einen Trennungszeitraum von 5 Jahren (BT-Drucks 7/4992, 5). Den Vermittlungsvorschlag hat der Bundestag bei nur 2 Gegenstimmen in der Sitzung vom 8. 4. 1976 und der Bundesrat gegen die Stimmen Bayerns und des Saarlandes in der Sitzung vom 9. 4. 1976 gebilligt. Das 1. EheRG ist am 1. 7. 1976 in Kraft getreten (BGBl I 1421; vgl zur Gesetzgebungsgeschichte: BT-Drucks 7/650, 62 bis 73; BVerfGE 53, 224; MünchKomm/Wolf Rn 11 ff; Johannsen/Henrich/ Jaeger § 1564 Rn 9; Bosch FamRZ 1991, 1375).

5. Die Reform führte zu einer umfassenden **Neuorientierung scheidungs- und schei-** 25
dungsfolgenrechtlicher Grundprinzipien:

a) Nicht nur für den Scheidungstatbestand erfolgte ein Übergang vom Verschuldens- zum **Zerrüttungsprinzip.** Für den Scheidungstatbestand erscheint die Klassifizierung als Prinzipienwechsel durchaus gerechtfertigt (kritisch: Johannsen/Henrich/ Jaeger Rn 11). Zwar war vordem die durch den Verschuldenstatbestand hervorgerufene Zerrüttung der Ehe kumulativ erforderliches Tatbestandsmerkmal. Kennzeichnend für den Scheidungstatbestand war aber die schuldhafte Eheverfehlung, was insbesondere darin deutlich wird, daß die Zerrüttung als Unzumutbarkeit aus Sicht des durch die Eheverfehlung „geschädigten" Ehegatten verstanden wurde. Im neuen Recht ist die **objektive Zerrüttung** (nunmehr in § 1565 Abs 1 bezeichnet als **Scheitern**) **der Ehe** das zentrale Tatbestandselement.

b) Das **Verschulden** an der Scheidung ist als Tatbestandselement jedoch nicht 26 völlig beseitigt. Für das Scheidungsrecht selbst wirkt sich das Verschulden insbesondere über § 1565 Abs 2 BGB aus (BT-Drucks 7/650, 108; BT-Drucks 7/4361, 10 f). Dabei ist jedoch das Verhältnis von Verschulden und Scheitern gegenüber dem alten Recht umgekehrt: Die Zerrüttung bleibt weiter tragender Scheidungsgrund, bei noch nicht einjähriger Trennung bedarf es jedoch kumulativ einer unzumutbaren Härte für den Antragsteller, die häufig – aber nicht zwingend – in einem *schuldhaften* Verhalten des Antragsgegners liegt. Die Zerrüttung wird aber nicht – wie nach altem Recht – zum bloß kausal verursachten Annex einer Eheverfehlung.

c) Deutlicher erkennbar bleiben die Auswirkungen des Verschuldens im **Schei-** 27 **dungsfolgenrecht.** Insbesondere die **negativen Billigkeitsklauseln** des Scheidungsfolgenrechts (Unterhalt: § 1579 Nrn 2, 4 bis 6; Versorgungsausgleich: § 1587 c Nrn 1 und 3, § 1587 h Nr 3; vgl auch zum Zugewinnausgleich, der systematisch betrachtet nicht Scheidungsfolge im engeren Sinn ist, § 1381 BGB) berücksichtigen Verschulden anspruchsmindernd oder -ausschließend. Dabei versucht der Gesetzgeber aber jeweils durch das Erfordernis eines **qualifizierten Verschuldens** die Rückkehr zum Verschuldensprinzip oder auch schwerwiegende Eingriffe in das Zerrüttungsprinzip zu vermeiden (vgl BGH NJW 1983, 118 zu § 1587 c Nr 1). Das deckt sich mit der vom BVerfG (FamRZ 1980, 324) gezogenen äußersten Grenze, wonach jedenfalls ein planmäßiges ehezerstörendes Verhalten eines Ehegatten bei der Scheidungsfolgenregelung zu berücksichtigen ist. Allerdings bedeutet dies nicht, daß die Berücksichtigung von Verschulden im Scheidungsfolgenrecht verfassungsrechtlich geboten wäre, um mittelbar den schuldigen Ehegatten zu sanktionieren und dadurch die Ehe als solche zu schützen (so aber wohl Soergel/Heintzmann Rn 6). Scheidungsfolgenregelungen unterstehen aber eigenständigen (Grundrechts-)Abwägungen; insbesondere kann es treu-widrig sein, wenn ein Ehegatte aus seiner ehefeindlichen Einstellung wirtschaftlichen Vorteil zieht, auch wenn für die Scheidbarkeit der Ehe dieser Umstand keine Rolle spielt. Diese Unabhängigkeit ist im geltenden Scheidungsfolgenrecht zu wenig be-rücksichtigt. Während die Zerrüttungsscheidung als solche nach eineinhalb Jahrzehn-ten erkennbar auf breite gesellschaftliche Akzeptanz stößt, ist das weitgehend ver-schuldensunabhängige Scheidungsfolgenrecht in breiten Bevölkerungskreisen auf Unverständnis gestoßen. Dies zeigen nicht zuletzt die Aktivitäten und Mitglieder-zahlen von Vereinen und Verbänden, die sich ein höheres Maß an Gerechtigkeit im Scheidungsfolgenrecht zum Ziel gesetzt haben. Zwar hat der Gesetzgeber durch jüngere Reformen (zu § 1579: Unterhaltsänderungsgesetz 1986) Klarstellungen un-ternommen, sich dabei jedoch gescheut, den **Ausnahmecharakter** der negativen Billig-keitsklauseln ernstlich zu beschränken und dem Scheidungsverschulden breiteren Raum zu geben (bedauernd auch: PALANDT/DIEDERICHSEN § 1579 Rn 1 betreffend die „Konkubi-natsfälle").

28 **d)**   Das **grundsätzliche rechtspolitische Problem** liegt in der bei Abfassung des 1. EheRG vorgenommenen **Verknüpfung** von **Zerrüttungsprinzip** im Ehescheidungs-recht **und Verschuldensunabhängigkeit** im Scheidungsfolgenrecht. Die Verschuldens-unabhängigkeit des Scheidungsfolgenrechts ist nämlich – wie andere Rechtsordnun-gen lehren (Österreich: §§ 66, 69 EheG; Italien: Art 5 Scheidungsgesetz [Nr 898/1970]; zum Recht der USA und Großbritanniens vgl HENRICH, in: FS Ferid [1978] 525, 536 ff; hingegen wurde das deutsche Modell übernommen in Art 1442 des griechischen Astikos Kodix; ein nach dem materiell auf die Scheidung anwendbaren Recht häufig als Voraussetzung für Scheidungsfolgenansprüche gebotener Verschuldensausspruch kann auch bei Scheidung durch ein deutsches Gericht erfolgen, vgl OLG Karlsruhe FamRZ 1995, 738) – keineswegs systemnotwendig mit dem Zerrüt-tungsprinzip verknüpft (BGB-RGRK/GRASSHOF Rn 13). Die konsequente Zubilligung von Unterhalt etwa nur bei Schuldlosigkeit des Unterhaltsberechtigten würde sogar ausgesprochen zwanglos mit der Herleitung des nachehelichen Unterhaltsanspruchs aus einer fortwirkenden ehelichen Solidarität harmonieren: Die teilweise noch nach längerer Geltung dieses Scheidungsfolgenrechts bestehenden Vorbehalte gegen des-sen Verschuldensunabhängigkeit gründen in dem geradezu naturrechtlichen Bewußt-sein, daß nicht Solidarität soll fordern können, wer Solidarität nicht pflichtgemäß erwiesen hat.

29 **e)**   Das Dilemma hat aber nicht zuletzt auch eine weitere Wurzel in dem Umstand, daß gerade konservativ-katholisch ausgerichteten Autoren das Scheidungsfolgen-recht als letzte Bastion des **Grundsatzes der lebzeitigen Ehe** erscheint (instruktiv: BOSCH FamRZ 1991, 1375). Selbst wenn man sich dem Gedanken anschließen wollte, ein ideo-logisch neutrales, auf dem Zerrüttungsprinzip beruhendes Scheidungsrecht habe den Gedanken der lebenslangen Ehe durch ein besonders starkes Scheidungsfolgenrecht zu bekräftigen, kann dieses Argument nur für solche Ehen stimmig eingesetzt wer-den, in denen der potentiell Unterhalts- und Versorgungsausgleichs*pflichtige* aus der Ehe strebt. Als störend wird aber gerade empfunden, daß sich der sogenannte „schwächere" Ehegatte über das Zerrüttungsprinzip aus der personalen ehelichen Solidarität entfernen kann und dafür noch durch die Gewährung wirtschaftlicher nachehelicher Solidarität belohnt wird. Zu einem auf Zerrüttung beruhenden Ehe-scheidungsrecht paßt letztlich – frei von dessen ideologischen Ansätzen – besser ein Scheidungsfolgenrecht, wie es das FGB der DDR vorsah (näher unten Rn 32 f): Akzeptiert man, wie dies der deutsche Gesetzgeber wohl irreversibel getan hat, daß zerrüttete Ehen mit Ausnahme besonderer Härtefälle nicht gegen den Willen auch nur eines Ehegatten zwangsweise zu erhalten sind, so müßte dies bei logischer Betrachtung zu dem weiteren Schluß führen, daß mit der Scheidung auch grundsätzlich die Ehe als Grundlage wechselseitiger Solidarität entfällt.

f) Eine **bedeutende rechtspolitische Aufgabe** dürfte künftig darin zu sehen sein, **30** Scheidungsfolgen, deren Grundlage die während der Ehe gelebte Solidarität ist und nach Scheidung auch bleibt (insbes Zugewinnausgleich, der nur durch *güterrechtsrelevante* Solidaritätsverletzungen während der Ehe gemindert werden kann, teilweise auch der Versorgungsausgleich) abzugrenzen gegen Scheidungsfolgen, die in die Zukunft wirkende Solidarität voraussetzen. Ein Scheidungsfolgenrecht, das bei einer reinen Zerrüttungsscheidung stimmig ist, sollte den ursprünglich im Gesetzgebungsverfahren hervorgehobenen Gedanken der **Eigenverantwortlichkeit nach Scheidung** (vgl Diskussionsentwurf, FamRZ 1970, 431 f) nicht nur zum Programmsatz machen (§ 1569), sondern zum Prinzip. Mit einem solchen Prinzip ist der Ausgleich **ehebedingter Nachteile** vereinbar, nicht aber *Aufstockungsunterhalt* (§ 1573 Abs 2) und *Alters-/Gebrechlichkeitsunterhalt* (§ 1571, van Els FamRZ 1992, 625; Schuchmann 152).

g) Die zur Begründung solcher weitergehender Tatbestände herangezogene **nach- 31 eheliche Solidarität** und die damit verbundene Abkehr vom Grundsatz der Eigenverantwortlichkeit (BGH FamRZ 1983, 801; FamRZ 1986, 444; FamRZ 1987, 461; FamRZ 1990, 265) beruht auf einer Fiktion, die nicht nur wenig aussagekräftig ist (Henrich, in: Weyers, Unterhalt nach der Scheidung [1986] 73; Schuchmann 153; Rolland § 1569 Rn 6), sondern schlicht der Lebenswirklichkeit widerspricht. Solidarität nach Scheidung kann gerade nicht als Regel postuliert werden; sie entspricht auch nicht einem allgemeinen Konsens, der es rechtfertigen könnte, diese Solidarität einem geschiedenen Ehegatten aufzuerlegen. Es kann als Tatsache der Lebenserfahrung gelten, daß die vom Gesetzgeber postulierte nacheheliche Solidarität bei geschiedenen Eheleuten typischerweise **nicht besteht** – sonst wäre die Ehe schwerlich geschieden worden. In der Sache geht es also um ein Postulat zulasten des wirtschaftlich stärkeren Partners, damit um einen Restbestand eines staatlichen Oktroy eines „Wesens der Ehe", der in Ansehung der Scheidungsgründe gerade durch das Zerrüttungsprinzip überwunden ist. Besonders augenfällig wird dies in der nachweisbaren (hierzu van Els FamRZ 1992, 627 ff) theologischen Wurzel der angeblichen nachehelichen Solidarität. Das Postulat von Solidarität bedeutet einen moralisch unterlegten Anspruch. Wer eine Verstärkung der Scheidungsfolgeansprüche unter dem Gesichtspunkt einer aus der Lebzeitigkeit der Ehe folgenden nachehelichen Solidarität vertritt (vgl insbes Bosch FamRZ 1991, 1375), kann dies nicht ohne Blick auf das Verschulden am Scheitern der Ehe tun. Wer in einem verschuldensunabhängigen Scheidungsfolgenrecht den „verlassenen" Partner als Gläubiger dem Regelungsmodell zugrundelegt, schützt zwangsläufig ebenso den aus der Ehe ausbrechenden Partner. Verschuldensunabhängig gewährte Scheidungsfolgen wären daher de lege ferenda auf Fälle zu begrenzen, in denen das Interesse Dritter (insb gemeinsamer Kinder) dies gebietet. Vor allem die Kumulation der Freiheit des aus der Ehe Strebenden, die das Zerrüttungsprinzip gewährt und der Absicherung durch Ansprüche gegen den anderen Ehegatten, wird immer mit berechtigtem Unverständnis in weiten Bevölkerungskreisen zu kämpfen haben.

32 **6.** Das **Scheidungsrecht der früheren DDR** löste sich in der Rechtspraxis sehr bald nach Erlaß des – auch für die damalige SBZ geltenden – Ehegesetzes 1946 von der Methodik der Anwendung in der Bundesrepublik.

a) Dies äußerte sich zunächst darin, daß das **nacheheliche Unterhaltsrecht** trotz Fortbestands der Verschuldensscheidung dem Grunde nach (zur Aufweichung dieses Grundsatzes in der Rechtsprechung des OG [DDR]: Bosch FamRZ 1991, 1374) im Vorgriff auf ein Zerrüttungsprinzip restriktiv angewendet wurde. Kritik an dieser Entwicklung der Gesetzesauslegung sollte differenzieren zwischen der abzulehnenden *staatsdoktrinären* Begründung, wonach insbesondere auch die geschiedene Frau ihre Arbeitskraft dem „sozialistischen Aufbau" zur Verfügung zu stellen habe und der diskussionswürdigen *familienrechtspolitischen* Betonung einer grundsätzlichen Beendigung ehebedingter Verpflichtungen im Zuge der Ehescheidung. Dies entspricht durchaus dem Prinzip nachehelicher Eigenverantwortlichkeit, welches § 1569 nunmehr postuliert. Wie deutlich dieses Prinzip durchzugestalten ist, ist immer eine rechtspolitisch offene Frage, die nicht unter der einmal gegebenen ideologischen Begründung leiden sollte (zu heftig daher wohl Bosch FamRZ 1991, 1373; drastisch, aber durchaus treffend die dort zitierte Phrase des OG [DDR], es sei „nicht Aufgabe des geschiedenen Mannes, ein Faulenzerleben der früheren Ehefrau zu finanzieren" – eben dies sollte ein zerrüttungsorientiertes Scheidungsfolgenrecht in der Tat vermeiden).

33 **b)** Der **Übergang zum Zerrüttungsprinzip** erfolgte mit Wirkung vom 29.11.1955 durch die *Verordnung über die Eheschließung und Ehescheidung v 24.11.1955* (GBl DDR I 849). Deren § 8 sah eine Zerrüttungsgeneralklausel vor, die eine Ehescheidung bei Sinnverlust der Ehe unter Beachtung einer Härteklausel zugunsten des anderen Ehegatten und der Kinder erlaubte.

34 **c)** Am 1.4.1966 trat das **Familiengesetzbuch** in Kraft, das inhaltlich in § 24 Abs 1 den Zerrüttungstatbestand und in § 24 Abs 2 die doppelte Härteklausel des vorher geltenden Rechts übernimmt. Das **nacheheliche Unterhaltsrecht** war in § 29 FGB in Fortführung des rechtspolitischen Gedankens der Restriktion nachehelicher Pflichten auf maximal zwei Jahre nach Rechtskraft des Scheidungsurteils begrenzt. Darüber hinaus kam eine Ausdehnung nach §§ 29 Abs 2, 31 FGB nur in Ausnahmefällen in Betracht, wenn vorhersehbar oder nachträglich erkennbar der Bedürftige sich keinen eigenen Erwerb schaffen konnte. Zu berücksichtigen waren gemäß §§ 30 ff FGB für die Unterhaltsgewährung grundsätzlich die Lebensverhältnisse, aber auch die Entwicklung der Ehe und die Umstände, die zur Scheidung geführt hatten, was insbesondere auch die Berücksichtigung eines Scheidungsverschuldens erlaubte (DDR-Justizministerium [Hrsg], Familienrecht, Kommentar [5. Aufl 1982] § 29 Anm 1.3.). Hingegen war das gemeinschaftliche Eigentum und Vermögen des **gesetzlichen Güterstandes** grundsätzlich verschuldensunabhängig im Falle der Scheidung hälftig auseinanderzusetzen (§§ 39 ff FGB [DDR]; zu Einzelheiten vgl Staudinger/Rauscher [1996] Art 234 § 4 EGBGB Rn 8 ff [Ehegüterrecht] und Art 234 § 5 EGBGB Rn 42 ff [Unterhalt]; zur rechtspolitischen Komponente vgl auch Art 234 § 5 EGBGB Rn 14 ff).

35 **d)** Das kurz vor Wirksamwerden der Wiedervereinigung – am 1.10.1990 – in Kraft getretene **Familienrechtsänderungsgesetz** (GBl DDR 1990 I 1038) hat den Scheidungstatbestand lediglich sprachlich dem Zerrüttungsgrundsatz des BGB angepaßt. Im nachehelichen Unterhaltsrecht blieb es bei dem Grundsatz der Unterhaltsbegrenzung auf zwei Jahre. Den geänderten wirtschaftlichen Voraussetzungen wurde dadurch Rechnung getragen, daß auch andere ehebedingte Umstände, insbes ehebedingte Arbeitslosigkeit zu nachehelichem Unterhalt berechtigen sollte. Ein Zugeständnis an den Gedanken der Fortwirkung ehelicher Pflichten bestand in der nun möglichen Berücksichtigung von Gründen, die binnen der zweijährigen Unterhaltsphase eintraten. Hingegen blieb das Familienrechtsänderungsgesetz insoweit konsequent, als *Anschlußtatbestände* (vgl §§ 1571 ff BGB) als nicht ehebedingt nicht zu (verlängertem) nachehelichem Unterhalt führen konnten (vgl im einzelnen STAUDINGER/RAUSCHER [1996] Art 234 § 5 EGBGB Rn 42 ff).

III. Scheidungsstatistik und Scheidungsrecht

1. Ob das Ehescheidungsrecht auf die Scheidungswilligkeit und die **statistische 36 Entwicklung** (zu älteren statistischen Werten vgl MünchKomm/WOLF Rn 20 ff; ERMAN/DIECK-MANN Rn 1 und Vorbem §§ 1565 ff Rn 8; AK-BGB/LANGE-KLEIN Rn 11 ff; für Zeiträume vor 1956: WOLF/LÜKE/HAX 382 f) der Ehescheidungshäufigkeit Einfluß nimmt, ist strittig. Ein solcher Einfluß wurde im älteren Schrifttum behauptet; dabei wurde jedoch jeweils Bezug genommen auf den – postulierten – *Erfahrungssatz*, eine Erleichterung der Scheidungsmöglichkeit helfe Ehen zerstören (BOSCH, Familienrechtsreform 41, MIKAT FamRZ 1963, 60 f). Diese Sicht setzt zweierlei voraus: Zum einen müßte die Scheidungshäufigkeit überhaupt ein Indikator für die Ehestabilität sein. Zum anderen müßten sich im Umfeld von Rechtsänderungen signifikante statistische Veränderungen der Ehescheidungsquoten nachweisen lassen.

2. **Indikatorfunktion** hat die Scheidungshäufigkeit für die Zerrüttung von Ehen nur 37 dann, wenn man die Zerrüttung mit der Ehescheidung identifiziert. Dem ist zu Recht entgegenzuhalten, daß die Ehescheidung nur eine *Konsequenz* der Zerrüttung der Ehe ist, Scheidungshäufigkeiten also nur darüber Auskunft geben können, welche Anzahl von Ehegatten eine Ehescheidung als formalisierte Lösung des Zerrüttungsfalles wählt (MünchKomm/WOLF Rn 30). Eine Tendenz zur Zerrüttungshäufigkeit ließe sich statistisch nur dann belegen, wenn man die Zerstörung der Ehe erst mit der Ehescheidung als gegeben annimmt. Über die Zerrüttung der Ehe, also deren inneren Sinnverlust ließe sich selbst anhand von statistischem Material, welches eine Aussage über eine Wechselwirkung von Scheidungsrecht und Scheidungshäufigkeit zuließe, nichts aussagen (MünchKomm/WOLF Rn 29). Aus der Scheidungshäufigkeit alleine läßt sich weder auf absolute noch auf relative Zerrüttungszahlen schließen (unklar MünchKomm/WOLF Rn 30, Scheidungszahlen sagten etwas über die Größe des Prozentsatzes der unter den zerrütteten geschiedenen Ehen).

3. Fraglich erscheint aber zudem, ob die Ausgestaltung des **Scheidungsrechts Ein- 38 fluß auf die Scheidungshäufigkeit** nimmt. Schon WOLF/LÜKE/HAX (insbes 199 ff) haben in ihrer noch immer wegweisenden Untersuchung anhand umfangreichen statistischen Materials nachgewiesen, daß über statistisch relevante längere Zeiträume das strengere oder freiere Scheidungsrecht keinen signifikanten Einfluß auf die Häufigkeit der Ehescheidungen hat. Beispielhaft ist anzuführen die Verdoppelung der Ehescheidungen pro 100.000 Einwohner *zwischen 1945 und 1947* gegenüber dem Vorkriegszustand (1939), *obgleich* in jene Phase die Abkehr von nationalsozialistischer, tendenziell scheidungsfreudiger Rechtsanwendung fällt. Der sich darin spiegelnde, auch im Zusammenhang mit dem 1. Weltkrieg nachweisbare Effekt der Labilisierung

gesellschaftlicher und familiärer Strukturen überlagert also eindeutig eine Einflußnahme des Rechts (WOLF/LÜKE/HAX 200 f). Betrachtet man, als weiteres Beispiel, die
Zeiträume vor bzw nach *Inkraftsetzung des geltenden Scheidungsrechts*, so fällt auf,
daß sich durchaus signifikante kurzfristige statistische Verlagerungen ergeben. Jedoch besteht der stärkste erkennbare Effekt darin, daß sich vor Inkrafttreten neuen
Rechts die Scheidungszahlen kurzfristig erhöhen; das hat seine Ursache nicht in dem
später scheidungsfreundlicheren Recht, sondern in prozessualen Taktiken, die darauf
abzielen, noch unter altem Scheidungs*(folgen)*recht eine Scheidung zu erlangen bzw
schneller die Scheidung zu erlangen als während der schwierigen Einübungsphase
der Rechtsprechung in neues Recht. *Langfristig* aber führt gerade diese letzte und
deutlichste Reform des deutschen Ehescheidungsrechts zu keinem Bruch in der –
insgesamt freilich kontinuierlich steigenden – Scheidungshäufigkeit (MünchKomm/
WOLF Rn 24, 29; in den Jahren 1988 bis 1990 fand dieser Trend eine kurze Umkehr, und setzt sich
seither in den **alten Bundesländern** fort: 1991: + 3%; 1992: – 2.1%, 1993: + 10,7%, 1994: + 2%; 1995: +
2%; 1996: + 3,6% vgl FamRZ 1992, 37, 1279; StAZ 1995, 121; FamRZ 1996, 1264; FuR 1996, 316;
FamRZ 1997, 1065; eine Zusammenstellung der absoluten Scheidungshäufigkeiten sowie der Schei-
dungsraten [Scheidungen ./. Eheschließungen] zur Entwicklung seit 1960 ist abgedruckt in BT-Drucks
13/4899, 35 – Entwurf KindRG; in den **neuen Bundesländern** sind die Zuwachsraten höher, die absolute Scheidungshäufigkeit, bezogen auf je 10.000 Einwohner liegt jedoch noch deutlich niedriger,
bei etwa 75% der Quote in den alten Bundesländern und bei etwa 50% der Scheidungszahlen in der
ehemaligen DDR, FamRZ 1996, 1264; FuR 1996, 316; zum Rückgang der Scheidungen nach der
Wiedervereinigung auch unten Rn 40). Stärker noch ist der Trend zu einem wachsenden
Anteil letztlich geschiedener Ehen nach Eheschließungsjahrgängen. Die *Scheidungsrate*, der Anteil der letztlich geschiedenen Ehen eines Eheschließungsjahrganges,
liegt für Ende der 80-er Jahre geschlossene Ehen bei rund 30% und damit mehr
als doppelt so hoch wie die Scheidungsrate von Ehen aus den 60-er Jahren (GERN-
HUBER/COESTER-WALTJEN § 24 IV 4, dort auch zur hohen Wiederheiratsquote; die Scheidungsrate ist
für kürzer zurückliegende Eheschließungsjahrgänge schwer prognostizierbar, weil Scheidungshäufigkeiten der ersten Jahre nach Eheschließung hochgerechnet werden müssen). Auch die *Scheidungsquote*, also das Verhältnis zwischen Ehescheidungen und Eheschließungen bezogen auf das selbe Jahr (vgl BT-Drucks 13/4899, 35 für 1960 bis 1994; diese Quote trifft keine
direkte Aussage zum Anteil der geschiedenen Ehen, weil sie lediglich eine Bestandsbilanzierung
ohne Rücksicht auf den Zeitpunkt der Eheschließung bedeutet) steigt seit vier Jahrzehnten mit
kurzfristigen Gegentrends (die stärker von zwischenzeitlichen Steigerungen der Ehe-
schließungszahlen als von der Abnahme der Scheidungszahlen abhängen, vgl die
Werte für 1985 bis 1993). Die Gestaltung der Scheidungsgründe nimmt also offenbar
keinen statistisch nachweisbaren Einfluß auf die Scheidungshäufigkeit.

39 4.   Dennoch läßt sich damit nicht sagen, daß Lockerungen des Scheidungsrechts
keinen Einfluß auf die **Zerrüttungshäufigkeit** der Ehen hätten, ohne daß die Scheidungszahlen dafür indiziell wären.

a)   Eine erleichterte Scheidungsmöglichkeit, insbes aber der Übergang vom Ver-
schuldens- zum Zerrüttungsprinzip hinsichtlich der *Scheidungsfolgen* könnte durchaus die **Konsensbereitschaft** der Ehegatten reduzieren, weil eine Scheidung als
schlimmstenfalls möglicher Ausweg verstanden werden kann. Schuldunabhängiges
Scheidungsfolgenrecht kann die Bereitschaft eines Ehegatten zu ehestörendem Verhalten erhöhen, da er dies immerhin ohne Folgen für eventuelle nacheheliche Ansprüche tun kann.

b)   **Diese Hypothese entzieht sich weitgehend statistischer Erkenntnis.** Allenfalls ließe **40**
sich an demoskopische Methoden denken, die aber insofern problematisch sind, weil
eine **Betroffenenbefragung** wegen der persönlichen Involviertheit von hoher Fehler-
haftigkeit sein dürfte (wer gibt etwa gerne zu, er habe den Partner leichteren Herzens
betrogen, weil es ja scheidungsfolgenrechtlich nichts koste). Wie stark offenbar wirtschaftliche Erwägungen die Scheidungswilligkeit beeinflussen, läßt sich aus der außergewöhnlichen Entwicklung in den neuen Bundesländern ablesen; dort hat die
Scheidungsquote 1990/1991 um 36,2/71,9% abgenommen, jedoch bereits 1993 wieder
annähernd den Wert von 1985 erreicht (FamRZ 1992, 1279; BT-Drucks 13/4899, 35); dies
sollte nicht der These einer Scheidungsverhinderung durch Furcht vor mangelnder
wirtschaftlicher Absicherung durch wirtschaftliche Unabhängigkeit den Weg berei-
ten, zumal sich in wahrhaft wirtschaftlich schweren Zeiten eher eine Destabilisierung
der Ehe nachweisen ließ (oben Rn 38). Wer vermöchte im einzelnen zu beurteilen, ob
gravierende Vermögensnachteile von einem Ehebruch abgehalten hätten? Hingegen
ergibt **repräsentative Befragung** tendenziell scheinliberale Mehrheiten, weil Toleranz
gegenüber sittlichen Verhaltenslockerungen als modern gilt und in Relation zur
Haltung von selbst Betroffenen geradezu kuriose Meinungsverschiebungen erkennbar werden (vgl etwa die Umfrage im Auftrag des Bundesjustizministeriums, berichtet bei STÖCKER
FamRZ 1971, 609, wo 60% der Befragten sich für ein Erbrecht einer langjährigen nichtehelichen
Partnerin eines *verheirateten* Mannes aussprachen; ein als Indiz für die Haltung Betroffener wohl
schwerlich geeignetes Ergebnis).

c)   Für die Richtigkeit der Hypothese lassen sich dennoch Indizien finden. Einer- **41**
seits ergibt sich eine durchaus signifikante Verbindung von Scheidungsquote und
Konfessionszugehörigkeit (Unterschreitung der Erwartungsquote bei katholischen Ehegatten
um rund 30%, MünchKomm/WOLF Rn 28). Man wird dies zu einem Teil zurückzuführen
haben auf die kanonische Ablehnung der Scheidung als Rechtsinstitut; angesichts
verbreiteter Ablehnung unreflektierter Treue zu religiösen Verhaltenskodices dürfte
aber die signifikante Abweichung eher tieferliegende Gründe haben. Im Sinne der
hier zur Diskussion gestellten These könnte eine durch stärkere moralische Prägung
bedingte höhere Konsensfähigkeit bzw Hemmung gegenüber ehestörendem Verhalten bestehen.

Bemerkenswert als Indiz für eine Hemmschwellenfunktion der Rechts- und Sozial-
ordnung erscheint auch eine Entwicklung des gesellschaftlichen Sittenbildes, die wie
wenige Entwicklungen sonst unbestritten ist und näherer Belege nicht bedarf: Die
sog „sexuelle Befreiung" der 60-er Jahre hat in weiten Bevölkerungskreisen vorher
tabuisierte Verhaltensweisen als erlaubt propagiert. Die Rechtsordnung ist dem gefolgt, indem vorher pönalisierte Verhaltensweisen (zB Ehebruch) straffrei gestellt
wurden und bürgerlich-rechtliche Normen (zB § 33 EheG aF, § 1300 BGB aF) einem
starken Bedeutungswandel, schließlich häufig dem Wegfall, unterworfen sind. Wenn
nun voreheliches Sexualverhalten nach hM aus Anlaß der Eheschließung selbst auf
Befragen nicht zu offenbaren ist (vgl STAUDINGER/STRÄTZ[12] § 33 EheG Rn 25) oder in
vordem undenkbarer Toleranzbreite die Heiratschancen nicht beeinflussen soll
(STAUDINGER/STRÄTZ[12] § 1300 BGB Rn 15, 20 ff), so erscheint eine Wechselwirkung mit
bekanntermaßen verbreiteter Sorglosigkeit im Sexualverhalten offenbar; stärker
als die Orientierung moralischer Wertungen des Einzelnen am Recht dürfte freilich
die Reaktion des Rechts auf geänderte gesellschaftliche Moralvorstellungen sein.

Ein noch nicht abschließend untersuchtes Indiz für die hier vertretene Hypothese, wonach die Rechtslage die Moralvorstellungen und damit das Scheidungsverhalten nur wenig beeinflußt, sondern ihnen allenfalls nacheilt, liefern ehepsychologische Untersuchungen aus multikulturellen Staaten (zB den USA); diese zeigen, daß unter denselben scheidungsrechtlichen Vorgaben die Verhaltensmuster in der Ehekrise sich stark typisiert zwischen den kulturell-ethnischen Bevölkerungsgruppen unterscheiden, was die Annahme nahelegt, Unterschiede im Scheidungsverhalten rührten stärker vom sozialen und kulturellen Umfeld als vom rechtlichen Umfeld her.

42 **d)** Es erscheint also einerseits nicht nachweisbar, daß Wandlungen im Ehescheidungsrecht zu einer statistisch meßbaren Veränderung des Scheidungsverhaltens führen. Andererseits widerlegt dies aber bei rechtem Verständnis nicht die eingangs (Rn 36) zitierten Stimmen, die freilich Ehescheidungszahlen und Zerrüttung unzutreffend identifizieren. Denkbar – und wohl sogar naheliegend – bleibt die These, daß Wandlungen des Scheidungsrechts in Wechselwirkungen zum Rechts- und Unrechtsbewußtsein von Ehegatten stehen und hierdurch Einfluß nehmen auf das die Zerrüttung der Ehe beschleunigende oder bremsende Partnerverhalten der Ehegatten. Mit dieser These verbindet sich jedoch nicht der Ruf nach einer Begrenzung der Scheidungszahlen durch Restriktion des Scheidungsgrundes. Eheerhaltung kann nur vor der Zerrüttung einsetzen; hierzu kann aber – neben der gebotenen Verbesserung der wirtschaftlichen Grundlagen der Ehe auch ein Scheidungsfolgenrecht beitragen, daß die *Verantwortlichkeit* für das Scheitern einer Ehe nicht aus dem Bewußtsein der Gesellschaft verdrängt.

IV. Scheidungswirkungen

1. Erlöschen von Rechtsbeziehungen

43 **a)** Nach ganz überwiegender Ansicht beendet die Ehescheidung nicht grundsätzlich die wechselseitig bestehenden Rechte und Pflichten (MünchKomm/WOLF § 1564 Rn 93; BGB-RGRK/GRASSHOF § 1564 Rn 142; aA BSGE 12, 133). Das Scheidungsfolgenrecht des 1. EheRG gründet wesentlich auf dem Postulat einer fortbestehenden **nachehelichen Solidarität**. Im Zusammenhang mit der Wiedervereinigung der beiden deutschen Staaten und der aus Art 234 § 1 EGBGB folgenden Anwendung der §§ 1564 ff auf alle nach dem 3. 10. 1990 auszusprechenden Ehescheidungen ist dieser grundsätzliche Ansatz erneut diskutiert worden. Das Recht der DDR nahm prinzipiell eine Beendigung der wechselseitigen Rechte und Pflichten mit der Ehescheidung an (vgl STAUDINGER/RAUSCHER [1996] Art 234 § 5 EGBGB Rn 16). Die Unterscheidung dieser Prinzipien ist von hoher rechtspolitischer Bedeutung, wie sich insbes am Beispiel des nachehelichen Unterhaltsrechts im Vergleich zwischen §§ 1569 ff und §§ 29 ff FGB-DDR erweist (dazu STAUDINGER/RAUSCHER [1996] Art 234 § 5 EGBGB Rn 42 ff).

44 **b)** Für die **Rechtsanwendung** ist der vom Gesetzgeber und der hM postulierte Grundsatz **nachehelicher Solidarität** (zur Kritik oben Rn 30 f) nicht ergiebig. Dieses Prinzip ist jedenfalls keine Rechtsgrundlage für im Gesetz nicht geregelte Ansprüche. Der Grundsatz nachehelicher Solidarität als **rechtspolitische Grundlage** für ausdrücklich normierte nacheheliche Folgeansprüche bedingt aber in Gegenrichtung, daß den Gläubiger eine jeweils korrespondierende Pflicht treffen muß, auf die Interessen des Verpflichteten Rücksicht zu nehmen. Dogmatisch handelt es sich um Nebenpflichten des Gläubigers aus dem – beispielsweise aus §§ 1569 ff BGB – bestehenden *Schuldverhältnis* (JOHANNSEN/HENRICH/JAEGER § 1564 Rn 62). Der Berechtigte hat nicht nur alles zu unterlassen, was dem verpflichteten geschiedenen Partner die Erfüllung unnötig erschwert. Ihn trifft auch die Verpflichtung, an ihm zumutbaren Maßnahmen mitzuwirken, die zu wirtschaftlichen Vorteilen (insbes Steuervorteilen) beim Verpflichteten führen (BGH FamRZ 1983, 576; BGH FamRZ 1988, 607), sofern der Verpflichtete die für den Berechtigten hieraus resultierenden wirtschaftlichen Nachteile erstattet.

c) Im übrigen ist **jede einzelne Rechtsbeziehung** darauf zu prüfen, ob sie die Ehe- **45** scheidung – ggf modifiziert oder befristet – überdauert oder ob sie erlischt. Soweit jedoch Regelungen über eine Fortdauer (die *rechtspolitisch* durch den Grundsatz nachehelicher Solidarität veranlaßt sein können), für eine einzelne Rechtsbeziehung nicht bestehen, kann nicht eine daneben oder darüber hinaus bestehende gemeinsame Verantwortung der Ehegatten postuliert werden (MünchKomm/WOLF 1564 Rn 93; JOHANNSEN/HENRICH/JAEGER § 1564 Rn 62; BGB-RGRK/GRASSHOFF § 1564 Rn 141; **aA** BGB-RGRK/WÜSTENBERG [11. Aufl] § 41 EheG Anm 108). Die in §§ 1618 a, 1634 Abs 1 S 2 geregelten *Beistands- und Rücksichtspflichten* gelten nicht dem geschiedenen Ehegatten als solchem, sondern nur in seiner Eigenschaft als Elternteil und damit nicht im eigenen Interesse, sondern im Interesse des Kindeswohls (JOHANNSEN/HENRICH/ JAEGER § 1564 Rn 62; MünchKomm/WOLF § 1564 Rn 93). Es bestehen also grundsätzlich wechselseitige Wirkungen, Rechtsbeziehungen und Ansprüche nur dann, wenn dies ausdrücklich geregelt ist.

2. Einzelne Rechtsverhältnisse

a) Familienrecht
aa) Ab dem Zeitpunkt der Rechtskraft der Scheidung entfällt das **Ehehindernis** der **46** bestehenden Ehe; jeder der geschiedenen Ehegatten kann **wieder heiraten** (Münch-Komm/WOLF § 1564 Rn 94). Eine vor Rechtskraft der Scheidung geschlossene Ehe ist **aufhebbar** (§§ 1314, 1306 idF des EheschlRG); im Gegensatz zu sonstigen Fällen der Bigamie ist die **Aufhebung** einer nach Ausspruch, jedoch vor Rechtskraft der Scheidung der früheren Ehe geschlossenen Ehe durch den Eintritt der Rechtskraft der Scheidung der früheren Ehe **ausgeschlossen** (§ 1315 Abs 2 Nr 1).

Die durch die Ehe begründete **Schwägerschaft** zu Verwandten des früheren Ehegatten bleibt jedoch bestehen (§ 1590 Abs 2).

Ein **Verlöbnis** mit einem Dritten, welches bei bestehender Ehe nach allgemeiner **47** Ansicht wegen Sittenwidrigkeit (§ 138), Gesetzesverstoßes (§ 134) und anfänglicher Unmöglichkeit (§ 306) nichtig ist, erscheint **nach Verkündung des Scheidungsurteils** nicht mehr ohne weiteres so anstößig, daß es dem Anstandsgefühl aller billig und gerecht Denkenden widerspräche (LG Duisburg NJW 1950, 714; **aA** LG Karlsruhe NJW 1988, 3023; BOSCH FamRZ 1982, 867). Nichtigkeit wegen §§ 134, 306 entfällt schon in Hinblick auf die mögliche Heilung einer in diesem Stadium geschlossenen Ehe nach § 1315 Abs 2 Nr 1. Fraglich, aber im Lichte gewandelter Sittenvorstellungen wohl zu bejahen ist die Frage, ob die Sittenwidrigkeit entgegen der noch hM sogar schon entfällt, wenn der (noch) verheiratete Verlobte die Scheidung seiner Ehe (begründet) betreibt (dagegen BGH FamRZ 1984, 386; BayObLG JR 1984, 125; gegen Sittenwidrigkeit: STRÄTZ JR 1984, 125; zweifelnd: MünchKomm/WACKE 1297 Rn 13).

Eine **Heilung des Verlöbnisses** entsprechend § 1315 Abs 2 Nr 1 könnte hingegen nicht angenommen werden: dem stünde entgegen, daß ein nichtiges Verlöbnis per se unwirksam ist, eine Ehe unter Verstoß gegen das Bigamieverbot jedoch nur aufhebbar. Da eine „Heilung" im Sinne der Neubegründung aufgrund Bekräftigung nach rechtskräftiger Scheidung ohnehin formlos möglich ist, wird die Frage nur relevant, wenn einer der Verlobten sich vor Rechtskraft der Scheidung den Verpflichtungen aufgrund des Verlöbnisses unter Berufung auf dessen Nichtigkeit entziehen will.

Vorzugswürdig erscheint es daher, das zwischen Ausspruch und Rechtskraft der Scheidung und wohl auch das im Scheidungsverfahren eingegangene Verlöbnis als wirksam anzusehen, jedoch auf der **Rechtsfolgenseite** der Tatbestände §§ 1298 ff BGB das (noch) Bestehen einer Ehe eines der Verlobten zu berücksichtigen (die hM gewährt Schadensersatzansprüche des gutgläubigen Verlobungspartners analog §§ 307, 309 im Umfang von § 1298 ff): *Verschuldensunabhängige* Ansprüche sind zu gewähren. Soweit *Verschulden* erforderlich ist, gereicht die Auflösung des Verlöbnisses wegen der noch bestehenden Ehe (sei es durch rechtskräftige Aufhebung des Scheidungsurteils bzw durch Abweisung oder Rücknahme des Scheidungsantrags, sei es, daß der andere Verlobte Kenntnis von der noch bestehenden Ehe erst erlangt und daraufhin zurücktritt) dem noch verheirateten Teil zum Verschulden. Dies gilt auch für § 1300; insbes ist nicht bereits der Umstand, daß die Verlobte, obgleich formell noch nicht (rechtskräftig) geschieden, ihrem Verlobten den Beischlaf gestattet, der Geschlechtsehre der Verlobten abträglich, sofern sie keine Anhaltspunkte dafür hat, daß das Scheidungsurteil aufgehoben wird.

48 bb) Die **persönlichen Ehewirkungen** (§§ 1353 bis 1362) sind mit Rechtskraft der Scheidung beendet (Johannsen/Henrich/Jaeger § 1564 Rn 61; Palandt/Diederichsen Rn 3; MünchKomm/Wolf § 1564 Rn 93 BGB-RGRK/Grasshof § 1564 Rn 141). Beistandspflichten und die Pflicht zur ehelichen Lebensgemeinschaft entfallen; der Sorgfaltsmaßstab ist nicht mehr durch § 1359 eingeschränkt. Das Fortbestehen der *Schlüsselgewalt* wird nicht gemäß §§ 674, 169, 173 fingiert, auch wenn der Ehegatte oder ein Dritter das Ende der Ehe nicht kannte und nicht kennen mußte (Staudinger/Hübner[12] § 1357 Rn 13; MünchKomm/Wolf § 1564 Rn 93). Eine Verpflichtung des anderen Ehegatten aufgrund der Schlüsselgewalt während der Zeit der Trennung oder vor Rechtskraft der Scheidung kann zu Ansprüchen aus § 826 BGB gegen den handelnden Ehegatten führen.

49 cc) Der durch die Eheschließung erworbene **Name** wird durch die Ehescheidung grundsätzlich nicht berührt. § 1355 Abs 2 nF trägt jedenfalls dem Bedürfnis Rechnung, daß der als Ehename der geschiedenen Ehe *erworbene* Name nicht zum Ehenamen der neuen Ehe wird. Das Recht des Ehemannes, der geschiedenen Ehefrau die Fortführung des Namens zu untersagen (§§ 56, 57 EheG aF), ist aus Gründen der Gleichberechtigung entfallen, aber auch nicht durch ein gleichberechtigungskonformes Recht des ursprünglichen Namensträgers des Ehenamens ersetzt worden, obgleich ein Bedürfnis des ursprünglichen Namensträgers bestehen kann, in extremen Fällen mit dem geschiedenen Partner nicht mehr namensmäßig identifiziert zu werden.

Jeder Ehegatte kann jedoch durch Erklärung gegenüber dem Standesbeamten den **vor der Ehe geführten Namen** oder seinen **Geburtsnamen** wieder annehmen (§ 1355 Abs 4; § 15 c PStG).

dd) Mit Rechtskraft der Scheidung endet der **eheliche Unterhaltsanspruch** (§ 1360), **50** insbes auch der Anspruch auf *Trennungsunterhalt* (§ 1361). Die Stellung des *Scheidungsantrags* berührt die Unterhaltspflicht nicht. Während des Scheidungsverfahrens besteht der Anspruch des haushaltsführenden Ehegatten auf Zahlung von *Wirtschafts- und Taschengeld* im Rahmen der §§ 1356, 1360 fort, sofern die Ehegatten weiter einen gemeinsamen Haushalt führen (AG Kleve FamRZ 1996, 1408); leben die Ehegatten (auch in derselben Wohnung) getrennt, so besteht kein Haushaltsgeldanspruch, sondern ein Unterhaltsanspruch nach § 1361 (OLG München FamRZ 1981, 450).

Nach Scheidung der Ehe ist grundsätzlich jeder Ehegatte selbst für seinen Unterhalt verantwortlich (§ 1569), es sei denn, daß ein gesondert normierter Ausnahmetatbestand vorliegt (JOHANNSEN/HENRICH/JAEGER § 1564 Rn 61; SOERGEL/HEINTZMANN § 1564 Rn 18). Die als Ausnahmen konzipierten **nachehelichen Unterhaltstatbestände** (§§ 1570 ff; im einzelnen siehe die Erläuterungen dort) bewirken freilich in der Praxis eine durchaus weitgehende, nicht selten wegen der Verschuldensunabhängigkeit anstößige Durchbrechung der Beendigung des am ehelichen Lebensstandard orientierten Unterhalts. Insbesondere der **Aufstockungsunterhalt** ist unter diesem Gesichtspunkt kritikwürdig, weil er ohne weitere Rechtfertigung häufig die Fortsetzung des *ehelichen Lebensstandards* gewährleistet.

Die Beendigung des ehelichen Unterhaltsanspruchs tritt auch dann ein, wenn der Anspruch **tituliert** ist. Wurde der Trennungsunterhalt durch **einstweilige Anordnung** geregelt, so tritt diese *nicht* mit Rechtskraft der Scheidung, sondern nur bei Wirksamwerden (nicht bei vorläufiger Vollstreckbarkeit: OLG Düsseldorf FamRZ 1996, 745) einer anderweitigen Regelung außer Kraft (§ 620 f Abs 1 ZPO). Gegen die Inanspruchnahme aus einem solchen fortgeltenden Titel kann sich der Schuldner ab dem Zeitpunkt der Rechtskraft der Scheidung mit der **Vollstreckungsgegenklage** verteidigen (BGH FamRZ 1981, 242). Erhebt der Unterhaltsschuldner nach Rechtskraft des Scheidungsurteils **negative Feststellungsklage**, so kann die Zwangsvollstreckung aus der einstweiligen Anordnung eingestellt werden (BGH FamRZ 1983, 355; BGH FamRZ 1985, 368; OLG Köln FamRZ 1996, 1227).

ee) Ehegüterrechtlich endet mit Rechtskraft der Scheidung der in der Ehe be- **51** stehende Güterstand. Bei **Zugewinngemeinschaft** entsteht ein Anspruch auf Zugewinnausgleich nach §§ 1372 ff BGB. Lediglich zur Vermeidung von Manipulationen wird der *Berechnungszeitpunkt* für das Endvermögen auf den Zeitpunkt des Scheidungsantrags (§§ 253 Abs 1, 622 ZPO) vorverlegt; den Zeitpunkt der Beendigung des Güterstandes betrifft dies nicht (§ 1384). Leben die Ehegatten seit mindestens drei Jahren **getrennt**, so kann vorzeitiger Zugewinnausgleich verlangt werden (§ 1385); in diesem Fall wird nicht nur der Berechnungszeitpunkt vorverlegt (§ 1387), sondern mit Rechtskraft des auf vorzeitigen Ausgleich erkennenden Urteils auch der gesetzliche Güterstand beendet (§ 1388). Die **gesetzlichen Verfügungsbeschränkungen** (§§ 1365, 1369) entfallen damit regelmäßig erst mit Rechtskraft der Scheidung, bei vorzeitigem Ausgleich im Zeitpunkt nach § 1388.

Eine **vereinbarte Gütergemeinschaft** endet mit Rechtskraft des Scheidungsurteils (§§ 1471, 1478; MünchKomm/WOLF § 1564 Rn 99) und ist auseinanderzusetzen. Für die **vereinbarte Gütertrennung** ist die Scheidung ohne Bedeutung.

52 ff)   Eine Verteilung des **Hausrats** und/oder der **ehelichen Wohnung** findet auf Antrag anläßlich der Scheidung gemäß § 1 HausratsVO (6. DVO EheG, BGBl III 404-3, dazu unten STAUDINGER/WEINREICH) statt. Eine Regelung ist bereits während des **Getrenntlebens möglich** (§§ 1361 a, 1361 b; zum Besitzschutz an der ehelichen Wohnung vor Erlaß einer solchen Regelung MENTER FamRZ 1997, 76 mNachw). Sofern eine Regelung nach § 1361 a (Hausrat) im Scheidungsverfahren als einstweilige Anordnung getroffen wird, bleibt sie auch nach Scheidung bis zu einer anderweitigen Regelung bestehen (§§ 620 Nr 7, 620 f ZPO). Die Regelung nach § 1361 b erübrigt nicht die endgültige Entscheidung nach der HausratsVO (PALANDT/DIEDERICHSEN § 1361 b Rn 9).

b)   Erbrecht

53 aa)   Erbrechtliche Wirkungen der Ehescheidung treten bereits mit Stellung des Scheidungsantrags ein. Das **Ehegattenerb- und -pflichtteilsrecht** sowie das Recht auf den **Voraus** entfallen, wenn im Zeitpunkt des Todes des Erblasser-Ehegatten die Voraussetzungen für die Scheidung vorgelegen haben und *der Erblasser-Ehegatte* die Scheidung *beantragt* oder ihr *zugestimmt* hatte (§ 1933, § 2303 Abs 1 S 2, Abs 2; im einzelnen § 1564 Rn 30).

Nach Rechtskraft des Scheidungsurteils greift § 1932 tatbestandlich („Ehegatte") nicht mehr ein, ohne daß dann noch auf § 1933 abzustellen wäre. Ebenso entfällt unter diesen Voraussetzungen das **Pflichtteilsrecht** des Ehegatten, weil dieser nicht mehr gesetzlicher Erbe ist (§ 2303 Abs 2 S 1). Ab diesem Zeitpunkt kommt ein Zugewinnausgleich nach § 1371 Abs 1 nicht mehr in Betracht; es liegen die Voraussetzungen des § 1371 Abs 2 vor, denn der überlebende Ehegatte wird nicht Erbe; bei einer die gesetzliche Erbfolge ändernden testamentarischen Erbeinsetzung des Ehegatten ist § 1371 Abs 1 ohnehin unanwendbar.

54 bb)   Unter denselben Voraussetzungen (§ 2077 Abs 1 S 1 und 2) wird eine **letztwillige Verfügung** zugunsten des Ehegatten unwirksam, sofern nicht im Wege der Auslegung (dazu BayObLG NJW-RR 1993, 12; NJW 1996, 133; FamRZ 1997, 123; zur analogen Anwendung auf die Einsetzung eines Schwiegerkindes: OLG Saarbrücken FamRZ 1994, 1205) ein anderer Wille des Erblassers ermittelt wird (§ 2077 Abs 3). Dasselbe gilt für ein **gemeinschaftliches Testament;** auch insoweit bleiben die Verfügungen ausnahmsweise wirksam (§ 2268 Abs 2). Für den **Erbvertrag** vgl § 2279. Durch Wiederheirat der geschiedenen Ehegatten lebt das unwirksam gewordene Testament, insbesondere im Fall des gemeinschaftlichen Testaments nicht wieder auf; erforderlich ist, daß der Wille des Erblassers bzw der gemeinsam verfügenden Ehegatten in der für letztwillige Verfügungen gebotenen Form – erneut – zum Ausdruck kommt (KG FamRZ 1986, 217, 218; BayObLG NJW 1966, 133).

55 cc)   Die Zehnjahresfrist für die Berücksichtigung einer **Schenkung an den Ehegatten in der Pflichtteilsergänzung** beginnt gemäß § 2325 Abs 3 HS 2 mit Auflösung der Ehe; dh 10 Jahre nach Rechtskraft der Scheidung sind Schenkungen, die der Erblasser während der Ehe dem Ehegatten geleistet hat, nicht mehr in die Pflichtteilsergänzung nach § 2325 Abs 1 einzubeziehen. Diese Regelung benachteiligt Ehegatten gegenüber wirtschaftlich vergleichbaren Zusammenlebensformen ohne sachliche Rechtfertigung und dürfte daher gegen Art 3 Abs 1 und 6 Abs 1 GG verstoßen (dazu: RAUSCHER, Reformfragen des gesetzlichen Erb- und Pflichtteilsrechts, Band I Kap 1.5.).

c) sonstiges Bürgerliches Recht

aa) Eine Bezugsberechtigung des Ehegatten aus einer **Lebensversicherung** (§ 328 **56** Abs 1) endet nicht mit Scheidung bzw entsprechend § 1933, sondern besteht – vorbehaltlich eines erkennbar entgegenstehenden Willens des Versicherungsnehmers (BGH NJW 1981, 985) – grundsätzlich fort bis zum Widerruf der Bezugsberechtigung (BGH NJW 1976, 290; PALANDT/DIEDERICHSEN Rn 3; MünchKomm/WOLF § 1564 Rn 102). Ist jedoch in Übereinstimmung mit den Versicherungsbestimmungen „die Ehefrau"/ „der Ehemann" ohne Namensnennung als bezugsberechtigt bezeichnet, so ist bezugsberechtigt der *hinterbliebene Ehegatte*, also mit dem Versicherten im Zeitpunkt des Versicherungsfalles verheiratete Ehegatte (BGH NJW 1981, 985).

Die **Zuwendung** der Bezugsberechtigung einer Lebensversicherung an den Ehegatten wird aber durch die Scheidung regelmäßig rechtsgrundlos (im Valutaverhältnis) und kann daher kondiziert werden, unabhängig davon, ob eine Schenkung oder eine sog. „unbenannte" Zuwendung vorliegt. Ausnahmsweise kann die Geschäftsgrundlage jedoch in der Unterhaltssicherung bestehen und daher trotz Scheidung der Ehe bestehen bleiben (BGHZ 84, 361; BGH FamRZ 1987, 807; OLG Hamm FamRZ 1994, 1106; vgl auch NIEDER ZEV 1994, 156; REIMANN ZEV 1995, 329).

bb) Die **Hemmung der Verjährung** von Ansprüchen zwischen den Ehegatten (§ 204 **57** S 1) entfällt mit Auflösung der Ehe.

cc) Die **Rückforderung von Zuwendungen** zwischen den Ehegatten unterliegt – nach **58** Wegfall des § 73 EheG aF – grundsätzlich § 530. Auch nach Übergang zum Zerrüttungsprinzip begründet ein *Ehebruch* oder *andauernde ehewidrige Beziehungen* eine die Rückforderung rechtfertigende schwere Verfehlung (BGH FamRZ 1982, 1066; BGH FamRZ 1985, 351; OLG Frankfurt/Main FamRZ 1985, 351; OLG Köln NJW 1982, 390). Verfehlt erscheint es, aus der Streichung von § 73 EheG aF eine Beschränkung des § 530 herzuleiten, dergestalt, daß nur ein **außergewöhnliches Fehlverhalten** als grober Undank gelten sollte (so aber OLG Frankfurt FamRZ 1981, 778; nur obiter LG Bonn FamRZ 1980, 359; LG Essen FamRZ 1980, 791; BGB-RGRK/GRASSHOF § 1564 Rn 149). Der Gedanke des neuen Scheidungsrechts, die Privatsphäre der Ehegatten vor der Ermittlung schuldhafter Eheverfehlungen zu schützen, darf nicht zu einem Freibrief für übles Verhalten werden. Es ist nicht einzusehen, warum Verfehlungen, die gegenüber einem nahen Verwandten ohne weiteres zum Schenkungswiderruf nach § 530 gereichen, zwischen Ehegatten tolerabel sein sollten. Dies widerspräche im übrigen auch den modernen familiensoziologischen Bemühungen gegen Gewalt in der Ehe. Verfehlungen – zu denen neben Gewalt auch die in einer ehelichen Untreue verwirklichte schwere Kränkung rechnen muß – mit dem Mantel der Privatsphäre zu kaschieren, bedeutet weniger Familien- als Täterschutz, zu dessen wirtschaftlichen Vorteilen die Begrenzung von § 530 BGB gereichen müßte. Ob ein Ehegatte an der Ehe festhält oder nicht, steht alleine in seiner persönlichen Entscheidung. Entschließt er sich aber gegen die eheliche Bindung, dann steht es ihm nicht an, unter Berufung auf seine Freiheit zur individuellen Lebensführung auch die Geschenke des anderen Ehegatten zu behalten (so treffend OLG Köln NJW 1982, 391).

dd) Der BGH hat jedoch mit der Rechtsfigur der **ehebedingten unbenannten Zuwen-** **59** dung (vom BGH angenommen seit BGHZ 87, 145; „entdeckt" von LIEB, Die Ehegattenmitarbeit im Spannungsfeld zwischen Rechtsgeschäft, Bereicherungsausgleich und gesetzlichem Güterstand

[1970] 121) einer Vielzahl nicht unmittelbar entgeltlicher Zuwendungen die Einordnung als Schenkung entzogen (BGHZ 82, 227; BGH FamRZ 1982, 778; zur Abgrenzung gegen die Schenkung: BGH NJW 1992, 238). Nach dieser im einzelnen im Fall der Rückabwicklung nicht unbedenklichen Rechtsprechung (vgl aber zutreffend zur Behandlung als „grundsätzlich unentgeltlich" im Pflichtteilsrecht und Erbvertragsrecht: BGHZ 116, 164; im Steuerrecht: BFH NJW 1994, 2044; FG Düsseldorf EFG 1993, 567; zum Diskussionsstand MEINCKE NJW 1995, 2769; KOLLHOSSER NW 1994, 2313; LANGENFELD NJW 1994, 2133; DEPPING BB 1994, 907) dienen solche Zuwendungen dazu, die eheliche Gemeinschaft zu führen und sind daher nicht unentgeltlich. Auch eine Rückabwicklung nach den Grundsätzen des **Wegfalls der Geschäftsgrundlage** kommt insoweit nach der Rechtsprechung des BGH nicht in Betracht, als der gesetzliche Güterstand zu einem Wertausgleich führt, der die Vermögensverschiebung nicht als „schlechthin unangemessen und unzumutbar" erscheinen läßt (BGHZ 115, 132, 138; zu einem solchen Fall BGH FamRZ 1994, 503 [vom Versorgungsgedanken geprägte Altersehe]). Hingegen ist bei **Gütertrennung** ein Ausgleich nach den Grundsätzen des **Wegfalls der Geschäftsgrundlage** zu suchen (BGH FamRZ 1982, 778; zum Stand der fallgruppenorientierten Rechtsprechung: KLEINLE FamRZ 1997, 1383). Die Geltendmachung eines Anspruchs wegen Wegfalls der Geschäftsgrundlage *vor Rechtskraft der Scheidung* kommt nicht in Betracht; zwar könnte bereits das Scheitern der Ehe den Entfall der Geschäftsgrundlage (Führung einer funktionieren Ehe) entfallen lassen, denn die Ehe ist nicht formeller Rechtsgrund, sondern motivative Geschäftsgrundlage (anders LG München I FamRZ 1998, 167). Jedoch widerspräche es der eheerhaltenden Tendenz, wenn vor Rechtskraft der Scheidung das Scheitern der Ehe zur Grundlage einer Entscheidung gemacht wird (so auch LG München aaO).

d)   Verfahrensrecht

60 aa)   Zeugnisverweigerungsrechte, die aufgrund der Ehe vorgesehen sind, bleiben bestehen (§ 383 Abs 1 Nr 2, 3 ZPO, § 52 Abs 1 Nr 2 StPO). Im **strafrechtlichen Sinn** bleiben die geschiedenen Ehegatten Angehörige (§ 11 Abs 1 Nr 1 StGB).

61 bb)   Die **Prozeßstandschaft** zur Geltendmachung von Unterhaltsansprüchen der gemeinsamen Kinder (§ 1629 Abs 1 S 1) entfällt. Steht das Sorgerecht den Ehegatten nicht gemeinsam zu, so vertritt der Elternteil das Kind, dem das Sorgerecht übertragen wurde.

62 cc)   Personenstandsrechtlich gilt: Gemäß § 14 Abs 1 Nr 2 PStG ist die Scheidung der Ehe in das Familienbuch einzutragen (zur Prüfungsbefugnis des Standesbeamten OLG Hamm FamRZ 1982, 508), wenn ein solches nicht angelegt ist, am Rande des Heiratseintrags zu vermerken (§ 18 Abs 1 PStG). Das Familienbuch wird nach der Scheidung fortgeführt (§ 13 Abs 5 PStG). Eine evtl Wiederannahme des Geburtsnamens (oben Rn 46) ist in das Familienbuch einzutragen (BGH DAVorm 1981, 649, 651).

e)   Öffentliches Recht

63 aa)   Auf eine durch die Eheschließung erworbene **deutsche Staatsangehörigkeit** (§ 6 RuStAG aF) sowie auf eine durch Einbürgerung nach Eheschließung erworbene deutsche Staatsangehörigkeit (§ 9 RuStAG idF des RuStAGÄndG 1969) hat nach Wegfall von § 9 RuStAG aF die Scheidung keinen Einfluß.

64 bb)   Einkommensteuerrechtlich entfällt in dem auf die Scheidung oder die dauernde Trennung (zu dem von § 1567 verschiedenen Trennungsbegriff des Einkommensteuerrechts vgl

BFHE 104, 51; 109, 44; 109, 363) folgenden Veranlagungszeitraum die Möglichkeit zur *Zusammenveranlagung* (§ 26 Abs 1 S 1 EStG). Bei Wiederheirat eines der Ehegatten im Jahr der Scheidung entfällt die Zusammenveranlagung bereits für dieses Jahr, sofern auf die neue Ehe § 26 Abs 1 S 1 EStG anwendbar ist.

Unterhaltsleistungen eines geschiedenen Ehegatten an den anderen sind als Sonderausgaben gemäß § 10 Abs 1 Nr 1 EStG beschränkt abzugsfähig, sofern der Unterhaltsempfänger zustimmt und der Unterhaltsschuldner dies beantragt (sog begrenztes Realsplitting; vgl OLG Köln FamRZ 1982, 383).

Auf die *Zustimmung zur Zusammenveranlagung* – die sich aus einkommensteuerrechtlichen Gründen ohnedies maximal auf den Veranlagungszeitraum erstreckt, in dem die Ehe geschieden wurde – besteht ein *Anspruch* aufgrund der ehelichen Beistandspflicht (BGH NJW 1977, 378; zu Einzelheiten der Aufteilungsmethode Liebelt FamRZ 1993, 626; ders NJW 1993, 1741).

Darüber hinaus kann der unterhaltspflichtige geschiedene Ehegatte vom Unterhaltsgläubiger die *Zustimmung* zum Verfahren nach § 10 Abs 1 Nr 1 EStG verlangen, sofern er sich bindend verpflichtet, die dem anderen Ehegatten hieraus entstehenden Steuernachteile diesem zu ersetzen (BGH NJW 1983, 1545; NJW 1985, 195; zur Höhe des ersatzfähigen Nachteils bei Wiederverheiratung: BGH NJW 1992, 1391).

cc) Verwaltungsverfahrensrechtlich dauert die nach § 20 Abs 1 S 2, 4 VwVfG be- **65** gründete Ausschließung von Amtsträgern auch nach Scheidung fort (§ 20 Abs 5 S 2 Nr 1 VwVfG).

f)   Sozialrecht, insbes Kranken- und Altersvorsorge [*]
aa) Die **Mitversicherung** des Ehegatten in der **gesetzlichen Krankenversicherung** en- **66** det mit Rechtskraft des Scheidungsurteils (§ 10 Abs 1 SGB V). Der selbst nicht versicherungspflichtige geschiedene Ehegatte kann aber durch Erklärung gegenüber der Krankenkasse innerhalb von drei Monaten nach Rechtskraft eine eigene Mitgliedschaft begründen (§ 9 Abs 1 Nr 2, § 9 Abs 2 Nr 2 SGB V; ehemals § 176 b RVO, aufgehoben durch RRG mit Wirkung vom 1.1.1989). Diese beginnt mit dem Tag der Beendigung der Mitversicherung (§ 188 Abs 2 SGB V).

Die **Kosten der Krankenversicherung** sind nach unterhaltsrechtlichen Grundsätzen ggf vom anderen Ehegatten zu tragen (§ 1578 Abs 2), was jedoch grundsätzlich unabhängig ist vom Träger der Versicherung. Das Fortsetzungsrecht nach § 9 SGB V erbringt also nur versicherungsrechtliche, nicht zivilrechtliche Vorteile (Entfall von Wartezeiten, kein Ausschluß von Vorerkrankungen; zum ganzen: BGB-RGRK/Grasshof § 1564 Rn 152).

bb) In der gesetzlichen Rentenversicherung hat sich für seit dem 1.7.1977 geschie- **67** dene Ehen die Versorgung des selbst nicht rentenversicherten Ehegatten verlagert von der sozialrechtlichen zur familienrechtlichen Lösung: Für vor dem Stichtag geschiedene *unterhaltsberechtigte* Ehegatten kommt nach dem Tod des Rentenemp-

---

[*] Hierzu umfassend Münder NJW 1998, 5.

fänger-Ehegatten eine **Geschiedenen-Witwen- bzw Witwerrente** in Betracht (§ 243 SGB VI, ehemals § 1265 RVO, § 42 AVG).

Bei Scheidung seit dem 1. 7. 1977 findet der **Versorgungsausgleich** statt; eine Geschiedenen-Witwenrente kommt nicht in Betracht. Der aus dem Versorgungsausgleich Berechtigte kann jedoch – sozialversicherungsrechtlich – seine eigenständige Versorgung ausbauen, indem er sich **freiwillig weiterversichert** (§ 7 SGB VI; dort auch zur ggf erforderlichen Erfüllung der allgemeinen Wartezeit, § 7 Abs 2, § 50 Abs 1 SGB VI). Voraussetzung ist die Erfüllung der *kleinen Wartezeit* (60 Monate, § 10 Abs 1 a AVG). Zeiträume für die im Versorgungsausgleich Rentenanwartschaften übertragen werden, sind nach Maßgabe von § 52 SGB VI – ggf durch Umrechnung in Entgeltpunkte – in die Wartezeit einzurechnen.

In Betracht kommt bei Scheidung nach dem 1. 7. 1977 jedoch eine **Erziehungsrente** nach § 47 SGB VI, die bis zur Vollendung des 65. Lebensjahres an den geschiedenen Ehegatten gezahlt wird, wenn dieser nach dem Tod seines ehemaligen Ehegatten nicht wieder geheiratet hat, die allgemeine Wartezeit von 60 Monaten erfüllt hat und sein eigenes Kind oder das Kind des verstorbenen geschiedenen Ehegatten erzieht.

68 **cc)** Für Ansprüche auf beamtenrechtliche Altersversorgung ergibt sich eine ähnliche Struktur: Für vor dem 1. 7. 1977 geschiedene Ehegatten eines Beamten kann sich ein Anspruch aus § 86 Abs 1 BeamtVG iVm § 22 Abs 2, 5 BeamtVG (Unterhaltsbeitrag) ergeben.

Bei Scheidung nach dem 1. 7. 1977 ist auch über Anwartschaften nach dem BeamtVG ein Versorgungsausgleich durchzuführen; dieser unterliegt § 1587 b Abs 2. Daneben kann aber unter den Voraussetzungen des § 22 BeamtVG ein Anspruch auf einen Unterhaltsbeitrag bestehen (BGB-RGRK/GRASSHOF § 1564 Rn 154)

V. Scheidung und sonstige Eheauflösung

69 **1.** Der **Tod eines Ehegatten** führt zur Auflösung der Ehe. Stirbt ein Ehegatte während des Scheidungsverfahrens, so gilt das Verfahren als in der Hauptsache erledigt (§ 619 ZPO). Ein bereits erlassenes, aber noch nicht rechtskräftiges Scheidungsurteil wird gegenstandslos samt der Folgesachenentscheidungen, auch wenn diese bereits rechtskräftig geworden sind (SOERGEL/HEINTZMANN § 1564 Rn 25). Das gilt auch, wenn die Rechtskraft des Scheidungsurteils durch ein Rechtsmittel eines Dritten gegen eine Folgesachenentscheidung verzögert wurde (OLG Zweibrücken NJW-RR 1998, 147: Beschwerde der LVA gegen Entscheidung zum Versorgungsausgleich). Die **Folgen der Eheauflösung durch Tod** sind abweichend vom Fall der Ehescheidung geregelt (Ehegattenerbrecht §§ 1931 ff; Zugewinnausgleich § 1371). Unterhaltsansprüche des überlebenden Ehegatten gegen den Erblasser setzen sich nicht gegenüber den Erben oder dem Nachlaß fort.

70 **2.** Die **Eheaufhebung** beurteilt sich nach §§ 1313 ff (bis 30. 6. 1998: §§ 28 ff EheG aF). Die aufhebbare Ehe existiert so lange, als sie nicht durch rechtskräftiges Urteil aufgehoben ist (§ 1313 S 2). Die Rechtsfolgen der Aufhebung sind zugunsten des gutgläubigen Ehegatten, Dritter und der Kinder nach Maßgabe des § 1318 den Rechtsfolgen der Ehescheidung angepaßt. Eine aufhebbare Ehe kann geschieden werden (SOERGEL/HEINTZMANN § 1564 Rn 4). Eine bereits rechtskräftig aufgehobene Ehe kann hingegen nicht mehr geschieden werden, eine geschiedene Ehe nicht aufgehoben.

Zwar sind Scheidung und Aufhebung der Ehe in den Voraussetzungen verschieden und daher **nicht streitgegenstandsidentisch**. Sowohl §§ 1313 ff als auch §§ 1564 ff setzen aber tatbestandlich eine **bestehende Ehe** voraus; § 1317 Abs 3 idF des EheschlRG bestimmt nunmehr ausdrücklich den Ausschluß der Aufhebung für eine anderweitig bereits aufgelöste Ehe. Scheidung und Aufhebung der Ehe stimmen in der praktischen Zielsetzung – Beendigung der Ehe – überein (OLG Stuttgart FamRZ 1995, 618; JOHANNSEN/HENRICH/JAEGER § 1564 Rn 22; BGB-RGRK/WÜSTENBERG § 28 EheG Rn 4; STEIN/ JONAS/SCHLOSSER, ZPO vor § 606 Abs 2 Rn 8; ZÖLLER/PHILIPPI § 610 ZPO Rn 6).

Sind ein **Scheidungsverfahren und ein Aufhebungsverfahren gleichzeitig anhängig**, so steht mangels Identität des Streitgegenstandes die Rechtshängigkeit des früheren Verfahrens nicht nach § 261 Abs 3 Nr 1 ZPO dem späteren entgegen; im Inland hat das Aufhebungsbegehren jedoch gemäß § 152 ZPO idF des EheschlRG Vorrang, was durch einheitliche Verhandlung (dazu § 1564 Rn 56) verwirklicht wird (bei einem im Ausland anhängigen Aufhebungsbegehren greift ebenfalls nicht der Rechtshängigkeitseinwand; es ist ggf das deutsche Scheidungsverfahren nach § 148 ZPO wegen Vorgreiflichkeit auszusetzen: OLG Frankfurt NJW 1986, 1443; OLG Karlsruhe FamRZ 1994, 47; BAUMBACH/LAUTERBACH/ALBERS/ HARTMANN § 148 Rn 7, § 606 a Rn 13; ZÖLLER/STEPHAN § 148 Rn 6; kritisch GEIMER NJW 1987, 3086).

Ist die **Ehe bereits rechtskräftig geschieden**, so fehlt dem Aufhebungsbegehren eines geschiedenen Ehegatten das Rechtsschutzbedürfnis. Das Bestreben, durch eine spätere Eheaufhebung für sich die günstigeren Rechtsfolgen des § 1318 (vormals 37 Abs 2 EheG) herbeizuführen, ist mit Rücksicht auf die Rechtssicherheit ebensowenig schutzwürdig wie ein auf andere Gründe gestütztes neues Scheidungsbegehren (BGHZ 133, 227; BGH FamRZ 1997, 542; OLG Stuttgart FAmRZ 1995, 618; **aA** MünchKomm/ MÜLLER-GINDULLIS § 28 EheG Rn 4; MünchKomm[-ZPO]/WALTER § 610 Rn 8; STAUDINGER/KLIP-PEL[12] § 28 EheG Rn 2). Zulässig ist jedoch bei nachträglicher Aufdeckung eines Eheaufhebungsgrundes eine Klage, die darauf gerichtet ist, die vermögensrechtlichen Folgen der Scheidung durch Gestaltungsurteil für die Zukunft auszuschließen, soweit nach § 1318 die Eheaufhebung solche Folgen nicht mit sich brächte, also dem Scheidungsurteil die Folgen des Aufhebungsurteils beizugeben (noch zu § 37 Abs 2 EheG aF: BGHZ 133, 227; vHEINTSCHEL-HEINEGG FuR 1997, 254).

3. Die **vor dem 1. 7. 1998 erfolgte Nichtigerklärung** einer nichtigen (ie vernichtbaren) **71** Ehe (§§ 23 ff EheG aF) wirkte zwar *ex tunc* ehebeseitigend. Die Rechtsfolgen waren jedoch mit Einschränkungen den Scheidungswirkungen angepaßt (§ 26 EheG aF). Eine nichtige, nicht für nichtig erklärte Ehe konnte geschieden werden (SOERGEL/ HEINTZMANN § 1564 Rn 4). Wegen der weitergehenden (rückwirkenden) Wirkung war jedoch auch nach Scheidung die Nichtigerklärung einer nichtigen Ehe zulässig. Hingegen ist eine für nichtig erklärte Ehe nicht mehr scheidbar (JOHANNSEN/HENRICH/ JAEGER § 1564 Rn 22).

Mit Wirkung vom 1. 7. 1998 ist das Rechtsinstitut der nichtigerklärung entfallen;

Mängel in Ehe(schließungs-)vorausetzungen werden nur noch nach dem Rechtsinstitut der Eheaufhebung behandelt (§§ 1313 ff idF des EheschlRG).

72 4.   Eine **Nichtehe** existiert von Anfang an nicht, kann also nicht geschieden werden. Da es sich nicht um einen Tatbestand der Beendigung einer Ehe handelt, ergeben sich auch keine „Auflösungs"folgen. Ein dennoch ergehendes und rechtskräftig gewordenes Scheidungsurteil ist jedoch nicht unwirksam, ein ausländisches Scheidungsurteil ist anerkennungsfähig (Henrich IPRax 1982, 250), jedoch kann bei eindeutiger Nichtigkeit das Rechtsschutzbedürfnis fehlen (weitergehend BayObLG IPRax 1982, 250: die Anerkennung scheide schon begrifflich aus; offengelassen in BayObLG StAZ 1994, 9: die Nichtigerklärung einer Nichtehe durch ein ausländisches Gericht verstößt nicht gegen den deutschen ordre public). Werden aufgrund der rechtskräftigen Scheidung Scheidungsfolgen geltend gemacht, so hat derjenige die Nichtigkeit zu beweisen, der sich auf sie beruft (Johannsen/Henrich/Jaeger § 1564 Rn 23).

73 5.   Anläßlich einer **Änderung der Geschlechtsangabe gemäß § 47 PStG**, die **vor dem 1.1.1981 vermerkt** ist, gilt mit diesem Zeitpunkt eine bestehende Ehe des Betroffenen als aufgelöst (§ 16 Abs 2 TranssexuellenG, BGBl 1980 I 1654). Bei einer **nach diesem Zeitpunkt** festzustellenden Geschlechtsumwandlung ist gemäß § 8 Abs 1 TranssexuellenG tatbestandliche Voraussetzung einer Feststellung der Zugehörigkeit zum anderen Geschlecht, daß der Betroffene nicht verheiratet ist. Die Vornamensänderung nach §§ 1–7 TranssexuellenG berührt eine Ehe des Betroffenen nicht. Sie wird ihrerseits aber unwirksam bei nachfolgender Eheschließung im Zeitpunkt der Abgabe der Erklärung nach § 1310 Abs 1 (§ 7 Abs 1 Nr 3 TranssexuellenG).

74 6.   Eine **Trennung ohne Auflösung des Ehebandes** (Trennung von Tisch und Bett) ist bereits seit Inkrafttreten des PersonenstandsG 1875 nicht mehr vorgesehen (im einzelnen, sowie zur Wirkung altrechtlicher Trennungsurteile: Staudinger/Keidel/Winkler[10/11] Art 202 EGBGB). Eine Trennung nach **ausländischem Recht** kann durch deutsche Gerichte ausgesprochen werden, wenn das Scheidungsstatut (Art 17 EGBGB) sie vorsieht.

VI.   Übergangsbestimmungen

1.   Inkrafttreten des 1. EheRG

75 a)   Das am 1.7.1977 in Kraft getretene Ehescheidungsrecht gilt auch für die in diesem Zeitpunkt bereits **bestehenden Ehen** (Art 12 Nr 3 Abs 1 1. EheRG). Auch die **Trennungsfristen** (§§ 1565 Abs 2, 1566) beginnen bereits mit der tatsächlichen Trennung und nicht erst mit dem 1.7.1977 (BGH FamRZ 1980, 124; BGB-RGRK/Grasshof Rn 20). **Unterhaltsansprüche** zwischen vor diesem Zeitpunkt geschiedenen Ehegatten bestimmen sich auch für Zeiträume nach dem 1.7.1977 nach dem bisherigen Recht (§§ 58 ff EheG aF). Getroffene Unterhaltsvereinbarungen bleiben unberührt (Art 12 Nr 3 Abs 2 1. EheRG). Ein **Versorgungsausgleich** kommt – auch nachträglich – für vor dem 1.7.1977 geschiedene Ehen nicht in Betracht.

76 b)   Die uneigentliche Rückwirkung der neuen Ehescheidungstatbestände auf bereits bestehende Ehen ist **verfassungskonform** (BVerfGE 47, 85, 93; BVerfGE 53, 224; BVerfG FamRZ 1978, 671; BGHZ 72, 107, 112). Insoweit liegen keine abgeschlossenen Sachverhalte vor; es wird lediglich mit Wirkung für die Zukunft die Scheidbarkeit unter anderen Voraussetzungen ermöglicht.

Ebenfalls **verfassungskonform** ist die Beschränkung des neuen **Scheidungsfolgenrechts** auf Ehen, die seit dem 1. 7. 1977 geschieden werden (zum VA: BVerfG NJW 1978, 629). Eine Ausdehnung des neuen Scheidungsfolgenrechts auf vor dem Inkrafttreten geschiedene Ehen wäre wohl sogar verfassungswidrig. Mit Rechtskraft der Scheidung muß sich jeder Ehegatte darauf einstellen können, daß weitere, bis dahin nicht bekannte Scheidungsfolgen nicht eintreten. Nicht unproblematisch ist dagegen unter dem Gesichtspunkt wohlerworbener Rechte die Anwendung des Versorgungsausgleichs auf vor dem 1. 7. 1977 in Altehen erworbene Anwartschaften bei Scheidung nach dem 1. 7. 1977.

2. Einigungsvertrag

a) §§ 1564 bis 1568 sind zum 3. 10. 1990 in dem in Art 3 des Einigungsvertrags **77** genannten Gebiet („Beitrittsgebiet", „Neue Bundesländer" einschließlich des Ostteils von Berlin) in Kraft getreten und auch in laufenden Scheidungsverfahren anzuwenden (Art 234 § 1 EGBGB; STAUDINGER/RAUSCHER [1996] Art 234 EGBGB § 5 Rn 40 f).

b) Das Scheidungsfolgenrecht ist mit unterschiedlichen Maßgaben in Kraft gesetzt **78** worden; zum **nachehelichen Unterhalt** siehe Art 234 § 5 EGBGB (STAUDINGER/RAUSCHER [1996] Art 234 § 5 EGBGB); zum **Versorgungsausgleich** siehe Art 234 § 6 EGBGB, Besondere Bestimmungen zum VA im Einigungsvertrag und das Gesetz zur Überleitung des VA im RUG (BGBl 1991 I 1606; vgl STAUDINGER/RAUSCHER [1996] Art 234 § 6 EGBGB mit Anhängen); zum **Ehegüterrecht** siehe Art 234 § 4 EGBGB (STAUDINGER/RAUSCHER [1996] Art 234 § 4 EGBGB).

VII. Scheidung mit Auslandsberührung

Zu dem auf die Ehescheidung und Scheidungsfolgen anwendbaren Recht bei Be- **79** teiligung von Ausländern siehe STAUDINGER/vBAR/MANKOWSKI (1996) Art 17 EGBGB.

§ 1564

Eine Ehe kann nur durch gerichtliches Urteil auf Antrag eines oder beider Ehegatten geschieden werden. Die Ehe ist mit der Rechtskraft des Urteils aufgelöst. Die Voraussetzungen, unter denen die Scheidung begehrt werden kann, ergeben sich aus den folgenden Vorschriften.

Materialien: BT-Drucks VI/2577, § 1564 (RegE 1971); Stellungnahme des Bundesrates zum RegE 1971: BT-Drucks VI/2577; BT-Drucks 7/650, § 1564 (RegE 1973); Protokolle des BT-Rechtsausschusses Nr 65 und Nr 67 v 2. 6. 1975/9. 6. 1975; Zweiter Bericht und Antrag des BT-Rechtsausschusses, BT-Drucks 7/4361; Anrufung des Vermittlungsausschusses: BR-Drucks 1/76; Antrag des Vermittlungsausschusses zum 1. EheRG: BT-Drucks 7/4361, 7/4694; Annahme des Vermittlungsvorschlags BT-Drucks 7/4992. Neu gefaßt durch 1. EheRG BGBl 1976, 1421.

                                              Thomas Rauscher

Schrifttum

BEITZKE, Anerkennung inländischer Privatscheidungen von Ausländern, IPRax 1981, 202
ECKEBRECHT, Der vorläufige Rechtsschutz in Ehesachen, MDR 1995, 9
ders, Das Verhältnis des Verfahrens der einstweiligen Anordnungen in Ehesachen zu konkurrierenden Eilverfahren in Familiensachen, MDR 1995, 114
BÜTTNER, Änderungen im Familienverfahrensrecht durch das Kindschaftsrechtsreformgesetz, FamRZ 1998, 585
vELS, Die Schutzschrift in Verfahren vor dem Familiengericht, FamRZ 1996, 651
KEGEL, Scheidung von Ausländern im Inland durch Rechtsgeschäft, IPRax 1983, 22

MAGALOWSKI, Die Dauer des Scheidungsverfahrens unter dem Blickwinkel der Scheidungstatbestände sowie der Verhandlungs- und Entscheidungskonzentration – Eine Untersuchung auf der Basis eines scheidungsunwilligen Ehegatten (1992)
RÜFFER, Die formelle Rechtskraft des Scheidungsausspruchs bei Ehescheidung im Verbundverfahren (1982)
SCHNITZLER, Der Anwaltsvergleich in der familienrechtlichen Praxis, FamRZ 1993, 1150
SCHÖPPE-FREDENBURG, Scheidungskosten vor dem Jahreswechsel, FuR 1997, 326

sowie das Schrifttum zu Vorbem zu §§ 1564 ff.

Systematische Übersicht

Alphabetische Übersicht

I.   Normzweck

1.   Satz 1

a)   Satz 1 wird gelegentlich als bloße Ordnungsvorschrift verstanden. Hiernach **1** dient die Zuweisung des **Scheidungsmonopols** an staatliche Gerichte der Feststellung des Vorliegens der materiellrechtlichen Scheidungstatbestände und der Rechtsklarheit über die Änderung des Personenstands durch Auflösung der Ehe (MünchKomm/ Wolf Rn 1).

Die Gegenansicht versteht Satz 1 als eine Ausprägung des durch Art 6 Abs 1 GG gewährten Schutzes, der sich darin ausprägt, daß der Staat sowohl an der Vermeidung der Scheidung einer noch nicht zerrütteten Ehe mitzuwirken hat, als auch den Schutz der Interessen der an der Scheidung Beteiligten durchzusetzen hat. Dem sollen die im selben Verfahren zwingend mitzuentscheidenden Folgesachenregelungen dienen (Johannsen/Henrich/Jaeger Rn 5).

Die inhaltsgleiche Bestimmung des § 41 EheG aF wurde weitergehend als Ausdruck der grundsätzlichen Unauflöslichkeit der bürgerlich-rechtlichen Ehe verstanden.

b)   **Für die zweitgenannte Ansicht** sprach neben dem historischen Argument (BGH **2** NJW 1959, 1033; dazu: BGB-RGRK/Grasshof Rn 2), daß zugleich mit dem neuen Ehescheidungsrecht das zwingende **Verbundprinzip** für die Entscheidung über die *elterliche Sorge und den Versorgungsausgleich* eingeführt worden war, welches die genannten Schutzzwecke des Art 6 Abs 1 GG sicherstellt. Dennoch läßt sich § 1564 BGB nicht als eine verfassungsrechtlich gebotene Norm zur Gewährleistung dieses Prinzips verstehen. Allenfalls die zwingende Regelung der elterlichen Sorge könnte durch Art 6 Abs 1 GG geboten sein, denn der Versorgungsausgleich gehört offensichtlich nicht zu den elementaren Grundsätzen des deutschen Rechts (sonst käme insbes eine Scheidung nach ausländischem Recht im Inland ohne Durchführung des VA – vgl Art 17 Abs 3 EGBGB – regelmäßig nicht in Betracht wegen Art 6 EGBGB). Selbst die zwingende Entscheidung über die elterliche Sorge ist aber im Interesse des Kindeswohls nicht geboten; vielmehr hat das BVerfG deutlich gemacht, daß ein Fortbestand der elterlichen Sorge beider Eltern über die Scheidung hinaus als das im Kindesinteresse anzustrebende Optimum anzusehen ist (BVerfG BGBl 1982 I 1596 = NJW 1983, 101). Der Gesetzgeber ist dem anläßlich der **Reform des Kindschafts-rechts** gefolgt (§ 1671 idF durch das KindRG)

3 **c)** **Gegen eine Einordnung als materielle Grundsatznorm** spricht neben diesem Rückzug des Staates auf der Ebene der Folgesachen auch eine Parallele zu anderen Bestimmungen: Der Gesetzgeber hat im Zusammenhang mit der Neuregelung des Internationalen Privatrechts zum 1. 9. 1986 in Art 17 Abs 2 EGBGB festgelegt, daß im Inland eine Ehe auch bei Anwendung ausländischen Ehescheidungsrechts nur durch ein Gericht geschieden werden kann. Dies hatte schon vorher der BGH mit der hM (BGH FamRZ 1982, 44) aus § 1564 Satz 1 gefolgert. Man kann dies aus einer materiellrechtlichen und verfahrensrechtlichen Doppelnatur der Vorschrift herleiten, weil bei *kumulativ verfahrensrechtlicher* Einordnung sich § 1564 gegen ein fremdes Scheidungsstatut durchsetzt (JOHANNSEN/HENRICH/JAEGER[2] Rn 25 ff; BGB-RGRK/GRASSHOF Rn 4). Näher liegt es, auch Art 17 Abs 2 EGBGB als bloße Ordnungsvorschrift zu verstehen, die der Vermeidung unklarer Personenstandsentwicklungen im Inland dient. Satz 1 hat vorrangig materiellrechtliche Natur; insbes gilt das Erfordernis der Scheidung durch Urteil auch bei Anwendung deutschen Scheidungsrechts auf eine Ehescheidung im Ausland (BGH FamRZ 1990, 607), was wiederum nicht die Abwicklung der Scheidungsfolgen im Verbund, wohl aber die personenstandsrechtliche Sicherheit gewährleistet. Diese Sicht wird bestätigt durch das formalisierte Anerkennungserfordernis des Art 7 § 1 FamRÄndG, durch das ausschließlich die Rechtssicherheit hinsichtlich von im Ausland vorgenommenen Ehescheidungen abgedeckt wird.

Letztlich ist die Streitfrage freilich ohne Bedeutung; solange das materielle Recht – selbst im Gewand einer Ordnungsvorschrift – eine **Privatscheidung** verbietet, wird jedenfalls de facto der von der Gegenansicht postulierte Schutz gegen die Scheidung einer nicht gescheiterten Ehe gewährleistet (MünchKomm/WOLF Rn 2).

4 **d)** Das sonach erforderliche **Urteil** ergeht nur auf **Antrag** eines der Ehegatten. Damit ist die Privatheit der Entscheidung darüber gewährleistet, ob eine scheidbare Ehe geschieden werden soll. Eine Scheidung von Amts wegen oder auf Antrag Dritter ist nicht vorgesehen und würde auch gegen Art 6 Abs 1 GG verstoßen; es bedeutet eine private und seitens des Staates und der Gerichte nicht zu wertende Entscheidung der Ehegatten, ob sie eine gescheiterte Ehe fortsetzen wollen (MünchKomm/WOLF Rn 3).

2. Satz 2

5 Gemäß Satz 2 ist das erforderliche Urteil **echtes Gestaltungsurteil**. Es wird nicht das Vorliegen der Scheidungsvoraussetzungen festgestellt; vielmehr tritt die Auflösung der Ehe erst mit Rechtskraft des Urteils ein (PALANDT/DIEDERICHSEN Rn 2; JOHANNSEN/ HENRICH/JAEGER Rn 6).

**3.	Satz 3**

a)	Satz 3 weist auf die Tatbestände der §§ 1565 ff hin und stellt damit klar, daß	6
§ 1564 keine eigenständige Generalklausel und keinen Grundtatbestand der Ehescheidung enthält. Die Generalklausel des **§ 1565 Abs 1** bestimmt das Scheitern der Ehe zum **einzigen Scheidungsgrund** (BGH FamRZ 1978, 884; FamRZ 1980, 125; MünchKomm/WOLF Rn 16; BGB-RGRK/GRASSHOF Rn 34). Die Fassung der Überschrift zu § 1564 ff spricht zwar von Scheidungsgründen; hierbei dürfte es sich um ein historisch bedingtes Redaktionsversehen handeln; nach Inkrafttreten des 1. EheRG ist die Vielzahl der Scheidungsgründe reduziert worden auf den Scheidungsgrund der Zerrüttung.

b)	Nach hM ergeben sich jedoch vier **Scheidungstatbestände** gemäß §§ 1565 bis	7
1567, welche die Scheidung abhängig machen vom Einverständnis beider Ehegatten und von Trennungszeiten (BGHZ 97, 304; MünchKomm/WOLF Rn 17; JOHANNSEN/HENRICH/ JAEGER Rn 43 m Nachw). Vorzugswürdig erscheint jedoch die Einordnung als bloße typisierte Beweisvermutungen für das Scheitern. Scheidungstatbestand bleibt in sämtlichen vier Varianten das Scheitern; dieses kann auf vier Weisen schlüssig vorgetragen und bewiesen werden: Nach § 1565 Abs 1 S 2 durch den unmittelbaren Nachweis, daß die Lebensgemeinschaft der Ehegatten nicht mehr besteht und ihre Wiederherstellung nicht erwartet werden kann; vor Ablauf eines Jahres unter den erschwerten Voraussetzungen des § 1565 Abs 2; außerdem durch die beiden **Zerrüttungsvermutungen** des § 1566 (Beweisform: PALANDT/DIEDERICHSEN Rn 4; zum schlüssigen Vortrag erforderlicher Sachverhalt: BGH NJW 1981, 449; STEIN/JONAS/SCHLOSSER § 614 ZPO Rn 4; BGB-RGRK/GRASSHOF Rn 36, 38; DIEDERICHSEN NJW 1977, 273; ZZP 1978, 397; SCHWAB FamRZ 1976, 499; ders, in: SCHWAB Teil II Rn 9). Dem steht nicht entgegen, daß das Gericht an den Vortrag der Parteien zu einem der Zerrüttungssachverhalte gebunden ist und keine eigenständigen Ermittlungen anstellen kann (allerdings die Tatsache und den Zeitpunkt der Trennung von Amts wegen zu prüfen hat, weil diese Voraussetzungen der Scheiternsvermutung sind und nicht zu deren Inhalt rechnen). Die Parteien können nämlich nicht das Gericht auf eine Zerrüttungsvermutung oder auf den Zerrüttungsnachweis nach § 1565 festlegen; das Gericht kann vielmehr aufgrund der vorgetragenen Tatsachen, insbesondere nach Ablauf des Trennungsjahres auch aufgrund der Vermutung des § 1566 Abs 1 scheiden (SOERGEL/HEINTZMANN Rn 34; zum Verhältnis der einzelnen die Scheidung begründenden Varianten des Nachweises des Scheiterns unten Rn 57 ff).

c)	Überdies stellt Satz 3 klar, daß die Bestimmungen über die Ehescheidungs-	8
voraussetzungen in §§ 1565 ff **zwingendes Recht** sind. Eine Ehe kann immer dann – und nur dann – geschieden werden, wenn die in §§ 1565 bis 1567 beschriebenen Sachverhalte vorliegen und die Härteklausel des § 1568 nicht eingreift (JOHANNSEN/ HENRICH/JAEGER Rn 7; MünchKomm/WOLF Rn 13).

II. Bestehende Ehe

1. Gültig geschlossene Ehe

9 **a)** Satz 1 setzt das Bestehen einer **gültig geschlossenen** Ehe voraus. Dies ist **von Amts wegen** zu ermitteln; sofern der urkundliche Nachweis durch Heiratsurkunde nicht erbracht werden kann, sind alle geeigneten Ermittlungen anzustellen (Johann-sen/Henrich/Jaeger Rn 21; Soergel/Heintzmann Rn 3). Die **Beweislast** hierfür trägt der Antragsteller. Im Falle der Unaufklärbarkeit ist sein Antrag als unbegründet abzuweisen.

10 **b)** Eine **Nichtehe** kann nicht geschieden werden. Dem steht nicht entgegen, daß bei Gutgläubigkeit der Ehegatten hinsichtlich des Bestehens einer solchen „Ehe" über einen langen Zeitraum hinweg es Dritten, insbesondere Versicherungsträgern versagt sein kann, sich auf die Nichtexistenz einer Ehe zu berufen (VerwG Berlin FamRZ 1955, 70; BVerfG FamRZ 1983, 251; Müller-Freienfels JZ 1983, 230; Bosch FamRZ 1983, 230; vMaydell in: FS Bosch 645, 648; MünchKomm/Wolf Rn 25). Wird eine Nichtehe dennoch (fehlerhafterweise) geschieden, so führt dies nicht zur Fiktion der bisherigen Existenz; Scheidungsfolgen können nicht eintreten (LG Bonn IPRax 1985, 353; Johann-sen/Henrich/Jaeger Rn 23)

2. Fehlehe, Zweckehe, Scheinehe

11 **a)** Eine **Fehl- oder Zweckehe („Scheinehe")**, also eine zu ehefremden Zwecken geschlossene Ehe, unterliegt ohne Einschränkungen dem Scheidungsrecht. Wer das Rechtsinstitut, wenn auch mißbräuchlich, benutzt, kann nicht unter erleichterten Voraussetzungen das eingegangene Rechtsverhältnis beenden (OLG Düsseldorf FamRZ 1981, 677; KG NJW 1982, 112; KG FamRZ 1987, 486; OLG Hamm FamRZ 1982, 1073; MünchKomm/Wolf Rn 25; Soergel/Heintzmann Rn 40). Zwar wurde schon nach der Rechtslage bis zum 30. 6. 1998 angenommen, daß der Standesbeamte seine Mitwirkung an der Eheschließung verweigern darf, wenn die Ehe – zweifelsfrei und ohne weiteres evident (OLG Frankfurt/Main NJW-RR 1995, 771; vgl auch OLG Düsseldorf FamRZ 1996, 1145) – ausschließlich (dazu: LG München I NJW-RR 1994, 835: nicht, wenn einer der Verlobten die Ehe aus Zuneigung eingehen will) zu dem Zweck geschlossen wird, einem Ausländer eine Aufenthaltserlaubnis zu verschaffen oder seine Ausweisung zu verhindern, wobei die dogmatische Begründung schwankte (teils wurde argumentiert, es liege ein Mißbrauch der Eheschließungsform bzw des Instituts der Ehe vor: OLG Celle StAZ 1982, 308; OLG Karlsruhe FamRZ 1982, 1210; OLG Stuttgart StAZ 1984, 99; teils wurde eine die Ehe hindernde Bedingung bzw Zeitbestimmung nach § 13 Abs 2 EheG aF angenommen: BayObLGZ 1982, 179; BayObLG FamRZ 1984, 477; FamRZ 1984, 1014; FamRZ 1985, 475; teils wurde eine Bedingung im Wege der Auslegung angenommen: OLG Hamburg OLGZ 1983, 18; diese Begründungen erscheinen zweifelhaft, da „Schein"-Ehegatten zur Erreichung ihres Zweckes gerade eine wirksame und keine bedingte Ehe schließen wollen [LG Kiel FamRZ 1990, 742; zahlreiche w Nachw in OLG Frankfurt/Main NJW-RR 1995, 771, 772]; jedenfalls liegt ein die Eheschließung [je nach Begründung formell oder materiell] betreffendes Hindernis, nicht aber ein Ehehindernis [in den persönlichen Ehevoraussetzungen] vor, weshalb nur der Standesbeamte, nicht aber der OLG-Präsident im Verfahren zur Befreiung von dem Erfordernis des Ehefähigkeitszeugnisses das Tätigwerden ablehnen kann: OLG Düsseldorf FamRZ 1996, 1145; zur Bedeutung familienrechtlicher Rechtsverhältnisse im Ausländerrecht: Mach-Hour FamRZ 1998, 139).

Nach § 1310 Abs 1 S 2 iVm § 1314 Abs 2 Nr 5 idF des **EheschlRG** ist eine Berechtigung und Verpflichtung des Standesbeamten zur Verweigerung der Mitwirkung an einer *offenkundig rechtsmißbräuchlichen Eheschließung* (Rechtsausschuß BT-Drucks 13/9416, 27: keine erweiterte Prüfungs- und Nachforschungspflicht), bei der die Ehegatten eine eheliche Lebens- und Verantwortungsgemeinschaft nicht anstreben nun ausdrücklich bestimmt. § 5 Abs 4 PStG idF des EheschlRG gibt in Fällen *konkreter Anhaltspunkte* (keine gemeinsame Sprache der Ehegatten, sehr fraglich: eklatante Altersunterschiede, vgl Rechtsausschuß BT-Drucks 13/9416, 30) dem Standesbeamten ein Recht zur Befragung der Verlobten und zur Aufforderung, Nachweise beizubringen.

Daraus läßt sich jedoch für das Scheidungsrecht **keine Erleichterung der Scheidungsvoraussetzungen** herleiten; allerdings kann eine solche Ehe nunmehr nach § 1314 Abs 2 Nr 5 aufgehoben werden, solange die Aufhebbarkeit nicht durch Zusammenleben der Ehegatten nach der Ehe gemäß § 1315 Abs 1 Nr 5 ausgeschlossen ist. Regelmäßig wird aber zur Erreichung des angestrebten Zwecks zunächst ein solches, die Eheaufhebung ausschließendes Zusammenleben stattfinden.

Wenn der Standesbeamte die Mitwirkung *nicht* verweigert hat und eine solche Ehe geschlossen wurde und nicht mehr aufhebbar ist, können sich die Beteiligten hierauf nicht berufen, um eine erleichterte Scheidung zu erreichen. Das bedeutet, daß auch auf eine solche Ehe **alle Scheidungs(nachweis-)tatbestände** anzuwenden sind (Münch-Komm/WOLF Rn 25).

b) Das gilt auch für eine **Namensehe** oder sonstige **Zweckehe**. Schon seit Wegfall **12** des § 19 EheG aF war davon auszugehen, daß die vorbehaltlos eingegangene Namensehe nicht nichtig und damit voll wirksam war(SOERGEL/HEINTZMANN Rn 41). Dies gilt nach Überleitung des Instituts der Ehenichtigkeit in die die Eheaufhebung weiterhin. Zur Anwendbarkeit der **Sperrfrist** des § 1565 Abs 2 siehe dort Rn 112 f; zur **Prozeßkostenhilfe** unten Rn 120.

3. Aufhebbare Ehe

Eine **aufhebbare Ehe** kann – wegen der zunächst bestehenden rechtlichen Existenz – **13** bis zur rechtskräftigen Aufhebung geschieden werden (JOHANNSEN/HENRICH/JAEGER Rn 22; MünchKomm/WOLF Rn 26). Zur Möglichkeit der Aufhebung einer Ehe nach Scheidung siehe Vorbem 70 ff zu §§ 1564 ff.

4. Tod, Todeserklärung

Eine durch **Tod eines Ehegatten** sowie eine durch Wiederheirat eines Ehegatten nach **14** **Todeserklärung** des anderen Ehegatten (§ 1319 Abs 2) aufgelöste Ehe kann nicht mehr geschieden werden; ein dennoch ergehendes Urteil ist ohne rechtliche Bedeutung. Zur Wirkung des Todes eines Ehegatten auf ein bereits ergangenes, noch nicht rechtskräftiges Scheidungsurteil vgl Vorbem 69 zu §§ 1564 ff.

5. Im Ausland geschiedene Ehe

Eine geschiedene Ehe **kann nicht erneut** (in Anwendung eines anderen Scheidungs- **15** tatbestands, insbesondere in Anwendung einer anderen Rechtsordnung) **geschieden**

werden (BGB-RGRK/GRASSHOFF Rn 52; MünchKomm/WOLF Rn 27). Das gilt gleichermaßen
dann, wenn in Deutschland die Ehe geschieden wurde (BGH NJW 1981, 1900), oder
wenn ein ausländisches Scheidungsurteil in Deutschland anzuerkennen ist, selbst
wenn die Scheidung im Heimatstaat der Ehegatten oder eines von ihnen nicht anerkannt wird. Die Entscheidung des deutschen Gesetzgebers für die *internationale
Zuständigkeit* deutscher Gerichte im Umfang des § 606 a ZPO und für die Anerkennung **ausländischer Scheidungsurteile** gemäß § 328 ZPO, Art 7 § 1 FamRÄndG beschreibt zugleich den Rahmen, innerhalb dessen die Rechtskraft eines Scheidungsurteils ein erneutes Scheidungsverfahren ausschließt.

Daraus ergibt sich insbesondere, daß eine **im Ausland ausgesprochene Ehescheidung**,
die im Inland nur nach *Art 7 § 1 FamRÄndG* anerkannt werden kann (Ausnahme:
Scheidung im gemeinsamen Heimatstaat, die inzidenter gemäß § 328 ZPO anerkannt
wird, vgl Art 7 § 1 Abs 1 S 3 FamRÄndG), erst dann einer Scheidung vor deutschen
Gerichten (im Wege der Rechtskraft) entgegensteht, wenn das Anerkennungsver-
fahren durchgeführt ist. Hierzu ist ggf das deutsche Verfahren analog § 148, 151 ZPO
auszusetzen (BGH IPRax 1983, 281; zur Ehescheidung in der früheren DDR unten Rn 20).

Hingegen hindert bereits die **Rechtshängigkeit eines deutschen Scheidungsverfahrens**
die Anerkennung eines ausländischen Scheidungsurteils, das auf einem später rechtshängig gewordenen Verfahren beruht, sofern nicht das deutsche Verfahren in anderer
Weise als durch stattgebendes (bei Antragsabweisung im Inland kann ein – ggf auf
einem anderen Tatbestand beruhendes – ausländisches Scheidungsurteil anerkannt
werden) Urteil beendet wurde. Dies ergibt sich bereits aus § 328 Abs 1 Nr 3 ZPO
(OLG Frankfurt FamRZ 1997, 92), denn bei gleichem Streitgegenstand ist das ausländische Verfahren mit dem früher rechtshängigen deutschen Verfahren immer unvereinbar (vgl auch ZÖLLER/GEIMER § 328 ZPO Rn 146). Im übrigen wäre auch regelmäßig der
deutsche ordre public durch Anerkennung eines Urteils verletzt, das die frühere
deutsche Rechtshängigkeit desselben Streitgegenstandes nicht beachtet (BGH NJW
1983, 514; BayObLG FamRZ 1983, 501: auch bei unbewußter Nichtbeachtung); der Inlandsbezug
wird, da § 328 Abs 1 Nr 3 ZPO die Autorität der deutschen Gerichte schützt, bereits
durch die inländische Rechtshängigkeit hergestellt (**aA** OLG Bamberg NJW-RR 1997,
4, 5).

III. Gerichtliches Urteil

1. Staatliches Gericht

16 Der Gesetzgeber des 1. EheRG hat verfahrensrechtlich klargestellt, daß – wie schon
bisher – im Inland eine Ehescheidung nur durch das **Urteil eines staatlichen Gerichts**
ausgesprochen werden kann. Damit scheiden sowohl *Privatscheidungen* wie auch
Scheidungen durch *religiöse Gerichte* (seit § 76 Personenstandsgesetz v 6. 2. 1875
vgl auch § 15 GVG; de lege ferenda will HATTENHAUER ZRP 1985, 202 die Scheidung kirchlichen
Ehegerichten als Schiedsgerichten bei entsprechender Vereinbarung der Ehegatten zuweisen) oder
durch *Verwaltungsbehörden* aus (MünchKomm/WOLF Rn 28; vgl rechtshistorisch: WADLE
StAZ 1995, 161).

2. Ausländisches Recht

Für **Inlandsscheidungen**, die materiell **ausländischem Recht** unterliegen, folgt dies aus 17
Art 17 Abs 2 EGBGB; eine solche Scheidung kann im Inland nur durch ein deutsches
Gericht ausgesprochen werden. **Ausländische Hoheitsakte** bewirken nur dann eine im
Inland anerkennungsfähige Scheidung, wenn die ausländische Behörde außerhalb
des Territoriums der Bundesrepublik tätig geworden ist. Eine Ehescheidung durch
eine ausländische konsularische oder diplomatische Vertretung in Deutschland ist
auch dann unwirksam, wenn sie auf dem exterritorialen Boden der Vertretung vorgenommen wird (BGH FamRZ 1982, 44; MünchKomm/WOLF Rn 29). Eine **Privatscheidung**
ist nur dann als im Ausland vorgenommen anzusehen, wenn die maßgeblichen Erklärungen der Parteien – ggf auch durch Vertreter – im Ausland abgegeben wurden
(BayObLG FamRZ 1985, 75; BayObLG FamRZ 1985, 1258; JOHANNSEN/HENRICH/JAEGER Rn 29).

3. Ausländisches Gericht

a) Bei **Scheidung im Ausland** ohne Mitwirkung einer ausländischen Behörde (**Pri-** 18
vatscheidung) ist §1564 anzuwenden, wenn materiellrechtlich nach Art 17 EGBGB
deutsches Recht als Scheidungsstatut berufen ist. Eine solche Privatscheidung kann
mangels eines verfahrensrechtlich anerkennungsfähigen Substrats (Urteil, Beschluß,
Verwaltungsentscheidung) nur materiellrechtlich überprüft werden; sie ist in Anwendung deutschen Rechts wegen §1564 also unwirksam (BGHZ 110, 276; MünchKomm/
WOLF Rn 31; JOHANNSEN/HENRICH/JAEGER Rn 29 a). Wirksam sind im Ausland vorgenom-
mene **Privatscheidungen**, wenn das gemäß Art 17 EGBGB anzuwendende Recht eine
Privatscheidung zuläßt; der ordre public (Art 6 EGBGB) kann eingreifen, wenn ein
Ehegatte Deutscher ist oder sonst (jahrzehntelanger Aufenthalt der ausländischen
Ehegatten in Deutschland) ein starker Inlandsbezug besteht.

b) Hingegen scheitert die **Anerkennung einer ausländischen Entscheidung**, welche 19
die Ehescheidung ausspricht, nicht an §1564, auch wenn aus deutscher Sicht gemäß
Art 17 EGBGB deutsches Recht Scheidungsstatut gewesen wäre, das fremde Ent-
scheidungsorgan (Gericht, Behörde) aber eine andere Rechtsordnung angewendet
hat.

4. DDR-Scheidungsurteile

Scheidungsurteile von DDR-Gerichten aus der Zeit bis zum 2.10.1990 sind grund- 20
sätzlich als Entscheidungen deutscher Gerichte wirksam, unterliegen also nicht dem
Anerkennungsverfahren/der Anerkennungsprüfung nach Art 7 §1 FamRÄndG,
§328 ZPO (BGHZ 85, 18 mNachw). Liegt ein solches Urteil vor, so kann die Ehe nicht
(erneut) geschieden werden. Ist jedoch durch ein Gericht der Bundesrepublik rechtskräftig die Unwirksamkeit eines DDR-Scheidungsurteils und der Fortbestand der
Ehe festgestellt, so geht die Rechtskraftwirkung des bundesdeutschen Urteils vor; die
Ehe kann – erstmals für die Bundesrepublik wirksam – geschieden werden (OLG
Hamm FamRZ 1997, 1215).

Zur intertemporalen Frage anläßlich der Wiedervereinigung vgl STAUDINGER/RAU-
SCHER (1996) Art 234 §1 Rn 9, Art 234 §5 Rn 36 ff.

IV.   Antrag

1.   Antrag statt Klage

21 Die Ehescheidung erfolgt auch nach der Reform des 1. EheRG im **streitigen Verfahren der ZPO**. Verfahrensbestimmungen der **Freiwilligen Gerichtsbarkeit** finden nur für bestimmte Folgesachen – auch im Scheidungsverbund – Anwendung (§ 621 a Abs 1 ZPO); für die Ehescheidung selbst ist der Gesetzgeber den Schritt zum FGG-Verfahren nicht gegangen. S 1 soll das Scheidungsverfahren äußerlich von sonstigen Zivilprozessen absetzen, indem ein *Antrag* anstelle einer *Klage* verlangt wird. Die angestrebte psychologische, spannungs- und streitreduzierende Wirkung dieser Umbenennung wird zurecht angezweifelt (MünchKomm/Wolf Rn 34).

2.   Antragsberechtigter

22 Antragsberechtigt sind ausschließlich die Ehegatten. Weder eine staatliche Behörde (Staatsanwaltschaft) noch sonstige Personen, insbes Verwandte, können das Verfahren zur Scheidung einer Ehe einleiten. Demzufolge besteht nach dem *Tod eines Ehegatten* keine Möglichkeit mehr, ein Scheidungsrecht des verstorbenen Ehegatten feststellen zu lassen, wie dies die 5. DVO EheG vorsah (bereits aufgehoben durch Art 9 Abs 1 Unterabsatz 2 Nr 18 FamRÄndG). Durch die Normierung in S 1 wird das Erfordernis eines Antrags eines *Ehegatten* dem **materiellen Recht** zugeordnet und gilt auch dann, wenn die Ehe im Ausland nach deutschem (materiellem) Recht zu scheiden ist (MünchKomm/Wolf Rn 33).

3.   Antrag des Antragsgegners

23 a)   Nach inzwischen einhelliger Ansicht können **beide Ehegatten die Scheidung beantragen**. Obgleich der Scheidungsantrag des Antragsgegners ebenfalls darauf gerichtet ist, die Scheidung der gescheiterten Ehe zu erreichen, fehlt diesem Antrag nicht das **Rechtsschutzbedürfnis** (BGH NJW 1983, 1940; OLG Frankfurt FamRZ 1982, 809; MünchKomm/Wolf Rn 35; Rolland Rn 6; Soergel/Heintzmann Rn 37 und Nachtrag Rn 12; Erman/Dieckmann Rn 3; **aA** OLG Stuttgart NJW 1979, 167; Diederichsen ZZP 1978, 442: nur im Falle der einverständlichen Scheidung nach §§ 1565 Abs 1, 1566 Abs 1). Dies gilt im Falle der einverständlichen Scheidung nach §§ 1565 Abs 1, 1566 Abs 1, aber auch in allen anderen Gestaltungen. Insbesondere ist die Zulässigkeit nicht beschränkt auf Anträge mit verschiedenen Gestaltungszielen, die insbes bei Anwendung fremden Rechts in Betracht kommen (dazu BGH FamRZ 1982, 796; durch Art 17 Abs 1 EGBGB nF ist die Abhängigkeit des Scheidungsstatuts vom Personalstatut des Antragstellers erledigt). Dem Antragsgegner muß das Recht eingeräumt werden, das Verfahren mitzubestimmen. Es ist auch denkbar, daß der Antrag des einen Ehegatten an § 1565 Abs 2 scheitert, während dem anderen Ehegatten der Beweis von § 1565 Abs 2 entsprechenden Umständen gelingt. Überdies ergibt sich auch aus Gründen des *materiellen Rechts* ggf ein Bedürfnis für die Stellung des Scheidungsantrags, wenn hinsichtlich von Rechtsfolgen der Einleitung des Scheidungsverfahrens auf die Antragstellerrolle abgestellt wird (zB § 1587 Abs 2; vgl dazu BGH FamRZ 1982, 153; aber auch: § 1933 S 1 BGB; dort kann dem Antragsgegner nicht zugemutet werden, einem für ihn nachteiligen Scheidungsantrag [vgl § 1565 Abs 2] zuzustimmen), oder vom Zeitpunkt der Verfahrenseinleitung wesentliche vermögensrechtliche Folgen abhängen, die der Antragsteller durch

Rücknahme beeinflussen kann (§§ 1579 Abs 1 Nr 1, 1384, 1587 Abs 2). Der Antrag ist auch nicht im Zusammenhang mit der Gewährung von Prozeßkostenhilfe als mutwillig anzusehen (MünchKomm/Wolf Rn 35; BGB-RGRK/Grasshoff Rn 48).

b) Umstritten ist, ob es sich in diesem Fall um denselben **Streitgegenstand** handelt.   **24**

aa) Weitgehend unbestritten ist die Identität des Klagebegehrens: Beide Anträge verfolgen ein gleichgerichtetes Ziel, nämlich die Scheidung der Ehe wegen Scheiterns, so daß nicht „Antrag" und „Gegenantrag" im prozessualen Sinn vorliegen. Streitgegenstand ist das **Scheitern der Ehe** im Zeitpunkt der letzten mündlichen Verhandlung (so BGB-RGRK/Grasshof Rn 45; Johannsen/Henrich/Jaeger Rn 41; Rolland Rn 5 a; im Ansatz auch: Soergel/Heintzmann Rn 38; Wolf, in: FS Rebmann 716 f).

bb) Auch der **zweigliedrige Streitgegenstandsbegriff** führt zu keiner anderen Beurtei- **25** lung. Zwar ist nach herrschender Ansicht neben dem (Gestaltungs-)*begehren* auch der *Klagegrund* für die Bestimmung des Streitgegenstands heranzuziehen. Dies ergibt aber für das Scheidungsbegehren keinen unterschiedlichen Streitgegenstand, je nachdem welcher Ehegatte den Antrag stellt bzw worauf dieser Antrag gestützt wird.

α) Teilweise (BGB-RGRK/Grasshof Rn 50; Soergel/Heintzmann Rn 38; Wolf, in: FS Rebmann 716 f; wohl auch: MünchKomm/Wolf Rn 49) wird angenommen, daß die Scheidungsanträge deshalb nicht notwendig inhaltsgleich seien, weil die Ehegatten sich auf unterschiedliche *Nachweistatbestände* stützen können. ZB kann ein Ehegatte das Scheitern der Ehe nach § 1565 Abs 2 dartun, während der andere vorträgt, das Trennungsjahr sei abgelaufen und sich daher auf den Grundtatbestand des § 1565 Abs 1 stützt bzw eine Vereinbarung nach § 1566 Abs 1, § 630 ZPO anstrebt. Das begründet jedoch nicht unterschiedliche Streitgegenstände, denn Lebenssachverhalt in diesem Sinne ist immer nur das **Scheitern der Ehe** und nicht die dafür vorgebrachten Nachweise. Die dazu angeführte (Soergel/Heintzmann Rn 38) Wiederholbarkeit des Scheidungsantrags unter einem anderen Beweistatbestand macht diesen nicht zu einem eigenständigen Streitgegenstand, sondern läßt sich trotz eines einheitlichen Streitgegenstands des Scheiterns der Ehe zwanglos mit der *zeitlichen Komponente* des Scheiterns erklären; insbes bedeutet die rechtskräftige Abweisung nur das Nicht-Gescheitertsein im Zeitpunkt der letzten mündlichen Verhandlung, schließt aber nicht den Nachweis des Scheiterns zu einem späteren Zeitpunkt aus, selbst wenn Tatsachen oder Vermutungsfristen in den Zeitraum des ersten Verfahrens hineinreichen (näher unten Rn 66 ff).

β) Teilweise wird vorgebracht, die Anerkennung je eines subjektiven Rechts jedes Ehegatten auf Scheidung bedinge die Anerkennung **zweier Lebenssachverhalte** und damit zweier Streitgegenstände (Johannsen/Henrich/Jaeger Rn 41). Auch dies ist nicht stichhaltig: Gegenstand bleibt, auch wenn verschiedene Personen ein Gestaltungsrecht ausüben können, die begehrte Gestaltung (Scheidung) aufgrund des einheitlichen Lebenssachverhalts (Scheitern der Ehe; wie hier: Stein/Jonas/Schlosser § 611 ZPO Rn 2; § 616 ZPO Rn 12; Schlosser FamRZ 1978, 319; Zöller/Vollkommer Einl Rn 81; Diederichsen ZZP 1978, 442; MünchKomm[ZPO]/Walter § 611 ZPO Rn 4; Johannsen/Henrich/Sedemund-Treiber § 611 ZPO Rn 9; Wieczorek/Schütze/Becker-Eberhard § 611 ZPO Rn 7; aA OLG Frankfurt FamRZ 1982, 811; BGB-RGRK/Grasshof Rn 48; Rolland Rn 6; Johannsen/Henrich/Jaeger Rn 42).

26 cc) Die Einordnung als verschiedene Verfahrensgegenstände soll nach der hier abgelehnten Gegenansicht (vorige Rn) in Hinblick auf die **Anschlußberufung** Bedeutung erlangen. Hat der Antragsgegner vor dem Familiengericht keinen eigenen Scheidungsantrag gestellt, so könnte er zwar gegen das die Scheidung aussprechende Urteil Berufung einlegen; er kann aber im Berufungsverfahren einen eigenen Scheidungsantrag nur im Wege der Anschlußberufung stellen (OLG Frankfurt/Main FamRZ 1980, 710; BGB-RGRK/GRASSHOFF Rn 49). Die Rücknahme des Antrags durch den Antragsteller führt nicht entsprechend § 522 Abs 1 ZPO zur Gegenstandslosigkeit der Anschlußberufung; der Anschlußantrag ist von dem Antrag und der Berufung des Antragstellers unabhängig. Das folgt aber nicht aus der Verschiedenartigkeit der Streitgegenstände (so aber BGB-RGRK/GRASSHOF Rn 49). Vielmehr greift § 522 Abs 1 ZPO bei Antragsrücknahme nicht ein (sondern nur bei Berufungsrücknahme, OLG Frankfurt/Main aaO). Die Stellung des Scheidungsantrags in der Anschlußberufung steht der Erhebung einer Widerklage im Berufungsverfahren nahe. Mit Antragsrücknahme bleibt der nunmehr gestellte Antrag des Antragsgegners rechtshängig, mit dem dieser seinen eigenständigen Scheidungsanspruch verfolgt.

4. Materiellrechtliche Wirkungen

27 Die **Zustellung** des Scheidungsantrags hat außerhalb des Scheidungsverfahrens **materiellrechtliche Folgen:**

a) Ehegüterrechtlich ist im gesetzlichen Güterstand der Zugewinngemeinschaft das **Endvermögen** auf den Tag der Zustellung des Scheidungsantrags zu berechnen (§ 1384), obgleich der Güterstand selbst erst mit Rechtskraft der Scheidung endet. Das gilt auch, wenn die Ehe nicht auf den zunächst gestellten Antrag hin geschieden wird, sondern auf einen *im gleichen Verfahren* gestellten Gegenantrag (BGH NJW 1979, 2099; BGH FamRZ 1983, 350). Dies gilt selbst bei zwischenzeitlicher Versöhnung oder Ruhen des Verfahrens (BGH FamRZ 1983, 350; OLG Koblenz FamRZ 1981, 260; MünchKomm/WOLF Rn 41), sowie dann, wenn der Antrag zurückgenommen wird, *nachdem* der Gegenantrag rechtshängig geworden ist (BGHZ 46, 215; zur Rücknahme näher unten Rn 51 f).

Eine Verlegung des Termins unter Gesichtspunkten von Treu und Glauben (zum Versorgungsausgleich vgl folgende Rn) kommt nicht in Betracht. § 1384 soll der Verschleierung von Vermögen vorbeugen. Dieser Gefahr kann nur durch eine streng formalisierte Handhabung der **Stichtage** begegnet werden (BGHZ 46, 215; BGH NJW 1979, 2099 **aA** wohl [passim] OLG Hamm NJW-RR 1992, 965 für den Fall der zwischenzeitlichen Aussöhnung). Zugleich beginnt die **Auskunftspflicht** über das Endvermögen (§ 1379 Abs 2) und es kann **Sicherheit** für die Ausgleichsforderung verlangt werden (§ 1389 BGB).

28 b) **Mit ähnlicher Zielsetzung** sind in den **Versorgungsausgleich** nur die beiderseitigen Anwartschaften einzubeziehen, die bis zum Ende des der Zustellung vorausgehenden Monats erworben wurden (§ 1587 Abs 2).

aa) Maßgeblich ist die Einleitung des **zur Scheidung führenden** Verfahrens (BGH NJW-RR 1990, 66; NJW 1986, 1040). Das gilt selbst dann, wenn früher ein anderes Verfahren anhängig gemacht wurde, das im Zeitpunkt der erneuten Verfahrenseinleitung ruht, so daß eigentlich dem zweiten Verfahren die Rechtshängigkeit des ersten entgegengestanden hätte. Maßgeblich ist auch dann der Zeitpunkt der Rechtshängigkeit im *zweiten* Verfahren (BGH NJW 1991, 2490). Erforderlich ist auch für die materiellrechtliche Wirkung ein verfahrensrechtlich **wirksamer Antrag**. Ist der Scheidungsantrag nicht von einem postulationsfähigen Rechtsanwalt unterzeichnet, so tritt die Wirkung des § 1587 Abs 2 ein mit Genehmigung der bisherigen Prozeßführung durch den postulationsfähigen Prozeßbevollmächtigten des Antragstellers; eine materielle Rückwirkung tritt nicht ein (OLG Celle NJW-RR 1995, 518).

bb) Die Maßgeblichkeit der Einleitung des letztlich zur Scheidung führenden Verfahrens gilt auch, wenn im **selben Verfahren verschiedene Anträge** gestellt werden. Hat auch der Antragsgegner (später) Scheidungsantrag gestellt, so bezieht sich § 1587 Abs 2 auf den Zeitpunkt der Rechtshängigkeit des ersten Scheidungsantrags, auch wenn die Ehe auf den Gegenantrag hin geschieden wird (BGH FamRZ 1967, 138; NJW 1982, 280; NJW 1982, 2379; JOHANNSEN/HENRICH/JAEGER Rn 34; MünchKomm/WOLF Rn 41), oder das Verfahren längere Zeit geruht hat (BGH NJW 1986, 1041, selbst im Übergangsfall der Aufnahme eines vor dem 1. 7. 1977 rechtshängig gewordenen ruhenden Verfahrens; BGH NJWE-FER 1996, 65, dort auch zur Möglichkeit einer konkludenten Antragsrücknahme; KG NJW-RR 1996, 1090), sofern nur die Scheidung in einem einheitlichen, durch den ersten Scheidungsantrag eingeleiteten Verfahren ausgesprochen wird (also nicht, wenn der erste Scheidungsantrag nicht förmlich gestellt wird: OLG Celle FamRZ 1981, 790; zum Fall der *Antragsrücknahme* unten Rn 51 f). Geht dem Scheidungsverfahren ein *Trennungsverfahren* nach einer ausländischen Rechtsordnung voran, so bleibt dennoch der Zeitpunkt der Stellung des Scheidungsantrags maßgeblich (BGH FamRZ 1994, 825).

cc) Die **Berufung auf § 1587 Abs 2** kann jedoch nach **Treu und Glauben** verwehrt sein, wenn während des Verfahrens die Lebensgemeinschaft wieder aufgenommen wurde und das noch anhängige Verfahren praktisch obsolet war. In solchen Fällen kollidiert die Wertung des § 1587 Abs 2 mit der des § 1361 Abs 1 S 2; dem potentiell Versorgungsausgleichsberechtigten entginge für einen Zeitraum der Versorgungsausgleich, ohne daß ihm – mangels Getrenntlebens – unterhaltsrechtlich die Kosten einer angemessenen Altersvorsorge als Kompensation zuflößen (BGH NJW 1986, 1041; OLG Hamburg FamRZ 1979, 519). Leben die Parteien sodann vor der Wiederaufnahme des Scheidungsverfahrens **länger erneut getrennt**, so ist wiederum aus Gründen der Billigkeit nur der Zeitraum des **Zusammenlebens** in den Versorgungsausgleich einzubeziehen (BGH NJW 1983, 166; offen gelassen in BGH NJW 1986, 1041). Der Zeitpunkt der Aufnahme des ruhenden Verfahrens kann auch dann nicht maßgeblich sein, wenn er alsbald der erneuten Trennung nachfolgt (so aber: BGH NJW 1986, 1042). Es ist nämlich nicht immer § 1587 Abs 2 analog auf die Aufnahme eines ruhenden Scheidungsverfahrens anzuwenden. Vielmehr bleibt es grundsätzlich über § 1587 Abs 2 bei der ursprünglichen Verfahrenseinleitung als Stichtag. Gegen diesen Grundsatz können Anwartschaften, die nach diesem Stichtag entstehen, nur soweit einbezogen werden, als die ratio hierfür (Scheidungsverfahren ohne Trennung) reicht, also nur für solche Zeiten, in denen die Ehegatten tatsächlich während der Anhängigkeit des Verfahrens zusammengelebt haben.

dd) Ein **Ausschluß** des Versorgungsausgleichs (§ 1408 Abs 2) ist gemäß § 1408 Abs 2 S 2 unwirksam, wenn binnen eines Jahres nach Vertragsschluß Scheidungsantrag gestellt wird; maßgeblich ist auch insoweit die Zustellung (BGH NJW 1985, 316). Rechtzeitige Einreichung und nachfolgende Zustellung des Scheidungsantrags führt nur

dann entsprechend § 270 Abs 3 ZPO die Wirkungen des § 1408 Abs 2 herbei, wenn
Verzögerungen der Zustellung vom Antragsteller nicht zu vertreten sind (OLG Köln
FamRZ 1995, 1588; OLG Zweibrücken FamRZ 1995, 745; zur Rücknahme des Scheidungsantrags
unten Rn 51). Bei Vereinbarung des Ausschlusses nach Rechtshängigkeit des Scheidungsverfahrens ist § 1408 Abs 2 analog anzuwenden, dh, die Parteien können die
Scheidungsfolgen nur noch durch eine Vereinbarung nach § 1587 o vertraglich regeln
(BGH NJW 1987, 1768). Nach richtiger Ansicht ist ein während des Scheidungsverfahrens vereinbarter Ausschluß des Versorgungsausgleichs jedoch wirksam und § 1408
Abs 2 nicht analog anzuwenden, wenn die Vereinbarung die Rücknahme des Scheidungsantrags vorbereitet, der Scheidungsantrag sodann zurückgenommen wird und
die Ehe auf einen späteren, nach Ablauf der Frist des § 1408 Abs 2 gestellten Antrag
hin geschieden wird (OLG Hamm NJW-RR 1995, 964; aA MünchKomm/KANZLEITER § 1408
Rn 30 mNachw).

29 c) Unterhaltsrechtlich rechnet vom Tag der Zustellung ab (wegen der Begrenzung
der in den VA einzustellenden Anwartschaften auf diesen Zeitpunkt) auch der Aufwand für eine angemessene Versicherung für Alter, Berufs- und Erwerbsunfähigkeit
(§ 1361 Abs 1 S 2) zum Bedarf. Die für eine Unterhaltskürzung/-versagung maßgebliche **„kurze" Ehedauer** (§ 1579 Nr 1) endet mit Antragstellung (BGH NJW 1981, 754;
NJW 1982, 2064). Dies erscheint insofern zustimmungswürdig, als der potentiell unterhaltsberechtigte Ehegatte nicht die Chance erhalten soll, durch Verzögerung des
Scheidungsverfahrens sich den Unterhaltsanspruch noch zu verschaffen. Andererseits ist es aber bedenklich, wenn aus diesem Grunde anempfohlen werden muß, den
Scheidungsantrag ggf vor Ablauf des Trennungsjahres nach § 1565 Abs 2 zu stellen
(so zutreffend: SOERGEL/HEINTZMANN Rn 14; zur Beeinflussung von Scheidungsfolgen durch einen
verfrühten Scheidungsantrag näher § 1565 Rn 94 f). Damit wird nämlich der Zweck, die
geplante Ehescheidung zu überdenken und ggf eine Versöhnung anzustreben, gerade
in Fällen kurzer Ehe vereitelt. Wenn aber schon kurze Zeit nach Eheschließung einer
oder beide Ehegatten eine so tief empfundene Inkompatibilität mit dem Partner
erkennen, daß es zur Trennung kommt, dürfte es sich häufig um eher spontane Reaktionen handeln (bedauerlicherweise häufig auch um allzu spontane Eheschließungen); gerade in diesen Fällen täte eine von der Hast der Antragstellung zum Zwecke
des Ausschlusses von Unterhaltsansprüchen freie Besinnungsphase Not. Der Mangel
dürfte in der vom BGH allzu kurz bemessenen zeitlichen Grenze der *„kurzen Ehedauer"* iSd § 1579 Nr 1 liegen, die nur in Einzelfällen bei Hinzutreten weiterer Umstände in der oberlandesgerichtlichen Rechtsprechung gelockert wird (BGH NJW 1982,
823, 929: noch bei zweijähriger, nicht mehr bei dreijähriger Ehe; vgl OLG Düsseldorf FamRZ 1992,
1188; fragwürdig erscheint die Einbeziehung des Verlustes einer Witwenrente durch die Eheschließung in die Bemessung der kurzen Dauer; ausnahmsweise noch bei fast dreijähriger Ehedauer angesichts Fehlens eigener Bindungsbereitschaft: OLG München FamRZ 1996, 1978; ausnahmsweise bei
über 4-jähriger Ehe aber nur kurzem Zusammenleben: OLG Frankfurt NJW 1989, 3226). Bei einer
flexibleren Handhabung des § 1579 Nr 1 bestünde nicht mehr der mittelbare Zwang,
durch vorzeitige Antragstellung Unterhaltsansprüche zu vermeiden. Andererseits
würde der Zweck des nachehelichen Unterhaltsrechts nicht erheblich beeinträchtigt.
Auch bei gebotener Berücksichtigung der selten spürbaren Berufsnachteile eines
Ehegatten bei einer nur „relativ" kurzen Ehe von einigen Jahren sollte sich durch
zeitliche Begrenzung des Aufstockungsunterhalts (§ 1573 Abs 5) sowie durch eine
Orientierung der Angemessenheit iSd § 1574 Abs 2 an der eigenen beruflichen Fä-

higkeit des Unterhaltsglaubigers der Zwang zur vorzeitigen Antragstellung in Hinblick auf § 1579 Nr 1 mindern lassen.

d) Das **Ehegattenerbrecht** ist gemäß § 1933 ausgeschlossen, wenn der **Erblasser 30** Scheidung *beantragt* oder dem Antrag *zugestimmt* (zur Zustimmung § 1566 Rn 27 ff) hatte (in Hinblick auf den in diesem Fall beidseitigen Willen zur Scheidung verfassungskonform: BVerfG NJW-RR 1995, 769) und die Voraussetzungen der Scheidung der Ehe im Zeitpunkt des Todes vorgelegen haben. Die Regelung des § 1933 S 1 Alt 1 benachteiligt angesichts der nicht auf das Verschulden abstellenden Scheidungsgründe den der Scheidung nicht zustimmenden an der Ehe festhaltenden Ehegatten; dieser verliert sein Erbrecht, während der die Scheidung betreibende Ehegatte bis zur Rechtskraft der Scheidung erbberechtigt bleibt (daher ist die Verfassungsgemäßheit von § 1933 S 1 Alt 1 BGB zweifelhaft; offengelassen von BVerfG NJW-RR 1995, 769; BGH ZEV 1994, 358; für Verfassungswidrigkeit ZOPFS ZEV 1995, 309; vgl auch REIMANN ZEV 1995, 329). Maßgeblich für die Anwendung des § 1933 BGB bei Scheidungsantrag des Erblasser-Ehegatten (zur Zustimmung vgl Rn 64 und § 1566 Rn 27 ff) ist die Zustellung des Scheidungsantrags; die Einreichung der Antragsschrift genügt nicht, (BGH NJW 1990, 2382; BayObLGZ 1990, 20; SOERGEL/HEINTZMANN Ergänzungsband Rn 14) selbst wenn diese alsbald nach dem Tod des Antragstellers zugestellt wird. Die Wirkung tritt ein, wenn der Scheidungsantrag des Erblassers **vor dem Eintritt des Erbfalles zugestellt** war (BGH NJW 1990, 2382; BayObLGZ 1990, 20) und nicht rechtskräftig abgewiesen oder zurückgenommen ist (zur erbrechtlichen Folge der rechtskräftigen Ehescheidung vgl Vorbem 53 zu §§ 1564 ff). Die **Rücknahme des Scheidungsantrags** des überlebenden Ehegatten, dem der spätere Erblasser-Ehegatte zugestimmt hatte, beseitigt die Wirkung des § 1933; dies gilt jedoch nur, wenn die Rücknahme vor dem Tod des zustimmenden Ehegatten erfolgt (OLG Frankfurt/Main FamRZ 1998, 190: Gesamthirntod maßgeblich, auch wenn Herzstillstand erst nach Antragsrücknahme eintritt; LG Tübingen, BWNotZ 1986, 22). Die **Beweislast** für das Vorliegen des Scheidungsgrunde trägt auch für Zwecke der erbrechtlichen Folgen derjenige, der sich auf das Scheitern der Ehe beruft (BGHZ 128, 125, 130; BayObLG FamRZ 1992, 1349, 1350).

Eine **letztwillige Verfügung** zugunsten des Ehegatten wird ebenfalls bereits mit Antragstellung bzw Zustimmung des Erblassers zum Scheidungsantrag unwirksam (§ 2077 Abs 1 S 2; widerleglich gemäß Abs 3; zur Klarstellung im Verfahren vgl REIMANN ZEV 1995, 329).

5.   Subjektives Scheidungsrecht

a)   Unstrittig hat jeder der Ehegatten bei Vorliegen des Scheidungsgrundes *Schei-* **31** *tern der Ehe* einen **öffentlich-rechtlichen Anspruch** auf Erlaß eines Scheidungsurteils (DIEDERICHSEN NJW 1977, 274; MünchKomm/WOLF Rn 21; BGB-RGRK/GRASSHOF Rn 25).

b)   Umstritten ist, ob im Falle des Scheiterns der Ehe jeder Ehegatte (bzw der **32** Ehegatte, in dessen Person die Voraussetzungen für einen begründeten Scheidungsantrag vorliegen, vgl insbes § 1565 Abs 2) ein **subjektives Recht** auf Scheidung (Gestaltungsrecht; zutreffend WOLF, in: FS Rebmann 706, es könne kein Anspruch iSd § 194 Abs 1 vorliegen, sondern nur ein Gestaltungsrecht) hat. Diese Streitfrage wird erörtert im Zusammenhang mit der Problematik, in welchem Umfang Ehegatten ggf (vorübergehend) über die Scheidbarkeit ihrer Ehe disponieren können, obgleich sich aus der Bejahung eines solchen Rechts nicht notwendig zwingend die Dispositionsfreiheit ergibt (WOLF, in: FS Rebmann 708 negiert jeden Zusammenhang; vgl dagegen MünchKomm/WOLF Rn 23).

Nach einer Ansicht hat sich mit Inkrafttreten des 1. EheRG dieser schon früher geführte Streit erledigt. Mit dem Wegfall des Verschuldensprinzips sei jedenfalls ein privatrechtliches **subjektives Gestaltungsrecht zu verneinen.** Insbesondere seien die formalen Änderungen und Aufhebungen von Bestimmungen, die von einem Recht eines Ehegatten auf Scheidung handelten, das durch Verzeihung oder Fristablauf ausgeschlossen werden konnte, dahin zu verstehen, daß der Gesetzgeber nur noch einen durch prognostische Wertung des Richters auszufüllenden öffentlichrechtlichen Anspruch gebe; die Formulierung „Scheidung kann begehrt werden" in § 1564 S 3 beziehe sich nur auf das öffentlich-rechtliche Gestaltungsrecht (DIEDERICHSEN ZZP 1978, 439; WOLF, in: FS Rebmann 725; STEIN/JONAS/SCHLOSSER § 611 ZPO Rn 2; zweifelnd: MünchKomm/WOLF Rn 22).

33 Überwiegend wird auch zum neuen Scheidungsrecht die vormals herrschende Ansicht vertreten, daß – nunmehr in der Regel beide Ehegatten – ein **subjektives Gestaltungsrecht auf Scheidung haben** (BGH FamRZ 1986, 656; BGB-RGRK/GRASSHOF Rn 28; JOHANNSEN/HENRICH/JAEGER Rn 31; WIECZOREK/SCHÜTZE/BECKER-EBERHARD § 611 Rn 4; ROLLAND Rn 5; LÜKE Keio Law Review 1990, 319, 325 f; GERNHUBER/COESTER-WALTJEN § 25 Nr 4; jeweils m Nachw). Dem ist zu folgen; die durch den Scheidungsantrag eintretende **materielle Veränderung der Rechtslage** (oben Rn 27 ff) macht deutlich, daß bereits ohne Gestaltung seitens des Richters eine Gestaltung der Rechtslage durch den Scheidungsantrag eintritt. Daß der Antragsteller den weiteren Verlauf des Verfahrens nicht frei steuern kann, sondern insbes das Verbundverfahren auslöst und damit eine Regelung der Scheidungsfolgesachen herbeiführt, auf die er keinen durchgreifenden Einfluß hat, spricht nicht gegen ein Gestaltungsrecht in Ansehung der Ehe als Rechtsverhältnis (BGB-RGRK/GRASSHOF Rn 28). Hinzu kommt, daß dem zutreffenden Verständnis der Ehe als einem verweltlicht-bürgerlichrechtlichen Rechtsverhältnis (BVerfG NJW 1980, 690; vgl Vorbem 3 ff zu §§ 1564 ff) nur eine Einordnung des Scheidungsanspruchs als subjektives Gestaltungsrecht gerecht wird (JOHANNSEN/HENRICH/JAEGER Rn 31). Im Scheidungsverfahren geht es wohl sogar vorrangig um einen letzten Ausfluß der Gestaltungsfreiheit der Ehegatten hinsichtlich ihrer Ehe, die lediglich in dem geordneten Verfahren eine grundrechtsgebotene Schranke findet. Der privatrechtliche Gestaltungsanspruch ist also durch das Zerrüttungsprinzip erheblich erweitert worden und nicht mehr von Verschuldenstatbeständen abhängig, die der andere Ehegatte gesetzt hat; der öffentlichrechtliche Jurisdiktionsanspruch begrenzt (lediglich) diesen privatrechtlichen Anspruch, er bestimmt ihn aber nicht, wie das Antragserfordernis in § 1564 S 1 zeigt.

34 c) Die **Ausübung** dieses Gestaltungsrechts erfolgt gemäß Satz 1 durch einen **materiellrechtlich wirkenden Antrag**, der aber zugleich den Charakter einer **Prozeßhandlung** hat (JOHANNSEN/HENRICH/JAEGER Rn 31).

6. Disposition über das Scheidungsrecht

a) Vor Verwirklichung des Scheidungstatbestandes
35 aa) Scheidungserleichternde Vereinbarungen sind unstreitig nichtig. Insbesondere kann auf das Trennungserfordernis des § 1565 Abs 2 und den Schutz durch die Här-

teklausel (§ 1568) vorab nicht materiellrechtlich wirksam verzichtet werden (näher § 1568 Rn 174); nichtig sind auch Vereinbarungen, die Trennung vorzunehmen, Absprachen über den früher als tatsächlich erfolgten Beginn des Getrenntlebens, Absprachen über die Geltendmachung von der Scheidung entgegenstehenden Tatbestandselementen und die Verpflichtung zur Stellung eines Scheidungsantrags (JOHANNSEN/HENRICH/JAEGER Rn 35; BGB-RGRK/GRASSHOF Rn 22; zur Härteklausel: ROLLAND § 1568 Rn 21; WOLF, in: FS Rebmann 711). Dies ergibt sich zweifelsfrei schon aus dem Wortlaut des Satz 3, wonach die Scheidungsvoraussetzungen sich *nur* aus §§ 1565 bis 1568 ergeben (BGH FamRZ 1986, 655; BGB-RGRK/GRASSHOF Rn 22; JOHANNSEN/HENRICH/JAEGER Rn 35; KNÜTEL FamRZ 1985, 1090 m Nachw).

bb) Für **scheidungserschwerende Vereinbarungen** ist immer wieder versucht worden, **36** dogmatische Grundlagen zu entwickeln. Zu nennen ist insbes der Versuch, die Privatisierung des Ehebildes des Grundgesetzes dazu zu nutzen, vertragliche Vereinbarungen über den **Ausschluß der Scheidung**, den **Ausschluß von Scheiternsnachweistatbeständen** sowie **Schiedsklauseln** zugunsten der Anrufung kirchlicher Ehegerichte zuzulassen (HATTENHAUER ZRP 1985, 200 ff; ders FamRZ 1989, 225; eingehend zu Lösungen über eine Identifikation von Versöhnung und Verzicht: KNÜTEL FamRZ 1985, 1089).

cc) Dem ist entgegenzuhalten, daß jede Vereinbarung, welche die Scheidung der **37** Ehe ausschließt, von bestimmten engeren als den gesetzlichen Voraussetzungen abhängig macht oder einen bzw beide Ehegatten bindet, künftig einen Scheidungsantrag vor staatlichen Gerichten nicht zu stellen, mit der von **Art 6 Abs 1 GG** gewährleisteten *Garantie der Wiedererlangung der Eheschließungsfreiheit* (BVerfGE 31, 58, 82 f; 53, 224, 245; BGH FamRZ 1978, 881, 883; BGHZ 97, 304, 307) kollidiert (zutreffend: JOHANNSEN/HENRICH/JAEGER Rn 37) und daher wegen Verstoßes gegen § 134 nichtig ist (BGHZ 97, 304; BGH NJW 1990, 703; eingehend: KNÜTEL FamRZ 1985, 1089; PALANDT/DIEDERICHSEN Rn 8; SOERGEL/HEINTZMANN Rn 44 und Nachtrag Rn 44; GERNHUBER/COESTER-WALTJEN § 24 II 5; LÜKE Keio Law Review 1990, 319, 327).

dd) Dagegen verfängt auch das Argument nicht, mit Annahme eines subjektiven **38** **Gestaltungsrechts** auf Scheidung sei auch die Zulassung eines Verzichts eine „ziemlich zwingende Konsequenz" (MünchKomm/WOLF Rn 23, letztlich aber nur mit Folgerungen für den Verzicht auf *bereits entstandene Scheidungsansprüche;* anders WOLF, in: FS Rebmann 709). Dies gilt – im Hinblick auf die Vertragsfreiheit – für jedes gesetzwidrige oder sittenwidrige Rechtsgeschäft; §§ 134, 138 in ihrer Prägung durch die Grundrechte setzen gerade den privatautonomen Gestaltungsrechten Grenzen. Das gilt insbesondere für die Zulassung des Verzichts auf *verfassungsgeschützte Positionen* (GERNHUBER/COESTER-WALTJEN § 25 Nr 6).

Nicht tragfähig ist auch eine **Abwägung gegen die Religionsfreiheitsgarantie – Art 4 GG**: Art 4 GG schützt insbesondere auch die negative Bekenntnisfreiheit sowie die Freiheit zum jederzeitigen Wechsel des Bekenntnisses, aber nicht die religiöse Selbstbindung durch Gelöbnisse. Art 4 GG schützt die *Freiheit* des einzelnen, nicht die *Autorität* des Bekenntnisses. Die *Bindung* an einen – zB kanonisch-rechtlich motivierten – Scheidungsausschlußvertrag würde nicht von Art 4 GG gestützt; vielmehr gibt Art 4 GG ein zu Art 6 GG hinzutretendes Argument gegen die Bindung an eine solche Vereinbarung.

39 ee) Auch die **Verschuldensscheidung** alten Rechts kann nicht vertraglich vereinbart werden (HERB FamRZ 1988, 126; SOERGEL/HEINTZMANN Rn 45). Eine solche Beschränkung der Scheidungsmöglichkeit mag zwar (noch) nicht sittenwidrig sein (SOERGEL/HEINTZ-MANN Rn 45, wobei allerdings Zweifel angebracht sind, ob die lebzeitige Bindung eines Ehegatten an eine inhaltsleer gewordene Ehe nicht im Wandel der sittlichen Anschauungen bereits empfindlich gegen das Sittengefühl verstieße). Sie verstößt jedenfalls gegen das in § 1564 zum Ausdruck kommende Prinzip der Scheidbarkeit einer gescheiterten Ehe und damit wiederum gegen die Gewährleistung der Wiederlangung der Eheschließungsfreiheit aus einer zerrütteten Ehe heraus. Insoweit verhält es sich anders als zur Vereinbarung des **Schuldprinzips im Scheidungsfolgenrecht.** Soweit die Ehegatten über Scheidungsfolgen disponieren können (insbes im Rahmen der guten Sitten auf den nachehelichen Unterhalt verzichten können, § 1585 c), ist – a maiore ad minus – auch die Vereinbarung zusätzlicher Bedingungen für eine Unterhaltsgewährung zulässig. Wie die negativen Billigkeitsklauseln (§§ 1579, 1587 h) zeigen, ist die Verschuldensunabhängigkeit des Scheidungsfolgenrechts kein tragendes Gerechtigkeitsprinzip des deutschen Rechts (WALTER NJW 1981, 1413; HERB FamRZ 1988, 123; SOERGEL/HEINTZMANN Rn 33), so daß solche Verträge nicht schon wegen der Verschuldensklausel gegen §§ 134, 138 verstoßen. Selbst wenn letztlich der die Scheidung verschuldende Ehegatte die Sozialhilfe belastet, dürfte – im Gegensatz zum Unterhaltsverzicht – schwerlich Sittenwidrigkeit anzunehmen sein. Das Postulat nachehelicher Solidarität zugunsten des die Scheidung verschuldenden Ehegatten dürfte gerade bei Scheidungsverschulden des Berechtigten sogar sittlich zweifelhafter sein als dessen vertraglicher Ausschluß.

40 ff) Strittig ist, ob die Ehegatten mit Wirkung über den Vertragszeitpunkt hinaus die Scheidungsmöglichkeit durch **Ausschluß** bestimmter **Zerrüttungs-Nachweistatbestände** für eine *begrenzte Zeit beeinflussen* können. Hierzu hat KNÜTEL (FamRZ 1985, 1094 ff) vertreten, eine Vereinbarung der Ehegatten, eine Scheidung nur nach § 1566 *Abs 2* zu beantragen, könne wirksam geschlossen werden; dies schließe eine Scheidung nach § 1565 Abs 1 aus, könne aber nicht § 1565 Abs 2 überwinden. Vielmehr sei die Bestimmung dann analog gegen die Scheidungsverzögerungsvereinbarung einzusetzen, wenn die Fortsetzung der Ehe über die dreijährige Wartefrist hinaus für den Scheidung begehrenden Ehegatten iSd § 1565 Abs 2 unzumutbar werde (zustimmend ERMAN/DIECKMANN Rn 15; von einem erheblichen weitergehenden Ausgangspunkt auch HATTENHAUER FamRZ 1989, 232; zweifelnd: JOHANNSEN/HENRICH/JAEGER Rn 39). Diese Ansicht ist abzulehnen: Eine solche Vereinbarung bedeutet den Ausschluß des positiven Nachweises des Scheiterns der Ehe gemäß § 1565 Abs 1 und kann deshalb dazu führen, daß ein Ehegatte drei Jahre an einer objektiv gescheiterten Ehe festgehalten wird. Gerade die Parallele zu einem *agreement* im Scheidungsverfahren verfängt nicht: Wenn ein Ehegatte darauf verzichtet, die Scheidung unter Nachweis der Zerrüttung aus dem Grundtatbestand des § 1565 Abs 1 zu beantragen, so mag er hierfür gute Gründe haben, insbes nicht die Intimsphäre seiner Ehe aufrollen zu müssen. Diese Entscheidung muß aber in Kenntnis der zum Scheitern führenden Umstände erfolgen. Ließe man solche Vereinbarungen antezipiert zu, würden die Ehegatten unter zeitweiligem Verzicht auf die Verwirklichung ihrer Eheschließungsfreiheit in einer neuen hoffnungsvolleren Ehe (JOHANNSEN/HENRICH/JAEGER Rn 39) an eine Einschätzung gebunden, die sie ohne Kenntnis der späteren konkreten Umstände nicht verantwortungsvoll treffen konnten. Nur diese Wertung dürfte im übrigen zwanglos mit der vom BGH vertretenen Zulassung ausschließlich in die

Vergangenheit wirkender Vereinbarungen und Verzichte über Scheidungstatbestände zu vereinbaren sein (vgl BGHZ 97, 304; BGH NJW 1990, 703; MünchKomm/Wolf Rn 23; Soergel/Heintzmann Rn 44; Palandt/Diederichsen Rn 8; Erman/Dieckmann Rn 1, zweifelnd Rn 14; letztlich ebenso: Johannsen/Henrich/Jaeger Rn 39).

b) Mittelbar scheidungserschwerende Vereinbarungen
Hingegen sind **Scheidungsfolgenvereinbarungen**, welche mittelbar auf einen Ehegatten **41** einwirken können, die Stellung eines Scheidungsantrags zu unterlassen, regelmäßig nicht schon aus diesem Grund nichtig. Hinsichtlich der vermögensrechtlichen Scheidungsfolgen, insbesondere im Unterhaltsrecht und Ehegüterrecht, mit Einschränkungen aber auch im Recht des Versorgungsausgleichs, herrscht grundsätzlich Vertragsfreiheit. Deshalb ist auch die Vereinbarung einer **Abfindungssumme** für den Fall, daß ein Ehegatte Scheidungsantrag stellen sollte, nicht schon deshalb gesetz- oder sittenwidrig, weil die Höhe des vereinbarten Betrages ein empfindliches Hemmnis gegenüber der Antragstellung setzt (**aA** OLG Oldenburg FamRZ 1994, 1454, 1455: Verpflichtung zu einer verhältnismäßig geringfügigen Zahlung sittenwidrig, wenn objektiv geeignet, den Verpflichteten von der Scheidung abzuhalten).

Solche Vereinbarungen sind im Gesamtsystem der vermögensrechtlichen Scheidungsfolgen einzuordnen, können unterhaltsrechtlichen, versorgungsrechtlichen oder güterrechtlichen Charakter haben (die Abfindungssumme ist vergleichbar dem Rechtsinstitut der Morgengabe) und sind nur dann gesetz- oder sittenwidrig (§§ 134, 138), wenn sie nach ihrem Inhalt, Zweck oder Beweggrund im Einzelfall gegen Verbote oder das Anstandsgefühl aller billig und gerecht Denkenden verstoßen (BGH NJW 1990, 704) und die in §§ 1564 ff vorgesehene Scheidungsmöglichkeit durch unzumutbaren wirtschaftlichen Druck einschränken. Das ist anzunehmen, wenn die Abfindungssumme außerordentlich hoch ist, sofern sie nicht einer angemessenen Einschätzung der ehelichen Lebensverhältnisse unter Berücksichtigung eventueller Verzichte des Berechtigten auf sonstige familienrechtliche Ansprüche entspricht (OLG Hamm FamRZ 1991, 444: mittelloser, selbst unterhaltsberechtigter Antragsteller, der einem Abfindungsanspruch von DM 500.000 ausgesetzt ist; vgl auch Erman/Dieckmann Rn 14).

Insbesondere **Abfindungsregelungen**, die der Sache nach eine **Scheidungsfolgenvereinbarung** bedeuten, sind trotz ihrer mittelbar scheidungserschwerenden Wirkung nur dann unwirksam, wenn sie wegen eines groben und unerträglichen Mißverhältnisses zu den Einkommens- und Vermögensverhältnissen des sich Verpflichtenden gegen die guten Sitten verstoßen (BGH JZ 1990, 544; Hepting ebd 548).

Umgekehrt ist ein **Verzicht auf Scheidungsfolgeansprüche**, die voraussehbar nur einem der Ehegatten zustehen würden (Unterhaltsverzicht bzw Ausschluß des Versorgungsausgleichs) nicht schon deshalb sittenwidrig und wirkungslos, weil der betroffene Ehegatte geneigt sein könnte, aus wirtschaftlichen Gründen an der Ehe (länger) festzuhalten, als er dies bei wirtschaftlicher Absicherung durch Scheidungsfolgeansprüche täte. Insbesondere steht eine solche Vereinbarung nicht einer Vertragsstrafe gleich (so aber OLG Schleswig, Vorinstanz zu BGH FamRZ 1997, 156, 157): Selbst wenn der Ausschluß der Scheidungsfolgen von dem anderen Ehegatten zur Bedingung der Eheschließung oder in der Krise zur Bedingung der Ehefortsetzung gemacht wird, ist der wirtschaftliche Nachteil für den anderen ein Preis, den dieser gerade nicht für die Scheidung, sondern für den Bestand der Ehe zu zahlen bereit ist. Daß einem der

Ehegatten wegen der getroffenen Ehevereinbarungen die Scheidung – bei späterem Scheitern – schwerer fällt, bedeutet keine unzulässige Scheidungserschwerung, die den Vertrag sittenwidrig macht (BGH FamRZ 1990, 372, 372; BGH FamRZ 1997, 156, 157). Solche Vereinbarungen sind nur dann sittenwidrig, wenn im Einzelfall ausnahmsweise besondere Umstände das Unwerturteil der Sittenwidrigkeit begründen.

Insbesondere in Fällen, in denen die **Scheidungsfolgenvereinbarung** zur **Bedingung für die Eingehung der Ehe** gemacht wird, kann sie schon deshalb nicht sittenwidrig sein, weil Ehe nicht zwingend mit einer wirtschaftlichen Gemeinschaft verbunden ist (GRZIWOTZ FamRZ 1997, 586, 587, mit der höchst zustimmungswürdigen Erkenntnis, daß solche Vereinbarungen nicht nur erlaubt, sondern wirtschaftlich *geboten* sein können; anders SCHWENZER AcP 196 [1996] 88 ff, die, nahezu schon Frauen diskriminierend, von deren regelmäßiger struktureller Unterlegenheit ausgeht; vermittelnd BÜTTNER FamRZ 1998, 1, 5) und weil jeder Verlobte auch berechtigt gewesen wäre, gänzlich von der Eingehung der Ehe Abstand zu nehmen (BGH FamRZ 1996, 1536, Nr 1001; hiergegen BÜTTNER FamRZ 1998, 1, 5 mit der unhaltbaren Parallele zur Nichtigkeit von Bürgschaften wegen struktureller Unterlegenheit. Die Situation des Bürgen, der einem nahen Angehörigen den dringend benötigten Kredit verschaffen will, ist keineswegs vergleichbar der Situation eines Eheschließungswilligen: Die Verweigerung einer Ehe gehört zu der selbstverständlichen, von Art 6 Abs 1 GG geschützten negativen Eheschließungsfreiheit des anderen. Schließt dieser dennoch die Ehe, so erwächst dem Eheschließungswilligen, angeblich strukturell Unterlegenen, anders als dem unterlegenen Bürgen hieraus kein Nachteil. Sittenwidrig – und im übrigen für die solchermaßen zum unbedarften Dummchen abgestempelte Frau ehrenrürig – wäre es, den anderen in einem wirtschaftlich orientierten Ehemodell zu fangen, dessen Abbedingung er zur conditio sine qua non der Eheschließung machen durfte). Zutreffend hält der BGH daher nur in Einzelfällen die Berufung auf eine ansonsten wirksame Scheidungsfolgenvereinbarung für treuwidrig (zur Einschränkung von – nicht sittenwidrigen – Unterhaltsverzichtsvereinbarungen im Kindesinteresse: BGH FamRZ 1992, 1403; zum Stand der Rechtsprechung zu Scheidungsfolgevereinbarungen: GRZIWOTZ FamRZ 1997, 585, 587; BÜTTNER FamRZ 1998, 1).

c) Verzicht auf einen entstandenen Scheidungsanspruch

42 **aa) Liegt bereits ein die Scheidung begründender Sachverhalt vor,** so ergibt sich bereits aus dem Antragserfordernis des Satzes 1, daß die Ehegatten frei darüber disponieren können, ob sie bzw einer von ihnen den hieraus fließenden Scheidungsanspruch **geltend macht.** Weithin unstrittig ist, daß innerhalb eines bereits angestrengten Scheidungsverfahrens ein **Verzicht** iSd § 306 ZPO zulässig ist. Dann aber erscheint es sinnvoll, einen **materiellrechtlichen Verzicht** im selben Umfang zuzulassen. Die Ehegatten wären sonst gezwungen, ein Scheidungsverfahren anzustrengen, um die gewollten Verzichtswirkungen zu erreichen; der Verzicht auf ein bereits entstandenes Scheidungsrecht ist also zulässig (BGHZ 97, 304; KNÜTEL FamRZ 1985, 192 ff; PALANDT/ DIEDERICHSEN Rn 8; SOERGEL/HEINTZMANN Rn 44; JOHANNSEN/HENRICH/JAEGER Rn 38; LÜKE Keio Law Review 1990, 318, 328; konstruktive Bedenken bei MünchKomm/WOLF Rn 23 f; WOLF, in: FS Rebmann 712 ff; HEPTING JZ 1990, 547; aA GERNHUBER/COESTER-WALTJEN § 25 Nr 6; BGB-RGRK/GRASSHOF § 1564 Rn 220).

Ein solcher Verzicht ist jedoch nicht bereits in der **Antragsrücknahme** in einem laufenden Scheidungsverfahren zu sehen (so aber AG Holzminden FamRZ 1997, 1214). Die Rücknahme des Antrags hat nur die – verfahrensrechtliche – Folge, daß der Rechtsstreit als nicht anhängig geworden anzusehen ist; den materiellen Anspruch läßt eine Klagerücknahme im allgemeinen und eine Antragsrücknahme im Scheidungsverfahren unberührt. Etwas anderes gilt nur, wenn anläßlich der Antragsrücknahme *klar zum Ausdruck gebracht wird*, daß damit auch der Scheidungsanspruch als solcher erledigt sein soll (HENRICH FamRZ 1997, 1214).

bb) Als **Folge** eines solchen Verzichts erlischt das materielle Scheidungsrecht, so- **43** weit es im Zeitpunkt der Verzichtsvereinbarung erwachsen war. Dies folgt nach Ansicht des BGH aus der Parallelkonstruktion zum prozessualen Verzicht (kritisch: WOLF, in: FS Rebmann 721 ff ; LÜKE Keio Law Review 1990, 318, 329: materielle Bestimmung des Umfangs der Verzichtswirkungen in Bezug auf das Scheitern der Ehe als Dauerzustand). Das Scheidungsrecht entsteht jedoch neu, wenn einer der im Gesetz vorgesehenen Scheidungstatbestände aufgrund einer neuen Tatsachenlage erfüllt wird (BGHZ 97, 304). Dies läßt sich aus Sicht des hier vertretenen dogmatischen Verständnisses der §§ 1564 ff als *eines Scheidungsgrundes* nicht dahin verstehen, daß nach dem Verzicht ein neuer Scheidungsgrund entsteht, der den Scheidungsanspruch begründet. Im Falle eines objektiven Scheiterns der Ehe kann nach dem Verzicht ein neuer Scheidungsgrund nur entstehen, wenn sich die Ehegatten zwischenzeitlich versöhnt haben, also das Scheitern der Ehe als Scheidungsgrund revidiert wurde. Eine gescheiterte Ehe (dies setzt ein nicht ins Leere gehender Verzicht auf einen *bereits entstandenen Scheidungsgrund* voraus), kann nicht erneut oder noch mehr scheitern (zutreffend: MünchKomm/WOLF Rn 24). Die Situation im Falle des Verzichts ohne Versöhnung (KNÜTEL FamRZ 1985, 1093 will die Versöhnung durch Unterbrechung der Trennung fingieren) läßt sich nicht gleichstellen mit der Abweisung eines Scheidungsantrags als unbegründet (wie hier: LÜKE Keio Law Review 1990, 318, 329). In einem solchen Fall steht rechtskräftig fest, daß die Ehe im Zeitpunkt der letzten mündlichen Verhandlung *nicht gescheitert* war, so daß später aufgrund neuer Tatsachen sich durchaus ergeben kann, daß die Ehe *nunmehr gescheitert* ist, wobei für eine Annahme des Scheiterns aufgrund einer Trennungsvermutung auch Zeiträume bis zur Abweisung des ersten Antrags zu berücksichtigen sind (insoweit zutreffend BGB-RGRK/GRASSHOF Rn 59; mißverstanden bei MünchKomm/WOLF Rn 24 Fn 82).

Zutreffend stellt der BGH (BGHZ 97, 304) denn auch letztlich nicht auf den Scheidungsgrund, sondern auf die *Scheidungstatbestände*, nach hier vertretenem Verständnis die zum schlüssigen Vortrag und Nachweis des Scheidungsgrundes erforderlichen Sachverhalte der §§ 1565 f, ab. Die Ehe kann also nach einem Verzicht nur geschieden werden, wenn aufgrund von Tatsachen, die nach dem Verzicht eingetreten sind, das Scheitern der Ehe bewiesen werden kann (BGHZ 97, 304; MünchKomm/WOLF Rn 24; JOHANNSEN/HENRICH/JAEGER Rn 38); hingegen genügt das bloße Fortbestehen der Trennung bzw ein Zeitablauf, der nicht die Fristen des § 1567 erreicht, nicht (ROLLAND § 1564 Rn 15; LÜKE Keio Law Review 1990, 318, 330).

cc) Fraglich ist, ob der **Verzicht** immer alle **Nachweistatbestände erfaßt**, oder nur **44** solche, die im Zeitpunkt des Verzichts verwirklicht waren oder verwirklicht sein konnten, oder nur jene, auf die der Verzichtende verzichten wollte. Strittig ist insbesondere, ob nach einem Verzicht, bei dessen Erklärung das Scheitern (nur) nach § 1566 Abs 1 vermutet oder nach § 1565 Abs 1 nachgewiesen werden konnte, ein Nachweis durch die unwiderlegbare und von der Zustimmung des anderen Ehegatten unabhängige Vermutung des § 1566 Abs 2 erst wieder möglich ist, wenn die **Dreijahresfrist seit dem Verzicht** abgelaufen ist (so: BGHZ 97, 304; RICHTER JR 1987, 17; JOHANNSEN/HENRICH/JAEGER Rn 38). Mit guten Gründen läßt sich der Umfang der nach dem

Thomas Rauscher

Verzicht zum Nachweis des Scheiterns verwertbaren Tatsachen nicht alleine nach dem Scheidungsanspruch bestimmen, sondern auch nach den im Zeitpunkt des Verzichts bereits verwirklichten Nachweistatbeständen. Daher ist fraglich, ob eine weniger als dreijährige Trennungszeit, die bis zur Erklärung des Verzichts abgelaufen ist, später noch im Rahmen des § 1566 Abs 2 verwertet werden kann. Hierfür spricht, daß der Ehegatte im Zeitpunkt des Verzichts schwerlich auf einen Beweistatbestand verzichtet haben kann, der in diesem Zeitpunkt noch nicht verwirklicht war (SOERGEL/ HEINTZMANN Rn 44). Das Gegenargument, ein Ehegatte, der nach mehr als dreijähriger Trennung auf das Scheidungsrecht verzichte, müsse nach dieser Ansicht ggf länger warten, weil dann ohne Zustimmung des anderen Ehegatten die Vermutung des § 1566 Abs 2 nur auf einen seit dem Verzicht abgelaufenen Dreijahreszeitraum zu gründen ist (JOHANNSEN/HENRICH/JAEGER Rn 38), überzeugt nicht: Lag im Zeitpunkt des Verzichts eine Zustimmung des anderen Ehegatten nicht vor, so fehlt es an der unwiderlegbaren Vermutung der Zerrüttung nach § 1566 Abs 1. Ein späterer Scheidungsantrag kann bei unter einjähriger Trennung nach Verzicht deshalb nicht auf die Behauptung gestützt werden, die Ehe sei erst zwischen dem Verzichtszeitpunkt und der späteren Antragstellung gescheitert, weil durch den Verzicht auch die Möglichkeit der Scheidung aus dem Grundtatbestand des § 1565 Abs 1 iVm Abs 2 erfaßt ist. Daher muß jedenfalls die Frist des § 1565 Abs 2 erneut ablaufen und kann bei Einverständnis beider Ehegatten die Zerrüttung nach § 1566 Abs 1 ebenfalls erst nach einem erneuten Trennungsjahr vermutet werden. Hingegen ist die bis zum Verzicht abgelaufene Frist für die Vermutung des § 1566 Abs 2 durch den Verzicht nicht verbraucht. Konnte hingegen der Verzichtende schon im Verzichtszeitpunkt potentiell die Scheidung auf die Vermutung des § 1566 Abs 2 stützen, so umfaßt der Verzicht – für den Verzichtenden erkennbar, weshalb ihm kein Unrecht im Verhältnis zum Vergleichsfall geschieht – auch diese Nachweistatsache.

45 dd) Noch weiter gehen Bedenken, der **Verzicht** müsse anhand des **geltend gemachten Anspruchs** und seines Inhalts – bezogen auf Nachweistatbestände – untersucht werden (WOLF, in: FS Rebmann 721 ff). Daran ist zwar richtig, daß der materielle Verzicht im Einzelfall in seiner Reichweite beschränkt sein mag. Jedoch ist dem BGH (JR 1987, 15) zuzustimmen, daß ein in einem bestimmten Zeitpunkt unbeschränkt erklärter (materieller oder prozessualer) Verzicht auf die begehrte Scheidung grundsätzlich das Scheidungsrecht unter jedem in diesem Zeitpunkt in Betracht kommenden Aspekt erlöschen läßt. Die Motive für einen – umfassend erklärten – Verzicht führen also ebensowenig zu einer Beschränkung von dessen Reichweite wie die vorher im Verfahren geltend gemachten Nachweistatbestände (so aber WOLF, in: FS Rebmann 721 ff). Der Verzichtende hätte immer auch andere Tatbestände nachschieben können. Warum er stattdessen verzichtet, ist ein ihm zuzurechnender interner Vorgang.

7. Antrag als Prozeßhandlung

46 Der Scheidungsantrag ist – unbeschadet der Frage einer materiell-rechtlichen Natur in Hinblick auf die Ausübung eines materiellen Gestaltungsrechts (oben Rn 31 ff) **Prozeßhandlung.**

47 a) In **formeller** Hinsicht unterliegt der Antrag dem **Anwaltszwang** (§ 78 Abs 2 ZPO idF des UÄndG v 20. 2. 1986, BGBl 1986 I 301). Bei der einverständlichen Scheidung nach §§ 1565 Abs 1, 1566 Abs 1 BGB, 630 ZPO und bei einer Scheidung über den

Grundtatbestand des § 1565 Abs 1, der sich der Antragsgegner nicht widersetzen will, kann auf einen zweiten Anwalt verzichtet werden, die Zustimmung zum Scheidungsantrag unterliegt nicht dem Anwaltszwang. Der Antragsgegner kann dann jedoch keine eigene Anträge stellen; insbes hat es der Antragsteller in der Hand, das Verfahren durch Antragsrücknahme zu beenden, da der nicht anwaltlich vertretene Antragsgegner sich nicht wirksam iSd § 269 ZPO zur Sache einlassen kann (OLG Düsseldorf FamRZ 1977, 131; OLG Karlsruhe FamRZ 1979, 63; aA noch OLG Karlsruhe OLGZ 1968, 37; OLG Stuttgart ZZP 1967, 381; zur Gefahr des Verdachts des **Parteiverrats** seitens des den Antragsgegner informierenden Anwalts des Antragstellers vgl MünchKomm/WOLF Rn 36; JOOST NJW 1980, 332. Zur Verwirkung des **Ablehnungsrechts nach § 43 ZPO** durch die nicht vertretene Partei vgl OLG Bamberg FamRZ 1995, 100).

Die Erklärung, geschieden werden zu wollen und zugleich der Scheidungsantrag als Prozeßhandlung sind **bedingungsfeindlich** (OLG Frankfurt/Main FamRZ 1978, 432).

b)   Die **Rechtshängigkeit** tritt ein durch **Zustellung** einer **Antragsschrift** (§ 622, 270   **48** Abs 3 ZPO); ein Anschlußantrag kann in der mündlichen Verhandlung zu Protokoll erklärt werden (§§ 608, 261 Abs 2, 297, 162 ZPO), solange der ursprüngliche Antrag noch rechtshängig ist (OLG Frankfurt FamRZ 1982, 811). Die Einreichung eines **Prozeßkostenhilfeantrag** zusammen mit einem Scheidungsantrag macht auch den Scheidungsantrag rechtshängig, es sei denn, daß der Antragsteller eindeutig klarstellt, daß er den Scheidungsantrag nur unter der Voraussetzung der Bewilligung der Prozeßkostenhilfe stellen will (BGH NJW-FER 1996, 65; vgl auch OLG Karlsruhe FamRZ 1994, 1123: Gleichzeitige Einreichung des Scheidungsantrags ist nicht mutwillig; anders noch OLG Karlsruhe FamRZ 1987, 728).

c)   Die Verwendung von **Formularen** ist nicht ausgeschlossen (MünchKomm/WOLF   **49** Rn 36). Eine Beschränkung auf floskelhafte, den Gesetzestext wiederholende Erklärungen genügt jedoch nicht dem Erfordernis an einen *substantiierten Vortrag* (BGB-RGRK/GRASSHOFF Rn 30).

d)   Für einen **geschäftsunfähigen Ehegatten** wird das Scheidungsverfahren durch   **50** den gesetzlichen Vertreter geführt; zur **Stellung des Scheidungsantrags** bedarf dieser der **Genehmigung des Vormundschaftsgerichts (§ 607 Abs 2 ZPO)**. Auch für die **Zustimmung** zum Scheidungsantrag des anderen Ehegatten ist die vormundschaftsgerichtliche Genehmigung erforderlich. Der Antrag eines prozeßunfähigen Ehegatten wird **geheilt**, wenn der Vormund die Antragstellung genehmigt und seinerseits die Genehmigung des Vormundschaftsgerichts erhält (OLG Hamm FamRZ 1990, 166). Wird der Antragsteller während des Verfahrens prozeßunfähig, so bedarf es nur der Aufnahme des Verfahrens durch den Vormund, ohne daß eine vormundschaftsgerichtliche Genehmigung erforderlich ist (JOHANNSEN/HENRICH/SEDEMUND-TREIBER § 607 ZPO Rn 7; ZÖLLER/PHILIPPI § 607 Rn 8).

Während im allgemeinen Zivilprozeß ein in der **Geschäftsfähigkeit Beschränkter** prozeßunfähig ist, macht § 607 ZPO eine Ausnahme für den Eheprozeß: Der in der Geschäftsfähigkeit beschränkte Ehegatte ist voll prozeßfähig; er kann auch als Partei vernommen werden. Auch die **materiellrechtlichen Erklärungen** im Scheidungsverfahren, insbes die Zustimmung zum Scheidungsantrag nach § 1566 Abs 1 und die Einrede der Härteklausel (§ 1568) kann er ohne Mitwirkung des gesetzlichen Vertreters

Thomas Rauscher

abgeben. Er ist anzuhören, da für die Feststellung des Scheiterns der Ehe auch auf den **natürlichen Willen** des geschäftsunfähigen Ehegatten abzustellen ist, die Ehe aufrecht zu erhalten (OLG Hamm FamRZ 1990, 167). Dies gilt jedoch nur hinsichtlich der Scheidungssache selbst und ggf nach den Grundsätzen des Rechts der Freiwilligen Gerichtsbarkeit für solche **Folgesachen, die dem FG-Verfahren unterliegen** (§ 621 Abs 1 ZPO). In **Folgesachen, die dem ZPO-Verfahren unterliegen**, gelten die allgemeinen Grundsätze, dh der beschränkt geschäftsfähige Ehegatte ist prozeßunfähig und bedarf der Mitwirkung des gesetzlichen Vertreters. Eine einverständliche Scheidung ist daher praktisch ohne Mitwirkung des gesetzlichen Vertreters nicht zu erreichen (MünchKomm/WOLF Rn 37).

51 **e)** Die **Rücknahme** des Scheidungsantrags unterliegt gemäß § 608 ZPO der Bestimmung des § 269 ZPO; sie kann also (nur) bis zum ersten Verhandeln des Antragsgegners zur Hauptsache wirksam ohne dessen Einwilligung erfolgen (OLG München NJW-RR 1994, 201). Sie liegt auch dann vor, wenn der Antragsgegner keinen Abweisungsantrag stellt, weil er selbst ebenfalls geschieden werden will; eine sachliche Stellungnahme des Anwalts zum Scheidungsbegehren genügt (OLG Frankfurt/Main FamRZ 1982, 811).

Ist der Antragsgegner **nicht anwaltlich vertreten**, so bedarf die Rücknahme des Scheidungsantrags nicht seiner Einwilligung, wenn er lediglich gemäß § 613 Abs 1 S 1 ZPO angehört wurde, denn darin ist kein *Verhandeln* zur Hauptsache zu sehen (ZÖLLER § 626 ZPO Rn 1). Hat hingegen der im einseitig kontradiktorischen Scheidungsverfahren nicht postulationsfähig vertretene Antragsgegner wirksam dem Scheidungsantrag *zugestimmt*, so bedarf die Rücknahme des Antrags seiner Einwilligung, weil die Zustimmung, obgleich Prozeßhandlung, nicht dem Anwaltszwang unterliegt (OLG München NJW-RR 1994, 201; vgl § 1566 Rn 41). Die Gegenansicht (OLG Köln FamRZ 1985, 1060; OLG Zweibrücken NJW-RR 1997, 833) übersieht, daß die von § 630 Abs 2 ZPO zugelassene persönliche Zustimmung den Anwaltszwang im übrigen durchbricht, so daß das Argument, im Anwaltsprozeß könne der Antragsgegner selbst nicht wirksam verhandeln, für die Zustimmung gerade nicht stichhaltig ist. Hinzunehmen ist es, daß der Antragsgegner für die *Einwilligung in die Antragsrücknahme* anwaltlich vertreten sein muß. Für die hier vertretene Lösung spricht insbesondere der Zweck der Zustimmung als Element des § 630 Abs 1 ZPO: Es muß vermieden werden, daß in einem einverständlich angelegten Scheidungsverfahren der Antragsgegner gegen die Antragsrücknahme wehrlos gestellt wird, obwohl regelmäßig das Verfahren nach § 630 ZPO, § 1566 Abs 1 nur deshalb – im Vertrauen auf den Fortbestand des nur von einer Seite gestellten Scheidungsantrags – einseitig kontradiktorisch ausgestaltet wird, um Kosten zu sparen (zweifelnd MünchKomm[ZPO]/KLAUSER § 626 Rn 3; zu den Auswirkungen der Antragsrücknahme auf den Zugewinnausgleich vgl SCHWOLOW FuR 1997, 137).

Die Rücknahme unterliegt dem **Anwaltszwang**. Sie beseitigt rückwirkend die Rechtshängigkeit des Scheidungsantrags. Das gilt auch hinsichtlich der materiellrechtlichen Wirkungen nach § 1384, 1587 Abs 2. Wird der erste Scheidungsantrag wirksam zurückgenommen, ehe der Gegenantrag gestellt wird, so endet das Scheidungsverfahren; eine Antragstellung durch den vormaligen Antragsgegner kann nach diesem Zeitpunkt nicht mehr die – insbes für §§ 1384, 1587 Abs 2 (oben Rn 28 f) erforderliche – Kontinuität des alten Verfahrens wahren; es entscheidet die Rechtshängigkeit desjenigen Antrags, der zur Scheidung führt (zu § 1587 Abs 2: BGH FamRZ 1990, 384; implizit auch: NJW 1993, 1004; Johannsen/Henrich/Jaeger Rn 34). Hingegen wahrt der Gegenantrag die Kontinuität des Verfahrens, wenn er rechtshängig wurde, *ehe* der das Verfahren einleitende Antrag zurückgenommen wird (BGHZ 46, 215; BGH NJW 1982, 280). Das kann aber nicht gelten, wenn der Antragsgegner (zunächst unter Mißachtung der Rechtshängigkeit des ersten Antrags) ein *eigenständiges Verfahren* einleitet und sodann das erste Verfahren durch Antragsrücknahme endet (unzutreffend, wenn auch unter Berufung auf den BGH, OLG Hamm NJW-RR 1991, 1092).

Wird der Scheidungsantrag zurückgenommen, beantragt der Antragsteller aber vor Eintritt der Rechtskraft des Beschlusses über die Wirksamkeit der Antragsrücknahme, ihm die **Fortführung des Zugewinnausgleichs** als selbständige Familiensache (vorzeitiger Zugewinnausgleich nach §§ 1385 ff) vorzubehalten, so bleibt der Verfahrensstand zur Folgesache Zugewinnausgleich und damit der Stichtag des § 1384 erhalten (OLG Bamberg FamRZ 1997, 91).

Die Rücknahme beseitigt nicht die Folgen des **§ 1408 Abs 2**, läßt also den Ausschluß des Versorgungsausgleichs nicht wieder wirksam werden (BGH NJW 1986, 2318).

Der **Widerruf** einer wirksamen Rücknahme des Scheidungsantrags ist nicht möglich (OLG München FamRZ 1982, 510); insbesondere können die materiellrechtlichen Wirkungen der Antragstellung nicht rückwirkend wiederhergestellt werden.

f) Die Folgen einer **prozessual nicht wirksamen Rücknahme** beurteilen sich grund- **52** sätzlich nach verfahrensrechtlichen Prinzipien: Verhandelt der Antragsteller zu seinem eigenen, ohne erforderliche Zustimmung des Antragsgegners zurückgenommenen Antrag nicht, so ist dieser durch **Versäumnisurteil** abzuweisen; dies gilt selbst dann, wenn über den bereits rechtshängigen Scheidungsantrag des Antragsgegners streitig verhandelt wurde (BGH FamRZ 1982, 154).

Wegen der **materiellrechtlichen Natur des Antrags nach § 1564 S 1** kann jedoch der trotz prozessual unwirksamer Rücknahme formell verfahrensrechtlich fortbestehende Antrag nicht zur Grundlage einer Ehescheidung gemacht werden. Materiellrechtlich bedarf es eines Scheidungsbegehrens wenigstens eines (bei § 1566 Abs 1 beider) Ehegatten. Der prozessual nicht wirksam zurückgenommene Antrag genügt nicht als Grundlage für einen Scheidungsausspruch (OLG Frankfurt FamRZ 1982, 810; Johannsen/Henrich/Jaeger Rn 34; BGB-RGRK/Grasshof Rn 5; **aA** Rolland Rn 6; Gernhuber/Coester-Waltjen § 27 III 4; MünchKomm/Wolf Rn 42 mit dem Argument, der Antragsgegner müsse sein prozessuales Verhalten auf eine verläßliche Grundlage stellen können und dürfe nicht gezwungen sein, selbst Scheidungsantrag zu stellen. Dem ist entgegenzuhalten, daß der Antragsgegner die Möglichkeit haben muß, der Rücknahme seine Zustimmung zu verweigern, auch wenn er nicht selbst geschieden werden will; will er aber geschieden werden, so erscheint es nicht unzumutbar, daß er bei Rücknahme durch den Antragsteller nunmehr selbst Scheidungsantrag stellt). Der prozessual unwirksam, materiell aber wirksam zurückgenommene Antrag ist ggf mangels materiellen Antrags als unbegründet abzuweisen.

g) Ein **Verzicht** (§ 306 ZPO) ist möglich ohne Mitwirkung des Antragsgegners. **53** Der Verzicht führt auch dann zur Abweisung des Scheidungsantrags, wenn der Antragsgegner nicht zustimmt; ein Antrag auf Verzichtsurteil ist nicht notwendig (OLG

Karlsruhe FamRZ 1980, 1121; BGB-RGRK/Grasshof Rn 32). Nach Verzicht (zu den materiell-rechtlichen Wirkungen im einzelnen oben Rn 42) kann ein erneuter Scheidungsantrag des Verzichtenden nicht mehr auf alte, die Scheidung begründende Tatsachen gestützt werden (MünchKomm/Wolf Rn 42).

8. Verschiedene Anträge, verschiedene Nachweistatbestände

a) Einheitlichkeit der Entscheidung

54 **aa)** Die Bedeutung des Grundsatzes der Einheitlichkeit der Entscheidung, der nach altem Scheidungsrecht wegen der Mehrzahl von Scheidungsgründen von erheblicher Bedeutung war, ist durch die Schaffung eines einheitlichen Scheidungsgrundes einerseits überzeugend festgeschrieben worden, andererseits aufgrund der Einheitlichkeit des Streitgegenstands (oben Rn 24 ff) nunmehr entbehrlich (MünchKomm[ZPO]/Walter § 610 ZPO Rn 6; Stein/Jonas/Schlosser § 610 ZPO Rn 6 ff). Da sich die Diskussion um die Einheitlichkeit des Streitgegenstandes nicht auf das Gestaltungsbegehren an sich bezieht (oben Rn 25), ergeben sich hieran auch für die Gegenansicht keine Zweifel. Die **Einheitlichkeit des Scheidungsgrundes** „Scheitern der Ehe" bedingt eine **einheitliche Entscheidung**, auch wenn mehrere Anträge vorliegen und diese hilfsweise auf unterschiedliche Nachweistatbestände gestützt werden. Insbesondere sind Teilurteile über einzelne Anträge oder Nachweistatbestände unzulässig. Der oder die Scheidungsanträge können nur in derselben Instanz anhängig sein, um unterschiedliche rechtskräftige Entscheidungen über das Scheitern der Ehe zu vermeiden. Daher kann auch nur zeitlich einheitlich Rechtskraft eintreten, so daß die – wegen Inhaltsgleichheit der Scheidungsanträge seltene – Berufung wegen der Entscheidung über nur einen der Anträge auch die Rechtskraft der Entscheidung über den anderen Antrag hindert (BGB-RGRK/Grasshof Rn 54; MünchKomm/Wolf Rn 43; Johannsen/Henrich/Jaeger Rn 47).

55 **bb)** Aus der Identität des Streitgegenstandes folgt der **Einwand der Rechtshängigkeit** gegen den bei einem anderen Gericht gestellten Scheidungsantrag (desselben oder des anderen Ehegatten), auch wenn die Anträge auf verschiedene Nachweistatbestände gestützt werden (BGH FamRZ 1983, 367; Johannsen/Henrich/Jaeger Rn 47; BGB-RGRK/Grasshof Rn 55). Im Verhältnis zu einem **im Ausland** anhängig gemachten Scheidungsantrag muß hierzu bei genauer Betrachtungsweise die frühere Lehre von der Einheitlichkeit der Entscheidung herangezogen werden. Sofern nämlich der ausländische Scheidungsantrag auf einen Scheidungsgrund einer anderen Rechtsordnung gestützt wird, liegt bei natürlicher Betrachtungsweise trotz Anerkennungsfähigkeit des ausländischen Urteils (die immer Voraussetzung des Rechtshängigkeitseinwands ist), nicht notwendig mehr dasselbe Klagebegehren vor (Beispiel: Ausspruch der Scheidung wegen Ehebruchs mit Verschuldensfeststellung). Dennoch hindert dieser Scheidungsantrag ein weiteres vor deutschen Gerichten anzustrengendes Scheidungsverfahren, weil über die Auflösung der Ehe nur einheitlich entschieden werden kann; das aber läßt sich überzeugend wohl nur mit dem hergebrachten Grundsatz der Einheitlichkeit des Eheverfahrens begründen.

56 **cc)** Auch nach Aufhebung von § 616 ZPO aF ist zwischen Scheidungs- und **Eheaufhebungsantrag** die Einheitlichkeit der Entscheidung anzunehmen (OLG Stuttgart FamRZ 1995, 618; OLG München MDR 1994, 948 [zur Kostenfolge]; BGB-RGRK/Grasshof Rn 57; MünchKomm/Wolf Rn 43). Dies folgt daraus, daß das Ziel beider Anträge die

Gestaltung im Wege der **Auflösung der Ehe** umfaßt. Dem steht auch nicht entgegen, daß nach zutreffender hM die Streitgegenstände von Scheidung und Eheaufhebung verschieden sind (STEIN/JONAS/SCHLOSSER § 611 Rn 4; BGB-RGRK/GRASSHOF Rn 57; WIECZO-REK/SCHÜTZE/BECKER-EBERHARD § 611 Rn 8). Beide Streitgegenstände sind insofern partiell deckungsgleich, als sie auf die Beendigung der Ehe abzielen. Da nur eine bestehende Ehe geschieden oder aufgelöst werden kann, kann über gleichzeitig anhängige Anträge mit diesem Gestaltungsziel nur einheitlich entschieden werden. Dabei hat das Aufhebungsbegehren Vorrang vor dem Scheidungsbegehren (§ 152 ZPO idF des EheschlRG), sofern nicht der Antragsteller ausdrücklich der Scheidung Vorrang einräumt (BGHZ 133, 227, 1209; OLG Karlsruhe FamRZ 1994, 47; zur Scheidung nach Aufhebung sowie zur Aufhebung nach Scheidung der Ehe s Vorbem 70). Ist die Aufhebung der Ehe beantragt, so ist das Scheidungsverfahren auszusetzen, bis über den Antrag auf Aufhebung entschieden ist. Nach Abweisung des Aufhebungsantrags ist in der Sache über den Scheidungsantrag zu entscheiden; andernfalls erledigt sich der Scheidungsantrag in der Hauptsache.

b)   Bindung des Gerichts an den Vortrag zum Scheidungtatbestand
aa)   Aufgrund der Einheitlichkeit des Scheidungtatbestands kann der Antragstel-   **57**
ler das Gericht nicht zwingend auf einen bestimmten Zerrüttungsnachweistatbestand festlegen. Das Gericht ist jedoch nicht frei in der Verwertung von Tatsachen zum Zwecke der Ausfüllung eines die Zerrüttung nachweisenden Tatbestands. Eine Beschränkung ergibt sich aus § **616 Abs 2 ZPO**. Gegen den Widerspruch des Antragstellers kann das Gericht ehefeindliche Tatsachen nur verwenden, wenn sie **vorgetragen** sind. Von Amts wegen (aufgrund §§ 616 Abs 1, 613 ZPO) bekannt gewordene Tatsachen dürfen – bei Widerspruch – nur berücksichtigt werden, wenn sie eheerhaltend sind. Eine weitere Beschränkung folgt aus § 611 ZPO. Da weitere Gründe bis zum Schluß der letzten mündlichen Verhandlung vorgebracht werden können, bedeutet dies, daß grundsätzlich das Gericht an die mit der Antragsschrift und in der mündlichen Verhandlung vorgebrachten Gründe gebunden ist (SOERGEL/HEINTZMANN Rn 34; MünchKomm/WOLF Rn 44; ROLLAND Rn 5 c). **Gesetzliche Vermutungen** zum Scheitern der Ehe sind hingegen der Disposition der Ehegatten entzogen, denn sie treten nicht nur im Interesse des einzelnen Ehegatten ein. Ergibt sich aus dem Vortrag, daß eine gesetzliche Scheiternsvermutung eingetreten ist, so ist diese zu berücksichtigen.

bb)   Daraus ergibt sich eine mittelbare Steuerungsmöglichkeit des Antragstellers,   **58**
durch die insbesondere gewährleistet werden kann, daß **geringstmöglich in die eheliche Privat- und Intimsphäre eingegriffen** wird (JOHANNSEN/HENRICH/JAEGER Rn 44).

Der Antragsteller kann insbesondere eine Scheidung nach dem **Grundtatbestand** des § 1565 Abs 1 mit Feststellung des Scheiterns **verhindern**, nur zur Trennung der Ehegatten vortragen und der Verwertung von Tatsachen, welche das Scheitern begründen, widersprechen (§ 616 Abs 2 HS 2 ZPO). Das Gericht kann dann nur das Vorliegen der Voraussetzungen einer Scheiternsvermutung (§ 1566), ggf die zu § 1566 Abs 1 erforderliche Einigung (§ 630 ZPO) prüfen (MünchKomm [ZPO]/WALTER § 616 ZPO Rn 12).

Erst recht kann der Antragsteller eine Scheidung nach § **1565 Abs 2 verhindern**, indem er nur zur Zerrüttung und nicht zu Tatsachen vorträgt, die ihm die Fortsetzung der Ehe unzumutbar machen bzw der Verwendung solcher amtswegig ermittelter Tatsachen widerspricht (BGB-RGRK/GRASSHOF Rn 46; JOHANNSEN/HENRICH/JAEGER Rn 44; MünchKomm/WOLF Rn 46).

59 cc)   Ist eine **einverständliche Scheidung** (§ 1565 Abs 1, 1566 Abs 1, § 630 ZPO) beantragt, so darf das Gericht die Ehe nicht aus dem Grundtatbestand des § 1565 Abs 1 scheiden, selbst wenn Zweifel am Ablauf der Vermutungsfrist bestehen. Der Zweck der einverständlichen Scheidung besteht gerade auch darin, das Austragen von Streitigkeiten, die zum Scheitern der Ehe geführt haben, zu vermeiden (JOHANNSEN/HENRICH/JAEGER Rn 44; MünchKomm/WOLF Rn 47; **aA** OLG Frankfurt/Main FamRZ 1982, 811 [passim]; SOERGEL/HEINTZMANN Rn 35). Fraglich ist, ob bei beantragter einverständlicher Scheidung auch eine Scheidung nach § 1566 Abs 2 ausscheidet. Dies vertritt WOLF (MünchKomm Rn 48) mit dem beachtlichen Argument, es werde sonst die einverständliche Regelung über die Folgesachen desavouiert. Dem ist insoweit beizupflichten, als das Gericht nicht die bereits vorliegenden Voraussetzungen einer Scheidung nach § 1566 Abs 1, § 630 ZPO ignorieren und den – weniger arbeitsaufwendigen – Weg über § 1566 Abs 2 gehen darf. Ist jedoch die Folgesacheneinigung mangelhaft, so hindert der bloße Wunsch, einverständlich geschieden zu werden, das Gericht nicht, die Vermutung des § 1566 Abs 2 anzuwenden, sofern sich das dreijährige Getrenntleben aus dem Vortrag der Parteien ergibt. In diesem Fall ist der einverständlichen Regelung nach § 630 ZPO die Grundlage entzogen, andererseits aber besteht der Antrag fort, aufgrund des vorgetragenen Sachverhalts geschieden zu werden (so wohl auch MünchKomm/WOLF § 1566 Rn 78 aE).

60 dd)   Der Antrag ist dann abzuweisen, wenn der vom Antragsteller angestrebte **„Scheidungstatbestand" nicht gegeben** ist (BGB-RGRK/GRASSHOF Rn 46; JOHANNSEN/HENRICH/JAEGER Rn 44) und der Antragsteller nicht bis zum Schluß der mündlichen Verhandlung andere Gründe geltend macht **(§ 611 ZPO)**.

Darauf hat das Gericht zur Vermeidung einer Überraschungsentscheidung gemäß §§ 139 bzw 278 Abs 3 ZPO den Antragsteller ggf hinzuweisen. Der Antragsteller kann aufgrund der Wertungsbedürftigkeit des Tatbestandsmerkmals *Scheitern* nicht von sich aus erkennen, ob weiterer Vortrag erforderlich ist (JOHANNSEN/HENRICH/JAEGER Rn 44; MünchKomm/WOLF Rn 46; SOERGEL/HEINTZMANN Rn 36).

61 ee)   Soweit die Dispositionsmöglichkeit reicht, kann der Antragsteller dem Gericht die **Reihenfolge der Prüfung** vorgeben, indem er die möglichen Sachverhaltsgestaltungen nebeneinander oder nacheinander vorträgt oder die Anträge staffelt (JOHANNSEN/HENRICH/JAEGER Rn 46; MünchKomm/WOLF Rn 50; SOERGEL/HEINTZMANN Rn 36). Die Staffelung darf nur in einer Reihenfolge erfolgen, in der nicht ein nachrangiger Sachverhalt vom Gericht nach vorstehenden Grundsätzen zu berücksichtigen wäre. Beantragt etwa der Antragsteller Scheidung aus § 1565 Abs 1, hilfsweise aus § 1566 Abs 2 so ist dennoch vorrangig eine Scheidung nach § 1566 Abs 2 zu prüfen (MünchKomm/WOLF Rn 50). Im **Zusammenwirken der Ehegatten** ist ein Übergang zu einer **einverständlichen Scheidung** immer möglich; die erforderlichen prozessualen Erklärungen können bis zum Schluß der mündlichen Verhandlung nachgeholt werden (§ 611 ZPO, MünchKomm/WOLF Rn 50).

62 ff)   Der **Disposition entzogen** ist der Zugriff auf den Tatbestand des § 1565 Abs 1, wenn eine **Scheiternsvermutung** eingreift. Das Gericht hat jedoch nicht von Amts wegen die Trennung der Ehegatten zu ermitteln. Ergibt sich jedoch im Verfahren, daß die Voraussetzungen der Vermutungen nach § 1566 Abs 1 oder Abs 2 vorliegen, hat das Gericht ohne weitere Ermittlungen zum tatsächlichen Scheitern von diesen Vermutungen auszugehen (MünchKomm/WOLF Rn 46). Insbesondere hat es der Antragsgegner, der selbst keinen Antrag stellt, in der Hand, durch den Vortrag eines für die Intimsphäre schonenderen Sachverhalts (insbes dreijährige Trennung, § 1566 Abs 2) die Ermittlung über die § 1565 Abs 1 begründenden Tatsachen zu verhindern (BGB-RGRK/GRASSHOF Rn 47; ROLLAND Rn 5). Eine *Ausnahme* ist in solchen Fällen zu machen, in denen die Durchleuchtung der Umstände eines Getrenntlebens für die Ehegatten belastender sind (zB bei anfänglichem Getrenntleben in derselben Wohnung), als die Feststellung des – zwischenzeitlich offenbaren – endgültigen Scheiterns (JOHANNSEN/HENRICH/JAEGER Rn 44).

Erst recht gilt dies für Tatsachen, die zu § 1565 Abs 2 vorgetragen werden. Der Antragsteller kann also nicht verlangen, unter – zumeist für den Antragsgegner belastenden – Feststellungen geschieden zu werden, welche die Unzumutbarkeit nach § 1565 Abs 2 begründen. Insbesondere, wenn das Trennungsjahr gemäß § 1565 Abs 2 während des Prozesses abläuft, hat das Gericht aus dem Grundtatbestand zu scheiden und muß sich weiterer Feststellungen und Ermittlungen zu § 1565 Abs 2 enthalten, soweit diese nicht zugleich zur Feststellung des Scheiterns nach § 1565 Abs 1 S 2 erforderlich sind (JOHANNSEN/HENRICH/JAEGER Rn 44; BGB-RGRK/GRASSHOF Rn 47; SOERGEL/HEINTZMANN Rn 34; ROLLAND Rn 5 c; einschränkend: MünchKomm/WOLF Rn 45).

Das gilt auch, wenn die Trennung nicht vorgetragen ist und der Antragsteller der Verwertung widerspricht; § 616 Abs 2 ZPO greift nicht ein, da die Trennungsvermutung keine scheidungserleichternde Tatsache im Verhältnis zu § 1565 Abs 1 ist (SOERGEL/HEINTZMANN Rn 34; **aA** MünchKomm/WOLF Rn 45; ROLLAND § 1565 Rn 28).

c) Wirkung verschiedener Anträge aufeinander

aa)   Die zum Verhältnis der Tatbestände, die ein Antragsteller vorbringt, erörterten **63** Rangfolgen beeinflussen auch die Entscheidung über verschieden begründete Anträge beider Ehegatten. Strittig ist, ob bei Scheidung der Ehe auf einen Antrag der andere Antrag **abzuweisen** ist. Daß grundsätzlich beide Scheidungsanträge ein eigenständiges prozessuales Schicksal haben (oben Rn 23), spricht nicht zwingend für eine notwendige Verbescheidung beider Anträge. Zu berücksichtigen ist nämlich, daß beide Anträge identische Streitgegenstände behandeln (oben Rn 24 ff). Häufig wird sich deshalb der Antrag des einen Ehegatten erledigen, weil die Ehe auf Antrag des anderen Ehegatten geschieden wird. In Betracht kommen kann eine gesonderte Entscheidung über beide Anträge also überhaupt nur dann, wenn die Ehe auf den Antrag des einen Ehegatten hin geschieden wird, und die Begründetheit des Antrags des anderen Ehegatten zu prüfen war. Eine Abweisung scheidet hingegen immer dann aus, wenn ein mit dem Antrag vorgetragener Sachverhalt nicht geprüft wird, weil das Gericht aufgrund des vom anderen Ehegatten vorgetragenen vorrangigen – weil schonenderen – Sachverhalts die Scheidung ausspricht. Zwar setzt sich hier der schonendere Antrag durch, die Ehe ist jedoch auf beiderseitigen Antrag hin zu scheiden (Beispiel: Antrag gestützt auf § 1566 Abs 2, Antrag gestützt auf § 1565 Abs 1, Scheidung wegen dreijähriger Trennung, MünchKomm/WOLF Rn 49).

64 bb) Im Falle des **Zusammentreffens zweier nicht im Rangverhältnis stehender Anträge**, was praktisch nur im Falle des § 1565 Abs 1 iVm Abs 2 in Frage kommt (ansonsten ist mit dem einen Antrag regelmäßig auch der andere begründet) ist die Behandlung umstritten. Obgleich hier grundsätzlich jeder Antrag eigenständigen Nachweisvoraussetzungen (§ 1565 Abs 2 in der Person jedes Antragstellers, OLG Hamm FamRZ 1978, 28; OLG Düsseldorf FamRZ 1978, 26; OLG Stuttgart NJW 1977, 1542; NJW 1978, 52; NJW 1978, 546) unterliegt, kann über den Gegenantrag nicht mehr entschieden werden, wenn auf den Antrag des einen Ehegatten die Ehe geschieden wird; dies folgt aus der Einheitlichkeit des Streitgegenstands; insbesondere ist der Gegenantrag nicht abzuweisen, auch wenn für diesen Antragsteller keine Härte besteht (OLG Stuttgart NJW 1978, 52; NJW 1979, 167; SOERGEL/HEINTZMANN Rn 13 und § 1565 Rn 79; ähnlich PALANDT/DIEDERICHSEN § 1565 Rn 18; **aA** [Prüfung und ggf Abweisung des Gegenantrags erforderlich]: OLG Stuttgart NJW 1977, 1542; NJW 1978, 546; STILLNER NJW 1978, 430; ROLLAND § 622 ZPO Rn 9; BGB-RGRK/GRASSHOF Rn 50; MünchKomm/WOLF Rn 49).

Hieraus ergeben sich auch keine Schwierigkeiten hinsichtlich der **materiellen Rechtsfolgen der Antragstellung** (so aber BGB-RGRK/GRASSHOF Rn 50 betreffend §§ 1933, 2077). Im Gegensatz zu §§ 1384, 1587 Abs 2 (dazu oben Rn 28) tritt der *Wegfall des gesetzlichen Ehegattenerbrechts* bzw die *Unwirksamkeit eines Testaments zugunsten des Ehegatten* (§§ 1933, 2077) nur ein, wenn die Voraussetzungen der Scheidung im Zeitpunkt des Todes gegeben waren und der Erblasser Scheidungsantrag gestellt hatte. Selbst wenn man verlangen wollte, daß ein *begründeter* Scheidungsantrag des Erblassers vorliegt (wogegen die nach dem Wortlaut ebenfalls genügende Alternative der *Zustimmung* spricht und überdies eine rechtspolitisch gebotene weite Auslegung, die es jedem Ehegatten erlaubt, die eigentlich gebotene erbrechtliche Symmetrie wenigstens durch einen Gegenantrag herzustellen), kann es zu der befürchteten Konstellation nicht kommen: §§ 1933, 2077 greifen nur ein, wenn das Scheidungsverfahren bei Eintritt des Erbfalls noch anhängig ist. Dann aber ist der Tatbestand der §§ 1933, 2077 immer durch eine *Prognose* zu ermitteln. Nach hier vertretener Ansicht bleibt allerdings der Antrag des Ehegatten A anhängig, auch wenn die Ehe auf den Antrag des Ehegatten B geschieden wurde und B hiergegen Berufung eingelegt hat. Dann aber erscheint es keineswegs unbillig, wenn in Hinblick auf den Antrag des A §§ 1933, 2077 eingreifen können und die Erbberechtigung des B nach A weiter von der Prognose des Vorliegens der Voraussetzungen der Scheidung (dazu § 1565 Rn 48) abhängt.

65 cc) Allerdings kann die hier vertretene Ansicht in dem soeben (oben Rn 64) dargestellten seltenen Fall der Berufung durch den mit seinem Antrag erfolgreichen Ehegatten dazu führen, daß in **zweiter Instanz** der noch nicht entschiedene **Gegenantrag** weiter anhängig ist und nun über diesen entschieden werden müßte (BGB-RGRK/GRASSHOF Rn 50). Dies ist dadurch zu bewältigen, daß auf die Berufung das familiengerichtliche Urteil aufgehoben und wegen des nunmehr entscheidungsbedürftigen Gegenantrags die Sache an das Familiengericht zurückverwiesen wird.

9. Neuer Antrag nach rechtskräftiger Abweisung

66 a) Nach Streichung von § 616 ZPO aF (keine Gründung des Rechts auf Scheidung auf Tatsachen, die der Kläger in dem früheren Rechtsstreit geltend gemacht hat oder durch Klageverbindung hätte geltend machen können, dazu BGHZ 45, 329; HABSCHEID FamRZ 1966, 486; BÖTTI-

CHER FamRZ 1957, 409; ROLLAND Rn 8) beurteilt sich die **Rechtskraftwirkung** eines den Scheidungantrag **abweisenden Urteils** ausschließlich nach § 322 ZPO (MünchKomm/ WOLF Rn 85; ROLLAND Rn 8; JOHANNSEN/HENRICH/JAEGER Rn 52).

b) Die **Rechtskraft nach § 322 ZPO** reicht so weit, wie über den durch die Klage **67** erhobenen Anspruch entschieden ist.

aa) Fraglich ist aufgrund der Einheit des persönlichen Rechts auf Scheidung und des Scheidungsgrunds einerseits und der **vier möglichen Varianten**, das Scheitern der Ehe darzutun, in welchem Umfang ein den Antrag abweisendes Urteil alle im Zeitpunkt der letzten mündlichen Verhandlung vorliegenden **Nachweistatbestände** (1565 Abs 1, Abs 2, 1566 Abs 1, Abs 2) **verbraucht**. Die hierzu vertretenen dogmatischen Ausgangspunkte unterscheiden sich deutlich, die praktischen Ergebnisse weichen jedoch nur in Randbereichen voneinander ab. Eine Ansicht geht davon aus, daß mit der Abweisung des – ggf nur auf einen Beweistatbestand gestützten – Antrags rechtskräftig feststeht, daß der Antragsteller im Zeitpunkt der letzten mündlichen Verhandlung keinen Scheidungsanspruch besaß (so: JOHANNSEN/HENRICH/JAEGER Rn 53; unklar: BGB-RGRK/GRASSHOF Rn 58, 59). Diese Ansicht wird jedoch hinsichtlich der Zulässigkeit späterer erneuter Antragstellung deutlich dadurch abgemildert, daß auch hiernach vor der letzten mündlichen Verhandlung im Vorprozeß entstandene Tatsachen insoweit mitverwertet werden können, als sie nicht alleine, wohl aber unter maßgeblichem Mitwirken neuer Tatsachen die Feststellung des Scheiterns der Ehe nunmehr tragen. Die Ehe muß also nach der letzten mündlichen Verhandlung im Vorprozeß gescheitert sein, was sich aber auch unter Mitberücksichtigung „alter" Tatsachen ergeben kann (DIEDERICHSEN ZZP 1978, 444; JOHANNSEN/HENRICH/JAEGER Rn 53; vgl MünchKomm/WOLF Rn 87, 92; SOERGEL/HEINTZMANN Rn 38; BGB-RGRK/GRASSHOF Rn 62; **aA** wohl WOLF, in: FS Rebmann 716 f).

bb) Die **Gegenansicht** beschränkt die Rechtskraft auf den in der **Urteilsformel ent- 68 haltenen Gedanken** (MünchKomm/WOLF Rn 87; SOERGEL/HEINTZMANN Rn 38). Alle Elemente der Scheidungstatbestände sind hiernach nur dann verbraucht, wenn das erste Urteil das Scheidungsrecht des Antragstellers im fraglichen Zeitpunkt insgesamt erfaßt (so für den Fall eines Verzichtsurteils nach umfassendem Verzicht: BGH NJW 1986, 2046). Sonst erfaßt hiernach die Rechtskraft nur das jeweilige Tatbestandsmerkmal, auf dessen Fehlen die Abweisung gestützt wurde (so insbes WOLF, in: FS Rebmann 715; BGB-RGRK/GRASSHOF Rn 60 ff). Auch nach dieser Ansicht besteht jedoch Einigkeit, daß Tatsachen, die vor der letzten mündlichen Verhandlung liegen, nicht *alleine* einen erneuten Scheidungsantrag begründen können (MünchKomm/WOLF Rn 92). Insbesondere kann also auch nach dieser Ansicht wohl nach Abweisung eines Scheidungsantrags, der auf einen Nachweistatbestand gestützt war, ein neuer Antrag nicht auf einen anderen Nachweistatbestand gestützt werden, der sich vor dem Schluß der mündlichen Verhandlung im Vorprozeß ereignet hat (vgl aber SOERGEL/HEINTZMANN Rn 38, nach Abweisung eines auf § 1565 gestützten Antrags könne ein zweiter Antrag auf § 1566 Abs 1 gestützt werden, dazu siehe unten Rn 71)

cc) Die Bestimmung des Streitgegenstands spricht für die erstgenannte Ansicht. **69** Der Übergang des 1. EheRG zu einem einheitlichen Scheidungstatbestand macht insbesondere den Hinweis auf die Rechtsprechung zu den Scheidungsgründen des EheG wenig ergiebig. Der Umstand, daß § 616 ZPO aF entfallen ist, muß nicht für eine Begrenzung der Rechtskraftwirkung des Scheidungsurteils sprechen. Vielmehr läßt sich § 616 ZPO aF mit der damals herrschenden Ansicht als zusätzliche verschärfende Präklusionsvorschrift (BGHZ 45, 329) auffassen, die angesichts des Übergangs zu einem einheitlichen Scheidungstatbestand nun nicht mehr erforderlich ist, weil eine umfassende Präklusion aus § 322 ZPO herleitbar ist.

Der Streit hat geringe praktische Bedeutung, weil der Zeitfaktor in der Entwicklung der Zerrüttung einer Ehe regelmäßig zu einer Vermehrung von Tatbestandselementen führt, die in Verbindung mit anderen die Zerrüttung zu einem späteren Zeitpunkt belegen können. Zustimmungswürdig ist jedenfalls der unstrittige Ansatz, wonach Ereignisse, die bis zum Ende der mündlichen Verhandlung des Vorprozesses eingetreten sind, kumulativ in die Scheiternsprüfung im zweiten Verfahren einzubeziehen sind. Denn auch bei einheitlicher Betrachtung des Streitgegenstandes bezieht sich die Feststellung des Tenors immer nur auf das Scheitern in einem bestimmten **Zeitpunkt**, wobei Scheitern nur als ein Vorgang verstanden werden kann, der sich in der Historie der Ehe aus einer Vielzahl von Einzelereignissen zusammensetzt.

c)   Einzelfälle

70 Über die Behandlung einzelner Fälle erneuter Scheidungsanträge mit anderer Begründung herrscht weitgehend Einigkeit. In der Begründung der Zulässigkeit ist nach der hier vertretenen Ansicht auszugehen von dem im zweiten Verfahren geltend gemachten Scheiternstatbestand. Zur Ermittlung der Reichweite der entgegenstehenden Rechtskraft der früheren Entscheidung ist ergänzend darauf abzustellen, auf welchen Nachweistatbestand der erste Scheidungsantrag gestützt war. Maßgeblich ist, ob die Ereignisse aus Sicht des zweiten Verfahrens „neu" im vorbeschriebenen Sinn sind.

aa)   Der neue Antrag ist zulässig, wenn vorgetragen wird, daß seit dem Schluß der mündlichen Verhandlung eine **unwiderlegbare Scheiternsvermutung (§ 1566)** eingetreten ist. Dabei sind Trennungszeiten einzurechnen, die vor dem Stichtag im ersten Prozeß verstrichen sind (BGH FamRZ 1980, 124, selbst für die vor Inkrafttreten des 1. EheRG verstrichene Trennung; MünchKomm/Wolf Rn 89; Johannsen/Henrich/Jaeger Rn 54; Rolland Rn 14; Soergel/Heintzmann Rn 38). Das gilt nur dann nicht, wenn das erste Urteil auf einem *Verzicht* beruht; ein umfassender Verzicht erfaßt nicht nur den bereits verwirklichten Zerrüttungssachverhalt, sondern bewirkt, daß die bis zu diesem Zeitpunkt abgelaufenen Elemente des Zerrüttungstatbestands für die spätere Geltendmachung des Scheidungsanspruchs unerheblich werden (vgl BGHZ 97, 304; Soergel/Heintzmann Rn 38; zweifelnd: MünchKomm/Wolf Rn 87; oben Rn 42 ff).

71 **bb)** Wird eine **einverständliche Scheidung** nach § 1566 Abs 1, § 630 ZPO begehrt, so liegt bereits dann ein wesentlich neuer Sachverhalt vor, wenn erst nach Schluß der mündlichen Verhandlung im Vorprozeß die nach § 630 ZPO erforderlichen Angaben gemacht werden *oder* die Jahresfrist des § 1566 Abs 1 abläuft. Wurde der erste Antrag auf § 1565 Abs 1 gestützt, so kann also bereits deshalb auch nach hier vertretener Ansicht eine einverständliche Scheidung begehrt werden, weil im ersten Verfahren die nach § 630 ZPO erforderlichen Angaben nicht vorlagen (im Ergebnis ebenso: Soergel/Heintzmann Rn 38; MünchKomm/Wolf Rn 90; Johannsen/Henrich/Jaeger Rn 54).

72 **cc)** Wird der zweite Antrag auf den **Grundtatbestand des § 1565 Abs 1** gestützt, so steht die Rechtskraft einer früheren Abweisung nicht entgegen, wenn bei sonst unveränderten Umständen diese Abweisung erfolgte, weil das Trennungsjahr nach § 1565 Abs 2 damals noch nicht abgelaufen war und eine Härte iSd § 1565 Abs 2 nicht festgestellt wurde. Über den nunmehr ausschließlich auf § 1565 Abs 1 gestützten Antrag ist in diesem Fall in der Sache zu entscheiden, selbst wenn für das Scheitern keine neuen Umstände vorgetragen werden.

Wurde der erste Antrag abgewiesen, weil ein **Scheitern iSd § 1565 Abs 1 nicht festgestellt** wurde, so kann nunmehr ein Scheitern nur mit neuen (ergänzenden) Tatsachen vorgetragen werden (**aA** wohl WOLF, in: FS Rebmann 718, das Gescheitertsein der Ehe sei zugleich eine neue, unverbrauchte Tatsache, auch wenn die Feststellung im alten Urteil falsch war). Strittig ist, ob dazu konkrete äußere Umstände vorzutragen sind (ROLLAND Rn 15), oder ob auch die bloße Andauer des Getrenntlebens über einen nicht unwesentlichen Zeitraum hinweg den Antrag zulässig macht. Im Hinblick auf die Wertung des § 1566 Abs 1 wird man in der Überschreitung der Jahresgrenze auch in diesem Fall ein wichtiges *neues* Indiz für das Scheitern der Ehe sehen müssen (JOHANNSEN/ HENRICH/JAEGER Rn 54). Ein Scheitern kann sich nunmehr aber auch daraus ergeben, daß Tatsachen bekannt werden, die im ersten Verfahren zwar hätten verwertet werden können (und daher von der Rechtskraft erfaßt sind), die aber mittelbar neue Umstände bewirken, weil sich der Antragsgegner nunmehr infolge der Kenntnis ebenfalls von der Ehe abwendet.

Ist im Zeitpunkt der Entscheidung über den zweiten – auf den Grundtatbestand gestützten – Antrag das Trennungsjahr noch immer nicht abgelaufen, so kann eine Härte iSd § 1565 Abs 2 sich jedoch nur aus Umständen ergeben, die sich zumindest im wesentlichen nach der letzten mündlichen Verhandlung über den ersten Antrag ereignet haben. Dies gilt auch dann, wenn der erste Antrag überhaupt nicht auf § 1565 Abs 1 gestützt wurde, sondern – ohne Erfolg – auf eine unwiderlegbare Trennungsvermutung.

dd) Wird ein Antrag – bei sonst unveränderten Umständen – darauf gestützt, die **73** Gründe für die Anwendung der **Härte- oder Kinderschutzklausel** (§ 1568) in der ersten Entscheidung seien *zwischenzeitlich* entfallen (sei es, daß geänderte Tatsachen vorgetragen werden, sei es, daß der Antragsgegner sich nicht mehr auf § 1568 beruft), so ist der Antrag ohne weiteres zulässig (MünchKomm/WOLF Rn 91; ROLLAND Rn 16 f; JOHANNSEN/HENRICH/JAEGER § 1568 Rn 41; BGB-RGRK/GRASSHOF Rn 60). Ausgeschlossen sind in diesem Fall aber wiederum Tatsachen, die zur Zeit der mündlichen Verhandlung im ersten Verfahren vorlagen, auch wenn sie nicht bekannt waren (BGB-RGRK/ GRASSHOF Rn 60). Allerdings kann sich aus dem Bekanntwerden solcher Tatsachen insbesondere eine neue Haltung des Antragsgegners ergeben (der nunmehr, zB wegen eines bekanntwerdenden besonders krassen ehelichen Fehlverhaltens des Antragstellers ebenfalls geschieden werden will), die mittelbar zum Wegfall der Berufung auf die Härteklausel führen.

V. Wirksamwerden, Gestaltung, Rechtskraft (Satz 2)

1. Wirksamwerden der Scheidung

a)   Abs 2 stellt für das Wirksamwerden des Scheidungsausspruchs auf den Eintritt **74**

der **formellen Rechtskraft** des Scheidungsurteils ab. Es handelt sich um eine bloße Klarstellung (Gestaltungsurteile werden erst mit Rechtskraft wirksam), die jedoch dem Gesetzgeber bedeutsam erschien, weil sich hieraus erhebliche praktisch relevante Folgerungen ergeben: Der Tod eines Ehegatten nach Ausspruch der Scheidung, aber vor Eintritt der Rechtskraft löst die Ehe auf und **erledigt das Ehescheidungsverfahren** (§ 619 ZPO; OLG Zweibrücken NJW-RR 1998, 678; JOHANNSEN/HENRICH/JAEGER Rn 55; BGB-RGRK/GRASSHOF Rn 65; MünchKomm/WOLF Rn 82). Das Ehescheidungsurteil wird – mit Ausnahme der Kostenentscheidung – gegenstandslos (BGH FamRZ 1981, 245 f; zur Kostenentscheidung unten Rn 124 f).

Auch die im **Verbund** entschiedenen Folgesachen werden grundsätzlich erst mit Rechtskraft des Scheidungsurteils wirksam (§ 629 d ZPO). Da das Scheidungsurteil nicht für vorläufig vollstreckbar erklärt werden kann (§ 704 Abs 2 S 1 ZPO), können auch die Folgesachenentscheidungen nicht vor Rechtskraft vollstreckt werden (ZÖLLER/PHILIPPI § 629 d ZPO Rn 11; MünchKomm/WOLF Rn 82; BGB-RGRK/GRASSHOF Rn 65). Insbesondere wird die Übertragung von **Versorgungsanwartschaften** im Versorgungsausgleich nicht mehr wirksam, wenn ein Ehegatte vor Eintritt der Rechtskraft verstirbt. In diesem Fall bleiben dem überlebenden Ehegatten jedoch die Hinterbliebenenansprüche als Witwe/Witwer erhalten (LSG Essen FamRZ 1982, 1037; JOHANNSEN/HENRICH/JAEGER Rn 55).

75 **b)** Die Gestaltungswirkung tritt ein, auch wenn die Ehegatten vom **Eintritt der Rechtskraft keine Kenntnis** haben (RGZ 75, 282). Für die **Vergangenheit** bleibt die Ehe voll wirksam. Die Auflösungswirkungen treten nur für die Zukunft ein (MünchKomm/WOLF Rn 82).

76 **c)** In den Übergangsfällen **Art 12 Nr 7 d 1. EheRG** (Einleitung des VA in der Rechtsmittelinstanz bei Altentscheidung) wird der Scheidungsausspruch **nicht wirksam, obwohl die formelle Rechtskraft** eingetreten ist. Die Gestaltungswirkung des Scheidungsurteils tritt erst im Zeitpunkt der Wirksamkeit ein. Bis dahin handelt es sich trotz rechtskräftiger Scheidung um getrenntlebende Ehegatten (BGH FamRZ 1981, 441; SOERGEL/HEINTZMANN Rn 29).

2. Erschleichung eines Scheidungsurteils/unrichtiges Urteil

77 **a)** Ein Scheidungsurteil, das **objektiv unrichtig** die **Voraussetzungen** der Scheidung der Ehe annimmt, löst die Ehe dennoch auf; dies gilt auch, wenn die Unrichtigkeit einem oder beiden Ehegatten zurechenbar ist (BGHZ 40, 133; MünchKomm/WOLF Rn 84).

78 **b)** Die zum EheG umstrittene Behandlung der **Erschleichung von Scheidungsurteilen** und der Ausnutzung eines unrichtigen Scheidungsurteils (dazu MünchKomm/WOLF Rn 84) hat unter Geltung neuen Rechts ihre Bedeutung verloren. Ausgangspunkt dieser Rechtsprechung war das Vorliegen eines **falschen Urteils**. Die Gründe hierfür betrafen immer die Verschuldensfrage; diese Fehlerquelle ist mit dem Zerrüttungsprinzip beseitigt, wodurch sich die Problematik überwiegend erledigt hat (MünchKomm/WOLF Rn 84; JOHANNSEN/HENRICH/JAEGER Rn 59; BGB-RGRK/GRASSHOF Rn 137; einschränkend ROLLAND Rn 2 b). Das gilt auch, wenn das Gericht zu Unrecht (ggf wegen arglistigen Vorspiegelns) eine unzumutbare Härte nach § 1565 Abs 2 annimmt. Da in diesem Fall das Scheitern nicht ungeprüft bleibt, sondern neben der unzumutbaren Härte positiv festzustellen ist, kommt es nicht zur Scheidung einer nicht scheidbaren Ehe, sondern lediglich zur vorzeitigen Scheidung einer scheidbaren Ehe; dies dürfte Schadensersatzansprüche nach § 826 BGB nicht begründen. § 1565 Abs 2 schützt die Ehegatten vor übereilten Scheidungen, soll aber insbes nicht Vermögensinteressen schützen, die trotz Scheiterns der Ehe ein Ehegatte aus der Verlängerung der gescheiterten Ehe ziehen könnte (ebenso im Ergebnis: MünchKomm/Wolf Rn 84; aA Erman/Dieckmann Rn 1564 ggf für einen Schadensersatzanspruch bei Verlust des Ehegattenerbrechts aufgrund zu früh geschiedener Ehe). Dasselbe gilt im Falle der Verletzung der Härteklauseln (§ 1568 BGB); auch diese Bestimmung verhindert zwar auf Zeit die Scheidung der Ehe, heilt aber nicht das Scheitern. Überdies ist diese Möglichkeit nur theoretischer Natur; eine schwere Härte für den Antragsgegner liegt schon tatbestandlich schwerlich vor, wenn dieser sie nicht als solche empfindet und sich nicht darauf beruft (vgl § 616 Abs 3 ZPO). Tut er dies aber, so hat er es in der Hand, die Beweise vorzubringen (vgl auch folgende Rn). Eine schwere Härte für die Kinder wird hingegen im Rahmen der gebotenen Amtsermittlung regelmäßig aufzudecken sein.

c) Objektiv falsch ist ein Scheidungsurteil somit nur dann, wenn eine **in Wirk-** **79** **lichkeit nicht gescheiterte Ehe** geschieden wird (MünchKomm/Wolf Rn 84; Johannsen/ Henrich/Jaeger Rn 59). Diese Möglichkeit besteht im Falle der **streitigen Scheidung** nur theoretisch; eine Scheidung unter unzutreffender Annahme des Scheiterns (§ 1565 Abs 1) ist kaum vorstellbar, da der der Scheidung widersprechende Antragsgegner insbes gemäß § 616 Abs 3 ZPO den Prozeßstoff und die Beweismittel weitgehend mitbestimmt (Johannsen/Henrich/Jaeger Rn 59). Im Falle der **einverständlichen Scheidung** kommt es tatbestandlich fraglos häufig zu objektiv falschen Scheidungsurteilen, wenn die Ehegatten bewußt zusammenwirkend das Trennungsjahr als Voraussetzung der unwiderlegbaren Scheiternsvermutung des § 1566 Abs 1 oder des § 1565 Abs 2 HS 1 erschwindeln; in solchen Fällen aber **scheidet Arglist aus** (MünchKomm/Wolf Rn 84).

Als denkbarer **Restbestand für § 826** bleiben Fallgestaltungen, in denen ein Ehegatte durch arglistiges Handeln die Einwilligung des Antragsgegners in eine Scheidung nach § 1566 Abs 1, § 630 ZPO und die Mitwirkung an unrichtigem Vortrag zum Getrenntleben erlangt.

3.   Eintritt formeller Rechtskraft

a) Die formelle Rechtskraft tritt ein, wenn die Frist zur Einlegung eines statthaf- **80** ten **Rechtsmittels verstrichen** ist, wenn die Parteien wirksam auf **Rechtsmittel verzichten** (zum Rechtsmittelverzicht vor Ausspruch der Scheidung anläßlich der Ankündigung des Gerichts, den Versorgungsausgleich abtrennen zu wollen: OLG Zweibrücken FamRZ 1994, 1045) oder wenn der Rechtsmittelzug erschöpft ist (MünchKomm/Wolf Rn 79; Johannsen/Henrich/ Jaeger Rn 56; BGB-RGRK/Grasshof Rn 67).

b) Wird gegen eine Folgesachenregelung in der **familiengerichtlichen Entscheidung** **81** ein Rechtsmittel (Berufung oder Beschwerde) eingelegt, so wird der Scheidungsausspruch zunächst nicht rechtskräftig; Rechtskraft tritt einen Monat nach Zustellung der Rechtsmittelbegründungsschrift ein, falls nicht innerhalb dieser Frist der Scheidungsausspruch oder eine weitere Folgesache angefochten werden (§ 629 a Abs 3 S 1 ZPO; zum vorherigen Rechtszustand: BGH NJW 1980, 702). Ein **Anschlußrechtsmittel** führt zu einer Fristverlängerung von einem weiteren Monat; die Frist für eine **weitere Anschließung** beginnt also nicht mit der Zustellung der ersten Anschließung, vielmehr kommt es zur Addition von jeweils einmonatigen Fristen (§ 629 a Abs 3 S 2 ZPO; ZÖLLER/PHILIPPI § 629 a Rn 36, 37). Auch binnen dieser verlängerten Frist kann der bis dahin noch nicht angefochtene Scheidungsausspruch – oder eine weitere Folgesache – angefochten werden. Diese Regelung ist durch das UÄndG (BGBl 1986 I 301) zum 1. 4. 1986 eingefügt worden und soll als Ausgleich dafür dienen, daß eine Abtrennung zwischen Scheidung und Folgesachen nach § 628 ZPO nicht mehr möglich ist, wenn nur eine Folgesache in der ersten Rechtsmittelinstanz anhängig ist (BGH FamRZ 1980, 1108; SOERGEL/HEINTZMANN Rn 26). Da bei Beteiligung Dritter (Kinder, Jugendamt, Versorgungsträger) auf die letzte Zustellung abzustellen ist, kommt es zu Unsicherheiten bei der Bestimmung der Rechtskraft und der Erteilung von Rechtskraftbescheinigungen (BERGERFURTH FamRZ 1986, 940; SOERGEL/HEINTZMANN Rn 26; zum ganzen kritisch: MünchKomm/WOLF Rn 79; SEDEMUND-TREIBER FamRZ 1986, 209; DIEDERICHSEN NJW 1986, 1462; WALTER JZ 1986, 360; JAEGER FamRZ 1985, 865).

Für die **Revisionsinstanz** enthält § 629 c S 2 ZPO einen entsprechenden Gedanken: Ist hinsichtlich des Scheidungsausspruchs bereits die Revisionsfrist abgelaufen, jedoch hinsichtlich einer Folgesache zulässigerweise ein weiteres Rechtsmittel eingelegt, so kann der BGH den nicht angefochtenen Scheidungsausspruch oder eine andere Folgesache nur noch aufheben und zurückverweisen, wenn dies ein Ehegatte innerhalb eines Monats nach Zustellung der Rechtsmittelbegründungsschrift (hinsichtlich der zulässig angefochtenen Folgesachenentscheidung) beantragt (MünchKomm/WOLF Rn 81). Die Bestimmung ist freilich weitgehend überflüssig. Die Aufhebung setzt nach § 629 c S 1 ZPO einen tatsächlichen Zusammenhang mit der aufgehobenen Folgesache voraus (bei rechtlichem Zusammenhang würde eine isolierte Anfechtung nicht zulässig sein). Ein solcher Zusammenhang besteht wohl nur zwischen vermögensrechtlichen Folgesachen und dem *Ehegattenunterhalt*, soweit die Bedürftigkeit durch das Ergebnis der anderen Folgesachenentscheidung betroffen ist; dann aber ist ein zweckentsprechendes Ergebnis über die *Abänderung* der Unterhaltsentscheidung zu erreichen (MünchKomm[ZPO]/KLAUSER § 629 c Rn 2).

Die Parteien können jedoch hinsichtlich des nicht angefochtenen Teils auf Rechtsmittel und Anschlußrechtsmittel verzichten (§ 629 a Abs 4 ZPO) und damit die Rechtskraft des nicht angefochtenen Teils sogleich herbeiführen (BGH NJW 1980, 702; MünchKomm/WOLF Rn 80).

82 **c)** Strittig war längere Zeit der Eintritt der **Rechtskraft bei Rechtsmittelentscheidungen der OLGe**. Die **Revision** ist in der Scheidungssache nur statthaft, wenn die Berufung als *unzulässig verworfen* wurde oder die Revision im Urteil *zugelassen* ist (§ 546 Abs 1, 547 ZPO; für Folgesachen: Revision in ZPO-Folgesachen, § 621 d ZPO, weitere Beschwerde in FGG-Folgesachen, vgl § 621 a Abs 1 ZPO: § 621 e ZPO dazu BOSCH FamRZ 1987, 265). Die Rechtskraft kann überdies noch nicht eintreten, wenn in **Folgesachen** ein Rechtsmittel in Betracht kommt. Teilweise wurde vertreten, daß in solchen Fällen die Revision unstatthaft sei und die Rechtskraft bereits mit Verkündung eintrete (zum Streit: BGB-RGRK/GRASSHOF Rn 68 ff). Diese Streitfrage ist durch den Gemeinsamen Senat der Obersten Gerichtshöfe des Bundes (NJW 1984, 1027; so auch BGHZ 109, 211; vgl schon BGHZ 4, 294) dahin beantwortet worden, daß auch in diesen Fällen die Rechtskraft erst nach Ablauf der Frist für das theoretisch in Betracht kommende Rechtsmittel eintritt, weil die fehlende Zulassung nichts daran ändert, daß die Revision an sich statthaft, wenn auch nicht zulässig ist. Diese Lösung dient der Rechtssicherheit, da sie den Eintritt der Rechtskraft von bloßer Fristprüfung ohne Berücksichtigung einer rechtlichen Würdigung abhängig macht und ist daher vorzugswürdig.

d)   Die **Einlegung eines unzulässigen Rechtsmittels** ändert grundsätzlich nichts mehr **83** an der bereits eingetretenen Rechtskraft. Insbesondere ist ein nach Ablauf der Berufungs- oder Revisionsfrist eingelegtes Rechtsmittel nicht geeignet, die Rechtskraft des Scheidungsausspruchs zu beseitigen.

Etwas anderes gilt, wenn eine **nicht zugelassene Revision** „fristgemäß" eingelegt wird, also die Rechtskraft des Scheidungsausspruchs noch nicht eingetreten ist (soeben Rn 82). In diesem Fall hemmt die Einlegung die Rechtskraft. Der Scheidungsausspruch wird erst rechtskräftig, wenn die Revision als unzulässig verworfen wird (Gemeinsamer Senat NJW 1984, 1027; ZÖLLER/STÖBER § 705 ZPO Rn 9; STEIN/JONAS/MÜNZBERG § 705 ZPO Rn 9; MünchKomm/WOLF Rn 81).

4.   Nachträglicher Wegfall der Rechtskraft

a)   Hat ein Ehegatte die Rechtsmittelfrist gegen das Scheidungsurteil versäumt **84** und beantragt er erfolgreich **Wiedereinsetzung in den vorigen Stand** (§ 233 ZPO), so entfällt die Rechtskraftwirkung (BGB-RGRK/GRASSHOF Rn 96; MünchKomm/WOLF Rn 83; ähnlich BGHZ 8, 284, 287: nur „Scheinrechtskraft"). Ein Wiedereinsetzungsantrag wird nicht dadurch unzulässig, daß der andere Ehegatte im Vertrauen auf die Rechtskraft der Scheidung eine *neue Ehe geschlossen* hat. Die zweite Ehe ist bei erfolgreicher Wiedereinsetzung gemäß § 1314 Abs 1, 1306 aufhebbar (zu § 20 EheG aF: BGH 8, 287; BGB-RGRK/GRASSHOF Rn 96; JOHANNSEN/HENRICH/JAEGER Rn 57; zum **Rechtsmißbrauchseinwand** vgl unten Rn 86).

b)   Bei Aufhebung des Scheidungsurteils in einem erfolgreichen **Wiederaufnahme-** **85** **verfahren** (§§ 578 ff ZPO) entfällt rückwirkend die Rechtskraft und damit die Gestaltungswirkung des Scheidungsurteils. Strittig ist, ob die formelle Rechtskraft eines **Zwischenurteils**, mit dem der Wiederaufnahmegrund bejaht wird und die Aufhebung des Scheidungsurteils ausgesprochen wird, bereits die frühere Ehe wiederherstellt (Nachweise BGH FamRZ 1982, 789, 790).

Die Wiederaufnahme hinsichtlich der Scheidungssache erfaßt auch die Folgesachen (BGB-RGRK/GRASSHOF Rn 136; MünchKomm/WOLF Rn 83); die Wiederaufnahme hinsichtlich einer Folgesache berührt hingegen nicht die Rechtskraft des Scheidungsausspruchs (BERGERFURTH FamRZ 1982, 565 f; BGB-RGRK/GRASSHOF Rn 96; MünchKomm/WOLF Rn 83). Dasselbe gilt im Falle der **Nichtigkeit eines Prozeßvergleichs** und nachfolgender Verfahrensfortsetzung in einer Folgesache (BERGERFURTH FamRZ 1982, 565; BGB-RGRK/ GRASSHOF Rn 97).

Wie im Falle der Wiedereinsetzung schließt grundsätzlich eine im Vertrauen auf die Rechtskraft der Scheidung geschlossene **neue Ehe** des anderen Ehegatten die Wiederaufnahmeklage nicht aus (BGH FamRZ 1959, 14; FamRZ 1963, 132); die zweite Ehe wird durch die Wiederherstellung der ersten Ehe aufhebbar gemäß §§ 1306, 1314 Abs 1.

86 c) Umstritten ist, inwieweit die Geltendmachung eines Wiederaufnahmegrundes, ggf. auch der Wiedereinsetzungsantrag wegen **unzulässiger Rechtsausübung** abzuweisen ist, wenn der andere Ehegatte bereits eine neue Ehe geschlossen hat, die bei Erfolg des Rechtsbehelfs aufhebbar würde.

87 aa) Ein solcher Rechtsmißbrauch liegt vor, wenn der **Wiederaufnahmebeklagte** bzw. der Wiedereinsetzungsgegner **in einer funktionierenden neuen Ehe** lebt und der Rechtsbehelfsführer die Wiederherstellung der ehelichen Lebensgemeinschaft der ersten Ehe ebenso ablehnt wie der bereits wieder verheiratete Ehegatte (OLG Frankfurt FamRZ 1978, 922; Johannsen/Henrich/Jaeger Rn 58; MünchKomm/Wolf Rn 83). Insbesondere scheitert die Annahme eines Rechtsmißbrauchs nicht daran, daß die erste Ehe durch Art 6 Abs 1 GG geschützt ist, da ein vollständig gleichrangiger Schutz der zweiten Ehe gebührt; die Abwägung, welche Ehe stärker erhaltenswert ist, verstößt also nicht gegen den Grundsatz der lebzeitigen Einehe (so aber BGB-RGRK/Grasshof Rn 135), sondern füllt den Schutzzweck des Art 6 Abs 1 erst sinnentsprechend aus. Auch scheitert die Annahme des Rechtsmißbrauchs nicht daran, daß der Rechtsbehelfsführer „berechtigte vermögensrechtliche Interessen verfolgt" (BGB-RGRK/Grasshof Rn 135). Vermögensrechtliche Interessen, die jenseits einer persönlichen Bindung aus einer Ehe gezogen werden sollen, verdienen keinen Schutz; die Ehe ist ein personales Verhältnis; wer aus einer Ehe, die er in ihrem Kern, nämlich der ehelichen Lebensgemeinschaft, ablehnt, für sich vermögensrechtliche Vorteile schlagen will, handelt vielmehr sittlich fragwürdig. Die Abwägung gegen den Bestand einer funktionierenden Ehe muß daher immer zu Lasten des nur an einem Vermögensvorteil Interessierten ausschlagen.

88 bb) Weitergehend ist ein **außerordentlicher Rechtsbehelf** gegen den Scheidungsausspruch **schon dann abzuweisen**, wenn der andere Ehegatte erneut geheiratet hat und auf die Rechtskraft **vertrauen durfte**. Das ist bereits dann der Fall, wenn er den die Wiedereinsetzung oder Wiederaufnahme begründenden Tatbestand nicht kannte oder kennen mußte. Ob der Rechtsbehelfsführer die eheliche Lebensgemeinschaft wiederherstellen will, kann nicht von Bedeutung sein. Selbst wenn dies der Fall ist, kann von einem in einer neuen, funktionierenden Ehe Wiederverheirateten nicht erwartet werden, daß er die dem zweiten Ehegatten jedenfalls moralisch geschuldete Treue in Frage stellen läßt. Der außerordentliche Rechtsbehelf scheitert dann wegen Unzumutbarkeit der Wiederherstellung der ersten Ehe ebenfalls an § 242 BGB.

89 d) Die Problematik dürfte sich allerdings weitgehend deshalb erledigen, weil trotz Zulässigkeit und Begründetheit des Wiederaufnahmeantrags regelmäßig im Falle der Wiederverheiratung eines Ehegatten bei überwiegend längerer zwischenzeitlich verstrichener Zeit der Trennung von dem ersten Ehegatten im Wiederaufnahmeverfahren dem **Scheidungsantrag stattzugeben** sein wird. Dann aber ist § 20 Abs 2 EheG aF, der nach der gesetzgeberischen Zielsetzung nur die im Vertrauen auf eine noch nicht eingetretene Rechtskraft des Scheidungsspruches neu geschlossenen Ehen schützen sollte, auch auf den Fall anzuwenden, daß nach zunächst rechtskräftigem Scheidungsausspruch aufgrund Wiederaufnahme die Rechtskraft entfällt. Mit Rechtskraft

der Scheidung im Wiederaufnahmeverfahren ist dann die zwischenzeitlich (biga-
misch) geschlossene Ehe geheilt (ERMAN/DIECKMANN Rn 9).

VI. Nachweistatbestände (Satz 3)

1.   Der Hinweis auf die „**folgenden Vorschriften**" bezieht sich auf §§ 1565 bis 1568 **90**
(ROLLAND Rn 7; vgl auch § 1564 aF: „aus den in §§ 1565 bis 1569 bestimmten Gründen"). § 1564 enthält keinen selbständigen Scheidungsgrund. Außerdem stellt der
Hinweis klar, daß §§ 1565 bis 1568 ausschließlichen und enumerativen Charakter
haben. Das gilt sowohl für scheidungsbegründende als auch für scheidungshindernde
Tatbestände (BGB-RGRK/GRASSHOF Rn 3). Ein Widerspruch gegen die Scheidung ist
damit nur unter den Voraussetzungen des § 1568 BGB möglich (ROLLAND Rn 7).

2.   Hingegen bezieht sich die Verweisung nicht auf §§ 1569 ff. Schon aus diesem **91**
Grund kann sich für das *nacheheliche Unterhaltsrecht* aus § 1564 keine Einschränkung der Vertragsfreiheit ergeben (im Ergebnis ebenso: SOERGEL/HEINTZMANN Rn 33).

VII. Auswirkungen des materiellen Rechts auf das Verfahren

1. Familiengericht

a)   Für die Entscheidung (Urteil iSd Satz 2) ist das Familiengericht sachlich zu- **92**
ständig (§ 606 Abs 1 ZPO, §§ 23 a Nr 4, 23 b Abs 1 Nr 1 GVG; MünchKomm [ZPO]/
WALTER § 606 ZPO Rn 1). Das Familiengericht ist beim Amtsgericht eingerichtet. Die
Zuweisung der in den Verbund gezogenen Familiensachen an das Familiengericht
(§ 621 Abs 1 ZPO) begründet keine sachliche Zuständigkeit, sondern ist eine gesetzliche Geschäftsverteilung (BGHZ 71, 272; BGHZ 71, 264; BGH NJW 1986, 2058; BGH FamRZ
1985, 1242; ZÖLLER/PHILIPPI § 621 ZPO Rn 69; MünchKomm[ZPO]/WALTER § 621 ZPO Rn 6; wohl
anders: BGH FamRZ 1990, 865: funktionelle Zuständigkeit).

b)   Die **örtliche Zuständigkeit** bestimmt sich nach § 606 ZPO, die **internationale** **93**
Zuständigkeit deutscher Gerichte seit 1. 9. 1986 nach § 606 a ZPO idF durch das
Gesetz zur Neuregelung des IPR.

Dem **Scheidungsantrag** soll eine **Heiratsurkunde** beigefügt werden; dies ist jedoch kein
zwingendes Wirksamkeitserfordernis (OLG Karlsruhe FamRZ 1991, 83; OLG Düsseldorf
FamRZ 1992, 1078).

2. Verbund

a) Folgesachen im Verbund
Kernstück der verfahrensrechtlichen Verwirklichung der mit der Einführung des **94**
Zerrüttungsprinzips als erforderlich angesehenen einheitlichen Regelung der Scheidungsfolgesachen zum Schutz des nicht scheidungswilligen Partners und der aus der
Ehe hervorgegangenen Kinder ist die **Konzentration** aller Familiensachen bei dem
Gericht der Ehesache (Ehescheidung; Verbund tritt nach hM auch in *Ehetrennungsverfahren
nach ausländischem Recht* ein: OLG Frankfurt/Main [1. Familiensenat] NJW-RR 1995, 139 mNachw;
aA: OLG Frankfurt/Main [6. Familiensenat] FamRZ 1995, 375) sowie die **notwendige Regelung**
bestimmter Folgesachen im Zusammenhang mit der Scheidung. Keine Verbundsa-

chen sind Regelungen für die Zeit des Getrenntlebens (zu einstweiligen Anordnungen vgl unten Rn 115 ff).

Keine Verbundsachen sind **vorbereitende Auskunftsansprüche** (§§ 1379, 1580, 1605) und der Anspruch auf **eidesstattliche Versicherung**, die nicht im Rahmen einer Stufenklage auf Leistung in einem Gegenstand des Verbundverfahrens geltendgemacht werden (BGH NJW 1997, 2176; OLG Hamm FamRZ 1993, 984; FamRZ 1996, 736; OLG Zweibrükken FamRZ 1980, 1142; **aA**: OLG Frankfurt/Main FamRZ 1987, 299). Ist jedoch die Auskunft erforderlich, um eine im Verbund von der Gegenseite anhängig gemachte Folgesache abzuwehren oder Widerklage zu erheben, so kann im Verbund Auskunft begehrt werden (OLG Zweibrücken FamRZ 1996, 749: Auskunft über das Endvermögen zur Abwehr/ Widerklage bei Zugewinnausgleichsforderung).

95 **aa)** Ist eine Ehesache (insbes Ehescheidung, zum Begriff § 606 Abs 1 ZPO; zur Verbundwirkung einer Nichtigkeitsklage gegen ein rechtskräftiges Ehescheidungsurteil vgl OLG Karlsruhe FamRZ 1996, 301) rechtshängig, so ist für die in § 621 Abs 1 ZPO angeführten Familiensachen das Gericht der Ehesache **ausschließlich zuständig**; für *Kinder* betreffende Folgesachen (§ 621 Abs 1 Nr 1 bis 4 ZPO) gilt dies nur, soweit sie die folgenden Gegenstände betreffen (§ 621 Abs 2 S 1 HS 2 ZPO Nr 1 bis 4 ZPO idF durch das KindRG):

– die *Regelung der elterlichen Sorge* für ein gemeinschaftliches Kind einschließlich der Übertragung der elterlichen Sorge oder eines Teils der elterlichen Sorge wegen Gefährdung des Kindeswohls,

– die *Regelung des Umgangs* mit einem gemeinschaftlichen Kind nach §§ 1684 (Eltern und Kind) und 1685 (Großeltern oder Geschwister und Kind) oder des Umgangs eines Ehegatten mit dem anderen Ehegatten nach § 1685 Abs 2,

– die *Herausgabe eines Kindes* an den anderen Elternteil,

– oder die *Unterhaltspflicht* gegenüber einem gemeinschaftlichen Kind.

Solche bereits im ersten Rechtszug anhängige Familiensachen sind an das Gericht der Ehesache von Amts wegen zu verweisen (§ 621 Abs 3 ZPO, § 64 k FGG).

Die **internationale Zuständigkeit** deutscher Gerichte für Scheidungsfolgesachen folgt nur dann aus der Verbundzuständigkeit, wenn nicht für die jeweilige Folgesache vorrangige *völkervertragliche Zuständigkeitsregeln* gelten. Dies betrifft die Regelung der elterlichen Sorge, insoweit geht das *Haager Minderjährigenschutzabkommen*, MSA (BGBl 1971 II 219) vor; sowie für *alle* Unterhaltssachen, für die das *Brüsseler EWG-Übereinkommen über die interantionale Zuständigkeit und die Vollstreckung gerichtlicher Entscheidungen* (BGBl 1972 II 774, BGBl 1994 II 519) eingreift. Fehlt nach diesen Übereinkommen die internationale Zuständigkeit deutscher Gerichte, so kann sie nicht analog der Verbundzuständigkeit angenommen werden (KG FamRZ 1998, 564).

96 **bb)** **Notwendig mit der Ehesache zu entscheiden** sind Familiensachen – soweit sie nicht bereits anderweitig anhängig waren und nach § 621 ZPO an das Familiengericht

der Scheidungssache zu verweisen sind (vorige Rn) – nur als **Folgesachen** iSd § 623
ZPO.

α)   **Folgesachen auf Antrag eines Ehegatten** sind die in § 621 Abs 1 Nr 5 bis 9 ZPO
(Ehegattenunterhalt, Versorgungsausgleich, Ehewohnung und Hausrat, Ehegüterrecht, nicht aber sonstige vermögensrechtliche Ansprüche zwischen den Ehegatten:
OLG Frankfurt/M FamRZ 1996, 94) und Abs 2 Satz 1 Nr 4 (Kindesunterhalt) ZPO genannten Familiensachen.

Seit Inkrafttreten des KindRG sind auch die **kindschaftsrechtlichen Folgesachen** nach
§ 621 Abs 2 S 1 Nr 1 bis 3, soweit sie in § 623 Abs 2 ZPO aufgeführt werden (elterliche Sorge im Fall eines Antrags nach § 1671 Abs 1, Umgang eines Ehegatten mit
einem gemeinschaftlichen Kind oder dem Kind des anderen Ehegatten – nicht aber
Umgang nach § 1685 Abs 1, Herausgabe des Kindes an den anderen Elternteil) nur
auf Antrag eines Ehegatten im Verbund zu entscheiden.

Über diese Folgesachen ist nur im Verbund zu entscheiden, wenn sie bis zum Schluß
der letzten mündlichen Verhandlung von einem Ehegatten anhängig gemacht worden sind (§ 623 Abs 4 ZPO).

Das Familiengericht hat jedoch die Ehegatten **zur elterlichen Sorge anzuhören** (§ 613
Abs 1 ZPO) und auf Beratungsmöglichkeiten hinzuweisen; dadurch wird sichergestellt, daß die Eltern eine am Kindeswohl orientierte Entscheidung zur elterlichen
Sorge treffen und nicht unreflektiert den Fortbestand der elterlichen Sorge nur – als
die verfahrensrechtlich bequemste Lösung – hinnehmen.

β)   **Von Amts wegen** ist regelmäßig nur noch der *Versorgungsausgleich* Folgesache
(§ 623 Abs 1 S 3 ZPO).

Folgesache ist auch das Verfahren zur Übertragung der elterlichen Sorge wegen
Gefährdung des Kindeswohls auf einen Elternteil, Vormund oder Pfleger (§ 623
Abs 3 S 1 ZPO). Das Verfahren nach § 1666 iVm § 623 Abs 3 ZPO ist bei Gefähr-
dung des Kindeswohls von Amts wegen einzuleiten.

b)   Auflösung des Verbunds
Die Bestimmungen über den Verbund sind **zwingendes Recht**, auf das die Parteien   **97**
auch nicht einvernehmlich verzichten können (BGH NJW 1991, 1616; BGH NJW 1991,
2491; **aA** OLG Düsseldorf FamRZ 1980, 146; OLG Köln FamRZ 1980, 1050; KERSTEN FamRZ 1986,
754; weiterhin strittig vgl PHILIPPI FamRZ 1991, 1426; SCHULZE FamRZ 1991, 98; zur **Abtrennung auf
Antrag** unten Rn 100).

aa)   Der Verbund verfolgt nicht nur den (im Grundsatz verzichtbaren) Zweck, den   **98**
schwächeren Partner (aber auch die Kinder) zu schützen; vielmehr soll anläßlich der
Scheidung den Ehegatten vor Augen geführt werden, welche **Folgen** die Trennung
hat, was vor **Übereilung** schützen soll. Nach Abschluß des Scheidungsverfahrens soll
jeder Ehegatte in der Lage sein, einen neuen Lebensweg einzuschlagen, ohne jederzeit Auseinandersetzungen über Folgen der geschiedenen Ehe gewärtigen zu müssen
(BGH NJW 1991, 1616; BGH NJW 1991, 2491). Diesem Zweck wird das Verbundprinzip
allerdings nur höchst eingeschränkt gerecht; die Warn- und Befriedigungsfunktion

kann mit Ausnahme des Versorgungsausgleichs (§ 623 Abs 1 S 3 ZPO) und – eingeschränkt auf Gefährdungsfälle – der elterlichen Sorge (§ 623 Abs 3 ZPO) nur insoweit eintreten, als die Ehegatten Folgesachen anhängig machen. Insbesondere hindert das Verbundprinzip nicht die taktische Vermeidung und subjektive Verdrängung von Folgesachenanträgen, um die Scheidung selbst zu beschleunigen. Hinsichtlich des *Sorgerechts* wird die Verdrängungsgefahr durch die in § 613 Abs 1 S 2 ZPO idF des KindRG an die Stelle des Zwangsverbundes gesetzte richterliche Anhörung und den Hinweis auf Beratungsmöglichkeiten zu vermeiden versucht. Zum *nachehelichen Unterhalt* wird zwar häufig die Warnfunktion durch Anhängigmachen erfüllt, nicht aber eine *Befriedung* geschaffen; der *Zugewinnausgleich* wird häufig aus verfahrenstaktischen Gründen nicht anhängig gemacht, um den Scheidungsausspruch nicht zu verzögern. Der notwendig zu entscheidende *Versorgungsausgleich* hingegen hat wegen der nicht unmittelbar spürbaren Wirkung (Übertragung von *Anwartschaften)* nur geringe Warnfunktion, wegen seiner Kompliziertheit und der erforderlichen Mitwirkung der Versicherungsträger aber stark verfahrensverschleppende Wirkung.

99 **bb)** Eine **Auflösung des Verbundes durch vorab erfolgenden Scheidungsausspruch** ist grundsätzlich (vgl aber zur Abtrennung **kindschaftsrechtlicher Folgesachen** unten Rn 100) nur unter den Voraussetzungen des § 628 ZPO möglich.

α) Das gilt nicht nur für die *zwingenden Verbundsachen*, sondern auch für **Verbundsachen aufgrund Antrags**, sofern sie einmal im Scheidungsverfahren anhängig gemacht sind; die Ehegatten können nicht durch ihr Einverständnis eine Abtrennung solcher Verbundsachen erreichen (BGH FamRZ 1991, 687), wohl aber durch Rücknahme des jeweiligen Antrags (vgl BGH NJW-RR 1996, 833, wo iE eine Antragsrücknahme nicht angenommen wurde). Verfahrensrechtlich handelt es sich im Fall des § 628 ZPO nicht eigentlich um eine Abtrennung, da die Trennung des Scheidungsverfahrens von der Folgesache erst durch die *Vorwegentscheidung über den Scheidungsantrag* eintritt und bis zu diesem Zeitpunkt das Gericht an einen „Abtrennungsbeschluß", der lediglich eine – nicht anfechtbare – Absichtserklärung bedeutet, nicht gebunden ist (OLG Zweibrücken FamRZ 1994, 1045).

β) Liegen die Voraussetzungen des § 628 ZPO nicht vor, so stellt die Vorabentscheidung über den Scheidungsantrag einen wesentlichen **Verfahrensmangel** iSd § 539 ZPO dar. Die Rüge, die Auflösung des Verbunds sei zu Unrecht erfolgt, ist im Wege der Berufung gegen den Scheidungsausspruch zu erheben (BGH FamRZ 1983, 461; FamRZ 1996, 1333). Sie begründet eine eigenständige, das Rechtsmittel begründende **Beschwer** (BGH NJW-RR 1996, 833, 834 f), selbst wenn der Rechtsmittelführer sich gegen die Scheidung als solche nicht wehrt (BGH FamRZ 1996, 1333).

γ) **Typisierte Fälle** der Abtrennung wegen einer **nicht zumutbaren Verzögerung** bestehen bei Unmöglichkeit der Entscheidung über den Versorgungsausgleich oder die güterrechtliche Folgesache vor Scheidungsausspruch (§ 628 Abs 1 S 1 Nr 1 ZPO; zum Begriff der Unmöglichkeit der Entscheidung: BGH FamRZ 1984, 254, 255), sowie bei Vorgreiflichkeit einer anderen Entscheidung über den Versorgungsausgleich (§ 628 Abs 1 S 1 Nr 2 ZPO). Durch das KindRG hinzugefügt wurde der Fall, daß in einer Folgesache nach § 623 Abs 2 S 1 Nr 1 und 2 ZPO (elterliche Sorge für ein gemeinschaftliches Kind und Umgang eines der Ehegatten – nicht aber Dritter – mit einem Kind; oben Rn 96) das *Verfahren ausgesetzt* ist (§ 628 Abs 1 S 1 Nr 3 ZPO). Da diese Folgesachen nur noch auf Antrag in den Verbund gelangen, soll eine Bereitschaft zur Aussetzung zum Zweck der gütlichen Regelung nicht daran scheitern, daß der Scheidungsausspruch verzögert würde.

δ)   Der allgemeinen Spannungslage zwischen Übereilungsschutz durch Einbeziehung der Folgesachen und **unzumutbarer Verzögerung** des Scheidungsausspruchs durch langwierige Folgesachen wird die **Generalklausel** in § 628 S 1 Nr 4 ZPO gerecht; eine abgetrennte Entscheidung über die Ehescheidung ist geboten, wenn das Verfahren sich durch den Verbund **außergewöhnlich verzögern** würde, so daß die Entscheidung im Verbund zu einer **unzumutbaren Härte** für einen Ehegatten wird. Beide Elemente müssen kumulativ vorliegen (OLG München FamRZ 1996, 1483). Nach gefestigter Rechtsprechung ist das zeitliche Moment bei einer *mehr als zweijährigen Verfahrensdauer* seit Eintritt der Rechtshängigkeit anzunehmen (BGH NJW 1991, 1617; BGH NJW 1991, 2492; jeweils m Nachw; MünchKomm/WOLF Rn 54; MünchKomm[ZPO]/KLAUSER § 628 ZPO Rn 9: 95%-Verfahren; **aA** OLG Celle FamRZ 1996, 1485: schon, wenn die gewöhnliche Dauer eines Verbundverfahrens bei dem jeweiligen FamG um mehr als das Doppelte überschritten würde), wobei auch eine noch nicht vollendete, aber abzusehende ungewöhnliche Verfahrensdauer genügt (BGH NJW 1987, 1772).

Unterliegt die Scheidung **ausländischem Recht**, so kommt die Annahme einer unzumutbaren Verzögerung nur in Betracht, wenn die Verfahrensdauer, gemessen am Durchschnitt von Verfahren mit Auslandsberührung außergewöhnlich lang ist (OLG Hamm FamRZ 1997, 1228).

Die **Ursachen für die lange Verfahrensdauer** sind grundsätzlich unerheblich. Wenn bei Antragstellung der Scheidungsantrag materiell noch nicht schlüssig war, dürfte aber ein verfrühter und unschlüssiger Scheidungsantrag nicht zugunsten des Antragstellers in die für die Abtrennung maßgebliche Verfahrensdauer einzurechnen sein (OLG Frankfurt FamRZ 1981, 579; anders: BGH NJW 1987, 1772; zur Abtrennung bei Vorliegen der Voraussetzungen des § 1565 Abs 2 vgl dort Rn 199). Die **kumulativ zu prüfende unzumutbare Härte** liegt insbesondere vor, wenn ein Ehegatte mit einem neuen Partner ein *Kind* erwartet und dieses zu legitimieren wünscht bzw die elterliche Sorge erlangen will (BGH NJW 1987, 1772), wenn ein Härtefall *nach § 1565 Abs 2* vorliegt oder der andere Ehegatte aus *finanziellen Erwägungen* das Scheidungsverfahren verzögert (BGH NJW 1991, 2491).

Verzögerungen der Entscheidung einer Folgesache, **die der Antragsteller selbst verursacht** hat, sind regelmäßig nicht unzumutbar (OLG Hamm FamRZ 1992, 1086, 1087; OLG Brandenburg FamRZ 1996, 751). Dem Antragsgegner ist es unbenommen, Folgesachenansprüche erst zu einem fortgeschrittenen Zeitpunkt des Verbundverfahrens anhängig zu machen; die hierdurch verursachte Verzögerung ist nach allgemeinen Regeln unzumutbar; insbesondere läuft der Zwei-Jahreszeitraum ab Anhängigkeit der Scheidungssache (nicht der Folgesache). Fördert der Antragsteller jedoch diese Folgesache nicht zügig, so ist ihm die Verzögerung auch in diesem Fall zuzurechnen (OLG Hamm FamRZ 1997, 1228).

ε)   Ein **Rechtsbehelf gegen die Ablehnung** einer Anregung einer Partei auf Vorwegentscheidung über die Ehescheidung findet nach überwiegender Ansicht nicht statt (zum Streitstand OLG Dresden FamRZ 1997, 1230). Die **prozeßordnungswidrige Abtrennung** einer Folgesache unter Vorabentscheidung über den Scheidungsantrag kann mit der *Berufung bzw. Revision gegen das Scheidungsurteil* angegriffen werden (OLG Hamm FamRZ 1997, 1128).

ζ) Der **Anwaltszwang** für Folgesachen besteht auch dann, wenn über den Scheidungsantrag gemäß § 628 ZPO vorab entschieden worden ist und über eine eine abgetrennte Folgesache erst entschieden wird, nachdem das den Scheidungsausspruch enthaltende Urteil bereits rechtskräftig geworden ist (BGH NJW-FER 1998, 91).

100 **cc)** Eine **Auflösung des Verbundes durch getrennte Fortführung beider Verfahren** tritt ein, wenn ein **Dritter Verfahrensbeteiligter** wird in unterhalts- oder güterrechtlichen Folgesachen (§ 623 Abs 1 S 2 ZPO).

Durch das KindRG wurde neu die Möglichkeit der nach früherem Recht nicht vorgesehenen **Abtrennung auf Antrag** geschaffen (§ 623 Abs 2 S 2 ZPO). Die nunmehr nur noch auf Antrag in den Verbund einbezogenen Sorgerechts- oder Umgangs-Folgesachen (§ 623 Abs 2 S 1 Nr 1 bis 3 ZPO; oben Rn 96) werden auf Antrag eines Ehegatten abgetrennt, um die Aussetzung zum Zweck einer einvernehmlichen Lösung nach außergerichtlicher Beratung zu erleichtern (BT-Drucks 13/4899, 123). Deshalb kann mit dem Abtrennungsantrag auch ein Antrag auf Abtrennung einer unterhaltsrechtlichen Folgesache (Ehegattenunterhalt nach § 621 Abs 1 Nr 5 ZPO und Kindesunterhalt nach § 621 Abs 2 S 1 Nr 4 ZPO) verbunden werden (§ 623 Abs 2 S 3 ZPO).

Folgesachen betreffend die elterliche Sorge bei Kindeswohlgefährdung (oben Rn 96), die regelmäßig von Amts wegen eingeleitet werden, können auch von Amts wegen abgetrennt werden (§ 623 Abs 3 S 2 ZPO).

In beiden Fällen werden die Ehesache und die abgetrennte Folgesache als selbständige Familiensachen fortgeführt und über die Kosten getrennt entschieden (§ 623 Abs 2 S 3, Abs 3 S 3; § 626 Abs 2 S 3 ZPO).

c) **Rechtsmittel gegen Folgesachen**
101 **Rechtsmittel** sind gegen jede **im Verbund entschiedene Folgesache** eigenständig nach den für sie maßgeblichen Bestimmungen gegeben.

aa) Gegen den Scheidungsausspruch und gegen Folgesachenentscheidungen gemäß § 621 Nr 4, 5 und 8 ZPO findet die **Berufung statt**, gegen Folgesachen der freiwilligen Gerichtsbarkeit (§ 621 Nr 1, 2, 3, 6, 7, 9 ZPO) die **Beschwerde** (621 a Abs 1 ZPO). Der Verbund bleibt jedoch auch in der Rechtsmittelinstanz erhalten; über Berufung und Beschwerde ist gleichzeitig zu verhandeln und zu entscheiden (§§ 623 Abs 1 S 1, 629 Abs 1 ZPO). Werden nur Folgesachen angefochten, so stehen auch sie untereinander im Verbund (§ 629 a Abs 2 S 3 iVm § 629 ZPO).

Wird die zulässigerweise insgesamt gegen das Scheidungsverbundurteil eingelegte Berufung hinsichtlich der Anfechtung des Scheidungsausspruchs unzulässig, so berührt dies nicht die Zulässigkeit der Rechtsmittel hinsichtlich der Folgesachen. Ein Fall des § 629 a Abs 3 ZPO (teilweise Anfechtung) liegt in diesem Fall nicht vor (BGH NJW-RR 1994, 834).

bb) Rechtskraftprobleme bei Abtrennung der Folgesachen von der Scheidungssache, **102** sofern nur Folgesachen in die Rechtsmittelinstanz gelangt sind (BGH NJW 1981, 248; MünchKomm/WOLF Rn 54 mNachw Fn 206 ff), haben sich durch § 620 a Abs 3 ZPO erledigt, da der Scheidungsausspruch immer in angemessener Frist rechtskräftig wird, sofern nicht das Rechtsmittel auf den Scheidungsausspruch ausgedehnt wird. Ist auch der Scheidungsausspruch angegriffen, so findet auch in der Rechtsmittelinstanz § 628 ZPO Anwendung (§ 629 a Abs 2 S 3 ZPO; SOERGEL/HEINTZMANN vor § 1564 Rn 40; Münch-Komm/WOLF 54).

d) Rechtsmittel gegen Scheidungsausspruch, Beschwer
aa) Der verfassungsrechtlich gebotenen **eheerhaltenden Grundtendenz** des Schei- **103** dungsverfahrens entspricht es, daß für die **Berufung gegen den Scheidungsausspruch keine Beschwer** erforderlich ist, sofern die Berufung die **Aufrechterhaltung der Ehe** erstrebt. Auch der Antragsteller kann also das die Ehe scheidende Urteil angreifen, wenn er in der Rechtsmittelinstanz auf seinen Antrag verzichten oder ihn zurücknehmen will (BGH FamRZ 1987, 264; FamRZ 1983, 38; BGHZ 89, 325; BGH NJW 1978, 887; BGH NJW 1970, 46; ROLLAND § 629 a ZPO Rn 7; MünchKomm/WOLF Rn 68; ERMAN/DIECKMANN vor § 1564 Rn 11 a). Die Berufung ist jedoch **unzulässig**, wenn der Berufungsführer nicht in der Berufungsbegründung deutlich erkennen läßt, daß er die Ehe aufrecht erhalten will und vorbehaltlos die Rücknahme seines Scheidungsantrags erklärt oder einen Verzicht ankündigt.

bb) Ansonsten ist für die Einlegung von Rechtsmitteln gegen das Verbundurteil **104** eine Beschwer nach allgemeinen Grundsätzen erforderlich. Eine Beschwer des **Antragstellers** ergibt sich auch dann, wenn die Scheidung ausgesprochen wird, jedoch das Gericht einen anderen Nachweistatbestand zugrundelegt, als der Antragsteller vorgetragen hat. Dies gilt jedoch nur insoweit, als der Antragsteller das Gericht auf bestimmte Sachverhalte festlegen konnte (dazu oben Rn 61 ff). Beispielsweise ist der Antragsteller beschwert, wenn das Gericht aus § 1565 Abs 1 die Ehe scheidet, während der Antragsteller das Vorliegen einer Vermutung nach § 1566 behauptet hatte (ROLLAND § 629 a ZPO Rn 6; MünchKomm/WOLF Rn 70). Umgekehrt ist der Antragsteller nicht beschwert, wenn er Scheidung aus § 1565 Abs 1 beantragt hat und die Ehe – schonender – unter Zugrundelegen der Vermutung des § 1566 Abs 2 geschieden wird (MünchKomm/WOLF Rn 71).

cc) Der **Antragsgegner** ist immer beschwert, wenn die Ehe geschieden wird, ohne **105** daß er die Scheidung beantragt oder ihr zugestimmt hat. Für eine Berufung mit dem Ziel, einen eigenen Scheidungsantrag zu stellen, fehlt dem Antragsgegner regelmäßig die Beschwer (MünchKomm/WOLF Rn 72). Eine Beschwer ist jedoch gegeben, wenn der Antragsgegner in erster Instanz der Scheidung nicht zugestimmt hat, im Berufungs-verfahren jedoch die Scheidung aus einem *schonenderen Tatbestand* – also zB § 1566 statt § 1565 Abs 1 – anstrebt; dies sollte wiederum im Rahmen der Möglichkeiten gelten, in dem die Parteien das Gericht auf Nachweistatbestände festlegen können (oben Rn 61). Für eine **unselbständige Anschlußberufung** ist nach hM auch dann keine Beschwer erforderlich, wenn der Antragsgegner als Berufungsbeklagter nunmehr selbst Scheidungsantrag stellt (BGHZ 37, 133; BGH NJW 1980, 702; BGB-RGRK/GRASSHOF Rn 133; MünchKomm/WOLF Rn 67 jeweils mNachw; **aA** STEIN/JONAS/GRUNSKY § 521 ZPO Rn 6; GILLES ZZP 1979, 152 mNachw).

3.   Verfahrensgrundsätze

a)   Inhalt des Antrags

106 Der **Scheidungsantrag** muß zur Verwirklichung des Verbundprinzips Angaben enthalten zu den Daten der Ehe sowie über die *Anhängigkeit von Familiensachen* der in § 621 Abs 2 S 1 ZPO bezeichneten Art (§ 622 Abs 2 S 1 Nr 2 ZPO; elterliche Sorge, Umgangsrecht, Herausgabe, Unterhalt betreffend gemeinschaftliche Kinder).

Darüber hinaus muß der Scheidungsantrag – unabhängig davon, ob ein Sorgerechtsantrag gestellt wird oder eine Sorgerechtssache bereits anhängig ist – Angaben darüber enthalten, ob *gemeinschaftliche Kinder* vorhanden sind (§ 622 Abs 2 S 1 Nr 1 ZPO); nur dadurch wird sichergestellt, daß das Familiengericht die zur Sicherung der Ernsthaftigkeit der sorgerechtlichen Pläne der Ehegatten erforderlichen – beratenden – Maßnahmen (§ 613 Abs 1 S 2 ZPO) treffen kann (BT-Drucks 13/4899, 160 Nr 39; BT-Drucks 13/8511, 78 zu § 613, zu § 622). Die nach dem bis zum 1. 7. 1998 geltenden Recht erforderlichen Angaben, ob Vorschläge zu *elterlichen Sorge* gemacht werden sollen, entfallen, da diese nicht mehr notwendige Folgesache ist (BÜTTNER FamRZ 1998, 591).

Die Vorlage einer **Heiratsurkunde** ist kein Antragserfordernis. Zwar kann nur eine (*wirksam geschlossene*) *Ehe* geschieden werden, so daß zur Überzeugung des Familiengerichts eine Ehe bestehen muß. Zum Nachweis der Eheschließung ist die Heiratsurkunde jedoch nur geeignet, nicht erforderlich. Können beide Ehegatten eine Heiratsurkunde nicht beschaffen, so muß das Gericht im Rahmen des Amtsermittlungsgrundsatzes sich die erforderliche Gewißheit durch andere Beweismittel (insbes Zeugen, Parteivernahme) verschafft (OLG Karlsruhe NJW-RR 1991, 966; OLG Düsseldorf FamRZ 1992, 1078).

b)   Sachverhaltsermittlung

107 **aa)** Zu den das **Scheidungsbegehren begründenden** Tatsachen ist umfassender substantiierter Vortrag erforderlich; die **Beweislast** richtet sich nach allgemeinen Regeln.

bb) Es findet grundsätzlich umfassende **Amtsermittlung** aufgrund des Untersuchungsgrundsatzes (§ 616 Abs 1 ZPO) statt (MünchKomm/WOLF Rn 59). Hierzu gehört insbesondere die Anhörung des Antragsgegners, auf die nicht verzichtet werden kann, bloß weil der geladene Antragsgegner nicht erscheint (OLG Hamm FamRZ 1996, 1156). Auch unbestrittener Vortrag zur Begründung der Scheidung kann nicht ungeprüft der Entscheidung zugrundegelegt werden (insbes zur Trennung). Das Gericht kann auch Tatsachen verwerten, die nicht von den Ehegatten vorgetragen wurden; es darf aber **ehefeindliche Tatsachen**, die im Rahmen der Amtsermittlung bekannt werden, gegen den Widerspruch des Antragstellers nicht verwerten (§ 616 Abs 2 ZPO). Der Widerspruch kann sich konkludent aus der Antragstellung ergeben, wenn der Antragsteller deutlich macht, daß er nur unter bestimmten Nachweistatbeständen geschieden werden will (BGH NJW 1980, 1355). Hinsichtlich von Tatsachen, welche die **Härteklauseln** (§ 1568) begründen, besteht eine Verwertungsmöglichkeit jedoch nur, wenn der Antragsgegner sich darauf beruft (§ 616 Abs 3 ZPO). Das Gebot des eheerhaltungsfreundlichen Verfahrens erstreckt sich also nur auf die das Scheitern begründenden Tatsachen und begründet keine Verwertungspflicht für eheerhaltende Tatsachen, wenn feststeht, daß die Ehe gescheitert ist.

## c)	Verfahrensordnung

Für das Scheidungsverfahren gelten im übrigen die Verfahrensregeln der ZPO. **Schei-** 108
dungsfolgesachen im Verbund folgen den Regeln der ZPO bzw des FGG nach Maßgabe von § 621 Abs 1 iVm § 621 a Abs 1 ZPO.

## d)	Aussetzung

§ 614 ZPO enthält neben den allgemeinen Aussetzungsregeln (§§ 148 ff ZPO) eine 109
Sonderbestimmung zur Aussetzung des Scheidungsverfahrens, die eine verfahrens-
rechtliche Möglichkeit gibt, den Ehegatten eine **Überlegungspause** zu verschaffen.
Voraussetzung ist nach § 614 Abs 1 ZPO die **Zweckmäßigkeit zur gütlichen Beilegung.**

aa)	Auf **Antrag des Antragstellers** ist das Scheidungsverfahren auszusetzen, § 614
Abs 3 ZPO; vor Aussetzung darf die Scheidung nicht ausgesprochen werden. Eine
Überbrückung der Zeit bis zum Ablauf der Trennungsfristen (§§ 1565 Abs 2, 1566) ist
auf diesem Weg nicht zulässig, da der Antragsgegner insoweit Anspruch auf Abweisung des Scheidungsantrags haben kann (OLG Bamberg FamRZ 1984, 897; OLG Köln
FamRZ 1976, 698; KG FamRZ 1978, 34; MünchKomm/WOLF Rn 61; BGB-RGRK/GRASSHOF
Rn 122; teilweise aA OLG Karlsruhe NJW 1978, 1388 [kurze Zeitspanne]). Die Aussetzung ist
überdies grundsätzlich zu verweigern, wenn sie **rechtsmißbräuchlich** beantragt wird,
insbes, wenn der Scheidungsantrag bereits abweisungsreif ist (OLG Bamberg FamRZ
1984, 897; OLG Bremen FamRZ 1977, 399 OLG Köln FamRZ 1976, 693; OLG Düsseldorf FamRZ
1974, 311; MünchKomm/WOLF Rn 61; BGB-RGRK/GRASSHOF Rn 122; BAUMBACH/LAUTERBACH/
ALBERS/HARTMANN § 614 ZPO Rn 3). Der Aussetzungsantrag hindert **jeden Fortgang des**
Verfahrens (BGH NJW 1977, 717), soweit dadurch der Zweck der Ermöglichung einer
Versöhnung vereitelt werden kann. Auch Folgesachen können während der Aussetzung nicht betrieben werden (BGH NJW 1977, 717; ROLLAND § 614 ZPO Rn 15; MünchKomm/
WOLF Rn 63). Insbesondere sind *Beweiserhebungen* zu Scheidungstatbeständen nicht
zulässig, auch wenn sie der Ermittlung dienen, ob der Scheidungsantrag abzuweisen
ist (einschränkend: BGB-RGRK/GRASSHOF Rn 122 für Ermittlungen über die Dauer des Getrenntlebens; auch solche Ermittlungen können jedoch den Streit anheizen). Notwendige Regelungen
über Folgesachen sind nur im Rahmen des § 620 ZPO, also durch einstweilige Anordnung auf Antrag eines der Ehegatten, nicht aber durch Vorwegentscheidung
möglich (BAUMBACH/LAUTERBACH/ALBERS/HARTMANN § 614 ZPO Rn 7).

Haben **beide Ehegatten Scheidungsantrag gestellt**, so besteht die Verpflichtung zur
Aussetzung nur, wenn auch der Gegenantrag auszusetzen ist (BAUMBACH/LAUTER-
BACH/ALBERS/HARTMANN § 614 ZPO Rn 3). Dies kann ebenfalls auf Antrag (des Gegen-
antragstellers) oder von Amts wegen (sogleich Rn 110; KG FamRZ 1968, 167; MünchKomm/
WOLF Rn 62) geboten sein.

bb)	**Auch von Amts wegen** kann das Gericht unter den Voraussetzungen des § 614 110
Abs 2 ZPO aussetzen. Voraussetzung ist, daß nach der freien Überzeugung des
Gerichts ein **konkreter Anhaltspunkt für eine Aussicht auf Fortsetzung der Ehe** besteht.
Abstrakte Erwägungen zu Versöhnungsmöglichkeiten genügen nicht (OLG Düsseldorf
FamRZ 1978, 609; BGB-RGRK/GRASSHOF Rn 123). Fraglich ist, ob – was nach dem Wortlaut
theoretisch möglich ist – eine Aussetzung gegen den Willen des Antragstellers noch
in Betracht kommt, wenn die Vermutungsfrist des § 1566 Abs 2 abgelaufen ist. Obgleich § 614 Abs 2 S 1 ZO die freie Überzeugung des Richters zuläßt, die bei Eingreifen der Vermutungen des § 1566 gemäß §§ 286 Abs 2, 292 ZPO verschlossen

Thomas Rauscher

wäre, dürfte § 1566 Abs 2 einer Aussetzung gegen den Willen des Antragstellers entgegenstehen. Wenn aufgrund einer gesetzlichen Vermutung feststeht, daß die Ehe gescheitert ist, kann dem der Richter nicht sein freies Ermessen entgegensetzen, die Ehe sei möglicherweise nicht unheilbar zerrüttet (BRÜGGEMANN FamRZ 1977, 11; MünchKomm/WOLF Rn 62; aA BÖHMER FamRZ 1976, 239; BAUMBACH/LAUTERBACH/ALBERS/HART-MANN § 614 ZPO Rn 2; BGB-RGRK/GRASSHOF Rn 123; wohl auch BGH NJW 1979, 979). Gegen den **Widerspruch beider Ehegatten** darf das Gericht nicht aussetzen, wenn die Ehegatten länger als ein Jahr getrennt leben (§ 614 Abs 2 S 2 ZPO).

111 cc) Der eheerhaltenden Zielsetzung der Aussetzungsmöglichkeit korrespondiert die **Gefahr der Verfahrensverschleppung;** hiergegen bestimmt § 614 Abs 4 ZPO, daß die Aussetzung im gesamten Verfahren in allen Instanzen nur **zweimal** erfolgen darf. Sie darf insgesamt nicht länger als ein Jahr dauern, bei mehr als dreijähriger Trennung nicht länger als insgesamt sechs Monate.

e)   Säumnisentscheidung

112 aa) Hinsichtlich des **Scheidungsausspuchs** ist ein **Versäumnisurteil** gegen den **Antrags-gegner** nicht zulässig (§ 612 Abs 4 ZPO). Bei dessen Säumnis wird einseitig mündlich verhandelt, das antragsbegründende Vorbringen gilt als bestritten (OLG Zweibrücken FamRZ 1996, 1483; BAUMBACH/LAUTERBACH/ALBERS/HARTMANN § 612 ZPO Rn 6). Gegen den **Antragsteller** ist ein Versäumnisurteil nach allgemeinen Regeln möglich; es erfolgt also Abweisung des Scheidungsantrags als unbegründet (§ 330 ZPO) oder Entschei-dung nach Aktenlage (§ 220 a ZPO; BAUMBACH/LAUTERBACH/ALBERS/HARTMANN § 612 ZPO Rn 5).

Bei Antragstellung durch **beide Parteien** kommt eine Säumnisentscheidung nicht in Betracht, da beide Ehegatten durch § 612 Abs 4 ZPO als Antragsgegner geschützt sind und die Entscheidung einheitlich ergehen muß (ROLLAND § 612 ZPO Rn 5; Münch-Komm/WOLF Rn 64).

Bei **Säumnis beider Parteien** ist eine Aktenlageentscheidung (§ 251 a Abs 1 ZPO) möglich, jedoch kaum sinnvoll, weil sich die Parteien versöhnt haben könnten (BAUM-BACH/LAUTERBACH/ALBERS/HARTMANN § 612 ZPO Rn 7).

Bei **Säumnis in der Rechtsmittelinstanz** gilt § 542 ZPO; Beklagter iSd 612 Abs 2 und 4 ZPO ist immer nur der Antragsgegner, nicht der Rechtsmittelbeklagte, so daß dieser auch nicht gegen ein Versäumisurteil in der Berufungsinstanz geschützt ist.

Ein Versäumnisurteil in der Berufungsinstanz gegen den **Berufungsbeklagten als An-tragsteller** darf nur aufgrund des unter Beachtung von § 617 ZPO in erster Instanz festgestellten Sachverhalts ergehen (BAUMBACH/LAUTERBACH/ALBERS/HARTMANN § 612 ZPO Rn 8 mNachw). § 617 ZPO hindert zwar die Geständnisfiktion der §§ 542 Abs 2, 557, 331 ZPO, schließt es aber nicht aus, den in erster Instanz festgestellten Sachverhalt zugrundezulegen (aA ZÖLLER/PHILIPPI § 612 ZPO Rn 9 mNachw).

Der **Berufungsbeklagte als Antragsgegner** ist durch § 612 Abs 4 ZPO gegen ein Ver-säumnisurteil auch in der Rechtsmittelinstanz geschützt (BAUMBACH/LAUTERBACH/AL-BERS/HARTMANN § 612 ZPO Rn 8; ZÖLLER/PHILIPPI § 612 ZPO Rn 9).

bb) Bei **ZPO-Folgesachen** ist auch im Verbund nach § 330 ff ZPO zu verfahren; es **113** kann also nur durch Versäumnisurteil entschieden werden, wenn eine Partei nicht (postulationsfähig) vertreten ist (OLG Zweibrücken FamRZ 1996, 1483).

In **FGG-Folgesachen** kommt ein Versäumnisurteil nicht in Betracht; hier ist ggf einseitig nach Sachlage zu entscheiden. Geht in der Rechtsmittelinstanz die Beschwerde gegen eine FGG-Folgesache in der Berufung auf (§ 629a Abs 2 S 2 ZPO), so erfaßt die Säumnisentscheidung gegen den Berufungskläger (für den Berufungsbeklagten gilt auch insoweit § 612 Abs 4 ZPO) auch die FGG-Folgesachen, wenngleich bei deren isolierter Anfechtung eine Versäumnisentscheidung nicht möglich wäre (OLG München FamRZ 1995, 378; Zöller/Philippi § 629 a ZPO Rn 8a; aA: OLG Stuttgart FamRZ 1997, 1486: FG-Sache bleibt auch in der Berufungsinstanz einer Säumnisentscheidung nicht zugänglich).

f) Gesetzliche Prozeßstandschaft, Kindesunterhalt
aa) Der Kindesunterhalt kann sowohl während des Getrenntlebens wie auch als **114** Scheidungsfolgesache im Scheidungsverbund durch den Elternteil, in dessen Obhut sich das Kind befindet, gegen den anderen Elternteil nur in eigenem Namen, also in gesetzlicher **Prozeßstandschaft** geltend gemacht werden (§ 1629 Abs 3). Seit der Neufassung durch das UnterhaltsÄndG zum 1. 4. 1986 erfaßt dies auch die Möglichkeit einer **einstweiligen Anordnung**, beschränkt sich jedoch auf den Unterhalt **minderjähriger Kinder**. Der Gesetzgeber überläßt es volljährigen Kindern, außerhalb des Scheidungsverbunds einstweiligen Rechtsschutz zu suchen (Baumbach/Lauterbach/Albers/ Hartmann § 620 ZPO Rn 12). Dies gilt erst recht für das Hauptsacheverfahren über den Kindesunterhalt.

Ist der Kindesunterhalt als Folgesache oder durch Antrag nach § 620 ZPO **rechtshängig** und wird das Kind **volljährig**, so erlischt die Prozeßführungsbefugnis nach § 1629 Abs 3. Das Kind tritt deshalb anstelle des prozeßführenden Elternteils in den Prozeß ein (BGH FamRZ 1985, 471; BGH NJW-RR 1990, 323). Es ist jedoch Dritter iSd § 623 Abs 1 S 2 ZPO, so daß die Folgesache Kindesunterhalt abzutrennen ist (Zöller/Philippi § 623 ZPO Rn 8). Auf diesem Wege ist das durch § 1629 Abs 3 gebotene Ergebnis des BGH zu vereinbaren mit der Wertung des § 623 Abs 1 ZPO, wonach Unterhaltsklagen volljähriger Kinder nicht in den Verbund gehören (OLG München FamRZ 1983, 925; im Ergebnis ebenso: Soergel/Heintzmann Rn 30; wie hier: Zöller/Philippi § 623 ZPO Rn 9).

4. Einstweilige Anordnungen während des Getrenntlebens

a) Regelungen, die (bereits) für die Dauer des Scheidungsverfahrens eingreifen, **115** sind **keine Scheidungsfolgesachen**. Sie können jedoch nach § 620 ZPO durch einstweilige Anordnung im Scheidungsverbundverfahren ergehen für die elterliche Sorge, das Umgangsrecht, die Kindesherausgabe, den Kindesunterhalt, das Getrenntleben, den Ehegattenunterhalt, die Ehewohnung und den Hausrat, die Herausgabe persönlicher Gegenstände und den Prozeßkostenvorschuß. Die **Begründetheit** des jeweiligen Anspruchs muß sich aus materiellem Recht (insbes §§ 1672, 1601, 1361 a, 1361 b, 1360) ergeben; § 620 ZPO enthält keine Anspruchsgrundlage.

Da § 623 Abs 1 ZPO insoweit keine Anwendung findet („für den Fall der Scheidung"), ist für die von § 620 ZPO erfaßten Materien der **Rechtsschutz im selbständigen Hauptsacheverfahren** (Klageverfahren bzw selbständiges FG-Verfahren) **nicht ausgeschlossen** (OLG Düsseldorf FamRZ 1997, 1229; ZÖLLER/PHILIPPI § 620 ZPO Rn 11; zum Verhältnis zu anderen Verfahren des einstweiligen Rechtsschutzes sogleich Rn 116; vgl auch ECKEBRECHT MDR 1995, 9 ff und 116 ff). Auch aus § 621 Abs 2 ZPO ergibt sich nur, daß das Familiengericht der anhängigen Ehesache zuständig ist, nicht aber, daß die Sache im Verbund oder ausschließlich nach § 620 ZPO zu entscheiden ist. Für eine Geltendmachung im selbständigen Verfahren spricht insbesondere der Grundsatz, daß in Fällen, in denen der Gesetzgeber mehrere Rechtsschutzmöglichkeiten bereitstellt, diese alternativ genutzt werden können. Hinzu kommt, daß das Verfahren nach § 620 ZPO nur eingeschränkte *Rechtsbehelfsmöglichkeiten* vorsieht, was es geboten erscheinen lassen kann, eine Regelung im selbständigen Verfahren zu erzielen. Deshalb ist grundsätzlich von der Zulässigkeit der selbständigen Geltendmachung auszugehen (für Unterhalt, elterliche Sorge und Prozeßkostenvorschuß: BGH NJW 1979, 1508; BGH NJW 1982, 2561; BGH NJW 1980, 132; OLG Frankfurt/M FamRZ 1981, 65; OLG Hamburg FamRZ 1982, 722; OLG Zweibrücken FamRZ 1996, 1226; ECKEBRECHT MDR 1995, 114).

Der **Antrag im selbständigen Verfahren ist jedoch insoweit zu begrenzen**, als der im Verbund anhängige Antrag zum selben Gegenstand reicht (OLG Düsseldorf FamRZ 1997, 1229: Kindesunterhalt im selbständigen Verfahren nur bis zur Rechtskraft der Scheidung, wenn Kindesunterhalt im Verbund anhängig ist). Ausnahmsweise kommt der **Ausschluß des selbständigen Verfahrens** in Betracht, wenn nach der Natur der Sache und der materiellen Regelung die Auseinandersetzung sinnvoll nur im Verbundverfahren entschieden werden kann (zur Herausgabeklage nach § 985 im Verhältnis zu § 620 Nr 7 ZPO: BGHZ 67, 217; BGH FamRZ 1982, 1200; strittig im Verhältnis zur einstweiligen Anordnung nach §§ 18 a, 13 Abs 4 HausratVO, zutreffend die Parallelität der Rechtsbehelfe bejahend: KG NJW-RR 1990, 1032; BAUMBACH/LAUTERBACH/ALBERS/HARTMANN § 620 ZPO Rn 24; ZÖLLER/PHILIPPI § 620 ZPO Rn 35; vgl auch ERMAN/DIECKMANN Rn 13).

116 b) Einstweilige Verfügungen in ZPO-Folgesachen kommen, soweit § 620 ZPO gegenständlich reicht (zur Abgrenzung von Umgangsregelungen gegen *Anordnungen nach § 1666*: OLG Köln FamRZ 1985, 1059; OLG München FamRZ 1979, 1037; LG Hamburg FamRZ 1996, 1095; zum **Belästigungsverbot** OLG Düsseldorf FamRZ 1995, 183), nach Einleitung des Scheidungsverfahrens nach allgemeiner Ansicht nicht mehr in Betracht; § 620 ZPO trifft insoweit eine abschließende Regelung (BAUMBACH/LAUTERBACH/ALBERS/HARTMANN Einführung 3 zu §§ 620-620g ZPO; zum Verhältnis im einzelnen ZÖLLER/PHILIPPI § 620 ZPO Rn 23 ff). Ein ursprünglicher Antrag auf Erlaß einer einstweiligen Verfügung kann nach Einleitung des Scheidungsverfahrens in ein Verfahren nach § 620 ZPO übergeleitet werden, ein nach Rechtshängigkeit des Scheidungsantrags gestellter Verfügungsantrag ist ggf in einen Antrag nach § 620 ZPO umzudeuten (OLG Brandenburg FamRZ 1996, 1222).

Ist ein selbständiges Hauptsacheverfahren in **Folgesachen der Freiwilligen Gerichtsbarkeit** anhängig, so schließt § 620 ZPO jedoch nicht die Möglichkeit aus, **vorläufige Anordnungen** im selbständigen Verfahren zu treffen (OLG Zweibrücken FamRZ 1996, 1226). Solche Anordnungen im Verfahren der freiwilligen Gerichtsbarkeit sind jedoch – anders als einstweilige Verfügungen – *unselbständige Verfahren*; sie können *nur* ergehen, wenn ein *Hauptsacheverfahren* zum selben Gegenstand anhängig ist (OLG München FamRZ 1996, 1022; OLG Zweibrücken, aaO).

Ist bereits eine endgültige oder einstweilige **Regelung in einem selbständigen Verfahren getroffen**, so geht diese einer einstweiligen Anordnung nach § 620 ZPO vor (OLG Zweibrücken FamRZ 1996, 1226). Auch bei einem Bedürfnis nach Änderung der getroffenen endgültigen Maßnahme in einem Eilverfahren kann dies nicht durch einstweilige Anordnung nach § 620 ZPO geschehen, sondern nur durch einstweilige Maßnahmen im selbständigen, auf Änderung der ursprünglichen Regelung gerichteten Hauptsacheverfahren, weil die Regelung nach § 620 ZPO den Hauptsacheanspruch Scheidung überdauert und eine endgültige Abänderungsentscheidung völlig ungewiß wäre (ZöLLER/PHILIPPI § 620 ZPO Rn 18).

c)   Zu einer einstweiligen Anordnung über die elterliche Sorge im Ehescheidungs- **117** verbund ist ein **Antrag** erforderlich. Die früher vorgesehene Möglichkeit der Entscheidung von Amts wegen im Verbund besteht seit Inkrafttreten des KindRG nicht mehr (vgl § 620 S 2 ZPO aF). Die Anordnung kann ohne mündliche Verhandlung durch Beschluß ergehen (§ 620 a Abs 1 ZPO) das rechtliche Gehör des Gegners ist jedoch zu wahren. **Zuständig** ist das *erstinstanzliche Gericht (Familiengericht)*, solange die Scheidungssache dort anhängig ist, selbst wenn bereits Folgesachen in der Rechtsmittelinstanz anhängig sind (BGH FamRZ 1979, 1004). Wenn die Ehesache in die Berufungsinstanz gelangt, ist das Berufungsgericht zuständig (§ 620 a Abs 4 S 2 ZPO). Einstweilige Anordnungen, die einen Gegenstand betreffen, der dem einer Folgesache entspricht (ohne identisch zu sein, zB Ehewohnung während Getrenntlebens/ nach Scheidung – § 1361 b bzw §§ 2 ff HausratVO; hingegen ist die Entscheidung über die elterliche Sorge bei dauerndem Getrenntleben – § 1671 idF des KindRG – nicht mehr von einer Sorgerechtsentscheidung anläßlich der Scheidung verschieden), die bereits in der Rechtsmittelinstanz anhängig ist, werden vom Berufungs- bzw Beschwerdegericht entschieden (§ 620 a Abs 4 S 2 ZPO; zum Prozeßkostenvorschuß S 3). Gelangt die Folgesache in die Rechtsmittelinstanz, **während ein Antrag nach § 620 ZPO anhängig ist**, so sollte dieser Antrag jedoch weiterhin aus dem Grundsatz der *perpetuatio fori* vom Familiengericht entschieden werden (DIEDERICHSEN NJW 1986, 1465; zweifelnd: ERMAN/DIECKMANN vor § 1564 Rn 15).

d)   § 620 ZPO ist anwendbar, sobald und solange eine **Ehesache anhängig** ist, sowie **118** bereits vorher nach Einleitung eines Prozeßkostenhilfeverfahrens. **Vorher** kommt nur ein selbständiges Verfahren in Betracht. Bedeutung hat dies für die Regelung der elterlichen Sorge (§ 1672) sowie für die Zuweisung der Ehewohnung zum Zwecke des Getrenntlebens (§ 1361 b, § 18 a HausratVO). **Nach Rechtskraft** des Scheidungsausspruchs sind einstweilige Anordnungen nach § 620 ZPO grundsätzlich nicht mehr zulässig (BGH NJW 1983, 1330; OLG Frankfurt/M FamRZ 1987, 1279; OLG Hamburg FamRZ 1987, 725). Ein bereits eingeleitetes Verfahren kann nicht weitergeführt werden (BGH NJW 1983, 1330, auch für Änderung; SOERGEL/HEINTZMANN vor § 1564 Rn 35; aA GIESSLER FamRZ 1986, 959; MÖRSCH FamRZ 1986, 630; unklar: OLG Frankfurt/M FamRZ 1987, 1279; OLG Hamburg FamRZ 1987, 725).

Dies soll selbst dann gelten, wenn die hierzu iSv § 620 a Abs 4 S 2 ZPO korrespondierende **Scheidungsfolgesache in der Rechtsmittelinstanz** anhängt und hiernach das Rechtsmittelgericht zuständig wäre (OLG Frankfurt/M FamRZ 1987, 1279; OLG Hamburg FamRZ 1987, 725; SOERGEL/HEINTZMANN vor § 1564 Rn 35). Dies führt zwar nicht zu einer Lücke im Rechtsschutz, weil ggf eine Entscheidung durch einstweilige Verfügung ergehen kann, beschränkt aber die Möglichkeiten einer schnellen und praktikablen einstweiligen Regelung. Fraglich erscheint, ob es dem Zweck der Neufassung des § 620 a ZPO durch das UnterhaltsÄndG entspricht, § 620 a Abs 4 ZPO nur als eine Zuständigkeitsbestimmung aufzufassen und nicht auch auf die *Zulässigkeit* der einstweiligen Anordnung auszudehnen. Es ist wenig einsichtig, daß diese Zuständigkeitsregelung nur den kurzen Zeitraum erfassen soll, in dem die Scheidungssache noch nicht rechtskräftig ist, die Folgesache aber bereits in der Rechtsmittelinstanz anhängt (so überzeugend OLG Hamm FamRZ 1987, 1278; aA ERMAN/DIECKMANN vor § 1564 Rn 15).

119 **e)**   Die einstweilige Anordnung nach § 620 ZPO **überdauert den Ausspruch der Scheidung** (620 f ZPO; anders bei Rücknahme, Abweisung oder Erledigung der Scheidungssache), sie bleibt wirksam, bis eine *andere Regelung* in Kraft tritt und ist *dann* durch deklaratorisch wirkenden Beschluß aufzuheben (§ 620 f Abs 1 S 2 ZPO). Damit ist eine einstweilige Anordnung insbes in Hausrats- oder Ehegattenunterhaltssachen dauerhafter als eine entsprechende Hauptsacheentscheidung; diese tritt mit Rechtskraft des Scheidungsausspruchs außer Kraft, da die jeweilige Trennungsregelung materiellrechtlich anderer Natur ist als die Scheidungsfolgenregelung (MünchKomm[ZPO]/KLAUSER § 620 f Rn 13, 20). Die einstweilige Anordnung gibt jedoch **keinen Rechtsgrund** iSd § 812. Der Anspruchsgegner kann durch *negative Feststellungsklage*, ggf verbunden mit der Geltendmachung des Bereicherungsanspruchs (erst die Bereicherungsklage führt zur Haftung nach § 818 Abs 4: BGH NJW 1985, 1074; SOERGEL/HEINTZMANN Rn 37) das Nichtbestehen des titulierten Anspruchs geltend machen.

5.   Prozeßkostenhilfe

120 **a)**   Prozeßkostenhilfe für das Scheidungsverfahren ist nach allgemeinen Grundsätzen (§ 114 ff ZPO) zu gewähren. Zur **Erfolgsaussicht** muß der **Antragsteller** schlüssig einen die Scheidung begründenden Sachverhalt vortragen. Hierzu genügt auch die Mitteilung, der Antragsgegner werde an einer Vereinbarung nach § 630 ZPO mitwirken (ZÖLLER/PHILIPPI § 114 ZPO Rn 41). Die erfolgreiche Führung der dazu erforderlichen Beweise ist grundsätzlich zu unterstellen, soweit geeignete Beweismittel benannt werden.

Vor Ablauf des **Trennungsjahres** ist Prozeßkostenhilfe nur zu gewähren, wenn die Voraussetzungen einer vorzeitigen Scheidung (*unzumutbare Härte*, § 1565 Abs. 2) vorliegen (zum vorzeitigen Scheidungsantrag vgl § 1565 Rn 94 ff).

Erfolgsaussicht hat ein **Scheidungs- oder Trennungsantrag nach ausländischem Recht** auch dann, wenn das angestrebte Verfahren zwar nicht zur Auflösung der Ehe führen wird, aber die angestrebte entscheidung (Ehetrennung oder Abweisung eines Verschuldensscheidungs-Antrags) erforderlich ist, um spätere einen erfolgreichen Scheidungsantrag stellen zu können (OLG Braunschweig FamRZ 1997, 1409; OLG Celle FamRZ 1998, 758: Abweisung nach türkischem Recht als Voraussetzung einer späteren Zerrüttungsscheidung).

Das **Fehlen der Heiratsurkunde** schließt die Gewährung nicht aus, sofern für die Eheschließung Zeugenbeweis angetreten wird (OLG Karlsruhe NJW-RR 1991, 966). Prozeßkostenhilfe darf nicht versagt werden, wenn dem Antragsteller die Ausräumung von Zweifeln an der *Prozeßfähigkeit* des Antragsgegners mißlingt (OLG Frankfurt/M FamRZ 1994, 1125).

Mutwilligkeit der Rechtsverfolgung (§ 114 S 1 ZPO) liegt mit Rücksicht auf das Zerrüttungsprinzip nicht vor, wenn die Ehe durch Verschulden des Antragstellers gescheitert ist, auch wenn das Scheitern ggf mutwillig herbeigeführt wurde. Mutwilligkeit iSd § 114 S 1 ZPO liegt nur vor, wenn eine verständige Partei bei eigener Kostentragungspflicht die Scheidung nicht betreiben würde (OLG Frankfurt/Main [Darmstadt] NJWE-FER 1996, 69).

Zurückhaltung ist auch geboten bei der Annahme von Mutwilligkeit, wenn **ein neuer Scheidungsantrag kurze Zeit nach Rücknahme eines Scheidungsantrags** gestellt werden soll. Mit Rücksicht auf die eheerhaltende Tendenz des Scheidungsrechts darf der Versuch, eine Versöhnung durch Rücknahme des Scheidungsantrags zu fördern, nicht durch das Risiko sanktioniert werden, in einem späteren Verfahren deshalb keine Prozeßkostenhilfe zu erlangen (OLG Karlsruhe FamRZ 1989, 1313; OLG Köln FamRZ 1988, 92). Anders verhält es sich allerdings, wenn – erklärtermaßen – ohne eine erfolgte Versöhnung oder eine Versöhnungsabsicht der erste Scheidungsantrag aus unklaren Motiven zurückgenommen und unter unveränderten Umständen ein neuer Scheidungsantrag gestellt werden soll (OLG Karlsruhe FamRZ 1998, 485: Rücknahme angeblich auf Drängen des Antragsgegners und des eigenen Prozeßbevollmächtigten).

Die Fortsetzung eines inländischen Scheidungsverfahrens ohne das Ziel, weitergehende Rechtswirkungen zu erreichen, ist mutwillig iSd § 114 ZPO, wenn der Antragsteller ein **Scheidungsurteil im Ausland** erwirkt hat und dieses nur deshalb nicht anerkennungsfähig ist, weil § 328 Abs 1 Nr 3 ZPO entgegensteht, solange der Antragsteller seinen Antrag vor dem FamG nicht zurücknimmt (OLG Frankfurt/M FamRZ 1994, 92; vgl dazu oben Rn 23).

Auf einen **Prozeßkostenvorschußanspruch** gegen den Antragsgegner kann der Antragsteller in Hinblick auf die im Scheidungsverfahren regelmäßige Kostenaufhebung (§ 93 a Abs 1 S 1 ZPO) nicht verwiesen werden (KG FamRZ 1995, 680; aA OLG Köln MDR 1995, 751; zur Prozeßkostenvorschußpflicht von *Eltern* eines volljährigen Ehegatten: OLG Hamm FamRZ 1996, 1433). Wurde mit Rücksicht auf die Trennung der Ehegatten und die Scheidungsabsicht Vermögen auseinandergesetzt, insbesondere die im Miteigentum stehende eheliche Wohnung veräußert, so fehlt es ggf an der Mittellosigkeit, wenn der Antragsteller bei Anschaffung einer Eigentumswohnung aus seinem Anteil am Veräußerungserlös keine Rücklagen für die Prozeßkosten gebildet hat, obgleich ihm dies bei einem höheren Fremdfinanzierungsanteil an dem neuen Objekt möglich gewesen wäre (OLG Stuttgart FamRZ 1996, 873; aA OLG Köln MDR 1995, 751: Inanspruchnahme des Antragsgegners).

b)   Besonderheiten ergeben sich wegen der eheerhaltenden Tendenz des Schei   **121** dungsverfahrens für die Gewährung von Prozeßkostenhilfe an **den Antragsgegner.** Diesem kann sie nicht mit der Begründung einer mangelnden Erfolgsaussicht verweigert werden, wenn er sich gegen den Scheidungsantrag verteidigen will (OLG Hamburg FamRZ 1983, 1133; BGB-RGRK/GRASSHOF Rn 99; ZÖLLER/PHILIPPI § 114 ZPO Rn 42). Er muß schlechthin die Möglichkeit haben, sich anwaltlich beraten zu lassen, auch wenn er dem Scheidungsantrag nicht entgegentreten will (OLG Bamberg FamRZ 1995, 370; ZÖLLER/PHILIPPI § 114 ZPO Rn 42). Da regelmäßig auch der Antragsgegner ein Rechtsschutzinteresse hat, einen **eigenen Scheidungsantrag** zu stellen, ist auch für diesen bei Vorliegen der weiteren Voraussetzungen des § 114 ZPO im Interesse der Waffengleichheit Prozeßkostenhilfe zu gewähren (OLG Thüringen FamRZ 1996, 416; BGB-RGRK/GRASSHOF Rn 101; einschränkend, wenn bereits eine Vereinbarung nach § 630 ZPO vorliegt: AG Syke NJW-RR 1993, 1479; insoweit offengelassen von OLG Thüringen aaO). Insbesondere kann die Prozeßkostenhilfe auf die Verteidigung gegen den Scheidungsantrag des Antragstellers beschränkt werden, wenn der eigene Gegenantrag (zB nach § 1565 Abs 2) keine hinreichende Erfolgsaussicht bietet (OLG Hamburg FamRZ 1983, 1133).

122 c)   Problematisch ist die Gewährung von Prozeßkostenhilfe zur Scheidung einer **zweckwidrig eingegangenen Ehe (Zweckehe, Fehlehe, Scheinehe** insbes zur Erlangung einer Aufenthaltserlaubnis; vgl oben Rn 11). Allerdings ist das Scheidungsbegehren **nicht rechtsmißbräuchlich**. Rechtsmißbräuchlich ist zwar ggf die Eingehung der Ehe zu ehefremden Zwecken; wenn aber die Rechtsordnung die dennoch geschlossene Ehe als wirksam ansieht, kann das Scheidungsbegehren als die einzige verfügbare Möglichkeit zur Auflösung dieser Ehe nicht rechtsmißbräuchlich sein. Insbesondere darf die Aufrechterhaltung einer zu nicht ehegemäßen Zwecken geschlossenen Ehe nicht als Strafsanktion gegen den Mißbrauch des Rechtsinstituts verstanden werden. Die Rechtsverfolgung ist auch **nicht mutwillig**, da die Ehe wirksam ist und eine Scheidung auch durch einen verständigen Partner, der sie selbst finanzieren muß, nicht in anderer Weise erreicht werden kann. Dem Grunde nach ist also Prozeßkostenhilfe zu gewähren (OLG Düsseldorf FamRZ 1994, 1183; OLG Frankfurt/M FamRZ 1996, 615; OLG Köln [21. ZS] FamRZ 1983, 592; OLG Karlsruhe FamRZ 1986, 680; FamRZ 1988, 91; KG FamRZ 1987, 486; OLG Nürnberg FamRZ 1996, 615; ZÖLLER/PHILIPPI § 114 ZPO Rn 45; SOERGEL/ HEINTZMANN Rn 40; ERMAN/DIECKMANN Rn 6; so auch Minderheitsvotum in BVerfGE 67, 245; vgl dazu auch BVerfG NJW 1985, 425 Nr 2; **aA** OLG Köln [4. ZS] FamRZ 1984, 278: Keine Scheidung auf Kosten des Staates zur Abschreckung von einer Eheschließung zu „sittenwidrigen Finanzvorteilen"; ähnlich OLG Stuttgart FamRZ 1992, 195).

An die **Glaubhaftmachung der Bedürftigkeit** sind in einem solchen Fall jedoch strenge Anforderungen zu stellen; insbesondere ist darzulegen, warum von den Ehegatten oder von Verwandten kein Unterhalt (Prozeßkostenvorschuß) erlangt werden kann (KG NJW 1982, 112; OLG Frankfurt FamRZ 1986, 615; OLG Hamm StAZ 1982, 311; OLG Nürnberg FamRZ 1996, 615; OLG Stuttgart FamRZ 1997, 1410).

Sofern für die Eingehung der Ehe ein **Entgelt** gezahlt wurde, fehlt es insoweit an der Mittellosigkeit. Der Betrag muß zur Finanzierung des Prozesses verwendet werden; da die Scheidung von Anfang an beabsichtigt war, muß der Antragsteller Rücklagen bilden und kann sich nicht darauf berufen, er habe dieses Entgelt verbraucht (OLG Celle FamRZ 1983, 593; OLG Frankfurt/M FamRZ 1996, 615; OLG Nürnberg NJW-RR 1995, 901; FamRZ 1996, 615; SOERGEL/HEINTZMANN Rn 40; WAX FamRZ 1985, 10 ff; nicht, wenn das Entgelt gering war und unzurechenbar verbraucht wurde: OLG Celle FamRZ 1984, 279; abweichend OLG Hamburg FamRZ 1983, 1230 ein Betrag von DM 4.000 sei entsprechend § 1 Abs 1 Nr 1 b DVO zu § 88 BSHG anrechnungsfrei; dies ist abzulehnen, da der für die Eheschließung geflossene Geldbetrag als von Anfang an zweckgebunden anzusehen ist). War hingegen der Antragsteller zur Bildung von Rücklagen nicht imstande, so ist auch für die Scheidung einer Zweckehe Prozeßkostenhilfe zu gewähren (KG FamRZ 1987, 486: Scheinehe zur Ermöglichung der Ausreise aus der DDR). Die verfassungsrechtlicher Kontrolle entzogenen (BVerfGE 67, 245) Grenzen der einfachgesetzlichen Auslegung des § 114 ZPO sind jedoch überschritten, wenn die Versagung der Prozeßkostenhilfe die Scheidung auf längere Zeit unmöglich

macht, da dann Art 2 Abs 1, ggf Art 6 Abs 1 (Wiedererlangung der Eheschließungsfreiheit) verletzt werden (fraglich hinsichtlich Art 3 Abs 1, da die Differenzierung bei
offensichtlicher Zweckehe nicht sachwidrig erscheint; so aber: SOERGEL/HEINTZMANN
Rn 40: 6 Monate Ansparzeit; wohl gegen eine Einbeziehung gezahlter Entgelte für die Eheschließung
in die Prüfung der Voraussetzungen der Gewährung von Prozeßkostenhilfe: MünchKomm/WOLF
Rn 39 b, Rn 65). Dies dürfte allerdings frühestens nach einem Jahr anzunehmen sein;
wenn der Gesetzgeber bereits den beiderseits scheidungswilligen Ehegatten einer in
gesetzeskonformer Absicht geschlossenen und gescheiterten Ehe eine Trennungs-
und damit Wartefrist in dieser Größenordnung zumutet (§ 1565 Abs 2) und zum
Schutz des widersprechenden Ehegatten die Vermutungsfrist des § 1566 Abs 1 in
Abs 2 auf drei Jahre erweitert, so kann schwerlich bei böswilliger Kollusion der
Ehegatten anläßlich der Eheschließung die Toleranzgrenze einer Beschränkung
der allgemeinen Handlungsfreiheit oder der Eheschließungsfreiheit früher erreicht
sein; dies, zumal der Eingriff von milderer Intensität ist, nämlich nur mittelbar wirtschaftlich scheidungserschwerend und nicht tatbestandlich ausschließend ist.

d)   Auf **Folgesachen** erstreckt sich die Gewährung von Prozeßkostenhilfe für das **123**
Scheidungsverfahren regelmäßig nur hinsichtlich der *von Amts wegen mitzuentschei-*
denden Folgesachen, soweit sie nicht ausdrücklich ausgenommen sind (§ 624 Abs 2
ZPO; OLG Hamburg FamRZ 1983, 1133). Für *sonstige anhängig zu machende Folgesachen*
ist Prozeßkostenhilfe eigenständig zu beantragen und zu prüfen (OLG Bamberg FamRZ
1987, 500). Ist im Zeitpunkt der Antragstellung im Prozeßkostenhilfe-Verfahren bereits ein Scheidungsantrag anhängig oder wird dieser gleichzeitig anhängig gemacht,
so erstreckt sich jedoch die Gewährung von Prozeßkostenhilfe auf die **bereits anhän-**
gigen Folgesachen, sofern das Gericht die Bewilligung nicht ausdrücklich einschränkt
(OLG München FamRZ 1995, 822). Auf einen *Scheidungsfolgenvergleich* über die in § 122
Abs 3 S 1 BRAGO genannten Gegenstände erstreckt sich die Gewährung von Pro-
zeßkostenhilfe für die Ehesache auch dann, wenn diese Gegenstände noch nicht als
Folgesachen anhängig sind, weil ein mittelbarer Zwang zum Anhängigmachen dem
Zweck der gebührenrechtlichen Regelung, einen Anreiz zu einverständlichen Schei-
dungsfolgenregelungen zu bieten, widerspräche (OLG Dresden OLG-NL 1997, 17; ZÖL-
LER/PHILIPPI § 114 ZPO Rn 47; **aA** OLG Bamberg JurBüro 1995, 355, 356; BAUMBACH/LAUTERBACH/
ALBERS/HARTMANN § 624 ZPO Rn 3).

Macht die bedürftige Partei Antrags-Folgesachen ohne vernünftigen Grund außerhalb des Verbunds erst *nach Abschluß des Scheidungsverfahrens* anhängig, so ist die
Verursachung der Mehrkosten durch isolierte Geltendmachung mutwillig (OLG Bamberg JurBüro 1988, 1059; OLG Düsseldorf FamRZ 1991, 94; OLG Frankfurt/Main FamRZ 1997,
1411; OLG Köln NJW-RR 1993, 1480; NJW-RR 1994, 1093; **aA**: OLG Naumburg FamRZ 1996, 752).

6.   Streitwert, Kosten

a)   Der regelmäßige Streitwert für die Ehescheidung beträgt nach § 12 Abs 2 S 3 **124**
GKG das Dreifache des monatlichen Nettoeinkommens der Ehegatten, mindestens
jedoch DM 4.000 (§ 12 Abs 2 S 4 GKG). Abzustellen ist auf die drei Monate vor
Antragstellung. (HARTMANN, Kostengesetze § 12 GKG Anm 2 F a). Auch wenn einer oder
beiden Parteien *Prozeßkostenhilfe ohne Ratenzahlung* gewährt wurde, kann nicht
schematisch lediglich der Mindeststreitwert von DM 4.000 angesetzt werden (OLG

Hamm FamRZ 1997, 690: insbesondere, wenn die PKH erst in einem späten Verfahrensstadium gewährt wird).

Strittig ist, ob die **einverständliche Scheidung** nach § 1566 Abs 1 iVm § 630 ZPO einen *Abschlag von 25 bis 50%* rechtfertigt (so: OLG Düsseldorf AnwBl 1986, 250; ZÖLLER/HERGET § 3 Rn 16; RAHM/KÜNKEL/LAPPE Bd III, IX. 2. 11. Rn 19). Der in der Rechtsprechung wohl überwiegenden Gegenansicht (OLG München JurBüro 1992, 349; OLG Frankfurt/M JurBüro 1996, 194; FamRZ 1997, 65) ist zwar zuzugeben, daß die einverständliche Scheidung den statistischen Regelfall darstellt. Dies spricht jedoch nicht dagegen, den gegenüber der von § 12 Abs 2 GKG wohl als theoretischen Grundtypus vorausgesetzten klassisch streitigen Ehescheidung typischerweise geringeren Arbeitsaufwand des Gerichts angemessen zu berücksichtigen, auch, um einen Anreiz für die materiellrechtlich erwünschte Einigung der Ehegatten über Scheidungsfolgen zu schaffen.

125 b)   Die Kosten der Scheidungssache einschließlich der Folgesachen sind im Fall der **Scheidung der Ehe** gegeneinander aufzuheben (§ 93 a ZPO). Bei **Abweisung** des Scheidungsantrags gilt § 91 ZPO; der Antragsteller hat gemäß § 93 a Abs 2 ZPO auch die Kosten der gegenstandslos werdenden Folgesachen zu tragen. §§ 96, 97 ZPO wegen der Kosten für erfolglose Angriffs- und Verteidigungsmittel und der Kosten eines erfolglosen Rechtsmittels sind anwendbar.

Bei **Erledigung der Hauptsache** (insbesondere durch Tod eines Ehegatten) sind die Kosten nach hM auch in der Berufungsinstanz gemäß § 93 a Abs 1 ZPO gegeneinander aufzuheben (BGH FamRZ 1983, 683; FamRZ 1986, 253). Dem ist zu Recht entgegenzuhalten, daß § 93 a ZPO nur für den Fall der Ehescheidung gilt; die Erledigung der Hauptsache ist dem nicht gleichzustellen, sondern nach § 91 a Abs 1 ZPO zu behandeln, da nur auf diese Weise die von §§ 91 und 97 ZPO für den Fall der Abweisung des Scheidungsantrages bzw des Rechtsmittelverfahrens getroffenen Wertungen verwirklicht werden können (OLG Bamberg FamRZ 1995, 1073; OLG Karlsruhe FamRZ 1996, 880; OLG Nürnberg FamRZ 1997, 763; ZÖLLER/PHILIPPI § 619 ZPO Rn 7).

Hingegen ist § 93 a Abs 1 ZPO anzuwenden, wenn nach *Vorabentscheidung über den Scheidungsausspruch* in einer hierdurch nach § 628 ZPO abgetrennten Folgesache Erledigung eintritt; die Folgesachenentscheidung ist Teil eines einheitlichen Verbundverfahrens, das zur Scheidung der Ehe geführt hat (OLG Karlsruhe FamRZ 1996, 881; zur Kostentragung bei Erledigung des Verfahrens der einstweiligen Anordnung vgl einerseits OLG Bremen FamRZ 1978, 133; OLG Düsseldorf FamRZ 1980, 1047: § 91 a ZPO, andererseits OLG Frankfurt/M FamRZ 1984, 720; OLG Thüringen FamRZ 1996, 880: §§ 620g, 93 a ZPO).

Zur Kostentragung bei Ablauf des **Trennungsjahres** in der Rechtsmittelinstanz vgl § 1565 Rn 97.

§ 1565

[1] **Eine Ehe kann geschieden werden, wenn sie gescheitert ist. Die Ehe ist gescheitert, wenn die Lebensgemeinschaft der Ehegatten nicht mehr besteht und nicht erwartet werden kann, daß die Ehegatten sie wieder herstellen.**

[2] Leben die Ehegatten noch nicht ein Jahr getrennt, so kann die Ehe nur geschieden werden, wenn die Fortsetzung der Ehe für den Antragsteller aus Gründen, die in der Person des anderen Ehegatten liegen, eine unzumutbare Härte darstellen würde.

Materialien: Abs 1 entspricht RegE 1971 und 1973, BT-Drucks VI/2577 und 7/650; Abs 2: Vorschlag des Bundesrates (BT-Drucks 7/650, 259), abgelehnt im Bundestagsrechtsausschuß (BT-Drucks 7/4361, 10 f); Vorschläge im Ver- mittlungsausschuß BT-Drucks 7/4447, § 1567 a; BT-Drucks 7/4694, 7 f; Antrag des Vermittlungsausschusses BT-Drucks 7/4992. Neu gefaßt durch 1. EheRG BGBl 1976, 1421.

Schrifttum

DIETZEN, Acht Thesen zum verfrühten Scheidungsantrag, FamRZ 1988, 1010
HOLZHAUER, Die Scheidungserschwernis des § 1565 Abs 2, JZ 1979, 113
sowie Schrifttum bei Vorbem zu §§ 1564 ff.

Systematische Übersicht

Alphabetische Übersicht

I.   Normzweck

1.   Abs 1

a)   Satz 1 ist gleichzeitig **gesetzgeberischer Programmsatz und scheidungsrechtlicher** **1** **Generaltatbestand**: Der Gesetzgeber wollte mit dieser Formulierung das Zerrüttungs-prinzip beschreiben und festlegen (RegE BT-Drucks 7/650 S 104). Die Bestimmung ent-hält die Abkehr vom Verschuldensprinzip des alten Rechts (zum Streit um die Natur des alten Scheidungsrechts, das Elemente von Zerrüttungs- und Verschuldensprinzip vermischte: Münch-Komm/Wolf Rn 8). Tatbestandlich löst Satz 1 als Generalklausel die Scheidungstatbe-stände der §§ 42 bis 48 EheG aF ab. Das Scheitern der Ehe ist einziger und aus-schließlicher Scheidungsgrund, kann aber auf verschiedene Weisen festgestellt werden (insbes § 1566 Abs 1, Abs 2).

b)   In dieser Funktion ist Satz 1 zugleich der **Grundtatbestand** des Scheidungsrechts. **2** Sofern nicht eine *unwiderlegbare Vermutung* für das Scheitern eingreift (§ 1566), setzt die Scheidung der Ehe die Feststellung des Scheiterns voraus. Diese positive Fest-stellung des Scheiterns erlangt Bedeutung für die Scheidung *vor Ablauf eines Tren-nungsjahres* (dann auch Abs 2), die *nicht einverständliche* Scheidung sowie die *ein-verständliche Scheidung ohne Verwirklichung der Regelungen nach § 630 ZPO* nach Ablauf eines Trennungsjahres aber vor Ablauf dreier Trennungsjahre (so hM: Rolland Rn 3 a; **aA** Diederichsen ZZP 1978, 397: einverständliche Scheidung nur nach § 1566 Abs 1, § 630 ZPO). Die Scheidung über den Grundtatbestand ist auch bei einjährigem Getrennt-leben und Einigkeit der Ehegatten hinsichtlich des Begehrens, geschieden zu werden, **zulässig** (OLG Hamburg FamRZ 1979, 702; OLG Köln FamRZ 1978, 25; FamRZ 1979, 236; OLG Stuttgart NJW 1977, 1542; Johannsen/Henrich/Jaeger Rn 5; Rolland Rn 3 a; MünchKomm/ Wolf Rn 57; **aA** vormals Diederichsen ZZP 1978, 429 und NJW 1977, 227) und sinnvoll. Der Grundtatbestand kommt bei einverständlicher Scheidung in Betracht, wenn die Ehegatten zwar über den Scheidungswunsch einig sind, jedoch sich über Folge-sachen nicht einigen können oder wenn eine *förmliche Einwilligung* in den Schei-dungsantrag seitens des Antragsgegners nicht gewollt ist.

c)   Der Gesetzgeber ist zur Kennzeichnung der Abkehr vom alten Scheidungs- **3** recht bewußt vom Begriff der *Zerrüttung* zu dem des **Scheiterns** übergegangen. Diese Formulierung wurde im Gesetzgebungsverfahren durch den Bundesrat als rückwir-kendes Unwerturteil über den Verlauf der Ehe angegriffen (BT-Drucks 7/650 S 259). Dem ist zu Recht entgegenzuhalten, daß der Begriff der Zerrüttung zu eng mit der Vorstellung einer durch Fehlverhalten eines Ehegatten verursachten Ehezerstörung verbunden war, überdies graduelle Abstufungen zuläßt, eine Ehe aber nur im Fall der endgültigen Zweckverfehlung geschieden werden soll. Der Begriff des Scheiterns entspricht in der Sache freilich weitgehend der *„unheilbaren* Zerrüttung" (BGH FamRZ 1978, 672; Johannsen/Henrich/Jaeger Rn 3 mNachw), wobei zu berücksichtigen ist, daß auch die Zwecksetzung der Ehe und damit der Maßstab, an dem das Schei-tern zu messen ist, in Satz 2 einen Wandel – von objektiver zu subjektiver Inhalts-beschreibung der Ehe – erfahren hat (BGB-RGRK/Grasshof Rn 6). Auch die Feststel-lung des Scheiterns erfordert im übrigen keine in die Vergangenheit blickende Beurteilung. Es wird der im Zeitpunkt der letzten mündlichen Verhandlung erreichte Zustand beschrieben, der nichts darüber aussagt, ob die Ehe – wie zumeist – in

§ 1565   4. Buch

4–7   1. Abschnitt. Bürgerliche Ehe

früheren Phasen für beide Ehegatten zufriedenstellend geführt wurde (vgl dazu ROL-
LAND Rn 5 f; JOHANNSEN/HENRICH/JAEGER Rn 2).

4 d) Liegen die Voraussetzungen des Satzes 1 vor, so **ist die Ehe zu scheiden.** Die
Verwendung des Begriffes „kann" gibt dem Richter **keinen Ermessensspielraum**
(DIECKMANN ZRP 1971, 193; SCHWAB FamRZ 1976, 491; ROLLAND Rn 4; PALANDT/DIEDERICHSEN
Rn 1; JOHANNSEN/HENRICH/JAEGER Rn 2; MünchKomm/WOLF Rn 3; ERMAN/DIECKMANN Rn 3;
AK-BGB/LANGE-KLEIN Rn 3); sie macht jedoch – im Sinne von § 1564 S 3 deutlich,
daß die Ehe *nur* bei Scheitern geschieden werden *kann*, es also keine weiteren
Scheidungsgründe gibt und die Scheidung trotz Scheiterns vom Willen eines oder
beider Ehegatten abhängt, der sich im Antrag manifestiert (abweichend PALANDT/DIEDERICHSEN
Rn 1: Hinweis auf §§ 1565 Abs 2, 1568).

5 e) **Satz 2** enthält die **Legaldefinition** des Begriffes „Scheitern"; dabei verwendet das
Gesetz **zwei** wiederum ausfüllungsbedürftige Anzeichen, die *Aufhebung der Lebensgemeinschaft* und die *Prognose* der Nicht-Wiederherstellung. Die Abgrenzung vom
Begriff der *häuslichen Gemeinschaft* erweitert den Ausfüllungsbedarf, erlaubt aber
die zweckentsprechende Einbeziehung von Ehen, die nach der ursprünglichen Vorstellung der Ehegatten ohne häusliche Gemeinschaft geführt werden (SOERGEL/
HEINTZMANN Rn 2) und öffnet die Bestimmung für einen Verlust der Lebensgemeinschaft trotz Bestehens einer formalen Wohngemeinschaft. Für die Scheidung nach
dem Grundtatbestand ohne Heranziehung von Scheiternsvermutungen (oben Rn 2) ist
damit Satz 2 der Prüfungsmaßstab. Das Gericht hat in diesem Fall die zweigliedrige
Prüfung (Zustand, Progonose) hinsichtlich der Lebensgemeinschaft durchzuführen.

2. Abs 2

a) Trennungsjahr

6 Abs 2 HS 1 enthält inzidenter eine **Beschränkung des Grundtatbestands** auf Fälle, in
denen die Ehegatten ein Jahr iSd § 1567 **getrennt gelebt** haben. Das folgt aus der
Normierung zusätzlicher Scheidungsvoraussetzungen in Abs 2 für den Fall, daß noch
keine einjährige Trennung vorliegt. Abs 2 hat ausweislich des Ganges des Gesetz-
gebungsverfahrens vorrangig den Zweck, die Scheidung aus dem Grundtatbestand
einzuschränken. Die Bestimmung geht zurück auf einen Vorschlag des Bundesrates,
die Scheidung der Ehe vor Eingreifen der unwiderlegbaren Scheiternsvermutungen
(§ 1566) immer vom Vorliegen einer Unzumutbarkeit der nunmehr in Abs 2 normier-
ten Art für den Antragsteller abhängig zu machen (BT-Drucks 7/650 S 259). Diese Anregung wurde nach zwischenzeitlicher Änderung des Bundesratsvorschlags auf eine
eigenständige Beschränkungsklausel für Scheidungen vor Ablauf von einem *Ehejahr*
(BT-Drucks 7/4694 § 1567 a) im Vermittlungsausschuß wieder aufgegriffen; die Gesetz
gewordene Fassung beschränkt den Grundtatbestand einheitlich auf Fälle mindestens einjähriger Trennung und differenziert nicht – wie der ursprüngliche Bundesratsvorschlag – zwischen einverständlicher und streitiger Scheidung (ROLLAND Rn 2;
MünchKomm/WOLF Rn 4; eingehend HOLZHAUER JZ 1979, 113).

b) Gesetzgeberische Motivationen

7 Aufgrund der wechselreichen Gesetzgebungsgeschichte (oben Rn 6) ist der **Zweck des
Abs 2** in seinem ausdrücklichen Anwendungsbereich, also der **Scheidung vor Ablauf
des Trennungsjahres** nicht unumstritten. Da die Bestimmung erst im Vermittlungsaus-

schuß eingefügt wurde, ist aus den Materialien kein sicherer Aufschluß über den Gesetzeszweck möglich (BGH FamRZ 1981, 127). Zweifelsfrei bildet Abs 2 eine **zusätzliche tatbestandliche Voraussetzung** für die Scheidung, die bei unter einjähriger Trennung kumulativ zum Scheitern iSd Abs 1 zu prüfen ist. Scheidungsgrund bleibt also prinzipiell das Scheitern nach Abs 1. Abs 2 enthält keinen eigenständigen Scheidungsgrund, ergänzt aber den Grundtatbestand (BGH NJW 1981, 449). Zum Verhältnis der Feststellung des Scheiterns und Abs 2 vgl unten Rn 117.

Die gesetzgeberische **Motivation für diese zusätzliche Erschwernis** ist hingegen zweifelhaft, bedarf aber der Aufklärung, weil die Anwendung der Norm von ihrer Zielsetzung abhängt.

aa) Übereilungsschutz
Es lassen sich mehrere Motivationen unterscheiden. Nahezu unbestritten soll Abs 2 **8** die Ehegatten gegen **vorschnell gefaßte Scheidungsentschlüsse schützen** (BGH NJW 1981, 449, 451; OLG Düsseldorf NJW-RR 1992, 1092; FamRZ 1978, 28; LG Detmold FamRZ 1987, 1037; PALANDT/DIEDERICHSEN Rn 10; ROLLAND Rn 26 a; JOHANNSEN/HENRICH/JAEGER Rn 44; BGB-RGRK/GRASSHOF Rn 66; SCHWAB/SCHWAB Teil II Rn 44; ERMAN/DIECKMANN Rn 11; kritisch – sogleich – MünchKomm/WOLF Rn 71 mit weiteren Nachw zur Rspr Fn 283; **aA** [nur Rechtsmißbrauchsverhinderung] OLG Koblenz FamRZ 1978, 31; GERNHUBER/COESTER-WALTJEN § 27 II 1; HOLZHAUER JZ 1979, 113; vgl unten Rn 13; **aA** [nur Scheidungssperre]: AK-BGB/LANGE-KLEIN Rn 11).

α) Dieser Zweckgedanke umfaßt auch die weitergehende Erkenntnis, daß im **9** Stadium der frühen Trennung ein vorschneller **Scheidungsantrag** verhindert werden sollte, um die Aussicht auf eine Versöhnung nicht durch die mit der Einleitung eines gerichtlichen Verfahrens verbundene Automatik und Delegation an den Prozeßbevollmächtigten und die daraus folgende Endgültigkeitswirkung vorschnell abzuschneiden. Dies kann am wirksamsten durch die Aussicht auf Abweisung eines solchen Antrags als unbegründet erreicht werden (so auch JOHANNSEN/HENRICH/JAEGER Rn 44; ähnlich PALANDT/DIEDERICHSEN Rn 10). Schon daraus ergibt sich, daß Abs 2 im Verhältnis zur Prognose der Nicht-Wiederherstellbarkeit nach Abs 1 nicht überflüssig ist; Abs 2 sichert erst die Grundlage einer soliden Prognose, indem er die Ehegatten hindert, scheinbar vollendete Tatsachen durch vorschnelle Entschlüsse zu schaffen (ähnlich: BGB-RGRK/GRASSHOF Rn 64).

β) Allerdings erscheint es bedenklich, daß in der gerichtlichen Praxis der Antrag- **10** steller gute Aussichten hat, einen **verfrühten und zunächst unbegründeten Antrag** wenigstens in der Berufungsinstanz über das Trennungsjahr hinwegzuretten und damit letzlich die von Abs 2 gewollte Bedenkfrist zu durchkreuzen. Teilweise wird in der oberlandesgerichtlichen Praxis gezielt eine langfristige Terminierung vertreten, um im Termin der letzten mündlichen Verhandlung das Trennungsjahr zu erreichen (im einzelnen unten Rn 94 f). Der hohe Anteil von veröffentlichten Entscheidungen, die zu Abs 2 in Prozeßkostenhilfeverfahren ergangen sind, zeigt, daß vorwiegend in diesen Fällen, in denen das Vorliegen der unzumutbaren Härte nach Abs 2 *vor Antragstellung* geprüft wird, die Bestimmung zielentsprechend (zutreffend ERMAN/DIECKMANN Rn 21) Anwendung findet.

γ) Der Umstand, daß das Scheitern der Ehe auch **ohne Aufhebung der häuslichen** **11**

Gemeinschaft festgestellt werden kann, spricht ebensowenig gegen diesen Gesetzes-zweck, wie die Erkenntnis, daß sich in dieser Einschränkung das im Gesetzgebungs-verfahren offenbar gewordene Mißtrauen gegen eine Scheidung ohne manifest ge-wordene äußere Umstände (Trennungszeit) zeigt (so aber MünchKomm/WOLF Rn 71). Vielmehr beweist gerade dieser Aspekt der Gesetzgebungsgeschichte, daß die Be-stimmung die Feststellung des Scheiterns auf eine gesicherte Grundlage stellen will; bei einem nicht auf objektive Maßstäbe bzw die bloße äußerliche Verzögerung der Ehescheidung abstellenden Scheidungstatbestand liegt aber die stärkste Gewähr gegen die Scheidung einer nicht zerrütteten Ehe in der Einräumung einer Bedenk-pause an die oder den scheidungswilligen Ehegatten.

12 δ) Nicht zu übersehen ist freilich eine gelegentliche negative Wirkung des durch Abs 2 ausgeübten **Trennungszwangs** auf die **Versöhnungsfähigkeit.** Ein Ehegatte, der geschieden werden möchte, kann sich nur in den Grenzen des § 1567 auf eine *Unter-brechung der Trennung* einlassen, um Versöhnungsversuche zu unternehmen. Die Trennung als solche muß er hingegen alsbald einleiten. Vor allem bei Getrenntleben in der ehelichen Wohnung wirkt womöglich der dadurch erzwungene unnatürliche Verhaltensmodus krisenverstärkend. Das im Einklang mit der Verhinderung über-eilter Scheidungen stehende Ziel, während des Trennungsjahres „alles offenzuhal-ten" (LG Detmold FamRZ 1987, 1037) wird kaum erreicht. Der zur Vermeidung solcher Verkrampfungen des Verhältnisses gemachte rechtspolitische Vorschlag, neben der Möglichkeit der Trennung eine *Anzeige der Scheidungsabsicht* an das Familiengericht für den Lauf der Jahresfrist genügen zu lassen (SCHÖNFELD ua FamRZ 1987, 668), er-scheint diskussionswürdig. Allerdings läßt sich nicht übersehen, daß eine Scheidung dann immer nur aus dem Grundtatbestand des § 1565 Abs 1 erfolgen kann (mangels Getrenntleben greifen § 1566 Abs 1, 2 nicht ein; auch SCHÖNFELD aaO will für die Vermu-tungen des § 1566 auf das Getrenntleben nicht verzichten) und gerade ohne Getrenntleben die erforderliche Scheiternsfeststellung regelmäßig erhebliche Schwierigkeiten bereitet. Das würde allerdings zu einer Vermehrung der im Interesse des schonenden Um-gangs mit der Intimsphäre unerwünschten Prüfung des Tatbestands des Abs 1 gegen-über den Scheiternsvermutungen des § 1566 führen.

bb) Verhinderung von Rechtsmißbrauch

13 Daneben wird verbreitet, teils auch ausschließlich, die **Vermeidung von Rechtsmiß-brauch** als Gesetzeszweck vertreten. Die Bestimmung solle wenigstens auf Zeit den Ehegatten, der **einseitig aus der Ehe strebt,** daran hindern, aus seinem eigenen ehe-widrigen Verhalten ihm erwünschte Rechtsfolgen herzuleiten (BGH NJW 1981, 449, 451; MünchKomm/WOLF Rn 70 JOHANNSEN/HENRICH/JAEGER Rn 43; SOERGEL/HEINTZMANN Rn 45; ER-MAN/DIECKMANN Rn 11; DITZEN FamRZ 1988, 1010; GERNHUBER/COESTER-WALTJEN § 27 II 1); der *„Triumph der Niedertracht"* (BOSCH FamRZ 1971, 64) sei mit Abs 2 wenigstens auf Zeit verhindert. Hierfür spricht, daß zunächst für den Vorschlag des Bundesrates die Vorstellung im Vordergrund gestanden haben dürfte, die Generalklausel ermögliche die einseitige Aufkündigung der Ehe (BT-Drucks 7/650 S 259).

14 α) Für eine solche Deutung spricht zunächst auch die **Praxis der ersten Jahre nach Inkrafttreten** des neuen Scheidungsrechts; Abs 2 galt anfangs insbesondere Verschul-densscheidungs-orientierten Parteien als Einfallstor einer möglichen Schuldfeststel-lung. Die Anwendungshäufigkeit von Abs 2 ist aber deutlich zurückgegangen und zugleich die Akzeptanz der Trennungsvermutungen gestiegen (MünchKomm/WOLF

Rn 68). Überdies kann Abs 2 gerade nicht eingesetzt werden, um den aus der Ehe strebenden Scheidungswilligen zu stigmatisieren, sondern würde es allenfalls dem in seinem vorherigen Verhalten ehetreuen Gatten ermöglichen, durch Stellung eines schnellen Scheidungsantrags die „Verschuldenskennzeichnung" des anderen zu erreichen.

β) Auch der **gesetzgeberische Ausgangspunkt**, einen *Scheidungserschwernistatbe-* **15** *stand* zu schaffen, zwingt nicht mehr dazu, den Rechtsmißbrauchs-Gesichtspunkt heute noch in den Vordergrund zu rücken (so aber: MünchKomm/Wolf Rn 70; Johannsen/Henrich/Jaeger Rn 43; Soergel/Heintzmann Rn 43; Holzhauer JZ 1979, 114). Zu bedenken ist vielmehr, daß das ursprüngliche Bedenken sich nicht gegen die *sofortige* Zerrüttungsscheidung richtet, sondern im Kern gegen die *Zerrüttungsscheidung überhaupt* spricht. Eine gezielt einseitige Aufkündigung der Ehe würde um nichts weniger rechtsmißbräuchlich, wenn der sie betreibende Ehegatte sie beharrlich fortsetzt, bis das Trennungsjahr verstrichen ist; etwas anderes aber erreicht Abs 2 – als Rechtsmißbrauchshemmnis verstanden – nicht (Schwab/Schwab Teil II Rn 42). Die Bestimmung mag – wie dies Kompromisse an sich haben – die Gegner des Zerrüttungsprinzips beruhigt haben. Sie wäre aber ein denkbar ungeeignetes Mittel, um dem beschriebenen Rechtsmißbrauch zu wehren. Allenfalls nämlich bewegt das Trennungsjahr den rechtsmißbräuchlich Handelnden dazu, sich zu besinnen und von seinem Ziel abzulassen; dann aber erweist sich der wahre Zweck wiederum in der *Überlegungsphase* und nicht in der Abwehr von Rechtsmißbrauch. Außerdem aber verwirklicht § 1568 auch die Intention, äußerst groben Rechtsmißbrauch zu vermeiden. *Vor dieser Schwelle* verbleibt es aber bei der Grundaussage einer Zerrüttungsscheidung, daß der objektive Zustand, nicht aber die Genese der Ehezerstörung zum Gegenstand der Prüfung zu machen ist (wie hier: BGB-RGRK/Grasshof Rn 64; Rolland Rn 26 a; wohl auch – jedenfalls für Zweckwandel – Palandt/Diederichsen Rn 10).

cc)   **Kollusives Verhalten**
Erst recht kann Abs 2 nicht als ein Mittel zur **Verhinderung von Rechtsmißbrauch** bei **16** **einverständlichem Zusammenwirken der Ehegatten** verstanden werden (Holzhauer JZ 1979, 114, wohl auch BT-Drucks 7/650, 260, 7/4694, 8). Zwar soll Abs 2 auch im Falle einer einverständlichen Scheidung die Überlegungsfrist sichern, was (nur) dann von praktischer Bedeutung ist, wenn die Ehegatten nicht den Weg über § 1566 Abs 1, § 630 ZPO wählen, da dann bereits das Trennungsjahr im Vermutungstatbestand des § 1566 Abs 1 eingeschlossen ist. Die einverständliche Scheidung ohne Regelung nach § 630 ZPO ist aber durch Abs 2 nicht gegen kollusives Verhalten der Ehegatten zu sichern, die dem Gericht ohne große Schwierigkeiten die Trennungsfrist vorlügen können (hierzu: MünchKomm/Wolf Rn 68; Rolland Rn 26 e; Schwab/Schwab Teil II Rn 44; AK-BGB/Lange-Klein Rn 23), wenn es ihnen denn gelingt, das Gericht von dem endgültigen Scheitern ihrer Ehe zu überzeugen. Abs 2 kann in diesen Fällen auch seinen vorrangigen Zweck, eine Überlegungsfrist zu schaffen, nicht verwirklichen, ist aber deshalb keineswegs als eine weltfremde Bestimmung anzusehen, die elementare Verhaltensweisen ignoriert (so aber wohl Rolland Rn 26 e). Vielmehr zeigt diese Umgehungstendenz, daß Eheerhaltung gegen den gemeinsamen Willen der Ehegatten einzig zum Schutz gemeinsamer Kinder sinnvoll sein könnte: Hingegen ist es weder aussichtsreich, die Ehegatten „zu ihrem Wohl zu zwingen", noch erscheint es angesichts eines personal orientierten Ehebildes der Trauer wert, wenn dies nicht gelingt.

dd) Allgemeine Scheidungserschwerung

17 Teilweise wird angenommen, Abs 2 enthalte eine allgemeine **Scheidungserschwerung ohne individuelle Zielrichtung**. Soweit hiermit nicht lediglich das Faktum beschrieben werden soll, daß das zusätzliche tatbestandliche Erfordernis den Ausspruch der Scheidung ohne einjährige Trennung *faktisch* erschwert (KG FamRZ 1978, 594; OLG Frankfurt/M FamRZ 1978, 115; OLG Stuttgart FamRZ 1977, 807) sondern der Norm eine *Sperrfunktion* zugewiesen wird (HOLZHAUER JZ 1979, 113; GIESEN-GICK JR 1979, 5; wohl auch: MünchKomm/WOLF Rn 73; ähnlich der Gedanke in BGH NJW 1981, 449, 451, Abs 2 mute den Ehegatten auch in Fällen der bereits mit Sicherheit gescheiterten Ehe das Trennungsjahr zu; ausdrücklich anders: OLG Schleswig NJW 1978, 52: lediglich tatbestandliche Erschwernis), kann eine solche jedenfalls nicht auf Art 6 Abs 1 GG gestützt werden (so aber: OLG Köln FamRZ 1977, 717; OLG München NJW 1978, 49; KG FamRZ 1978, 34 und 897; 1985, 1042; KG NJW 1980, 1053; OLG Hamm FamRZ 1978, 28; 1980, 145; 1982, 1073; OLG Stuttgart FamRZ 1977, 646; BRÜGGEMANN FamRZ 1978, 93). Die Erhaltung gescheiterter Ehen ist per se nicht durch den Eheschutz des Grundgesetzes geboten; verfassungsgebotene Scheidungsverzögerung findet ihren Niederschlag im Übereilungsschutz, also in der Gewähr der Richtigkeit der Scheiternsfeststellung, nicht aber in einem unspezifischen, nicht zielgerichteten Verhindern der Scheidung auf Zeit (zutreffend: MünchKomm/WOLF Rn 73; GERNHUBER/ COESTER-WALTJEN § 27 II 1). Auch als „eheerhaltendes Element" des Scheidungsverfahrens iSd Rechtsprechung des BVerfG zur Sicherung des Grundsatzes der lebzeitigen Ehe (hierzu Vorbem 11 zu §§ 1564 ff), läßt sich die Scheidungserschwernis des Abs 2 nicht mit eigenständigem Gehalt begreifen (so aber JOHANNSEN/HENRICH/JAEGER Rn 46). Eheerhaltendes Element ist die Verhinderung vorschneller Entscheidungen durch das Mittel des Abs 2, nicht aber die Verzögerung als solche.

Ohne Rückgriff auf Art 6 Abs 1 GG aber erscheint es fragwürdig, eine allgemeine unspezifische Scheidungserschwerung deshalb als von Abs 2 intendiert anzusehen, weil diese faktische Scheidungssperre gleichermaßen den schuldigen wie den nichtschuldigen Ehegatten trifft (so aber MünchKomm/WOLF Rn 73). Auch dabei handelt es sich nur um eine Folge davon, daß der Gesetzgeber die Mindesttrennungsfrist als ein Mittel zu einem anderen Zweck, nämlich der Schaffung einer Überlegungsphase, einsetzt, die grundsätzlich einzuhalten ist (OLG Stuttgart FamRZ 1978, 690; JOHANNSEN/ HENRICH/JAEGER Rn 46; SCHWAB/SCHWAB Teil II Rn 46; anders OLG Koblenz FamRZ 1978, 33 [Entfall bei beidseitigem Scheidungsantrag]).

ee) Erleichterung der Scheiternsfeststellung

18 Der BGH (NJW 1981, 451) legt Abs 2 auch den Zweck bei, die **Scheiternsprognose des Abs 1 zu erleichtern**. Dies ist insoweit zutreffend, als die Scheiternsprüfung kurze Zeit nach oder ohne Aufhebung der häuslichen Gemeinschaft auf unsicherer Grundlage steht. Dies gilt insbesondere für die Prognose, da die Feststellung des fehlenden Willens, die aufgegebene Lebensgemeinschaft wiederherzustellen, regelmäßig mit der Möglichkeit einer spontan übereilten Entscheidung rechnen muß. Diese unsichere Prognose wird durch Abs 2 regelmäßig entbehrlich, ehe das Trennungsjahr abgelaufen ist; die einjährige Trennung stellt umgekehrt die Prognose erfahrungsgemäß auf eine sichere Grundlage (OLG Schleswig NJW-RR 1989, 261; BGB-RGRK/GRASSHOF Rn 69; JOHANNSEN/HENRICH/JAEGER Rn 45; SCHWAB/SCHWAB Teil II Rn 45), ohne daß allerdings die Scheiternsfeststellung generell vor Ablauf eines Trennungsjahres unmöglich wäre (worauf zu Recht MünchKomm/WOLF Rn 72 hinweist). Vielmehr bedingt gerade das Vorliegen von Umständen nach Abs 2 im Einzelfall die Notwendigkeit,

das Scheitern schon vor Jahresfrist festzustellen (zur Reihenfolge der Prüfung unten
Rn 113 ff). Die positive Feststellung eines Tatbestandes, der zur Unzumutbakeit iSd
Abs 2 führt, stellt freilich zugleich ein **starkes Indiz für das Scheitern** dar (SCHWAB/
SCHWAB Teil II Rn 45; MünchKomm/WOLF Rn 72; JOHANNSEN/HENRICH/JAEGER Rn 45), welches
den Verzicht auf die Indizwirkung des Trennungsjahres rechtfertigt. Schwerpunkt der
Rechtfertigung des Abs 2 ist aber nicht die Indizwirkung des einzelnen nach Abs 2
beachtlichen Umstandes für das Scheitern, sondern die dadurch begründete Unzumutbarkeit: Dem Antragsteller ist in diesem Fall nicht zuzumuten, abzuwarten, bis
die vom Gesetzgeber als sicherer eingeschätzte Beurteilungssituation eingetreten ist.

Dieser Zweckgedanke umfaßt wohl nicht nur die Prognose der Wiederherstellbarkeit
der ehelichen Lebensgemeinschaft, sondern in Einzelfällen bereits das erste Element
der Scheiternsprüfung, die Diagnose (JOHANNSEN/HENRICH/JAEGER Rn 45); auch die Feststellung des Istzustandes kann sich als schwierig erweisen, insbesondere, wenn die
Trennung in der ehelichen Wohnung in einem fließenden Auseinanderleben aufgenommen wird.

c)   Fremdkörper im Zerrüttungsscheidungsrecht

Abs 2 erweist sich als eine Bestimmung, die **Verschuldenselemente** aufnimmt und **19**
deshalb im Zerrüttungsscheidungsrecht als Fremdkörper wirkt. Die Nähe zum Verschuldensscheidungsrecht zeigt sich zum einen in der Möglichkeit, daß eine gescheiterte Ehe auf Zeit nicht geschieden wird (weil Abs 2 die Scheiternsprüfung verhindert, vgl
oben Rn 17). Bedeutsamer ist aber, daß Abs 2 die sonst für die Scheidung irrelevanten
Gründe einbezieht, die *unter anderem* (vgl unten Rn 121) zum Scheitern der Ehe geführt
haben (MünchKomm/WOLF Rn 67). Es ist deshalb vorgeschlagen worden, diese Bestimmung als Ausnahmenorm *restriktiv* anzuwenden (AK-BGB/LANGE-KLEIN Rn 11 ff, 21 f;
LÜKE AcP 1978, 26; ders, in: FS Bosch [1976] 639). Dem läßt sich nicht zwingend entgegenhalten, daß die Bestimmung als Kompromiß im Gesetzgebungsverfahren eingefügt
wurde, so daß sie im Geist dieses Kompromisses ausgewogen zu handhaben wäre (so
JOHANNSEN/HENRICH/JAEGER Rn 41). Der in einem gesetzgeberischen Kompromiß zum
Ausdruck kommende gesetzgeberische Wille kann nicht stärker binden als sonst das
historische Element der Auslegung auch. Eine sich ggf verbreitende Überzeugung,
diesen Fremdkörper im Zerrüttungsscheidungsrecht zurückzudrängen, wäre durchaus beachtlich.

Allerdings ist das die Zerrüttungsscheidung restringierende Element, nämlich das
implizite Erfordernis einer einjährigen Trennung vor Anwendbarkeit des reinen
Zerrüttungstatbestandes (Abs 1) als solches weitgehend der Auslegung unzugäng-
lich. Das systematisch dem Verschuldensscheidungsprinzip näherstehende Element,
die Ermöglichung der Scheidung vor Ablauf der Jahresfrist bei *Unzumutbarkeit*,
dient hingegen gerade der partiellen Herstellung des Zerrüttungsprinzips in dieser
Fallgruppe. Sie ist als Korrektur der systemstörenden Beschränkung des Zerrüttungsprinzips (Jahresfrist) in groben Fällen erforderlich (MünchKomm/WOLF Rn 67). Fraglich
ist aber, wie diese Spannung im Verhältnis zum Zerrüttungsprinzip die Auslegung
beeinflußt: Suchte man eine Auslegung, die zum Zerrüttungsprinzip hinführt, so
müßte Abs 2 restriktiv ausgelegt werden, was nur bedeuten kann, den Begriff der
Unzumutbarkeit erweiternd auszulegen (so AK-BGB/LANGE-KLEIN Rn 11 ff, 21, 22; LÜKE
AcP 1978, 26; ders, in: FS Bosch [1976] 639; wohl auch OLG Stuttgart FamRZ 1977, 807) Andere
(OLG Düsseldorf FamRZ 1977, 804; GÖRGENS FamRZ 1978, 649; JOHANNSEN/HENRICH/JAEGER

Rn 41) sehen durch eine solche Restriktion des Abs 2 den Geist des Kompromisses verletzt. Bedenklich erscheint eine erweiterte Handhabung der *Unzumutbarkeit* aber vor allem deshalb, weil eine Vermehrung der Unzumutbarkeitsprüfungen letztlich das Verschuldenselement stärkt, wollte man nicht auf das tatbestandliche Element „in der Person des anderen Ehegatten" weitgehend verzichten. Beachtet man, daß die Jahresfrist nicht eigentlich systemwidrig ist, sondern nur Bedenken gegen eine verläßliche Scheiternsfeststellung typisiert, so führt die Jahresfrist selten zur Nichtscheidung einer objektiv – wenn auch nicht festgestellt – zerrütteten Ehe. Dem Zerrüttungsprinzip entspricht es dann eher, nicht den Ausnahmecharakter der Jahresfrist zu berücksichtigen, sondern den der Scheidungszulassung bei Unzumutbarkeit. Dem folgt weithin die Rechtsprechung durch eine strenge Prüfung der Unzumutbarkeit der festgestellten Härte (OLG Köln FamRZ 1992, 319; FamRZ 1977, 717; OLG Frankfurt/M FamRZ 1978, 115; OLG Rostock NJW-RR 1994, 266; OLG Stuttgart FamRZ 1977, 807; OLG Saarbrücken FamRZ 1978, 114). Das eigentlich bedenkliche Einfallstor des Verschuldensgedankens, die Feststellung einer meist als Verschuldensfeststellung aufzufassenden Unzumutbarkeit, wird dadurch schwerer passierbar.

d) Verhältnis zu § 1353

20 **aa)** Die Verpflichtung zur **ehelichen Lebensgemeinschaft**, die insbesondere die **Pflicht zum Zusammenleben** in häuslicher Gemeinschaft, die **eheliche Treuepflicht** und die **Verantwortung der Ehegatten füreinander** (§ 1353 Abs 1 S 2) einschließt, endet gemäß § 1353 Abs 2 grundsätzlich erst mit dem Scheitern der Ehe. Der Begriff des Scheiterns in § 1353 Abs 2 entspricht dem Scheiternsbegriff des § 1565 Abs 1, was sich schon aus der gesetzgeberisch gewollten Anpassung des § 1353 Abs 2 an § 1565 Abs 1 im Zusammenhang mit der Neuregelung des Scheidungsrechts durch das 1. EheRG ergibt. Das setzt nicht voraus, daß der sich der Wiederherstellung der ehelichen Lebensgemeinschaft widersetzende Ehegatte einen **Scheidungsanspruch** hat: insbesondere bei Eingreifen der *Härteklausel (§ 1568)* ist die Ehe gescheitert, kann aber nicht geschieden werden (OLG Köln FamRZ 1981, 959; ROLLAND § 1353 Rn 39; SOERGEL/LANGE § 1353 Rn 49; MünchKomm/WACKE § 1353 Rn 37).

21 **bb)** Im Bereich zwischen Gefährdung und Scheitern der Ehe aber ergibt sich ein schwer lösbarer **Widerspruch zwischen Abs 2**, dem der Gedanke zugrundeliegt, daß ein Scheitern der Ehe regelmäßig nicht ohne ein einjähriges Getrenntleben, was gemäß § 1567 die Aufhebung der häuslichen Gemeinschaft bedeutet, festgestellt werden kann und **§ 1353 Abs 2**, der eine rechtmäßige Trennung regelmäßig vom Scheitern abhängig macht. Sofern nicht das Wiederherstellungsverlangen des anderen Ehegatten rechtsmißbräuchlich iSd § 1353 Abs 2 ist, verhält sich der Ehegatte **rechtswidrig**, der vor dem Scheitern der Ehe einseitig das Getrenntleben unternimmt. Das führt zwar wegen § 888 Abs 2 ZPO in der Praxis nicht zu Unzuträglichkeiten. Es erscheint jedoch rechtspolitisch verfehlt, einen Ehegatten, der geschieden werden möchte, ggf zu einem rechtswidrigen Verhalten zu nötigen, weil er selbst vor Ablauf des Trennungsjahres schwerlich das Scheitern seiner Ehe zutreffend beurteilen kann; ebenso verfehlt ist es, den in der ehelichen Wohnung verbleibenden Ehegatten in Ansehung seines Herstellungsverlangens geradehin der Lächerlichkeit preiszugeben, weil den anderen Ehegatten nicht nur § 888 Abs 2 ZPO (der die Rechtswidrigkeit des Handelns außer Frage läßt) schützt, sondern § 1565 Abs 2 faktisch entschuldigt.

22 **cc)** Unproblematisch sind nur die Fälle der **Unzumutbarkeit** iSd Abs 2; der Ehe-

gatte, für den die Fortführung der Ehe unzumutbar ist, kann auch die Lebensgemeinschaft verweigern (SOERGEL/HEINTZMANN § 1564 Rn 43; MünchKomm/WACKE § 1353 Rn 37). Ein Weigerungsrecht iSd § 1353 Abs 2 *kann* auch sonst vor Ablauf der Trennungsfrist bestehen, wenn die Ehe tatsächlich gescheitert ist, was vorausetzt, daß im Prozeß um die Wiederherstellungsklage der sich weigernde Ehegatte das Scheitern beweist (vgl OLG Hamburg NJW 1978, 644; ROLLAND § 1353 Rn 39; SOERGEL/LANGE § 1353 Rn 49). Dies rückt zwar das Problem der Rechtswidrigkeit des Getrenntlebens gerade, konterkariert aber letztlich die gesetzgeberische Intention des Abs 2: Im Herstellungsprozeß wird dann nämlich um das Scheitern der Ehe im ersten Trennungsjahr gestritten, das zur Wahrung der Aussichten auf Versöhnung nicht Gegenstand der Sachprüfung im Scheidungsprozeß sein soll; gerade dann also, wenn ein Ehegatte sogar mit verfahrensrechtlichen Mitteln versucht, die eheliche Lebensgemeinschaft zu retten, führt dies zu einem Prozeß, in dem eine Beweisaufnahme stattfindet, die der Gesetzgeber als schädlich für die Rettung der Lebensgemeinschaft ansieht.

dd) Dennoch sollten aus diesem Widerspruch keine weitreichenden Konsequenzen **23** für die Auslegung von Abs 2 gezogen werden. Die Ansicht, eine Prüfung der Unzumutbarkeit iSd Abs 2 könne nicht stattfinden, ehe das Scheitern iSd Abs 1 festgestellt sei, weil sonst das Gericht einerseits die Fortsetzung der Ehe für unzumutbar erkläre, andererseits aber § 1353 Abs 2 den Ehegatten zur Fortsetzung verpflichte (so OLG Düsseldorf FamRZ 1977, 805; FamRZ 1978, 27), hat nur die Logik einer in sich nicht mehr logischen gesetzlichen Regelung für sich. Sie verkennt außerdem, daß gerade eine Unzumutbarkeit iSd § 1565 Abs 2 ein Recht zum Getrenntleben geben kann. Schwerer wiegt aber, daß die interne Stimmigkeit der Scheidungsnormen nicht wegen des äußeren Widerspruchs zu § 1353 Abs 2 gestört werden darf (zur Bedeutung der Unzumutbarkeitsprüfung im Verhältnis zum Scheitern oben Rn 18 und unten Rn 113 ff, 121 ff).

ee) Rechtspolitisch sollte – insoweit wohl in Übereinstimmung mit der Wertung der **24** §§ 1564 ff – aus der Unstimmigkeit die Konsequenz gezogen werden, daß die **Pflicht zur häuslichen Gemeinschaft** iSd § 1567 als Teilaspekt der Pflichten aus § 1353 Abs 1 bereits **entfällt**, wenn ein Ehegatte aus nachvollziehbaren Gründen getrennt leben *will*, um den Zustand seiner Ehe unter Meidung von Spannungen zu prüfen. Eine solche Interpretation würde nichts an den in der Rechtswirklichkeit praktizierten Verhaltensweisen im Vorfeld einer Scheidung ändern, vermeidet aber die Überlagerung des Scheidungsverfahrens mit Herstellungsverlangen, die regelmäßig nur ein Ventil zur rechtsförmigen Abreaktion hilfloser Irritationen des „verlassenen" Ehegatten sind, von der Rechtsgemeinschaft aber letztlich als peinlich empfunden werden.

II. Scheidungsgrund: Scheitern der Ehe (Abs 1)

1. Begriff des Scheiterns

a) Einziger Scheidungsgrund ist das Scheitern der Ehe. Damit ist nicht ein Schei- **25** dungsgrund im strengen Sinn normiert, wie die Tatbestände der §§ 42 ff EheG aF, sondern ein **Zustand der Ehe**, aufgrund dessen die Ehe scheidungsreif ist. Der Begriff des „Scheiterns" steht in Bezug zu dem bisher in §§ 43, 48 EheG aF verwendeten Begriff der „Zerrüttung". Einerseits ist die Verwendung einer neuen Terminologie Signal für die Abkehr von der Suche nach den **Ursachen** der Ehezerstörung hin zum

Zustand (Schwab FamRZ 1976, 495; Schwab/Schwab Teil II Rn 12; Diederichsen NJW 1977, 273; MünchKomm/Wolf Rn 14; Rolland Rn 5; Soergel/Heintzmann Rn 3); der Begriff der Zerrüttung war zwar nicht begriffsnotwendig, jedoch aufgrund der Handhabung im bisherigen Scheidungsrecht eng verbunden mit dem Verschulden eines Ehegatten an der Zerrüttung. Dies, obgleich § 48 EheG aF den an sich objektivierenden Zerrüttungsbegriff verschuldensunabhängig verwendete. Andererseits gibt der neue Begriff ebensowenig Klarheit über die Charakterisierung des Zustands, der eine Ehe scheidungsreif macht und der daher als „Scheitern" zu kennzeichnen ist.

26 b) **Scheitern** beschreibt einen Zustand endgültiger und nicht mehr heilbarer **Zerstörung der Ehe**, also einen hoffnungslosen Endzustand (vgl den englischen Begriff des *breakdown of the marriage*, BGB-RGRK/Grasshof Rn 6; Soergel/Heintzmann Rn 4).

27 aa) Der Reformgesetzgeber bezieht dieses Scheitern nunmehr eindeutig auf den **personalen Bereich** der geistig-emotionalen Beziehungen der Ehegatten zueinander. Es geht nicht darum, ob die Ehe in bestimmten **funktionalen Bereichen** (etwa der Versorgung und Erziehung der Kinder, der Versorgung des berufstätigen Ehegatten im Haushalt) noch äußerlich funktioniert oder die Ehe auch funktional gescheitert ist (Palandt/Diederichsen Rn 3, 5; Schwab FamRZ 1976, 495; BGB-RGRK/Grasshof Rn 16); vielmehr wird mit dem Begriff der **Lebensgemeinschaft** (dazu sogleich Rn 32) deutlich, daß sich das Scheitern auf die innere emotionale Bindung, die *eheliche Gesinnung* der Ehegatten beziehen muß (Schwab/Schwab Teil II Rn 14; Damrau NJW 1977 1621; AK-BGB/Lange-Klein Rn 5). Die objektiven sozialen Funktionen einer Ehe werden nur ausnahmsweise, wenngleich die Ehe gescheitert ist, über § 1568 geschützt (MünchKomm/Wolf Rn 21).

28 bb) Das bedeutet einerseits, daß ein Katalog von Zerrüttungsgründen nur noch unter dem Vorbehalt der individuell gestalteten Ehe aufgestellt werden kann. Es gibt, macht man mit der personalen Freiheit der Ehegatten zur Ausgestaltung ihrer Ehe Ernst, kein Indiz, das für alle Ehen geeignet wäre, den Zustand des Scheiterns zu beschreiben. Besonders in atypischen Lebensgestaltungen kommt es daher immer darauf an, wie die Ehegatten ihre Ehe leben wollten und ob dieser gemeinsame Lebensplan endgültig undurchführbar geworden ist. Entscheidende Bedeutung hat daher die **subjektive Einstellung** der Ehegatten zu ihrer Beziehung. Das Gericht muß die subjektive Grundlage der konkreten Ehe in die Bewertung einbeziehen und prüfen, ob bei *objektiver Bewertung* dieser *subjektiven Grundlagen* die Fortführung der Ehe erwartet werden kann (Soergel/Heintzmann Rn 7 und Nachtrag Rn 7; AK-BGB/Lange-Klein Rn 6).

29 cc) Dennoch erscheint eine Fallgruppenbildung und eine Suche nach anerkennenswerten **Indizien des Scheiterns** nicht überflüssig (so aber wohl AK-BGB/Lange-Klein Rn 6). Hinsichtlich des gemeinsam gewählten Lebensplanes besteht keine *Bindung* der Ehegatten an frühere gemeinsame Überzeugungen. Auch die einseitige Ablehnung der bisher übereinstimmend verfolgten Lebensweise durch einen Ehegatten kann zum Scheitern der Ehe führen, wenn der andere Ehegatte sich auf das vorher getroffene Einverständnis beruft (dazu im einzelnen unten Rn 42). Dann aber läßt sich das Scheitern der Ehe durchaus auch an den Maßstäben einer „Durchschnittsehe" messen, weil trotz einer Auflockerung der allgemein anerkannten Verhaltensmuster das Gesetz noch immer zu Recht von einem Mindestbestand der Übereinstimmung der

„billig und gerecht Denkenden" (vgl § 242) ausgeht. Sind zB die Ehegatten zunächst dahin einig gewesen, sexuelle Untreue wechselseitig zu tolerieren, so kann der Ehebruch eines Ehegatten dennoch zum Scheitern der Ehe führen, wenn der andere Ehegatte nunmehr nicht mehr bereit ist, diese Vereinbarung gelten zu lassen. Ihm kommt dann für den Nachweis des Scheiterns der Ehe die Lebenserfahrung zugute, daß nach allgemeiner Anschauung ein Ehebruch als schwere Verfehlung gegen eheliche Pflichten angesehen wird. Insbesondere dann, wenn ein Ehegatte sich auf **Rechtspflichten** beruft, die sich aus § 1353 ergeben, bleibt dies für die Scheiternsfeststellung nicht unerheblich (so aber MünchKomm/WOLF Rn 21). Wenn der Antragsteller Rechtspflichten einfordert, die der andere Ehegatte beharrlich verletzt, ist bei objektiver Würdigung dieses Dissenses der Ehegatten nicht zu erwarten, daß die Ehe fortgeführt wird. Der Antragsteller kann sich also nicht unmittelbar auf verletzte Rechtspflichten berufen. Sein Scheiternsvortrag wird aber umso glaubwürdiger, je weiter sich seine Vorstellungen der ehelichen Lebensgemeinschaft mit verbreiteten Anschauungen decken, die in § 1353 ihren Ausdruck finden.

dd)   Andererseits bleiben die **Gründe des Scheiterns der Ehe unerheblich.** Das Ver- **30** schulden eines oder beider Ehegatten ist weder erforderlich noch zu prüfen. Die Ehe ist bereits dann gescheitert, wenn auch nur **ein Ehegatte** nicht mehr bereit ist, die Lebensgemeinschaft (§ 1353 Abs 1) fortzusetzen (BGH NJW 1979, 1042; OLG Zweibrücken FamRZ 1997, 1212). Das ist der Fall, wenn er das für ein Zusammenleben notwendige Maß an Übereinstimmung und Kompromißfähigkeit nicht mehr aufbringen kann oder will (SOERGEL/HEINTZMANN Rn 4). Die Ehe kann auch gescheitert sein, wenn ein Ehegatte aufgrund Geisteskrankheit jedes Bewußtsein verloren hat, in einer Ehe zu leben. Selbst wenn er gerade dadurch nicht mehr in der Lage ist, die Zerrüttung der Ehe zu empfinden, hat er damit doch im Sinne des Scheiterns einen äußersten Grad von Eheferne erreicht; denn auch der **unbewußte Verlust ehelicher Gesinnung** kann nicht geringer bewertet werden als die bewußte Aufgabe (BGH NJW 1989, 1988, 1990, nicht aber, wenn noch ein Rest ehelichen Empfindens – Freude über Besuche des Partners – geblieben ist; MünchKomm/WOLF Rn 30).

c)   Abs 1 S 2 enthält eine **Legaldefinition** des Scheiternsbegriffes, die das Scheitern **31** auflöst in zwei der Ausfüllung bedürftige Komponenten:

aa)   Zum einen ist anhand von konkreten Umständen festzustellen, daß die **Lebens- 32 gemeinschaft der Ehegatten** nicht mehr besteht; es ist also eine **Ehediagnose** zu stellen. Der Gesetzgeber geht davon aus, daß zum unabdingbaren Kernbestand einer Ehe das Bestehen einer Lebensgemeinschaft der Ehegatten gehört. Der Wechsel im Begriff von der „ehelichen Lebensgemeinschaft" soll im neuen Recht deutlicher machen, daß als Maßstab hierfür nicht eine objektive Vorstellung sondern der von den Ehegatten gewählte Zuschnitt der Lebensgemeinschaft *ihrer Ehe* heranzuziehen ist (SCHWAB/SCHWAB Teil II Rn 13). Zum alten Recht waren zwar teilweise auch die jeweiligen Besonderheiten der ehelichen Verhältnisse berücksichtigt worden (BGHZ 12, 112; SCHWAB/SCHWAB Teil II Rn 13). Dabei wurden jedoch *persönliche Sensibilitäten* ausgespart und lediglich *objektivierbare* Besonderheiten (Alter, Kinder, Dauer der Ehe, Charaktere uä) berücksichtigt. Im übrigen aber wurde nach einem objektiven Maßstab ermittelt, ob noch die Fähigkeit der Ehegatten bestand, eine dem *Wesen* der Ehe entsprechende Ehe zu führen, was zur Generalisierung einer einigermaßen akzeptablen Durchschnittsehe führte (BGHZ 3, 70; BGHZ 26, 196; JOHANNSEN/HENRICH/JAEGER

Rn 8). Der Maßstab von Abs 1 S 2 ist hingegen die von den konkreten Ehegatten gewollte und gestaltete Lebensgemeinschaft.

33 bb) Die Lebensgemeinschaft ist dabei abzugrenzen von der **häuslichen Gemeinschaft** iSd § 1567. Das Bestehen der ehelichen Lebensgemeinschaft hängt wesentlich von den subjektiven, innerlichen Gemeinsamkeiten der Ehegatten ab. Sie kann fehlen, obgleich die häusliche Gemeinschaft aus Bequemlichkeit oder aus wirtschaftlicher Notwendigkeit fortbesteht (BGH NJW 1981, 449), wenn die Ehegatten oder einer von ihnen jede innere Zuneigung und jedes Verständnis für die Verpflichtung zu gegenseitiger Achtung und Rücksichtnahme verloren haben (OLG Karlsruhe NJW 1978, 1534; OLG Stuttgart NJW 1978, 52). Das Fehlen einer häuslichen Gemeinschaft ist also nicht Voraussetzung für die Feststellung des Fehlens der Lebensgemeinschaft der Ehegatten (OLG Karlsruhe NJW 1978, 1534; OLG Stuttgart NJW 1978, 52; OLG Schleswig NJW 1978, 52; ROLLAND Rn 15 a; JOHANNSEN/HENRICH/JAEGER Rn 14; PALANDT/DIEDERICHSEN Rn 3; Münch-Komm/WOLF Rn 29; ERMAN/DIECKMANN Rn 6; HOLZHAUER JZ 1979, 117; zur Bedeutung für die Scheidung aus Abs 1 vgl aber unten Rn 77). Bei Fortbestehen der häuslichen Gemeinschaft ergeben sich jedoch zwangsläufige persönliche Berührungspunkte, die für das Fortbestehen der ehelichen Gemeinschaft sprechen können. Die Bewertung gemeinsamer Mahlzeiten, Besuche, Hilfeleistungen, selbst gelegentlichen Geschlechtsverkehrs als Indizien für eine fortbestehende eheliche Gesinnung ist wesentlich davon geprägt, ob die Ehegatten diese Kontakte als Fortbestand der Lebensgemeinschaft empfinden (MünchKomm/WOLF Rn 29; vgl OLG Köln FamRZ 1977, 717). Die Feststellung des Wegfalls der Lebensgemeinschaft wird also in diesem Fall erschwert, weil solche Berührungspunkte auf den ersten Blick für einen Fortbestand der Lebensgemeinschaft sprechen, also ihr aus Sicht des durchschnittlichen Betrachters bestehender indizieller Wert zu widerlegen ist (SOERGEL/HEINTZMANN Rn 5). Sieht auch nur ein Ehegatte solche äußeren Gemeinsamkeiten nicht als den Inhalt einer Lebensgemeinschaft an, sondern lehnt er die Lebensgemeinschaft trotz dieses Restbestands ab, so besteht die Lebensgemeinschaft nicht mehr (AK-BGB/LANGE-KLEIN Rn 7).

34 cc) Andererseits ist das **Fehlen einer häuslichen Gemeinschaft ein Indiz** (HOLZHAUER JZ 1979, 117), aber kein sicheres Indiz für das Scheitern der Ehe, weil es der von den Ehegatten gewählten Gestaltung ihres Lebens entsprechen kann, keinen gemeinsamen Haushalt zu führen (BGB-RGRK/GRASSHOF Rn 18). Insbesondere in Fällen der Verwahrung eines Ehegatten in einer psychiatrischen Anstalt oder in Strafhaft ist die Lebensgemeinschaft nicht ohne weiteres aufgehoben; sie kann sich vielmehr in Besuchen und Briefwechseln manifestieren (vgl BGH NJW 1989, 1988; MünchKomm/WOLF Rn 27).

35 dd) Das zweite Element der Prüfung des Scheiterns besteht in der Vorhersage, daß nicht erwartet werden kann, daß die Ehegatten ihre Lebensgemeinschaft **wieder aufnehmen**. Diese **Prognose** ist aus der Sicht eines objektiven Betrachters zu treffen, der mit den subjektiven Einstellungen der Ehegatten vertraut ist. Ziel der Prognose ist die Feststellung, daß nach menschlichem Ermessen mit der Wiederaufnahme der ehelichen Lebensgemeinschaft in absehbarer Zeit nicht mehr gerechnet werden kann (SOERGEL/HEINTZMANN Rn 9). Diese Feststellung erfordert eine tatrichterliche Würdigung der gesamten Umstände der Ehe und ist daher nur bedingt revisibel (BGH NJW 1978, 1810).

2.   Nichtbestehen der Lebensgemeinschaft (Diagnose)

a)   Eheliche Gesinnung

36 Prägendes Element der Diagnose ist in Hinblick auf die subjektive Ausfüllung des Inhalts der Ehe die **eheliche Gesinnung** und die **wechselseitige Bindung**.

37 **aa)**   Es geht darum, ob die miteinander Verheirateten sich wechselseitig noch **als Ehegatten annehmen** (SCHWAB/SCHWAB Teil II Rn 18). Dies läßt sich kennzeichnen mit den die eheliche Gesinnung umschreibenden Begriffen der Achtung, Treue und Rücksichtnahme (BGB-RGRK/GRASSHOF Rn 9; JOHANNSEN/HENRICH/JAEGER Rn 10 f). Diese Begriffe beschreiben zwar durchaus den verinnerlichten Begriff der ehelichen Lebensgemeinschaft, die von der *Zuwendung* zum Partner gekennzeichnet ist und durch *Gleichgültigkeit*, nicht notwendig *Abneigung* oder *Haß* zerstört wird. Sie geben aber wenig praktische Hilfe, denn ihr Inhalt läßt sich nicht objektiv für jede Ehe bestimmen; der Versuch, das von Ehegatten gewollte Maß an gegenseitiger Zuwendung zu bestimmen, gerät bei Verwendung dieser Begriffe zwangsläufig ins Formelhafte.

38 **bb)**   Zentrale Bedeutung kommt daher der **Fähigkeit und dem Bemühen der Ehegatten zur Einigung** in allen für das eheliche Miteinanderleben wichtigen Angelegenheiten zu (BGH NJW 1989, 1988; OLG Frankfurt/M FamRZ 1978, 595; OLG Karlsruhe FamRZ 1978, 592; OLG Stuttgart NJW 1978, 52; OLG Zweibrücken FamRZ 1997, 1212; MünchKomm/WOLF Rn 22; SOERGEL/HEINTZMANN Rn 4; ERMAN/DIECKMANN Rn 6; GERNHUBER/COESTER-WALTJEN § 27 I 3). Diese Einigung muß sich den jeweiligen Situationen anpassen; ein Beharren auf einer einmal getroffenen Einigung kann zum Wegfall der Lebensgemeinschaft führen, wenn sich ein Ehegatte von dieser Einigung lossagt. Andererseits sind die Ehegatten nicht auf eine demokratische Entscheidungsfindung festgelegt. Akzeptiert ein Ehegatte die Leitfunktion des anderen, so besteht die Lebensgemeinschaft solange, als diese Haltung andauert (so auch MünchKomm/WOLF Rn 22).

b)   Objektiver Vergleich zur Vergangenheit

39 **aa)**   Fraglich ist, wie weit der Richter sich für seine Diagnose auf die **objektiven Elemente der Lebensgemeinschaft in der Vergangenheit** stützen kann. Es wird vertreten, daß die zur Lebensgemeinschaft der Ehegatten zählenden objektiven Elemente an den bisherigen Lebensformen der Ehegatten zu messen seien (MünchKomm/WOLF Rn 23; SOERGEL/HEINTZMANN Rn 15; ähnlich: BGB-RGRK/GRASSHOF Rn 14 aE; vgl auch AK-BGB/LANGE-KLEIN Rn 8 zur Prognose). Dem liegt der Gedanke zugrunde, daß die zu Beginn der Ehe existent gewesene Lebensgemeinschaft etwas objektiv Feststellbares ist, so daß sich der zu erforschende subjektive Inhalt der Lebensgemeinschaft auf diesem Weg objektivieren läßt (so ausdrücklich: SOERGEL/HEINTZMANN Rn 11). Dafür steht zum einen der Wortlaut der Bestimmung, der davon spricht, daß die Lebensgemeinschaft der Ehegatten „nicht mehr" besteht. Richtig an diesem Ansatz ist die *subjektive Ausrichtung*: Das Fehlen der Lebensgemeinschaft kann nicht aus dem Fehlen von Komponenten des ehelichen Zusammenlebens geschlossen werden, die nach *verbreiteter Ansicht zu* einer Ehe gehören. Das ergibt sich aus der personalen Inhaltsbestimmung der Ehe. Richtig ist weiter, daß eine einseitige Abkehr von gemeinsam gewählten Lebensformen, insbesondere ein Verzicht auf bisher gepflogene Gemeinsamkeiten ein Indiz für eine innere Abkehr voneinander ist. Die eheliche Gesinnung ist kein „abstraktes Phänomen, das über den Ehegatten geistert" (ROLLAND Rn 12). In einer nach durchschnittlichen Sozialmustern gelebten Ehe geht der damit beschriebene Entfremdungsprozeß regelmäßig einher mit mehr oder weniger drastischen äußeren Zeichen. Man darf diese Zeichen aber nicht identifizieren mit dem Scheitern der Ehe, für das sie nur Indizien sind (ROLLAND Rn 12). Man darf aber insbesondere nicht die Anforderungen an das Erkennbarwerden solcher Zeichen überspannen. Das Scheitern muß sich nicht in Ehebruch, Abbruch der sexuellen Beziehungen oder offener Abgrenzung manifestieren (GERNHUBER/COESTER-WALTJEN § 27 I 6); es kann sich auch im stillen Verlust früher gepflogener Gemeinsamkeiten bei äußerer Fortführung des gemeinsamen Lebens zeigen.

Damit wird der Blick in die Vergangenheit den subtilen Fällen des Scheiterns einer Ehe nicht gerecht, die sich eher schweigend vollziehen, **ohne daß die Lebensformen sich dramatisch geändert** haben. Will einer oder wollen beide Ehegatten geschieden werden, dann manifestiert sich darin regelmäßig der Wille, den derzeit gelebten, als Mangel an Lebensgemeinschaft empfundenen Zustand nicht mehr weiter zu dulden. Auch in einem solchen Fall kann aber eine Ehe gescheitert sein; das Scheitern muß sich nicht durch drastische Ereignisse manifestieren (OLG Zweibrücken FamRZ 1989, 981).

Für die Beurteilung spielt es aber dann keine Rolle, ob dieser Zustand identisch oder nicht identisch mit dem früher gelebten ist. Der Blick in die Vergangenheit kann also hilfreich sein, wenn ein Ehegatte schwindende Gemeinsamkeiten beklagt; er versagt völlig, wenn ein Ehegatte eine Belebung und Fortgestaltung der Lebensgemeinschaft will und deshalb in der gelebten Ehe nicht mehr die angestrebte Erfüllung findet. Auch insoweit dürfte der Schlüssel zur Diagnose einzig die **Konsensfähigkeit** der Ehegatten sein.

40 bb) Liegen hingegen **drastische Anzeichen der Ehekrise** vor (deutliche Kundmachungen von Abneigung, außereheliche Beziehungen, erhebliche Beleidigungen, siehe die Beispiele bei SOERGEL/HEINTZMANN Rn 17, der den Vergleichszeitraum mit dem Einsetzen solcher Vorgänge begrenzen will), so erscheint es doch eher artifiziell, die Beseitigung der Lebensgemeinschaft damit zu begründen, früher hätten sich die Eheleute solcherlei nicht angetan. Bei aller Freiheit zur personalen Ausgestaltung der Lebensgemeinschaft wird man einen Konsens dahin annehmen dürfen, daß übles Verhalten im gegenseitigen Umgang nicht zum Repertoire einer funktionierenden Ehe gehört und per se – und nicht erst im Reflex auf die Vergangenheit – ein Zeichen der Zerrüttung ist.

c) Einseitige Aufgabe ehelicher Gesinnung, ehelichen Lebensplans

41 aa) Es entspricht allgemeiner Ansicht, daß auch die **einseitige Abkehr eines Ehegatten von der ehelichen Gesinnung** die Lebensgemeinschaft der Ehegatten aufheben kann (BGH NJW 1979, 1042; BGH FamRZ 1979, 1003; OLG Hamm FamRZ 1977, 802; OLG Schleswig FamRZ 1977, 802; PALANDT/DIEDERICHSEN Rn 3; JOHANNSEN/HENRICH/JAEGER Rn 12; ERMAN/DIECKMANN Rn 6). Verbreitet wird aber gefordert, daß sich diese innere Abkehr **nach außen manifestiert** haben müsse (BGH NJW 1979, 1042; BGH FamRZ 1979, 1003; OLG Frankfurt/M FamRZ 1977, 801; BGB-RGRK/GRASSHOF Rn 15; SOERGEL/HEINTZMANN Rn 19); wenn dem Partner die ehefeindliche Haltung des anderen nicht erkennbar sei, weil dieser an den alten Formen der Verwirklichung der Lebensgemeinschaft mitwirke, funktioniere diese noch (BGB-RGRK/GRASSHOF Rn 15); wenn nicht objektive Elemente einer Abkehr von der bisherigen Lebensgemeinschaft hinzuträten, sei die Erklärung, mit dem Partner nicht mehr zusammenleben zu können, objektiv falsch (Soergel/Heintzmann Rn 19). Dieser Ansicht ist entgegenzuhalten, daß solchermaßen ggf nur der äußere Schein einer Lebensgemeinschaft zur Grundlage der Diagnose gemacht wird. Dem Antragsteller gereicht es zum Nachteil, wenn er, sei es aus Bequemlichkeit, sei es aus verbliebener Rücksichtnahme auf den Partner oder Kinder an äußeren gewohnten Lebensformen festhält, aber anstatt endgültig zu resignieren schließlich in einem Akt innerer Auflehnung aus der Ehe strebt. Zumindest muß es genügen, daß die Ablehnung des Weiterführens der ehelichen Lebensgemeinschaft durch Stellung des Scheidungsantrags zum Ausdruck kommt, sonst würde dem sich innerlich von der Lebensgemeinschaft abkehrenden Ehegatten zugemutet, deutliche ehefeindliche – ggf auch verletzende – äußere Zeichen der inneren Entfremdung zu setzen.

bb) Insbesondere steht der Feststellung der Aufhebung der Lebensgemeinschaft **42** nicht entgegen, wenn sich ein Ehegatte von bis dahin im wesentlichen realisierten **gemeinsamen Lebensplanungen** abwendet. Das Recht zur gemeinsamen Ausgestaltung der Ehe bedeutet nämlich keine Bindung an eine einmal getroffene Inhaltsbestimmung (OLG Oldenburg FamRZ 1981, 775; OLG Düsseldorf FamRZ 1981, 545; Rolland Rn 22; BGB-RGRK/Grasshof Rn 19; MünchKomm/Wolf Rn 28), selbst wenn eine solche Vereinbarung ausnahmsweise rechtlich verbindlich getroffen worden sein sollte, der aus ihr fortstrebende Ehegatte sich also rechtswidrig verhält (vgl auch BGB-RGRK/Grasshof Rn 19). Dies erklärt sich wiederum aus dem letztlich für die Feststellung der ehelichen Gesinnung zentralen Moment der *Konsensfähigkeit* und spricht wiederum dagegen, die Fortdauer der Lebensgemeinschaft an dem bisher gelebten Üblichen zu messen. Von einem Scheitern kann eben in solchen Fällen nicht nur gesprochen werden, weil sich tatsächlich etwas anders entwickelt hat (so aber bezogen auf den „Eheplan" Soergel/Heintzmann Rn 10); vielmehr scheitert eine Ehe auch dann, wenn ein Ehegatte einseitig an dem gefaßten Eheplan nicht mehr festhalten will und der andere Ehegatte sich weigert, eine neue Einigung zu erzielen (BGB-RGRK/Grasshof Rn 19). Auch insoweit bedarf es dann nicht einer dramatisch nach außen dringenden Abkehr eines der Ehegatten von der Lebensgemeinschaft; vielmehr muß gerade in solchen Fällen objektiv nicht mehr bestehender Konsensfähigkeit über wesentliche Grundlagen der Lebensführung die Feststellung dieses inneren Zustandes der Ehe verbunden mit der Manifestation der Unerträglichkeit für einen Ehegatten durch den **Scheidungsantrag** genügen.

cc) Strittig, wenngleich von eher theoretischer Bedeutung ist, ob auch der **einseitige 43 Verlust ehelicher Gesinnung beim Antragsgegner** genügt. Die Rechtsprechung zu den Scheidungstatbeständen des EheG, wonach der die Scheidung begehrende Teil sich von der Ehe abgewandt haben müsse, da ihm sonst das Zerrüttungsempfinden fehle (ohnedies nur praktisch relevant im Fall des Geisteskranken als Antragsteller, vgl BGHZ 39, 191; BGH FamRZ 1969, 271), ist jedenfalls zu § 1565 ff nicht aufrecht zu erhalten. Das Scheitern ist ein individualisiert-objektiver Zustand, das heißt, die Voraussetzungen der Ehezerstörung hängen zwar von den subjektiven beidseitigen Erwartungen ab, treten aber auch bei einseitiger Abkehr zwischen den Ehegatten ein, ohne daß es auf das Empfinden ankäme. Auch der Ehegatte, der grundsätzlich die eheliche Lebensgemeinschaft wiederherstellen will, kann die Scheidung begehren, etwa im Hinblick auf die Aussichtslosigkeit einer Versöhnung (OLG Köln FamRZ 1992, 319; Rolland Rn 18). Überdies bedarf es nach dem hier vertretenen Verständnis (oben

Rn 39 f) keines dramatischen Signals der Abkehr von der Ehe; jedenfalls dann, wenn der Antragsteller in eigenverantwortlicher Entscheidung (zum Geisteskranken unten Rn 44) die Scheidung beantragt, zeigt dies auch nach außen, daß er aus dem Scheitern der Ehe Konsequenzen ziehen will.

d) Geisteskranke

44 Unbeschadet der Feststellung, daß auch Geisteskrankheit eines Ehegatten zum **Scheitern durch unbewußten Verlust der ehelichen Gesinnung** führen kann (dazu oben Rn 36 ff, 43), stellt sich die Frage, ob der Geisteskranke, der einer – auch auf ein Minimum der Kontaktaufnahme beschränkten (zu dem insoweit reduzierten Maßstab BGH FamRZ 1989, 479, 481; OLG Hamm FamRZ 1990, 166, 168) – ehelichen Gesinnung nicht mehr fähig ist, durch seinen Vormund einen Scheidungsantrag begründet stellen kann. Die Rechtsprechung zu § 48 EheG aF, wonach der zur Empfindung ehelicher Gesinnung Unfähige auch die Ehezerrüttung nicht verspüre und daher keinen Scheidungsanspruch habe, ist jedenfalls unter geltendem Recht aufzugeben (MünchKomm/ WOLF Rn 30; JOHANNSEN/HENRICH/JAEGER Rn 13; ROLLAND Rn 19). Zwar kann der Geisteskranke im Zustand der Empfindungsunfähigkeit gegenüber seiner Ehe nicht mehr – wie im vorerörterten Fall der einseitigen Zerrüttung durch den Antragsgegner (oben Rn 43) – durch den seiner Willensbildung zuzurechnenden Antrag seine Abkehr von der Ehe dokumentieren. Jedoch bleibt auch angesichts des Wegfalls der Fähigkeit zur Lebensgemeinschaft das ggf vorliegende wohlverstandene Interesse des geisteskranken Ehegatten an der Scheidung schutzwürdig (ROLLAND Rn 19).

e) Besondere Erwartungen, Idealehe

45 Strittig ist die Behandlung von Ehen, in denen die Ehegatten ein **besonders anspruchsvolles Niveau** der ehelichen Lebensgemeinschaft (Streitfreiheit, maximale gegenseitige Zuwendung) angestrebt, ggf auch eine Weile gelebt haben, sich aber ein Ehegatte von diesem Niveau abwendet. Hierzu wird vertreten, die Ablehnung des anspruchsvollen Niveaus der „Musterehe" bedinge noch nicht die Ablehnung der Lebensgemeinschaft, solange der Ehegatte bereit und in der Lage sei, mit dem anderen eine normale Durchschnittsehe zu führen (BGB-RGRK/GRASSHOF Rn 20). Dieser Ansatz ist unzutreffend: Es kommt auch für die überdurchschnittlich gewollte Ehe in keiner Weise darauf an, auf welches Niveau der ausscherende Ehegatte die Lebensgemeinschaft absenken will; der Durchschnitt ist für die individuelle Gemeinschaft unmaßgeblich. Entscheidend ist, ob auch der andere Ehegatte zu den neuen Konditionen bereit ist, die Lebensgemeinschaft fortzuführen, bzw, ob eine *Einigung* erzielt wird; irrelevant ist, ob man diese Form des Zusammenlebens von außen betrachtet als zumutbar empfindet (MünchKomm/WOLF Rn 26; letztlich auch BGB-RGRK/ GRASSHOF Rn 20). Es wäre verfehlt, einen Ehegatten auf eine durchschnittlich akzeptable Ehe zu verweisen, wenn er den Verlust der Besonderheit der Beziehung als Zerstörung und Entfremdung empfindet (ROLLAND Rn 11).

f) Atypische Ehe

46 Ähnlich verhält es sich, wenn die Ehegatten eine Eheform wählen, der **wesentliche Elemente einer Ehe nach durchschnittlichem Sozialverständnis fehlen**. Vieldiskutierte Beispiele sind die Ehe ohne Geschlechtsgemeinschaft (*„Onkelehe", „Josefsehe"*) sowie die Verbindung einer Prostituierten mit einem Ehemann, der diese Tätigkeit billigt bzw fördert (Extrembeispiel die *Zuhälterehe*). Grundsätzlich gilt auch für solche Verbindungen, daß die eheliche Lebensgemeinschaft nach dem individuellen

Lebensplan der Ehegatten zu bestimmen ist. Solange beide Ehegatten diese Form der Lebensgemeinschaft annehmen, ist die Lebensgemeinschaft nicht iSd Abs 1 S 2 aufgehoben (MünchKomm/Wolf Rn 25); genau genommen handelt es sich hier zwar um Randerscheinungen aus der Sicht eines weithin bestehenden gesellschaftlichen Einverständnisses; diese Randformen stehen jedoch in fließendem Übergang zu sonstigen vom Durchschnittsbild einer Ehe abweichenden Lebensformen wie *gewollter Kinderlosigkeit, Fehlen der Wohngemeinschaft, Versorgungsehen* und Ähnlichem (AG Landstuhl FamRZ 1985, 1042; BGB-RGRK/Grasshof Rn 18; Johannsen/Henrich/Jaeger Rn 16). Für die Feststellung der Aufhebung solcher Lebensgemeinschaften kommt allerdings dem **inneren Moment der Abwendung** vom Partner erheblich größere Bedeutung zu, als der Suche nach objektiven Kriterien, weil nicht entfallen kann, was objektiv nie gelebt wurde, so daß Indizwirkungen fehlen oder doch schwächer werden (Rolland Rn 16). Empfindet etwa der Ehemann einer Prostituierten deren Tätigkeit nach einiger Ehezeit nunmehr als Untreue und verlangt er die Aufgabe dieser Tätigkeit, so ist die Ehe gescheitert, wenn die Prostituierte ihrem Erwerb weiter nachgeht und ihr Ehemann sich hiermit nicht abfindet. Eine solche Abkehr kann sich letztlich – wie auch die sonst nach objektiven Kriterien suchende überwiegende Ansicht (vgl oben Rn 39 f) zugibt – endgültig nur im Scheidungsantrag manifestieren (MünchKomm/Wolf Rn 24; Rolland Rn 16). Deshalb erscheint es unzutreffend, bei einer bloßen **Versorgungsehe** diese aufrecht zu erhalten, wenn einer der Ehegatten eine inhaltlich solchermaßen reduzierte Ehe nicht mehr führen will, weil sich an der Lebensführung des Antragstellers durch Scheidung nichts ändern würde und dieser bei Fortführung der Ehe sich die Versorgungsleistungen beim Antragsgegner wieder abholen könnte. Das gilt, selbst wenn er bisher die Leistungen des Antragsgegners genossen hat und nunmehr mit der Scheidung vorwiegend dessen Erbberechtigung beseitigen möchte (**aA** AG Landstuhl FamRZ 1985, 1042). Es ist einer reinen Versorgungsehe immanent, daß sich die Lebensgemeinschaft auf die bloße Versorgung reduziert, so daß sich im Falle der Scheidung äußerlich nichts ändert; das bindet aber nicht stärker an einen solchen Ehetyp.

g) Fehlehe, Zweckehe

Schwierigkeiten bereitet die Feststellung des Nichtmehrbestehens der Lebensge- **47** meinschaft bei sog **Zweck-** bzw **Fehlehen** (KG FamRZ 1985, 73; FamRZ 1985, 1042; OLG Celle FamRZ 1983, 593; FamRZ 1984, 279; OLG Düsseldorf FamRZ 1981, 677; OLG Hamburg FamRZ 1983, 1230; OLG Karlsruhe FamRZ 1988, 91; OLG Köln FamRZ 1983, 592; FamRZ 1984, 278), zB der Ehe zur Erleichterung der Einbürgerung, der Gewährung einer Aufenthaltserlaubnis, des Namenserwerbs, der Steuerersparnis oder der Verdeckung sittenwidriger Geschäftsbeziehungen (zB die Zuhälterehe). Verfolgen die Partner bereits bei Eingehung der Ehe andere Ziele als die Aufnahme einer – wie auch immer begrenzten – Lebensgemeinschaft, so kann begrifflich eine eheliche Lebensgemeinschaft nicht entfallen, weil eine solche nie bestanden hat. Solche Ehen wurden nach dem bis 30. 6. 1998 gelten Recht nur ausnahmsweise als **nichtig** angesehen, wenn bei der Eheschließung ein **Vorbehalt** gegen die Aufnahme einer lebenslangen Gemeinschaft erklärt wird (§ 13 Abs 2, § 17 Abs 1 EheG aF; BayObLG FamRZ 1982, 603).

Nach § 1314 Abs 2 Nr 5 ist eine solche Ehe nunmehr **aufhebbar;** die Aufhebung ist jedoch schon dann ausgeschlossen, wenn die ehegatten nach Eheschließung als Ehegatten miteinander gelebt haben (§ 1315 Abs 1 Nr 5).

Unabhängig hiervon ist weiterhin ein auf die Qualität der Ehe als Schein- oder Zwekkehe gestützter **Scheidungsantrag** nicht rechtsmißbräuchlich (zur Gewährung von Prozeßkostenhilfe § 1564 Rn 109); wenn die Rechtsordnung eine solche zu ehewidrigen Zwekken geschlossene Ehe als wirksam ansieht, muß sie sogar zum Schutz des Grundrechts der Eheschließungsfreiheit (Eingehung einer zweckentsprechenden Ehe) scheidbar sein (ROLLAND Rn 21; MünchKomm/WOLF Rn 30 a; JOHANNSEN/HENRICH/JAEGER Rn 17). Das gilt auch, wenn der vereinbarte ehewidrige Zweck noch nicht erreicht ist, da eine solche Vereinbarung regelmäßig mit § 1353 unvereinbar und daher nach § 134, ggf auch nach § 138 nichtig ist (BGB-RGRK/GRASSHOF Rn 22). Abs 1 ist damit auf solche Ehen uneingeschränkt anwendbar; ggf wird bei nachgewiesener reiner Zweckehe das Fehlen der ehelichen Lebensgemeinschaft von Anfang an festzustellen sein. Damit ist eine solche Ehe von Anfang an gescheitert (JOHANNSEN/HENRICH/JAEGER Rn 17). Die **Prognose**, ob die Ehegatten die eheliche Lebensgemeinschaft „wieder" herstellen, kommt in diesem Fall nicht in Betracht, wenn nie eine Lebensgemeinschaft gewollt und erreicht war (GERNHUBER/COESTER-WALTJEN § 27 I Nr 9; **aA**: OLG Zweibrücken FamRZ 1997, 1212; MünchKomm/WOLF Rn 30 a, 73 c).

Eine hiervon zu trennende Frage ist es, ob auch auf solche Ehen **Abs 2** Anwendung findet und wie ggf die Trennungszeit – auch in Hinblick auf §§ 1566 Abs 1, 1567 zu berechnen ist (dazu unten Rn 101 ff).

3. Prognose

a) Individualisierung der Prognose und Objektivität

48 aa) Abs 1 S 2 HS 2 erlegt dem Richter gegenüber der zumeist einigermaßen sicher aus objektiven Umständen folgenden Diagnose der Ehe eine **Prognose** auf, die sich naturgemäß der Objektivierung entzieht. Insbesondere enthält § 1565 auch insoweit eine Abkehr vom objektiven **Maßstab** der Durchschnittsehe; § 48 Abs 1 EheG aF verlangte eine Prognose, die auf die Wiederherstellung einer dem *Wesen* der Ehe entsprechenden Lebensgemeinschaft gerichtet war. Die Frage, ob angesichts der gestellten Diagnose die Ehegatten voraussichtlich zu einer durchschnittlichen ehelichen Lebensführung zurückfinden würden, war insofern leichter zu treffen, als hierfür auf die Lebenserfahrung des durchschnittlichen Richters zurückgegriffen werden konnte. Mit dem Bekenntnis zur individuellen Ausfüllung der Lebensgemeinschaft ist dieser Weg verschlossen. Daher ist auch die Forderung nach einem *objektiven strengen Maßstab* der Prognoseentscheidung (BGH FamRZ 1978, 671; FamRZ 1979, 1003; OLG Koblenz FamRZ 1978, 31; FamRZ 1980, 253; DÖRR NJW 1989, 489) irreführend. Objektivität kann nur insoweit bestehen, als der Richter nach richtiger Ansicht nicht an die *Wertungen* eines oder beider Ehegatten zur Unumstößlichkeit des Scheiterns gebunden ist (BGH NJW 1978, 1810; BGH FamRZ 1979, 1003; MünchKomm/WOLF Rn 44 a; JOHANNSEN/HENRICH/JAEGER Rn 20). Eine solche Wertung ist rechtliche Würdigung und damit dem Gericht vorbehalten. Im übrigen aber ist ein **interner Vorgang** zu würdigen, der allenfalls durch Indizien nach außen dringt, regelmäßig aber nur durch mehr oder minder glaubwürdige Selbstbewertungen der Ehegatten über die Endgültigkeit des erreichten Zustands (treffend MünchKomm/WOLF Rn 44 „das objektive Dilemma, daß ein subjektives Empfinden objektiv festgestellt werden muß"; ebenso GERNHUBER/COESTER-WALTJEN § 27 I 5). Der Richter kann sich aber nicht auf ein objektiviertes Verständnis von der Nachhaltigkeit der die Ehekrise begründenden Ursachen zurückziehen. Vielmehr hat er es hinzunehmen, wenn die Aufgabe der ehelichen Gesinnung

nach seiner Überzeugung ernstlich und endgültig ist (so zutreffend JOHANNSEN/HENRICH/
JAEGER Rn 20), obgleich die vorgefallenen Tatsachen eine solche ernstliche und end-
gültige Abwendung bei objektiver Beurteilung nicht tragen würden. Keinesfalls darf
der beurteilende Richter seine oder eine objektiv vernünftige Überzeugung, die
Ehegatten müßten ihre Entscheidung noch einmal überdenken, an die Stelle der
Prognose über die subjektive Haltung der Ehegatten zu ihrer Ehe setzen (BGB-
RGRK/GRASSHOF Rn 29). Inhalt der Prognose ist also nicht die Begründetheit der in-
neren Abkehr von der Ehe, sondern nur die *Nachhaltigkeit dieser Abkehr.*

bb) Dabei geht die Prognose dahin, ob die Ehegatten voraussichtlich zu **einer Le-** 49
bensgemeinschaft zurückfinden können, die sie beide als eine zufriedenstellende eheliche Lebensgemeinschaft verstehen. Es ist also nicht zu fragen, ob der vor dem
Eintritt der ehelichen Störung gelebte Zustand wieder erreichbar ist (so aber ROLLAND
Rn 22), sondern ob die Ehegatten sich auf eine gemeinsame eheliche Lebensform
einigen können. Diese Lebensform kann ggf auch anders gestaltet sein, als die frühere Lebensgemeinschaft der Ehegatten. Es wäre verfehlt, eine Ehe als gescheitert
anzusehen, wenn die alte Lebensgemeinschaft nicht mehr besteht, aber eine „andere" Lebensgemeinschaft herstellbar erscheint, die sie aus objektiver Sicht selbst als
solche verstehen (BGB-RGRK/GRASSHOF Rn 30).

b)   Konsensfähigkeit
Inhalt der zu treffenden Prognose ist damit die **Fähigkeit der Ehegatten, sich künftig** 50
wieder über wesentliche Elemente der gemeinsamen Lebensführung zu verständigen.
Daraus dürfte es sich erklären, daß häufig die Prognose in gerichtlichen Entscheidungen keine oder nur formelhafte Erwähnung findet und sich die Prüfung auf die
Diagnose reduziert. Eine solche Argumentation verstößt nicht etwa gegen Art 6
Abs 1 GG (so aber: SOERGEL/HEINTZMANN Rn 23, wohl wegen der Übergehung möglicher Versöhnungschancen), sondern trägt dem Umstand Rechnung, daß nach der Lebenserfahrung eine derzeit festgestellte **völlige Konsensunfähigkeit** regelmäßig bereits die negative Prognose in sich trägt. Wenn die Diagnose auf völlige Entfremdung der
Ehegatten untereinander lautet, so wird selten damit zu rechnen sein, daß die eheliche Gesinnung wieder entsteht. Der Richter darf insbesondere nicht die bloß theoretische Möglichkeit einer Versöhnung iS der Schaffung eines neuen gemeinsamen
Lebenskonsenses zum Gegenstand einer positiven Prognose machen (JOHANNSEN/
HENRICH/JAEGER Rn 21; vgl MünchKomm/WOLF Rn 32).

c)   Bedeutung der Selbsteinschätzung
aa) Fraglich ist dabei, welche Bedeutung die **Erklärung** eines oder beider Ehegatten 51
hat, daß die **Ehe gescheitert** sei und sie zu einer ehelichen Lebensgemeinschaft nicht
mehr zurückfinden werden. Zwar ist nach ganz herrschender Ansicht diese Erklärung, insbesondere die einseitige Erklärung des Antragstellers, sich ernsthaft und
endgültig von der Ehe gelöst zu haben, nicht genügend als Grundlage einer negativen
Prognose (BGH NJW 1978, 1810; BGH FamRZ 1979, 1003; KG NJW-RR 1994, 518; OLG Zweibrücken FamRZ 1982, 293; OLG Köln FamRZ 1995, 1503; ROLLAND Rn 23; JOHANNSEN/HENRICH/
JAEGER Rn 25; MünchKomm/WOLF Rn 44 a). Nach der vom Gesetzgeber vorgesehenen
Prüfungsstruktur bedarf es in der Tat theoretisch einer objektiven Überprüfung
der von den Parteien vorgetragenen Endgültigkeit des Scheiterns. Das Gesetz läßt
die Scheidung der Ehe nicht schon deshalb zu, weil einer oder beide Ehegatten
geschieden werden *wollen;* Scheidungsgrund ist das Scheitern, dessen Beurteilung

als rechtliche Würdigung nicht den Ehegatten, sondern dem Gericht obliegen soll. Andererseits zeigt sich an dieser Stelle besonders augenfällig die begrenzte Verwirklichbarkeit dieses Prüfungskonzepts: Das Gericht kann sich allenfalls eine Überzeugung von der *Glaubwürdigkeit* und *Ernsthaftigkeit* des Vortrags machen (BGH FamRZ 1979, 1003; BGHZ 128, 125, 130). Der Scheidungswunsch als solcher ist nämlich durchaus ein starkes Indiz für das Scheitern der Ehe, weil letztlich das Scheitern ein subjektiv bestimmter Zustand ist und nur die Ehegatten selbst in der Lage sind, die von der Prognose erfaßte Lebensgemeinschaft wiederherzustellen; dies aber scheidet aus, wenn dem der Wunsch entgegensteht, geschieden zu werden. Die Scheiternsbeteuerung ist mit dem Scheitern zwar nicht identisch (SCHWAB/SCHWAB Teil II Rn 23); ist die Scheiternsbeteuerung aber ernstgemeint, so wird der Ehegatte an einem Konsens nicht mehr mitwirken, so daß hieraus das Scheitern folgt. Überdies können die Eheleute in aller Regel den Zustand ihrer Ehe besser beurteilen als der außenstehende Richter; es darf keinesfalls prima facie unterstellt werden, daß ein übereinstimmender Vortrag zum Scheitern der Ehe unrichtig ist oder gar auf kollusives Zusammenwirken schließen läßt (JOHANNSEN/HENRICH/JAEGER Rn 35).

52 bb) Deshalb mißt zu Recht die Praxis dem **Scheidungswunsch erhebliche Bedeutung** auch in Anwendung des Grundtatbestands zu (BGH NJW 1978, 1810; BGH NJW 1981, 449; OLG Frankfurt FamRZ 1977, 801; OLG Karlsruhe FamRZ 1978, 590; OLG Köln FamRZ 1978, 25; FamRZ 1991, 822; OLG Schleswig NJW 1977, 51; OLG Stuttgart NJW 1977, 1542; NJW 1978, 546; OLG Zweibrücken FamRZ 1989, 981); gerade die familiengerichtliche Praxis begründet, wenn Rechtsmittel nicht zu erwarten sind, die negative Prognose häufig ausschließlich mit dem ernsthaften und endgültigen Lösungswillen eines oder beider Ehegatten. Dem ist beizupflichten; die justizielle Kontrolle ist dadurch zwar vor allem im Bereich der einverständlichen Scheidung nach dem Grundtatbestand stark zurückgenommen. Das ist jedoch nicht systemwidrig (**aA** VOEGELI KJ 1982, 146), sondern lediglich Ausdruck einer im Umgang mit Menschen in Scheidungssituationen erfahrenen familiengerichtlichen Praxis: dem Richter steht es auch nach der Konzeption des § 1565 Abs 1 nicht zu, die Besonnenheit oder das Verantwortungsbewußtsein der Ehegatten generell in Zweifel zu ziehen (so aber: BGB-RGRK/GRASSHOF Rn 50, sofern nicht der Weg über § 1566 Abs 1, § 630 ZPO beschritten wird; BOSCH FamRZ 1982, 294; VOEGELI KJ 1982, 146; wie hier: MünchKomm/WOLF Rn 44 a). Übertriebene Ermittlungen zur Ernsthaftigkeit des Verlustes der ehelichen Gesinnung sind zu vermeiden (**aA** ERMAN/DIECKMANN: „auf einen Tatsachenvortrag drängen"); sie verletzen die Intimsphäre der Ehegatten und sind unnötig, da sie letztlich nicht geeignet sind, die Ernstlichkeit abschließend zu beweisen. Außerdem ergibt sich ein Druck auf die Ehegatten zu **feindseligem Verhalten**, um glaubhaft zu wirken (vgl BGH FamRZ 1979, 1003).

53 cc) Die Einholung eines **psychologischen Sachverständigengutachtens** zur inneren Einstellung wäre ein grober Verstoß gegen das Grundziel des 1. EheRG, die Persönlichkeitsrechte und die Intimsphäre der Ehegatten zu achten. Erst recht darf eine Folgerung aus der Weigerung zu einer solchen Untersuchung nicht gezogen werden. Selbst wenn der Antragsgegner der Einschätzung des Antragstellers, dieser habe sich endgültig von der Ehe abgewandt, widerspricht, geht es nur darum, ob die Scheidung aus dem Grundtatbestand erfolgen kann oder ob bis zum Eingreifen der unwiderlegbaren Vermutung des § 1566 Abs 2 abzuwarten ist. Dies rechtfertigt es nicht, die Ehegatten den Belastungen eines – nicht erzwingbaren – psychologischen Gutachtens auszusetzen (MünchKomm/WOLF Rn 46; ROLLAND Rn 24; JOHANNSEN/HENRICH/JAEGER Rn 40; einschränkend selbst BGB-RGRK/GRASSHOF Rn 54).

dd) Das Gericht kann also regelmäßig nur auf **Grundlage von (objektiven) Lebens-** .54 **erfahrungen** entscheiden (SCHWAB/SCHWAB Teil II Rn 23). Dazu rechnet aber auch, daß mangels entgegenstehender Indizien davon auszugehen ist, daß nach Wegfall der Lebensgemeinschaft ein Scheidungsbegehren verbunden mit der Selbstdiagnose des Scheiterns der Ehe nach menschlicher Lebenserfahrung für eine negative Eheprognose spricht. Eine Ehescheidung ist für die Betroffenen regelmäßig mit so tiefer menschlicher und wirtschaftlicher Belastung verbunden, daß nicht aus einem schein-objektiven Blickwinkel leichtfertig der Vorwurf der Unbesonnenheit gemacht werden sollte. Hinzu kommt die weitere Lebenserfahrung, daß eine Gegenläufigkeit von Diagnose und Prognose eher als die **Ausnahme** anzusehen ist (JOHANNSEN/HENRICH/ JAEGER Rn 22). Besteht die Lebensgemeinschaft der Ehegatten nicht mehr, so bedarf es auf seiten eines oder beider Ehegatten einer hohen Kraftanstrengung, die entwickelten Barrieren beiseitezuschaffen und neu zu beginnen. Regelmäßig wird es an der Bereitschaft hierzu fehlen, so daß für die überzeugend vorgetragene Behauptung, es fehle im konkreten Fall tatsächlich an der Bereitschaft, eine hohe Wahrscheinlichkeit spricht (zur Bedeutung der übereinstimmend negativen Eheprognose der Ehegatten in Verbindung mit einjährigem Getrenntleben unten Rn 62 ff).

d)   Einseitiger Verlust ehelicher Gesinnung
aa)   Die Wiederherstellung der ehelichen Lebensgemeinschaft ist auch dann nicht 55 mehr zu erwarten, wenn ein Ehegatte sich **einseitig und endgültig** von der Ehe abgewendet hat (BGH NJW 1979, 1042; OLG Celle FamRZ 1978, 508; OLG Frankfurt/M FamRZ 1979, 1013; OLG Hamm FamRZ 1977, 802; OLG Koblenz FamRZ 1980, 253; OLG Schleswig FamRZ 1977, 802; OLG Zweibrücken FamRZ 1982, 293; AG Schorndorf FamRZ 1992, 568; PALANDT/DIEDERICH-SEN Rn 6; ERMAN/DIECKMANN Rn 8; MünchKomm/WOLF Rn 35; aA AG Landstuhl FamRZ 1996, 1481 in unerschütterlicher Standhaftigkeit gegen die geltende Rechtslage und das übergeordnete OLG: „Das AmtsG erkennt die sog. einseitige Zerrüttung der Ehe nicht an").

Auch hierzu ist es im Einzelfall geboten, objektive Indizien des Scheiterns zu prüfen; jedoch kann wiederum gerade bei einseitiger innerer Abkehr von der Ehe schwerlich immer ein nach außen dringendes Verhalten verlangt werden. Auch der glaubhaft vom Antragsteller vorgebrachte Wille, nicht mehr zu dem anderen zurückzukehren, kann und muß ausreichen, wenn das Gericht von der Ernstlichkeit überzeugt ist; hier wird im Einzelfall sorgfältiger zu prüfen sein als bei übereinstimmendem Vortrag der Ehegatten. Dabei ist grundsätzlich nicht in die Prognose einzubeziehen, aus welchen **Gründen** sich der Ehegatte einseitig von der Ehe lossagt. Abs 1 stellt ausschließlich auf die objektive Vorausschau ab und nicht auf eine Bewertung der Gründe als vernünftig oder nachvollziehbar (MünchKomm/WOLF Rn 36). Auch ein aus **Laune oder Willkür** getroffener Entschluß zur Abkehr von der Ehe kann objektiv endgültig sein. Allerdings mag im Einzelfall die Plausibilität der Motive darunter leiden, daß der Antragsteller launenhafte und objektiv geringgewichtige Gründe vorträgt. Dies kann ein Indiz sein, das weitere Aufklärung erfordert (vgl BGHZ 1, 93 zu § 48 EheG aF).

Selbst **Irrtümer** des sich von der Ehe Abwendenden über das Verhalten des anderen Partners oder der **Einfluß Dritter** stellen die Ernstlichkeit nicht zwangsläufig in Frage. Allerdings ist in solchen Fällen zu prüfen, ob der irrende Ehegatte nach Aufklärung von Irrtümern bereit ist, diese Aufklärung anzunehmen und zum Ehegatten zurück-zukehren, bzw ob er bereit ist, sich äußerem Einfluß nachhaltig zu entziehen (OLG Koblenz FamRZ 1980, 253; JOHANNSEN/HENRICH/JAEGER Rn 22; MünchKomm/WOLF Rn 38, 41). Maßgeblich ist immer die **innere Einstellung** des sich von der Ehe Abwendenden. Die Gründe hierfür sind nur insoweit bedeutsam, als sie die Ausräumbarkeit der Ein-stellung mehr oder weniger wahrscheinlich machen.

56 bb) Deshalb darf auch nicht aus dem **Verhalten des an der Ehe festhaltenden Antrags-gegners** typisiert auf eine positive Prognose geschlossen werden. Ist der Antragsgeg-ner verzeihungs- oder versöhnungsbereit, so spricht dies nicht gegen eine Überzeu-gungsbildung des Richters zu einer negativen Eheprognose. Die Gegenansicht (BGB-RGRK/GRASSHOF Rn 49) basiert auf einer unzutreffenden, letztlich aus dem Verschul-densscheidungsrecht gespeisten Sicht, wonach die Verzeihungsbereitschaft zeige, daß die „Eheverfehlung" des Antragstellers beim Antragsgegner noch nicht die eheliche Gesinnung zerstört habe. Es geht aber zumeist nicht um die Frage, ob der *Antrags-gegner* die eheliche Gesinnung verloren hat; vielmehr manifestiert sich im Verhalten des *Antragstellers* dessen Abkehr von der Ehe unabhängig davon, ob der andere ihm dies verzeiht; Bedeutung kann die Verzeihungsbereitschaft nur haben, wenn der Antragsteller Verzeihung will (AG Schorndorf FamRZ 1992, 569). Keinesfalls kann in solchen Fällen also die allgemeine Hoffnung auf die Rückkehr des anderen für eine positive Prognose genügen (OLG Zweibrücken FamRZ 1982, 293 m abl Anm BOSCH; auch BGB-RGRK/GRASSHOF Rn 49; aA: AG Landstuhl FamRZ 1995, 931, 932: mit der geradezu das Zerrüttungsprinzip leugnenden Behauptung, der Antragsgegner könne der Einschätzung des An-tragsgegners auch mit Wunschvorstellungen widersprechen – was bis zum Ablauf der Frist des § 1566 Abs 2 auf ein Widerspruchsrecht des Antragsgegners hinausliefe; vgl auch AG Landstuhl FamRZ 1996, 1481, dazu oben Rn 55).

Vielmehr muß gegen einen ernstlichen und aufgrund der Umstände plausiblen Schei-ternsvortrag des Antragstellers der Antragsgegner regelmäßig *bedeutsame Indizien* vortragen, die seine Annahme stützen, der Antragsteller werde zu ihm zurückkehren. Insbesondere darf nicht eine Abschwächung einer im Umfeld des Scheidungspro-zesses sich entwickelnden *Feindseligkeit* und eine Versachlichung des gegenseitigen Umgangs hin zu allgemein mitmenschlicher Korrektheit oder selbst Liebenswürdig-keit der negativen Prognose entgegenstehen; der sich einseitig von der Ehe Lösende müßte sich denn bewußt feindselig verhalten, um die Glaubwürdigkeit seiner Ein-stellung zu untermauern.

Ob der Antragsgegner an der Ehe festhalten will, ist für die Prognose allerdings insoweit erheblich, als die Anforderungen an den Nachweis der einseitigen Abkehr des Antragstellers von der Ehe steigen, weil das Gericht sich nicht auf eine überein-stimmende Einschätzung der Ehegatten stützen kann (vgl OLG Köln FamRZ 1997, 1503).

e)   Bedeutung der Scheiternsursachen
57 aa)   Auch die zur Beendigung der Lebensgemeinschaft führenden Ursachen sind nur insoweit von Belang, als sich hieraus Schlüsse auf die **Beseitigbarkeit** ziehen lassen (OLG Koblenz FamRZ 1978, 32). Hingegen sind sie **nicht zu bewerten**. Die Ursachen der Ehekrise sind jedoch die am meisten objektivierbare Grundlage der Prognose. Zu fragen ist, ob diese Ursachen insbesondere von sich aus nur vorübergehender Natur sind, ob eine Änderung der Lebensumstände in Sicht ist und ob diese Änderung das

Verhältnis der Ehegatten zueinander positiv beeinflussen wird (Schwab/Schwab Teil II Rn 24). Auch hierbei ergibt sich trotz der objektiven Überprüfbarkeit der Ursachen das Beurteilungsproblem, daß von höherer Warte kein Zerrüttungsgrund so tiefgreifend sein muß, daß er das Scheitern bedingt, andererseits aber auch eine aus durchschnittlicher Sicht unvernünftig sensible Bewertung einzelner Ursachen durch einen oder beide Ehegatten vom Richter hinzunehmen ist. Daher sind auch die Zerrüttungsursachen nur geeignet, einen relativen Prüfungsmaßstab bereitzustellen; liegen objektiv schwergewichtige Zerrüttungsursachen vor, so sind an die Ernstlichkeit des behaupteten Verlustes ehelicher Gesinnung geringe Anforderungen zu stellen.

bb) Sind hingegen die **Ursachen** eher **geringfügig** oder von absehbar **vorübergehender** 58
Natur, so bedarf es einer eingehenderen Prüfung, inwieweit der Antragsteller aus einer vorübergehenden Emotionslage heraus handelt. Dabei sollte aber im Zweifel nicht der Richter seine außenstehende Duldungsfähigkeit zum Maßstab erheben, sondern den ernstlichen Scheidungswunsch respektieren, wenn er Ausdruck einer – wenn auch aus Durchschnittssicht als überempfindlich empfundenen – ernsthaften Bewertung der Zerrüttungsursachen durch den aus der Ehe strebenden Ehegatten ist. Keinesfalls sollte etwa eine hintergründig **moralisch motivierte Haltung** zugrundegelegt werden, die einen Zerrüttungsgrund als deshalb überwindbar ansieht, weil er nicht anerkennenswert erscheint und deshalb der Antragsteller „zur Vernunft" kommen müsse (mit dieser Tendenz aber OLG Köln FamRZ 1977, 717 – dort auch zu Abs 2 –; Schwab/ Schwab Teil II Rn 24 Einbeziehung der Ernsthaftigkeit und Dauerhaftigkeit einer neuen Beziehung).

cc) Auch hinsichtlich der **Bedeutung früherer Versöhnungen** ist Vorsicht geboten: 59
Die Stellung einer positiven Prognose nach dem Prinzip „wer vieles erduldet, hält alles aus", führt dazu, den Ehegatten zu benachteiligen, der lange Zeit aus oft übergeordneten Interessen einen scheiternsnahen Zustand erduldet hat (zutreffend daher OLG Schleswig FamRZ 1977, 803); gerade solche Fälle sind häufig gekennzeichnet durch ein hohes Maß an innerer Zerbrochenheit des Antragstellers, dem in der Situation des „Nicht-mehr-ertragen-Könnens' ein Hinweis auf seine frühere Duldungsbereitschaft als Begründung für die Abweisung seines Scheidungsantrags als Hohn erscheinen muß.

Wenn allerdings der Antragsteller sich auf sein **eigenes ehewidriges Verhalten** bezieht und häufig wieder zur Ehe zurückgefunden hat, kann dies die Ernstlichkeit der behaupteten endgültigen Abkehr in Frage stellen (OLG Karlsruhe FamRZ 1979, 919; abzulehnen ist jedoch die dort vertretenen Annahme, gegen die Endgültigkeit spreche auch, daß der Antragsteller in seiner neuen Beziehung – als Schutz vor einer Übereilung – vor Eingehung einer Ehe eine längere Probezeit plane).

dd) **Versöhnungsbereitschaft auf beiden Seiten** schließt das Scheitern aus, auch wenn 60
der Versöhnungsversuch noch nicht begonnen hat und solange nicht der Versöhnungsversuch gescheitert ist oder einer der Ehegatten das Versöhnungsangebot zurückzieht (BGHZ 128, 125, 129; OLG Bremen FamRZ 1986, 833).

f) **Bedeutung der Trennungsdauer**
aa) Die Bedeutung der **Dauer des Getrenntlebens der Ehegatten iSd § 1567** für die 61
Prognose wird höchst unterschiedlich bewertet. Teils wird der Trennung eine nur

nachrangige Bedeutung beigemessen; da Abs 2 ein Getrenntleben von mindestens einem Jahr voraussetze, sei Trennung zwar in die Prüfung der Prognose einzubeziehen, könne aber nur einen untergeordneten Hinweis auf den Zustand der Ehe geben (BGH NJW 1978, 1810; NJW 1979, 1042; OLG Celle FamRZ 1979, 342; OLG Frankfurt/M FamRZ 1977, 801; FamRZ 1978, 813; OLG Hamm FamRZ 1977, 802; OLG Koblenz FamRZ 1978, 31; FamRZ 1980, 253; OLG Schleswig FamRZ 1977, 802; OLG Stuttgart NJW 1977, 1542; NJW 1978, 546; SOERGEL/HEINTZMANN Rn 26). Die Trennungszeit von einem Jahr eröffne erst als gesetzliche *Mindestfrist* die Scheidung nach dem Grundtatbestand und könne daher nicht als Indiz gewertet werden, das die Prüfung der Prognose verkürze (BGB-RGRK/ GRASSHOF Rn 33; BOSCH FamRZ 1982, 294). Jedenfalls begründe einjähriges Getrenntleben keine tatsächliche Vermutung für das Scheitern der Ehe (BGHZ 128, 125, 130).

Dem ist entgegenzuhalten, daß eine Trennung von einem Jahr zwar Regelvoraussetzung der Scheidung nach dem Grundtatbestand, zugleich aber in Verbindung mit einer Einigung nach § 630 ZPO bereits Tatbestand der *unwiderlegbaren Scheiternsvermutung* des § 1566 Abs 1 und die dreijährige Trennung alleine Grundlage der unwiderlegbaren Vermutung des § 1566 Abs 2 ist. Damit anerkennt das *Gesetz selbst* die längerfristige Trennung als das **stärkste Indiz für das Scheitern einer Ehe** (vgl auch BGH NJW 1981, 451; BGB-RGRK/GRASSHOF Rn 35), was auch gerechtfertigt ist, weil eine – insbesondere nicht in der ehelichen Wohnung vollzogene – Trennung einen starken Willen offenbart, die Zerrüttung zum Anlaß einer Auflösung der Ehe zu nehmen und weil zugleich hierin eines der wenigen unzweideutig objektivierbaren Kriterien besteht. Gerade weil § 1566 Abs 2 nur verfassungsmäßig ist, weil die Bestimmung nicht eine formalisierte Scheidungsautomatik bewirkt, sondern ihr die Erkenntnis zugrundeliegt, daß nach aller Lebenserfahrung die Ehe bei dreijährigem Getrenntleben gescheitert ist, wäre es unglaubwürdig, wollte man im übrigen die Bedeutung des Getrenntlebens als Indiz geringschätzen. Die Wertungen in § 1566 zwingen also dazu, das Getrenntleben auch bei einer Dauer von weniger als einem Jahr bereits als deutliches Indiz für die negative Prognose zu werten (MünchKomm/WOLF Rn 47). Dem BGH ist zuzugeben, daß einjähriges Getrenntleben – solange nicht die Voraussetzungen des § 1566 Abs 1 erfüllt sind – keine Vermutung für das Scheitern begründet; wenn aber die Haltung des scheidungswilligen Ehegatten nicht aufgrund anderer objektiver Tatsachen feststellbar ist (insbes, wenn es nach dessen Tod um den Tatbestand des § 1933 bzw des § 2077 geht), darf die starke Indizwirkung des Getrenntlebens nicht durch anhaltlos konstruierte Versöhnungsprognosen übergangen werden (so aber: BGHZ 128, 125, 130: Behauptung des überlebenden Ehegatten, man habe Gespräche über eine gemeinsame Zukunft geführt, gegen Zeugen, die den ungebrochenen Scheidungswillen des Verstorbenen bekundeten).

62 bb) Aus den in §§ 1565, 1566 zutage tretenden Wertungen folgt weitergehend, daß eine **einjährige Trennung** bei **übereinstimmendem Scheidungsantrag** beider Ehegatten oder bei **Einverständnis des Antragsgegners mit der Scheidung** trotz Fehlens einer Einigung nach § 630 ZPO regelmäßig für eine negative Prognose genügen muß (DAMRAU NJW 1977, 1621; BRÜGGEMANN FamRZ 1978, 98; JOHANNSEN/HENRICH/JAEGER Rn 36; **aA** PALANDT/DIEDERICHSEN Rn 8 mNachw).

63 α) Das führt nicht zu einer **Scheidungsautomatik** (vgl MünchKomm/WOLF Rn 46 a und Fn 155), die man nur dadurch ausschließen könnte, daß unter Einbruch in die Intimsphäre weitere Nachweise des Scheiterns verlangt werden (so aber MünchKomm/WOLF

Rn 47). Vielmehr ist dem Umstand Rechnung zu tragen, daß der Richter gegen die übereinstimmende und überlegte Einschätzung der Ehegatten schwerlich Beweismethoden einsetzen kann, welche den inneren Zustand der Ehe mit einem höheren Grad von Wahrheit aufdecken können.

β) Hinzu kommt, daß der Gesetzgeber in § 1566 Abs 1 eine Wertung trifft, die **64** kaum eine positive (Diagnose und) Prognose bei einjähriger Trennung erlaubt, sofern **beide Ehegatten vom Scheitern der Ehe überzeugt** sind. § 1566 Abs 1 wirkt zwar nur iVm § 630 ZPO als unwiderlegbare Vermutung; das bedeutet aber nicht, daß nach der Wertung des Gesetzgebers die Ehe erst gescheitert ist, wenn es den Parteien gelingt, sich über die in § 630 ZPO genannten Materien zu einigen; dies spräche eher gegen das Scheitern (so zutreffend auch JOHANNSEN/HENRICH/JAEGER Rn 38). § 1566 Abs 1 erlaubt den Ehegatten lediglich, durch die qualifizierte Mitwirkung an der Folgesachenregelung – insbes im Kindesinteresse – einzelne Beweiserhebungen über den Zustand ihrer Ehe zu vermeiden. Wollen oder können sie dies nicht (was zB auch daran liegen kann, daß eine kostengünstige Scheidung mit nur einem Verfahrensbevollmächtigten angestrebt wird, also durchaus scheiternsunabhängig sein kann), so müssen sie sich der Diagnose ihrer Ehe unterziehen; die von § 1566 Abs 1 gestellte Prognose des Scheiterns läßt sich dennoch in einem solchen Fall schwerlich anders stellen.

γ) Ein **Verstoß gegen § 1566 Abs 1** liegt bei diesem Vorgehen nicht vor; einerseits ist **65** die einverständliche Scheidung auch nach dem Grundtatbestand möglich; § 1566 Abs 1 iVm § 630 ZPO ist nicht exklusiv (oben Rn 2).

Es wird aber auch nicht gegen Grundwertungen des § 1566 Abs 1 verstoßen: der **übereinstimmende Vortrag** der Ehegatten wird nur zur Grundlage einer nach regelmäßiger Lebenserfahrung zu treffenden, dennoch aber positiv durchzuführenden Scheiternsfeststellung gemacht; jeder Ehegatte hat es bis zur Rechtskraft des Scheidungsurteils in der Hand, dieser Scheiternsfeststellung die Grundlage dadurch zu entziehen, daß er sein Einverständnis mit der Scheidung zurückzieht und zum Fortbestand der Lebensgemeinschaft bzw zu deren Heilbarkeit vorträgt; die für § 1566 signifikante Vermutungswirkung tritt nicht ein.

δ) Obgleich diese Wertungen unmittelbar nur für die **Prognose** gelten, bedarf es **66** regelmäßig in solchen Fällen übereinstimmenden Scheidungsbegehrens keiner Beweiserhebung zum Nichtmehrbestehen der Lebensgemeinschaft (**Diagnose**). Voraussetzung für die hier erörterte Konstellation ist das einjährige Getrenntleben, das – in den ohnehin bescheidenen Grenzen, die einem Gericht gegen gemeinschaftlich falschen Vortrag zur Verfügung stehen – zu prüfen ist. Leben Ehegatten ein Jahr getrennt und trägt keiner Indizien vor, die gegen eine Aufhebung der Lebensgemeinschaft sprechen, so läßt sich vernünftigerweise nur die Aufhebung der Lebensgemeinschaft diagnostizieren. In Verbindung mit glaubhaftem Vortrag zu einer ein- oder beidseitigen endgültigen Entfremdung wird also regelmäßig ein Trennungsjahr genügen, um das Scheitern der Ehe festzustellen (so auch OLG Zweibrücken FamRZ 1989, 981; MünchKomm/WOLF Rn 46; **aA** OLG Frankfurt/M FamRZ 1977, 802; OLG Koblenz FamRZ 1980, 253).

ε) Dabei soll jedoch das von § 1566 Abs 1, § 630 ZPO insbesondere geschützte **67** **Kindesinteresse** dadurch gewahrt werden, daß der Richter auf eine – wenn auch nicht nach § 630 ZPO formalisierte – Einigung hinwirkt. Die in § 613 ZPO unabhängig von den im Fall des § 630 ZPO weitergehenden Erfordernissen vorgesehene Anhörung der Ehegatten und der Hinweis auf Beratungsmöglichkeiten läßt für einen solchen Einigungsappell Raum. Zwar betrifft die Scheidung nach dem Grundtatbestand das Interesse der gemeinsamen Kinder nicht stärker als eine Scheidung nach § 1565 iVm § 1566 Abs 1; an die Wahrung des Kindeswohles sind also keine höheren oder geringeren Anforderungen zu stellen (anders wohl JOHANNSEN/HENRICH/JAEGER Rn 36 in Hinblick auf die Kinderschutzklausel in § 1568); wenn die Ehegatten widersprechende Sorgerechtsanträge stellen, ist ohnehin eine Verbundentscheidung nach § 1671 zu treffen. Es erscheint aber durchaus sinnvoll, auch ohne Vorliegen eines Sorgerechtsantrags den gemeinsamen Vortrag zum Scheitern der Ehe durch einen *Appell an die gemeinsame Verantwortung für die Kinder* ergänzend auf seine Glaubwürdigkeit hin zu prüfen. Soll einerseits das Gericht in Fällen übereinstimmenden Vortrags die Intimsphäre der Ehegatten vor weiteren Feststellungen bewahren, so ist es diesen andererseits zuzumuten, sich sachlich mit den Interessen der gemeinsamen Kinder zu befassen, eine Einigung anzustreben und dadurch auch die Ernsthaftigkeit ihrer Zukunftssicht unter Beweis zu stellen (ähnlich JOHANNSEN/HENRICH/JAEGER Rn 36). Das schließt es jedoch nicht aus, die Scheidung aufgrund des gemeinsamen Vortrags auszusprechen, wenn die Ehegatten sich nicht über das Sorgerechts einigen können, sondern sachlich unterschiedliche Ziele anstreben und auf Antrag eines Ehegatten streitig über die elterliche Sorge entschieden wird.

68　cc)　Geringere Aussagekraft hat die Dauer des Getrenntlebens in Fällen des Abs 2; mangels einer längeren Trennung kommt den übrigen Indizien stärkere Bedeutung zu, ohne daß allerdings die Trennung als solche zu vernachlässigen wäre (OLG Celle FamRZ 1979, 234; OLG Koblenz FamRZ 1978, 31; OLG Karlsruhe FamRZ 1978, 590; OLG Saarbrücken FamRZ 1978, 415; OLG Stuttgart NJW 1977, 1542; NJW 1978, 546; ROLLAND Rn 25 d; MünchKomm/WOLF Rn 48; stark einschränkend BGB-RGRK/GRASSHOF Rn 33).

69　dd)　Hingegen ist eine negative Prognose nicht dadurch ausgeschlossen, daß die Ehegatten **(noch) nicht getrennt leben.** Wenn sich ergibt, daß der Antragsteller unter keinen Umständen die Ehe fortführen will, weil die Entfremdung der Ehegatten unabänderlich ist, kann das Scheitern hieraus – ggf in Verbindung mit anderen Indizien – gefolgert werden (KG FamRZ 1978, 594; OLG Karlsruhe NJW 1978, 1534; **aA** OLG Köln FamRZ 1977, 718). In einem solchen Fall fehlt dann allerdings *nur* das *äußere Zeichen* der Aufhebung der häuslichen Gemeinschaft iSd § 1567 Abs 1, während das *innere Moment* der Ablehnung iSd § 1567 Abs 1 gegeben sein muß (MünchKomm/WOLF Rn 73 b).

g)　Eheerhaltende Methoden der Prognose?
70　aa)　Fraglich ist, ob der Richter in die Prognose die Erwägung einbeziehen kann, daß die **Abweisung des Scheidungsantrags** den Antragsteller zur Wiederaufnahme der ehelichen Lebensgemeinschaft bewegen kann (vgl SCHWAB FamRZ 1976, 496). Eine vom Gericht erkannte Fortsetzungsbereitschaft für diesen Fall kann allenfalls als Indiz gewertet werden, daß die Ehe noch nicht gescheitert ist (ROLLAND Rn 25). Es muß dann aber zweifelsfrei sein, daß diese Wiederaufnahmebereitschaft nicht als Resignation gegenüber der Abweisung des Scheidungsantrags zu verstehen ist oder lediglich wirtschaftlichen Zielsetzungen dient. Kommt man hinsichtlich der Prognose aber zu einem solchen Ergebnis, dann dürfte der Zustand der Ehe bereits die Diagnose der

Aufhebung der Lebensgemeinschaft ausschließen (JOHANNSEN/HENRICH/JAEGER Rn 23),
so daß die Frage nach der Auswirkung der Antragsabweisung als Indiz der Prognoseentscheidung schon falsch gestellt wäre.

bb) Auszuschließen ist hingegen die Instrumentalisierung der Klageabweisung als **71**
Mittel der **Ehetherapie** (JOHANNSEN/HENRICH/JAEGER Rn 23; MünchKomm/WOLF Rn 42; BGB-
RGRK/GRASSHOF Rn 29). Wenn im übrigen das Gericht zu der Überzeugung gelangt ist,
daß die Lebensgemeinschaft der Ehegatten nicht wiederhergestellt werden wird, darf
es den Antragsteller nicht durch die Klageabweisung in eine Zwangslage bringen,
einen unumstößlichen Entschluß aus Erwägungen, die nach seiner Bewertung sach-
fremd sind, wieder aufzugeben.

4.   Indizien des Scheiterns

Vorrangig ist – mit Ausnahme des übereinstimmenden Vortrags der Ehegatten zum **72**
Scheitern nach einjähriger Trennung (oben Rn 62 ff) – die Feststellung des Scheiterns
anhand von **objektiv erkennbaren Gesichtspunkten** zu treffen. Wo solche fehlen, kann
nach hier vertretener Ansicht (oben Rn 55) die Feststellung des Scheiterns, insbesondere der innere Tatbestand der Diagnose und die Prognose, auch auf die Selbsteinschätzung des aus der Ehe strebenden Ehegatten hin getroffen werden, sofern daraus
die Endgültigkeit des Verlustes der ehelichen Gesinnung zur Überzeugung des Gerichts feststeht.

Die sich aus der veröffentlichten Rechtsprechung ergebenden **Indizienkataloge** müs- **73**
sen unter der Prämisse verstanden werden, daß sie mit Ausnahme weniger familiengerichtlicher Entscheidungen ganz überwiegend nur die in die Berufungsinstanz
gelangenden Fälle repräsentieren, damit zum Scheidungsausspruch einen verschwin-
dend geringen Anteil der in der familiengerichtlichen Praxis entschiedenen Fälle.
Auch im Anwendungsbereich des Grundtatbestandes wird ein hoher Anteil von
Ehescheidungen hinsichtlich des **Scheidungsausspruchs unstreitig** durchgeführt und
kann daher nach Ablauf eines Trennungsjahres letztlich ohne eingehende Indizien-
prüfung aufgrund des übereinstimmenden Vortrags entschieden werden. Die OLG-
Entscheidung zum Scheidungsausspruch ist damit gekennzeichnet durch die extreme
und atypische Scheidungssituation, regelmäßig durch ein über den Durchschnitt der
gescheiterten Ehe hinausgehendes Streitverhalten der Ehegatten und dementsprechend hohen Nachweisbedarf für die Scheiternsfeststellung. Ihre zentrale Bedeutung
erlangen die Indizien in der Theorie für die Prognose. Denn aus der Schwere des
Indizes soll auf die Nachhaltigkeit der Aufhebung der Lebensgemeinschaft geschlossen werden. Doch auch die Diagnose ist in der praktischen Anwendung hiervon
betroffen. Insbesondere, wenn die Ehegatten in der ehelichen Wohnung getrennt
leben, sind die verbliebenen Elemente eines ehelichen Zusammenlebens darauf zu
überprüfen, ob sie einen Fortbestand der Lebensgemeinschaft indizieren. Auch
hierzu sind deutliche Indizien der Ehekrise heranzuziehen. Dem entspricht es, daß
in der Rechtsprechung die Diagnose nur dann klar von der Prognose abhebbar ist,
wenn die derzeitige Aufhebung der Lebensgemeinschaft evident ist und für die
Prognose drastische Indizien erkennbar sind (vgl oben Rn 40). Dann aber folgt meist
die Prognose schon aus den Umständen, die auch die Aufhebung der Lebensgemeinschaft nachhaltig belegen.

a)   Neue Partnerschaft

74 Nur aufgrund der Prämisse, wonach die veröffentlichte Rechtsprechung insoweit Extremfälle und nicht den Durchschnitt wiedergibt, erscheint es nachvollziehbar, daß in der ganz überwiegenden Anzahl veröffentlichter Entscheidungen die endgültige Aufgabe der ehelichen Gesinnung dadurch dokumentiert wird, daß ein Ehegatte sich **einem anderen Partner** zugewendet hat. Bemerkenswert erscheint in dieser Fallgruppe, daß meist solche Fälle zu entscheiden waren, in denen der Antragsteller selbst eine ehewidrige oder ehebrecherische Beziehung aufgenommen hatte (BGH NJW 1979, 1042; OLG Celle FamRZ 1978, 508; OLG Frankfurt/M FamRZ 1977, 801; FamRZ 1982, 809 [Gegenantrag!]; OLG Hamm FamRZ 1977, 802; OLG Koblenz FamRZ 1978, 32; OLG München FamRZ 1978, 113; OLG Zweibrücken FamRZ 1982; 293). Statistisch dürften diese Gestaltungen zwar in der Minderzahl sein; das Scheitern der Ehe aufgrund einer ehelichen Untreue des Antragsgegners (vgl OLG Karlsruhe FamRZ 1978, 592), ist aber im Anschluß an die vormaligen Scheidungsgründe des EheG nie ernsthaft in Zweifel gezogen worden und hat daher auch nur in der Situation der Scheidung vor Ablauf des Trennungsjahres nach § 1565 Abs 2 nachweisbar Eingang in die obergerichtliche Rechtsprechung gefunden.

Die deutliche Häufung der Entscheidungen zur atypischen Fallgestaltung („Ehebrecher stützt sich auf eigene Untreue") in den ersten Jahren nach Inkrafttreten des 1. EheRG macht deutlich, daß hier das neue Recht auf frühe Akzeptanzprobleme gestoßen ist; nachdem ausnahmslos die oberlandesgerichtliche Rechtsprechung und der BGH (NJW 1979, 1042) den zutreffenden Standpunkt eingenommen haben, daß auch eigenes ehewidriges Verhalten des Antragstellers geeignet ist, zur Scheidung zu führen, ist auch diese Fallgruppe aus der veröffentlichten obergerichtlichen Rechtsprechung praktisch verschwunden. Dies entspricht einer völlig herrschenden Ansicht, wonach die **nicht nur vorübergehende Hinwendung eines Ehegatten** (auch des Antragstellers) **zu einem neuen Partner** regelmäßig genügt, den Verlust der ehelichen Gesinnung zu belegen und die negative Eheprognose zu begründen (BGH NJW 1979, 1042; OLG Celle FamRZ 1978, 508; OLG Frankfurt/M FamRZ 1977, 801; FamRZ 1982, 809; OLG Hamm FamRZ 1977, 802; OLG Karlsruhe FamRZ 1978, 593 – ohne Trennung der Ehegatten –; OLG Koblenz FamRZ 1978, 32; OLG München FamRZ 1978, 113; OLG Zweibrücken FamRZ 1982; 293; JOHANNSEN/HENRICH/JAEGER Rn 29 f [„relativ sicheres Anzeichen"]; SCHWAB/SCHWAB Teil II Rn 30; PALANDT/DIEDERICHSEN Rn 7; ROLLAND Rn 25 g; ERMAN/DIECKMANN Rn 8; Münch-Komm/WOLF Rn 50; SOERGEL/HEINTZMANN Rn 31; BGB-RGRK/GRASSHOF Rn 40; **einschränkend** OLG Karlsruhe FamRZ 1979, 919 mit Bedenken hinsichtlich der Ernstlichkeit einer neuen Verbindung). Dies gilt erst recht, wenn aus der neuen Verbindung ein **Kind** hervorgegangen ist (ROLLAND Rn 25 g; MünchKomm/WOLF Rn 50).

Eine in jüngerer Zeit vereinzelt auftretende Gegenansicht (AG Landstuhl FamRZ 1995, 931 unter Berufung auf BOSCH FamRZ 1982, 293 [Anm]) bemüht in völliger Verkennung des Zerrüttungsprinzips den Grundsatz, der Antragsteller dürfe sich nicht auf seine eigene Treulosigkeit berufen, um das Rechtsgut der Ehe anzugreifen. Richtig ist, daß es ein Rechtsgut der (konkreten) Ehe nicht mehr gibt, wo die individuelle Ehe gescheitert ist, was sich gerade in der durch Eingehen einer neuen Beziehung verwirklichten Abkehr eines Ehegatten von jener Ehe manifestiert.

b)   Ehebruch

75 Der **Ehebruch** als solcher wird in seiner Indizwirkung geringer als im vormaligen

Verschuldensscheidungsrecht zu bewerten sein; trotz Beseitigung des (Verschuldens-)scheidungsgrundes des Ehebruchs hat dieser aber eine starke Indizwirkung für die Krise einer Ehe. Richtig ist, daß objektiv ein Ehebruch nicht selten verziehen wird (MünchKomm/Wolf Rn 51 d). Mit Rücksicht auf die Nachweissituation sollte aber hier nicht mit scheinliberaler Offenheit gegenüber Verhaltensweisen argumentiert werden, die vom Anstandsgefühl auch in einer modernen Gesellschaft nicht getragen werden: Bestreitet man die Indizwirkung des „Geschlechtsverkehrs bei Gelegenheit" für die negative Prognose (so aber: Soergel/Heintzmann Rn 31), so ist das nicht nur eine Verharmlosung der Belastungen, die ein solches Verhalten für eine Ehe hervorbringen kann und bei durchschnittlichen Eheerwartungen auch hervorbringt. Es beschneidet auch dem Antragsteller, der sich wegen eines – verbal verharmlosten – Ehebruchs „bei Gelegenheit" seitens des Antragsgegners aus der Ehe lösen will, die Nachweismöglichkeit für eine durchaus nachvollziehbare innere Haltung. Der Ehebruch ohne Eingehung einer nachhaltigen Beziehung kann sicher nicht als Nachweis für den Verlust ehelicher Gesinnung genügen, wenn der *Antragsteller* sich auf sein *eigenes Verhalten* beruft; er muß aber regelmäßig als Nachweis genügen, wenn der *Antragsgegner den Ehebruch begangen* hat und dies dem Antragsteller als nicht überwindbare Zerstörung der Ehe erscheint. Es ist nicht Sache des Richters, dem Antragsteller vorzuschreiben, was er als ehezerstörend empfinden darf.

c) Grobes Verhalten
Ein häufig genanntes Indiz für das Scheitern ist **grobes Verhalten gegenüber dem** 76 **Partner** in unterschiedlichen Erscheinungsformen. Diese ehefeindlichen Verhaltensweisen gehen über den Bereich der nach altem Recht (§§ 42, 43 EheG aF) als **Eheverfehlungen** eingeordneten Handlungen hinaus (wohl nur im Ansatz auf diese zurückgreifend: Rolland Rn 25 i). Wesentlich ist auch insoweit nicht die Tatsache des Vorfalls an sich, sondern ihre **Auswirkung auf die eheliche Gesinnung** des betroffenen Ehegatten sowie die **Aussagekraft hinsichtlich der ehelichen Gesinnung** des sich ehefeindlich verhaltenden Ehegatten. In Betracht kommen übermäßiger Alkoholgenuß, Tätlichkeiten gegen den Partner oder Kinder, grobe Beschimpfungen, Verweigerung des Geschlechtsverkehrs oder dessen Ausübung unter deutlich bekundeter Abscheu (BGH NJW 1981, 449; OLG Bamberg FamRZ 1980, 577; OLG Celle FamRZ 1979, 234; OLG Bremen FamRZ 1977, 807; OLG Düsseldorf FamRZ 1977, 804; FamRZ 1978, 26; KG FamRZ 1978, 25; FamRZ 1978, 594; OLG Frankfurt/M FamRZ 1977, 813; NJW 1978, 276; OLG Karlsruhe FamRZ 1978, 590; OLG Köln FamRZ 1978, 25; OLG München NJW 1978, 49; OLG Schleswig FamRZ 1977, 803; NJW 1978, 51; OLG Stuttgart NJW 1977, 1542; FamRZ 1977, 803; Rolland Rn 25 i; Soergel/ Heintzmann Rn 28, MünchKomm/Wolf Rn 51 e), aber auch **schuldlos gesetzte Umstände** wie Krankheit, Arbeitslosigkeit, Versagen im Haushalt und Unfähigkeit zum Geschlechtsverkehr können die Ehe scheitern lassen (OLG Koblenz FamRZ 1980, 253; Rolland Rn 25 i; MünchKomm/Wolf Rn 51 e).

In dieser Fallgruppe sind aber die Grenzen fließend, da nicht die Handlung als solche, sondern ihr Indizwert zu beurteilen ist; auch die unspektakuläre Ablehnung des anderen Ehegatten, die Lieblosigkeit und Gleichgültigkeit sind als Indizien für den Verlust ehelicher Gesinnung geeignet. Wiederum gilt aber (vgl oben Rn 75) daß sich der Antragsteller auf die Lebenserfahrung stützen kann, wonach ein nicht nur ausnahmsweise unterlaufenes grobes Verhalten seitens des Antragsgegners geeignet ist, das Scheitern der Ehe herbeizuführen.

Thomas Rauscher

d) Aufgabe der ehelichen Wohnung, Hausratsteilung

77 Die **Aufgabe der ehelichen Wohnung** und die **Teilung des Hausrats** mit oder ohne Mitwirkung des Familiengerichts kann ebenso wie sonstige Handlungen der **Liquidierung der wirtschaftlichen Grundlagen** der Ehe ein Indiz für die Endgültigkeit der Zerrüttung sein (AG Lörrach FamRZ 1978, 116; ROLLAND Rn 25 h; MünchKomm/WOLF Rn 51; BGB-RGRK/ GRASSHOF Rn 41). Bei der Bewertung solcher Handlungen ist jedoch Vorsicht geboten. Einerseits dürfen gerade wirtschaftliche Vorbereitungshandlungen einer Scheidung, die sich auf den **güterrechtlichen Sektor** beziehen, nicht als Scheiternsindiz überbewertet werden. Zwar finden Vereinbarungen über nachehelichen Unterhaltsverzicht, Verzicht auf Versorgungsausgleich und Gütertrennung mit der zugehörigen Auseinandersetzung der gemeinsamen Vermögenswerte nicht selten im Vorfeld der Scheidung statt, können aber auch gerade den Zweck haben, Spannungen abzubauen, die sich an der untunlichen Verquickung persönlicher und finanzieller Interessen entzündet haben. Selbst die **getrennte Wohnungnahme** ist ohne entsprechende Trennungsdauer (dazu oben Rn 61 ff) nur ein schwaches Indiz für die Endgültigkeit des Scheidungsentschlusses. Oft läßt sich eine menschenwürdige Trennung, die als solche nicht schon im frühen Stadium für das Scheitern indiziell sein soll, nicht anders erreichen als durch Auszug eines der Ehegatten; steht diesem nicht Unterkunft bei Verwandten oder in sonstigen eigenen Räumen zur Verfügung, so ist die Anmietung einer Wohnung meist unvermeidbar und daher von geringer Aussagekraft. Hinzu kommt, daß gerade in der demonstrativen Durchführung wirtschaftlich schädlicher Handlungen wie Aufteilung gemeinsamen Hausrats, Anmietung einer Wohnung u.ä. psychologisch ein äußerstes Spannungssignal des ausziehenden Ehegatten gesehen werden kann, der damit Ernstlichkeit demonstriert ohne Endgültigkeit zu wollen; solange der andere Ehegatte – oft aus wirtschaftlicher Vernunft – die eheliche Wohnung beibehält (und dazu finanziell in der Lage ist), geschieht solches letztlich mit begrenztem wirtschaftlichen Risiko. Nachhaltig indiziell bleiben damit nur die Fälle der **einverständlichen** Aufgabe der ehelichen Wohnung und der **Veräußerung von gemeinsamen Vermögenswerten**; in solchen Fällen besteht aber wenig Nachweisbedarf, weil dort regelmäßig beide Ehegatten aus der Ehe streben und zum Scheitern einverständlich vortragen (vgl oben Rn 62); der Fall, daß der Antragsgegner sich einen eigenen neuen Lebenskreis eingerichtet hat und ernsthaft der Scheidung widerspricht (BGB-RGRK/ GRASSHOF Rn 41), dürfte bei einigermaßen vernünftigem Verhalten kaum vorkommen.

e) Dauer der Ehekrise

78 Eine **jahrelange Dauer der Ehekrise** und vorangegangene **Versuche, eine Scheidung zu erreichen**, sind deutliche Indizien für das Scheitern der Ehe. In solchen Fällen spricht die Lebenserfahrung dafür, daß mit dem Scheidungsantrag nun ein „Schlußstrich gezogen" werden soll (OLG Hamm FamRZ 1977, 802; OLG Karlsruhe FamRZ 1978, 590; OLG Köln FamRZ 1978, 25; OLG Schleswig FamRZ 1977, 802; ROLLAND Rn 25 e; MünchKomm/ WOLF Rn 51 a; ERMAN/DIECKMANN Rn 8). Zwar wird gelegentlich auch der Art Bedeutung beigemessen, wie die Ehegatten frühere Krisen gemeistert haben (ERMAN/DIECKMANN Rn 8), jedoch ist dabei darauf zu achten, daß nicht die Duldsamkeit eines oder beider Ehegatten über einen nunmehr als endgültig empfundenen Krisenpunkt hinaus beansprucht wird (MünchKomm/WOLF Rn 51 a; vgl oben Rn 59).

f) Scheidungsantrag

79 Der **Scheidungsantrag** oder die **Zustimmung des Antragsgegners** sind nur mittelbare Indizien für das Scheitern der Ehe. Nicht gegen den Indizwert des Scheidungsantrags spricht zwar der Einwand, solchermaßen würde der Prüfungsgegenstand (Scheidungsantrag) zum Beurteilungskriterium erhoben (JOHANNSEN/HENRICH/JAEGER Rn 28; grundsätzlich ablehnend auch GERNHUBER/COESTER-WALTJEN § 27 I 4). Dieses Argument ist zu formalistisch auf die Funktion des Antrags als Prozeßhandlung und Rechtsschutzbegehren ausgerichtet. Der Scheidungsantrag und das Einverständnis mit ihm ist neben seiner materiell- und prozeßrechtlichen Funktion ein starkes Indiz für die **innere Haltung** des bzw der Ehegatten zum Zustand der Ehe und der Endgültigkeit der Abkehr von der Ehe; und eben diese geäußerte innere Haltung ist wiederum als **Selbsteinschätzung des/der Ehegatten** über das Scheitern der Ehe eine maßgebliche Beurteilungsgrundlage (dazu im einzelnen oben Rn 51 ff, sowie in Verbindung zur Trennung Rn 62).

g) Geschlechtsverkehr

Feststellungen zum letzten ehelichen Verkehr wurden anfangs nach Inkrafttreten des **80** neuen Scheidungsrechts gelegentlich als unabdingbar für die Schlüssigkeit des Scheidungsantrags angesehen (OLG Bremen FamRZ 1977, 808; auch MünchKomm/WOLF Rn 46 empfiehlt regelmäßigen Vortrag hierzu).

aa) Dies ist als ein **Relikt** des Scheidungsverfahrens zu §§ 43 ff EheG aF abzulehnen; für die Verschuldensscheidungsgründe kam es zentral darauf an, einem evtl Geschlechtsverkehr in Kenntnis der Eheverfehlung die Bedeutung einer *Verzeihung* beizumessen. Im Scheidungsrecht der §§ 1564 ff kommt es nicht zu einer solchen Wirkung, so daß schon deshalb eine regelmäßige Nachforschung nach den Intimverhältnissen der Ehegatten, die naturgemäß einen schweren Eingriff in deren Intimsphäre bedeutet und daher dem Zweck der Reform widerspricht (JOHANNSEN/HENRICH/ JAEGER Rn 30; SCHWAB/SCHWAB Teil II Rn 33), ausscheidet, jedenfalls aber nicht geboten ist (BGB-RGRK/GRASSHOF Rn 54; ROLLAND Rn 25 f).

bb) Fragwürdig erscheint aber überhaupt der **Indizwert letzten Geschlechtsverkehrs, 81** der in der Praxis anscheinend angenommen wird angesichts einer nicht unüblichen Nachfrage nach dem Datum des letzten Verkehrs bzw der Nachfrage, ob in der Trennungszeit ein solcher nicht stattgefunden hat (BGH NJW 1979, 1042; OLG Bremen FamRZ 1977, 808; OLG Hamm FamRZ 1977, 802; OLG Karlsruhe FamRZ 1978, 590; OLG Koblenz FamRZ 1978, 31; OLG Köln FamRZ 1978, 25; BGB-RGRK/GRASSHOF Rn 54), wobei nicht auszuschließen ist, daß diese Praxis in den ersten Jahren nach Inkrafttreten des 1. EheRG durch vorherige forensische Übung beeinflußt war und sich allmählich insbes in der familiengerichtlichen Praxis verdünnt. Die Indizwirkung noch fortdauernder sexueller Beziehungen zwischen den Ehegatten wird wohl häufig überschätzt. Man wird zwar dem **Abbruch der sexuellen Beziehungen**, insbes der **einseitigen Ablehnung** ein deutliches Signal für die tiefe Störung eines normalen Ehelebens entnehmen können (BGH NJW 1979, 1042; OLG Hamm FamRZ 1977, 802; OLG Köln FamRZ 1978, 25; OLG Koblenz FamRZ 1978, 32; SOERGEL/HEINTZMANN Rn 30; MünchKomm/WOLF Rn 51 b). Umgekehrt aber sollte der Geschlechtsverkehr auch im Stadium der Trennung nicht als bedeutsames Indiz gegen das Scheitern überbewertet werden (ROLLAND Rn 25 a; MünchKomm/WOLF Rn 52 a; BGB-RGRK/GRASSHOF Rn 15; JOHANNSEN/HENRICH/JAEGER Rn 14 a). Zwar wird in einem solchen Fall der Nachweis des Scheiterns ggf schwerer zu führen sein, wenn ein Ehegatte an der Ehe festhält und den ihm vom Antragsteller gewährten oder nur geduldeten Geschlechtsverkehr als Indiz gegen dessen endgültige Aufgabe ehelicher Gesinnung versteht. Regelmäßig massive Gegenbeweise sollten aber dennoch zur Feststellung des Scheiterns nicht gefordert werden (**aA** Münch-Komm/Wolf Rn 52 a; wohl auch Johannsen/Henrich/Jaeger Rn 14 a, Soergel/Heintzmann Rn 5). Psychologisch durchaus naheliegend ist es nämlich auch, daß der Ehegatte, der sich endgültig von der Ehe lösen will, dem Drängen des anderen Ehegatten nachgibt und den Geschlechtsverkehr duldet, um weitere Auseinandersetzungen oder eine Eskalation der Spannung zu vermeiden. Sexuelle Beziehungen lassen sich wohl nur im Frühstadium einer Beziehung unter normalen nicht auf bloße Triebbefriedigung ausgerichteten Menschen als eindeutiges Zuneigungsindiz verstehen; im späteren Beziehungsverlauf kann diese Motivation durchaus entfallen und durch die zunehmende Selbstverständlichkeit des Geschlechtsaktes überlagert sein. In Verbindung mit anderen Indizien, insbesondere gegenseitigen Beistandsleistungen und auch sonst engen Kontakten kann freilich auch regelmäßig fortdauernder oder nach Abbruch einer außerehelichen Beziehung von den Ehegatten wieder aufgenommener Geschlechtsverkehr einer negativen Prognose und damit der Feststellung des Scheiterns entgegenstehen (OLG Oldenburg NJWE-FER 1997, 50 in einem tatbestandlich außergewöhnlichen Fall: tägliche Besuche, wöchentlicher Verkehr).

82 cc) Hingegen kann die Ehe nicht als gescheitert angesehen werden, wenn die Ehegatten nach der Scheidung in einer **nichtehelichen Lebensgemeinschaft** zusammenleben wollen, weil eine solche Gemeinschaft nicht nur äußere, für sich nicht tragfähige Elemente des Zusammenlebens beinhaltet, sondern auf eine umfassende gegenseitige Beistandsleistung abzielt, die hinsichtlich der für das Scheitern zu prüfenden innereren Konzeption von der Lebensgemeinschaft als Ehegatten nicht abweicht (MünchKomm/Wolf Rn 52 a; Soergel/Heintzmann Rn 5). Problematisch könnte allerdings insoweit der – theoretisch vorstellbare – Fall sein, daß Ehegatten die von ihnen verwirklichbare Lebensgemeinschaft nicht mehr als eheangemessen empfinden, einen geringeren Grad der Gemeinschaft nur noch „als gute Freunde" verwirklichen können und die Scheidung insbes deshalb anstreben, um ggf frei zu sein für die Aufnahme einer noch nicht konkretisierten neuen Beziehung, die den angestrebten höheren Grad an Lebensgemeinschaft in einer Ehe verwirklicht. Einem solchen Scheidungsbegehren wird man sich, Glaubhaftigkeit unterstellt, nicht verschließen können, wenn man die individuelle Ausfüllung des Inhalts einer *ehelichen* Lebensgemeinschaft ernstnimmt und den Wunsch respektiert, auf der Suche nach einer Erfüllung dieses Ziels nicht zum formalen Ehebrecher zu werden.

h) Reste von Beistandsleistungen

83 Erst recht ist die **Fortsetzung von einzelnen Beistandsleistungen** zwischen den Ehegatten **nicht indiziell** gegen die Scheiternsfeststellung. Insoweit gilt zwar ebenfalls, daß der fast unnatürliche Abbruch jeglichen Entgegenkommens im zwischenmenschlichen Bereich deutlich auf die Unheilbarkeit der Ehekrise hindeutet (BGH FamRZ 1979, 1003; KG FamRZ 1978, 594; OLG Köln FamRZ 1978, 25; BGB-RGRK/Grasshof Rn 38); der Umstand hingegen, daß die Ehegatten sich gelegentlich (freilich nicht täglich, vgl OLG Oldenburg NJWE-FER 1997, 50) besuchen, bei Erledigungen unterstützen, einzelne Mahlzeiten zusammen einnehmen, kann nicht umgekehrt gegen den endgültigen Verlust der ehelichen Gesinnung sprechen. Eine solche Wertung würde den aus der Ehe strebenden Ehegatten zwingen, jegliche Berührung im sozialen Bereich zu vermeiden, um seine Glaubwürdigkeit zu untermauern; dies ist insbes in Hinblick auf gemeinsame Kinder aber auch zum Zweck einer sachlichen und vernünftigen Abwicklung der Ehe gerade zu vermeiden. Wenn die Parteien **noch nicht getrennt**

leben, kann nichts anderes gelten, auch wenn in diesem Fall die Indizwirkung der Trennung fehlt und daher schwerer die Fortsetzung der Lebensgemeinschaft gegen die bloße allgemein soziale Kontaktnahme abgegrenzt werden kann (KG FamRZ 1978, 594; OLG Karlsruhe NJW 1978, 1534; OLG Schleswig FamRZ 1977, 802; OLG Stuttgart NJW 1978, 1266; ROLLAND Rn 25 a; MünchKomm/WOLF Rn 52 a; PALANDT/DIEDERICHSEN Rn 7; BGB-RGRK/ GRASSHOF Rn 37, SOERGEL/HEINTZMANN Rn 5, 29; **aA** noch OLG Frankfurt FamRZ 1978, 338; FamRZ 1978, 595).

5.   Darlegungs- und Beweislast

a)   Nichtmehrbestehen der Lebensgemeinschaft (Diagnose)

Der **Antragsteller** hat einen Sachverhalt darzulegen, aus dem sich das Nichtmehrbe- **84** stehen der Lebensgemeinschaft der Ehegatten auf der Grundlage von deren (vorher verwirklichtem) Inhalt ergibt. Ohne diese Darlegung ist der Antrag unschlüssig. **Formelhafte** Wiederholungen des Tatbestands des Abs 1 genügen hierzu nicht (BGH FamRZ 1979, 1003; OLG Bremen FamRZ 1977, 808; OLG Köln FamRZ 1995, 1503). Der Antragsteller muß zu den ehelichen Lebensverhältnissen und zu den Ursachen des von ihm empfundenen Scheiterns der Lebensgemeinschaft so umfassende Tatsachen vortragen, daß der Richter diese Wertung des Antragstellers nachvollziehen kann (JOHANNSEN/HENRICH/JAEGER Rn 33; ROLLAND Rn 23; MünchKomm/WOLF Rn 61). Dabei treten jedoch bereits **innere Tatsachen** auf, wenn zB der Antragsteller einen jahrelang sich hinziehenden Zerfallsprozeß lange Zeit geduldet hat, das nunmehr erreichte Niveau aber als Nichtmehrbestehen der von ihm gewollten Lebensgemeinschaft empfindet. In diesem Fall gilt bereits für die Diagnose, was für die Prognose häufiger und in verstärktem Maße eingreift: Der Richter muß ggf mangels eindeutiger Einschnitte in der ehelichen Biografie bereits insoweit anhand von Lebenserfahrungen und Glaubwürdigkeitserwägungen den Vortrag des Antragstellers nachvollziehen (im einzelnen unten Rn 88). Insbesondere ist ein **Gegenvortrag,** die eheliche Lebensgemeinschaft sei bereits lange Zeit in den – vom Antragsteller als nachteilig empfundenen – Umständen gelebt worden, nicht erheblich, wenn das Gericht davon überzeugt ist, daß der Antragsteller diese Umstände nicht mehr als Lebensgemeinschaft empfindet (**aA** SOERGEL/HEINTZMANN Rn 22).

b)   Prognose

aa)   Auch für die **Prognose** reicht grundsätzlich die reine **Rechtsbehauptung,** die Ehe **85** sei gescheitert, nicht aus (OLG Köln FamRZ 1995, 1503; MünchKomm/WOLF Rn 61); auch insoweit trägt der Antragsteller die Darlegungs- und Beweislast für den endgültigen Verlust der ehelichen Gesinnung bei einem der Ehegatten (vgl BayObLG FamRZ 1992, 1350). Nach Möglichkeit sollte der Antragsteller Tatsachen vortragen, aus denen sich ergibt, daß einer der Ehegatten die eheliche Lebensgemeinschaft nicht wiederherstellen will.

bb)   Diese Anforderung an eine **Substantiierung der Scheiternsbehauptung** durch der **86** Beweiserhebung zugängliche Tatsachen darf aber nicht überspannt werden (so aber SOERGEL/HEINTZMANN Rn 33); insbesondere kann nicht gefordert werden, daß der Antragsteller für die Aufhebung der Lebensgemeinschaft berührende **innere Tatsachen immer** äußerliche objektivierbare Umstände anführt oder gar bei der Prüfung solcher Umstände ein *strenger Maßstab* anzulegen ist (so aber: OLG Frankfurt FamRZ 1977, 801; OLG Koblenz FamRZ 1978, 31; FamRZ 1980 253; SOERGEL/HEINTZMANN Rn 33). Beruht die

Scheiternsprognose auf dauernden Streitigkeiten der Ehegatten, so kann die Anforderung, diese detailliert darzustellen (so OLG Köln FamRZ 1995, 1503) leicht den Streit der Ehegatten vor dem Familiengericht provozieren, den der Übergang zum Zerrüttungsprinzip vermeiden soll.

Die für das Scheitern geforderte Prognose trägt aber die Beweisschwierigkeit gerade in sich, weil vom Antragsteller ein Nachweis für einen **psychologischen Tatbestand** gefordert wird; der aktuelle Zustand der Aufhebung der Lebensgemeinschaft wird sich zwar (auch in einem Fall einseitigen Scheiterns der Ehe) anhand deutlicher Indizien feststellen lassen, die dann eine weitere Nachforschung nach inneren Tatsachen entbehrlich machen (vgl BGH FamRZ 1979, 422; OLG Frankfurt/M FamRZ 1982, 809, 812; OLG Hamburg FamRZ 1985, 711; OLG Zweibrücken FamRZ 1982, 293; OLG Hamm FamRZ 1977, 802; OLG Schleswig FamRZ 1977, 802). Die *Endgültigkeit der Abkehr* von der Ehe vollzieht sich hingegen häufig als interner Vorgang (ROLLAND Rn 23). Es wäre fatal, wenn der Antragsteller, um seinen Scheidungsantrag zu untermauern, „handfeste" Kriterien schaffen, insbesondere nach Möglichkeit intime Beziehungen zu einem neuen Partner aufnehmen müßte – wie dies mehrheitlich in den soeben genannten Entscheidungen der Fall war. Stützt der Antragsteller den Scheidungsantrag auf den Wegfall der eigenen ehelichen Gesinnung, so kann ein äußerer Nachweis nicht immer gegeben und daher nicht gefordert werden. Der Richter hat vielmehr nach den konkreten Umständen des Falles seine Überzeugung zu bilden, ohne daß ein vom Durchschnitt abweichender strenger Maßstab geboten ist. Insbesondere kann der behauptete Verlust der ehelichen Gesinnung auch ohne deutliche äußerliche Indizien zur Überzeugung des Gerichts feststehen. Dies gilt insbesondere dann, wenn die Ehe nach übereinstimmendem Vortrag von einer durchschnittlichen Ehe nachteilig abweicht. Ebenso wie eine Ehe ohne Lebensgemeinschaft geschieden werden kann, obgleich nie ein Zustand bestanden hat, der sich verschlechtern konnte, ist eine Ehe, der wesentliche Elemente einer Durchschnittsehe fehlen, schon dann gescheitert, wenn ein Ehegatte in einer solchen Ehe nicht mehr leben will. Damit wird nicht etwa die Durchschnittsehe zum Vergleichsmaßstab erhoben; lediglich wird sie zum Maßstab der *Schlüssigkeit* des Vortrages. Es wäre widersinnig, dem Antragsteller nicht Glauben zu schenken, wenn er vorträgt, eine Ehe nicht mehr ertragen zu können, die jeder vernünftige Durchschnittsmensch ablehnen würde. Höhere Anforderungen an die Plausibilität des Nachweises sind nur dann zu stellen, wenn der Antragsteller eine nach außen durchschnittliche Ehe für gescheitert hält, weil seine höheren Erwartungen nicht (mehr) erreicht werden (vgl dazu oben Rn 32 f).

c) Beweismethoden, Zweifel
87 aa) Die Zielsetzung der Reform, die Intimsphäre der Ehegatten weitestmöglich zu schonen, läßt sich nur verwirklichen, wenn das Gericht auf allzu intensive **Erforschung von Einzeltatsachen** verzichtet. Insbesondere läßt sich gegen eine Beschränkung der Beweiserhebung nicht das verfassungsrechtliche Gebot des Art 6 Abs 1 GG anführen, eine Ehe sei nur zu scheiden, wenn sie gescheitert ist. Überwiegend lassen sich nämlich durch eine Intensivierung der Beweiserhebung keine wesentlich exakteren Rückschlüsse auf die eheliche Gesinnung erreichen; der wahre Zustand einer Ehe ist einem exakten Beweis nicht zugänglich (ROLLAND Rn 24). Grundsätzlich ist daher eine über die Parteianhörung (§ 613 ZPO) hinausgehende Beweisaufnahme nicht geboten. Ein Beweis durch **Sachverständigengutachten** scheidet aus in Hinblick darauf, daß

die Eignung fraglich ist und die Ehegatten belastet werden (ROLLAND Rn 24; Münch-Komm/WOLF Rn 46; einschränkend: BGB-RGRK/GRASSHOF Rn 54; vgl oben Rn 53).

bb) Zu differenzieren ist jedoch hinsichtlich der Anforderungen an den **Prozeßvor-** **88** **trag.** Lehnt der Antragsgegner die Scheidung ab, so muß der Antragsteller umfassend die Tatsachen vortragen, aus denen sich das Scheitern der Ehe als ein für den Richter nachvollziehbarer Vorgang ergibt (JOHANNSEN/HENRICH/JAEGER Rn 33; ROLLAND Rn 23; MünchKomm/WOLF Rn 61; BGB-RGRK/GRASSHOF Rn 54). Ist der Tatsachenvortrag (einschließlich *innerer Tatsachen)* nicht ausreichend, so hat der Richter den Antragsteller hierauf zwar hinzuweisen (§§ 139, 278 Abs 3 ZPO), er darf jedoch nicht im Wege der Parteianhörung (§ 613 ZPO) den Sachverhalt weiter erforschen, um ggf zur Überzeugung des Scheiterns der Ehe zu gelangen. Dies folgt nicht nur aus Art 6 Abs 1 GG (JOHANNSEN/HENRICH/JAEGER Rn 33), sondern mittelbar auch aus § 616 Abs 2 ZPO: Soweit der Antragsteller nicht ohnehin bereits auf einen Hinweis des Gerichts weitere ehefeindliche Tatsachen vorträgt, wäre das Gericht durch § 616 Abs 2 ZPO regelmäßig an der Verwertung von in anderer Weise ermittelten Tatsachen gehindert. Eine Beratungsfunktion – auch im Wege des Versuchs der Schlichtung des Streits gemäß § 279 ZPO (so BGB-RGRK/GRASSHOF Rn 54) – hat das Gericht nicht. Ein unschlüssiger Antrag ist also abzuweisen.

cc) Geringere Anforderungen an die Substantiierung sind zu stellen, wenn **beide** **89** **Ehegatten das Scheitern der Ehe behaupten.** Für diesen Fall wird zwar häufig im Schrifttum, vereinzelt auch in der Rechtsprechung ebenfalls vertreten, das Gericht müsse über Indizien hierfür Beweis erheben (OLG Köln FamRZ 1978, 26; OLG Zweibrücken FamRZ 1983, 1132; BGB-RGRK/GRASSHOF Rn 50; SOERGEL/HEINTZMANN Rn 33; SCHWAB FamRZ 1976, 491). Schließt man sich der hier vertretenen Ansicht (oben Rn 62) an, wonach bei gemeinsamer Wertung der Ehegatten, ihre Ehe sei gescheitert, verbunden mit dem Nachweis des einjährigen Getrenntlebens, vom Scheitern auszugehen ist, so ist konsequent auch der vom Antragsteller zu fordernde **Sachvortrag** einzuschränken. Es ist überflüssig, auf den im einzelnen nur belastenden Vortrag von Scheiternsindizien zu drängen, wenn nach aller Lebenserfahrung kein Sachverhalt zutage treten wird, der die gemeinsame Wertung der Ehegatten widerlegt. Zu dem substantiierten Vortrag hinsichtlich des Getrenntlebens muß also nur der Vortrag hinzutreten, daß beide Ehegatten vom Scheitern der Ehe überzeugt sind und geschieden werden wollen (JOHANNSEN/HENRICH/JAEGER Rn 37). Nach diesen Grundsätzen verfährt im übrigen – trotz einer entgegenstehenden theoretisch formulierenden herrschenden Meinung – ganz verbreitet die familiengerichtliche Praxis, sofern mit Rechtsmitteln nicht zu rechnen ist.

dd) Verbleibende **Zweifel** am Scheitern der Ehe – die damit nur im Falle streitiger **90** Scheidungen und einverständlichen Scheidungen vor Ablauf einjähriger Trennung auftreten können – gehen zu Lasten des Antragstellers; der Antrag ist abzuweisen (JOHANNSEN/HENRICH/JAEGER Rn 32; SOERGEL/HEINTZMANN Rn 33; SCHWAB/SCHWAB Teil II Rn 39). Das ergibt sich aus allgemeinen Grundsätzen zur richterlichen Überzeugungsbildung und bedeutet keine Verschärfung des Beweismaßstabs im Scheidungsverfahren. Dementsprechend ist bei der Annahme von Zweifeln am Scheitern der Ehe weder ein besonders strenger Maßstab noch besondere Zurückhaltung geboten. Das Gericht darf nicht artifizielle Zweifel konstruieren (so aber wohl OLG Karlsruhe FamRZ 1979, 919). Es müssen sich vielmehr objektivierbare Zweifel aus dem Parteivortrag –

ausnahmsweise aus sonstiger Beweisaufnahme – ergeben. Das Gericht darf insbes nicht die Ehegatten über die immer bestehende theoretische Möglichkeit einer Versöhnung zur Fortsetzung der Ehe zwingen.

III. Ungeschriebenes Tatbestandsmerkmal: Trennungsjahr

1. Scheidung nach Abs 1

91 **a)** Im **Umkehrschluß aus Abs 2** folgt als Voraussetzung einer Scheidung nach dem Grundtatbestand des Abs 1, daß die Ehegatten seit mindestens einem Jahr getrenntleben. Nur unter den Voraussetzungen des Abs 2 kann auf dieses zusätzliche Erfordernis verzichtet werden (SOERGEL/HEINTZMANN Rn 35; MünchKomm/WOLF Rn 16). Das gilt auch im Falle der einverständlich begehrten Scheidung (SCHWAB/SCHWAB Teil II Rn 48; dazu im einzelnen unten Rn 107)

92 **b)** Maßgebliches **Beurteilungskriterium** des Scheidungstatbestands nach Abs 1 ist nicht das Nichtmehrbestehen der **ehelichen Lebensgemeinschaft** iSd Abs 1 S 2; die Aufhebung der ehelichen Lebensgemeinschaft kann das Erfordernis einjährigen Getrenntlebens deshalb nicht ersetzen, weil es gerade ein mit diesem Erfordernis verfolgter **Zweck** ist, die Beurteilung des Scheiterns der Ehe auf eine sicherere Grundlage zu stellen (vgl oben Rn 18); dies wäre nicht gewährleistet, wenn bereits die mehr als einjährige Aufhebung der Lebensgemeinschaft die Prognose in sich trüge, daß die Lebensgemeinschaft nicht mehr hergestellt werden wird (ähnlich SOERGEL/HEINTZMANN Rn 39).

93 **c)** Abzustellen ist auf den Zeitraum des **Getrenntlebens** iSd § 1567. Die Jahresfrist beginnt zu laufen, wenn die Merkmale des § 1567 Abs 1 S 1 erfüllt sind (OLG Celle FamRZ 1979, 234; OLG Köln FamRZ 1979, 236; FamRZ 1982, 1015; OLG Zweibrücken FamRZ 1981, 146; MünchKomm/WOLF Rn 16, 58; BGB-RGRK/GRASSHOF Rn 101; SOERGEL/HEINTZMANN Rn 38). Bei der Bemessung des Zeitraums ist auch § 1567 Abs 2 anzuwenden, obgleich dort nur auf § 1566 verwiesen ist. Eine Anpassung an den erst im Vermittlungsausschuß eingefügten § 1565 Abs 2 ist versehentlich unterblieben; ein Zusammenleben über kürzere Zeit hemmt oder unterbricht also auch die Frist nach § 1565 Abs 2 **nicht** (OLG Celle FamRZ 1979, 234; OLG Düsseldorf FamRZ 1995, 96; MünchKomm/WOLF Rn 16; SOERGEL/HEINTZMANN Rn 38).

94 **d)** Für den **Ablauf** des Trennungsjahres ist maßgeblich der Zeitpunkt der **letzten mündlichen Verhandlung.**

aa) Der Scheidungsantrag ist nicht schon deshalb abzuweisen, weil er **vor Ablauf des Trennungsjahres gestellt** wurde, sofern im Zeitpunkt der letzten mündlichen Verhandlung das Trennungsjahr verstrichen ist. Daraus ergibt sich ein Wertungskonflikt für das Gericht, das es bei verfrühter Antragstellung in der Hand hat, so langfristig zu terminieren, daß das Trennungsjahr im Zeitpunkt der mündlichen Verhandlung abgelaufen ist. Einerseits besteht ein berechtigtes Interesse, den Scheidungsantrag so rechtzeitig stellen zu können, daß auch unter Berücksichtigung der Amtsermittlung für Folgesachen und der Fristen einer normalen Terminierung eine Scheidung alsbald nach Ablauf des Trennungsjahres erfolgen kann. Andererseits aber ist die verfrühte Antragstellung zweckwidrig in Hinblick auf die mit dem Trennungsjahr angestrebte

Bedenkfrist und den Übereilungsschutz (oben Rn 8). Hinzu kommt, daß der Zeitpunkt der Antragstellung bedeutenden Einfluß auf Scheidungsfolgen haben kann (Zugewinnausgleich, § 1384; Versorgungsausgleich, § 1587 Abs 2; nachehelicher Unterhalt bei kurzer Ehe § 1579 Nr 1; vgl OLG Oldenburg FamRZ 1996, 1480, 1481). Insbesondere kann durch einen verfrühten Scheidungsantrag der ehevertragliche Ausschluß des Versorgungsausgleichs und die damit eintretende Gütertrennung (§ 1408 Abs 2 S 2; § 1414 S 2) zweckwidrig manipuliert werden, denn die Seriositätsfrist des § 1408 Abs 2 S 2 ist abgestimmt auf die Jahresfrist des § 1565 Abs 2 und soll insbesondere den übereilten Ausschluß des Versorgungsausgleichs in der auf die Scheidung zuführenden Krise verhindern.

bb) Dem Gesetzeszweck wird wegen dieser Manipulationsgefahr nur eine Hand- **95** habung gerecht, die einen Scheidungsantrag, der so frühzeitig gestellt wird, daß er bei **normal erreichbarer Terminierung** wegen Fehlens einer einjährigen Trennung unschlüssig ist, auch zu diesem Zeitpunkt terminiert und abweist (KG FamRZ 1985, 1066; Braeuer FamRZ 1983, 821; Burgard FamRZ 1983, 1044; Jacobs FamRZ 1983, 1044; Philippi FamRZ 1985, 711; Soergel/Heintzmann Rn 41). Wollte man auf mögliche Verzögerungen durch Folgesachen, insbes den Versorgungsausgleich abstellen (so: KG FamRZ 1983, 821: Terminierung erst bei Entscheidungsreife der Folgesachen), so wäre das Trennungsjahr praktisch wirkungslos, weil die Parteien bereits nach Aufnahme der Trennung in das Scheidungsverfahren eintreten und damit die Zerrüttungslage verfestigen würden.

cc) Terminiert das Familiengericht zu großzügig und gibt dem Antrag nach Ablauf **96** des Trennungsjahres statt, so kann der Antrag auch dann nicht durch das Berufungsgericht abgewiesen werden, wenn er sich als **bewußte Benachteiligung des Antragsgegners** in Ansehung von Folgesachen erweist und damit eine unzulässige Rechtsausübung (§ 242) bedeuten könnte (BGH NJW 1997, 1007, 1008; aA: OLG Oldenburg FamRZ 1996, 1480, 1481). Die Abweisung des im Zeitpunkt der letzten mündlichen Verhandlung begründeten Scheidungsantrags ginge zu weit; Gegenstand des Berufungsverfahrens ist die Begründetheit des Scheidungsantrags, nicht aber die Entscheidung über die Folgesachen. Die Abweisung ist aber auch nicht erforderlich, um die rechtsmißbräuchlichen Konsequenzen in Ansehung der Folgesachen zu vermeiden; in Betracht kommt die Anwendung der Härteregelungen (§§ 1381, 1587 c) ggf auch eine Anpassung der Stichtage zur Berechnung der Scheidungsfolgeansprüche, die bereits de lege lata (für Änderung de lege ferenda: Schwab/Maurer Rn 763) in Ausnahmefällen über die Härteklauseln möglich erscheint (vgl BGH, aaO). Versagen die Härteklauseln, was denkbar ist, wenn sich der Antragsteller eine vertraglich ausgeschlossene Scheidungsfolge erschleicht (vgl § 1408 Abs 2 S 2) kommt der Ausschluß der Scheidungsfolgenansprüche nach § 242 bzw ein Schadensersatzanspruch nach § 826 in Betracht (Ditzen FamRZ 1988, 1010, 1011; zur Kostenfolge sogleich Rn 97).

Höchst bedenklich ist es allerdings, wenn in Hinblick auf § 1408 Abs 2 S 2 eine **Aufklärungspflicht des Prozeßbevollmächtigten** des Antragstellers angenommen wird, wonach mit einem verfrüht gestellten Scheidungsantrag die Rechtsfolge des § 1408 Abs 2 S 2 erschlichen werden kann, weil dieser Scheidungsantrag selbst bei Abweisung durch das Familiengericht mittels der Berufung über das Trennungsjahr gerettet werden kann (so aber OLG Karlsruhe NJW-RR 1995, 374 mit der zusätzlichen Andeutung, das Familiengericht werde „schon angesichts des § 1408 II BGB" ausreichend großzügig terminieren). Der Rechtsanwalt kann nur gehalten sein, über die Möglichkeit einer vorzeitigen, aber bei normaler Terminierung das Trennungsjahr berücksichtigenden Antragstellung zu belehren. Weder dem Prozeßbevollmächtigten kann aber angesonnen werden, zur Scheidungsfolgentaktik einen unbegründeten Scheidungsantrag einzusetzen, noch dem Familiengericht, dieses Taktieren zu unterstützen. Vielmehr ist entweder einem verfrühten Scheidungsantrag die angestrebte Wirkung auf Scheidungsfolgen zu versagen (soeben), wenn der Antragsteller treuwidrig handelt; oder das Gericht hat ggf dem Vortrag des Antragstellers nachzugehen, eine Scheidungsfolgenregelung sei unter Zwang, Drohung oder sonst arglistigem Verhalten des Antragsgegners zustandegekommen (was in dem Fall behauptet war, welcher dem Anwaltshaftpflicht-Prozeß in OLG Karlsruhe, aaO zugrundelag).

97 dd) Nicht zu vermeiden ist auch bei korrekter Terminierung und Antragsabweisung durch das Familiengericht, daß im **Berufungsrechtszug** regelmäßig das Trennungsjahr abläuft, so daß der Scheidungsantrag begründet wird. In diesem Fall kann das Berufungsgericht jedoch nicht selbst die Scheidung aussprechen. Es hat die Sache vielmehr unter Aufhebung des abweisenden Urteils zur Wahrung des Scheidungsverbunds an das Familiengericht zurückzuverweisen, wenn das Familiengericht über Folgesachen zu befinden hat (§ 629 b Abs 1 S 1 ZPO, BGH NJW 1997, 1007; OLG Hamm FamRZ 1996, 1078; OLG Nürnberg NJW-RR 1997, 388).

Fraglich ist dann, ob dem Antragsteller wenigstens die **Kosten** der zweiten Instanz, ggf auch die Kosten der ersten Instanz, soweit sie doppelt entstehen, zu überbürden sind. Teilweise wird **§ 97 Abs 2 ZPO** nicht angewendet, mit der Folge, daß der Antragsteller ohne Kostennachteile die Scheidung in der Berufungsinstanz erreicht, bzw der Antragsgegner über § 93 a ZPO an den Kosten der von ihm nicht verursachten Berufungsinstanz beteiligt wird (OLG Düsseldorf FamRZ 1982, 1014; einschränkend für den Fall der schuldlos verfrühten Antragstellung KG FamRZ 1987, 723).

Überwiegend werden jedoch dem nur wegen des Ablaufs des Trennungsjahres in der Berufungsinstanz obsiegenden Antragsteller diese Mehrkosten entsprechend § 97 Abs 2 ZPO überbürdet (BGH NJW 1997, 1007, 1008; OLG Düsseldorf FamRZ 1987, 618; OLG Hamburg FamRZ 1985, 711 [insoweit zustimmend PHILIPPI]; OLG Hamm FamRZ 1993, 456; FamRZ 1996, 1078; OLG Nürnberg NJW-RR 1997, 388; OLG Zweibrücken FamRZ 1982, 293 [zustimmend BOSCH]; SOERGEL/HEINTZMANN Rn 41 und Nachtrag Rn 41; BGB-RGRK/GRASS-HOF Rn 105; MELTENDORF FamRZ 1987, 724; DITZEN FamRZ 1988, 1012 weitergehend zu Schadensersatzansprüchen). Dem ist zuzustimmen, auch insoweit, als der Antragsteller damit das Risiko einer unverschuldet verfrühten Antragstellung trägt (insoweit anders KG FamRZ 1987, 723). Das Risiko einer Antragstellung auf der Grundlage eines unschlüssigen Antrags muß nach dem kostenrechtlichen Verursachungs- und Erfolgsprinzip beim Antragsteller verbleiben; das gilt für das Scheidungsverfahren ebenso wie für jeden anderen ZPO-Rechtsstreit auch dann, wenn er wegen eines in der Rechtsmittelinstanz eintretenden Umstandes schließlich obsiegt.

Ausnahmen von der Anwendung des § 97 Abs 2 ZPO sind lediglich geboten, wenn aufgrund der prozessualen Lage es in der Berufungsinstanz offenbleibt und offenbleiben kann, ob der Antrag (insbesondere nach Abs 2) bereits in erster Instanz begründet war; bzw, wenn der Antragsgegner sich einem nunmehr begründet gewordenen Scheidungsantrag auch in der Berufungsinstanz noch widersetzt (BGH NJW 1997, 1007, 1008; BGB-RGRK/GRASSHOF § 1564 Rn 47; JOHANNSEN/HENRICH/JAEGER Rn 89;

MünchKomm[ZPO]/Klauser § 629 b ZPO Rn 4). Erst recht bleibt § 97 Abs 2 ZPO außer Anwendung, wenn das Berufungsurteil zwar nach Ablauf des Trennungsjahres ergeht, das Berufungsgericht aber dennoch eine unzumutbare Härte iSd Abs 2 feststellt (OLG Karlsruhe FamRZ 1997, 1276).

Wird der Scheidungsantrag zutreffend mangels Vollendung des Trennungsjahres **in erster Instanz abgewiesen**, so trägt der Antragsteller nach § 91 ZPO die Kosten; § 93 a ZPO findet keine Anwendung (OLG Karlsruhe FamRZ 1997, 1417, jedoch keine isolierte Beschwerde bei fehlerhafter Aufhebung der Kosten, da keine „greifbare Gesetzwidrigkeit" gemäß § 99 ZPO vorliegt).

ee) Läuft die Jahresfrist erst im Revisionsrechtszug ab, so darf der BGH dies nicht **98** mehr beachten, da es sich bei der Fortdauer des Getrenntlebens, selbst wenn der Beginn des Getrenntlebens im Berufungsurteil festgestellt ist, um eine **neue Tatsache** handelt, die gemäß § 561 ZPO nur in einer vorangehenden Tatsacheninstanz beachtlich wäre (BGH NJW 1979, 105; BGH NJW 1981, 449). Fraglich ist allerdings, ob dies auch gilt, wenn beide Parteien **übereinstimmend bestätigen**, daß die Trennung fortgedauert hat und die Jahresfrist inzwischen abgelaufen ist (offengelassen von BGH NJW 1981, 449). Man wird in einem solchen Fall nach den zu § 561 ZPO entwickelten Grundsätzen über die Einbeziehung neuer Tatsachen aus Gründen der Verfahrensökonomie die gemeinsame Bestätigung der Fortdauer des Getrenntlebens bis zum Fristablauf auch im Revisionsrechtszug zu beachten haben. Jedenfalls ist dies anzunehmen, wenn – was regelmäßig der Fall ist – sich aus den Feststellungen im Tatbestand des Berufungsurteils ergibt, daß und seit wann die Ehegatten getrennt leben. Dann nämlich bezieht sich die Feststellung des Fristablaufs nur auf eine kalendermäßige Bewertung, die unbestrittenermaßen auch in der Revisionsinstanz zu treffen ist (vgl Zöller/ Gummer § 561 ZPO Rn 7) und auf die Frage der Fortdauer des Getrenntlebens, über die auch in den Tatsacheninstanzen bei einverständlichem Vortrag kein Beweis zu erheben wäre (dies deutet auch BGH NJW 1981, 449 an). Fragwürdig ist hingegen die Berücksichtigung eines gemeinsamen Vortrags, wonach die Ehegatten erst nach der letzten Tatsacheninstanz die Trennung begonnen haben; in diesem Fall müßte der BGH die rechtliche Würdigung der Parteien zur Tatsache des Getrenntlebens iSd § 1567 übernehmen oder das Getrenntleben selbst feststellen.

e) Eine **Aussetzung des Verfahrens** (§ 614 ZPO) zum Zweck der Vermeidung der **99** Abweisung ist nicht zulässig (vgl § 1564 Rn 109); die Parteien können aber ihre Anträge übereinstimmend nicht weiter betreiben, so daß es zu einem **faktischen oder förmlichen Ruhen des Verfahrens** kommt (KG FamRZ 1978, 34; Rolland Rn 28). Sofern der Antragsgegner seinen Abweisungsantrag nicht verfolgt, sollte man auch zulassen, daß **Folgesachen** in dieser Zeit weiter betrieben werden, damit es alsbald nach Ablauf des Trennungsjahres zur Terminierung und Scheidung kommen kann (KG FamRZ 1978, 34; **aA** Rolland Rn 28). Es erscheint wenig sinnvoll, einen schon gestellten Scheidungsantrag, der nicht abgewiesen werden kann, weil der Abweisungsantrag nicht gestellt wird, technisch – über die Folgesachen – zu verzögern, ohne damit einen Gewinn an Versöhnungsbereitschaft zu erreichen.

f) Die **Beweislast für den Ablauf des Trennungsjahres** trägt der Antragsteller (Münch- **100** Komm/Wolf Rn 18); regelmäßig wird als Beweismittel die Parteivernehmung geboten und ausreichend sein. Das gilt auch, wenn beide Parteien die Scheidung unter einverständlichem Vortrag des Scheiterns nach Ablauf eines Trennungsjahres wünschen (vgl oben Rn 62). Die Voraussetzung der einjährigen Trennung ist nämlich auch in diesem Fall nachzuweisen; sie wird freilich häufig wahrheitswidrig vorgetragen werden.

2. Trennungsjahr bei Fehlehe

101 **a)**   Der Ablauf eines Trennungsjahres vor Ausspruch der Scheidung aus dem Grundtatbestand ist auch erforderlich, wenn die Ehegatten eine Lebensgemeinschaft nie begründet haben. Dabei ist auch keine Ausnahme zu machen, wenn die Ehegatten einverständlich keine Lebensgemeinschaft begründen wollten (**Zweck- oder Fehlehe**, vgl dazu § 1564 Rn 122 [Prozeßkostenhilfe]; oben Rn 47 [Lebensgemeinschaft]; KG NJW 1980, 1053; NJW 1982, 112; FamRZ 1985, 73; FamRZ 1985, 1042; KG FamRZ 1987, 486; OLG Düsseldorf FamRZ 1981, 677; OLG Hamm FamRZ 1980, 145; FamRZ 1982, 1074; OLG Karlsruhe FamRZ 1986, 681; OLG München FamRZ 1998, 826; JOHANNSEN/HENRICH/JAEGER Rn 50; SCHWAB/ SCHWAB Teil II Rn 49; MünchKomm/WOLF Rn 73 c; BGB-RGRK/GRASSHOF Rn 103; WEISMANN FamRZ 1985, 74; **aA** ROLLAND Rn 26 b; KOSSATZ FamRZ 1985, 74; KG [18. ZS] FamRZ 1980, 356, ausdrücklich aufgegeben durch KG FamRZ 1987, 486. Für die **ungeplant von Anfang an gescheiterte Ehe** ist dies selbstverständlich, insoweit auch ROLLAND Rn 26 b).

Zum Vorliegen einer *unzumutbaren Härte* in solchen Fällen vgl unten Rn 112. Zur **Aufhebung** solcher Ehen § 1314 Abs 2 Nr 5, § 1315 Abs 1 Nr 5 idF des EheschlRG.

102 **b)**   Zwar kommt der **Übereilungsschutz** als tragender Zweck der Bestimmung nur zur Wirkung, wenn wenigstens ein Ehegatte eine eheliche Lebensgemeinschaft herstellen wollte (BGB-RGRK/GRASSHOF Rn 102). Die Parteien, welche die Ehe zu zweckwidrigen Zielen mißbrauchen, dürfen aber nicht dadurch besser gestellt werden, daß die voll wirksam geschlossene Ehe erleichtert geschieden werden kann.

103 **c)**   Mittelbar wird dadurch wohl auch generalpräventiv dem **Rechtsmißbrauch** bei Eingehung der Ehe vorgebeugt werden, **ohne** daß dies das **Ziel** der Anwendung von Abs 2 wäre: *diese* Art des Rechtsmißbrauchs ist nämlich nicht von der ratio des § 1565 Abs 2 umfaßt, der allenfalls Rechtsmißbräuche *anläßlich der Scheidung* verhindern will (dieser Zweckgedanke ist strittig, vgl oben Rn 7 ff; mit einem erweiterten Rechtsmißbrauchsgedanken argumentieren aber: JOHANNSEN/HENRICH/JAEGER Rn 50; WEISMANN FamRZ 1985, 75). Es besteht jedoch schlechterdings kein Grund, Eheleute in Zweckehen besser zu stellen, auch wenn sie des Übereilungsschutzes nicht bedürfen; was bei Eingehung der Ehe wohlmeinenden Ehegatten zugemutet wird, muß erst recht Ehegatten zugemutet werden, welche die Einrichtung der Ehe mißbrauchen (das übersehen ROLLAND Rn 26 b und KOSSATZ FamRZ 1985, 74; wie hier: MünchKomm/WOLF Rn 73 c; SOERGEL/ HEINTZMANN Rn 43; ERMAN/DIECKMANN Rn 13; zur Möglichkeit **ausländerrechtlicher Konsequenzen** aus dem Nichtbestehen der ehelichen Lebensgemeinschaft bereits vor Vorliegen der Voraussetzungen für die Ehescheidung: BVerwG InfAuslR 1992, 305; InfAuslR 1994, 252; OLG Nürnberg NVwZ-RR 1996, 294; VG Freiburg FamRZ 1995, 1359).

Allerdings wird diese Zielsetzung nur wirksam im Falle eines Scheidungsbegehrens. Solange die Zweckehe nach § 1314 Abs 2 Nr 5 aufhebbar ist – was das gänzliche Fehlen eines Zusammenlebens als Eheleute von Anfang an voraussetzt (§ 1315 Abs 1 Nr 5) – greift natürlich auch die Jahresfrist des Abs 2 nicht ein.

d) Des hier abgelehnten (oben Rn 17) Zweckgedankens der **allgemeinen Scheidungs-** 104
erschwerung zum Schutz des Rechtsinstituts Ehe bedarf es damit ebenfalls zur Begründung der Anwendbarkeit des Trennungsjahres in diesen Fällen nicht (vgl aber KG
NJW 1980, 1053).

e) Das Trennungsjahr wird **selten bereits mit Eheschließung beginnen** (KG FamRZ 105
1985, 1042; FamRZ 1987, 487; JOHANNSEN/HENRICH/JAEGER Rn 50; aA MünchKomm/WOLF Rn 73
c), da jedenfalls der mit der Ehe verfolgte Zweck es erfordert, eine Lebensgemeinschaft nach außen für eine gewisse Zeit vorzuspiegeln; in solchen Fällen kommt auch
eine Eheaufhebung nach § 1314 Abs 2 Nr 5 wegen Heilung nicht in Betracht, da auch
eine vorgespiegelte Lebensgemeinschaft den Heilungstatbestand des § 1315 Abs 1
Nr 5 erfüllt.

Das Trennungsjahr beginnt frühestens in dem Zeitpunkt, in dem **ein Ehegatte nach**
außen deutlich macht, daß eine Lebensgemeinschaft nicht gewollt ist, was regelmäßig
mit der Kundgabe des Scheidungswillens zusammenfällt (KG NJW 1982, 112; FamRZ
1985, 74; FamRZ 1985, 1042; FamRZ 1987, 486; OLG Düsseldorf FamRZ 1981, 677; OLG Hamm
FamRZ 1982, 1073; JOHANNSEN/HENRICH/JAEGER Rn 50; SOERGEL/HEINTZMANN Rn 43; SCHWAB/
SCHWAB Teil II Rn 49). Dies setzt nicht voraus, daß der mit der Eheschließung verfolgte
Zweck erreicht wurde; wenn ein Ehegatte vor Zweckerreichung die Scheidung anstrebt, so beginnt damit das Trennungsjahr.

Haben die Parteien jedoch die Ehe bis zur Zweckerreichung planmäßig geführt,
beginnt das Trennungsjahr **nicht vor Zweckerreichung** (KG FamRZ 1985, 74; FamRZ
1985, 1042; FamRZ 1987, 486).

Spätestens beginnt das Trennungsjahr mit **Stellung des Scheidungsantrags** (KG FamRZ
1985, 1042; SOERGEL/HEINTZMANN Rn 43), weil bei Fehlen einer häuslichen Gemeinschaft
und einer Lebensgemeinschaft diese eindeutige Kundmachung jedenfalls genügt.

Einer **Kundgabe an den anderen Ehegatten** bedarf es nicht (OLG Karlsruhe FamRZ 1986,
680; SCHWAB/SCHWAB Teil II Rn 124; SOERGEL/HEINTZMANN Rn 43); das ergibt sich aus dem
Fehlen einer Lebensgemeinschaft und (zumeist) häuslichen Gemeinschaft; die Kundgabe der Beendigung einer nicht gewollten und betätigten Lebensgemeinschaft kann
nicht gefordert werden.

IV. Scheidung ohne einjährige Trennung (Abs 2)

1. Anwendungsbereich

a) Trennung unter einem Jahr
Abs 2 greift immer dann ein, wenn die Ehegatten im Zeitpunkt der letzten münd- 106
lichen Verhandlung in der Tatsacheninstanz (vgl aber zur Beachtlichkeit im Revisionsrechtszug oben Rn 98) noch nicht ein Jahr getrennt leben (MünchKomm/WOLF Rn 73 a). Auf den
Zeitpunkt der **Stellung des Scheidungsantrags** kommt es nicht an. Zur Behandlung
verfrühter Scheidungsanträge nach dem Grundtatbestand vgl oben Rn 94 ff. Ein vor
Ablauf des Trennungsjahres gestellter Scheidungsantrag ist also nur **schlüssig**, wenn
neben dem vollständigen Tatbestand des Abs 1 Tatsachen vorgetragen werden, welche die **zusätzlichen Voraussetzungen des Abs 2** erfüllen. Nach Ablauf des Trennungs-

jahres (auch im Verfahren) darf das Gericht Gründe nach Abs 2 nicht mehr prüfen, auch wenn der Antragsteller dies wünscht (vgl § 1564 Rn 63).

b) Einverständliche Scheidung

107 aa) Strittig war anfangs, ob bei **Scheidungsanträgen beider Ehegatten** oder im Falle des Einverständnisses des Antragsgegners mit dem Scheidungsantrag eine Scheidung aus dem Grundtatbestand des Abs 1 auch vor Ablauf des Trennungsjahres ohne Prüfung des Abs 2 möglich ist (so: OLG Karlsruhe FamRZ 1978, 590; OLG Koblenz FamRZ 1978, 31; Lüke AcP 1978, 26 f; Schröder FamRZ 1977, 768; AK-BGB/Lange-Klein Rn 12; Gernhuber/Coester-Waltjen § 27 II 4, die den Zweck der Bestimmung jedoch ausschließlich in der Verhinderung von Rechtsmißbrauch sehen). Hierfür spricht, daß Abs 2 die Scheidung von Unzumutbarkeitsgründen in der Person des Antragsgegners und damit häufig von vorwerfbarem Verhalten abhängig macht, so daß die Anwendung des Abs 2 bei einverständlicher Scheidung fragwürdig erscheint. Die ganz herrschende Meinung wendet Abs 2 auch dann uneingeschränkt an, wenn beide Ehegatten die Scheidung beantragen oder der Antragsgegner dem Antrag zustimmt (KG FamRZ 1978, 34; OLG Düsseldorf FamRZ 1978, 26; FamRZ 1978, 27; FamRZ 1979, 37; OLG Hamm FamRZ 1978, 28; OLG Köln FamRZ 1977, 717, OLG Stuttgart FamRZ 1977, 646; MünchKomm/Wolf Rn 73 d; Johannsen/Henrich/Jaeger Rn 48; BGB-RGRK/Grasshof Rn 57; Rolland Rn 26 c; Schwab/Schwab Teil II Rn 48). Dem ist zu folgen: Das Einverständnis der Ehegatten im Scheidungswillen hat nach der Wertung des § 1566 Abs 1 erst Bedeutung, wenn die Ehegatten mindestens ein Jahr getrennt leben; allerdings beschränkt sich die daraus folgende Wertung für das Scheitern nicht auf die Fälle der einverständlichen Scheidung nach § 1566 Abs 1, § 630 ZPO (so aber wohl MünchKomm/Wolf Rn 73 d). Einjähriges Getrenntleben und einverständliches Scheidungsbegehren sind vielmehr auch im Grundtatbestand ein eindeutiges Scheiternsindiz (vgl oben Rn 62). Vor Ablauf des Trennungsjahres aber greift das zentrale rechtspolitische Motiv des Abs 2, die **Vermeidung übereilter Scheidungsentschlüsse** (oben Rn 8) auch, ja *erst recht* bei Einverständnis beider Ehegatten ein. Wo sich der Antragsgegner dem Scheidungsbegehren nicht widersetzt, besteht für den Antragsteller nicht der erforderliche psychologische Widerstand, der erst ein Nachdenken auslösen kann. Die Gegenansicht reduziert denn auch die rechtspolitische Motivation auf den hier als nur nachrangig angesehenen (oben Rn 13) *einseitigen Rechtsmißbrauchsschutz;* in der Tat bedarf der Antragsgegner nicht des Schutzes vor einer einseitigen Lossagung des Antragstellers von der Ehe, wenn er ebenfalls geschieden werden will (so OLG Koblenz FamRZ 1978, 31). Diese Argumentationsebene verkürzt aber das rechtspolitische Anliegen der Bestimmung.

108 bb) Sind **zwei Scheidungsanträge** unter Vortrag von Tatsachen nach Abs 2 gestellt, so hat das Gericht grundsätzlich für jeden Scheidungsantrag zu prüfen, ob er begründet ist, ob also neben dem Scheitern der Ehe auch eine unzumutbare Härte der in Abs 2 genannten Art für den jeweiligen Antragsteller vorliegt (KG FamRZ 1978, 34; OLG Düsseldorf FamRZ 1978, 27; FamRZ 1979, 37; OLG Hamm NJW 1978, 168; OLG Stuttgart NJW 1977, 1542; NJW 1978, 546 Rolland Rn 26 d; Palandt/Diederichsen Rn 18; MünchKomm/Wolf Rn 73 d; Johannsen/Henrich/Jaeger Rn 48; zum wechselseitigen Einfluß dieser Prüfung unten Rn 116 f).

Das bedeutet aber nicht, daß bei **Begründetheit eines Antrags** auch der andere Antrag geprüft werden muß und bei Unbegründetheit abzuweisen ist; er bleibt vielmehr unbehandelt (OLG Stuttgart NJW 1978, 52; Soergel/Heintzmann Rn 13 und § 1565 Rn 79;

ähnlich Palandt/Diederichsen § 1565 Rn 18 vgl aber sogleich Rn 109; wohl auch Erman/Dieck-
mann Rn 12; aA KG FamRZ 1978, 34; OLG Düsseldorf FamRZ 1978, 27; FamRZ 1979, 37; OLG
Hamm NJW 1978, 168; OLG Stuttgart NJW 1977, 1542; NJW 1978, 546; MünchKomm/Wolf Rn 73 d;
Rolland Rn 26 d; Johannsen/Henrich/Jaeger Rn 88). Dieser Antrag ist nämlich jedenfalls durch den Ausspruch der Scheidung erledigt (zur Behandlung in der Berufungsinstanz
vgl § 1564 Rn 65). Dabei kommt es nicht darauf an, ob über die für Abs 2 vorgetragene
Tatsache zu diesem Antrag noch Beweis zu erheben wäre (so aber: Johannsen/Henrich/
Jaeger Rn 88, der die Schonung der Privat- und Intimsphäre gegen weitere Beweiserhebungen
anführt und – insoweit nicht konsequent – die Erledigung des noch ungeprüften Scheidungsantrags
dann annimmt).

cc) Andererseits wird aber auch die Scheidung durch einen ebenfalls auf Abs 2 **109**
gestützten Gegenantrag **nicht erschwert**. Dem Antrag (oder Gegenantrag) ist bereits
stattzugeben, wenn in der Person des jeweiligen Antragstellers die Voraussetzungen
des Abs 2 erfüllt sind und die Ehe gescheitert ist. Keinesfalls muß zugleich auch eine
unzumutbare Härte in der Person des anderen Antragstellers vorliegen (so aber Pa-
landt/Diederichsen Rn 18, der eine Scheidung auf einen der Anträge hin offenbar nur zulassen
will, wenn für diesen Antragsteller die Voraussetzungen des Abs 2 in besonders gravierender Weise
bestehen; insoweit wie hier die überwiegende Ansicht, oben Rn 108). Das ergibt sich schon
deshalb, weil es sinnwidrig wäre, einen Ehegatten ggf zur Rücknahme seines unbegründeten Antrags zu zwingen, damit auf den begründeten Antrag des anderen hin
die Ehe geschieden werden kann.

### c)	Scheidung ohne Getrenntleben
aa) Abs 2 ist auch anzuwenden, wenn die Ehegatten im Zeitpunkt der letzten **110**
mündlichen Verhandlung **überhaupt nicht getrennt leben** (BGH NJW 1981, 449; KG
FamRZ 1978, 594; OLG München NJW 1978, 49; Johannsen/Henrich/Jaeger Rn 49; Münch-
Komm/Wolf Rn 73 b). Dabei ist – wie für Abs 2 insgesamt (vgl oben Rn 93 ff) – das
Getrenntleben iSd § 1567 gemeint. Das Scheitern der Ehe iSd Abs 1 kann auch
ohne eine solche Trennung festgestellt werden (dazu oben Rn 69). Solche Fälle dürften
freilich selten vorkommen, weil im Falle einer als unzumutbar empfundenen Fortsetzung der Ehe der Antragsteller regelmäßig wenigstens versuchen wird, die häusliche Gemeinschaft iSd § 1567 aufzuheben (die auf die Praxis zum EheG gestützten Zahlen
bei MünchKomm/Wolf Rn 73 b sind für §§ 1564 ff nicht aussagekräftig). § 1567 verlangt gerade
kein gerichtlich formalisiertes Getrenntleben und keinen Bezug verschiedener Wohnungen, so daß dem Getrenntleben meist keine unüberwindlichen Hindernisse entgegenstehen (unklar daher MünchKomm/Wolf Rn 73 b).

bb) Nur theoretisch denkbar ist der Fall der über Abs 2 vermittelten **Konventional-** **111**
scheidung. Bei einverständlichem Scheidungswunsch der Ehegatten weicht die Praxis
regelmäßig nicht auf den schwierigen – abgesprochenen – Vortrag zu einer unzumutbaren Härte aus; erheblich leichter ist nämlich über den abgesprochenen Vortrag
einjährigen Getrenntlebens (in der ehelichen Wohnung) eine Scheidung nach Abs 1,
ggf nach § 1566 Abs 1 zu erreichen.

### d)	Fehlehe, Zweckehe
Bei Anwendung von Abs 2 auf Zweck- oder Fehlehen (zur Erforderlichkeit des Tren- **112**
nungsjahres oben Rn 101) ist fraglich, ob eine unzumutbare Härte **begrifflich ausscheidet**
(so Rolland Rn 26 b, der sich daher gegen das Erfordernis des Trennungsjahrs ausspricht). Zwar

ist den Ehegatten, die mit der Ehe einen ehefremden Zweck verfolgen, regelmäßig das Abwarten des Trennungsjahres *zumutbar,* soweit sich die Härte darauf bezieht, in einer solchermaßen geschlossenen Ehe zu leben. Aus der Rechtsmißbräuchlichkeit des eigenen Handelns ergibt sich jedenfalls nicht die Unzumutbarkeit (OLG Karlsruhe FamRZ 1986, 680; MünchKomm/WOLF Rn 73 c; SCHWAB/SCHWAB Teil II Rn 50). Jedoch erscheint es fragwürdig, die unzumutbare Härte für den Antragsteller auch dann zu verneinen, wenn im Falle einer normal gewollten Ehe, die gescheitert ist, die Voraussetzungen der unzumutbaren Härte bejaht würden. Allenfalls wird auch hier die Zumutbarkeitsschwelle anders zu setzen sein, insbesondere, wenn sich die Gründe nach Abs 2 auf eine Verhaltensweise beziehen, die *nach der zugrundegelegten Zweckvereinbarung als selbstverständlich* erscheint; insbesondere kann es kaum als unzumutbar angesehen werden, wenn ein Ehegatte die von beiden nie in Betracht gezogene eheliche Treue nachhaltig verletzt (KG NJW 1980, 1053; SCHWAB/SCHWAB Teil II Rn 50). Anders verhält es sich aber mit Gründen nach Abs 2, die sich *unabhängig von der Zwecksetzung der Ehe* als unzumutbare Härte erweisen; das Scheidungsbegehren wäre etwa im Falle der Entdeckung einer erheblichen kriminellen Neigung des anderen Ehegatten nicht anders zu beurteilen als bei einer Normalehe. Die Tatsache, mit einem Verbrecher verheiratet zu sein, ist im Entschluß zur Eingehung einer Zweckehe nicht umfaßt und bleibt daher ggf unzumutbar. Ebenfalls in Betracht kommen Verhaltensweisen, die sich der Antragsteller auch bei – bloßer – Beachtung der Mindestgebote menschlicher Achtung und Rücksicht nicht gefallen lassen müßte (SCHWAB/SCHWAB Teil II Rn 50). Eine andere Beurteilung ist geboten, wenn der Antragsgegner die Ehe nur geschlossen hat, um eine Aufenthaltsgenehmigung zu erlangen, der Antragsteller aber von diesem Motiv nicht wußte. Die mit einer solchen *einseitigen Zweckehe* verbundene Täuschung und Instrumentalisierung des Ehegatten kann schon selbst eine unzumutbare Härte begründen (AG Offenbach FamRZ 1993, 810; SOERGEL/HEINTZMANN Nachtrag Rn 42; ähnlich OLG Karlsruhe FamRZ 1986, 680).

2. Verhältnis zur Prognose iSd Abs 1

113 a) Zwischen der Prognose iSd Abs 1, also der Feststellung, daß die – nicht mehr bestehende – Lebensgemeinschaft vorhersehbar nicht mehr aufgenommen werden wird, und der Unzumutbarkeitsprüfung des Abs 2 wird gelegentlich ein innerer Widerspruch vermutet. Nach dem **systematischen Normaufbau** könnte die Prüfung der Unzumutbarkeit nach Abs 2 die Feststellung des Scheiterns nach Abs 1 voraussetzen, da sonst bereits der Antrag wegen Fehlens des Grundtatbestandes abzuweisen wäre. In der Tat ist so zu verfahren, wenn die Diagnose oder die Prognose erweist, daß die eheliche Lebensgemeinschaft noch nicht oder nicht endgültig aufgehoben ist. In diesen Fällen ist der Antrag abweisungsreif, ohne daß Überlegungen anzustellen sind, ob die Aufrechterhaltung der Ehe dem Antragsteller zumutbar ist.

114 b) Für den Fall der mit **hoher Wahrscheinlichkeit** gegebenen Diagnose und Prognose **des Scheiterns** erscheint dann aber auf den ersten Blick wenig plausibel, eine als gescheitert erkannte Ehe ggf sogar gegen den Willen beider Ehegatten für ein Jahr aufrecht zu erhalten und den Eheleuten sowie den Kindern die Belastungen des Getrenntlebens zuzumuten (BRÜGGEMANN FamRZ 1978, 95; SCHWAB FamRZ 1979, 19; BGB-RGRK/GRASSHOF Rn 65). Dennoch ist die Bestimmung nicht deshalb rechtspolitisch verfehlt, weil sie die Aufrechterhaltung einer objektiv gescheiterten Ehe verlangt (so aber AK-BGB/LANGE-KLEIN § 1565 Rn 12 f). Eine solche Sicht würde das Scheitern als einen exakt naturwissenschaftlich meßbaren objektiven Zustand betrachten und die das Scheitern beeinflussende Dynamik der psychologischen Wirkung der noch bestehenden Ehe auf die Ehegatten verkennen.

c) Das Verhältnis der Feststellung des Scheiterns zur Unzumutbarkeit läßt sich **115** zwanglos aus dem **Zweck der Verhinderung voreiliger Scheidungsentschlüsse** verstehen: Der Gesetzgeber anerkennt mit der Regelung des Abs 2, daß eine Scheiternsdiagnose und -prognose anhand einzelner, auch schwerwiegender Indizien regelmäßig mit einem Rest an **Unsicherheit** hinsichtlich einer Heilungschance behaftet ist. Damit korrespondiert die Erwartung, daß eine verbleibende Chance der Heilung besteht und den Ehegatten hierzu im Rahmen des zeitlich und emotional Zumutbaren Zeit gegeben werden muß, selbst wenn eine auf objektive Umstände gegründete Diagnose und Prognose mit der letztlich nur möglichen hohen **Wahrscheinlichkeit** das Scheitern ergibt. Es geht dabei in dem Sinne um die *Unzulänglichkeit* menschlicher Prognosen (OLG Düsseldorf FamRZ 1978, 804; ähnlich OLG Schleswig NJW-RR 1992, 261), als die Feststellung nach Abs 1 immer eine Momentaufnahme über den Zustand der Ehe in die Zukunft projiziert, wobei sich diese Momentaufnahme ohne längeres Getrenntleben auf umso ungesicherterer Grundlage bewegt. Wenn sich das Scheitern hingegen in einer für das Scheitern stark indiziellen (BGB-RGRK/GRASSHOF Rn 68; JOHANNSEN/HENRICH/JAEGER Rn 45) mehr als einjährigen Trennung äußert, so verfestigt sich die Diagnose und Prognose. Das Risiko der Fehlbeurteilung bei kürzerer Trennung muß dagegen hingenommen werden, wenn sich Gründe erweisen, die – das Scheitern der Ehe unterstellt – dem Antragsteller das Abwarten des Trennungsjahres iSd Abs 2 unzumutbar machen.

In diesem Sinn läßt sich Abs 2 als eine **Erleichterung der Prognose** (BGH NJW 1981, 451) verstehen (vgl oben Rn 18) dahingehend, daß die unsichere Diagnose und Prognose nach Abs 1 sich erst verfestigt, wenn eine einjährige Trennung vorliegt, es sei denn daß besondere Umstände nach Abs 2 vorliegen.

d) Um die von Abs 2 regelmäßig erwartete Heilungschance zu verwirklichen, ist **116** eine, sowohl der Ökonomie der Entscheidungsfindung wie der eheerhaltenden Zielsetzung des Abs 2 dienende **Prüfungsreihenfolge** geboten: Fehlt es am Trennungsjahr, so findet eine Prognose – bei Unsicherheit der Beurteilung des Ist-Zustandes auch eine Diagnose – nach Abs 1 nicht statt. Ein Scheitern der Ehe ist nur dann zu prüfen, wenn Umstände **in Betracht kommen**, die zur Unzumutbarkeit iSd Abs 2 führen (so auch BGB-RGRK/GRASSHOF Rn 70, 74). Fehlt es an solchen Umständen, so kommt die Feststellung des Scheiterns – insbes im Falle der Abweisung des Antrags als unbegründet – nicht in Betracht (**aA** AK-BGB/LANGE-KLEIN Rn 13; OLG Düsseldorf FamRZ 1977, 805; FamRZ 1978, 27; OLG Koblenz FamRZ 1978, 31), da sonst das Anliegen des Normzwecks, eine Heilung der eingetretenen Zerrüttung zu ermöglichen, negativ präjudiziert wäre (JOHANNSEN/HENRICH/JAEGER Rn 51). Dabei kann die Zumutbarkeitsprüfung zwar streng logisch nicht vor der Feststellung des Scheiterns abgeschlossen werden, da die Zumutbarkeit der Fortsetzung der Ehe ohne Scheitern immer gegeben ist. Die Prognose nach Abs 1 darf aber erst dann als negativ bewertet werden, wenn feststeht, daß der – das Scheitern unterstellt – eine Fortsetzung der Ehe bis zum Ablauf der Jahresfrist unzumutbar machende Umstand vorliegt, es wird also die Zumutbarkeitsprüfung vorgezogen (so auch BGB-RGRK/GRASSHOF Rn 71). Dies verhindert eine überflüssige Prognoseentscheidung auf der vor Ablauf der Trennungsfrist unsicheren

Grundlage, sofern nicht positiv feststeht, daß in Hinblick auf Abs 2 eine solche Prognose getroffen werden muß.

117 **e)** Umstände nach Abs 2 **ersetzen** jedoch für sich genommen **nicht die Feststellung des Scheiterns** nach Abs 1. Das Vorliegen eines Umstandes nach Abs 2 impliziert nicht das Scheitern der Ehe in dem Sinne, daß eine Prüfung nach Abs 1 entbehrlich wird (so aber OLG Stuttgart NJW 1979, 167; BRÜGGEMANN FamRZ 1978, 91; SCHWAB FamRZ 1979, 14). Es ist also getrennt auch bei Vorliegen von Gründen nach Abs 2 das Scheitern iSd Abs 1 zu prüfen (OLG Schleswig NJW-RR 1989, 261; OLG Frankfurt/M FamRZ 1978, 115; OLG Stuttgart FamRZ 1977, 807; FamRZ 1978, 690). Andererseits kann nicht die Zumutbarkeitsprüfung nach Abs 2 tatbestandlich völlig getrennt von der Prüfung des Scheiterns nach Abs 1 gesehen werden: die Gründe nach Abs 2 sind für die Feststellung des Scheiterns mitzuverwerten im Sinne einer Doppelfunktion (OLG Stuttgart FamRZ 1977, 807; OLG Frankfurt/M FamRZ 1978, 115; OLG Düsseldorf FamRZ 1978, 26; OLG Koblenz FamRZ 1978, 31; MünchKomm/WOLF Rn 72; ROLLAND Rn 31 c; BGB-RGRK/GRASSHOF Rn 71). Dabei können besonders gravierende Umstände nach Abs 2 das Scheitern der Ehe nach Abs 1 durchaus isoliert begründen (MünchKomm/WOLF Rn 72), weshalb Entscheidungen, die sich im wesentlichen mit der Erörterung der Umstände nach Abs 2 befassen (zB: OLG Düsseldorf FamRZ 1978, 26; OLG Hamm FamRZ 1978, 28; OLG Saarbrücken FamRZ 1978, 114 und 415; OLG Frankfurt/M FamRZ 1978, 115 und 338; OLG Oldenburg NJW 1978, 1266; KG FamRZ 1978, 897), nicht gegen die hier vertretene Doppelprüfung verstoßen; es wird dort lediglich das Scheitern der Ehe in unproblematischen – weil bereits gravierend iSd Abs 2 geprägten – Fällen nicht eingehend erörtert (MünchKomm/WOLF Rn 72). Das wird häufig der Fall sein, weil die Feststellung, daß die Fortsetzung der Ehe für einen Ehegatten eine unzumutbare Härte bedeuten würde, regelmäßig impliziert, daß die Ehe jedenfalls in der Person dieses Ehegatten (einseitig) gescheitert ist (JOHANNSEN/HENRICH/JAEGER Rn 51).

118 **f)** Die Bedeutung der getrennten Prüfung sollte daher nicht überbetont oder gar zu einem rechtspolitisch unverzichtbaren Prinzip stilisiert werden (so aber Münch-Komm/WOLF Rn 72, die Gefahr absoluter Scheidungsgründe [der Fallgruppen des Abs 2] beschwörend; wie hier: ROLLAND Rn 31 c). Die systematische Bedeutung der Trennung der Prüfung äußert sich vor allem darin, daß erst hierdurch systematisch einwandfrei die zutreffende Ansicht vertretbar wird, wonach zwischen dem Scheitern der Ehe und den Gründen nach Abs 2 *kein Kausalzusammenhang* bestehen muß (ROLLAND Rn 31; MünchKomm/WOLF Rn 72; hierzu unten Rn 121).

119 **g)** Bei dieser Prüfungsabfolge verbleiben jedoch ggf in geringer Zahl Fälle, die der BGH (NJW 1981, 449, 451) dahingegehend charakterisiert hat, das Gesetz mute den Ehegatten auch in Fällen, in denen die Ehe bereits **mit Sicherheit gescheitert** sei, grundsätzlich zu, die Jahresfrist abzuwarten; Fälle also, in denen es vernünftigerweise keine Scheiternsprüfung anzustellen gibt, weil das Scheitern sich aufdrängt. Solche Ausnahmefälle erhebt von ihrem streng theoretischen und gesetzessystematischen Ausgangspunkt eine Ansicht zum Regelfall, nach der Abs 2 angesichts vorrangiger Prüfung des Scheiterns iSd Abs 1 immer die Scheidung einer gescheiterten Ehe hindere (AK-BGB/LANGE-KLEIN Rn 11 ff, 21, 22; LÜKE AcP 1978, 26; ders, in: FS Bosch [1976] 639). Diese Ansicht ist zwar insoweit abzulehnen, als sie die zustimmungswürdigen Gesetzeszwecke der Verhinderung voreiliger Scheidungen und der Prognosesicherung verkennt. Ihr ist aber entgegen der Meinung des BGH darin beizupflichten, daß dem Gesetz schwerlich etwas vollends Unsinniges unterstellt werden kann, nämlich die Zumutung, eine mit Sicherheit gescheiterte Ehe noch für eine gewisse Zeit fortzuführen. Abs 2 ist aber angesichts seines weiten zweckentsprechenden Anwendungsbereichs dadurch nicht obsolet; die Bestimmung bedarf jedoch wohl einer **einschränkenden Auslegung**: ist das Scheitern der Ehe ohne eine vorhergehende Beweisaufnahme so offenkundig, daß keine vernünftigen Zweifel mehr bestehen können, so greift Abs 2 wegen offenbarer Zweckverfehlung nicht ein. Eine solche Feststellung wird regelmäßig voraussetzen, daß beide Ehegatten geschieden werden wollen; das Festhalten eines Ehegatten an der Ehe bedeutet wohl immer, daß eine absolut gewisse Scheiternsfeststellung sich nicht aufdrängt. Allerdings **genügt** es nicht, daß beide Ehegatten geschieden werden wollen; das Scheitern muß zur Überzeugung des *Gerichts* ohne jeden Zweifel feststehen und die Fortsetzung der Ehe während des Trennungsjahres als bloße Zumutung sich aufdrängen (zB wenn beide Ehegatten mit neuen Partnern zusammenleben und Kinder erwarten). In solchen Fällen wird das Gesetz zum leeren Buchstaben. Die hier vertretene einschränkende Auslegung vermehrt insbesondere nicht die Scheidungswahrscheinlichkeit; sie könnte allerdings geeignet sein, fragwürdigen übereinstimmend unwahren Fristenvortrag einzudämmen.

3. Gründe in der Person des anderen Ehegatten

Will ein Ehegatte vor Ablauf des Trennungsjahres geschieden werden, so muß er **120** **Gründe in der Person des anderen Ehegatten** geltend machen, aufgrund derer die Fortsetzung der Ehe bis zum Ablauf des Trennungsjahres für den Antragsteller eine unzumutbare Härte bedeuten würde.

a) Verhältnis zu den Scheiternsgründen, Kausalität
aa) Das Scheitern der Ehe ist gegenüber den Gründen nach Abs 2 **selbständig zu 121** **beurteilen** (s oben Rn 113 ff). Umgekehrt ergeben sich aus dem Scheitern an sich und den hierzu führenden Gründen noch nicht die in Abs 2 geforderte unzumutbare Härte (OLG Brandenburg FamRZ 1995, 807, 808; OLG Düsseldorf FamRZ 1978, 27; OLG Frankfurt/Main FamRZ 1978, 338; OLG Köln FamRZ 1992, 319; OLG München FamRZ 1978, 29; ROLLAND Rn 31; GÖRGENS FamRZ 1978, 647; SCHWAB FamRZ 1979, 14; BGB-RGRK/GRASSHOF Rn 99; MünchKomm/WOLF Rn 76; ERMAN Rn 15). Dies folgt nicht nur aus der *Systematik* der Regelung: Abs 2 hätte einen geringen Anwendungsbereich, wenn die von einem Ehegatten aufgrund des Scheiterns der Ehe empfundene Härte zu einer vorzeitigen Scheidung iSd Abs 2 führen könnte. Vor allem gebietet der mit Abs 2 verfolgte legislative *Zweck* eine Abstufung zwischen dem Scheitern und der Unzumutbarkeitsprüfung nach Abs 2. Die einjährige Trennungsfrist wird den Ehegatten *zugemutet*, um Übereilung und unsichere Scheiternsprognosen zu verhindern; das enthält die gesetzgeberische Wertung, daß der mit dem Scheitern verbundene *normale Grad an Härte*, also das Gefühl, in einer gescheiterten Ehe noch ein Jahr verharren zu müssen, für beide Ehegatten besteht, also wohl gemeinsames Schicksal und nicht ein in der Person des anderen Ehegatten liegender Grund ist (MünchKomm/WOLF Rn 76), vor allem aber jedem Ehegatten zumutbar ist (ROLLAND Rn 32 b). Das verkennt die Gegenansicht (LÜKE AcP 1978, 25; die für die Gegenansicht häufig zitierte Entscheidung OLG Stuttgart FamRZ 1977, 807 formuliert lediglich mißverständlich, stellt aber in concreto gerade eine über das Scheitern hinausgehende Härte iSd Abs 2 fest), die einen Widerspruch zwischen dem Scheitern und der Zumutbarkeit der Ehefortsetzung während des Trennungsjahrs vermu-

tet. Aber auch die Ansicht, schon das *einseitig* durch den Antragsgegner *verursachte* Scheitern der Ehe setze für den Antragsteller einen Grund iSd Abs 2 (so Holzhauer JZ 1979, 117), übersieht den *Ausnahmecharakter* des Abs 2, der wesentlich durch das Ziel geprägt ist, gegen übereilte Scheidungsentschlüsse zu schützen.

Eine **einschränkende Auslegung** könnte nur geboten sein, wenn Abs 2 ohne jede Chance auf eine Versöhnung der Ehegatten aufgrund offensichtlichen Scheiterns nur noch eine Zumutung für beide Ehegatten bedeutet, also in Fällen evidenter Zweckverfehlung (vgl oben Rn 119).

122 bb) Das führt in der Rechtsanwendung dazu, das Scheitern als solches nicht als Grund iSd Abs 2 anzuerkennen, weil dieser „Grund" immer vorläge (MünchKomm/ Wolf Rn 76). Die **zum Scheitern führenden Gründe** sind hingegen durchaus in die Prüfung nach Abs 2 **einzubeziehen** (zumindest mißverständlich OLG Köln FamRZ 1992, 319, die Hinwendung zu einem anderen Partner als Scheiternsgrund könne keine unzumutbare Härte begründen). Es werden sogar häufig zum Teil dieselben Gründe sein, welche zum Scheitern der Ehe geführt haben, die zugleich – insgesamt oder teilweise – auch den Tatbestand des Abs 2 begründen (Soergel/Heintzmann Nachtrag Rn 58). Entscheidend für die Beurteilung als Grund iSd Abs 2 ist dann aber die **besondere Qualität** des Grundes: **Scheitern** kann eine Ehe aus einer Summe von Gründen, die unspektakulär sind. Bedeutung iSd Abs 2 erlangen nur Gründe, die zur **Unzumutbarkeit** führen (näher unten Rn 139 ff).

123 cc) Andererseits sind auch Gründe innerhalb der Prüfung nach Abs 2 zu berücksichtigen, die für das Scheitern der Ehe **nicht kausal** sind (OLG Frankfurt/Main FamRZ 1978, 115, OLG München FamRZ 1978, 113; Schwab FamRZ 1979, 14; Rolland Rn 31 a; BGB-RGRK/Grasshof Rn 99; MünchKomm/Wolf Rn 76; Gernhuber/Coester-Waltjen § 27 II 3; aA OLG Karlsruhe NJW 1978, 53; OLG Schleswig NJW 1978, 52 [passim]; OLG Stuttgart NJW 1977, 1542; Lüke AcP 1978, 25; Holzhauer JZ 1979, 113). Da ein Grund, der es einem Ehegatten unzumutbar macht, die Ehe fortzusetzen, begrifflich allerdings immer geeignet ist, das Scheitern der Ehe zu bewirken, bezieht sich dies nur auf Fälle, in denen die Ehe bereits gescheitert ist und **sodann** ein Grund nach Abs 2 eintritt (diese Gestaltung übersieht offenbar OLG Schleswig NJW 1978, 52). Ein solcher Grund ist zu berücksichtigen und bleibt nicht etwa deshalb außer Betracht, weil er erst eingetreten ist, nachdem die Ehe bereits gescheitert war. Es bedarf insbesondere nicht der Konstruktion einer *Vertiefung des Scheiterns* einer bereits gescheiterten Ehe, die im Hinblick auf die Konzeption des Scheiterns als *endgültige Ehezerstörung* fragwürdig wäre. Vielmehr ergibt sich die Verwertbarkeit eines für das Scheitern nicht kausalen Grundes nach Abs 2 aus zwei Erwägungen: Einerseits setzt die Scheidung vor Ablauf des Trennungsjahres systematisch das Scheitern voraus; dies unbeschadet der hier vertretenen Prüfungsreihenfolge (oben Rn 116), die sich aus dem *Schutzzweck* der Norm ergibt, aber nicht die Logik der Norm verändert. Andererseits erfolgt die Scheidung auch bei Vorliegen von Gründen nach Abs 2 aus dem Grundtatbestand (Abs 1); Gründe nach Abs 2 bedeuten nicht einen anders strukturierten Scheidungstatbestand, der nur auf Verhalten oder Eigenheiten des Antragsgegners gestützt werden kann (das übersieht Vogel FamRZ 1976, 483). Daraus folgt aber, daß die nach Abs 2 relevanten Gründe neben das Scheitern der Ehe treten und nicht eine besondere Form des Scheiterns bedeuten.

b) In der Person des anderen Ehegatten

aa) Die Gründe, wegen derer Scheidung vor Ablauf des Trennungsjahres begehrt **124** wird, müssen **in der Person des anderen Ehegatten** vorliegen. Das Gesetz schränkt damit den denkbaren Kreis von Ursachen, welche die Fortsetzung der Ehe unzumutbar machen können, ein. Diese Restriktion ist nicht zwingend, wenn man auf den aus heutiger Sicht zentralen Normzweck des Abs 2, den Übereilungsschutz, abstellt. Diesem Zweck würde sogar eine Ausnahmeregelung besser gerecht, die allgemein die Verhinderung übereilter Scheidungsentschlüsse abwägt gegen die Zumutbarkeit des Scheidungshindernisses für beide Ehegatten (so schon der Vorschlag der Eherechts-kommission, S 17). Eine solche Ausnahmeregel würde auch die hier erwogene einschränkende Handhabung des Abs 2 entbehrlich machen (vgl oben Rn 119, 121). Fälle evidenten Scheiterns der Ehe, in denen die Wirkung des Abs 2 nur noch „eine Zumutung" ist, aber ein Grund in der Person des Antragsgegners nicht ersichtlich ist, werden regelmäßig dadurch geprägt sein, daß für einen oder beide Ehegatten die Fortführung der Ehe aus *in seiner Sphäre liegenden Gründen* unzumutbar ist. Solche Ehen auch nur befristet zu erhalten, hat keinen Sinn.

Die an das **Verschuldensprinzip erinnernde Beschränkung**, die aber unabhängig von einem schuldhaften Verhalten eingreift (MünchKomm/Wolf Rn 67 a), erklärt sich aus der Gesetzgebungsgeschichte: Die ursprünglich durch den Bundestag verabschiedete Regelung (heute Grundtatbestand Abs 1) stand im Vermittlungsausschuß in der Kritik, dem aus der Ehe ausbrechenden Antragsteller eine „Verstoßung" des anderen Ehegatten zu ermöglichen. Die zum Trennungsjahr vorzusehende Ausnahme in Abs 2 sollte nicht ihrerseits dem Antragsteller erlauben, eine *beschleunigte* Ehescheidung aus in seiner Person liegenden Gründen zu erreichen (BT-Drucks 7/3461, 10 f; BT-Drucks 7/4694, 7; vgl Holzhauer JZ 1979, 113). Unabhängig von dem hier vertretenen Wandel im Normzweck kann Abs 2 also auch aus gesetzeshistorischen Gründen sowie nicht entgegen dem eindeutigen Wortlaut im Sinn einer allgemeinen Unzumutbarkeitsklausel ausgelegt werden. Überdies wäre das Abwarten des Trennungsjahres regelmäßig dem Antragsteller zuzumuten, wenn die hieraus entstehende Härte nur in seiner Person begründet ist.

bb) Erforderlich ist, daß die Gründe aus der Sphäre des Antragsgegners (Rolland **125** Rn 29) **herrühren**, nicht aber, daß dieser sie **verursacht** oder gar **verschuldet** hat (Schwab/ Schwab Teil II Rn 53; MünchKomm/Wolf Rn 77). Als Gründe können daher sowohl *schuldhafte Eheverfehlungen* gewertet werden, als auch *unverschuldete Handlungen* (Münch-Komm/Wolf Rn 67 a), sowie *Eigenschaften des Antragsgegners*. Solche Eigenschaften, zB Krankheit oder entstellende Körperverletzungen, können auch bereits im Zeitpunkt der Eheschließung vorgelegen haben (MünchKomm/Wolf Rn 77), jedoch ist in solchen Fällen sorgsam zu prüfen, ob eine Eigenschaft dem Antragsteller die Fortführung der Ehe für den Rest des Trennungsjahres unzumutbar macht, obgleich er in Kenntnis dieser Eigenschaft die Ehe geschlossen hat. In Betracht kommen aber auch Handlungen **Dritter**, die in den Zurechnungsbereich des Antragsgegners fallen, insbesondere aus der Familie und Verwandtschaft des Antragsgegners (Rolland Rn 29; unklar: Soergel/Heintzmann Rn 72 [Überschrift]). Der Zweck der Beschränkung auf die Person des Antragsgegners ist solange nicht gefährdet, als die Gründe nicht dem Antragsteller zuzurechnen sind. Obgleich auch insoweit ein Verschulden nicht erforderlich ist, müssen solche Fälle der Zurechnung des Verhaltens Dritter jedoch begrenzt werden: Nur wenn der Antragsgegner die Möglichkeit hat, Störungen durch

Dritte zu verhindern und nicht zumutbar einschreitet, liegen solche Gründe *in seiner Person* (ROLLAND Rn 29).

126 cc) Auch auf Seiten des **Antragstellers** muß **nicht zwingend dieser selbst** durch ein Verhalten des Antragsgegners berührt sein. Auch hier ist eine Zuordnung nach Sphären möglich. Belastet etwa ein Verhalten des Antragsgegners unmittelbar einen Angehörigen des Antragstellers, so kann hierin ein Grund nach Abs 2 liegen (AK-BGB/LANGE-KLEIN Rn 17). In solchen Fällen ist aber wiederum die Unzumutbarkeit sorgsam zu prüfen, weil das primär gegenüber einem Dritten wirkende Verhalten auf den Antragsteller besonders schwerwiegende Auswirkungen haben muß, wenn sich hieraus eine unzumutbare Härte ergeben soll.

127 dd) Gründe die **ausschließlich in der Person des Antragstellers** liegen, scheiden aus. So kann insbesondere der Wunsch, wegen des eigenen fortgeschrittenen Alters mit einem neuen Partner noch möglichst schnell Kinder zu haben, die ehelich geboren werden sollen, eine unzumutbare Härte nicht begründen; dies gilt selbst dann, wenn sich die Härte nicht nur auf den Antragsteller auswirkt, sondern auch auf den neuen Partner (OLG Zweibrücken FamRZ 1982, 610; SOERGEL/HEINTZMANN Rn 73). Dieses Ergebnis läßt sich auch nicht de lege ferenda stimmig dadurch korrigieren, daß bei Mitbetroffenheit eines Dritten die Härte durchgreift, selbst wenn sie nicht aus der Sphäre des Antragsgegners stammt (so aber SOERGEL/HEINTZMANN Rn 73). Jedoch stärken solche Auswirkungen die rechtspolitische Erwägung, auf das Erfordernis zu verzichten, die unzumutbare Härte müsse aus der Sphäre des Antraggegners herrühren (oben Rn 124).

128 ee) Fraglich ist, wie die **Mitverursachung** von in der Person des Antragsgegners liegenden Gründen durch den Antragsteller zu bewerten ist. Aus einer Parallelwertung zu den Einwilligungs-, Zustimmungs- und Teilnahmetatbeständen der §§ 42 ff EheG aF wird versucht herzuleiten, daß hinsichtlich solcher Gründe, an deren Entstehung der Antragsteller mitgewirkt hat, zu denen er angestiftet hat, oder die er gebilligt hat, er sich nicht auf Abs 2 berufen könne (MünchKomm/WOLF Rn 97, 98; JOHANNSEN/HENRICH/JAEGER Rn 55). Diese Frage ist aber nicht auf der Ebene des abstrakt vom Tatbestand entwickelten Verwertungshindernisses (so MünchKomm/WOLF Rn 97) zu bewältigen; auch dürfte es nicht erforderlich sein, den dazu verwandten *Rechtsmißbrauchsgedanken* heranzuziehen (so aber JOHANNSEN/HENRICH/JAEGER Rn 55). Vielmehr sind auch Gründe, die der Antragsteller verursacht hat (Extrembeispiel ist die Verstümmelung des Antragsgegners durch den Antragsteller), oder solche, in die der Antragsteller eingewilligt hat (Ehebruch des Antragsgegners, was aber nicht ein sodann gegen dessen Willen fortgesetztes Verhältnis einschließt) grundsätzlich geeignet, den Tatbestand des Abs 2 zu begründen. Sie liegen in der Person des Antragsgegners und können eine über das Scheitern hinausgehende Härte für den Antragsteller begründen. Die Differenzierung hat jedoch auf der Ebene der *Unzumutbarkeit zu* erfolgen. Was der Antragsteller selbst verursacht hat, kann ihm regelmäßig zu ertragen zugemutet werden.

129 ff) Hierdurch wird auch die fließende Grenze zu Gründen, zu denen der Antragsteller den Antragsgegner lediglich **provoziert** hat, bewältigbar: Es erscheint nämlich nicht angemessen, die Geltendmachung jedweden Grundes auszuschließen, wenn der Antragsteller einen Anlaß gesetzt hat, der den Antragsgegner zu einem Verhalten herausgefordert hat. Vielmehr ist deutlich zu differenzieren; **Beleidigungen** oder **harmlosere Tätlichkeiten**, die auf Provokationen des Antragstellers folgen, sind sicher nicht geeignet, die Rechtsfolgen des Abs 2 auszulösen (OLG Zweibrücken FamRZ 1978, 869). Ob dies auch für einen *Tötungsversuch* gilt (so aber MünchKomm/WOLF Rn 98), erscheint zweifelhaft. Einerseits dürfte es regelmäßig zumutbar sein, selbst provozierte Ungehörigkeiten zu ertragen; andererseits bleibt es aber unzumutbar, mit einem Menschen länger verheiratet zu sein, der sich zu einem ernsthaften Tötungsversuch -wenn auch durch Beleidigungen oder ähnliches provoziert – hinreißen läßt.

gg) Fraglich ist auch die Behandlung von Gründen, die **teilweise aus den Sphären von** **130** **Antragsteller und Antragsgegner herrühren.** Insoweit kann die Zuordnung von Gründen schwierig sein, die *in der Ehe entstanden* sind, weil solche als Gründe für eine Unzumutbarkeit empfundenen Tatbestände selten ihre Wurzel ausschließlich in der Person eines Ehegatten haben (MünchKomm/WOLF Rn 77). Da sich hier die Entstehung desselben Grundes nicht trennen läßt, greift Abs 2 nur ein, wenn der Antragsgegner einen deutlich überwiegenden Anteil an der Entstehung des Grundes hat (SOERGEL/ HEINTZMANN Rn 77). Da sich diese Zuordnung auf den jeweiligen konkreten Umstand bezieht, kann es auch insoweit vorkommen, daß beide Ehegatten sich auf Gründe iSd Abs 2 stützen können (ROLLAND Rn 30).

c) **Kompensation durch gleichartiges Verhalten?**
aa) Von der gemeinsamen Verursachung eines Grundes (oben Rn 130) zu unterschei- **131** den ist die Situation, daß in der **Person beider Ehegatten unabhängige in ihrer Sphäre liegende Gründe vorliegen**, die es dem jeweils anderen unzumutbar machen, die Ehe fortzusetzen.

Grundsätzlich können Gründe nach Abs 2 in der Person jedes der Ehegatten vorliegen. Insbesondere bei schuldlos gesetzten Gründen ist allgemein anerkannt, daß von beiden Ehegatten Abs 2 geltend gemacht werden kann (ROLLAND Rn 30; vgl dazu, insbes zur Behandlung der beiderseitigen Anträge oben Rn 108 und § 1564 Rn 64).

bb) Streit zur Behandlung dieser Fallgruppe hat sich, am Beispiel der **beiderseitigen** **132** **außerehelichen Beziehung**, als Unterfall der **beidseitig schuldhaft gesetzten** Gründe entzündet.

α) Die in der Rechtsprechung in dieser Fallgruppe gelegentlich generalisierend vertretene Ansicht, ein Grund, der eine unzumutbare Härte bewirkt, liege in diesem Fall **für keinen der Ehegatten** vor (OLG Hamburg FamRZ 1983, 1133; OLG Köln FamRZ 1982, 807; ähnlich: OLG Hamm NJW 1978, 168), ist überwiegend geprägt von dem als Legitimation für § 1565 Abs 2 heute zunehmend in den Hintergrund tretenden *Rechtsmiß- brauchsgedanken* (so ROLLAND Rn 30). Sieht man in Abs 2 ein Mittel zur Verhinderung rechtsmißbräuchlicher Scheidungsanträge eines selbst nicht ehetreuen Antragstellers, so spricht dies dagegen, dem selbst nicht ehetreuen Antragsteller die Berufung auf ehewidriges Verhalten des anderen Ehegatten zu erlauben. Das gilt auch für Entscheidungen, die danach differenzieren, welcher Ehegatte *zuerst* aus der Ehe ausgebrochen ist, und welcher nur reagiert hat (passim: OLG Hamm NJW 1978, 168; OLG Karlsruhe Die Justiz 1988, 483 [„Trost und Beistand … gesucht"]; wohl auch OLG Rostock NJW-RR 1994, 266: „… hätten zu diesem früheren Zeitpunkt Umstände in der Person des Ag. i.S. des § 1565 II BGB vorgelegen"; ebenso: SOERGEL/HEINTZMANN Rn 76). Eine solche Sicht ist zu sehr dem Verschuldensgedanken verhaftet und versteht das Eingreifen von Abs 2 als eine *Sanktion* gegen den Antragsgegner, die Nichtanwendung von Abs 2 als *Sanktion* gegen den Antragsteller.

133 β) Löst man sich von diesem Gedanken, so bestehen dennoch Bedenken, die unzumutbare Härte aus Gründen **in der Person jedes der Ehegatten** zu bejahen, wenngleich eine unzumutbare Härte, beide Verhaltensweisen isoliert betrachtet, vorläge.

Zwar schließt ein Grund den anderern nicht aus und steht als solcher nicht dessen Verwertung nach Abs 2 entgegen (insoweit zutreffend OLG Düsseldorf NJW-RR 1992, 1092). Die Eigenschaft, „Grund" iSd Abs 2 zu sein, verliert ein Sachverhalt nicht durch die Existenz eines Gegengrundes; Gründe in der Sphäre des jeweils anderen Ehegatten, die in ihrer Entstehung nicht konnex sind, bleiben isoliert bewertbar (vgl ROLLAND Rn 30).

Jedoch läßt sich in manchen Fällen ein Grund nicht ohne den anderen betrachten. Gründe können insoweit in einem Bewertungszusammenhang stehen, als das eigene Verhalten des Antragstellers die *Bedeutung* des Verhaltens des Antragsgegners für den Antragsteller beeinflussen kann.

Verfehlt wäre es, aus dem beiderseitigen aus der Ehe strebenden Verhalten zu folgern, daß der Zweck des Abs 2, eine Bedenkzeit zu gewähren, ohnedies nicht mehr erreichbar sei (so aber OLG Düsseldorf NJW-RR 1992, 1092; OLG Rostock NJW-RR 1994, 266; SOERGEL/HEINTZMANN Nachtrag Rn 58); das betrifft die Beurteilung des Scheiterns, nicht aber die der unzumutbaren Härte; es läßt sich nicht aus einem gesteigerten Grad an Inhaltsleere der Ehe für beide Ehegatten (also dem bloßen Scheitern) auf eine unzumutbare Härte schließen; oft wird sogar das Zusammenleben mit neuen Partnern beiden Ehegatten das Abwarten des Trennungsjahres erträglicher machen.

134 γ) Der Schlüssel zu einer **differenzierten Betrachtung** liegt im Tatbestandsmerkmal der *unzumutbaren Härte*. *Verschuldensfrei* bestehende beiderseitige Gründe iSd Abs 2 sind regelmäßig dem jeweils anderen Ehegatten als Antragsteller nicht zumutbar, einerlei, ob ihm selbst ebenfalls Gründe nach Abs 2 zuzurechnen sind.

Schuldhaft gesetzte Gründe können die *Zumutbarkeit* berühren (BGB-RGRK/GRASS-HOF Rn 92; MünchKomm/WOLF Rn 99; ERMAN/DIECKMANN Rn 18). Haben beide Ehegatten eine neue feste außereheliche Beziehung eingegangen, so wird es in aller Regel keinem von ihnen unzumutbar sein, die Ehe formell noch bis zum Ablauf des Trennungsjahres aufrecht zu erhalten (insoweit zutreffend OLG Hamm NJW 1978, 168; unklar jedenfalls der Leitsatz zu OLG Rostock NJW-RR 1994, 266). Dabei geht es nicht um Fragen der **Veranlassung** des beidseitigen ehewidrigen Verhaltens, insbes nicht um eine zu Unrecht verschuldensorientierte Prüfung, welcher Ehegatte *zuerst* eine ehewidrige Beziehung eingegangen ist. Entscheidend ist vielmehr, ob es den Antragsteller *unzumutbar trifft*, wenn der Antragsgegner sich letztlich genauso verhält, wie der Antragsteller selbst. Dieser Schritt der Prüfung darf nicht mit der grundsätzlichen Beurteilung der Eignung eines Vorfalls als Grund iSd Abs 2 vermengt werden (so aber OLG Düsseldorf NJW-RR 1992, 1092; ähnlich OLG Rostock NJW-RR 1994, 266).

135 δ) Unzutreffend an einer generellen **Kompensation beiderseitigen Fehlverhaltens** ist

also nur die Annahme, die Geltendmachung eines Grundes sei bei eigenem gleich-
artigem Fehlverhalten ausgeschlossen, letztlich also die Bezugnahme auf das *Verschuldenselement*. Eine **Kompensation in der Entstehung** des Grundes und in seinem
Bestehen findet nicht statt. Unzutreffend an der anderen, *regelmäßig* eine unzumutbare Härte annehmenden Gegenansicht ist dagegen, daß mit der Ablehnung eines
Kompensationsgedankens auch der Konnex der Verhaltensweisen in ihren Wirkungen aufeinander aufgelöst wird: In der **Auswirkung** des Fehlverhaltens auf den anderen Ehegatten, also auf der Ebene der Prüfung von Härte und Unzumutbarkeit
findet durchaus eine – tatsächliche psychologisch-soziale – Kompensation statt, welche die *Verwertung* des vorhandenen Grundes iSd Abs 2 ausschließen kann.

d)   Schwere der Gründe

aa)   Überwiegend wird gefordert, daß es sich um **gravierende, schwerwiegende** oder   **136**
doch **nachhaltige und gewichtige Vorfälle** handeln müsse, welche als Grund nach Abs 2
in Betracht kommen (OLG Düsseldorf FamRZ 1978, 27; FamRZ 1986, 998; OLG Frankfurt/Main
FamRZ 1978, 338; OLG Hamm FamRZ 1979, 37; FamRZ 1979, 511; OLG Karlsruhe FamRZ 1992,
1305; OLG Köln FamRZ 1977, 717; NJW 1978, 645; FamRZ 1992, 319; OLG München FamRZ 1978,
30; OLG Rostock NJW-RR 1994, 266; OLG Saarbrücken FamRZ 1978, 114; OLG Schleswig FamRZ
1977, 805 OLG Stuttgart FamRZ 1977, 646; MünchKomm/Wolf Rn 78). Es erscheint fraglich,
ob eine solche Restriktion bereits beim Tatbestand der „*Gründe in der Person* des
anderen Ehegatten" einsetzen muß, um den Normzweck zu verwirklichen.

Das wird zum Teil deshalb bezweifelt, weil ein *Rechtsmißbrauch durch den Antragsteller* auch dann ausscheide, wenn er sich darauf berufe, der Antragsgegner habe
allein die Ehe zum Scheitern gebracht (Holzhauer JZ 1979, 116; zweifelnd Johannsen/
Henrich/Jaeger Rn 56). Dem kann nicht gefolgt werden, weil der *Schutz gegen übereilte Scheidungsentschlüsse* es gebietet, eine Berufung auf eine durchschnittlich immer vorhandene Härte zu vermeiden, da sonst gerade der übereilten Überbewertung
von – auch einseitigen – Scheidungsgründen Vorschub geleistet wird. Die Scheidung
vor Ablauf des Trennungsjahres kann nur dann als Ausnahme gewahrt werden, wenn
nur *Gründe durchgreifen*, die über Alltäglichkeiten hinausgehen und auch die „normale" Intensität eines Scheiternsgrundes übersteigen (treffend MünchKomm/Wolf Rn 78,
Abs 2 erfasse nur Ehen mit „äußerer Dramatik", nicht aber „subtilere Widerwärtigkeiten").

bb)   Auch insoweit erscheint es aber vorzugswürdig, die Abgrenzung auf die **Unzu-**   **137**
mutbarkeit zu verlagern. Gründe in der Person des anderen Ehegatten, welche die
Ehe stören, zerrütten, zum Scheitern bringen oder schließlich Abs 2 erfüllen, sind
allesamt geeignet, eine Härte für den anderen Ehegatten zu begründen; Abs 2 scheidet hieraus all jene Gründe aus, die es jedenfalls nicht unzumutbar erscheinen lassen,
das Trennungsjahr abzuwarten. Dieser Einordnung entspricht letztlich die Ansicht,
welche darauf abstellt, ob ein vernünftiger Dritter bei *ruhiger Abwägung* aller Umstände *mit einem Scheidungsantrag reagieren* würde oder ob die Reaktion bei objektiver Beurteilung *begreiflich* ist (BGH NJW 1981, 451; OLG Bamberg FamRZ 1980, 577;
OLG Brandenburg FamRZ 1995, 807, 808; OLG Hamm FamRZ 1979, 511; OLG Oldenburg FamRZ
1992, 682; Schwab FamRZ 1979, 20; vgl aber zur Kritik dieser Formel als Abgrenzung der Unzumutbarkeit unten Rn 142 f). Dieses Prüfungskriterium erfaßt nämlich zutreffend nicht
den Grund als solchen, sondern die *Reaktion* des Antragstellers auf den Grund; die
Beurteilung dieser Reaktion als angemessen oder als Überreaktion verläuft aber
parallel zur Frage der Zumutbarkeit oder Unzumutbarkeit. Eine andere Frage ist,

ob insoweit die Bezugnahme auf einen objektivierten Horizont zutrifft, oder ob auch die Unzumutbarkeit nach dem Zuschnitt der individuellen Ehe zu beurteilen ist (so MünchKomm/WOLF Rn 78; AK-BGB/LANGE-KLEIN Rn 19).

Im Ergebnis dürfte freilich Einigkeit bestehen, daß nur eine **Fallgruppenbildung** über die Relevanz des Grundes für Abs 2 eine Aussage treffen kann und in dieser Fallgruppenbildung die Tatbestandsmerkmale des *Grundes*, der *Härte* und der *Unzumutbarkeit* aufgehen (ähnlich JOHANNSEN/HENRICH/JAEGER Rn 57).

138 cc) Einigkeit besteht auch, daß jedenfalls **keine Beschränkung auf „außergewöhnliche" Gründe** vorzunehmen ist (OLG München FamRZ 1978, 113; OLG Stuttgart NJW 1977, 1542; ROLLAND Rn 31; MünchKomm/WOLF Rn 78; JOHANNSEN/HENRICH/JAEGER Rn 58; unklar: OLG Saarbrücken FamRZ 1978, 114). Das ergibt sich aus einem Vergleich des Wortlauts von Abs 2 zu § 1568. Beide Normen haben Ausnahmecharakter und schützen gegenläufig besondere Interessenlagen des Antragstellers bzw des Antragsgegners oder der Kinder. Der Gesetzgeber hat hierfür ersichtlich unterschiedliche Maßstäbe angelegt, da Abs 2 geeignet ist, das angestrebte Prinzip der Scheidung einer gescheiterten Ehe zu gewährleisten und lediglich das Trennungsjahr umgeht, während § 1568 geeignet ist, längerfristig die an sich gebotene Scheidung einer gescheiterten Ehe zu verhindern und dadurch den Antragsteller erheblich in seinen Rechten zu betreffen. Für Abs 2 ergibt sich daher trotz des Ausnahmecharakters der Norm nicht die Notwendigkeit einer Reduktion auf statistisch seltene Vorkommnisse. Es kann sich durchaus um in Ehen häufige Konstellationen handeln, maßgeblich ist nur das **Gewicht der Wirkung auf den Antragsteller.**

4. Unzumutbare Härte

a) Bedeutung als Tatbestandsmerkmal
139 aa) Wenige Stimmen im Schrifttum bestreiten eine **eigenständige Bedeutung des Merkmals** „unzumutbare Härte". Teils wird vertreten, es gebe hierfür keine geeigneten Entscheidungskriterien (LÜKE AcP 1978, 26; AK-BGB/LANGE-KLEIN Rn 20). Auch wird eingewandt, die Fortsetzung einer gescheiterten Ehe sei immer eine unzumutbare Härte, so daß das maßgebliche Kriterium für die Anwendung von Abs 2 das Vorliegen von Scheiternsgründen *in der Person des Antragsgegners* sei, neben dem die *unzumutbare Härte* an eigenständiger Bedeutung verliere.

140 bb) Weniger radikal herrschte insbes kurz nach Inkrafttreten des 1. EheRG eine gewisse Skepsis, ob sich die **unbestimmten Rechtsbegriffe** der *Härte* und der *Unzumutbarkeit* würden in rechtssicherer Weise ausfüllen lassen (DAMRAU NJW 1977, 1620 mit Bezugnahme auf § 43 EheG [aF]; HOLZHAUER JZ 1979, 113; kritisch auch MünchKomm/WOLF Rn 79, der jedoch im Ergebnis zwischenzeitlich die Streitfragen ausgeräumt sieht).

141 cc) Diese Kritik ist weder dogmatisch noch aus Sicht der Praxis der Norm gerechtfertigt: Die hier insoweit geteilte herrschende Ansicht sieht Abs 2 vorwiegend als ein Mittel zur Verhinderung übereilter Scheidungsentschlüsse. Hierzu erlegt der Gesetzgeber den Ehegatten das von Abs 2 vorgesehene Trennungsjahr im Regelfall als Bedenkzeit auf, innerhalb derer nur ausnahmsweise eine Ehe geschieden werden kann. Das zentrale und unverzichtbare Kriterium für die Fälle, die einer solchen Ausnahme zugänglich sind, ist die **Unzumutbarkeit.** Man könnte durchaus, den rechtpolitischen Hauptzweck wahrend, auf das Kriterium *„in der Person des anderen Ehegatten"* verzichten (oben Rn 124); die Abgrenzung zwischen – bezogen auf das Verharrenmüssen in einer wohl (zur offenen Prüfungsreihenfolge oben Rn 116 ff) gescheiterten Ehe – einer nur harten Situation und einer *unzumutbaren* Härte ist nicht verzichtbar. Ließe man eine Scheidung ohne Trennungsfrist unter Verzicht auf dieses Kriterium zu, wäre Abs 2 faktisch wirkungslos im Sinne seines rechtspolitischen Ziels.

dd) Aber auch die **Ausfüllungsbedürftigkeit des Begriffs** der *unzumutbaren Härte* ist **142** nicht nur in Hinblick auf die zwischenzeitlich in der Rechtsprechung erarbeitete Kasuistik hinnehmbar und unvermeidbar. Daß der Gesetzgeber sich entschlossen hat, eine Scheidungsverzögerung durch das Trennungsjahr zu schaffen, mag manchem rechtspolitisch unerwünscht erscheinen, ist aber de lege lata als Kompromiß hinzunehmen – und überdies nach wohl zutreffender herrschender Meinung ein trotz aller Umgehungsmöglichkeiten geeignetes Instrument, übereilte Scheidungen zu verhindern und damit die Lebzeitigkeit der Ehe zu betonen. Zweifellos notwendig ist dann aber eine Kompensation für Fälle, in denen das Abwarten des Trennungsjahres unzumutbar ist; ohne diese Kompensation ergäben sich verfassungsrechtliche Bedenken; das unabänderliche Festhalten eines Betroffenen in unzumutbaren Rechtsverhältnissen berührt sogar Art 1 GG. Diese notwendige Kompensation kann aber nur mit einer **Generalklausel** bewirkt werden; ein **Katalog von Ausnahmegründen** wäre im Zerrüttungsscheidungsrecht systemwidrig, weil er notwendigerweise auf bestimmte **Verschuldensfälle** zurückgreifen müßte. Man sollte trotz des verfassungsrechtlichen Ranges der Ehe keine Berührungsängste haben und den Vergleich zu *Dauerschuldverhältnissen* wagen; die dort aus § 242 hergeleitete außerordentliche Kündigungsmöglichkeit ist ebenso allgemein anerkannt wie sie für das einzelne Rechtsverhältnis im höchsten Maße ausfüllungsbedürftig ist, orientiert sie sich doch an Unzumutbarkeitskriterien.

Bei näherer Betrachtung erweist sich denn auch die Kritik am Kriterium der unzumutbaren Härte weniger als Kritik an der Ausnahme des Abs 2 (Scheidbarkeit) denn an der regelmäßigen Beachtlichkeit des Trennungsjahres. Es erscheint aber rechtspolitisch nicht zustimmungswürdig, die Ausnahme zu bekämpfen, um die Regel zu Fall zu bringen (in diesem Sinne auch JOHANNSEN/HENRICH/JAEGER Rn 59 aE).

ee) Fraglich ist, ob die **Unzumutbarkeit im Verhältnis zur Härte** als einheitliches **143** Tatbestandsmerkmal zu verstehen ist, oder ob es einer getrennten Prüfung zweier Kriterien (**Unzumutbarkeit/Härte**) bedarf. Teilweise wird versucht, zwischen Härte und Unzumutbarkeit strikt zu differenzieren (deutlich MünchKomm/WOLF Rn 82 f; teilw auch ROLLAND Rn 32). Bei natürlicher Betrachtung hingegen wird man häufig den einheitlichen Grund nicht danach aufschlüsseln können, ob die Fortsetzung der Ehe eine *Härte* bedeutet und ob diese *unzumutbar* ist (vgl SOERGEL/HEINTZMANN Rn 49; AK-BGB/LANGE-KLEIN Rn 20; ERMAN/DIECKMANN Rn 17; JOHANNSEN/HENRICH/JAEGER Rn 60). Das Filter für den Ausnahmecharakter der Scheidung ohne Ablauf des Trennungsjahres ist letztlich die *Unzumutbarkeit*. Im Normalfall indiziert die Unzumutbarkeit die Härte für den Antragsteller, weshalb es hinnehmbar ist, wenn überwiegend die „unzumutbare Härte" und damit letztlich nur die „Unzumutbarkeit" geprüft wird.

Selbständige Bedeutung kann die **Härte** aber erlangen, wenn eine Situation zwar für den Durchschnittsbetrachter unzumutbar wäre, der Antragsteller sie aber nicht als belastend empfindet (dazu näher unten Rn 160 ff). Insofern ist dogmatisch der Ansicht zuzustimmen, die auf eine strikte Trennung von Härte und Unzumutbarkeit achtet.

b)   Maßstab
aa)   Fortsetzung der Ehe

144 α)   Strittig ist, ob sich die *unzumutbare Härte* auf die **Aufrechterhaltung der ehelichen Lebensgemeinschaft** (so: KG FamRZ 1978, 897; OLG Schleswig FamRZ 1977, 805; FamRZ 1978, 416; FamRZ 1978, 778; OLG Stuttgart NJW 1978, 188; FamRZ 1978, 690; OLG Oldenburg FamRZ 1978, 188; Schwab FamRZ 1979, 20; Brüggemann FamRZ 1978, 91; differenzierend OLG Stuttgart FamRZ 1977, 807; ebenso AG Lörrach FamRZ 1978, 116) oder auf die bloße **Aufrechterhaltung der Ehe dem Bande nach** bezieht. Letzteres nimmt die inzwischen ganz hM an (BGH NJW 1981, 449; zahlr Nachw aus der älteren Rechtsprechung in: KG NJW 1980, 1053; OLG Brandenburg FamRZ 1995, 807, 808; OLG Karlsruhe FamRZ 1992, 1305; OLG Köln NJW-RR 1996, 519; OLG Nürnberg FuR 1993, 230; OLG Oldenburg FamRZ 1992, 682; AG Lüdenscheid FamRZ 1994, 314; Palandt/Diederichsen Rn 14; Johannsen/Henrich/Jaeger Rn 61; BGB-RGRK/Grasshof Rn 77; Erman/Dieckmann Rn 17; Gernhuber/Coester-Waltjen § 27 II 2; Diederichsen NJW 1977, 276; Görgens FamRZ 1978, 650). Die Herstellung der Lebensgemeinschaft würde theoretisch betrachtet weit häufiger unzumutbar sein als das bloße Miteinander-Verheiratet-Bleiben, aus dem sich gerade im Stadium des *Getrenntlebens* für den Antragsteller geringe Belastungen selbst bei gravierendem Fehlverhalten des Antragsgegners ergeben mögen. Man kann die Frage nicht dadurch lösen, daß man für den Regelfall einen Bogen schlägt von der Unzumutbarkeit der Lebensgemeinschaft hin zum Eheband, dessen Erhalt schon dann nicht zumutbar sei, wenn eine Lebensgemeinschaft unzumutbar ist (so aber Rolland Rn 33; wohl auch OLG Stuttgart FamRZ 1977, 807).

145 β)   Aus dem **Wortlaut des Abs 2** („Ehe") und der unterschiedlichen Begriffsverwendung von „Ehe" und „ehelicher Lebensgemeinschaft" in § 1353 Abs 1 S 1 und S 2 läßt sich nicht zwingend auf die herrschende Meinung schließen (vgl aber OLG Düsseldorf FamRZ 1977, 804); § 1353 Abs 1 verknüpft die Ehe mit der Pflicht zur ehelichen Lebensgemeinschaft. Zwar folgt aus Abs 1 und § 1353 Abs 2, daß der Gesetzgeber die Ehe ohne eheliche Lebensgemeinschaft bedacht hat; die Verwendung des Begriffs „Ehe" in Abs 2 ist aber ein denkbar schwaches Argument.

146 γ)   Bei einer in hohem Maße aus rechtspolitischen Gründen korrigierend eingreifenden Norm muß die Übereinstimmung der Auslegung mit dem **Normzweck** entscheiden. Der **erstgenannten Ansicht** ist zuzugeben, daß zwei wesentliche rechtspolitische Zwecke des Abs 2 dafür sprechen, die Unzumutbarkeit an der Fortführung der Ehe als Lebensgemeinschaft zu messen. Wenn der Gesetzgeber eine *Bedenkzeit schaffen* und die *Prognose erleichtern* will, so hat dies letztlich das Ziel, die – häufig iSd Abs 1 nicht mehr bestehende – Lebensgemeinschaft wiederherzustellen (vgl OLG Düsseldorf NJW-RR 1994, 450). Wie sollte aber wiederhergestellt werden, was fortzuführen dem Antragsteller nicht zumutbar ist. Die vom BGH gegebene Begründung, Abs 2 setze Abs 1 und damit das Scheitern voraus, ist formalistisch und übersieht, daß eine Prognoseerleichterung und eine Bedenkfrist nur Sinn haben können, wenn man gerade die Frage des Scheiterns zunächst bewußt offenläßt (vgl oben Rn 113 ff).

δ)　An der herrschenden Meinung überzeugt auch nicht vollends die Begründung, **147** das Gesetz stelle auf das **Miteinander-Verheiratetsein dem Bande nach** ab, weil es die konkrete Ehe im Stadium vor dem Familiengericht zu betrachten gelte; in diesem Stadium, das zumeist von der Aufhebung der Lebensgemeinschaft geprägt sei, mute aber das Gesetz den Ehegatten nicht zu, die Lebensgemeinschaft wieder aufzunehmen; die Prüfung der Zumutbarkeit der Fortführung der Lebensgemeinschaft habe etwas Irreales an sich (Johannsen/Henrich/Jaeger Rn 61; ähnlich BGB-RGRK/Grasshof Rn 77). Wenn man mit der angestrebten eheerhaltenden Tendenz aber Ernst macht, muß Abs 2 einen Zustand anstreben, der nicht nur Ehe dem Bande nach, sondern dem Inhalt nach Ehe, also Lebensgemeinschaft, ist.

ε)　Dennoch ist im Ergebnis der herrschenden Meinung zu folgen. Der Norm- **148** zweck der Erreichung einer Prüfung der Ernstlichkeit und auch die Gewährleistung der Sicherheit der Prognose erfordern nur insoweit eine **Ausnahme vom Regelerfordernis des Trennungsjahres**, als dem Antragsteller die **konkrete Situation** nicht zumutbar ist. Die Frage, ob die Wiederherstellung der ehelichen Lebensgemeinschaft zumutbar ist, wäre von ebensovielen Unwägbarkeiten belastet, wie die gerade durch die Wertung des Abs 2 als vor Ablauf des Trennungsjahres schwierig beurteilte Prognose, ob die Herstellung der Lebensgemeinschaft erwartet werden kann. Will man den Normzweck erreichen, so kann nur eine Auslegung richtig sein, die im *Zweifel* eine Ehe bis zum Ablauf des Trennungsjahres aufrecht erhält, auch wenn vom Antragsteller *wohl* die Wiederherstellung der Lebensgemeinschaft nicht mehr erwartet werden kann. Das Trennungsjahr wird gefordert, solange nur die Rechtsordnung damit nicht dem Antragstellers Unrecht tut, nämlich ihn eine *aktuell unzumutbare Situation* zu ertragen zwingt.

ζ)　Überdies wird das Problem dadurch entschärft, daß die Rechtsprechung das **149** Signal des BGH (NJW 1981, 449) aufgenommen hat, die gewählte Auslegung führe nicht dazu (sc *dürfe* nicht dazu führen), daß die Ausnahme in Abs 2 praktisch nicht anwendbar sei. Die Rechtsprechung reduziert zu Recht trotz des gewählten Ansatzes die Ausnahme nicht auf seltene Fälle, in denen schon die **Rechtsfolgen des Verheiratetseins**, insbesondere die potentiell bestehende Erbberechtigung und die Berechtigung zu *ehelichem* Unterhalt für den Antragsteller eine unzumutbare Härte bedeuten. Die von Abs 2 zur Voraussetzung der Scheidung gemachte Aufnahme des Getrenntlebens kann auch nicht zwingend zum Wegfall einer vorher bestehenden unzumutbaren Härte führen (OLG Bremen FamRZ 1977, 807; OLG Düsseldorf FamRZ 1978, 36; OLG Schleswig NJW 1978, 52; Holzhauer JZ 1979, 117; problematisch OLG Frankfurt FamRZ 1978, 115). Insbesondere ist neben den aus dem Eheband de iure sich ergebenden Rechtsfolgen auch die **konkrete Situation** zu bewerten, in der der Antragsteller sich befindet, wobei auch seine gesellschaftliche (gegen jede Berücksichtigung der Außenwirkung aber wohl OLG Düsseldorf FamRZ 1978, 28) und psychische Befindlichkeit zu würdigen ist (Münch-Komm/Wolf Rn 80). Dadurch wird der Maßstab der herrschenden Meinung zu Recht erweitert, weil nicht nur die formellen Rechtsfolgen, sondern auch diese Befindlichkeiten den Antragsteller unzumutbar hart treffen können. Das bedeutet aber nicht, daß die unterschiedlichen Ausgangspunkte keine praktischen Auswirkungen hätten (so aber Görgens FamRZ 1978, 648; BGB-RGRK/Grasshof Rn 77). Es wird lediglich das soziologisch-psychologische Moment der Belastetheit des Antragstellers auch in der Bewertung der unzumutbaren Härte insoweit mitberücksichtigt, als es unabhängig vom Getrenntleben fortbesteht, während es für die Frage der Zumutbarkeit der Wiederherstellung der *Lebensgemeinschaft* vorrangige Bedeutung hätte.

Eine tatsächlich erfolgte oder nach den Umständen mögliche Trennung *kann* also durchaus die Härte so weit reduzieren, daß sie erträglich wird, auch wenn ohne häusliche Trennung und erst recht bei Fortbestand der Lebensgemeinschaft eine unzumutbare Härte bestünde. Deutlich wird dies am noch zu erörternden (unten Rn 170 ff) Beispiel der *ehelichen Untreue*: Einem Antragsteller, der vom Antragsgegner betrogen wurde, wird es regelmäßig nicht zuzumuten sein, mit diesem wieder eine Lebensgemeinschaft aufzunehmen, es sei denn, er entschließt sich in einer sich über den Durchschnitt erhebenden Verzeihungsbereitschaft hierzu. Es kann ihm aber durchaus angesonnen werden, in Trennung lebend mit ihm verheiratet zu bleiben, sofern seine psychische Lage und sein soziales Umfeld nicht bereits das Eheband zur unzumutbaren Härte werden lassen.

bb) Bezugszeitraum

150 Folgt man der herrschenden Ansicht und mißt die unzumutbare Härte am Fortbestand des Ehebandes, so dürfte sich die anschließende Frage, ob die **dauernde Fortführung** oder nur die **Fortführung bis zum Ablauf der Trennungsfrist** zu bewerten ist, logisch von selbst im letztgenannten Sinn lösen. Auch insoweit ist die unzumutbare Härte nur das Korrelat zur tatsächlichen Scheidungserschwernis des Trennungsjahres. Der Normzweck muß also auch hier nur insoweit weichen, als es dem Antragsteller nicht zuzumuten ist, den Ablauf des Trennungsjahrs abzuwarten. Die *Situation*, die der Antragsteller noch zu ertragen hat, wird ausschließlich durch diesen Zeitraum bestimmt (OLG Hamm FamRZ 1978, 28; OLG München NJW 1978, 49; MünchKomm/ WOLF Rn 81; JOHANNSEN/HENRICH/JAEGER Rn 61; SCHWAB/SCHWAB Teil II Rn 52; ERMAN/DIECKMANN Rn 17; wohl auch BGH NJW 1981, 449).

Auf die beliebig lange Fortsetzung der Ehe abzustellen (so OLG Bamberg FamRZ 1980, 577; ROLLAND Rn 34) schränkt aber nicht nur den Normzweck unnötig ein. Vielmehr würde dieser Maßstab bei konsequenter Handhabung Abs 2 ad absurdum führen, weil sie die Unscheidbarkeit der Ehe trotz Aufhebung der Lebensgemeinschaft fingiert. Die *unbefristete* Fortsetzung einer *gescheiterten Ehe* ist – vorbehaltlich eines Grundes nach § 1568 BGB – *immer unzumutbar*. Sie verletzt den Antragsteller nämlich verfassungswidrig in seiner Eheschließungsfreiheit.

cc) Beendigung der Härte durch Trennung

151 α) Fraglich erscheint, ob es dem Antragsteller angesonnen werden kann, die unzumutbare Härte durch **Schaffung einer häuslichen Trennung** zu mildern oder zu beseitigen, was häufig in Fällen von Alkoholmißbrauch oder Tätlichkeiten des Antragsgegners möglich scheint. Sicher kann der Antragsteller auf diesen Weg nicht verwiesen werden, wenn er sich in einer **psychischen oder physischen Zwangslage** befindet, die dadurch bestimmt ist, daß der Antragsgegner Versuche der eigenen Wohnungnahme zum Anlaß von Gewalttätigkeit nimmt (so wohl der Fall in KG FamRZ 1978, 595). Andererseits erscheint es fragwürdig, wenn der Antragsteller vorträgt, er könne sich **keine eigene Wohnung leisten**. Dann nämlich liegt der Einwand nahe, die Scheidung werde die unzumutbar empfundene Härte nicht beseitigen, da die wirtschaftliche Situation sich durch die Scheidung jedenfalls nicht verbessert (so OLG Frankfurt/Main NJW 1978, 276; OLG Nürnberg FuR 1993, 230; anders: OLG Köln NJW 1978,

645). Tragfähig erscheint dieses Vorbringen nur dann, wenn der Antragsteller Sozialhilfe, auf die er für eine Trennung angewiesen wäre, ohne die Scheidung oder doch
zumindest einen Trennungsbeschluß nicht erhalten kann (BGB-RGRK/GRASSHOF
Rn 94).

β)   Dieser Problemkreis läßt sich aber nicht dadurch lösen, daß man pauschal eine **152**
unzumutbare Härte auch dann annimmt, wenn eine **Scheidung alleine hieran nichts
ändert** (so aber SOERGEL/HEINTZMANN Rn 54). Zwar ist die Annahme der unzumutbaren
Härte bei Fortführung der Ehe nicht an den Nachweis gebunden, daß die Scheidung
die Lage *bereinigt*. Die unzumutbare Härte ist aber schon nicht durch die *Fortsetzung
der Ehe bedingt*, wenn feststeht, daß sie auch ohne den Fortbestand des Ehebandes
andauern wird. Diese Bedingtheit setzt aber Abs 2 voraus („Wenn die Fortsetzung
der Ehe ... darstellen würde").

Es erscheint auch nicht unstimmig, aus der Beibehaltung der häuslichen Gemeinschaft in derselben Wohnung bis in das Stadium der mündlichen Verhandlung hinein
die Folgerung zu ziehen, daß der Antragsteller lieber die Härte erträgt, als die
Unannehmlichkeit einer eigenen Wohnungnahme.

γ)   Das darf **nicht** dazu führen, daß als Prüfungsmaßstab der unzumutbaren Härte **153**
die **Hypothese der Aufrechterhaltung des Ehebandes bei räumlicher Trennung** der Ehegatten gewählt wird (so aber wohl JOHANNSEN/HENRICH/JAEGER Rn 61; dagegen zu Recht
MünchKomm/WOLF Rn 81). Zwar ist Maßstab der Prüfung die Zumutbarkeit der Fortsetzung der Ehe dem Bande nach; diese Fortsetzung erfolgt aber unter den Gegebenheiten der **konkreten Situation**. Leben die Ehegatten (noch) nicht oder nicht ganz
getrennt, so bestimmt das grundsätzlich die Prüfung, ohne daß damit der Maßstab
verschoben würde vom Eheband zur Lebensgemeinschaft. Abs 2 ist auch dazu da,
eine Scheidung bei unzumutbarer Härte zu ermöglichen, wenn bis zum Scheidungsverfahren eine Trennung nicht möglich war (BGB-RGRK/GRASSHOF Rn 94). Jedoch
kann sich der Antragsteller nicht auf eine unzumutbare Härte aufgrund einer Situation berufen, der er leicht entgehen könnte; damit offenbart er nämlich deren Er-
träglichkeit. Dabei ist in Abgrenzung zu den erstgenannten (oben Rn 151) Fällen
sorgsam zu prüfen, ob der Antragsteller sich nur aus Bequemlichkeit der Situation
nicht entzieht oder ob er sich in einer Zwangslage befindet. Die Scheidung kann dann
nämlich gerade die Voraussetzung zum Verlassen der ehelichen Wohnung schaffen,
insbes dann, wenn sich der Antragsgegner irrational und aggressiv verhält und auf der
Innehabung von *„Rechten"* gegenüber dem Antragsteller besteht, solange er mit
diesem verheiratet ist. Keinesfalls kann dem Antragsteller dann angesonnen werden,
mit Hilfe der Polizei die Trennung zu suchen (so aber OLG Frankfurt/Main NJW 1978, 276).
Das Ansinnen der Lösung von Ehekonflikten mit polizeilicher Hilfe ist per se schon
unzumutbar. Bei Vorliegen einer derartigen Intensivierung der Gewalttätigkeit
macht der Antragsteller die Annahme einer unzumutbaren Härte nicht dadurch
unglaubwürdig, daß er die Trennung nicht herbeiführt.

dd) Fortdauer der unzumutbaren Härte trotz Trennung
Eine ähnliche Problematik ergibt sich aus der Frage, ob eine während des Zusam- **154**
menlebens zweifellos bejahte unzumutbare Härte **entfällt**, wenn der Antragsteller
eine eigene Wohnung genommen hat und dadurch die eine Härte begründenden

Ursachen sich nicht mehr ereignen können, was häufig bei Übergriffen des Antragsgegners in Betracht kommt. Es läßt sich auch insoweit nicht generalisieren:

155 α)   Einerseits treten Fälle auf, in denen schwere, die Persönlichkeit des Antragstellers verletzende Handlungen des Antragsgegners so gravierend gewesen sind, daß selbst nach Trennung die **psychischen Auswirkungen auf den Antragsteller** andauern und die unzumutbare Härte begründen (BGH NJW 1981, 449; OLG Bamberg FamRZ 1980, 577; OLG Düsseldorf FamRZ 1978, 26; OLG München FamZ 1978, 29; OLG Stuttgart FamRZ 1978, 691; JOHANNSEN/HENRICH/JAEGER Rn 85).

156 β)   Selbst wenn aber vor der Trennung die Gründe in der Person des Antragsgegners die Fortdauer des Ehebandes unzumutbar gemacht haben, bedeutet dies nicht zwingend, daß die Trennung daran nichts ändert. Für die unzumutbare Härte ist auch insoweit auf die **konkrete und gegenwärtige Situation** abzustellen. Die Trennung kann durchaus die Härte beschränken oder beseitigen. So mögen *dauernde Sticheleien* zwar aktuell unzumutbar hart sein, aber nicht eine die Trennung überdauernde unzumutbare Fernwirkung erzielen. Fast typischerweise wird ein *außereheliches Verhältnis*, das etwa wegen der Außenwirkung auf das soziale Umfeld der Ehegatten vor der Trennung den Antragsteller unzumutbar hart betroffen hatte, bei großer räumlicher Trennung hinnehmbar werden.

Es ist also **im Einzelfall zu prüfen**, ob der in der Rechtsprechung insbes in Fällen von Gewalttätigkeit entwickelte Gedanke der **Nachwirkung** der vom Antragsgegner gesetzten Handlungen jeweils eingreift oder ob die Trennung die Belastung auf ein hinzunehmendes Maß gemildert hat.

c)   Gewicht der Härte

157 aa) Die Kennzeichnung der Härte als unzumutbar bedeutet, daß die Fortsetzung der Ehe für den Antragsteller eine Belastung bewirkt, die **erheblich über die mit dem Scheitern verbundene Härte hinausgeht** (OLG Bremen FamRZ 1977, 807; OLG Frankfurt/Main FamRZ 1978, 115; FamRZ 1978, 338; NJW 1978, 169; OLG Hamm FamRZ 1979, 511; OLG München FamRZ 1978, 114; NJW 1978, 50; OLG Zweibrücken FamRZ 1978, 896; SOERGEL/HEINTZMANN Rn 54; BGB-RGRK/GRASSHOF Rn 80). Zumindest problematisch ist es, von einem „strengen Maßstab" zu sprechen (vgl OLG Brandenburg FamRZ 1995, 807, 808; KG FamRZ 1978, 897; OLG Frankfurt NJW 1978, 892 OLG Köln FamRZ 1977, 717; OLG München NJW 1978, 49; FamRZ 1978, 113; OLG Rostock NJW-RR 1994, 266). Die Bestimmung des Abs 2 wird insgesamt im Licht des Normzwecks streng gehandhabt, was sich aber insbesondere darin äußert, daß der Bezugsmaßstab (Fortbestand des Ehebandes) eingegrenzt wird auf den bei Wahrung des Normzwecks zur Vermeidung von Unrecht gegenüber dem Antragsteller notwendigen Maßstab.

158 bb) Hingegen ist die unzumutbare Härte **nicht ausnahmsweise streng** zu behandeln; „Unzumutbarkeit" kennzeichnet bereits begrifflich einen gesteigerten Grad an „Zumutung" (deshalb auch irreführend OLG Düsseldorf FamRZ 1978, 27 „eine Zumutung wäre ...", wohl mehr eine umgangssprachliche Tautologie für „unzumutbar"). Unzumutbarkeit bedeutet Unerträglichkeit in dem Sinne, daß das Gesetz dem einzelnen das Ertragen eines Zustandes nicht zumuten darf, ohne ihm Unrecht widerfahren zu lassen. In dem damit eröffneten Rahmen aber genügt „normale" Unzumutbarkeit. Angesichts der konkret für eine restriktive Anwendung des Abs 2 getroffenen Auslegungsentscheidungen ist es nicht geboten, im Interesse des Normzwecks auch die Zumutbarkeitshürde für den Antragsteller anzuheben (wohl aA Johannsen/Henrich/Jaeger Rn 65; MünchKomm/Wolf Rn 83). Das gilt auch, wenn man, wie hier vertreten, eine gesonderte strenge Auswahl der maßgeblichen Gründe nicht vornimmt, weil die Abgrenzung zwischen der Auswahl der relevanten Gründe und der Unzumutbarkeitsprüfung nicht überzeugend möglich ist (vgl oben Rn 136 f). Unzumutbarkeit ist an sich ein strenger Maßstab. Entscheidend ist aber, daß nicht eine für den Antragsteller infernalische Lage eingetreten sein muß, der Antragsgegner als Scheusal erscheinen muß, um Unzumutbarkeit anzunehmen; die Voraussetzungen dürfen gerade wegen der Bezugnahme auf die bloße Fortsetzung der Ehe dem Bande nach nicht überspannt werden (BGH NJW 1981, 449; MünchKomm/Wolf Rn 79, 83; Soergel/Heintzmann Rn 49, 54).

d) Objektive und subjektive Kriterien
aa) Abgrenzung
Fraglich ist, aus **wessen Sicht** eine *Härte* und deren **Unzumutbarkeit** bestehen muß. In **159** der Rechtsprechung finden sich eher beiläufig die Adjektive „subjektiv" oder „objektiv" (vgl OLG München FamRZ 1978, 114; OLG Frankfurt FamRZ 1978, 338; OLG Hamm NJW 1978, 168) zur Kennzeichnung des angewandten Maßstabs. Diese mangelnde Präzisierung hat ihre Ursache darin, daß zumeist global die *„unzumutbare Härte"* geprüft wird, eine Differenzierung der Maßstäbe aber entscheidend davon abhängt, ob die Härte oder die Unzumutbarkeit betroffen sind. Dieses Versäumnis ist für die Rechtsanwendung zumeist nicht von Bedeutung (vgl oben Rn 137), begünstigt aber den Rückzug auf Fallgruppen und übergeordnete Formeln (hierzu unten Rn 169 ff), welche die Beurteilung **objektivieren.**

bb) Härte
α) Bei isolierter Betrachtung der Härte hingegen zeigt sich, daß insoweit ein **sub- 160 jektives Element** in die Prüfung eingeführt ist. Was eine Härte ist, läßt sich nicht ohne Rücksicht auf die Person des Antragstellers beurteilen; „Härte" bedeutet die subjektiv empfundene individuelle Auswirkung des festgestellten *Grundes* auf den Antragsteller. Dabei ist die konkrete Situation der Ehe zu berücksichtigen (OLG Düsseldorf FamRZ 1977, 804; OLG Hamm NJW 1978, 168; OLG München FamRZ 1978, 113; Rolland Rn 32; MünchKomm/Wolf Rn 82; Johannsen/Henrich/Jaeger Rn 63; weniger differenziert: Soergel/Heintzmann Rn 18; vgl aber OLG Saarbrücken FamRZ 1978, 415 mit einem eher objektiven Maßstab [„Grundprinzipien der Ehe"]).

β) Damit ergibt sich auch insoweit die Notwendigkeit der **Feststellung einer inneren 161 Tatsache.** Für den Antragsteller muß der vorliegende Grund zu einer besonderen *psychischen Belastung* geworden sein (Johannsen/Henrich/Jaeger Rn 63; Rolland Rn 32 b), deren Glaubwürdigkeit das Gericht zu überprüfen hat. Fraglich ist, in welchem Umfang dem Antragsteller für den Nachweis das durchschnittliche Empfinden zugutekommt. Grundsätzlich muß der Richter zwischen der bloß behaupteten und der wirklich empfundenen Härte unterscheiden. Er hat dabei nicht nur die Empfindlichkeiten eines durchschnittlich empfindsamen Ehegatten zu berücksichtigen, sondern auch Vorstellungen des Antragstellers, die einen Vorgang verstärkt als Härte erscheinen lassen (MünchKomm/Wolf Rn 82). So kann etwa bei besonderer Betonung sexueller Ausschließlichkeit in der konkreten Ehe bereits ein einmaliger, nicht nachhaltiger Ehebruch als Härte empfunden werden. Beruft sich der Antragsteller aber auf einen Grund, der von jedem „normal" empfindlichen Ehegatten als Härte empfunden würde, so sind an den Nachweis der subjektiven Belastung geringe Anforderungen zu stellen. Es sollte dann genügen, daß der Antragsteller durch seinen Antrag und das auf diesen Grund gestützte Scheidungsbegehren dokumentiert, daß er insoweit nicht überdurchschnittlich unsensibel ist. Insoweit kommt also dem Scheidungsantrag durchaus Bedeutung zu (zu eng: JOHANNSEN/HENRICH/JAEGER Rn 63).

162 γ)   Hingegen muß der Antragsteller, der **besondere Sensibilitäten** hegt, das Gericht hiervon überzeugen. Einem solchen Nachweis kommt allerdings selten praktische Bedeutung zu, weil übermäßige Sensibilitäten ggf auf der Ebene der **Zumutbarkeit** korrigiert werden müssen (vgl aber unten Rn 164 ff). Bedeutung erlangt das subjektive Empfinden der Härte insbesondere in Fällen der **Empfindungsunfähigkeit** des Antragstellers. Ob auch ein Antragsteller, der wegen Geisteskrankheit den Vorgang nicht als Härte zu empfinden vermag, gemäß Abs 2 vorzeitig geschieden werden kann, ist strittig. Teilweise wird dies in konsequenter Folgerung aufgrund der subjektiven Grundlegung des Tatbestandsmerkmals abgelehnt (MünchKomm/WOLF Rn 82; SOERGEL/HEINTZMANN Rn 57). Dieser Ansicht ist entgegenzuhalten, daß Abs 2 nicht nur das subjektive Wohlbefinden des Antragstellers schützt, sondern der Zumutbarkeitsmaßstab übergreift in den Bereich der *Würde der Person*. Der normal empfindungsfähige Ehegatte kann seine Würde gegen unzumutbare Übergriffe des anderen Ehegatten dadurch wahren, daß er sein Scheidungsbegehren auf Abs 2 stützt. Dem empfindungsunfähigen Ehegatten kann dieser Ausschnitt der Norm nicht versagt werden. In seinem Namen kann also Scheidung in Anwendung von Abs 2 begehrt werden, wenn der maßgebliche Grund nicht lediglich auf das Empfinden des Antragstellers bezogen ist (zB Fortbestand der Ehe mit einem körperlich entstellten Partner), sondern unabhängig von seinem Empfinden eine Beeinträchtigung seiner *Menschenwürde* bedeutet (zB an die Öffentlichkeit dringende außereheliche Beziehung, Lebensnachstellung, bedeutsame Tätlichkeiten, bei denen sich im übrigen nur in extremen Fällen ein rein tatsächliches subjektives Härteempfinden ausschließen läßt). Maßstab muß dann das Empfinden eines durchschnittlich fühlenden Ehegatten sein (ähnlich: ROLLAND Rn 32 b, Beispiel Lebensnachstellung).

163 δ)   In diesen Zusammenhang ist auch die Behandlung der Fälle **beiderseitigen ehelichen Fehlverhaltens**, insbesondere beiderseitiger außerehelicher Beziehungen zu stellen, die gelegentlich in einer „Kompensation der Gründe" zu stark verschuldensorientiert gesehen wird (dazu oben Rn 131 f). Ein Fehlverhalten des Antragsgegners kann für den Antragsteller eine geringere Bedeutung haben, wenn er selbst sich einem neuen Partner zugewandt hat, so daß er weder das Verlassenwerden noch die nach außen dringende Wirkung des Verhaltens des Antragsgegners mehr als schmerzhaft empfindet. Beruft er sich dennoch darauf, wird er sich jedenfalls nicht mehr auf die beweiserleichternde Vermutung stützen können, jeder durchschnittliche Ehegatte empfinde dieses Verhalten des Antragsgegners als Härte (in der Begründung ähnlich: OLG Hamm NJW 1978, 168; JOHANNSEN/HENRICH/JAEGER Rn 64).

cc) Unzumutbarkeit

164 α)   Anders als die Härte kann die Unzumutbarkeit nicht nach der Empfindlichkeit des Antragstellers bewertet werden. Insoweit ist ein **objektiver Maßstab** anzulegen (OLG Frankfurt/Main FamRZ 1978, 338; BGB-RGRK/GRASSHOF Rn 79; SCHWAB Rn 55; MünchKomm/WOLF Rn 83; JOHANNSEN/HENRICH/JAEGER Rn 67; anders offenbar SOERGEL/HEINTZMANN Rn 56, bezogen auf die eindeutig objektiv gemeinte Formel der Rechtsprechung, sogleich Rn 165).

Was von Gesetzes wegen dem Individuum zugemutet werden kann, ist auf der Grundlage der Feststellung von dessen Fähigkeit, zu ertragen (Härte), nach einem allgemeingültigen Maß zu bestimmen. Dem Antragsteller darf bei objektiver Beurteilung nicht angesonnen werden können, mit dem Antragsteller noch bis zum Ende des Trennungsjahres verheiratet zu sein (BGH NJW 1981, 499).

β)   Damit ist allerdings der Maßstab noch kaum konkretisiert. Hierzu wird in der **165** Rechtsprechung verbreitet im Sinne einer **Prüfungsformel** gefragt, ob ein *vernünftiger Dritter bei ruhiger Abwägung aller Umstände* mit einem Scheidungsantrag reagieren würde (OLG Bamberg FamRZ 1980, 577; OLG Düsseldorf NJW-RR 1994, 450; OLG Hamm FamRZ 1979, 511; PALANDT/DIEDERICHSEN Rn 15; BGB-RGRK/GRASSHOF Rn 79; SOERGEL/ HEINTZMANN Rn 56). Keinesfalls darf über diese Formel als abzuwägender Umstand einfließen, daß grundsätzlich ein Trennungsjahr abzuwarten ist (so aber SOERGEL/ HEINTZMANN Rn 56; DIEDERICHSEN ZZP 1978, 429 kritisch JOHANNSEN/HENRICH/JAEGER Rn 66). Die Objektivierung auf den vernünftigen Dritten darf nur die Einordnung der subjektiv empfundenen Härte als unzumutbar erfassen und nicht in sich wiederum die restriktive Tendenz des Abs 2 tragen.

Selbst dies vorausgesetzt, beschreibt die Formel aber nur den Zustand des *Scheiterns* der Ehe, nicht aber die gesteigerte Situation der *Unzumutbarkeit*. Jeder vernünftige Dritte würde bei Abwägung aller Umstände schon auf das Scheitern der Ehe mit einem Scheidungsantrag reagieren (so zutreffend JOHANNSEN/HENRICH/JAEGER Rn 66). Unzutreffend an der Formel ist, daß sie das *zeitliche Moment* nicht aufnimmt, obgleich sich die gesamte Unzumutbarkeitsprüfung nur an der Situation zwischen Scheidungsantrag und Ablauf eines Trennungsjahres orientieren kann.

γ)   Damit kann für eine objektive Abgrenzung nur zurückgegriffen werden auf die **166** **Regel-Ausnahme-Situation**, die der Unzumutbarkeitsprüfung zugrundeliegt. Es geht nicht darum, ob das Handeln des Antragstellers vernünftig ist, sondern es ist zu fragen, ob das an den Antragsteller gerichtete Gebot des Gesetzes, mit dem Antragsgegner noch verheiratet zu bleiben, dem Antragsteller zuzumuten ist. Aus der Motivation heraus, die eine Beschränkung der Ausnahme auf eine **konkret unzumutbare Situation** gebietet, ist also zu fragen, ob zur Durchsetzung des mit Abs 2 verfolgten rechtspolitischen Zieles (vorrangig zur Vermeidung übereilter Scheidungsentschlüsse) dem Antragsteller die Duldung der konkret von ihm zu ertragenden Situation angesonnen werden kann (ähnlich JOHANNSEN/HENRICH/JAEGER Rn 67). Das bedeutet dann aber im Gegensatz zu der hier kritisierten Formel, daß die persönliche Empfindlichkeit nicht über die Objektivierung der Unzumutbarkeit gänzlich unerheblich wird; vielmehr hat der Staat auch gegenüber dem objektiv überempfindlichen, aber unzumutbar hart betroffenen Antragsteller sein rechtspolitisches Ziel ggf hintanzusetzen. Maßstab ist damit das **Unrecht gegenüber dem Antragsteller**, das durch die Versagung der Scheidung entstünde.

dd) Längeres Ertragen der Härte
Die Feststellung der Unzumutbarkeit scheitert nicht daran, daß der Antragsteller den **167** von ihm als Härte empfundenen Zustand längere Zeit, ggf im Interesse des Erhalts der Ehe oder der Kinder wegen **ertragen hat**, nunmehr aber sich auf die Unzumutbarkeit beruft. Da Kategorien der **formellen Verzeihung** ehelicher Verfehlungen aus §§ 42 ff EheG aF nicht in das geltende Recht übernommen wurden, kann der Antrag-

steller wegen der Erduldung der Härte nicht präkludiert werden und es kann auch nicht auf die früheren Ereignisse nur im Zusammenhang mit neuen Ereignissen abgestellt werden. Vielmehr hat der Antragsteller regelmäßig durch längere Hinnahme sich sogar *normzweckentsprechend* verhalten, insbes bewiesen, daß er nicht übereilt die Scheidung beantragt. Nach richtiger Ansicht muß also Abs 2 gerade dann Anwendung finden, wenn nach längerer Frist das „Maß voll" ist (KG FamRZ 1978, 594; FamRZ 1978, 897; OLG München NJW 1978, 49; OLG Bamberg FamRZ 1980, 577).

ee) Provokation

168 Auch die Provokation eines Grundes iSd Abs 2 durch den Antragsteller wirkt nicht ausschließend gegenüber der Geltendmachung des Grundes (dazu oben Rn 129), sondern muß in die Zumutbarkeitsprüfung eingehen. Hat der Antragsteller ein Verhalten des Antragsgegners provoziert, so geschieht ihm ggf kein Unrecht, wenn er diese ihm zurechenbare Situation noch eine Weile ertragen muß (OLG Zweibrücken FamRZ 1978, 896). Auch diese Wertung ist nicht absolut; geht die Härte über das hinaus, was unter Berücksichtigung des Ausmaßes der Provokation hinzunehmen ist, so wird sie unzumutbar (vgl oben Rn 129).

5. Einzelfälle

169 Aufgrund der seit Inkrafttreten des 1. EheRG ergangenen Entscheidungen zu Abs 2 wird verbreitet ein Katalog von Gründen aufgezählt, welche die unzumutbare Härte iSd Abs 2 begründen sollen. Ein solcher Katalog ist insofern hilfreich, als die hier vertretene Wechselwirkung von objektiver Härte und subjektivem Härteempfinden des Antragstellers hieran konkretisierbar ist: Trägt der Antragsteller eine unzumutbare Härte aufgrund eines allgemein anerkannten Härtegrundes vor, so hat er die Plausibilität für sich, daß auch in seinem Fall eine unzumutbare Härte besteht. Hingegen lassen sich solche „Kataloggründe" nie im Sinne absolut anwendbarer Härtegründe verstehen, da sonst das subjektive Element der Härte übergangen wird. Überdies sind zahlreiche Entscheidungen dadurch bestimmt, daß **mehrere Gründe** zusammentreffen, so daß schwerlich dem einzelnen Grund immer ausschlaggebende Bedeutung beigemessen werden kann. Verschiedene Gründe können insbes auch dergestalt **kumulieren**, daß sie für den Antragsteller das Maß des Zumutbaren erschöpfen. Im Vordergrund steht also jeweils die **Prüfung des Einzelfalls.**

a) Intime Drittbeziehungen des Antragsgegners
aa) Aufnahme ehewidriger Beziehungen

170 Die **Aufnahme ehewidriger Beziehungen** stellt einen erheblichen Anteil der zu Abs 2 ergangenen Entscheidungen. Das mag seinen Grund auch darin haben, daß Vorstellungen aus den Verschuldensscheidungstatbeständen des EheG in das neue Recht herüberwirken. Eine auf den Wegfall des Scheidungsgrundes des § 42 EheG aF gestützte restriktive Tendenz gegenüber der Anerkennung eines Ehebruches als Grund und unzumutbare Härte iSd Abs 2 (so MünchKomm/WOLF Rn 88) erscheint aber bedenklich. Man muß das Zerrüttungsprinzip nicht dadurch flankierend schützen, daß man den Ehebruch zu einer Lappalie verniedlicht oder regelmäßig mit dem entschuldigenden Etikett eines bloßen Signals der bereits bestehenden Ehekrise versieht. Auch in einem verschuldensunabhängigen Scheidungssystem bedeutet die Aufnahme sexueller Beziehungen zu einem Dritten einen der gravierendsten denkbaren Eheverstöße – gerade auch unter dem personalen Eheverständnis des § 1353;

ein solches Verhalten des Antragsgegners trägt die auf das durchschnittliche Empfinden gestützte Vermutung in sich, daß der Antragsteller die Fortsetzung einer solchen Ehe zu Recht als unzumutbare Härte empfinden kann. Anders ist dies nur zu bewerten, wenn die Ehegatten bereits bei Aufnahme einer solchen Beziehung *einverständlich* getrennt leben oder der Antragsteller selbst ebenfalls eine neue Beziehung eingeht. Im ersten Fall kann der Antragsteller nicht mit der Fortdauer ehelicher Treue rechnen (vgl § 1353 Abs 2), im zweiten Fall trifft ihn der nur noch formale „Ehebruch" des Antragsgegners regelmäßig nicht mehr unzumutbar (oben Rn 132 f, 156).

bb) Intensität des Ehebruchs

α)   Der **Ehebruch als solcher** wurde in der ersten Rechtsprechung nach Inkrafttre-   **171** ten des 1. EheRG nicht selten generell als ein Abs 2 auslösender Tatbestand genannt (OLG Düsseldorf FamRZ 1978, 27; OLG Hamm FamRZ 1978, 28; OLG Stuttgart FamRZ 1977, 646 [mehrere Männer]; NJW 1978, 275). Häufig findet sich jedoch eine Einschränkung dahingehend, daß *Dauer, Ausmaß und Gewicht* für den Antragsteller oder ergänzende sonstige Ehewidrigkeiten zu beachten seien (OLG Düsseldorf FamRZ 1978, 26; FamRZ 1977, 810; OLG Schleswig FamRZ 1977, 806; OLG Stuttgart NJW 1977, 1542). Zumeist aber haben die pauschal auf den Ehebruch abstellenden Entscheidungen Sachverhalte zum Hintergrund, in denen der Antragsgegner eine nachhaltige (teilweise „eheähnliche") außereheliche Beziehung aufgenommen hatte (OLG Hamm NJW 1978, 169; OLG Karlsruhe NJW 1978, 53; FamRZ 1978, 592; OLG München FamRZ 1978, 113; OLG Saarbrücken FamRZ 1978, 415; AG Lörrach FamRZ 1978, 116).

β)   Teilweise werden diese Entscheidungen umfassend abgelehnt, weil sie den   **172** **Scheidungsgrund des § 42 EheG aF wiederaufleben** ließen (so MünchKomm/WOLF Rn 88 zu Fn 403). Ehewidrige Beziehungen sollen hiernach nur genügen, wenn besonders schwere weitere Umstände hinzukommen (vgl die Beispiele bei MünchKomm/WOLF Rn 89; anders aber Rn 91). Dem ist zu widersprechen: Es kann überhaupt keine Rolle spielen, daß § 42 EheG aF als *Scheidungsgrund* beseitigt wurde; das Empfinden als unzumutbare Härte (dazu oben Rn 149, 165 f) ist hiervon nicht präjudiziert. Außerdem ist dieser Einwand auch dogmatisch unstimmig: Es steht außer Zweifel, daß trotz Beseitigung von § 42 EheG aF der Antragsteller sein Scheidungsbegehren iSd Abs 1 auf einen Ehebruch stützen kann, wenn dadurch die Ehe gescheitert ist. Der Ehebruch bleibt nicht absoluter Scheidungsgrund, aber er darf weiterhin einen Ehegatten zur Scheidung motivieren. Zu Abs 2 aber geht es zudem nicht um einen „Scheidungsgrund", so daß hier die Parallele zu § 42 EheG aF nicht verfängt.

γ)   Vorsicht ist auch geboten hinsichtlich der Erwägung, die durch einen „gele-   **173** gentlichen Ehebruch" ausgelöste **Ehekrise werde zumeist gemeistert**, so daß gerade in diesen Fällen das Abwarten des Trennungsjahres ein „heilsames" Mittel sein könne. Der Normzweck erfordere es daher, daß selbst zu einer anhaltenden ehebrecherischen Beziehung noch weitere **erschwerende Umstände** hinzuträten (OLG Köln FamRZ 1991, 823; JOHANNSEN/HENRICH/JAEGER Rn 69; SCHWAB FamRZ 1979, 20 f; anders: SCHWAB/ SCHWAB Teil II Rn 58). Diese Einordnung verkennt die gravierende Auswirkung, die zumindest eine andauernde außereheliche Beziehung des Antragsgegners auf den Antragsteller hat. Es würde den Normzweck des Abs 2 nicht nur überspannen, sondern ihn sogar mißbrauchen, wenn man mittels des Zwanges zum Trennungsjahr den Antragsteller dazu nötigen wollte, gegenüber dem Antragsgegner Verzeihung zu üben. Wenn der Antragsteller durch seinen Scheidungsantrag deutlich macht, daß er das Verhalten des Antragsgegners zum Anlaß einer Scheidung nehmen will, kann die allgemeine Aussage, solche Vorfälle würden häufig gemeistert, gerade nicht mehr eingreifen (insoweit zutreffend MünchKomm/Wolf Rn 88).

cc) Abgrenzung

174 Ehewidrige Beziehungen sind daher mit der wohl überwiegenden Meinung in folgender Weise zu behandeln:

α)   Der **Ehebruch als solcher** ist nicht regelmäßig als Grund iSd Abs 2 anzuerkennen, scheidet aber nicht generell aus. Denkbar ist, daß die Ehegatten eine so anspruchsvolle Ehe geführt haben, daß den Antragsteller der einmalige Ehebruch so hart trifft, daß für ihn das mit dem Antragsgegner Weiter-Verheiratetsein unzumutbar ist (Rolland Rn 37). Dies nachzuweisen ist Sache des Antragstellers; regelmäßig wird in solchen Fällen auf weitere ehewidrige Verhaltensweisen abzustellen sein. Insbesondere eine **häufige Wiederholung** von Ehebrüchen (OLG Schleswig SchlHA 1978, 98) begründet ein solches ergänzendes Indiz.

175 β)   Das **Eingehen einer nachhaltigen Beziehung**, insbes einer **nichtehelichen Lebensgemeinschaft** durch den Antragsgegner ist hingegen regelmäßig als unzumutbare Härte anzuerkennen, wenn sich der Antragsteller hierauf beruft (OLG Bremen FamRZ 1977, 808; OLG Hamm NJW 1978, 169; OLG Karlsruhe NJW 1978, 53; OLG Köln FamRZ 1977, 717; NJW 1978, 645; FamRZ 1991, 822; OLG München FamRZ 1978, 113; OLG Rostock NJW-RR 1994, 266; OLG Saarbrücken FamRZ 1978, 415; AG Lörrach FamRZ 1978, 116; Rolland Rn 37; Erman/ Dieckmann Rn 15; Soergel/Heintzmann Rn 61 und Nachtrag Rn 49; einschränkend BGB-RGRK/Grasshof Rn 87; aA: OLG Köln FamRZ 1992, 319 für einen Fall, in dem die Ehegatten zwischenzeitlich wieder zusammengelebt hatten; OLG Köln FamRZ 1997, 24 für den Fall einer homosexuellen Beziehung, die das Gericht jedoch unterschiedslos behandeln will [vgl dazu auch unten Rn 182]; OLG Schleswig NJW-RR 1989, 260: trotz mehrmonatiger Beziehung, wobei das Zusammenleben unerheblich sei; AG Lüdenscheid FamRZ 1994, 314: trotz Zusammenlebens des Antragsgegners mit neuem Partner). Eines **Bekanntwerdens in der Öffentlichkeit** bedarf es hierzu nicht notwendig; im Zentrum der Prüfung steht die Wirkung auf den Antragsteller; die Ehe ist kein theatralischer Vorgang für die Öffentlichkeit, so daß weder das Vorhandensein von Publikum erforderlich ist, noch der nach außen gewahrte Anschein einer „intakten Ehe" die Unzumutbarkeit hindert (OLG Düsseldorf FamRZ 1978, 27; OLG München FamRZ 1978, 113; OLG Saarbrücken FamRZ 1978, 415; aA OLG Düsseldorf FamRZ 1986, 998; wohl auch OLG Frankfurt FamRZ 1978, 116). Aus der Eingehung einer neuen Verbindung kann sich auch dann noch eine unzumutbare Härte ergeben, wenn der Antragsteller selbst aus der ehelichen Wohnung ausgezogen ist und der Antragsgegner eine neue Verbindung eingeht; in einem solchen Fall wird man aber zusätzlich auf Kriterien abzustellen haben, welche das Verhalten des Antragsgegners für den Antragsteller zusätzlich schwerwiegend erscheinen lassen (OLG Karlsruhe FamRZ 1992, 1305: dörfliche Verhältnisse); normalerweise muß der die eheliche Wohnung verlassende Antragsteller damit rechnen, daß der Antragsgegner dies als stillschweigendes Einverständnis mit der Aufgabe der ehelichen Treue ansieht.

176 γ)   Die **Dauer der außerehelichen Beziehung** kann nicht das einzige und ausschlaggebende Merkmal für diese Einordnung sein. Deshalb sind auch Versuche untauglich, den hier vertretenen Standpunkt wegen fehlender Präzision hinsichtlich der

erforderlichen Dauer der außerehelichen Gemeinschaft anzugreifen, weil die genannten Entscheidungen (naturgemäß) Fälle unterschiedlicher Dauer des außerehelichen Zusammenlebens zu beurteilen hatten (so aber JOHANNSEN/HENRICH/JAEGER Rn 69,
der überdies die Umgehung des Trennungsjahres bei kürzerer außerehelicher Gemeinschaft befürch-
tet und dabei übersieht, daß eben diese Gemeinschaft eine Erschwerung der Situation gegenüber der
„normalen" Trennung bedeutet). Entscheidend ist die Beurteilung der Umstände des
Falles. Wenn der Antragsgegner auszieht, um mit einem neuen Partner eine Wohnung zu beziehen, so bedarf es nach der Lebenserfahrung nicht des Abzählens von
Wochen und Monaten, um ein solches Verhältnis anders einzuordnen als ein ein-
maliges Fehlverhalten.

δ)   **Besonders gravierende Begleitumstände**, insbes solche, die den Antragsteller ent- **177**
würdigen, sind *nicht erforderlich* (**aA** OLG Düsseldorf FamRZ 1986, 998; OLG Schleswig NJW-
RR 1989, 261; JOHANNSEN/HENRICH/JAEGER Rn 70; wohl auch MünchKomm/WOLF Rn 89, vgl aber
Rn 88 aE und Rn 91). Liegen aber solche Begleitumstände vor, so erleichtert dies die
Feststellung der unzumutbaren Härte und kann die Voraussetzungen an die Feststellung der Nachhaltigkeit der außerehelichen Beziehung reduzieren oder entbehrlich machen. In Betracht kommt insoweit:

ε)   Eine **sozial belastende Außenwirkung**, insbes die Führung der außerehelichen **178**
Beziehung in einer *kleineren Gemeinde oder Nachbargemeinde* (OLG Bamberg FamRZ
1985, 1069; OLG Frankfurt/Main NJW 1978, 276; OLG Karlsruhe FamRZ 1992, 1305; SOERGEL/
HEINTZMANN Rn 62 und Nachtrag Rn 62), die Führung des Verhältnisses in der ehemaligen
ehelichen Wohnung unter Verdrängung des Antragstellers. Ohne weiteres liegt eine
unzumutbare Härte vor, wenn der Antragsgegner die *Prostitution* (ohne Einverständnis des Antragstellers) aufnimmt (OLG Bremen FamRZ 1996, 489), wobei in diesem Fall
wohl weniger das Faktum des – unemotionalen – Ehebruchs als das der, für Abs 2
wenigstens ebenso maßgeblichen, sozialen Geringschätzung entscheidet.

ζ)   Auch aus der **familiären Beziehung** der Parteien können sich solche zusätzlich **179**
belastenden Umstände ergeben, etwa die Aufnahme eines Verhältnisses zum *Bruder
des Antragstellers* (OLG Oldenburg FamRZ 1992, 682) oder Geschlechtsverkehr mit der
vorehelichen Tochter der Antragstellerin (OLG Schleswig SchlHA 1977, 187, zusätzlich erschwerend, da wegen des Kindesalters [13] der Tochter sogar strafrechtlich relevant).

η)   Die **Geburt eines Kindes** aus der außerehelichen Beziehung wirkt ebenfalls **180**
erfahrungsgemäß erschwerend, (OLG Bamberg FamRZ 1985, 1069; SOERGEL/HEINTZMANN
Rn 61; JOHANNSEN/HENRICH/JAEGER Rn 70). Dabei ist nicht zu verkennen, daß eine besondere Belastung auftritt, wenn die Ehefrau von einem Dritten schwanger wird, da
das Kind nach Anfechtung der Vaterschaft des Ehemannes auch im neuen Kindschaftsrecht stärker der Mutter zugeordnet und faktisch oft von der Mutter betreut
wird, wodurch die Tatsache des Ehebruches dem Ehemann weit stärker vor Augen
steht als im umgekehrten Fall. Dem kann nicht mit dem allzu wohlfeil-zeitgeistge-
mäßen Argument begegnet werden, diese Wertung dürfe nicht sein, denn dann werde
dem Ehebruch der Frau wieder erhöhte Bedeutung gegeben (so aber MünchKomm/WOLF
Rn 89). Ehebruch hat nichts mit Gleichberechtigung zu tun! Es geht zu Abs 2 nur um
das tatsächliche Maß der Unzumutbarkeit, das insoweit von Natur, Sozialverhalten
und (durchaus bedauerlich gleichheitswidrig die Mutter als Sorgeberechtigte begün-
stigendem) Gesetz bestimmt wird.

181 ϑ) Auch ein **entwürdigendes Verhalten** des Antragsgegners ohne jede Außenwirkung kann die unzumutbare Härte begründen, wenn dieses auf eine besonders niedrige Gesinnung des Antragsgegners schließen läßt, die weit über die Belastung durch einen bloßen Ehebruch hinausgeht (OLG Köln NJW-RR 1996, 519: Aufforderung an die Antragstellerin zum Geschlechtsverkehr zu dritt [„Ein Ehebrecher der schlimmsten Sorte"]).

182 dd) Die **Aufnahme homosexueller Beziehungen** durch den Antragsgegner ist grundsätzlich nicht anders zu beurteilen als die heterosexuelle Untreue (OLG Köln FamRZ 1997, 24). Insbesondere läßt sich nicht sagen, die Aufnahme einer gleichgeschlechtlichen Beziehung treffe den Antragsteller weniger, weil die Kränkung insofern geringer sei, als dem Partner nicht „eine andere Frau" bzw „ein anderer Mann" als Konkurrenz gegenübergestellt werde (so aber OLG Celle NJW 1982, 586). Allerdings läßt sich nicht verkennen, daß die in der Aufnahme homosexueller Beziehungen anzunehmende regelabweichende Orientierung das Verhalten des Antragsgegners in einem anderen Lichte erscheinen lassen *kann*, als einen heterosexuellen Ehebruch. Das aber macht den Vorgang nicht ohne weiteres iSd Abs 2 ungeeignet, weil Verschulden keine Rolle spielt, lediglich die Auswirkung auf den Antragsteller ist in Betracht zu ziehen; für diesen kann die Homosexualität des Partners ggf sogar (insbes wegen der gesellschaftlichen Außenwirkung) härter sein als der heterosexuelle Ehebruch, weil hierin auch die Ablehnung des Ehegatten als geeigneter Sexualpartner liegt (im Ergebnis wie hier: MünchKomm/WOLF Rn 90; JOHANNSEN/HENRICH/JAEGER Rn 75; SOERGEL/HEINTZMANN Rn 67; **aA** OLG Köln FamRZ 1997, 24).

b) Sonstige Eheverfehlungen

183 Sonstige Eheverfehlungen, die nach §§ **42, 43** EheG **aF** als Scheidungsgründe anerkannt waren, führen nicht zwingend zur Annahme einer unzumutbaren Härte iSd Abs 2 (OLG Düsseldorf FamRZ 1977, 804; OLG Frankfurt/Main NJW 1978, 169; FamRZ 1978, 115; OLG Hamm FamRZ 1979, 511; OLG Saarbrücken FamRZ 1978, 114; OLG Zweibrücken FamRZ 1978, 896). Insoweit sind jeweils die Intensität, Dauer und das Ausmaß sowie die dadurch hervorgerufene Wirkung auf den Antragsteller zu prüfen.

aa) Alkoholmißbrauch

184 Alkoholmißbrauch ist in der veröffentlichten Rechtsprechung einer der häufigsten Anwendungsfälle des Abs 2. Dabei ist jedoch zu berücksichtigen, daß nur drastische Fälle übermäßigen Alkoholkonsums geeignet sind, eine unzumutbare Härte zu begründen. Die Belastung des Antragstellers muß sich durch **Folgeerscheinungen** des Alkoholismus, insbesondere Tätlichkeiten und körperliche Unsauberkeit äußern (OLG Bamberg FamRZ 1980, 577; KG FamRZ 1978, 594; FamRZ 1978, 897; OLG Düsseldorf FamRZ 1977, 804; FamRZ 1978, 26; OLG Frankfurt/Main FamRZ 1978, 338; OLG Hamm FamRZ 1979, 511; OLG München NJW 1978, 49; OLG Schleswig FamRZ 1977, 805; OLG Stuttgart NJW 1978, 52; ROLLAND Rn 37; BGB-RGRK/GRASSHOF Rn 83; MünchKomm/WOLF Rn 93). Fraglich ist die Einordnung einer durch Alkoholismus verursachten Unterhaltspflichtverletzung, die gelegentlich als unzumutbare Härte behandelt wird (OLG Schleswig NJW 1978, 51; JOHANNSEN/HENRICH/JAEGER Rn 81; MünchKomm/WOLF Rn 93). Läßt man die Unterhaltspflichtverletzung als solche nicht genügen (dazu unten Rn 191), so ist schwer einsehbar, warum der Grund für die Unterhaltspflichtverletzung (Vertrinken des Geldes) dieser ein den Antragsteller stärker belastendes Gepräge geben soll. Wenn der Antragsgegner Unterhalt nicht leistet, weil er sich mit dem ersparten Geld lieber ein komfortableres Leben einrichtet, dürfte das für den Antragsteller eine härtere Belastung darstellen als die immerhin in der Nähe zu einer zwanghaft-krankhaften Lage stehende Verhaltensweise des Trinkers.

Ausnahmsweise kann (einmaliger oder seltener) übermäßiger Alkoholkonsum ein sonstiges ehewidriges Verhalten sogar in einem milderen Licht erscheinen lassen; die Enthemmung des im übrigen nicht als Alkoholiker einzuordnenden Antragsgegners wirkt nicht nur – was unbeachtlich wäre – entschuldigend; vielmehr läßt sich ein objektiv als einmalige Ausfallerscheinung erklärbares Fehlverhalten weniger leicht als unzumutbar einstufen, insbesondere dann, wenn durch Trennung die Gefahr weiterer Ausfälligkeiten reduziert ist (LG Frankfurt/Main FamRZ 1978, 338).

bb) Tätlichkeiten, Beleidigungen
α)   Tätlichkeiten gegenüber dem Antragsteller machen die Fortsetzung der Ehe   **185**
nicht generell unzumutbar. Es muß sich vielmehr um Vorgänge von einiger Nachhaltigkeit *oder* Schwere handeln (OLG Bremen FamRZ 1977, 807; OLG Düsseldorf FamRZ 1977, 804; OLG Frankfurt/Main FamRZ 1978, 115; Karlsruhe Die Justiz 1988, 482; OLG Schleswig SchlHA 1977, 171; SchlHA 1978, 37; OLG Stuttgart FamRZ 1988, 1276 [Gefährdung im Straßenverkehr]; MünchKomm/WOLF Rn 92; JOHANNSEN/HENRICH/JAEGER Rn 78).

Auch **Mißhandlungen gegenüber Kindern** oder anderen **Angehörigen** des Antragstellers können eine unzumutbare Härte bedeuten (OLG München FamRZ 1978, 30; OLG Schleswig SchlHA 1977, 188).

Eine schwere Kränkung des Antragstellers, welche eine unzumutbare Härte begründet, liegt auch vor, wenn der Antragsgegner, ohne daß der Antragsteller dies wußte, die Ehe nur zu einem **ehewidrigen Zweck** geschlossen hat, den Antragsteller also als Instrument seiner Zwecke mißbraucht hat (AG Offenbach FamRZ 1993, 810: Aufenthaltsgenehmigung).

β)   In Betracht kommt in dieser Fallgruppe auch die **Nötigung zum ehelichen Ver-**   **186**
kehr (MünchKomm/WOLF Rn 96); zu bedenken ist hierbei allerdings, daß die Erreichung des ehelichen Verkehrs ohne Gewalt generell nicht rechtswidrig ist, daß sich ggf der die eheliche Wohnung verlassende Ehegatte sogar iSd § 1353 rechtswidrig verhält, wenn nicht das Scheitern der Ehe bereits feststeht. Auch nach der Reform des Sexualstrafrechts ist nur die Vergewaltigung, also Anwendung von Drohung oder Gewalt, nicht aber der Verkehr als solcher zu mißbilligen. Die Situation zwischen Fordern und Verweigern dürfte ohnehin in der Konfliktsituation häufig sehr viel komplexer sein, als daß man ihr mit dem einseitigen Zerrbild des die Würde der Frau verletzenden Mannes gerecht würde. Auch die Würde des der Verweigerung ausgesetzten Ehegatten kann verletzt werden, insbesondere, wenn der andere Ehegatte es durchaus mit seiner Würde vereinbaren kann, Solidarität in Form von Unterhalt in Geld zu fordern; dabei wiegt die Reduktion des anderen Ehegatten auf einen Zahlungsverpflichtenden oft weitaus würdeverletzender als sexuelle Nötigungen (aA HALLER MDR 1994, 426 f). Ein – vom Antragsteller ggf als belästigend empfundenes – bloß gewaltfreies Drängen nach Geschlechtsverkehr ist weiterhin nicht als besonders verwerfliches Verhalten des Antragsgegners anzusehen (OLG Nürnberg FuR 1993, 230), so daß sich eine unzumutbare Härte nur annehmen läßt, wenn der Antragsgegner im strafrechtlichen Sinne relevante Mittel anwendet (vgl schon vor der Reform des Sexual-

strafrechts zur Rechtswidrigkeit nötigender und körperverletzender Handlungen insoweit OLG Schleswig NJW 1993, 2945 mit Nachweisen).

187 γ)   Umgekehrt wird man die **Verweigerung des ehelichen Verkehrs** nicht als unzumutbare Härte ansehen können, selbst wenn diese Verweigerung im Einzelfall den Antragsteller hart trifft (**aA** OLG Hamm FamRZ 1979, 511; PALANDT/DIEDERICHSEN Rn 17; wie hier MünchKomm/WOLF Rn 96). Abs 2 geht davon aus, daß die Ehegatten vor Scheidung regelmäßig ein Jahr getrennt leben; Abs 1 setzt die Aufhebung der Lebensgemeinschaft der Ehegatten voraus, was ebenfalls mit fortdauerndem ehelichem Verkehr schwer vereinbar ist. Für den Antragsteller ist die Fortsetzung der Ehe dem Bande nach während des Trennungsjahres jedenfalls nicht unzumutbar, weil er nicht gehindert ist, eine anderweitige intime Beziehung einzugehen (ebenso SOERGEL/HEINTZMANN Rn 64). Will er dies trotz Scheiterns der Ehe aus eigener Moraleinschätzung heraus nicht, so liegt die Ursache der Härte nicht in der Person des Antragsgegners.

188 δ)   Vom Antragsteller **provozierte Tätlichkeiten** können eine unzumutbare Härte bedeuten, wenn sie über das hinausgehen, was aufgrund der Provokation der Antragsteller sich letztlich selbst zuzuschreiben hat (zB OLG Stuttgart FamRZ 1977, 646 schwere Mißhandlung mit Krankenhausfolge). Schwerste Verbrechen als Reaktion des Antragsgegners auf eheliche Untreue, insbesondere der Totschlag an gemeinsamen Kindern in einem Eifersuchtsdrama begründen die Unzumutbarkeit auch dann, wenn der Antragsgegner zugleich einen gescheiterten Selbstmordversuch unternommen hat (**aA** AG Landstuhl FamRZ 1996, 1287 in grober Verkennung des Gewichts des Lebens einerseits und ehelicher Treue andererseits als Rechtsgüter eine „Verursachung" einer ungeheuerlichen Tat durch einen aufgefundenen Liebesbrief annehmend; verfehlt auch zur Beweislast, die – trotz des Totschlags – dem Antragsteller aufgebürdet wurde).

189 ε)   **Beleidigungen und Beschimpfungen** sind in der bisherigen Rechtsprechung fast immer zusammen mit Tätlichkeiten und/oder Alkoholismus aufgetreten (BGH FamRZ 1981, 129; KG FamRZ 1978, 594; OLG Frankfurt/Main FamRZ 1978, 115; OLG Hamm FamRZ 1978, 28; OLG Karlsruhe Die Justiz 1988, 482). Sie sind jedoch auch alleine als unzumutbare Härte vorstellbar, insbesondere, wenn sie den Antragsteller nachhaltig und ernsthaft herabsetzen, vor allem im Verhältnis zu dritten Personen (BGB-RGRK/GRASSHOF Rn 85).

Hingegen reichen **einmalige aggressive Vorfälle** mit einem **geringen Schweregrad** nicht aus (**aA** KG FamRZ 1985, 1066: einmalige Ohrfeige; kritisch hiergegen auch: JOHANNSEN/HENRICH/ JAEGER Rn 78). Ebenfalls keine unzumutbare Härte begründen bloße Lieblosigkeiten, gelegentliche Beleidigungen, mehr oder minder leere Drohungen (OLG Zweibrücken FamRZ 1978, 896), sowie die manifestierte innere Abwendung vom Partner, weil solche Verhaltensweisen häufig, wenn nicht sogar prägend mit dem Scheitern der Ehe einhergehen.

cc)   Verlassen, Unterhaltsverletzungen

190 α)   Das **schlichte Verlassen** des Antragstellers durch den Antragsgegner ist lediglich die Kehrseite der Regelung des Abs 2, die grundsätzlich den Ehegatten die Durchführung eines Trennungsjahres zumutet. Hieraus kann sich keine unzumutbare Härte ergeben.

Das einseitige Verlassen kann jedoch zur unzumutbaren Härte werden, wenn es unter für den Antragsteller besonders **belastenden Begleitumständen** erfolgt; das ist anzunehmen, wenn der Antragsgegner die Antragstellerin während der *Schwangerschaft* (OLG Celle FamRZ 1977, 718) mit einem gemeinsamen Kind oder kurz nach dessen *Geburt* (OLG Schleswig NJW-RR 1989, 260; **aA** Soergel/Heintzmann Nachtrag Rn 58) verläßt, weil in dieser Phase besonderer Zuwendungsbedürftigkeit die dadurch zum Ausdruck kommende Ablehnung seitens des Antragsgegners die Antragstellerin über das mit einer Trennung verbundene Maß weit hinausgehend trifft. Dies gilt auch, wenn der Antragsgegner den Antragsteller mit gemeinsamen Kindern unter zusätzlich schwierigen Umständen (Betreuung eines kleinen oder kranken Kindes) zurückläßt; hingegen ist eine unzumutbare Härte schwerlich anzunehmen, wenn der Antragsteller aufgrund der Trennung mit seinen erstehelichen Kindern zurückbleibt, weil die Trennung in anderer Weise nicht vollziehbar ist und der Antragsgegner auch keine Rechtspflicht verletzt (**aA** AG Berlin-Charlottenburg FamRZ 1978, 186; zweifelnd MünchKomm/Wolf Rn 94 Fn 425).

Eine unzumutbare Härte begründet es auch, wenn der Antragsgegner die Trennung dadurch herbeiführt, daß er den Antragsteller aus der ehelichen Wohnung dauerhaft **aussperrt** (Johannsen/Henrich/Jaeger Rn 84; MünchKomm/Wolf Rn 94; **aA** OLG Bremen FamRZ 1977, 808).

β)   **Unterhaltspflichtverletzungen** begründen ebenfalls für sich genommen keine **191** unzumutbare Härte (OLG Saarbrücken FamRZ 1978, 114; MünchKomm/Wolf Rn 94; BGB-RGRK/Grasshof Rn 90; Johannsen/Henrich/Jaeger Rn 83; Soergel/Heintzmann Rn 69; **aA** OLG Stuttgart FamRZ 1978, 114; Erman/Dieckmann Rn 15), sofern nicht erschwerende Umstände hinzutreten. Auch **nachhaltige Unwahrhaftigkeit in Vermögensangelegenheiten** (ohne unmittelbaren Unterhaltsbezug) führt, auch wenn sie zu finanziellen Belastungen des Antragstellers führt, nicht zu einer unzumutbaren Härte (**aA** OLG Karlsruhe FamRZ 1997, 1276, der Sachverhalt ist nicht mitgeteilt, das Gericht bezieht sich nur auf „restlos zerstörte" Vertrauen der Antragstellerin, das sicher nicht genügt).

Erst recht genügt nicht die bloße *Nachlässigkeit bei der Versorgung* des Antragstellers durch den Antragsgegner in einer rollenverteilten Ehe (OLG Stuttgart NJW 1978, 546). Angesichts einer von Abs 2 angestrebten einjährigen Trennung müßte der Antragsteller sogar die Nichtversorgung ertragen, was allerdings deutlich den schwer auflösbaren Widerspruch aufzeigt, daß das Unterhaltsrecht dem Alleinverdienerehegatten die Zahlung von Trennungsunterhalt auferlegt, während das Scheidungsrecht mittelbar den haushaltsführenden Ehegatten von seiner Verpflichtung zur Unterhaltsleistung (in natura) freistellt.

Solche erschwerenden Umstände können sich dadurch ergeben, daß über das unmittelbare Ausbleiben der Unterhaltszahlungen hinaus der Antragsgegner dem Antragsteller oder den Kindern Schikanen zufügt, etwa die Sperrung von Versorgungsleistungen billigend in Kauf nimmt (OLG Hamm FamRZ 1979, 586), nicht aber, wenn der Unterhaltsverpflichtete sich nicht um Arbeit bemüht (Soergel/Heintzmann Rn 69; **aA** OLG München FamRZ 1978, 29 ff).

dd)   Gründe ohne unmittelbaren Bezug zum Antragsteller
Unzumutbarkeit kann sich auch ergeben, wenn der Antragsgegner sich in einer **192**

Weise verhält oder verhalten hat, die geeignet ist, sich auf den Antragsteller mittelbar schwer belastend auszuwirken, insbesondere ihn bzw den Ruf der Familie in der Öffentlichkeit herabzuwürdigen. Hierzu gehören insbesondere schwere **Straftaten** des Antragsgegners, die geeignet sind, das Ansehen der Familie zu schädigen. Werden dem Antragsteller Vorstrafen des Antragsgegners aus der Zeit vor der Eheschließung bekannt, so kann dies noch eine unzumutbare Härte bedeuten (**aA** OLG Nürnberg FamRZ 1990, 630; Erman/Dieckmann Rn 15; zweifelnd wie hier: Johannsen/Henrich/ Jaeger Rn 82a), wenn die Schwere der Tat auf das Ansehen dauerhaft fortwirkt (insbes bei vorsätzlichen Tötungsdelikten).

c)   Unverschuldete Gründe

193 aa)   Unverschuldete Gründe haben in der veröffentlichten Rechtsprechung selten zur Anwendung von Abs 2 geführt. In Betracht zu ziehen sind insbesondere **Krankheiten**. Teilweise werden *ansteckende, ekelerregende oder entstellende Krankheiten* oder Verletzungen als mögliche Härtegründe genannt (Soergel/Heintzmann Rn 66). Hier offenbart sich aber ein zu eng gesehener Bezug zu den vormals klassischen Scheidungsgründen (hierzu MünchKomm/Wolf Rn 95).

Da sich die Unzumutbarkeitsprüfung für Abs 2 nur an der befristeten Fortsetzung der Ehe dem Bande nach beurteilt, wird entgegen dieser Ansicht äußerst selten eine unzumutbare Härte anzunehmen sein; der Antragsteller kann sich den unmittelbaren Auswirkungen der Krankheit auf sich selbst durch Trennung regelmäßig entziehen. Eine verbleibende Erstreckung von Wirkungen wird sich selten ergeben, so daß grundsätzlich das Trennungsjahr abzuwarten ist (MünchKomm/Wolf Rn 95). Daher ist auch eine *Nervenkrankheit* des Antragsgegners regelmäßig nicht geeignet, die unzumutbare Härte zu begründen, selbst wenn dieser aus Uneinsichtigkeit eine stationäre Behandlung abbricht (OLG Düsseldorf NJW-RR 1994, 450) oder die psychische Erkrankung zu Handlungen führt, die gegenüber einem gesunden Ehegatten durchaus geeignet wären, eine Scheidung ohne Fristwahrung gemäß 2 zu begründen (OLG Brandenburg FamRZ 1995, 807, 808).

194 bb)   Gelegentlich wurde in der Rechtsprechung die **dauernde Unfähigkeit zum Geschlechtsverkehr** bzw die **Verweigerung einer notwendigen Behandlung** heilbarer Hindernisse zum Geschlechtsverkehr als Fall der unzumutbaren Härte behandelt (OLG Hamm FamRZ 1979, 37; FamRZ 1979, 511). Auch diese Ansicht erscheint bedenklich, allerdings weniger deshalb, weil sonst die Ehe alter und kranker Menschen sofort scheidbar würde (so aber MünchKomm/Wolf Rn 95; ähnlich BGB-RGRK/Grasshof Rn 88). Wenn der Antragsteller im Falle einer aus sonstigen Gründen gescheiterten Ehe während des Trennungsjahres selbst die **Verweigerung des ehelichen Verkehrs** nicht als unzumutbare Härte geltend machen kann (dazu oben Rn 187), so gilt das erst recht im Falle der krankheitsbedingten Unmöglichkeit, selbst wenn diese seit Beginn der Ehe bestanden hat, letztlich das Scheitern bewirkt hat, oder der Antragsgegner die Behandlung verweigert hat.

6.   Darlegungs- und Beweislast (Abs 2)

195 a)   Der **Antragsteller** trägt die Darlegungs- und Beweislast für das Vorliegen von Umständen, die eine unzumutbare Härte aus Gründen in der Person des Antragsgegners bewirken. Hierzu muß er die **objektiven Tatsachen** vortragen, sowie die Umstände darlegen, aus denen sich für den Antragsteller die *Härte* und die *Unzumutbarkeit* ergibt (MünchKomm/Wolf Rn 102; Soergel/Heintzmann Rn 78; Johannsen/Henrich/Jaeger Rn 87). Die **Berufung auf die Härte** ist wegen des subjektiven Charakters dieses Tatbestandsmerkmals unverzichtbar (BGB-RGRK/Grasshof Rn 104). Zum Nachweis der Härte als innerer Tatsache kommt dem Antragsteller jedoch häufig die Lebenserfahrung zugute, wenn er objektive Umstände vorgetragen hat, aufgrund derer sich für den durchschnittlichen Ehegatten eine unzumutbare Härte ergeben würde (oben Rn 161). In solchen Fällen genügt es, wenn der Antragsteller eine solche Härte auch für sich behauptet.

b)   Stellen **beide Ehegatten** Scheidungsantrag unter Berufung auf Abs 2, so trägt **196** jeder Ehegatte die Beweislast für das Vorliegen des seinen Antrag begründenden Tatbestands (Soergel/Heintzmann Rn 79; zur Entscheidung über diese Anträge im übrigen § 1564 Rn 64).

c)   **Von Amts wegen** hat das Gericht Umstände aufzuklären, die einen als unzu- **197** mutbare Härte erscheinenden Tatbestand ggf dem Antragsteller **zumutbar machen**, insbes eine Mitverursachung durch den Antragsteller oder eine gleichwertige Verhaltensweise, die das Verhalten des Antragsgegners für den Antragsteller weniger belastend zu machen geeignet ist (Soergel/Heintzmann Rn 78). **Nicht von Amts wegen** zu prüfen ist hingegen, ob während des Scheidungsverfahrens das Trennungsjahr abgelaufen ist, so daß Abs 2 nicht mehr anwendbar ist. Auch hierauf muß sich der Antragsteller berufen, da sonst eine scheidungserleichternde Tatsache von Amts wegen berücksichtigt würde (MünchKomm/Wolf Rn 102; Johannsen/Henrich/Jaeger Rn 87).

7.   Verbundverfahren

a)   Eine über den Verzicht auf die Einhaltung des Trennungsjahres hinausgehende **198** **Beschleunigung des Scheidungsverfahrens** ergibt sich aus Abs 2 nicht. Insbesondere ist auch die Scheidung nach dem Tatbestand des Abs 2 im Verbundverfahren (§ 623 ZPO) durchzuführen, selbst wenn dies – meist wegen der Einholung von Auskünften zum Versorgungsausgleich – zu einer Verzögerung der Terminierung führt, die dem Zweck des Abs 2 zuwiderläuft. Eine regelmäßig vorab erfolgende Ehescheidung unter Abtrennung der Folgesachen könnte rechtspolitisch sinnvoll sein, findet im Gesetz jedoch keine Stütze (OLG Karlsruhe FamRZ 1994, 1399).

b)   Eine **Scheidung unter Abtrennung von Folgesachen** kommt daher nur unter den **199** Voraussetzungen des § 628 ZPO in Betracht (dazu § 1564 Rn 99). § 628 Abs 1 Nr 4 ZPO greift nur ein, wenn die Verzögerung – bezogen auf die Dauer des Verfahrens – außergewöhnlich ist (Zöller/Philippi § 628 ZPO Rn 5; im einzelnen zu § 628 ZPO vgl § 1564 Rn 99). Hierbei wirkt sich das Vorliegen der Härte nach Abs 2 dadurch beschleunigend aus, daß auch bei Antragstellung vor Ablauf des Trennungsjahres die Beurteilungsfrist für § 628 Abs 1 Nr 4 ZPO ab Rechtshängigkeit läuft (bei verfrühter Antragstellung hingegen erst nach Ablauf des Trennungsjahres: OLG Frankfurt FamRZ 1981, 579). Im übrigen kann die unzumutbare Härte nach Abs 2 normsystematisch einwandfrei erst Bedeutung erlangen, wenn die außergewöhnliche Verfahrensdauer abstrakt festgestellt ist und es gilt, die unzumutbare Härte nach § 628 Abs 1 Nr 4 ZPO zu prüfen. Der Zielsetzung des § 628 Abs 1 Nr 4 ZPO dürfte jedoch eine Auslegung entgegenkommen, die das Vorliegen des Tatbestandes des § 1565 Abs 2 bereits in die Beurteilung der Verfahrensdauer als außergewöhnlich einbezieht (so wohl auch Münch-Komm[-ZPO]/KLAUSER § 628 Rn 12).

§ 1566

[1] Es wird unwiderlegbar vermutet, daß die Ehe gescheitert ist, wenn die Ehegatten seit einem Jahr getrennt leben und beide Ehegatten die Scheidung beantragen oder der Antragsgegner der Scheidung zustimmt.

[2] Es wird unwiderlegbar vermutet, daß die Ehe gescheitert ist, wenn die Ehegatten seit drei Jahren getrennt leben.

Materialien: Abs 1 entspricht § 1567 RegE 1971 und § 1566 Abs 2 RegE 1973, BT-Drucks VI/2577 und 7/650; **Abs 2** vgl Abs 1 RegE 1973; geändert im Rechtsausschuß des BT (BT-Drucks 7/4361, 12 f). Neu gefaßt durch 1. EheRG BGBl 1976, 1421.

Schrifttum

BERGMANN/GUTDEUTSCH, Der Anspruch des Kindes auf Beteiligung am Scheidungsverfahren, FamRZ 1996, 1187
DAMRAU, Das Verfahren bei der Konventionalscheidung nach dem 1. EheRG, FamRZ 1977, 1169

DEUBNER, Der Vorrang der Zerrüttungsvermutung im Scheidungsrecht, NJW 1978, 2585 sowie Schrifttum der Vorbem zu §§ 1564 ff.

Systematische Übersicht

Alphabetische Übersicht

I. Normzweck

1. Einverständliche Scheidung (Abs 1)

1 a) Abs 1 soll die verdeckte Konventionalscheidung ersetzen, die sich im Rahmen des § 43 EheG aF als von den Ehegatten inszenierte Verschuldensscheidung entwikkelt hatte und als Mißstand empfunden wurde (BT-Drucks 7/4361, 11; BGB-RGRK/GRASS-HOF Rn 3). Es wird eine offene Möglichkeit geschaffen, mit der die Ehegatten bei Einverständnis über die Scheidung der Prüfung des Zerrüttungstatbestands des § 1565 Abs 1 ausweichen können und damit eine Erforschung ihrer Privat- und Intimsphäre durch das Gericht vermeiden (JOHANNSEN/HENRICH/JAEGER Rn 1; ERMAN/DIECKMANN Rn 2). Dabei bleibt jedoch der **Scheidungstatbestand** unberührt; die Scheidung erfolgt aufgrund des Scheiterns der Ehe gemäß § 1565 Abs 1 (BGH FamRZ 1980, 124); der Charakter der Scheidung als „einverständlich" greift nur in die Feststellung des Tatbestandsmerkmals des *Scheiterns* ein; an die Stelle von dessen positiver **Feststellung** tritt eine **Vermutung**. Abs 1 schafft also nur eine formalisierte Möglichkeit, die Voraussetzung des *Scheiterns* im Tatbestand des § 1565 Abs 1 darzutun (JOHANN-SEN/HENRICH/JAEGER Rn 2).

2 b) Damit dient Abs 1 einem weiteren Zweck; dem Gericht wird die oft **problematische Feststellung** des endgültigen Scheiterns abgenommen, wenn die Voraussetzungen des Abs 1 vorliegen. Diesen Zweck fördert insbesondere die Ausgestaltung der Vermutung als **unwiderlegliche (zwingende) Beweisregel**. Die Feststellung des Tatbestands von Abs 1 ersetzt die Feststellung des Scheiterns (BT-Drucks 7/4361, 11; JOHANN-SEN/HENRICH/JAEGER Rn 2; SOERGEL/HEINTZMANN Rn 5).

c)　Abs 1 schafft eine **unwiderlegbare Vermutung** des Scheiterns aufgrund eines aus **3** materiellen und **prozessualen Tatbestandsmerkmalen** gemischten Tatbestands. Erforderlich ist einerseits eine *einjährige Trennungsdauer*, andererseits ein verfahrensrechtliches Einverständnis hinsichtlich des *Scheidungsantrags*. Ohne Erwähnung in Abs 1 kommt das sich aus § 630 ZPO ergebende Erfordernis einer *Einigung über bestimmte Folgesachen* hinzu. Wie die gemäß § 1565 Abs 2 als Voraussetzung jeder Scheidung erforderliche einjährige Trennung soll auch für die einverständliche Scheidung das Trennungsjahr die Ernstlichkeit des (beiderseitigen) Scheidungsbegehrens belegen und vor Übereilung schützen. Diesen Regelungszweck verstärkt das Erfordernis der Einigung nach § 630 ZPO. Den Ehegatten werden hierdurch die persönlichen und wirtschaftlichen Folgen der Ehescheidung vor Augen geführt.

d)　Die Ausgestaltung der einverständlichen Ehescheidung war im Gesetzgebungs- **4** verfahren aber auch in der Folgezeit **stark umstritten** (zur Verfassungsmäßigkeit der begrenzten *Disposition* der Ehegatten über die Ehe und der Ausgestaltung der Vermutung als *unwiderlegbar* vgl Vorbem 13 ff zu §§ 1564 ff).

aa)　In der einen Richtung wurde verbreitet Kritik an der **Zulassung einer einverständlichen Scheidung überhaupt** geübt, weil dadurch die Grenzen zwischen Zerrüttungsscheidung, Fristenscheidung und Vereinbarungsscheidung verwischt würden (vgl auch Gernhuber/Coester-Waltjen § 24 III 2). Diese Kritik mündet letztlich in den Vorwurf des Verstoßes gegen den Lebzeitigkeitsgrundsatz des § 1353 Abs 1 S 1 und die Ehegarantie des Art 6 Abs 1 GG. Zwar wird dieser Einwand heute kaum noch mit der letzten Konsequenz des Vorwurfs der Verfassungswidrigkeit vertreten (vgl noch Habscheid, in: FS Bosch [1976] 368 ff; Bergerfurth FamRZ 1980, 732), doch ist die in diese Richtung weisende Kritik nicht gänzlich verstummt (vgl Soergel/Heintzmann Rn 1; Erman/Dieckmann Rn 2). Solche Kritik ist rechtspolitisch nicht berechtigt. Die Zulassung einer einverständlichen Scheidung entspricht einem rechtshistorisch gesicherten Bedürfnis. Insbesondere dokumentieren die zwischen 80 und 90% schwankenden Schätzungen zum Anteil der verdeckten Konventionalscheidung unter Geltung der Scheidungstatbestände des EheG (BGB-RGRK/Grasshof Rn 1; MünchKomm/Wolf Rn 3 mNachw), daß ein Scheidungsrecht ohne die Möglichkeit einer die Intimsphäre schonenden einverständlichen Scheidungsregelung grob den sozialen Bedürfnissen zuwiderläuft. Die mit Abs 1 iVm § 630 ZPO geschaffenen Kautelen gegen eine Übereilung des Scheidungsentschlusses stützen zweifellos die Annahme des Gesetzgebers, daß bei Vorliegen des Tatbestandes von Abs 1 den Ehegatten selbst zuverlässiger die Beurteilung ihrer Ehe überlassen werden kann als dem Gericht.

bb)　Die Ausgestaltung der **Vermutung als unwiderlegbar** stößt zu Abs 1 auf geringere **5** **Kritik** als zu Abs 2. Will einer der Ehegatten die Vermutung nicht gelten lassen, so wird er sich der Scheidung als solcher widersetzen, so daß es ohnehin nicht zu einem Einverständnis kommt. Im Interesse gemeinsamer Kinder – andere Dritte sind hinsichtlich der Eheerhaltung nicht schutzwürdig – eine Ehe zu erhalten, die von beiden Ehegatten abgelehnt wird, ist eine meist groteske Vorstellung. Nachdem gesellschaftliche Toleranz dazu geführt hat, daß Kinder nicht mehr aufgrund der Scheidung ihrer Eltern durch scheinheiliges Mitleid stigmatisiert werden, wird in aller Regel die soziale Situation eines Kindes durch Scheidung einer gescheiterten Ehe jedenfalls nicht verschlechtert; der Verlust der familiären Sozialbasis angesichts des Scheiterns läßt sich jedenfalls nicht durch den formellen Fortbestand des Ehebandes ersetzen. In extremen Ausnahmefällen hilft für die Dauer der Ausnahmesituation § 1568 1. Alt.

6 cc) Stärkere Beachtung verdient hingegen die Kritik an der **Kompliziertheit der Kautelen**, die zur Erreichung einer einverständlichen Scheidung von den Ehegatten erfüllt werden müssen (DIEDERICHSEN NJW 1977, 654; MünchKomm/WOLF Rn 1 f; SCHWAB/ SCHWAB Teil II Rn 67). Der Gesetzeszweck, das Scheidungsverfahren ehrlicher zu gestalten und die inszenierte Konventionalscheidung zu vermeiden, könnte darunter leiden, daß die einverständliche Scheidung nach Abs 1 durch die *Länge der erforderlichen Trennungszeit* und die *Einigungserfordernisse des § 630 ZPO* stark erschwert ist. Die Parteien müssen nicht nur einverständlich die Scheidung beantragen, sondern ein Jahr getrennt leben, um mit der Vermutung des Abs 1 der Scheiternsprüfung im Grundtatbestand des § 1565 auszuweichen. Sie müssen sich über die Folgesachen elterliche Sorge, Kindesunterhalt, Ehegattenunterhalt und Ehewohnung/Hausrat nicht nur einigen, sondern sollen dazu einen vollstreckbaren Schuldtitel schaffen (§ 630 Abs 3 ZPO). Insbesondere dieses letzte Erfordernis löst nicht unerhebliche Kosten aus. Der Gesetzgeber steht aber nicht nur in einem Dilemma rechtspolitischer Ziele, wenn er die einverständliche Scheidung als notwendiges Instrument zuläßt, ihr andererseits aber wegen der Spannung zur Lebenszeitigkeit der Ehe Beschränkungen auferlegt (MünchKomm/WOLF Rn 1 „zu mißtrauen"). Einerseits muß die Regelung mit der Wertung des § 1565 Abs 2 harmonieren, so daß die Jahresfrist bereits die unterste Grenze für eine Scheiternsvermutung darstellt, wenn das Gesamtsystem stimmig bleiben soll. Andererseits läßt sich ohne zusätzliche scheidungserschwerende Kautelen nach derzeitigem Verständnis des Eheschutzes aus Art 6 Abs 1 GG kaum die Verfassungsmäßigkeit einer einverständlichen Scheidung sicherstellen (dazu Vorbem 11 ff zu §§ 1564 ff). Allerdings besteht insofern noch ein Regelungsspielraum: Wenn beide Ehegatten die Scheidung wollen, muß neben einen – durch das Trennungsjahr gewährleisteten – Übereilungsschutz nur noch ein Mechanismus treten, der die gemeinsame Verantwortung für die aus der Ehe hervorgegangenen Kinder dokumentiert. Es würde das Verfahren erheblich vereinfachen, wenn das Einigungserfordernis des § 630 ZPO reduziert würde auf eine Einigung zum Sorgerecht und eine Regelung des Unterhalts für minderjährige Kinder. Unter rechtspolitischen Gesichtspunkten unnötig ist auch das Titulierungserfordernis des § 630 Abs 3. Hier wie bei den übrigen Folgesachenregelungen geht es vorrangig auch nicht um gezielte **Sicherung der Ernsthaftigkeit** der Einschätzung des Scheiterns durch die Ehegatten; die Erschwerung für die Ehegatten durch die notwendigen weiteren Folgesacheneinigungen, insbesondere durch die Titulierung, bedeutet umgekehrt eine **Entlastung des Familiengerichts**. Sie ist damit gleichsam der *Preis*, den die Ehegatten für die inhaltlich schonendere Scheidung zu zahlen haben. Hinzu tritt eine *Befriedungsfunktion* durch Erledigung potentieller Streitpunkte. Dies alles kann die weitgehenden Beschränkungen wohl noch rechtfertigen; sieht man hingegen stärker auf die eigentlichen Schutzziele, so wäre zu deren Hervorhebung eine Konzentration der materiell- und verfahrensrechtlichen Methoden auf das Trennungsjahr und die kindeswohlrelevanten Folgesachen vorzugswürdig.

7 e) Die damit tatbestandlich nicht unerheblich scheidungshemmende Ausgestaltung der einverständlichen Scheidung läßt insbesondere ein Ausweichen auf neue Formen der **Konventionalscheidung** befürchten. Wollen Ehegatten alsbald nach der Trennung geschieden werden, so hilft Abs 1 ohnedies nicht. Es ist jedenfalls auch im Rahmen der Anwendung von Abs 1 eine *Absprache* zur Dauer des Trennungsjahres erforderlich und damit bereits im zentralen Punkt wiederum eine *unwahre Inszenierung* vonnöten. Dann aber liegt es nahe, die Kosten und Unannehmlichkeiten einer Einigung nach § 630 ZPO zu vermeiden, indem auf den Grundtatbestand des § 1565 Abs 1 ausgewichen und förmlich zum Scheitern vorgetragen wird. Dieser Weg ist umso gangbarer, als erfahrungsgemäß der übereinstimmende Vortrag zum Scheitern der Ehe nach einjähriger Trennung kaum ohne unzulässige Ausforschung der Privat- und Intimsphäre der Ehegatten seitens des Gerichts widerlegbar erscheint.

aa)   Die Ansichten zum **Ausmaß solcher „Umgehung"** gehen weit auseinander. An- **8** fängliche Prognosen, geprägt auch durch eine gewisse statistische Zurückhaltung der Praxis gegenüber dem Tatbestand des Abs 1, gingen davon aus, der Tatbestand des Abs 1 werde von der Praxis nicht angenommen (BGB-RGRK/GRASSHOF Rn 3). Die zwischenzeitliche Steigerung und Verfestigung des Anteils der *offenen Konventionalscheidungen*, also jener nach Abs 1 auf rund zwei Drittel aller Scheidungen (MünchKomm/WOLF Rn 9 a; ders vor § 1564 Rn 32) wird andererseits als Indiz für eine recht hohe Akzeptanz des schwierigen Verfahrens nach § 630 ZPO gewertet (vgl Münch-Komm/WOLF Rn 2).

bb)   Diese Einschätzung kann nur mit Einschränkungen geteilt werden. Der stati- **9** stische Anteil der Scheidungen nach Abs 1 enthält auch jene Fälle, in denen zum **Trennungsjahr unwahr vorgetragen**, also die wesentlichste Hürde gegen eine übereilte Scheidung umgangen wird. Hinzu kommt, daß angesichts der *Verschuldensunabhängigkeit des Scheidungsfolgenrechts* der – immer nur zu vermutende – **Anteil der Konventionalscheidungen** noch höher liegen dürfte als zu § 43 EheG aF. Immerhin muß keiner der Ehegatten mehr den Makel des Verschuldens auf sich nehmen oder daraus negative Rechtsfolgen befürchten. Dann aber ergibt sich eine Vermutung, daß viele scheinbar „streitige" Scheidungen als verdeckte Konventionalscheidungen über § 1565 Abs 1 durchgeführt werden und eine erhebliche Dunkelziffer von offenen Konventionalscheidungen mit unwahrem Vortrag zum Trennungsjahr erreicht wird (vgl zur eher großzügigen familiengerichtlichen Praxis auch MünchKomm/WOLF Rn 9 b). Insbesondere in kinderlosen Ehen ist bei wechselseitigem Verzicht auf Scheidungsfolgeansprüche § 630 ZPO kein Hindernis.

cc)   Der Umstand, daß in Fällen der Konventionalscheidung trotzdem ersichtlich **10** häufig der Weg über Abs 1 beschritten wird, dürfte auch darauf zurückzuführen sein, daß die **beratende Praxis** an der Durchführung der Scheidung nach Abs 1 nicht unbedeutende gebührenrechtliche Interessen hat, weil zumeist in Hinblick auf § 630 Abs 3 ZPO ein Scheidungsfolgenvergleich mit Vertretung beider Parteien durch Verfahrensbevollmächtigte (BGH NJW 1991, 1743) geschlossen wird (vgl ZÖLLER/PHILIPPI § 630 ZPO Rn 15). Dies ist noch nicht einmal mit einer Verbesserung des Schutzes des Antragsgegners verbunden, da die Protokollierung vorher ausgehandelter Vergleiche unter Hinzuziehung eines den Vergleich noch nicht einmal prüfenden reinen Terminbevollmächtigten für den Antragsgegner verbreiteter Praxis entspricht. Gerade für ein einverständliches Scheidungsmodell erscheint es wenig stimmig, die Möglichkeit der Kostenersparnis durch Verzicht auf eigenständige anwaltliche Vertretung für den Antragsgegner zu untergraben. Es ist nicht einsichtig, daß eine – im Grundsatz als „streitig" konzipierte – Scheidung nach § 1565 Abs 1 mit nur einem Anwalt und dem Mindestmaß an Gebühren für die Vertretung im Verfahren durchführbar ist, während die einverständliche Scheidung die Ehegatten erheblich teurer zu stehen kommt, weil häufig eine Vertretung durch zwei Verfahrensbevollmächtigte unumgänglich wird (zu den Möglichkeiten eines Scheidungsverfahrens nach Abs 1, bei dem nur ein Ehegatte sich vertreten läßt: Jost NJW 1980, 327). Es liegt die Annahme nahe, daß vorwiegend rechtlich unerfahrene Parteien den gebührenintensiveren Weg der offenen Konventionalscheidung gehen; andererseits ist es der beratenden Praxis zweifellos nicht vorzuwerfen, wenn sie den vom Gesetz eigentlich gewollten Weg über Abs 1 vorschlägt und damit auch die Familiengerichte von der Scheidungsfolgenregelung entlastet.

11 dd) Eine **Stärkung des Tatbestands des Abs 1** gegenüber der verdeckten Konventionalscheidung bei gleichzeitigem Erhalt der Vorteile und eheschützenden Kautelen sowie der Gerichtsentlastung ist auf einem **verfahrensrechtlichen** Weg vorstellbar, der eine Entlastung der Gerichte mit einer Kostenentlastung der Parteien verbindet. Das geltende Konzept des Abs 1 iVm § 630 ZPO ist einer einverständlichen Scheidung letztlich nicht angemessen, denn es beruht auf dem Gedanken der Gerichtsentlastung durch eine Erhöhung der Anforderung an die Einigungsbereitschaft der Ehegatten; wie gesehen, zahlen die Ehegatten aber nicht nur den systemkonformen Preis der Einigungsbereitschaft, sondern auch den systemwidrigen Preis der finanziellen Mehrbelastung.

Dem Gedanken der einverständlichen Regelung entspräche es daher besser, das Verfahren des Abs 1 aus der Systematik der Scheidung im **streitigen Verfahren** auszunehmen und im Verfahren der **Freiwilligen Gerichtsbarkeit** durchzuführen, und dabei einen **Anreiz** zur Inanspruchnahme des Abs 1 gleichsam durch eine **Prämierung** der erwünschten einverständlichen Scheidung gegenüber der „streitigen" Scheidung zu bieten.

Auf die – ohnehin verbreitet praktizierte – **gemeinsame Besprechung** beider Parteien mit dem Verfahrensbevollmächtigten des Antragstellers (zur Problematik des Anscheins des Parteiverrats und Nichtigkeit des Anwaltsvertrages [nach § 134] bei Beratung beider Ehegatten: BayObLG FamRZ 1981, 608; AG Neunkirchen FamRZ 1996, 298) sollte dabei im Interesse der gezielten Vorbereitung des Verfahrens und damit der Entlastung des Gerichts nicht verzichtet werden, wohl aber auf die meist zur Förmelei degradierte Zuziehung eines zweiten Rechtsanwalts zur Protokollierung des Titels. Verbunden mit einer Eingrenzung des zwingend im Rahmen von § 630 ZPO zu regelnden Katalogs an Folgesachen läßt sich eine Kostensenkung und Verfahrensbeschleunigung als Anreiz für die Inanspruchnahme des Tatbestands der offenen Konventionalscheidung erreichen.

12 ee) Letztlich unvermeidbar bleibt auch in diesem Modell der statistisch nicht erfaßte, **einverständlich unwahre Vortrag zum Trennungsjahr.** Das Ziel, auch hier mehr Wahrheit des Verfahrens anzustreben, ließe sich nur durch eine Reduzierung oder einen Verzicht auf die Mindest-Trennungszeit erreichen. Das aber steht in einer nicht lösbaren Spannung zum Ziel des Übereilungsschutzes. Sollte sich allerdings mit statistischen Methoden belegen lassen, daß das Trennungsjahr bei einverständlichen Scheidungen gar überwiegend umgangen wird, so muß wohl im Interesse des Ansehens und der Glaubwürdigkeit der Rechtsordnung bei einverständlichen Scheidungen auch hierauf verzichtet werden. Abzulehnen ist der Gedanke, die **Rechtsanwälte** für die Einhaltung des Trennungsjahres in die Pflicht zu nehmen (so aber MünchKomm/ Wolf Rn 9). Der beratende Rechtsanwalt muß seinen Mandanten darüber aufklären, daß einjähriges Getrenntleben Regelvoraussetzung des Grundtatbestands ist (§ 1565 Abs 2) und Tatbestandselement der Vermutung des Abs 1. Er darf seinem Mandanten zwar nicht zur Täuschung des Gerichts raten, andererseits aber auch nicht ihm Sanktionen gegen unwahren Vortrag vorspiegeln, die nicht existieren. Die Praxis nimmt wohl überwiegend den Vortrag der Mandantschaft bewußt ohne größere Nachfragen hin, um nicht in das durch die Bestimmung geradezu vorgezeichnete standesrechtliche Dilemma einer „Tatbestandsschönung" zu geraten. Angesichts der auch in interessierten Laienkreisen verbreiteten Kenntnis, daß sich das Trennungsjahr unschwer einverständlich vortäuschen läßt, erschiene es außerdem höchst fragwürdig, wenn rechtsgewandte Parteien leichter die Scheidung erreichen könnten, während die Einhaltung des Trennungsjahres gegenüber Unerfahrenen mit Hilfe des sie beratenden Rechtsanwalts durchgesetzt würde.

2. Dreijahrestatbestand (Abs 2)

a) Auch Abs 2 stellt eine **zwingende Beweisregel** für das Scheitern der Ehe auf und **13** ergänzt damit den Grundtatbestand des § 1565 Abs 1. Die Zielsetzung, Schwierigkeiten der Diagnose und Prognose des Scheiterns zu vermeiden und die Intimsphäre der Ehegatten zu schonen, ist mit der des Abs 1 identisch (Johannsen/Henrich/Jaeger Rn 2).

b) Im Gegensatz zu Abs 1 handelt es sich um eine unwiderlegbare Scheiterns- **14** vermutung bei **streitiger Scheidung**. Damit ist dieser Vermutungstatbestand in erheblich höherem Maße der Kritik in Ansehung der *Unwiderlegbarkeit* ausgesetzt. Zwar ist die Wahrscheinlichkeit eines Scheiterns angesichts dreijähriger Trennung wesentlich höher als im Falle des Abs 1, doch kann der Antragsgegner das Eingreifen der Vermutung des Abs 2 nicht verhindern; Abs 2 knüpft im Gegensatz zu Abs 1 ausschließlich an den Zeitablauf an und erfordert weder Einverständnis im Scheidungswunsch noch in Folgesachenregelungen. Damit könnten durch die Unwiderlegbarkeit dieser Vermutung Rechte des Antragsgegners betroffen sein.

c) Im **Gesetzgebungsverfahren** ist diese Problematik deutlich geworden. Abs 2 war **15** als Abs 1 des Regierungsentwurfs (BT-Drucks 7/650, 8) nur als widerlegbare Vermutung ausgestaltet. Die Gesetz gewordene Fassung ist zurückzuführen auf die Beratungen im Rechtsausschuß des Bundestags, wobei flankierend die Möglichkeit zur sechsmonatigen *Aussetzung des Verfahrens* auch auf den Fall der mehr als dreijährigen Trennung erstreckt wurde (§ 614 ZPO, BT-Drucks 7/4361, 151; zur Gesetzgebungsgeschichte und zu den im Vorfeld der Reform stark divergierenden Vorschlägen für Vermutungsfristen: MünchKomm/Wolf Rn 67 f; BGB-RGRK/Grasshof Rn 2).

d) Die **Gestaltung** als unwiderlegbare Vermutung und die **Bemessung der Frist 16** halten nicht nur verfassungsrechtlicher Prüfung stand (BVerfGE 53, 224; vgl Vorbem 13 zu §§ 1564 ff), sondern stellen auch einen rechtspolitisch stimmigen Kompromiß zwischen den Zielen der Eheerhaltung bei Widerspruch eines Ehegatten gegen die Scheidung einerseits und der Entlastung des Scheidungsverfahrens und der Ehegatten von tiefgreifenden Ermittlungen über die ehelichen Verhältnisse und die Konfliktursachen andererseits dar. Das dreijährige Getrenntleben offenbart einen so hohen Grad an Lösung des die Trennung aufrechterhaltenden Ehegatten von der ehelichen Gesinnung, daß vernünftige Zweifel am Scheitern der Ehe nur noch theoretisch denkbar sind. Damit würde eine positive Feststellung des Scheiterns in solchen Fällen fast ausschließlich die Privat- und Intimsphäre der Ehegatten belasten, insbesondere deshalb, weil sich im Falle der Ablehnung der Scheidung durch den Antragsgegner der Antragsteller regelmäßig auf die eigene Ablehnung der Lebensgemeinschaft der Ehegatten berufen müßte, was tiefgreifende Ermittlungen unvermeidbar macht und mit den Ermittlungsmöglichkeiten des Gerichts letztlich nicht mit Sicherheit aufdeckbar ist (BGB-RGRK/GRASSHOF Rn 4). Da das Ergebnis nach der Lebenserfahrung immer nur sein kann, daß die Ehe gescheitert ist (MünchKomm/WOLF Rn 63), würden solche Eingriffe mit fortschreitender Dauer der Trennung immer nutzloser und letztlich unzumutbar. Die Ausgestaltung als *unwiderlegbare Vermutung* ist zur Vermeidung dieser rechtspolitisch unerwünschten Eingriffe zwingend notwendig. Eine widerlegbare Vermutung wäre wertlos, denn nach dreijähriger Trennung der Ehegatten ergibt sich diese Vermutung ohnehin aus der Lebenserfahrung. Erst die Unwiderlegbarkeit schneidet dem Antragsgegner die Möglichkeit ab, Fehlverhalten des Antragstellers und die gesamte Geschichte der Ehezerrüttung vor Gericht auszubreiten. Es müßte der gesamte Vortrag geprüft, wenn auch letztlich nahezu ausschließlich das Scheitern im Zweifel angenommen werden; die Verletzung der Privatsphäre wäre ebenso tiefgreifend wie bei einer regelmäßigen Scheiternsprüfung.

II. Einverständliche Scheidung (Abs 1)

1. Verhältnis zum Grundtatbestand

17 a) Abs 1 schafft **keinen eigenständigen Scheidungstatbestand**, sondern setzt § 1565 Abs 1 voraus und formalisiert lediglich das Tatbestandsmerkmal des Scheiterns (vgl oben Rn 1). Abs 1 verdrängt aber auch nicht die tatsächliche **Scheiternsfeststellung** nach dem Grundtatbestand für den Fall der einverständlichen Scheidung. Eine „einverständliche Scheidung" (in dem Sinn, daß beide Ehegatten geschieden werden wollen, nicht aber im Sinn eines besonderen Scheidungstypus) ist *nicht nur nach Abs 1 möglich;* auch wenn die Ehegatten sich im Scheidungswillen einig sind, aber eine Einigung nach Abs 1 iVm § 630 ZPO nicht zustandekommt oder das Trennungsjahr noch nicht abgelaufen ist, so daß die Vermutung des Abs 1 nicht eingreift, bleibt eine Scheidung nach § 1565 Abs 1 vor Ablauf des Trennungsjahrs iVm § 1565 Abs 2 möglich (JOHANNSEN/HENRICH/JAEGER Rn 5; MünchKomm/WOLF Rn 8).

Daraus ergibt sich die Möglichkeit einer **verdeckten Konventionalscheidung**, wenn die Ehegatten übereinstimmend die Scheidung wollen, aber sich über die Folgesachen nach § 630 ZPO nicht einigen können. Der Antragsteller muß lediglich das Trennungsjahr vortragen sowie Umstände, aus denen sich das Scheitern der Ehe ergibt. Wenn der Antragsgegner diesen Sachverhalt bestätigt, besteht kein Anlaß, dem übereinstimmenden Vortrag der Ehegatten keinen Glauben zu schenken. Da das Einverständnis des Antragsgegners mit dem Scheidungsantrag die Scheidung aus § 1565 Abs 1 nicht hindert, muß der Antragsgegner auch nicht Antragsabweisung beantragen; dem Gericht muß nicht verborgen werden, daß beide Ehegatten die Scheidung wollen (zur – strittigen – Bedeutung dieser Form der einverständlichen Scheidung MünchKomm/WOLF Rn 9 a sowie oben Rn 6 ff; teilweise **aA** noch SCHWAB/SCHWAB Teil II Rn 80, einen Abweisungsantrag zu stellen wirke glaubwürdiger).

18 b) Der Antragsteller kann allerdings eine Scheidung aus dem Grundtatbestand, insbes iVm § 1565 Abs 2 **verhindern**. Beruft er sich auf den Ablauf des Trennungsjahres und trägt er eine Einigung nach § 630 ZPO vor (zum Umfang der Antragsschrift unten Rn 49 ff), so kann das Gericht die Ehe nicht aus dem Grundtatbestand scheiden, also nicht positiv das Scheitern feststellen. Liegen die Voraussetzungen einer Scheidung nach Abs 1 nicht vor, so kann der Antragsteller zwar (ohne Klageänderung) zu einer Scheidung nach dem Grundtatbestand vortragen; tut er das nicht, so ist die Klage abzuweisen (im übrigen zur Bindung des Gerichts an die vom Antragsteller gewünschten Nachweistatbestände des Scheiterns § 1564 Rn 57 ff).

2. Getrenntleben

a) Für das Eingreifen der Vermutung des Abs 1 ist erforderlich, daß die Ehegatten **19** **seit einem Jahr getrennt leben**. Der Tatbestand des Getrenntlebens ergibt sich aus § 1567 (BGB-RGRK/Grasshof Rn 18; MünchKomm/Wolf Rn 7). Maßgeblich für den *Fristbeginn* ist damit das Vorliegen aller Tatbestandsmerkmale des Fehlens und der Ablehnung (samt Motiv) der *häuslichen Gemeinschaft* iSd § 1567 Abs 1. Abs 1 stellt hingegen nicht ab auf das Bestehen der *ehelichen Lebensgemeinschaft* iSd § 1565 Abs 1. Insbesondere kann die eheliche Lebensgemeinschaft schon seit längerem nicht mehr bestehen; die Vermutung des Abs 1 greift dennoch nicht ein, wenn die häusliche Gemeinschaft nicht iSd § 1567 Abs 1 aufgehoben ist. Die Frist kann aber nicht vor Eheschließung beginnen, da das Getrenntleben iSd § 1567 das Bestehen einer Ehe voraussetzt, da sonst ein Ehegatte die eheliche Lebensgemeinschaft nicht „ablehnen" kann. Für den *Fristlauf* gilt § 1567 Abs 2 kraft ausdrücklicher Verweisung. Zusammenleben über kürzere Zeit zum Zweck der Versöhnung unterbricht oder hemmt den Fristlauf nicht. Das *Fristende* bestimmt sich nach dem Zeitpunkt der letzten mündlichen Verhandlung in der letzten Tatsacheninstanz (BGB-RGRK/Grasshof Rn 17; MünchKomm/Wolf Rn 7). Ein besonderes Verfahren zur Feststellung des Getrenntlebens oder eine Formalisierung des Getrenntlebens ist nicht vorgesehen oder erforderlich (im einzelnen zum Getrenntleben und zur Fristberechnung vgl Erläuterungen zu § 1567).

Der BGH kann im **Revisionsrechtszug** gegen die Abweisung des Scheidungsantrags als – aus dem Grundtatbestand – unbegründet das zwischenzeitliche Ablaufen des Trennungsjahres und damit das Eingreifen der Vermutung des Abs 1 nur dann berücksichtigen, wenn keine Beweisaufnahme erforderlich ist, der Ablauf des Trennungsjahres sich als bloßer Berechnungsvorgang erweist und die Ehegatten die Fortdauer der Trennung übereinstimmend vortragen (vgl BGH NJW 1979, 105; NJW 1981, 449 [offengelassen]; näher hierzu § 1565 Rn 94 ff). In diesem Umfang kann das Trennungsjahr nicht nur zur Grundlage einer Scheidung aus dem reinen Grundtatbestand (ohne Feststellungen nach § 1565 Abs 2) gemacht werden, sondern auch im Rahmen der Vermutung des Abs 1 berücksichtigt werden.

Ein vor Ablauf des Trennungsjahres gestellter einverständlicher Scheidungsantrag iSd Abs 1 ist nicht unzulässig, jedoch zunächst unschlüssig.

b) Die Ehegatten müssen alle Tatsachen, welche das Getrenntleben iSd § 1567 **20** ergeben, **substantiiert dartun und beweisen**; eine Ermittlung von Amts wegen zugunsten der Feststellung des Trennungsjahres scheidet wegen § 616 Abs 2 ZPO aus, weil das Eingreifen der Vermutung die Feststellung des Scheiterns entbehrlich macht und deshalb die Scheidung erleichtert (JOHANNSEN/HENRICH/JAEGER Rn 3; MünchKomm/WOLF Rn 9; BGB-RGRK/GRASSHOF Rn 18). In der Praxis beschränkt sich allerdings die *Ermittlung von Umständen, die gegen das Getrenntleben sprechen,* zu Recht auf die Parteivernehmung nach § 613 ZPO (BGB-RGRK/GRASSHOF Rn 18), sowie die Berücksichtigung offenbarer Indizien für eine Unwahrheit des Parteivortrags, etwa die Kenntnis der Situation der Familie aus parallelen Familiensachen oder aus der Anhörung gemeinsamer Kinder. Dabei muß die Angabe einer gemeinsamen Adresse wegen der Möglichkeit des Getrenntlebens in derselben Wohnung (§ 1567 Abs 1 S 2) die Glaubwürdigkeit nicht erschüttern (vgl aber BGB-RGRK/GRASSHOF Rn 18). Es sind jedoch in diesem Fall jedenfalls konkrete Befragungen der Ehegatten geboten, in welcher Weise das Getrenntleben tatsächlich verwirklicht wurde; wenn sich solche Verdachtsmomente ergeben, wird das Gericht – nicht aber der Antragstellervertreter (vgl dazu oben Rn 10 f) – weitere seriöse Nachweise verlangen müssen. Eine regelmäßige intensive Nachforschung, die über einen schlüssigen übereinstimmenden Tatsachenvortrag der Ehegatten hinausgeht, ist für den unverdächtigen Regelfall abzulehnen (einschränkend: MünchKomm/WOLF Rn 9 „seriöse Nachweise"). Insbesondere scheidet eine regelmäßige Einvernahme von Nachbarn, Freunden und Bekannten der Ehegatten (so aber SOERGEL/HEINTZMANN Rn 7) aus. Dem – in einer Gesellschaft, die erfreulicherweise von dem liberalen Grundsatz der betonten Nichteinmischung in die Angelegenheiten anderer Menschen geprägt ist – geringen denkbaren Gewinn an Wahrheitsfindung stünde eine erhebliche Beeinträchtigung des Zweckes der Schonung der Privatsphäre gegenüber. Eine solche Praxis würde der Bespitzelung Vorschub leisten, wie sie in der Verfahrenspraxis der DDR durch die Beteiligung von Betriebs- und Wohngremien am Scheidungsverfahren gewollt herbeigeführt wurde.

21 **c)** Strittig ist, ob die Vermutung des Abs 1 auch in Betracht kommt, wenn die Ehe von Anfang an **ohne eine häusliche Gemeinschaft gelebt** wurde, insbesondere in Fällen der **Fehl- oder Zweckehe.**

aa) Da der Tatbestand des § 1567 Abs 1 nicht nur auf das *äußere Tatbestandsmerkmal* der *häuslichen Gemeinschaft* abstellt, sondern auch das *innere Tatbestandsmerkmal* der *Ablehnung der ehelichen Lebensgemeinschaft* enthält, kann aus der Unmöglichkeit einer „Trennung" im Wortsinne nicht zwingend geschlossen werden, daß die Vermutung des Abs 1 für solche Ehen tatbestandlich leerläuft und deshalb unanwendbar ist (so aber BRÜGGEMANN FamRZ 1978, 91; SOERGEL/HEINTZMANN Rn 6; vgl dazu näher § 1567 Rn 49 ff).

22 **bb)** Freilich zwingt die Anwendung von § 1565 Abs 2 auf solche Ehen nicht notwendig dazu, auch hier Abs 1 zu parallelisieren (zutreffend insoweit SOERGEL/HEINTZMANN Rn 6). Die **Mindesttrennungsfrist** des § 1565 Abs 2 ist für Ehen ohne häusliche Gemeinschaft deshalb zu wahren, weil eine erleichterte Scheidbarkeit solcher Ehen nicht einsichtig wäre. Für die Anwendung der *Vermutung* bestünde eine solche zwingende Notwendigkeit nicht. Auch die Wortlautidentität von 1566 und § 1567 („Getrenntleben") kann nicht zur Anwendung der Vermutung auf solche Ehen zwingen (so aber JOHANNSEN/HENRICH/JAEGER Rn 4), denn § 1567 bezieht sich als bloße Legaldefinition gleichermaßen auf § 1565 Abs 2 und § 1566, diese beiden Bestimmungen geben aber dem Getrenntleben gerade eine unterschiedliche materielle Funktion, einerseits einer Scheidungserschwerung, andererseits einer die Feststellung des Scheiterns erleichternden Vermutung.

cc)   Die **Anwendbarkeit der Vermutung** muß nach dem **Zweck der Regelung** entschie- **23**
den werden. Wenn eine Ehe mit reduzierter Anforderung an die Verwirklichung der
Lebensgemeinschaft (Schauspielerehe, Ehe mit verschiedenen Wohnsitzen) oder
eine Ehe ohne eheliche Lebensgemeinschaft (Zweck- oder Fehlehe) nur unter kon-
kretem Nachweis des Scheiterns geschieden werden könnte, so würde gerade in den
Fällen die Scheidbarkeit erschwert, in denen nach durchschnittlichen Anschauungen
ein Wegfall der – ohnedies weniger intensiven – Lebensgemeinschaft näher liegt
(BGB-RGRK/GRASSHOF § 1567 Rn 31). Außerdem erweist sich der Nachweis des Scheiterns in solchen Fällen häufig als besonders schwierig, weil angesichts eines nach
außen reduzierten Bestands an ehelicher Gemeinsamkeit der Nachweis des Wegfalls
der ehelichen Gesinnung überwiegend aus inneren Merkmalen zu führen ist. Schließlich aber übersieht die auf die Unmöglichkeit einer sich deutlich manifestierenden
häuslichen Trennung abstellende Ansicht das Motiv im inneren Tatbestandsmerkmal
des § 1567 Abs 1, die *Ablehnung der ehelichen Lebensgemeinschaft*. Richtigerweise
ist daher mit der wohl überwiegenden Ansicht auch auf Ehen ohne häusliche Gemeinschaft, insbesondere **auch auf Fehl- und Zweckehen § 1566 Abs 1 anzuwenden**. Die
Trennungsfrist kann in solchen Ehen noch nicht zu laufen beginnen, wenn die Ehegatten lediglich getrennt leben, da das innere Tatbestandsmerkmal der Motivation
für das Getrenntleben hinzutreten muß. Da im Gegensatz zu einer durchschnittlich
angelegten Ehe die Trennung in solchen Ehen aber nie von der Annahme begleitet
ist, daß ein Ehegatte die Trennung herbeigeführt hat, weil er die eheliche Lebensgemeinschaft ablehnt, kann das Trennungsjahr erst anlaufen, wenn ein Ehegatte ein
deutliches äußeres Zeichen für das innere Tatbestandsmerkmal Ablehnung der ehelichen Lebensgemeinschaft setzt; das muß nicht die Bekanntgabe des Scheidungswillens sein, denn auch der Verzicht auf die ansonsten bestehenden Gemeinsamkeiten (regelmäßige Treffen etc) kann diese innere Haltung manifestieren (dazu näher
§ 1567 Rn 93 ff). Spätestens aber mit der ernstlichen Kundgabe des Scheidungswillens
beginnt das die Vermutung auslösende Trennungsjahr (wie hier: ERMAN/DIECKMANN Rn 8;
JOHANNSEN/HENRICH/JAEGER Rn 4; SCHWAB/SCHWAB Rn 125; MünchKomm/WOLF Rn 8; BGB-
RGRK/GRASSHOF Rn 16).

3.   Übereinstimmende Anträge – Zustimmung

Die unwiderlegbare Vermutung des Abs 1 setzt voraus, daß **beide Ehegatten eine** **24**
einverständliche Scheidung beantragen oder der **Antragsgegner dem Antrag zustimmt.**

a)   Beiderseitige Scheidungsanträge

Beiderseitige Scheidungsanträge erfordern zwei **getrennte Antragsschriften**; eine ge- **25**
meinsame Antragsschrift beider Ehegatten ist unzulässig. Daraus ergibt sich, daß
jeder Ehegatte *anwaltlich vertreten* sein muß (§ 78 Abs 2 S 1 Nr 1 ZPO; JOHANNSEN/
HENRICH/JAEGER Rn 7; ERMAN/DIECKMANN Rn 11). Die Anträge müssen inhaltlich beide
auf eine einverständliche Scheidung gerichtet sein; nicht genügend ist insbesondere
das Zusammentreffen eines Antrags nach Abs 1 mit einem Antrag nach dem Grundtatbestand bzw § 1565 Abs 2 oder einem Antrag, der sich auf die Vermutung des
Abs 2 stützt (BRÜGGEMANN FamRZ 1978, 97; MünchKomm/WOLF Rn 10; BGB-RGRK/GRASS-
HOF Rn 19; aA SCHWAB/SCHWAB Teil II Rn 74 mit der unzutreffenden Begründung, die Vermutung
des Abs 1 sei bereits gegeben, wenn das Trennungsjahr festgestellt ist; ROLLAND Rn 4). Die Fragestellung ist allerdings von geringer Bedeutung, da zu dem übereinstimmenden Antrag
als zentrale materielle Voraussetzung der Vermutung des Abs 1 das Vorliegen einer

Einigung gemäß § 630 ZPO hinzutritt (dazu unten Rn 50 ff). Wenn beide Ehegatten eine Einigung nach § 630 ZPO zustandebringen, kann es schwerlich dazu kommen, daß der Antragsgegner die Scheidung aus einem anderen Nachweistatbestand gleichzeitig verfolgt (zutreffend JOHANNSEN/HENRICH/JAEGER Rn 9). Ausgeschlossen ist dies freilich nicht, da Scheidungsfolgenvereinbarungen auch für den Fall der streitigen Scheidung getroffen werden können; eine in allen Erfordernissen einer Einigung nach § 630 ZPO entsprechenden Vereinbarung wird allerdings bei unklarem Antrag des Antragsgegners eine Deutung im Sinne eines Antrags auf einverständliche Scheidung nach Abs 1 erlauben. Im Zweifel ist der Antragsgegner zu einer Klarstellung seines Antrags aufzufordern. Allerdings ist es denkbar, daß unterschiedliche Scheidungsanträge des Antragsgegners *nacheinander* (eventualiter) zusammentreffen. So kann der Antragsgegner von einer Scheidung aus dem Grundtatbestand übergehen zu einer einverständlichen Scheidung und umgekehrt. Die Begründetheit des auf die Vermutung des Abs 1 gestützten Antrags des Antragstellers hängt dann davon ab, daß im Zeitpunkt der letzten mündlichen Verhandlung eine Einigung nach § 630 ZPO besteht und der Antragsgegner diese als Grundlage seines Scheidungsantrag aufrechterhält.

b) Zeitpunkt der Stellung des Gegenantrags

26 Im **Zeitpunkt der Antragstellung** muß der übereinstimmende Gegenantrag noch nicht vorliegen. Es genügt, wenn der Antragsgegner seinen Antrag spätestens in der letzten mündlichen Verhandlung – ordnungsgemäß vertreten – zu Protokoll erklärt (§§ 608, 261 ZPO; JOHANNSEN/HENRICH/JAEGER Rn 7). Der auf Abs 1 gestützte Scheidungsantrag ist bereits schlüssig, wenn der die Vermutung begründende Tatbestand vorgetragen wird. Er ist allerdings unbegründet, wenn und solange der andere Ehegatte nicht zustimmt oder ebenfalls eine einverständliche Scheidung beantragt, aber auch, wenn der andere Ehegatte die Scheidung aus einem anderen Nachweistatbestand begehrt und deshalb über die Folgesachen nach § 630 ZPO keine Einigung zustande kommt. Geht der Antragsgegner von einem „streitigen Antrag" zu einer Vereinbarung nach § 630 ZPO über, so wird damit der zunächst unbegründete auf Abs 1 gestützte Antrag des Antragstellers begründet; beantragt der Antragsgegner in der letzten mündlichen Verhandlung eine „streitige" Scheidung oder eine solche aus Abs 2, so entzieht er ggf der vorher bestehenden Einigkeit die Grundlage (dazu näher unten Rn 40 ff).

c) Zustimmung

27 aa) Die alternativ genügende Zustimmung des Antragsgegners muß regelmäßig **ausdrücklich erklärt** werden (SOERGEL/HEINTZMANN Nachtrag Rn 9); ein schlüssiges Verhalten kann jedenfalls dann nicht dem eigenen Antrag gleichgestellt werden, wenn sich nicht unzweifelhaft aus diesem Verhalten der Scheidungswille ergibt. Es genügt insbesondere nicht die Erklärung, dem Scheidungsantrag nicht entgegenzutreten oder die Mitwirkung an einer Scheidungsfolgenvereinbarung iSd § 630 ZPO (OLG Stuttgart NJW 1979, 662; OLG Zweibrücken FamRZ 1990, 59; MünchKomm/WOLF Rn 25; ROLLAND Rn 5; PALANDT/DIEDERICHSEN Rn 4; BGB-RGRK/GRASSHOF Rn 21; JOHANNSEN/HENRICH/JAEGER Rn 12; SOERGEL/HEINTZMANN Rn 9; zu **Auslegung** und **Form** unten Rn 34 ff).

28 bb) Die Zustimmung unterliegt aber **nicht dem Anwaltszwang** (§ 630 Abs 2 S 2 ZPO; OLG München NJW-RR 1994, 201; MünchKomm/WOLF Rn 26; BAUMBACH/LAUTERBACH/ALBERS/ HARTMANN § 630 ZPO Rn 5; ZÖLLER/PHILIPPI § 630 ZPO Rn 8). Umgekehrt ist die Zustimmung keine höchstpersönliche Willenserklärung; auch der Anwalt des Antragsgegners kann sie in Vertretung des Mandanten erklären.

cc) Die **Motivation** für die Zustimmung ist unerheblich und daher vom Gericht **29** nicht zu erforschen. Die aus Gründen der Ersparnis von Anwaltskosten auch bei Scheidungswilligkeit des Antragsgegners in Betracht kommende Variante (bloßer) Zustimmung soll gerade auch dann eingreifen, wenn der Antragsgegner schützenswerte Interessen hat, die Scheidung nicht selbst zu beantragen. Der Antragsgegner, der sich zwar nicht selbst aus der Ehe lösen will, diese ggf auch nicht für gescheitert hält, aber den ernsthaften Scheidungswillen des Antragstellers erkennt und für unausweichlich hält, soll die Möglichkeit haben, an der Schaffung der Vermutung mitzuwirken und dadurch die Schonung der Privatsphäre seiner Ehe zu erreichen ohne seine gegen einen eigenen Scheidungsantrag sprechenden Motive überwinden zu müssen (vgl OLG Saarbrücken FamRZ 1992, 109: Zustimmung zu schonender Scheidung, die der Antragsgegner nicht will, der er sich aber nicht widersetzen zu können glaubt; BGB-RGRK/ GRASSHOF Rn 20; MünchKomm/WOLF Rn 16, 21).

d)   Natur der Zustimmung
Die Einordnung der Zustimmung als **Prozeßhandlung** oder als **materiellrechtliche Er-** **30** **klärung** ist umstritten.

aa)   Die hauptsächlichen Auswirkungen entfaltet die Zustimmung auf **verfahrensrechtlicher Ebene.** Sie führt – im Zusammenwirken mit dem übrigen Tatbestand des Abs 1 – zur Anwendung der Beweisregel des § 292 ZPO (BGB-RGRK/GRASSHOF Rn 23; MünchKomm/WOLF Rn 23); sie gestaltet hingegen nicht den materiellrechtlichen Scheidungsanspruch, da sie nicht Tatbestandsmerkmal eines Scheidungstatbestands, sondern nur **Nachweiselement** des Tatbestandsmerkmals des Scheiterns der Ehe ist. Selbst die weitergehenden *erbrechtlichen Auswirkungen* der Zustimmung zur Ehescheidung (§§ 1933, 2077 Abs 1) sind wiederum nicht unmittelbar auf die Zustimmung zurückzuführen, sondern beruhen auf der Begründetheit des Scheidungsantrags. Auch insoweit bewirkt die Zustimmung also keine materiellrechtliche Folge (zweifelnd BGB-RGRK/GRASSHOF Rn 23). Nach der Konzeption dieser Bestimmungen löst der Scheidungsanspruch noch nicht die erbrechtliche Folge aus, sondern erst seine Geltendmachung durch den Scheidungsantrag. Auch in §§ 1933, 2077 Abs 1 substituiert die Zustimmung lediglich den Antrag in dieser Funktion; deshalb löst auch nur die gegenüber dem Gericht erklärte Zustimmung die Rechtsfolgen der §§ 1933, 2077 aus (BGHZ 128, 125, 127). Daher ist die Zustimmung jedenfalls *auch* als **Prozeßhandlung** zu qualifizieren (BGHZ 111, 329 [zu § 1933]; BGHZ 128, 125, 127; BayObLG NJW-RR 1996, 650, 651; OLG Saarbrücken FamRZ 1992, 109, 112; OLG Zweibrücken NJW 1995, 601; ZÖLLER/PHILIPPI § 630 ZPO Rn 8; MünchKomm [ZPO]/KLAUSER § 630 ZPO Rn 9; MünchKomm/WOLF Rn 23; BGB-RGRK/GRASSHOF Rn 23; JOHANNSEN/HENRICH/JAEGER Rn 13; aA STEIN/JONAS/SCHLOSSER § 630 ZPO Rn 2; DAMRAU NJW 1977, 1169).

bb)   Ob daneben die Zustimmung **auch materiellrechtliche Willenserklärung** ist (so: **31** BayObLG NJW-RR 1996, 650, 651; OLG Saarbrücken FamRZ 1992, 109, 110; OLG Zweibrücken OLGZ 1983, 160, 161; JOHANNSEN/HENRICH/JAEGER Rn 13; ZÖLLER/PHILIPPI Rn 8; SCHWAB/ SCHWAB Teil II Rn 72; STEIN/JONAS/SCHLOSSER § 630 ZPO Rn 2; DAMRAU NJW 1977, 1169), erscheint fraglich, weil eine Gestaltung der materiellen Rechtslage nicht eintritt. Dennoch ist eine materiellrechtliche Wirkung zu bejahen: Die Zustimmung substituiert für Zwecke des Abs 1 den Antrag des Antragsgegners; dieser Antrag ist seinerseits Prozeßhandlung und materiellrechtliche Erklärung, wie sich aus § 1564 ergibt (dort Rn 46 ff). Insbesondere die materiellrechtliche Bedeutung des **Einverständnisses in die Scheidung**, die der Antrag iSd § 1564 in sich trägt, verkörpert auch die Zustimmung iSd Abs 1; die Zustimmung des Antragsgegners ist zwar nicht nur prozessual, sondern auch materiellrechtlich ein Minus zum Antrag, denn sie *gestaltet das Scheidungsrecht nicht*, sondern akzeptiert es nur; auch das aber ist Teil der materiellrechtlichen Bedeutung des Antrags im Tatbestand des § 1564.

Der Frage kommt jedoch keine praktische Bedeutung zu, da hinsichtlich des *Widerrufs* und der *Rücknahme* § 630 Abs 2 ZPO eine Sonderregelung trifft, welche die Zustimmung als Prozeßhandlung bis zum Schluß der mündlichen Verhandlung einer Willenserklärung annähert. Eine weitergehende Auflösung in eine materiellrechtlich zu behandelnde, frei widerrufliche Zustimmung und eine nach § 630 Abs 2 ZPO zu behandelnde Zustimmung als Prozeßhandlung (so KNIEBES DRiZ 1976, 327) kann dem Gesetz nicht entnommen werden; die Zustimmung unterliegt insoweit einheitlich § 630 Abs 2 ZPO (BGB-RGRK/GRASSHOF Rn 23). Die Einordnung könnte dann noch für *Willensmängel* relevant werden, die nicht bis zum Schluß der mündlichen Verhandlung erkannt werden, denn früher erkannte Willensmängel sind über einen Widerruf behebbar (BGB-RGRK/GRASSHOF Rn 23; MünchKomm/WOLF Rn 23). Insoweit aber kann kein Zweifel bestehen, daß eine Anfechtung der Zustimmung die Gestaltungswirkung des rechtskräftigen Urteils – vorbehaltlich der Beachtlichkeit des Willensmangels als *Wiederaufnahmegrund* (§ 580 ZPO) – nicht mehr beeinflussen könnte, so daß auch insoweit die Einordnung als (auch) materiellrechtliche Willenserklärung folgenlos bleibt.

32 cc) Auch eine **Überprüfung der Zustimmung auf Ernstlichkeit und Willensmängel** scheidet nicht aus, wenn man die Zustimmung lediglich als Prozeßhandlung versteht. Da die Zustimmung im Zusammenwirken mit den weiteren Elementen der einverständlichen Scheidung die Vermutung des Scheiterns der Ehe begründet, wirken die eheerhaltenden verfahrensrechtlichen Kautelen insoweit auch auf die einverständliche Scheidung ein, als die **Voraussetzungen der Vermutung** festzustellen sind. Abs 1 enthebt das Gericht nur der Prüfung des Scheiterns, formalisiert aber die Scheidung nicht noch weitergehend dahin, daß auch die Voraussetzungen der Scheiternsvermutung nur formell vorliegen müßten. Auch die Zustimmung ist daher nach § 616 Abs 1, 2 ZPO von Amts wegen auf **Freiheit von Drohung und Zwang** zu überprüfen (SOERGEL/ HEINTZMANN Rn 10; JOHANNSEN/HENRICH/JAEGER Rn 11; GERNHUBER/COESTER-WALTJEN § 27 III 6; zweifelnd BGB-RGRK/GRASSHOF Rn 24; **aA** MünchKomm/WOLF Rn 16 Fn 92, der allerdings die Freiheit von Zwang und Täuschung ebenso behandelt wie die Motivationslage [dazu oben Rn 29]) und eine insoweit mangelhafte Zustimmung nicht zur Grundlage der Entscheidung zu machen. Im übrigen ist es schon aufgrund der fehlenden Bindung des Antragsgegners an die einmal erteilte Zustimmung anläßlich der Anhörung der Ehegatten in der mündlichen Verhandlung geboten, daß sich das Gericht vergewissert, ob die Zustimmung fortdauert (ZÖLLER/PHILIPPI § 630 ZPO Rn 8). Eine Überprüfung auf „Ernsthaftigkeit" kann nur die Ernstlichkeit der Erklärung erfassen; die *Motive* und die darauf gründenden Elemente der Willensbildung sind unerheblich (GERN-HUBER/COESTER-WALTJEN § 27 III 6; oben Rn 29).

e) Prozeßfähigkeit

Für die Zustimmung ist Prozeßfähigkeit des Antragsgegners erforderlich. Insoweit **33**
gilt § 607 Abs 1 ZPO; der in der *Geschäftsfähigkeit beschränkte Ehegatte* ist prozeßfähig und kann daher die Zustimmung als Prozeßhandlung selbst erklären (STEIN/
JONAS/SCHLOSSER § 630 ZPO Rn 2; MünchKomm/WOLF Rn 27). Für den prozeßunfähigen
Ehegatten kann der gesetzliche Vertreter die Zustimmung zur Scheidung (nur) mit
Zustimmung des Vormundschaftsgerichts abgeben; § 607 Abs 2 S 2 ZPO ist insoweit
entsprechend anzuwenden, denn die Zustimmung substituiert in Abs 1 als Verfah-
renshandlung den eigenen Scheidungsantrag des Antragsgegners. Hingegen ist eine
weitergehende Beschränkung, insbesondere ein Ausschluß der einverständlichen
Scheidung in diesem Fall nicht geboten (MünchKomm/WOLF Rn 27). Formell folgt
dies aus der Zulassung des Scheidungsantrags des Geschäftsunfähigen, zu dem die
Zustimmung inhaltlich ein Minus darstellt. Den *Interessen* des Geschäftsunfähigen
wird häufig dadurch gedient sein, daß über den Weg einer einverständlichen Scheidung der Nachweis des Scheiterns der Ehe, für das nicht selten die zur Geschäfts-
unfähigkeit führenden Gründe ursächlich sein dürften, vermieden wird und dadurch
die persönliche Würde des Antragsgegners nicht belastet wird.

f) Abgabe der Zustimmung

Fraglich ist, welche Folgerungen für die Abgabe der Zustimmung aus der Einord- **34**
nung als (auch) Prozeßhandlung zu ziehen sind (kritisch zu einer Lösung praktischer Fragen
aus der dogmatischen Einordnung: JOHANNSEN/HENRICH/JAEGER Rn 13 aE).

aa) Inhaltlich muß die Erklärung nicht einem Scheidungsantrag entsprechen; der
Zweck der Zulassung der bloßen Zustimmung führt dazu, die schlichte Zustimmung
(„Ich stimme der Scheidung meiner Ehe mit dem Antragsteller zu") genügen zu
lassen (MünchKomm/WOLF Rn 22). Für die **Auslegung** gelten die Grundsätze über die
Auslegung von privatrechtlichen Willenserklärungen. Daher kann die Erklärung „ich
möchte grundsätzlich nicht geschieden werden, sehe aber ein, daß ich mich gegen
eine Scheidung nicht wehren kann" die Zustimmung bedeuten, wenn sich unter
Berücksichtigung der Prozeßgeschichte ergibt, daß damit der Antragsgegner den
Weg zu einer schonenden Scheidung und Behandlung der Scheidungsfolgen freima-
chen wollte (OLG Saarbrücken FamRZ 1992, 109). Auch die Formulierung der Zustimmung im Futur kann als wirksame Zustimmung auszulegen sein, wenn bereits eine
endgültige Entscheidung des Zustimmenden deutlich wird, die Ehe als gescheitert
anzusehen und daher die Zustimmung zur Ehescheidung in der erwarteten mündlichen Verhandlung als sicher angekündigt wird (BayObLG NJW-RR 1996, 650; OLG
Stuttgart OLGZ 1993, 263, 265). Die Erklärung, einen eigenen Scheidungsantrag zu
stellen, kann als Zustimmung auszulegen sein, selbst wenn sie als eigener Scheidungsantrag nicht mehr wirksam wird (OLG Zweibrücken NJW 1995, 601: Tod des Antragstellers).

bb) Die Zustimmung ist **gegenüber dem Gericht**, nicht gegenüber dem Antragsteller **35**
zu erklären. Die Erklärung der Zustimmung gegenüber dem Antragsteller löst nicht
die Rechtsfolge des § 1566 aus (BGHZ 128, 125, 127) und bewirkt auch **keine materiellrechtliche Verpflichtung**, die Zustimmung gegenüber dem Gericht zu erklären. Eine
solche Verpflichtung wäre nichtig gemäß § 134 iVm § 630 Abs 2 S 1 ZPO; die Widerruflichkeit bis zum Schluß der mündlichen Verhandlung ist als eheerhaltendes verfahrensrechtliches Element unverzichtbar.

36 cc) Die **Form der Abgabe** kann gemäß § 630 Abs 2 S 2 ZPO zu Protokoll der Geschäftsstelle eines jeden Amtsgerichts (§ 129 a ZPO; MünchKomm[ZPO]/KLAUSER § 630 ZPO Rn 9; ZÖLLER/PHILIPPI § 630 ZPO Rn 8) oder in der mündlichen Verhandlung zur Niederschrift des Gerichts erfolgen (BayObLG FamRZ 1983, 97; OLG Zweibrücken OLGZ 1983, 160 f; OLG Saarbrücken FamRZ 1992, 109, 110), wobei die Verletzung der Form des § 162 Abs 1 S 3 ZPO nicht zur Unwirksamkeit führt (OLG Saarbrücken FamRZ 1992, 109, 110). Dies schließt nicht die Abgabe in **Anwaltsschriftsätzen** aus, denn die Zustimmung wird durch § 630 Abs 2 S 2 ZPO nur vom Anwaltszwang befreit, aber nicht zur höchstpersönlichen Erklärung (BayObLG NJW-RR 1996, 650, 651; OLG Frankfurt OLGZ 1990, 215; MünchKomm/WOLF Rn 24; BGB-RGRK/GRASSHOF Rn 25; BAUMBACH/LAUTERBACH/ALBERS/HARTMANN § 630 ZPO Rn 5).

37 dd) Strittig ist, ob die Einhaltung der nach § 630 Abs 2 S 2 ZPO zulässigen Formen ausnahmslos geboten ist, oder ob die Zustimmung auch durch eine **Erklärung in anderer Form**, etwa in einer notariellen Urkunde (insbes einer vollstreckbaren Urkunde über die Scheidungsfolgenvereinbarungen gemäß § 630 Abs 3 ZPO), die dem Gericht vorgelegt wird, möglich ist. Angesichts der Wiederholbarkeit und der Widerruflichkeit der Zustimmung im schwebenden Scheidungsverfahren wird diese Frage vor allem dann praktisch bedeutsam, wenn die Wirksamkeit der Zustimmung für Zwecke der §§ 1933, 2077 zu beurteilen ist, sei es, daß der Zustimmende verstorben ist (vgl OLG Zweibrücken NJW 1995, 601; zum Verständnis der Zustimmung nach § 1933 bzw § 2077 als prozessuale Zustimmung iSd § 630 ZPO vgl BGHZ 111, 329; OLG Saarbrücken FamRZ 1992, 109, 110; OLG Stuttgart OLGZ 1993, 263, 264; hingegen für strengere Anforderungen an die Zustimmung in § 1933: MünchKomm/LEIPOLD § 1933 Rn 7), sei es, daß der Antragsteller verstorben ist, jedoch die Zustimmung des Überlebenden die Vermutung des § 1566 Abs 1 auslösen würde (vgl BGHZ 128, 125).

Eine Beschränkung auf die Formen des § 630 Abs 2 S 2 ZPO (so OLG Zweibrücken OLGZ 1983, 160; BGB-RGRK/GRASSHOF Rn 25; wohl auch MünchKomm[ZPO]/KLAUSER § 630 Rn 9) liefe auf die **Alternative zwischen Höchstpersönlichkeit und Anwaltszwang** hinaus, die weder aus der Natur als Prozeßhandlung folgt noch wegen der Bedeutung der Zustimmung geboten ist. Der BGH hat zu einer vom überlebenden Ehegatten in einer Unterhaltsvereinbarung – nicht aber gegenüber dem Familiengericht erklärten – Zustimmung geäußert, einer außergerichtlichen Zustimmung komme keine endgültig bindende Wirkung zu (BGHZ 128, 125, 127). Dies muß nicht zwingend dahin verstanden werden, eine solche Zustimmung sei aus Formgründen unwirksam. Der BGH meint wohl nur den *Adressaten* der Erklärung (der BGH aaO bezieht sich ua auf Rn 27 der Voraufl, wo das Gericht als Adressat genannt ist, ohne gegen Rn 29, wo die hier erörterte Formfrage angesprochen ist, abzugrenzen). Das schließt aber eine außergerichtliche *Abgabe der Erklärung* nicht aus.

Die **Zustimmung** kann daher in jeder Form, **auch außergerichtlich** erfolgen, muß aber mit Willen des Antragsgegners dem Gericht vorgelegt werden (SOERGEL/HEINTZMANN Nachtrag Rn 9; BayObLG FamRZ 1983, 46; OLG Saarbrücken FamRZ 1992, 109, 111; OLG Stuttgart OLGZ 1993, 263, 264: Parteischriftsatz; wohl auch OLG Frankfurt OLGZ 1990, 215, zu entscheiden war dort nur über die Zustimmung durch Anwaltsschriftsatz; **aA**: OLG Zweibrücken OLGZ 1983, 160, 161). Die Feststellung des Vorliegens der Zustimmung unterliegt – wie die Auslegung – der freien Beweiswürdigung (OLG Saarbrücken FamRZ 1992, 109, 111); die formellen Möglichkeiten werden allerdings durch die Prüfungspflicht des Gerichts

eingegrenzt. Ist die Zustimmung nicht *schriftlich verkörpert*, so scheidet eine Überprüfung auf Ernstlichkeit aus; ist sie nicht vor einer unparteiischen Urkundsperson
abgegeben, so werden häufig Zweifel insbesondere an der Freiwilligkeit nicht ausschließbar sein, so daß dann das Gericht den Antragsgegner anhören und auf eine
Wiederholung der Zustimmung in der mündlichen Verhandlung hinwirken muß
(Baumbach/Lauterbach/Albers/Hartmann § 630 ZPO Rn 5; Stein/Jonas/Schlosser § 630
ZPO Rn 2; Rolland Rn 5a; Johannsen/Henrich/Jaeger Rn 11).

ee) Strittig ist weiter, zu welchem **Zeitpunkt** die Zustimmung frühestens erklärt **38**
werden kann. Der BGH hat passim geäußert, die Zustimmung setze **Rechtshängigkeit
des Scheidungsantrags** voraus (BGHZ 111, 329 zu § 1933; entscheidungserheblich war die Frage,
ob der eigene Scheidungsantrag des Erblassers lediglich vor seinem Tod eingereicht, oder – wie der
BGH annimmt – auch zugestellt sein muß). Folgt man dem, so scheiden alle Erklärungen
aus, die in Vorbereitung eines *später nicht zugestellten* Scheidungsantrags beurkundet
wurden.

Fraglich ist, ob damit die **Abgabe der Zustimmung vor Antragstellung** ausgeschlossen
ist. § 630 Abs 1 Nr 1 ZPO, der die Mitteilung in der Antragsschrift verlangt, daß der
andere Ehegatte der Scheidung zustimmen *wird*, führt nicht zwingend zu dieser
Auslegung (so aber Soergel/Heintzmann Nachtrag Rn 9), denn dieser Formulierung liegt
lediglich die Wertung zugrunde, daß die Zustimmung als Prozeßhandlung erst im
Verfahren wirkt; dennoch kann die vorab erklärte, selbst in Futur formulierte Zu-
stimmungsbereitschaft bereits Zustimmung sein (zur Auslegung oben Rn 34). Der BGH
betont eine enge Auslegung des § 1933, was der Beantwortung der im Grunde scheidungsverfahrensrechtlich zu beantwortenden Frage nach dem Zeitpunkt der Zustimmung zur Ehescheidung nicht unbedingt förderlich ist. Entscheidend sollte der
Zweck sein, für das Gericht und den Prozeßgegner klare und eindeutige Verhältnisse
zu schaffen. Dies dürfte jedenfalls eine Abgabe im *Prozeßkostenhilfeverfahren* nicht
ausschließen, weil hier die Erklärung als vorsorglich vorweg erklärte Prozeßhandlung
verstanden werden kann (ebenso OLG Zweibrücken NJW 1995, 601; zur Wirksamkeit der
Zustimmung in einem anderen, nicht rechtskräftig abgeschlossenen Verfahren: BGH NJW 1995,
2119; OLG Saarbrücken FamRZ 1992, 109, 111; offen gelassen von BayObLG NJW-RR 1996,
650, 651). Auch eine in Vorbereitung eines Scheidungsantrags beurkundete und sodann mit Willen des Zustimmenden dem Gericht vorgelegte Vereinbarung nach
§ 630 Abs 3 ZPO kann die Zustimmung enthalten. Maßgeblich ist jedoch in allen
diesen Fällen, daß sodann der Scheidungsantrag rechtshängig wird. Ein Erfordernis
zwingender Wiederholung nach Rechtshängigkeit des Scheidungsantrags wäre eine
sinnlose Förmelei – wenn der Zustimmende verstorben ist, würde es sogar den wirklichen Willen des Zustimmenden verkehren.

ff) Die Zustimmung kann noch in der **Revisionsinstanz** erklärt werden (Baumbach/ **39**
Lauterbach/Albers/Hartmann § 561 ZPO Rn 11; MünchKomm/Wolf Rn 26; zweifelnd BGB-
RGRK/Grasshof Rn 25 [wohl nur Berufungsinstanz]; ebenso Rolland § 630 ZPO Rn 14). Aus
der Zustimmung ergibt sich kein neuer überprüfungsbedürftiger Tatbestand, so daß
§ 561 ZPO einer Verwertung als nachträglich entstandene Tatsache nicht entgegensteht (Baumbach/Lauterbach/Albers/Hartmann aaO). In diesem Zusammenhang ist
nicht die *Zustimmung* als Tatsache iSd § 561 ZPO zu werten, da sie weder Vortrag
des Antragstellers (Vortrag ist nur die Behauptung in der Antragsschrift, der Antragsgegner werde der Scheidung zustimmen) noch des Antragsgegners, sondern eine

Prozeßhandlung des Antragsgegners beinhaltet. Tatsache ist das *Scheitern der Ehe*, das – sofern die anderen Voraussetzungen des Abs 1 in der Tatsacheninstanz festgestellt sind (MünchKomm/WOLF Rn 26) – bei Hinzutreten der Zustimmung eines Nachweises nicht mehr bedarf.

g) Widerruf der Zustimmung

40 aa) Der **Widerruf der Zustimmung** ist in § 630 Abs 2 S 1 ZPO ausdrücklich geregelt. Er kann ohne jede weitere Voraussetzung bis zum Schluß der letzten mündlichen Verhandlung erfolgen (BAUMBACH/LAUTERBACH/ALBERS/HARTMANN § 630 ZPO Rn 5; Münch-Komm[ZPO]/KLAUSER § 630 ZPO Rn 11; BGB-RGRK/GRASSHOF Rn 26; JOHANNSEN/HENRICH/ JAEGER Rn 14; MünchKomm/WOLF Rn 28; GERNHUBER/COESTER-WALTJEN § 27 III 5). Das gilt nicht nur für die erste Instanz; auch in der Berufungs- und Revisionsinstanz kann die Zustimmung widerrufen werden; der Antragsgegner kann auch Rechtsmittel nur mit dem Ziel einlegen, die Zustimmung zu widerrufen (BGHZ 89, 325 [Berufung]; ZÖLLER/ PHILIPPI § 630 ZPO Rn 9, § 629 a ZPO Rn 3; MünchKomm/WOLF Rn 29; BGB-RGRK/GRASSHOF Rn 28), so daß insbesondere auch nach Schluß der mündlichen Verhandlung vor dem Familiengericht erkannte Willensmängel (nur) durch Rechtsmitteleinlegung und Widerruf im Rechtsmittelzug behoben werden können (JOHANNSEN/HENRICH/JAEGER Rn 14).

41 bb) Der **Widerruf ist Prozeßhandlung** und unterliegt hinsichtlich *Form* und *Adressat* denselben Regeln wie die Zustimmung (dazu oben Rn 27 ff; OLG Saarbrücken FamRZ 1992, 112; MünchKomm/WOLF Rn 29; ZÖLLER/PHILIPPI Rn 8). Daher ist der Widerruf außergerichtlich nur möglich, wenn er dem Gericht vorgelegt wird (JOHANNSEN/HENRICH/JAEGER Rn 14; MünchKomm/WOLF Rn 29). Ein schlüssiges Handeln genügt für den Widerruf ebensowenig wie für die Zustimmung (OLG Saarbrücken FamRZ 1992, 112). Auch Art 6 Abs 1 GG gebietet nicht, im Interesse des Erhalts der Ehe für den Widerruf Schlüssigkeit genügen zu lassen (**aA** SOERGEL/HEINTZMANN Rn 12); nach erklärter Zustimmung sind auch die Interessen des Antragstellers und die einer geordneten Rechtspflege beachtlich. Das Gericht muß nicht nach Anhaltspunkten für einen Widerruf forschen (JOHANNSEN/HENRICH/JAEGER Rn 14), der Antragsteller muß sich darauf verlassen können, daß eine ausdrücklich erklärte Zustimmung Bestand hat, solange sie nicht ebenso ausdrücklich widerrufen wird und dem Antragsgegner ist es bei Sinneswandel oder Erkennen von Willensmängeln zumutbar, sich klar zu entscheiden.

42 cc) Eine **Überprüfung der Motive** für den Widerruf findet nicht statt. Zwar dient die Widerrufsmöglichkeit nach dem Willen des Gesetzgebers der Erhaltung der Ehe. Der Widerruf ist aber auch dann nicht unwirksam, wenn er aus sachfremden oder unlauteren Motiven erfolgt, etwa aus Haß gegen den Antragsteller oder um diesen bloßzustellen, indem er dazu gezwungen wird, für den Grundtatbestand die eigene Eheverfehlung vorzutragen. Auch der Einwand des **Rechtsmißbrauchs** dürfte ausscheiden, wenngleich der Gebrauch des Widerrufsrechts zu zweckfremden Zielen gerade nicht durch die Motivation des § 1564 BGB gedeckt ist (so aber BGB-RGRK/ GRASSHOF Rn 27; MünchKomm/WOLF Rn 29). Der Antragsteller kann aber in Hinblick auf § 630 Abs 2 S 1 ZPO kein schützenswertes Vertrauen aufbauen, weil nach der Konzeption des Gesetzes der Widerruf gerade unabhängig von Gründen zugelassen ist (ähnlich SCHWAB/SCHWAB Teil II Rn 73); überdies sollte im Interesse des Schutzes ernsthaft eheerhaltend gewollter Widerrufe eine Auseinandersetzung über die Lauterkeit der Motive generell ausgeschlosssen werden.

Ebenso scheidet ein **Verzicht** auf das Widerrufsrecht aus denselben Gründen aus wie die Verpflichtung zur Zustimmung (vgl oben Rn 35; JOHANNSEN/HENRICH/JAEGER Rn 16; BGB-RGRK/GRASSHOF Rn 27; GERNHUBER/COESTER-WALTJEN § 27 III 5).

dd) Mit wirksamem Widerruf wird der **auf Abs 1 gestützte Scheidungsantrag unbe-** 43 **gründet.** Der Antrag ist abzuweisen, sofern nicht der Antragsteller in anderer Weise das Scheitern der Ehe schlüssig vorträgt. In Betracht kommt der positive Nachweis des Scheiterns oder die Vermutung des Abs 2 (MünchKomm/WOLF Rn 28; JOHANNSEN/ HENRICH/JAEGER Rn 17).

h)   Widerruf bei eigenem Scheidungsantrag
aa)   Strittig ist, ob der Antragsgegner die **Wirkungen eines eigenen Scheidungsantrags** 44 für Abs 1, also die Ermöglichung der Vermutung des Scheiterns aufgrund einverständlicher Antragstellung ebenfalls durch freien Widerruf analog § 630 Abs 2 S 1 ZPO beseitigen kann (so: SCHWAB/SCHWAB Teil II Rn 75; STEIN/JONAS/SCHLOSSER § 630 ZPO Rn 10; ZÖLLER/PHILIPPI § 630 ZPO Rn 10; MünchKomm[ZPO]/KLAUSER § 630 ZPO Rn 11; JO-HANNSEN/HENRICH/JAEGER Rn 15), oder ob die Rücknahme des Antrags dem *Anwalts-zwang* unterliegt, nach *§ 269 Abs 1 ZPO* zu beurteilen ist und eine Rücknahme ohne diese Voraussetzungen prozessual unwirksam ist, so daß der nicht prozessual wirksam zurückgenommene Antrag weiter Grundlage für eine einverständliche Scheidung nach Abs 1 bleibt (ROLLAND Rn 5; MünchKomm/WOLF Rn 20).

bb)   Der erstgenannten Ansicht ist zu folgen, für die zweite Ansicht spricht **nur** 45 **scheinbar die verfahrensrechtliche** Konsequenz. Der Antrag kann zwar als *Prozeß-handlung* nur durch den anwaltlich vertretenen Antragsteller und mit Zustimmung des anderen Ehegatten (§ 269 Abs 1 ZPO) zurückgenommen werden. Wegen § 1564 hat der Antrag aber auch eine *materiellrechtliche Funktion*. Die Ehe darf nicht auf einen Antrag hin geschieden werden, wenn nicht im Zeitpunkt der letzten mündlichen Verhandlung der Antragsteller die Scheidung weiter verfolgt (vgl § 1564 Rn 52). Ebenso verhält es sich für § 1566 Abs 1; zwar sind Antrag und Zustimmung auch insoweit Prozeßhandlungen, doch enthalten beide das materiellrechtliche Element des Einverständnisses mit der Scheidung. So, wie § 1564 eine Scheidung materiell-rechtlich nur zuläßt, wenn der Antragsteller dieses materielle Einverständnis bis zur letzten mündlichen Verhandlung aufrecht erhält, kann auch § 1566 Abs 1 nur Basis einer „einverständlichen" Scheidung sein, wenn das materielle Einverständnis fort-besteht. Aufgrund dieses Verhältnisses von Zustimmung und Antrag im materiellen Sinn kann auch der *Ausnahmecharakter* der Regelung in § 630 Abs 2 S 1 ZPO nicht für die rein prozessuale Behandlung der Antragsrücknahme sprechen (so aber Münch-Komm/WOLF Rn 20). Wenn nämlich die Zustimmung als materielles Minus zum Antrag dessen Einverständnisgehalt in die Scheidung umfaßt, kann das Verständnis des § 630 Abs 2 S 1 ZPO als Ausnahme nur dazu führen, daß der Antrag als *Prozeßhandlung* nicht der Sonderregelung unterliegt, wohl aber der Antrag als *Einverständniserklärung.* Letztlich ist eine entsprechende Anwendung von § 630 Abs 2 S 1 ZPO auf die Antragsrücknahme für Zwecke des § 1566 Abs 1 auch allein interessengerecht. Die Bestimmung soll die einverständliche Scheidung vom bis zur letzten mündlichen Verhandlung *freien Willen der Ehegatten* abhängig machen; eine prozessuale Bindung des selbst einen Antrag stellenden Antragsgegners würde dem zuwiderlaufen, selbst wenn dieser verfahrensrechtlich in den Verzicht auf seinen Antrag (§ 306 ZPO; dazu MünchKomm/Wolf Rn 20) fliehen könnte. Im Ergebnis führt also eine prozessual wirkungslose „Antragsrücknahme" in gleicher Weise und unter gleichen Voraussetzungen wie der Widerruf der Zustimmung zum Wegfall der Scheiternsvermutung des Abs 1.

i) Widerruf und Folgesachenvereinbarung

46 **aa)** Strittig ist auch, welche **Wirkungen** ein Widerruf der Zustimmung auf eine bereits abgeschlossene **Scheidungsfolgenvereinbarung** iSd § 630 Abs 1 ZPO hat. Der Widerruf macht nicht schlechthin alle Vorschläge und Vereinbarungen über Scheidungsfolgen analog § 630 Abs 2 S 1 ZPO wirkungslos (zu weit formuliert daher wohl Rolland § 630 Rn 15 [„obsolet"]; ähnlich Baumbach/Lauterbach/Albers/Hartmann § 630 ZPO Rn 2). Es gelten vielmehr allgemeine Grundsätze der Rechtsgeschäftslehre, da die Scheidungsfolgenvereinbarung grundsätzlich rechtsgeschäftlicher Natur ist. Insbesondere kann die Vereinbarung nach § 630 Abs 1 ZPO ausdrücklich oder auch stillschweigend im Sinne einer **Bedingung** nur für den Fall geschlossen sein, daß die Ehe einverständlich geschieden wird (MünchKomm/Wolf Rn 30; Zöller/Philippi § 630 ZPO Rn 11), was derjenige zu *beweisen* hat, der sich auf die Unwirksamkeit beruft (Soergel/Heintzmann Rn 14). In Betracht kommt wohl zumeist ein **Wegfall der Geschäftsgrundlage** für die Scheidungsfolgenvereinbarungen, wenn die Zustimmung widerrufen wird und diese Zustimmung Geschäftsgrundlage war (OLG Hamburg FamRZ 1981, 968; BGB-RGRK/Grasshof Rn 29; MünchKomm/Wolf Rn 30; Johannsen/Henrich/Sedemund-Treiber § 630 ZPO Rn 11). Andererseits bleiben Scheidungsfolgenvereinbarungen wirksam, wenn sich ergibt, daß diese schlechthin für den Fall der Scheidung geschlossen werden sollten (Zöller/Philippi § 630 ZPO Rn 11).

47 **bb)** Erst recht scheidet ein auf § 630 Abs 2 S 1 ZPO gestützter **isolierter freier Widerruf der Vereinbarung** nach § 630 Abs 1 ZPO in Fällen aus, in denen die **Zustimmung nicht widerrufen** wird (BGB-RGRK/Grasshof Rn 29; MünchKomm/Wolf Rn 30; Johannsen/Henrich/Sedemund-Treiber § 630 ZPO Rn 11; **aA**: AG Berlin-Charlottenburg FamRZ 1981, 788; Damrau NJW 1977, 1172; Zöller/Philippi § 630 Rn 11). Die freie Widerruflichkeit der für die einverständliche Scheidung geschlossenen Scheidungsfolgenvereinbarung kann allenfalls als Reflex des Widerrufs der nach § 630 Abs 2 S 1 ZPO freien Zustimmung verstanden werden; nur in diesem Umfang könnte deren Widerruf zulässig sein (vgl oben Rn 46). Eine freie Widerrufsmöglichkeit ohne Widerruf der Zustimmung zur Scheidung würde das Zweckverhältnis zwischen Zustimmung und Vereinbarung iSd § 630 Abs 1 ZPO stören: Die einverständliche Scheidung wird gerade deshalb erleichtert, weil die Ehegatten durch die Einigung zur Streitvermeidung in Folgesachen beitragen, nicht aber, weil sie beide geschieden werden wollen. Der Fortbestand des Scheidungswillens bei Wegfall der Vereinbarung verdient nicht mehr die Bevorzugung durch den Nachweistatbestand des Abs 1.

48 **cc)** Spannungen ergeben sich in Hinblick auf das **Kindeswohl**, wenn ein Ehegatte im Verfahren die Einigung nach **§ 630 Abs 1 Nr 2 ZPO isoliert widerrufen** möchte. Verbreitet wurde zur **Rechtslage vor Inkrafttreten des KindRG** argumentiert, der *gemeinsame Vorschlag für die Sorgerechts- und Umgangsregelung* (§ 630 Abs 1 Nr 2 ZPO aF) sei frei widerruflich (OLG Hamm FamRZ 1989, 656; OLG Zweibrücken NJW-RR 1986, 1330; Kropholler NJW 1984, 271; Zöller/Philippi § 630 ZPO Rn 11); das folgt jedenfalls nicht aus der freien Widerruflichkeit der Zustimmung zur *Scheidung*, da der Sorgerechtsvorschlag dazu nur Annex ist; die freie Widerruflichkeit ergab sich damals auch nicht aus der Natur der Sorgerechtseinigung als das *Gericht nicht bindender* (§ 1671 Abs 3 aF) bloßer Vorschlag. Im Interesse des Kindeswohls hatte aber das Gericht im Rahmen seiner Entscheidung nach § 1671 aF alle Umstände zu berücksichtigen, die gegen den ursprünglichen gemeinsamen Vorschlag sprachen; hierzu gehörte auch in besonderem Maße der spätere Wegfall des Einverständnisses, weil sich hierin Umstände erweisen konnten, die gegen die ursprünglich angestrebte Regelung sprechen (OLG Düsseldorf FamRZ 1983, 294). Zusammenfassend war also die Einigung zwar nicht isoliert widerruflich, das Gericht konnte aber die Meinungsänderung eines der Ehegatten in seiner Sorgerechtsentscheidung angemessen berücksichtigen.

Die **Rechtslage nach dem KindRG** stellt sich anders dar: Sowohl die Erklärung, daß Sorgerechtsanträge nicht gestellt werden, als auch der Sorgerechtsantrag mit Zustimmung des Antragsgegners (§ 630 Abs 1 Nr 2 ZPO) binden das Gericht: Scheidet das Gericht die Ehe auf der Grundlage der Einigung nach § 630 ZPO, so kann es bis zur Grenze der Gefährdung des Kindeswohls (§ 1671 Abs 3, 1666; vgl auch § 623 Abs 3 ZPO) nicht von der Sorgerechtseinigung abweichen, weil entweder ein Antrag fehlt oder das Gericht an den übereinstimmenden Antrag gebunden ist (vgl § 1671 Abs 2 Nr 1).

Damit kann nunmehr dem Kindeswohl nicht mehr dadurch entsprochen werden, daß das Gericht in sorgsamer Prüfung die Meinungsänderung eines Ehegatten als Gesichtspunkt bewertet, der gegen die formell noch wirksame Einigung spricht (so zur früheren Rechtslage OLG Düsseldorf FamRZ 1983, 294; OLG Zweibrücken NJW-RR 1986, 1330).

Gerade weil aber die Einigung der Ehegatten über das Sorgerecht in einer der Alternativen des § 630 Abs 1 Nr 2 ZPO nicht mehr nur die Qualität eines Vorschlags an das Gericht hat, sondern *Grundlage der weiteren Sorgerechtshandhabung* ist, bedeutet eine Bindung an eine vom Gericht nicht mehr korrigierbare und von einem Ehegatten nicht mehr gewollte Einigung zum Sorgerecht eine Verletzung des Kindeswohls. Diese Spannung kann nur dadurch aufgelöst werden, daß bei Widerruf der Einigung nach § 630 Abs 1 Nr 2 ZPO der gesamten einverständlichen Scheidung die Grundlage entzogen wird. Das gilt auch, wenn die Einigung auf einen Sorgerechtsantrag gerichtet war, denn auch insoweit ist das Gericht nicht mehr frei, sondern nach Maßgabe von § 1671 Abs 2 Nr 1 gebunden. Es scheidet damit die Möglichkeit aus, daß die Ehegatten einverständlich nach §§ 1566 Abs 1 iVm § 630 ZPO geschieden werden, sich aber über die elterliche Sorge nicht (mehr) einig sind. Die Ehe muß dann ggf nach § 1565 geschieden werden, wobei einer oder beide Ehegatten ihre Sorgerechtsvorstellungen durch einen Antrag nach § 1671 Abs 1 verfolgen können.

4. Inhalt des Scheidungsantrags

a) Die Antragsschrift bzw beide Antragsschriften müssen immer den **Erfordernis-** **49** **sen des § 622 Abs 1 ZPO** genügen; insofern ergab sich keine Besonderheiten (Zöller/Philippi § 630 ZPO Rn 4; MünchKomm/Wolf Rn 11).

b) Hinzu kommen für einen auf Abs 1 gestützten Antrag zusätzliche Erforder- **50** nisse, die sich aus **§ 630 Abs 1 ZPO** ergeben (vgl § 622 Abs 2 S 1 ZPO). Es ist ausreichend, wenn diese Erfordernisse in **einer Antragsschrift** erfüllt sind und sich die andere Antragsschrift darauf bezieht (DIEDERICHSEN ZZP 1978, 426; ROLLAND Rn 4; MünchKomm/WOLF Rn 11; MünchKomm[ZPO]/KLAUSER § 630 ZPO Rn 9). Die Bedingungen können alle noch im Laufe des Verfahrens geschaffen werden; sie müssen erst im Zeitpunkt der letzten mündlichen Verhandlung vorliegen, so daß insbesondere in weiteren Schriftsätzen die nach § 630 Abs 1 ZPO erforderlichen Elemente nachgetragen werden können (MünchKomm/WOLF Rn 11; zur Auswirkung des Fehlens dieser Angaben in der Antragsschrift auf § 1933 BGB vgl einerseits OLG Frankfurt/Main OLGZ 1990, 218 f [dennoch Entfall des Ehegattenerbrechts], andererseits OLG Schleswig NJW 1993, 1082 [§ 1933 nur bei vollständiger Antragsschrift]). Zur Wahrung der Erfordernisse des § 630 ZPO können **Antragsformulare** verwendet werden (OLG Karlsruhe FamRZ 1984, 1231; MünchKomm/WOLF Rn 10). Ist ein solches Formular unvollständig ausgefüllt, so ist es – wie jede Antragsschrift – daraufhin zu prüfen, ob den gesetzlichen Erfordernissen dennoch genügt ist. Ggf hat das Gericht vor Abweisung der Klage auf Unvollständigkeiten hinzuweisen (MünchKomm/WOLF Rn 10; BAUMBACH/LAUTERBACH/ALBERS/HARTMANN § 630 ZPO Rn 4; OLG Celle FamRZ 1978, 725; zu den Folgen, wenn Mängel nicht behoben werden und keine Umstellung auf einen Antrag auf streitige Scheidung erfolgt unten Rn 61).

51 c) Erforderlich ist im einzelnen:
aa) Die **Mitteilung**, daß der andere Ehegatte der Scheidung zustimmen oder in gleicher Weise die Scheidung beantragen wird; ohne diese Mitteilung kann das Gericht das Verfahren nicht als einverständliche Scheidung verstehen und führen. Auch diese Mitteilung kann freilich in einem späteren Schriftsatz nachgeholt werden, bedeutet dann aber regelmäßig eine Überleitung einer streitigen Scheidung in eine einverständliche Scheidung. Die Mitteilung kann sich auch auf einen bereits gestellten oder gleichzeitig zu stellenden Antrag beziehen; in diesem Fall kann aus tatsächlichen Gründen nicht, was § 630 Abs 1 Nr 1 ZPO wortlautgemäß verlangt, ein *zukünftiger* Antrag mitgeteilt werden. Nicht erforderlich ist hingegen die **Vorlage einer Zustimmung** (DIEDERICHSEN NJW 1977, 654; BAUMBACH/LAUTERBACH/ALBERS/HARTMANN § 630 ZPO Rn 2; ZÖLLER/PHILIPPI § 630 ZPO Rn 5).

52 bb) Statt des früher erforderlichen *Vorschlags* zur **Sorgerechtsregelung** muß nach Wegfall des zwingenden Sorgerechtsverbundes durch das KindRG nunmehr eine **Einigung** vorliegen, daß Anträge nicht gestellt werden oder es muß ein Antrag mit Zustimmung des anderen Ehegatten gestellt werden (§ 630 Abs 1 Nr 2 ZPO; zum Wegfall des Einigseins hierüber vgl oben Rn 48). Dieses Einigungserfordernis tritt neben die für alle Scheidungsanträge notwendige Angabe, ob gemeinschaftliche minderjährige Kinder vorhanden sind (§ 622 Abs 2 S 1 Nr 1 ZPO).

Erforderlich ist weiter eine **Einigung** der Ehegatten über ihren und ihrer Kinder Unterhalt sowie die Verhältnisse an Hausrat und Ehewohnung (§ 630 Abs 1 Nr 3 ZPO).

53 cc) Strittig ist, ob der Antragsteller in der Antragsschrift den **Inhalt** von Vorschlag und Einigung lediglich **mitteilen** muß (MünchKomm[ZPO]/KLAUSER Rn § 630 ZPO Rn 13, MünchKomm/WOLF Rn 11; SOERGEL/HEINTZMANN Rn 14) oder ob der Antragsschrift ein **Einigungspapier** beizufügen ist (DIEDERICHSEN NJW 1977, 654; ROLLAND § 630 ZPO Rn 3 b; BAUMBACH/LAUTERBACH/ALBERS/HARTMANN § 630 ZPO Rn 3; ZÖLLER/PHILIPPI § 630 ZPO Rn 6). Nach dem Zweck von § 630 Abs 1 ZPO sollte auch insoweit die Mitteilung der

Einigung und des Vorschlags genügen, wobei allerdings der Inhalt umfassend darzulegen ist und nicht die bloße Tatsache der Einigung mitzuteilen ist. Die Richtigkeit des Vortrags hat das Gericht ohnehin im Rahmen der Parteieinvernahme zu prüfen; eine schriftlich vorgelegte Einigung wäre angesichts der gebotenen Ermittlung von Amts wegen schwerlich ausreichend. Das entscheidende Erfordernis zur *Formalisierung der Einigung* stellt nicht § 630 Abs 1, sondern § 630 Abs 3 ZPO auf.

Soweit **§ 630 Abs 1 Nr 2 ZPO 1. Alt** nun eine übereinstimmende Erklärung zum Sorgerecht fordert, genügt ebenfalls die Mitteilung der Einigung mit nachfolgender Erklärung in der Antragsschrift mit nachfolgender Erklärung des Antragsgegners zu Protokoll. Wählen die Ehegatten die **2. Alternative**, soll also ein Sorgerechtsantrag mit Zustimmung des anderen Ehegatten gestellt werden, so ist auch hierzu nicht Voraussetzung, daß die Zustimmung bereits bei Stellung des Scheidungsantrags vorliegt (JOHANNSEN/HENRICH/SEDEMUND-TREIBER; § 630 ZPO Rn 8).

d)   Vollstreckbarer Schuldtitel (§ 630 Abs 3 ZPO)
aa) Gemäß § 630 Abs 3 ZPO soll das Gericht dem Antrag erst stattgeben, wenn die   54
Ehegatten über die Gegenstände der Einigung nach § 630 Abs 1 ZPO einen **vollstreckbaren Titel** herbeigeführt haben. Dieser Titel *muß* jedenfalls nicht im Zeitpunkt der Antragstellung vorliegen. Er *kann* auch während des Scheidungsverfahrens – ebenso wie die Einigung – nachgeholt werden (MünchKomm/WOLF Rn 50).

bb) Strittig ist, ob es sich bei § 630 Abs 3 ZPO im übrigen wortlautentsprechend um   55
eine **Soll-Vorschrift** handelt (MünchKomm/WOLF Rn 50; BGB-RGRK/GRASSHOF Rn 35; STEIN/
JONAS/SCHLOSSER § 630 ZPO Rn 9; ROLLAND § 630 ZPO Rn 10), oder ob jedenfalls im Zeitpunkt der letzten mündlichen Verhandlung ein Titel vorliegen *muß* (DIEDERICHSEN NJW 1977, 655; BAUMBACH/LAUTERBACH/ALBERS/HARTMANN § 630 ZPO Rn 6). Einigkeit besteht jedenfalls dahin, daß es die Wirksamkeit des Scheidungsurteils nicht beeinträchtigt, wenn das Gericht keinen vollstreckbaren Schuldtitel verlangt (BGB-RGRK/GRASSHOF Rn 35; MünchKomm/WOLF Rn 51; BAUMBACH/LAUTERBACH/ALBERS/HARTMANN § 630 ZPO Rn 7).

Der **Zweck der Regelung** besteht in der **Sicherung der befriedenden Wirkung** der Einigung über die Scheidungsfolgesachen zwischen den Ehegatten. Diesem Zweck ist regelmäßig dann am besten gedient, wenn der vollstreckbare Schuldtitel verlangt wird. Daher besteht zwar ein Ermessen des Gerichts; dieses ist jedoch, sofern ein vollstreckbarer *Inhalt* der Vereinbarung vorliegt, regelmäßig dahin auszuüben, daß der vollstreckbare *Titel* gefordert wird. Ausnahmsweise kann aber darauf verzichtet werden, wenn zB der Unterhaltsanspruch rechtsgeschäftlich gesichert ist und sich aufgrund der Entwicklung des Verfahrens keine Hinweise ergeben, daß dieser Anspruch zum Gegenstand eines Streites werden könnte. In solchen Fällen würde ggf erst die Schaffung eines Titels das friedlich-prozeßfördernde Verhalten des Unterhaltsschuldners stören (enger wohl: JOHANNSEN/HENRICH/JAEGER Rn 19 aE). Dasselbe gilt, wenn der Unterhaltsanspruch demnächst vorhersehbar entfällt (ROLLAND § 630 ZPO Rn 10; MünchKomm/WOLF Rn 50).

Davon zu unterscheiden sind die Fälle, in denen ein **vollstreckbarer Inhalt der Vereinbarung nicht vorliegt**. Dies ist der Fall, wenn der Hausrat und die eheliche Wohnung bereits aufgeteilt sind, auf Unterhalt verzichtet wird und die Ehegatten keine gemeinsamen minderjährigen Kinder haben. Vereinbarungen nach § 630 Abs 1 ZPO, die keinen vollstreckbaren Inhalt haben, können vernünftigerweise nicht dem Erfordernis des § 630 Abs 3 ZPO unterfallen (ROLLAND § 630 ZPO Rn 10; JOHANNSEN/HENRICH/JAEGER Rn 19; MünchKomm/WOLF Rn 50; BAUMBACH/LAUTERBACH/ALBERS/HARTMANN § 630 ZPO Rn 7; ZÖLLER/PHILIPPI § 630 ZPO Rn 12).

56 cc) Als **Titel** kommen in Betracht:

α) **Notarielle Urkunden** gemäß § 794 Abs 1 Nr 5 ZPO, sowie **Anwaltsvergleiche**, die ein Notar für vollstreckbar erklärt hat gemäß § 1044 b ZPO (MünchKomm/WOLF Rn 52; ZÖLLER/PHILIPPI § 630 ZPO Rn 13). Die Schaffung des Titels in dieser Form ist aus Kostengründen zu empfehlen, wenn nur ein Ehegatte im Scheidungsverfahren anwaltlich vertreten sein soll; für die Titulierung auf diese Weise besteht kein Anwaltszwang.

β) **Vergleiche** gemäß § 794 Abs 1 Nr 1 ZPO, die vor einer durch die Landesjustizverwaltung eingerichteten oder anerkannten **Gütestelle** für den Scheidungsfall geschlossen worden sind (ZÖLLER/PHILIPPI § 630 ZPO Rn 14).

γ) **Gerichtliche Vergleiche**, insbes solche, die im Verbundverfahren zu Protokoll des Gerichts erklärt werden. Da nach überwiegender Ansicht hierfür jedoch **Anwaltszwang** besteht, soweit das Verfahren vor den Familiengerichten dem Anwaltszwang unterliegt (BGH NJW 1985, 1963; BGH FamRZ 1991, 679; OLG Hamm FamRZ 1979, 848; OLG Frankfurt/Main FamRZ 1984, 302; OLG Zweibrücken FamRZ 1985, 1072; BAUMBACH/LAUTERBACH/ALBERS/HARTMANN § 630 ZPO Rn 7; ZÖLLER/PHILIPPI § 630 ZPO Rn 15; MünchKomm/WOLF Rn 42; eine Vermeidung des Anwaltszwangs ist nur möglich, wenn der nicht vertretene Antragsgegner im Termin zur mündlichen Verhandlung einen Prozeßkostenhilfeantrag stellt [OLG Hamburg FamRZ 1988, 1299; ZÖLLER/PHILIPPI § 630 ZPO Rn 15] oder der Vergleich vor dem beauftragten Richter gemäß § 279 Abs 1 S 2 ZPO geschlossen wird [BAUMBACH/LAUTERBACH/ALBERS/HARTMANN § 630 ZPO Rn 7; ZÖLLER/PHILIPPI § 630 ZPO Rn 15]), können hierdurch erhebliche Mehrkosten durch Zuziehung eines weiteren Anwalts entstehen. Aus teleologischen Gründen erscheint das nicht stimmig, da gerade die einverständliche Scheidung verteuert wird (GERNHUBER/COESTER-WALTJEN § 26 V 4); überdies ist es nicht zu rechtfertigen, daß das Gericht im Rahmen des PKH-Prüfungsverfahrens einen Vergleich ohne Anwaltszwang zu Protokoll nehmen kann, diese Befugnis jedoch im Scheidungsverfahren entfallen soll (daher gegen die hM: OLG München JurBüro 1986, 1377; AG Groß-Gerau FamRZ 1995, 1004; PHILIPPI FamRZ 1982, 1083).

Zulässig ist jedoch zum Zweck der Gebührenvermeidung die Protokollierung ohne Zuziehung eines postulierungsfähigen Rechtsanwalts im **Prozeßkostenhilfe-Prüfungsverfahren** gemäß § 118 Abs 1 S 3 HS 2 ZPO (OLG Zweibrücken FamRZ 1994, 1399, 1400).

57 dd) Titel, die **vor dem Scheidungsverfahren geschaffen wurden**, sind grundsätzlich geeignet iSd § 630 Abs 3 ZPO. Voraussetzung ist jedoch, daß der titulierte Anspruch über den Zeitpunkt der Scheidung hinauswirkt; verliert der Titel durch die Scheidung seine Wirksamkeit (zB im Falle der Titulierung des Trennungsunterhalts nach § 1361 mangels Identität des materiellrechtlichen Anspruchs, vgl MünchKomm/WOLF Rn 52), so kann er nicht Grundlage der nach § 630 Abs 3 ZPO erforderlichen Titulierung sein.

5. Einordnung der Erfordernisse nach § 630 ZPO

a) Sachurteilsvoraussetzung oder materiellrechtliche Voraussetzung

Die Einordnung von § 630 ZPO als **Sachurteilsvoraussetzung oder materiellrechtliche** **58** **Norm** ist strittig. Bei der Beurteilung der – durch die systematische Einordnung in das Verfahrensrecht provozierten – praktisch wenig bedeutungsvollen Streitfrage ist zu differenzieren zwischen den Erfordernissen an die Antragsschrift gemäß § 630 Abs 1 ZPO und der Herbeiführung eines vollstreckbaren Schuldtitels gemäß § 630 Abs 3 ZPO.

aa) Unklar ist die Einordnung der Erfordernisse nach § 630 Abs 1 ZPO als **Sach-** **59** **urteilsvoraussetzungen oder materielle Scheidungsvoraussetzungen.** Für eine *Einordnung als Sachurteilsvoraussetzungen* spricht neben dem Standort der Vorschrift, der den Willen des Gesetzgebers dokumentiert (Johannsen/Henrich/Jaeger Rn 18) zwar auch der Wortlaut (*„Für das Verfahren ... muß die Antragsschrift enthalten"*; so: Baumbach/Lauterbach/Albers/Hartmann § 630 ZPO Rn 4; Damrau FamRZ 1977, 1169; Diederichsen ZZP 1978, 427; Johannsen/Henrich/Jaeger Rn 18). Eigentlich verfahrensrechtliche *Bedeutung* hat aber lediglich § 630 Abs 1 Nr 1 ZPO; die Mitteilung macht erst dem Gericht deutlich, daß ein Verfahren mit dem Ziel einer einverständlichen Scheidung nach Abs 1 in Gang gesetzt werden soll. Ohne diese Mitteilung werden die erforderlichen Verfahrenshandlungen nicht eingeleitet. Andererseits ergeben sich aus der Mitteilung aber keine materiellrechtlichen Konsequenzen; diese folgen vielmehr erst aus der tatsächlich erfolgten Antragstellung bzw Zustimmung seitens des Antragsgegners. Hingegen haben § 630 Abs 1 *Nrn 2 und 3 ZPO* keine Bedeutung für das Verfahren. Der Antrag nach §§ 1566 Abs 1, 1565 Abs 1, § 630 ZPO führt zur Rechtshängigkeit des Scheidungsbegehrens, auch wenn die hiernach erforderlichen Folgesachenregelungen noch fehlen (MünchKomm/Wolf Rn 12).

§ 630 Abs 1 Nrn 2 und 3 ZPO enthalten besondere **materiellrechtliche Bedingungen** für den Nachweistatbestand des Abs 1. Insbesondere spricht nicht gegen eine materiellrechtliche Einordnung, daß es schwer vorstellbar wäre, eine Einigung über die Folgesachen zur materiellrechtlichen *Voraussetzung der Scheidung zu* machen (so aber Diederichsen ZZP 1978, 427; Johannsen/Henrich/Jaeger Rn 18). Die Elemente des § 630 Abs 1 ZPO sind nämlich nicht Voraussetzungen der Scheidung, sondern Voraussetzungen des *erleichterten Nachweises des Scheiterns* in Form einer *Vermutung.* Insoweit erscheint es durchaus plausibel und normzweckgerecht, die Einigung als ein Indiz der Ernstlichkeit des Scheidungswillens (zur „Scheidungsenergie" vgl BGB-RGRK/ Grasshof Rn 9) zu sehen. Dann aber dient sie wiederum ausschließlich materiellen Zwecken; ohne Eingreifen der Vermutung gelingt nicht der Nachweis des Scheiterns der Ehe. Demgegenüber wiegen die systematische Stellung und das Wortlautargument gering. Es erschiene selbst auf der Grundlage der materiellen Einordnung durchaus dienlich für die Übersichtlichkeit der Scheidungs„tatbestände" in §§ 1564 ff, die zusätzlichen Erfordernisse des § 630 Abs 1 ZPO im Verfahrensrecht zu plazieren. Mit der überwiegenden Ansicht sind die Erfordernisse in § 630 Abs 1 Nrn 2 und 3 ZPO also **materiellrechtlich einzuordnen** (Zöller/Philippi § 630 ZPO Rn 3; Stein/Jonas/Schlosser § 630 ZPO Rn 1; MünchKomm/Wolf Rn 12; BGB-RGRK/Grasshof Rn 8; Soergel/Heintzmann Rn 33; Erman/Dieckmann Rn 13; Schlosser FamRZ 1978, 319; Schwab FamRZ 1976, 503); und zwar als **tatbestandliche Voraussetzungen** des Eingreifens der **Scheiternsvermutung** (nicht der Scheidung).

60 bb) In Ansehung des **Titulierungserfordernisses** nach § 630 Abs 3 ZPO spricht der Wortlaut deutlicher für eine Sachurteilsvoraussetzung. Eine Einordnung als materiellrechtliche Norm wird seltener ausdrücklich vertreten (ROLLAND § 630 ZPO Rn 11; ZÖLLER/PHILIPPI § 630 ZPO Rn 3; nicht differenzierend: BGB-RGRK/GRASSHOF Rn 9; Münch-Komm/WOLF Rn 12). Auch das Fehlen des vollstreckbaren Schuldtitels führt aber nur zu einer Abweisung des *auf § 1566 Abs 1* gestützten Scheidungsantrags und wirkt sich daher nur auf die Beurteilung des Scheiterns als eines Elementes des Scheidungstatbestandes aus. Es ist daher auch § 630 Abs 3 ZPO materiellrechtlich einzuordnen (**aA** ausdrücklich: JOHANNSEN/HENRICH/JAEGER Rn 19; GERNHUBER/COESTER-WALTJEN § 27 III 7 Fn 12).

b) Folgerungen für die Behandlung des Antrags

61 Fehlt auch im Zeitpunkt der letzten mündlichen Verhandlung ein nach § 630 ZPO erforderliches Element der einverständlichen Scheidung, so ist deshalb der Antrag **als unbegründet** abzuweisen. Der Antragsteller kann aber bis zur letzten mündlichen Verhandlung das Scheitern der Ehe in anderer Weise nachweisen, insbesondere durch positiven Nachweis im Rahmen des Grundtatbestands (MünchKomm/WOLF Rn 12; ZÖLLER/PHILIPPI § 630 ZPO Rn 3; SOERGEL/HEINTZMANN Nachtrag Rn 33 und Nachtrag vor § 1564 Rn 24; DÖRR NJW 1989, 489). Da zwischen dem Scheidungsantrag nach dem Grundtatbestand und nach Abs 1 Identität des Streitgegenstandes besteht, liegt keine Antragsänderung vor.

Er kann aber auch bis zu diesem Zeitpunkt seinen auf Abs 1, § 630 ZPO gestützten Antrag zu Protokoll des Gerichts **nachbessern**, da die Sachurteilsvoraussetzungen erst in der letzten mündlichen Verhandlung vorliegen müssen (BAUMBACH/LAUTERBACH/ALBERS/HARTMANN § 630 ZPO Rn 4; ROLLAND § 630 ZPO Rn 2 a; MünchKomm/WOLF Rn 12 a). Das Gericht muß sich zu diesem Zeitpunkt vom Vorliegen der Voraussetzungen durch Einsichtnahme in die Urkunden Gewißheit verschaffen, in denen die Parteien die Einigung niedergelegt haben, sofern nicht die Einigung durch Prozeßvergleich zu Protokoll des Gerichts erfolgt (BGB-RGRK/GRASSHOF Rn 15).

c) Inhalt der Einigung, Einzelfragen

62 aa) Die Ehegatten müssen sich einigen, daß entweder keine Anträge zur Übertragung der **elterlichen Sorge** oder eines Teils der elterlichen Sorge und zur Regelung des **Umgangs** mit minderjährigen Kindern gestellt werden oder es müssen die entsprechenden Anträge sowie die Zustimmung des anderen Elternteils hierzu in der Antragsschrift enthalten sein (§ 630 Abs 1 Nr 2 ZPO). Dieses Erfordernis kann nicht mehr erreichen, als den Ehegatten ihre Verantwortung als Eltern bewußt zu machen; eine gewollte Ausklammerung der Sorgerechtsfrage wird nicht verhindert (kritisch daher: BÜTTNER FamRZ 1998, 591); das entspricht aber dem sorgerechtlichen Gesamtkonzept des KindRG, das einen Eingriff von Amts wegen aus Anlaß der Ehescheidung ablehnt.

α) Hierzu ist die Vorlage eines **Einigungspapiers nicht erforderlich** (JOHANNSEN/HENRICH/SEDEMUND-TREIBER § 630 ZPO Rn 8; MünchKomm/WOLF Rn 38; SOERGEL/HEINTZMANN Rn 14; **aA** ZÖLLER/PHILIPPI § 630 ZPO Rn 6; DIEDERICHSEN NJW 1977, 654; SCHWAB FamRZ 1976, 503; BRÜGGEMANN FamRZ 1977, 9; DAMRAU NJW 1977, 1171), kann aber klärend sein. Es genügt, wenn übereinstimmende Erklärungen unabhängig voneinander abgegeben werden oder wenn sich ein Ehegatte auf die Erklärung des anderen ausdrücklich beruft (BGHZ 33, 54; BayObLG FamRZ 1966, 249); bloßes Schweigen des Antragsgegners zu der als übereinstimmend behaupteten Erklärung des Antragstellers genügt hingegen nicht (SOERGEL/HEINTZMANN Rn 14). Erforderlich ist jedoch nicht mehr, wie nach altem Recht, ein konkreter Vorschlag zu einer gerichtlichen Regelung; es genügt die übereinstimmende Erklärung, daß Einigkeit über das – von § 1671 Abs 1 als Normalfall vorausgesetzte – Fortbestehen der Sorge und über den Umgang besteht. Nicht genügend ist es, wenn die Ehegatten erklären, keinen Antrag nach § 1671 zu stellen, ohne ihre Einigkeit über die dadurch eintretende Rechtsfolge (gemeinsame elterliche Sorge) zu erklären, weil der Zweck des § 630 Abs 1 Nr 2 ZPO gerade darin besteht, daß sich die Ehegatten einigen und sich nicht durch Ausklammern der Sorgerechtsfrage der Einigung entziehen (BT-Drucks 13/4899, 124). Dies ist durch die Änderung des Wortlauts („übereinstimmende Erklärungen, daß Anträge ... nicht gestellt werden") durch den Rechtsausschuß verdeutlicht worden.

β)   Halten die Ehegatten an **der Einigung nicht mehr fest** (zur Folge des einseitigen **63** Widerrufs der Sorgerechtseinigung oben Rn 48), so entfällt eine Voraussetzung der einverständlichen Scheidung nach Abs 1. Es genügt nicht, daß zu Beginn oder während des Scheidungsverfahrens einmal ein Vorschlag vorgelegen hat, dieser aber bei Schluß der mündlichen Verhandlung nicht mehr fortbesteht (so zum alten Recht: ROLLAND § 630 ZPO Rn 6; MünchKomm/WOLF Rn 38; BAUMBACH/LAUTERBACH/ALBERS/HARTMANN § 630 ZPO Rn 7).

γ)   Das **Gericht entscheidet** auf der Grundlage der Einigung der Eltern im Schei- **64** dungsurteil, sofern aufgrund der Einigung ein **Antrag** gestellt wird, der eine Entscheidung im Verbund erforderlich macht (§ 623 Abs 2 ZPO). Sind die Ehegatten einig, daß ein Antrag nicht gestellt wird, so ist eine Entscheidung über das *Sorgerecht* nicht zu treffen, es sei denn daß eine Entscheidung wegen Gefährdung des Kindeswohles von Amts wegen (§ 623 Abs 3 ZPO) erfolgen muß.

– Stellt ein Ehegatte auf der Grundlage der Einigung nach § 630 Abs 1 Nr 2 ZPO einen Antrag nach § 1671 Abs 1, so hat die Zustimmung iSd § 630 Abs 1 Nr 2 ZPO die Qualität einer Zustimmung nach § 1671 Abs 2 Nr 1; das Familiengericht muß also dem Sorgerechtsantrag entsprechend entscheiden, es sei denn, daß das Kind das vierzehnte Lebensjahr vollendet hat und der Übertragung widerspricht (§ 1671 Abs 2 Nr 1) oder, daß dem Antrag aufgrund anderer Vorschriften, insbesondere wegen Gefährdung des Kindeswohls nach § 1666 nicht stattgegeben werden kann (§ 1671 Abs 3).

– Will das Gericht von dem Antrag nach § 1671 Abs 1, dem der andere Ehegatte zustimmt, abweichen, so ist die Entscheidung vorweg durch Beschluß zu treffen (§ 627 Abs 1 ZPO); über die Scheidungssache und die anderen Folgesachen wird erst nach Rechtskraft dieses – gesondert durch Beschwerde anfechtbaren – Beschlusses entschieden (§ 627 Abs 2 ZPO). Wirksam wird die Sorgerechtsentscheidung auch in diesem Fall erst mit Rechtskraft des Scheidungsausspruchs (§ 629 d ZPO). Der Verbund mit der Scheidungssache wird hierdurch nicht aufgelöst (MünchKomm/WOLF Rn 40; aA BGB-RGRK/GRASSHOF Rn 30).

– Eine von dem übereinstimmenden Antrag der Eltern/Ehegatten **abweichende Sorgerechtsentscheidung** auf der Grundlage von § 1671 Abs 2 oder Abs 3 entzieht der einverständlichen Scheidung nach Abs 1 nicht die Grundlage; erforderlich ist für einen Nachweis des Scheiterns nach Abs 1 nur das Vorliegen der Einigung, nicht aber, daß das Gericht diesem Vorschlag folgt (so schon zum alten Recht: MünchKomm/ WOLF Rn 40; BGB-RGRK/GRASSHOF Rn 30; aA SOERGEL/HEINTZMANN Rn 16). Es wäre mit dem Regelungszweck der Bestimmung nicht zu vereinbaren und eine bloße sinnlose Förmelei, wenn die Ehegatten nach Erlaß des Sorgerechtsbeschlusses dessen Inhalt als **neuen übereinstimmenden Vorschlag** übernehmen müßten (so aber schon zum alten Recht SOERGEL/HEINTZMANN Rn 16). Auch ein vom Gericht oder einem Kind abgelehnter Antrag weist die erhöhte Scheidungsenergie der Ehegatten nach. Anders verhält es sich, wenn ein Ehegatte nicht mehr an dem gemeinsamen Antrag festhält und abweichend nach § 1671 Abs 1 beantragt, weil dann die Einigung iSd § 630 Abs 1 Nr 2 ZPO nicht mehr besteht (dazu oben Rn 48).

– Hiervon zu unterscheiden ist die **Erforderlichkeit neuer Vorschläge** (zum **Umgangsrecht**) oder Einigungen (zum **Ehegatten- und Kindesunterhalt**), wenn die abweichende Sorgerechtsentscheidung den ursprünglichen Vorschlägen und Einigungen die Grundlage entzieht. Hierauf hat das Gericht hinzuweisen. Einigen sich die Ehegatten nach Rechtskraft des Sorgerechtsbeschlusses nicht neu über die übrigen Aspekte des § 630 Abs 1 Nrn 2 und 3 ZPO, so fehlt es an der Voraussetzung einer Scheidung nach Abs 1.

65 bb) Die Einigung über den **Umgang** nach § 630 Abs 1 Nr 2 ZPO bedarf nicht der Darlegung einer detaillierten Umgangsregelung (BT-Drucks 13/4899, 124); auch für diese Einigung gilt jedoch, daß die bloße Nichteinigung, also die Hinnahme des ohne Antrag vorgezeichneten Zustandes, nicht genügt. Damit hat sich die frühere Streitfrage, ob die Einigung über den Umgang immer eine Anregung zu einer Entscheidung nach § 623 Abs 3 S 2 ZPO aF bedeute, erledigt (dazu Voraufl Rn 56). Teilen die Ehegatten ihre Einigung nur als solche oder auch inhaltlich mit, so ist dies nach neuem Recht gerade nicht als Antrag zu einer Folgesachenregelung nach § 623 Abs 2 Nr 2 ZPO zu verstehen.

Eine Einigung über die **Ausgestaltung** des Umgangsrechts, auf deren Grundlage eine vollziehbare Umgangsregelung beantragt wird, bindet das Familiengericht nicht (BT-Drucks 13/4899, 124), weil § 1684 Abs 3 Regelungen von Amts wegen erlaubt. Das Gericht wird aber regelmäßig einem einverständlichen Antrag der Eltern folgen (so schon zum alten Recht MünchKomm/WOLF Rn 39; MünchKomm[ZPO]/KLAUSER § 630 ZPO Rn 14).

66 cc) Vorzulegen ist weiter eine Einigung über die Regelung der **Unterhaltspflicht gegenüber einem (gemeinsamen) Kind** (§ 630 Abs 1 Nr 3 ZPO). Dieses Einigungserfordernis war schon unter früherem Recht auch dann nicht entbehrlich, wenn die Ehegatten eine gemeinschaftliche elterliche Sorge nach Scheidung anstrebten (KG NJW-RR 1994, 518, 519) und ist durch § 630 ZPO idF des KindRG nicht berührt.

α) Entgegen dem zu weiten Wortlaut kann nur der **Unterhalt minderjähriger Kinder** Gegenstand des Verbundes und damit Gegenstand der erforderlichen Einigung sein (BGB-RGRK/GRASSHOF Rn 32; MünchKomm[ZPO]/KLAUSER § 630 ZPO Rn 16). Der Unterhalt volljähriger Kinder kann nicht Gegenstand einer Verbundentscheidung sein; die volljährigen Kinder wären an die Einigung der Eltern auch dann nicht gebunden, wenn man ihren Unterhalt über das Einigungserfordernis in den Verbund hineinzöge. Die **Gegenansicht** stützt sich vorwiegend auf das Argument, daß nicht der Unterhaltsanspruch des Kindes, sondern die Tragung der Unterhaltslast zwischen den Ehegatten als Eltern Gegenstand des Einigungserfordernisses sei (MünchKomm/Wolf Rn 11, 43; Johannsen/Henrich/Sedemund-Treiber Rn 9; Soergel/Heintzmann Rn 17). Der Zwang zur Einigung hierüber überdehnt aber die Erfordernisse der einverständlichen Scheidung entgegen dem maßgeblichen Schutzzweck: Die Einigung über die die Kinder betreffenden Folgesachen soll die Ehegatten auf ihre gemeinsame Verantwortung hinweisen, das Kindeswohl sichern und befriedend wirken. Letzteres kann aber nur dann erreicht werden, soweit im Scheidungsverbund die entsprechende Materie auch mit Wirkung gegenüber dem Kind abschließend geregelt werden kann. Bei einem minderjährigen Kind kann die Unterhaltseinigung der Eltern zur Grundlage einer Unterhaltsvereinbarung zwischen dem Unterhaltspflichtigen und dem Kind, vertreten durch den anderen Elternteil, gemacht werden. Das volljährige Kind kann sich hingegen den in Anspruch zu nehmenden Unterhaltsschuldner im Rahmen der materiellen Anspruchsgrundlagen wählen und wird dies nach Kriterien der Leistungsfähigkeit tun; die Vereinbarung der Eltern würde ggf nur für Erstattungs- und Befreiungsansprüche von Bedeutung sein. Solange im übrigen die Höhe des geschuldeten Unterhalts nicht mit Wirkung für und gegen das Kind feststeht, läßt sich schwerlich die Tragung der Unterhaltspflicht zutreffend bestimmen.

Die Einbeziehung des Unterhalts volljähriger Kinder wäre damit eine bloße ungezielte Erschwernis der einverständlichen Scheidung, die § 630 Abs 1 ZPO nicht unterstellt werden sollte.

β)   Die Vereinbarung über den Unterhalt ist weder zum Gegenstand einer **gericht-**   67
lichen Entscheidung zu machen, noch **inhaltlich zu überprüfen**. Es gelten die allgemeinen Grenzen von Vereinbarungen über vermögensrechtliche Ansprüche. Insbesondere kommt die Zurückweisung einer offensichtlich unwirksamen Vereinbarung wegen **Sittenwidrigkeit** in Betracht; § 630 Abs 1 Nr 3 ZPO verlangt eine *wirksame* Vereinbarung, so daß offensichtlich unwirksame Vereinbarungen nicht Grundlage einer Scheidung nach Abs 1 sein können (MünchKomm/Wolf Rn 47; MünchKomm[ZPO]/Klauser § 630 ZPO Rn 15; Rolland § 630 ZPO Rn 8; BGB-RGRK/Grasshof Rn 39).

dd)   Erforderlich ist weiter eine Vereinbarung über den **Ehegattenunterhalt** (§ 630   68
Abs 1 Nr 3 ZPO).

α)   Entgegen der weiten Formulierung („durch die Ehe begründete gesetzliche Unterhaltspflicht") verlangt § 630 Abs 1 Nr 3 ZPO nur eine Vereinbarung über den **nachehelichen Unterhalt;** eine Einigung über Trennungsunterhalt ist nicht geboten, da nach dem Zweck der Bestimmung lediglich *Scheidungsfolgen* einvernehmlich zu regeln sind (Soergel/Heintzmann Rn 18).

β)   Materiellrechtlich handelt es sich um eine **Vereinbarung iSd § 1585 c.** Gegen-   69
stand einer solchen Vereinbarung kann sowohl die (vergleichsweise) Klärung einer bestehenden gesetzlichen Unterhaltspflicht sein, als auch die Schaffung eines unabhängigen vertraglichen Rechtsgrunds für die Leistung von Unterhalt. Im Zweifel ist davon auszugehen, daß die Ehegatten lediglich eine gesetzlich bestehende Unterhaltspflicht nach Art, Ausmaß und Dauer klären wollen (MünchKomm/Wolf Rn 44;

BGB-RGRK/GRASSHOF Rn 33). Dies gilt umso mehr für die Vereinbarung im Rahmen der einverständlichen Scheidung; soll nur dem Einigungszwang des § 630 Abs 1 ZPO genügt werden, so ist regelmäßig davon auszugehen, daß jeder Ehegatte nur innerhalb der ihn von Gesetzes wegen treffenden Scheidungsfolgen vergleichsweise Kompromisse schließt, nicht aber neue Verpflichtungen eingeht. Es ist daher anzuraten, den zwischen den Ehegatten angenommenen **Unterhaltstatbestand** (aus §§ 1569 ff) zu bezeichnen und die zugrundegelegten wirtschaftlichen Verhältnisse festzuhalten; da auch die Vereinbarung nach § 630 Abs 1 Nr 3 ZPO der Abänderungsklage unterliegt, ermöglicht häufig nur eine solche **Beschreibung der Geschäftsgrundlage** eine spätere Beurteilung des Eintritts wesentlicher Veränderungen (vgl MünchKomm/WOLF Rn 44).

70 γ)   Auch ein **wechselseitiger Unterhaltsverzicht** erfüllt das Erfordernis der Einigung nach § 630 Abs 1 Nr 3 ZPO. Zur Wirksamkeitskontrolle unten Rn 72.

71 δ)   Hinsichtlich des **Titulierungserfordernisses** (§ 630 Abs 3 ZPO) ist zu beachten, daß ein *Titel über den Trennungsunterhalt* nicht geeignet ist, den Scheidungsausspruch zu überdauern, selbst wenn inhaltlich die Unterhaltsvereinbarung nach § 630 Abs 1 Nr 3 ZPO iVm § 1585 c mit dem Titel über den Trennungsunterhalt übereinstimmt; vielmehr ist ein eigenständiger Titel zu schaffen. Unterhaltsverträge, die vor oder während der Ehe für den Fall der Scheidung geschlossen wurden, sind als Vereinbarung iSd § 630 Abs 1 Nr 3 ZPO geeignet; entsprechende Titel (insbes vollstreckbare Urkunden) genügen dem Erfordernis des § 630 Abs 3 ZPO. Soweit die Vereinbarung keinen vollstreckungsfähigen Inhalt hat (Verzicht), kann ein Titel nach § 630 Abs 3 ZPO nicht gefordert werden.

72 ε)   Zur **gerichtlichen Kontrolle** oben Rn 67. Ein **nachehelicher Unterhaltsverzicht ist** nicht nur regelmäßig nicht sittenwidrig, sondern entspricht in vielen Fällen dem – bedauerlicherweise – durch das nacheheliche Unterhaltsrecht des BGB in den Hintergrund gedrängten Grundsatz der nachehelichen Eigenverantwortung. Der BGH verhält sich zustimmungswürdig zurückhaltend, was die Annahme von Sittenwidrigkeit eines Unterhaltsverzichts angeht. Wenn der Verzicht formal den *Kindesbetreuungsunterhalt* mit umfaßt und sich daher mittelbar zu Lasten gemeinsamer Kinder auswirkt, nimmt der BGH nicht Sittenwidrigkeit insgesamt an (so: OLG Celle FamRZ 1989, 64); lediglich die Berufung auf den – im übrigen wirksamen – Unterhaltsverzicht ist in diesem Fall nach Treu und Glauben ausgeschlossen (BGH FamRZ 1991, 306; FamRZ 1997, 873; OLG Düsseldorf FamRZ 1996, 734; vgl auch OLG Hamm FamRZ 1989, 398).

Hingegen ist die Annahme von *Sittenwidrigkeit*, wenn ein Ehegatte im Zeitpunkt der Vereinbarung voraussehbar, wenn auch nicht bezweckt, *der Sozialhilfe anheimfällt* (BGHZ 86, 82; BGH FamRZ 1987, 152), hingegen generell verfehlt. Das nacheheliche Unterhaltsrecht dient nicht dem Zweck, den Sozialstaat zu entlasten. Das gilt insbesondere dann, wenn der Sozialstaat zunächst durch die Eheschließung eines potentiellen Sozialhilfeempfängers entlastet wurde. Erst recht kann dieser Gesichtspunkt es nicht rechtfertigen, daß der Unterhaltspflichtige aufgrund der angenommenen Sittenwidrigkeit sodann den ehelichen Lebensstandard (und nicht das Existenzminimum) zu garantieren hat.

73 ee)   Die **Einigung über die Rechtsverhältnisse an der Ehewohnung und am Hausrat** gemäß § 630 Abs 1 Nr 3 ZPO kann nur insoweit zwingend als Voraussetzung der einverständlichen Scheidung gefordert werden, als das *Innenverhältnis* der Ehegatten betroffen ist. Ist hinsichtlich der **Ehewohnung** für eine endgültige Regelung *inter omnes* die Einwilligung eines Dritten (Vermieter) erforderlich und kann diese nicht erlangt werden, so bedarf es einer gerichtlichen Entscheidung unter Beteiligung des Dritten gemäß §§ 5, 6 Abs 2, 7 HausratsVO (OLG Hamburg NJW-RR 1990, 649; OLG Karlsruhe FamRZ 1981, 182; MünchKomm/WOLF Rn 51; MünchKomm[ZPO]/KLAUSER § 630 ZPO Rn 24; BGB-RGRK/GRASSHOF Rn 34). Die Entscheidung ergeht zwar auch in diesem Fall nur auf Antrag; die Ehegatten sind jedoch darauf hinzuweisen, daß ihre Vereinbarung keine Rechtswirkungen gegenüber dem Vermieter herbeiführt.

Die Wirksamkeit der Einigung der Ehegatten **als Voraussetzung der einverständlichen Scheidung** ist hiervon nicht betroffen; die Ehegatten genügen mit dieser Einigung dem Gesetzeszweck; die Zulässigkeit der einverständlichen Scheidung darf nicht von der Mitwirkungsbereitschaft Dritter abhängen (MünchKomm/WOLF Rn 45; Münch-Komm[ZPO]/KLAUSER § 630 ZPO Rn 18).

Hinsichtlich der **Hausratsverteilung** genügt die häufig praktizierte Mitteilung an das Gericht, der Hausrat sei auseinandergesetzt (ROLLAND § 630 ZPO Rn 10; MünchKomm/WOLF Rn 46; SOERGEL/HEINTZMANN Rn 20). In diesem Fall ist auch auf einen Vollstreckungstitel mangels vollstreckbaren Inhalts zu verzichten. Ist jedoch eine *Ausgleichszahlung* (§§ 8 Abs 3 S 2, 9 Abs 2 S 2 HausratsVO) streitig, so ist dem Einigungserfordernis des § 630 Abs 1 Nr 3 ZPO nur entsprochen, wenn die Ehegatten eine (§ 630 Abs 3 ZPO genügende) Einigung herbeiführen (MünchKomm[ZPO]/KLAUSER § 630 ZPO Rn 18).

6. Rechtsfolge: Scheiternsvermutung

a) Liegen die Voraussetzungen des Abs 1 (gemeinsamer Antrag oder Zustim- **74** mung des Antragsgegners, einjähriges Getrenntleben) sowie des § 630 Abs 1 ZPO vor, so besteht die **unwiderlegbare Vermutung**, daß die Ehe der Parteien gescheitert ist. Der Beweis des Gegenteils ist ausgeschlossen (§ 292 Abs 1 ZPO). Ergibt sich – ggf nach Beweiserhebung -, daß die Voraussetzungen der unwiderlegbaren Vermutung bestehen, so darf der Richter die Scheidung auch dann nicht verweigern, wenn zu seiner Überzeugung die Ehe noch nicht endgültig gescheitert ist (ERMAN/DIECKMANN Rn 3). Eine Überprüfung des Scheiterns nach **§ 1565 Abs 1** findet also nicht statt.

b) Das Gericht darf in diesem Fall auch nicht die Parteien über die **Ernstlichkeit 75 ihres Scheidungswillens befragen**, um letztlich einen Ehegatten zur Zurücknahme seines Antrags zu bewegen. Ein solches Vorgehen würde nicht nur zu Unrecht das Gericht zu einer Sühnestelle machen, sondern dem Zweck des Abs 1 zuwiderlaufen, die Intimsphäre der Ehegatten zu schonen. Folge einer solchen richterlichen Einwirkung könnte nur die Überleitung in ein streitiges Scheidungsverfahren sein, das Abs 1 nach Möglichkeit verhindern soll (MünchKomm/WOLF Rn 17; **aA** ERMAN/DIECKMANN Rn 4). Hiergegen verfängt auch nicht das Argument, das Ordnungsmuster des Gesetzes wolle vorschnellen Scheidungen entgegenwirken (so aber ERMAN/DIECKMANN Rn 4). Die Vermeidung vorschneller Scheidungsentschlüsse tritt nicht als eigenständiges Element neben die Wahrung des Trennungsjahres (§ 1565 Abs 2), sondern geht in der formalisierten Prüfung des Trennungsjahres auf. Abs 1 zeigt, daß der Gesetzgeber bei einem einverständlichen Scheidungsbegehren nach einjährigem Getrenntleben dem Urteil der Ehegatten über den Zustand der eigenen Ehe mehr traut, als dem Urteil des Richters über den Zustand einer fremden Ehe. Eine Ernsthaftigkeitsprüfung durch den Richter würde nicht die Ehrlichkeit des Scheidungsverfahrens verbessern, sondern diese gesetzgeberische Wertung durchkreuzen. Unehrlichkeit im Scheidungsverfahren kann – wenn überhaupt – nur in der Beweisaufnahme über den Ablauf des Trennungsjahres bekämpft werden.

76 **c)**　　Nicht verzichtet wird hingegen auf die Ermittlung des **inneren Tatbestandes** des Getrenntlebens. Das Getrenntleben bedeutet nicht nur eine Feststellung äußerer Fakten, sondern ist abhängig von dem inneren Merkmal des Willens zur häuslichen Trennung aufgrund Ablehnung der Lebensgemeinschaft iSd § 1567 Abs 1. Die Feststellung dieses Tatbestandsmerkmals bedeutet zwar nicht die Feststellung des Nichtbestehens der Lebensgemeinschaft (Diagnose) iSd Verlusts ehelicher Gesinnung als Teiltatbestand des Scheiterns gemäß § 1565 Abs 1. Die Nachweiskriterien für eine Ablehnung der ehelichen Lebensgemeinschaft einerseits und für die Diagnose andererseits sind jedoch oft identisch; bereits der Vortrag des Antragstellers, er habe sich von der Ehe abgewandt, führt regelmäßig zu einer negativen Diagnose. Daher erspart die unwiderlegbare Vermutung des Abs 1 in häufigen Fällen klarer Abwendung des Antragstellers von der Ehe nur die Prognose der Nichtwiederherstellbarkeit iSd Scheiternsbegriffes (MünchKomm/Wolf Rn 32; Johannsen/Henrich/Jaeger § 1567 Rn 12; näher § 1567 Rn 16 f, 25 f).

77 **d)**　　Die **Ehegattenschutzklausel des § 1568** ist unanwendbar, wenn die Voraussetzungen des Abs 1 vorliegen; ein Ehegatte, der einen Scheidungsantrag stellt oder ihm zustimmt, lehnt die Scheidung nicht ab (MünchKomm/Wolf Rn 37; Soergel/Heintzmann Rn 37; Johannsen/Henrich/Jaeger Rn 20).

Dies gilt jedoch nicht (mehr), wenn der Antragsgegner seinen **Scheidungsantrag zurücknimmt** oder die **Zustimmung widerruft**. Auf die prozessuale Wirksamkeit der Antragsrücknahme kommt es nicht an; Widerruf der Zustimmung iSd § 630 Abs 2 ZPO und – gewollte, aber prozessual unwirksame – Antragsrücknahme sind insoweit gleich zu behandeln. Ebenso, wie der Antrag oder die Zustimmung nur dann Grundlage der Scheidung nach Abs 1 sein kann, wenn sie ein fortdauerndes **materielles Einverständnis mit der Scheidung** signalisieren (oben Rn 31 f), ist die Ablehnung der Scheidung iSd § 1568 schon dann gegeben, wenn der Antragsgegner seinen Scheidungsantrag nicht weiterverfolgen *will* (Soergel/Heintzmann Rn 37; Johannsen/Henrich/Jaeger Rn 20; aA MünchKomm/Wolf Rn 37). Die Tatsache, daß der Antragsgegner zunächst der Scheidung zugestimmt hat, ist jedoch bei Prüfung der Härteklausel zu berücksichtigen (Johannsen/Henrich/Jaeger Rn 20).

78 **e)**　　Die **Kinderschutzklausel des § 1568 BGB** wird durch das Vorliegen der Voraussetzungen einer einverständlichen Scheidung grundsätzlich nicht berührt.

aa)　　Das Einverständnis der Eltern über die Scheidung steht nicht in zwingendem Gegensatz zu der Annahme, die Aufrechterhaltung sei im Interesse gemeinsamer minderjähriger Kinder ausnahmsweise geboten (BGB-RGRK/Grasshof Rn 17; MünchKomm/Wolf Rn 35; Johannsen/Henrich/Jaeger Rn 21; Soergel/Heintzmann Rn 38).

79 **bb)**　　Hierzu ist die Kinderschutzklausel **von Amts wegen** zu prüfen; § 613 Abs 3 ZPO

unterstellt die außergewöhnlichen Umstände der Härteklausel dem Verhandlungs-
grundsatz (näher § 1568 Rn 170 f); für die Kinderschutzklausel findet sich eine solche
verfahrensrechtliche Regelung nicht, materiellrechtlich ist die Kinderschutzklausel
als eine von Amts wegen zu beachtende und dem Amtsermittlungsgrundsatz unter-
liegende Norm ausgestaltet (MünchKomm/WOLF Rn 36; BGB-RGRK/GRASSHOF Rn 17; aA
DIEDERICHSEN NJW 1977, 278; näher § 1568 Rn 19, 82 ff).

cc)   Die **Kinderschutzklausel wird aber schwerlich eingreifen**; wenn die Eltern sich   **80**
über die Scheidung und die wesentlichen, das Kind betreffenden Scheidungsfolgen
(§ 630 Abs 1 Nr 2 ZPO) einig sind, ist es kaum vorstellbar, daß dem Kind durch die
Verhinderung der Scheidung geholfen wird (JOHANNSEN/HENRICH/JAEGER Rn 21; Münch-
Komm/WOLF Rn 35).

dd)   Die Kinderschutzklausel ist kein geeignetes Mittel zur Verhinderung von **Ver-**   **81**
einbarungen, welche gemeinsame Kinder benachteiligen. Das Instrument zur Sicherstel-
lung geeigneter *Sorgerechtsverteilung* ist § 1671: Eine Korrektur vom Gericht ange-
zweifelter einverständlicher Sorgerechtsvorschläge ist nach der Konzeption des
KindRG nur bei Ablehnung durch das jugendliche Kind oder jenseits der Grenze
der Kindeswohlgefährdung möglich; das Gericht kann daher auch nicht über die
Kinderschutzklausel eine vermeintlich geeignetere Sorgerechtsregelung gegen die
von den Eltern vorgeschlagene und nicht kindeswohlschädliche durchsetzen. Eine
unangemessene – aber noch nicht unwirksame (insbes § 1614) – Vereinbarung über
den *Unterhaltsanspruch* des Kindes kann das Gericht ebenfalls nicht als solche korrigieren. Die Anwendung von § 1568 scheidet aber dennoch aus (BGB-RGRK/GRASS-
HOF Rn 17; **aA** MünchKomm/WOLF Rn 49): Der Anspruch auf Kindesunterhalt (§ 1601)
besteht grundsätzlich unabhängig von der Scheidung; das Problem der Unterhaltsleistung in Geld durch ein Elternteil wird regelmäßig nicht erst bei Rechtskraft der
Scheidung virulent, sondern bereits bei Trennung der Eltern. Die Versagung des
Scheidungsausspruchs ist also nicht geeignet, das Kind gegen unangemessene Unterhaltsvereinbarungen der Eltern zu schützen, so daß die Aufrechterhaltung der Ehe
das Interesse des Kindes nicht zu fördern vermag.

ee)   Erst recht ist die Kinderschutzklausel kein Einfallstor für die Überzeugung des   **82**
Gerichts, die Ehe sei trotz Vorliegens der Voraussetzungen des Abs 1 **noch nicht**
gescheitert (so SOERGEL/HEINTZMANN Rn 38). § 1568 erlaubt nur eine ausnahmsweise
Versagung der Scheidung; keinesfalls darf die vom Gericht entgegen der unwider-
leglichen Vermutung angenommene Chance zur Heilung mit einem theoretisch immer bestehenden Kindesinteresse an der Fortsetzung der Ehe der Eltern kumuliert
werden. Das Gericht kann schwerlich der Ablehnung der ehelichen Lebensgemeinschaft durch beide Elternteile durch Versagung der Scheidung so deutlich entgegenwirken, daß eine dem Kindeswohl gedeihliche Fortsetzung der Ehe zu erwarten ist.

7.   Beweislast

a)   Abweichungen gegenüber dem Grundtatbestand ergeben sich hinsichtlich des   **83**
Beweisgegenstands; nachzuweisen ist nicht das *Scheitern* der Ehe, sondern der *Ablauf*
des Trennungsjahres im Zeitpunkt der letzten mündlichen Verhandlung, also insbesondere die Tatsache des Getrenntlebens (ERMAN/DIECKMANN Rn 3; SOERGEL/HEINTZ-
MANN Rn 36; JOHANNSEN/HENRICH/JAEGER Rn 24). Stellen nicht beide Ehegatten Schei-

dungsantrag, so ist auch die *Zustimmung* des Antragsgegners nachzuweisen. Beweisbedürftig sind außerdem die zusätzlichen Voraussetzungen des § 630 ZPO (Soergel/ Heintzmann Rn 36).

84 b) Für die **Beweislast** gelten keine Besonderheiten. **Beweisbelastet** ist der Antragsteller bzw beide Antragsteller. Das Gericht muß sich auch bei übereinstimmendem Vortrag von Amts wegen Gewißheit über die beweisbedürftigen Tatsachen verschaffen. Hierzu ist regelmäßig die Anhörung der Parteien gemäß § 613 Abs 1 S 1 ZPO erforderlich (Johannsen/Henrich/Jaeger Rn 24), aber auch genügend; das Gericht darf gerade im Fall der einverständlichen Scheidung nicht ohne zwingenden Anlaß die Intimsphäre der Ehegatten durch weitere Beweisaufnahme verletzen, insbesondere nicht die gemeinsamen Kinder in die Beweisaufnahme über das Getrenntleben der Eltern hineinziehen. Auch im Fall eines zweifelhaften **Widerrufs** der Zustimmung des Antragsgegners trägt der Antragsteller die Beweislast für das *Vorliegen* der Zustimmung (aA offenbar Soergel/Heintzmann Rn 36; Zweifel an der Zustimmung setzen aber voraus, daß der Antragsgegner in der letzten mündlichen Verhandlung nicht mehr erreichbar ist; zieht der Antrag*segner* den Fortbestand seiner Zustimmung in Zweifel, so ist keine Beweislastentscheidung zu treffen, sondern es ist der Antragsgegner dazu anzuhören, ob er der Scheidung [weiterhin] zustimmt; läßt er dies offen, so fehlt es [nunmehr] an der Zustimmung).

8. Prozeßkostenhilfe

85 a) Dem **Antragsteller** ist Prozeßkostenhilfe zu gewähren, wenn er die Voraussetzungen des Abs 1 schlüssig dartut.

aa) Insbesondere bedarf es der durch die Mitteilung von Tatsachen schlüssigen Erklärung, daß die Ehegatten **ein Jahr getrennt leben** und der Ankündigung, der Antragsgegner werde der Scheidung **zustimmen**. Nicht erforderlich ist der schlüssige Vortrag des **Scheiterns** der Ehe; dies liefe darauf hinaus, eine Scheidung nach dem Grundtatbestand schlüssig darzutun und würde den Zweck des Abs 1 stören, die Privatsphäre der Ehegatten zu schonen; hierunter könnte der Wille zur Einigung nur leiden (MünchKomm/Wolf Rn 62).

86 bb) Nicht erforderlich ist, daß der Antragsteller das Vorliegen der Voraussetzungen des **§ 630 Abs 1 ZPO** im Zeitpunkt der Antragstellung darlegt. Es genügt vielmehr die **Ankündigung**, daß die Folgesachen während des Verfahrens einverständlich geregelt werden; erst recht bedarf es nicht als Voraussetzung der Gewährung von Prozeßkostenhilfe der Schaffung vollstreckbarer Titel nach **§ 630 Abs 3 ZPO**; auch insoweit genügt die Ankündigung der Herstellung bis zum Ende der mündlichen Verhandlung (KG FamRZ 1980, 580; Rolland § 624 ZPO Rn 6; MünchKomm/Wolf Rn 62 a). Die Gegenansicht, die bereits den Vortrag einer Einigung und deren Bestätigung durch den Antragsgegner verlangt (OLG Zweibrücken FamRZ 1983, 1132; BGB-RGRK/Grasshof Rn 43) bzw sogar das Vorliegen der vollstreckbaren Titel nach § 630 Abs 3 ZPO (Soergel/Heintzmann Rn 35), überspannt die Voraussetzungen des Erfordernisses der *Erfolgsaussicht*. Die Rechtsverfolgung im Scheidungsverfahren nach Abs 1 verspricht bereits dann Aussicht auf Erfolg, wenn die tatbestandlichen Voraussetzungen des Abs 1 vorliegen und die weiteren Voraussetzungen der einverständlichen Scheidung nach § 630 ZPO während des Verfahrens geschaffen werden können. Die bedürftige Partei darf keinesfalls in die streitige Scheidung abgedrängt werden, sofern nur im Zeitpunkt der Antragstellung auf Prozeßkostenhilfe ein nach Abs 1 gestellter Scheidungsantrag nicht eindeutig unschlüssig ist. Da aber regelmäßig eine Einigung über die Folgesachen mit der Antragsschrift erst angekündigt wird, würde eine enge Handhabung die Rechte der bedürftigen Partei ohne Notwendigkeit verkürzen.

cc) Hingegen hat der Scheidungsantrag keine Aussicht auf Erfolg, wenn der An- **87** tragsteller das **Trennungsjahr** oder die **erwartete Zustimmung und Einigung** nicht dartut bzw der Antragsgegner bereits im Prozeßkostenhilfeverfahren erklärt, er werde der Scheidung nicht zustimmen oder eine Einigung über die Folgesachen nach § 630 Abs 1 ZPO verweigern. Prozeßkostenhilfe kann dann nur – weiteren Vortrag vorausgesetzt – für ein Verfahren nach § 1565 Abs 1, bei Trennung unter einem Jahr iVm § 1565 Abs 2 gewährt werden (SCHWAB/SCHWAB Teil II Rn 79; ähnlich von einem ansonsten abweichenden Standpunkt [dazu oben Rn 84]: SOERGEL/HEINTZMANN Rn 35). Da ein Übergang von der streitigen Scheidung zur einverständlichen Scheidung ohne Antragsänderung möglich ist, kann Prozeßkostenhilfe auch vor Ablauf des Trennungsjahres für eine letztlich einverständliche Scheidung erlangt werden, wenn der Antragsteller zum Scheitern und zu § 1565 Abs 2 vorträgt, im Scheidungsverfahren aber nach Ablauf des Trennungsjahres der Antragsgegner der Scheidung zustimmt, der Antragsteller sein Begehren auf Abs 1 stützt und die Parteien die Vereinbarungen nach § 630 Abs 1 ZPO herbeiführen (SCHWAB/SCHWAB Teil II Rn 79).

b) Dem **Antragsgegner** ist zwar Prozeßkostenhilfe auch nur bei hinreichender **88** Aussicht auf Erfolg zu gewähren (kritisch: GRUNSKY NJW 1980, 2042); ihm kann Prozeßkostenhilfe jedoch im Falle der einverständlichen Scheidung grundsätzlich nicht deshalb versagt werden, weil er dem Scheidungsantrag zustimmt.

aa) Dies läßt sich freilich, gerade weil er der Scheidung zustimmt, nicht schon damit begründen, daß dem Antragsgegner grundsätzlich zur **Verteidigung** gegen den Scheidungsantrag Prozeßkostenhilfe zu gewähren ist (so aber BGB-RGRK/GRASSHOF Rn 43 unter Berufung auf § 1564 Rn 99, wo – wie hier § 1564 Rn 121 – die generelle Gewährung zur Verteidigung gegen den Scheidungsantrag bejaht wird). Denkbar ist nämlich durchaus, daß die Rechtsverfolgung durch den Antragsgegner mittels eines eigenen Antrags keine hinreichende Aussicht auf Erfolg verspricht, so daß die Prozeßkostenhilfe auf die Verteidigung gegen den Antrag zu *beschränken* wäre (vgl dazu § 1564 Rn 121; wie hier: SCHWAB/SCHWAB Teil II Rn 79).

bb) Die Gewährung von Prozeßkostenhilfe an den Antragsgegner ist jedoch unter **89** dem Gesichtspunkt der **Waffengleichheit**, wie er in § 121 Abs 2 S 1 ZPO Ausdruck findet, erforderlich: Der Antragsgegner kann ein Interesse haben, einen eigenen Scheidungsantrag zu stellen – und nicht lediglich zuzustimmen. Er kann aber auch ein Interesse daran haben, mit der Zustimmung abzuwarten, bis die Folgesachen einvernehmlich zu seiner Zufriedenheit geregelt sind. Die Gewährung von Prozeßkostenhilfe muß also nur mit einem Rechtsschutzziel begründet sein, für das die Zuziehung eines Anwalts vernünftigerweise geboten ist. Jedenfalls genügt der Zweck, sich im Verfahren anwaltlich in Ansehung der Folgesachenregelungen beraten und vertreten zu lassen. Dies umfaßt dann auch die Gewährung von Prozeßkostenhilfe für die Stellung eines eigenen Antrags, selbst wenn dieser (insbesondere als Abweisungsantrag) wenig Aussicht auf Erfolg hätte (OLG Düsseldorf FamRZ 1981,

265; OLG Frankfurt FamRZ 1980, 716; OLG Hamburg FamRZ 1983, 1133; OLG Köln FamRZ 1982, 1224; GRUNSKY NJW 1980, 2042; MünchKomm/WOLF Rn 62 a).

90 cc) Umgekehrt ist auch regelmäßig die Gewährung der Prozeßkostenhilfe für einen eigenen Antrag auf die **Folgesachen** zu erstrecken, um dem Antragsgegner die Möglichkeit zur Einflußnahme auf die Gestaltung zu geben (OLG Hamburg FamRZ 1983, 1133; MünchKomm/WOLF Rn 62 a). Die bedürftige Partei darf nicht durch Versagung der Prozeßkostenhilfe gezwungen werden, im letzten Stadium der mündlichen Verhandlung unter Verzicht auf Beratung die Titulierung gemäß § 630 Abs 3 ZPO – preiswert – dadurch zu erreichen, daß sie einen Verfahrensbevollmächtigten nur noch zur Protokollierung eines bereits ausgehandelten Prozeßvergleichs bestellt.

9. Rechtsmittel

91 a) Grundsätzlich ergeben sich aus der einverständlichen Natur der Scheidung nach Abs 1 keine Besonderheiten für die Zulässigkeit eines Rechtsmittels. Jeder Antragsteller kann das den **Antrag abweisende Urteil** anfechten. Da jeder Ehegatte im Interesse der Eheerhaltung aber auch den **Scheidungsausspruch anfechten** kann, selbst wenn er selbst Scheidungsantrag gestellt hat, gilt dies auch im Falle der einverständlichen Scheidung und erst recht für den Antragsgegner, welcher der Scheidung lediglich zugestimmt hat. Jeder Antragsteller kann Rechtsmittel einlegen, um in der Rechtsmittelinstanz den Scheidungsantrag zurückzunehmen (zur Frage der Zustimmungsbedürftigkeit s § 1564 Rn 51) oder auf ihn zu verzichten (BGHZ 4, 314; BGHZ 24, 369; BGH NJW 1970, 46; BGH NJW 1978, 891; OLG Karlsruhe FamRZ 1980, 1121; OLG Köln FamRZ 1980, 1121). Der Antragsgegner kann auch Rechtsmittel nur mit dem Ziel einlegen, seine Zustimmung in der Rechtsmittelinstanz zurückzunehmen (BGHZ 89, 325; OLG Stuttgart NJW 1979, 662).

92 b) Umgekehrt kann der **Antragsgegner**, der bisher der Scheidung nur zugestimmt hat, **Anschlußberufung** einlegen, um selbst Scheidungsantrag zu stellen; dies ist insbesondere dann geboten, wenn der Antragsteller seinen Scheidungsantrag zurücknimmt oder auf ihn verzichtet. In dieser Situation kann der mit der Anschlußberufung verfolgte Scheidungsantrag des Antragsgegners nicht mehr auf Abs 1 gestützt werden, weil der ursprüngliche Antragsteller der Scheidung nicht (mehr) zustimmt (OLG Karlsruhe FamRZ 1980, 1121; MünchKomm/WOLF Rn 57).

93 c) Widerruft (oben Rn 46 ff, 77) der Antragsgegner seine Zustimmung in einer Rechtsmittelinstanz, so kann der Antragsteller seinen Scheidungsantrag **als streitige Scheidung** weiterverfolgen. Jedenfalls bei Widerruf in der Revisionsinstanz ist dann die Zurückverweisung erforderlich (MünchKomm/WOLF Rn 57). Auch bei Widerruf der Zustimmung gegenüber dem OLG in der Berufungsinstanz erscheint eine Zurückverweisung an das Familiengericht geboten; tatsächliche Feststellungen über das Scheitern der Ehe iSd § 1565 Abs 1 sind nach dem Widerruf erstmals zu treffen; den Parteien sollte keine Tatsacheninstanz entzogen werden.

Zur Einlegung von Rechtsmitteln im übrigen, insbes zu **Rechtsmittelverzicht** und der Wirkung von **Rechtsmitteln gegen Folgesachen** vgl § 1564 Rn 80 ff.

III. Vermutung bei dreijähriger Trennung (Abs 2)

1. Vermutungsgrundlage

a) Im Gegensatz zu Abs 1 setzt Abs 2 **lediglich die Trennung der Ehegatten** voraus. **94** Abs 2 greift insbesondere im Falle der streitigen Scheidung ein, auch wenn sich die Bestimmung weder auf die Haltung des Antragsgegners zur Scheidung noch auf Regelungen über Folgesachen ausdrücklich bezieht. Die Vermutung stützt sich auf keine anderen Seriositätsindizien für das vom Antragsteller behauptete Scheitern der Ehe als auf das Getrenntleben der Ehegatten (MünchKomm/WOLF Rn 70). Die **Dauer der Mindesttrennungszeit** ist hierzu gegenüber Abs 1 auf **drei Jahre** verlängert.

b) Für den **Lauf der Trennungszeit** ergeben sich gegenüber Abs 1 keine Besonder- **95** heiten (oben Rn 19 ff). Die Trennungszeit beginnt grundsätzlich frühestens mit der Eheschließung, die Dreijahresfrist muß im Zeitpunkt der letzten mündlichen Verhandlung der Tatsacheninstanz (BGH FamRZ 1979, 1003) abgelaufen sein; die ausnahmsweise Berücksichtigung in der Revisionsinstanz (oben Rn 19) kommt bei streitiger Scheidung regelmäßig aus Beweisgründen nicht in Betracht, weil das dreijährige Getrenntleben unstreitig sein müßte (vgl BGB-RGRK/GRASSHOF Rn 44). Die Berücksichtigung in der Revisionsinstanz scheitert in diesem Fall aber nicht daran, daß der Ablauf der Dreijahresfrist eine ehefeindliche Tatsache ist, für die das Einvernehmen der Parteien ohne Bedeutung wäre (so aber MünchKomm/WOLF Rn 76). Erforderlich ist nämlich für eine Berücksichtigung durch den BGH ohnehin, daß der Beginn und die Umstände der Trennung bereits in einer Tatsacheninstanz festgestellt sind; die Parteien disponieren dann aber nicht über den Fristablauf und damit über die Scheiternsvermutung, sondern lediglich über den Fortbestand bereits festgestellter Tatsachen.

Abs 2 ist auch anzuwenden, wenn die Ehegatten **nie eine gemeinsame Wohnung** begründet haben (aA SOERGEL/HEINTZMANN Rn 43; zur Feststellung der Trennungsdauer oben Rn 21 ff).

c) Der Tatbestand der dreijährigen Trennung kann mit allen zulässigen **Beweis-** **96** **mitteln** nachgewiesen werden. Seiner Feststellung kommt vor allem dann erhöhte Bedeutung zu, wenn eine *einverständliche Scheidung* unter Berufung auf die Vermutung des Abs 2 betrieben wird. Die Ehegatten können durch übereinstimmend unwahren Vortrag hierzu sämtlichen Kautelen des Abs 1 entgehen, welche die beidseitige Scheidungsenergie nachweisen sollen. Da die Ehegatten in diesem Fall nicht den vom Gesetz gewollten Weg der einverständlichen Scheidung nach Abs 1 beschreiten, erscheint eine intensivere Ausschöpfung von Beweismitteln geboten; die Anhörung der einverständlich vortragenden Parteien kann nicht immer genügen (vgl dagegen zu Abs 1 oben Rn 84).

2. Rechtsfolge: Scheiternsvermutung

a) Als Rechtsfolge tritt nach dreijährigem Getrenntleben die **unwiderlegbare Ver-** **97** **mutung** des Scheiterns der Ehe ein. Die Wirkungen der Vermutung entsprechen denen der Vermutung nach Abs 1 (vgl oben Rn 74 ff). Insbesondere ist also das Scheitern der Ehe nicht mehr positiv festzustellen oder auch nur zu untersuchen (SOERGEL/

HEINTZMANN Rn 40; JOHANNSEN/HENRICH/JAEGER Rn 22); der Vortrag des Antragsgegners, die Ehe sei nicht gescheitert, ist hierdurch unschlüssig (ROLLAND Rn 7). Entsprechenden Beweisanträgen ist nicht mehr nachzugehen (ERMAN/DIECKMANN Rn 3).

98 b) Das Gericht kann jedoch gemäß § 614 Abs 2, Abs 4 S 2 ZPO auch nach mehr als dreijähriger Trennung das Verfahren **bis zu sechs Monaten aussetzen**, wenn nach seiner freien Überzeugung Aussicht auf Fortsetzung der Ehe besteht. Das Gericht muß zur Prüfung der Aussichten einer Aussetzung des Verfahrens den Vortrag des Antragsgegners zum Zustand der Ehe berücksichtigen; es muß dem scheidungsunwilligen Antragsgegner die Möglichkeit geben, sich vor Gericht Gehör zu verschaffen und darzulegen, warum er die Scheidung ablehnt (BVerfGE 53, 224).

Zwischen der Vermutung nach Abs 2 und der Aussetzungsmöglichkeit nach § 614 Abs 2, Abs 4 S 1 ZPO besteht ein **Spannungsverhältnis**; die Handhabung ist **strittig**. *Eine Ansicht* sieht in § 614 ZPO eine Einbruchsstelle, die es dem Gericht ermöglicht, trotz der Vermutung des Abs 2 Feststellungen über das *Scheitern der Ehe* zu treffen (WILKENS FamRZ 1981, 109 ff; wohl auch SOERGEL/HEINTZMANN Rn 42); das Gericht sei in diesem Rahmen nicht durch Abs 2 iVm § 292 ZPO gebunden (BGB-RGRK/GRASSHOF Rn 46). Die *Gegenansicht* (MünchKomm/WOLF Rn 83) sieht in der Aussetzungsmöglichkeit einen unlösbaren logischen Bruch zu der Vermutung des Abs 2 und will daher die Anwendung der Aussetzungsmöglichkeit nach § 614 ZPO auf völlig ungewöhnliche Fälle reduzieren.

Dieses Spannungsverhältnis läßt sich auch nicht dadurch hinwegdefinieren, daß man die Aussetzung in solchen Fällen nicht in Hinblick auf eine *Versöhnungschance* beurteilt, sondern nur auf die *Bereitschaft zur Fortführung der gescheiterten Ehe* abstellt (so aber GERNHUBER/COESTER-WALTJEN § 27 IV 2). Es ist nicht Zweck der Aussetzung, eine gescheiterte Ehe aufrechtzuerhalten, die Aussetzung des Verfahrens muß immer einen bestimmten Zweck verfolgen.

99 Eine *vermittelnde Lösung* will einerseits den Auftrag des BVerfG (oben Rn 98) nicht in dem Sinne verstehen, daß die Vermutung des Abs 2 partiell außer Kraft gesetzt wird, denn das BVerfG hat aaO gerade diese Vermutung ausdrücklich gebilligt; § 614 ZPO soll aber auch bei dreijähriger Trennung nicht völlig leerlaufen; die Anhörung in Vorbereitung einer Entscheidung über die Aussetzung wird faktisch als Ersatz für das **Sühneverfahren** (§ 608 ZPO aF) verstanden, der Zweck der Aussetzung soll die Chance einer vom Gericht für möglich gehaltenen Versöhnung wahren (JOHANNSEN/HENRICH/JAEGER Rn 23; ähnlich ROLLAND Rn 7). Dem ist zuzustimmen; eine grundlegende Prüfung des Zustands der Ehe bzw Feststellungen und Beweiserhebungen über das *Scheitern* kommen im Rahmen des § 614 ZPO nicht in Betracht. Sieht man aber mit dem BVerfG die Aussetzungsmöglichkeit als ein Mittel, die ggf im Einzelfall bedenkliche Härte der unwiderlegbaren Vermutung für den scheidungsunwilligen Antragsgegner zu mildern, so wird diesem Zweck nur eine Handhabung gerecht, die Raum läßt für die Annahme einer ernsthaften Chance zur Versöhnung *trotz* Eingreifens der Scheiternsvermutung. Hat der Antragsgegner der Vermutung des Scheiterns nichts entgegenzusetzen als die Ablehnung der Scheidung, so genügt dies gerade nicht, das Gericht zu Ermittlungen über das Scheitern zu bewegen. Kann der Antragsgegner hingegen das Gericht zu der frei gebildeten Überzeugung bewegen, seine Ehe gehöre zu jenen Fällen, in denen die unwiderlegbare Vermutung Anlaß zu

Verfassungsbedenken geben könnte, so hat ihm das Gericht über die Aussetzung des Verfahrens die Chance einzuräumen, daß die normative Kraft einer faktischen Aussöhnung über die Unwiderlegbarkeit der Vermutung des Abs 2 siegt. Feststellungen über das Scheitern sind damit nicht zu verbinden; ansonsten wäre die Vermutung des Abs 2 ggf widerlegt und eine Scheidung (der nach Feststellung des Gerichts nicht gescheiterten Ehe) nach Scheitern des Versöhnungsversuches nach Ablauf der Aussetzungsfrist kaum vernünftig begründbar.

3. Verhältnis zu anderen Nachweistatbeständen

a) Das **Verhältnis zum Grundtatbestand (§ 1565 Abs 1)** ist unstrittig: Trägt der An- **100** tragsteller dreijähriges Getrenntleben vor, so muß das Gericht die Voraussetzungen der Scheiternsvermutung nach Abs 2 prüfen. Beweiserhebungen zum Scheitern iSd Grundtatbestands kommen erst in Betracht, wenn die Trennungsfrist nicht nachweisbar ist und der Antragsteller eine Scheidung aus dem Grundtatbestand anstrebt (dazu näher § 1564 Rn 59). Der Antragsgegner kann nicht erreichen, daß statt einer Scheidung aufgrund der Scheiternsvermutung Ermittlungen über das Scheitern der Ehe angestellt werden; selbst wenn er einen eigenen Scheidungsantrag stellt, ist vorrangig die – schonendere – Scheidung nach Abs 2 zu prüfen (MünchKomm/Wolf Rn 77). Auch wenn während der mündlichen Verhandlung die Trennungsfrist des Abs 2 abläuft, kommt eine Scheidung aus dem Grundtatbestand nicht mehr in Betracht (BGB-RGRK/Grasshof Rn 44; dazu näher § 1564 Rn 62). Ergibt sich der Fristablauf aus den dem Gericht unterbreiteten Tatsachen, so greift die Vermutung des Abs 2 auch dann ein, wenn sich kein Ehegatte darauf beruft oder der Antragsteller ausdrücklich nach dem Grundtatbestand geschieden werden will.

Dies gilt **erst recht für § 1565 Abs 2**: Nach Ablauf eines Trennungsjahres kommt nur noch eine Scheidung nach dem Grundtatbestand in Betracht, die nach den vorstehenden Grundsätzen durch die Vermutungswirkung nach dreijähriger Trennung verdrängt wird (MünchKomm/Wolf Rn 76). Die begehrte Feststellung einer Härte nach § 1565 Abs 2 scheidet aus.

b) Beantragt ein Ehegatte oder beide eine **einverständliche Scheidung nach Abs 1,** **101** so darf das Gericht nicht auf Abs 2 zurückgreifen, ehe die Voraussetzungen des Abs 1 geprüft sind. Der Wille der Parteien, einverständlich geschieden zu werden, ist insoweit beachtlich, als sie in der Lage sind, die Voraussetzungen nach Abs 1 iVm § 630 ZPO zu schaffen. Nur wenn die einverständliche Scheidung mangels Einigung über die Folgesachen scheitert und sich aus den dem Gericht unterbreiteten Tatsachen die dreijährige Trennung ergibt, ist die Ehe aus Abs 2 zu scheiden; die Vermutung des Scheiterns der Ehe greift auch dann ein, wenn sich kein Ehegatte darauf beruft (ähnlich: MünchKomm/Wolf Rn 78; vgl auch § 1564 Rn 59).

4. Härteklauseln (§ 1568)

a) Die **Kinderschutzklausel** des § 1568 ist immer von Amts wegen zu beachten. **102** Besonderheiten ergeben sich, gemessen an einer Scheidung aus dem Grundtatbestand sowie aus Abs 1 (dazu oben Rn 78 ff) nicht (MünchKomm/Wolf Rn 75, BGB-RGRK/Grasshof Rn 45).

103 **b)**   Die **Härteklausel** zugunsten des Ehegatten in § 1568 ist ebenfalls wie im Falle der Scheidung aus dem Grundtatbestand zu handhaben (anders hingegen bei Scheidung aus Abs 1, vgl oben Rn 77). Sie ist immer zu prüfen, wenn ein Ehegatte sich auf sie beruft; da eine zeitliche Befristung nicht mehr besteht, ist die Härteklausel der einzige Tatbestand, der einer Scheidung bei Vorliegen der Scheiternsvermutung des Abs 2 entgegenstehen kann und der ggf auch zu einer Prüfung des Zustandes der Ehe nötigt (ERMAN/DIECKMANN Rn 17; MünchKomm/WOLF Rn 75; BGB-RGRK/GRASSHOF Rn 45).

§ 1567

[1] **Die Ehegatten leben getrennt, wenn zwischen ihnen keine häusliche Gemeinschaft besteht und ein Ehegatte sie erkennbar nicht herstellen will, weil er die eheliche Lebensgemeinschaft ablehnt. Die häusliche Gemeinschaft besteht auch dann nicht mehr, wenn die Ehegatten innerhalb der ehelichen Wohnung getrennt leben.**

[2] **Ein Zusammenleben über kürzere Zeit, das der Versöhnung der Ehegatten dienen soll, unterbricht oder hemmt die in § 1566 bestimmten Fristen nicht.**

Materialien: Abs 1 S 1 vgl RegE 1971 BT-Drucks VI/2577 § 1566 Abs 2; RegE 1973 § 1567 Abs 1, BT-Drucks 7/650; die Gesetz gewordene Fassung geht auf den Vorschlag des Bundesrates (BT-Drucks 7/650) zurück; **Abs 1 S 2 und Abs 2** siehe RegE 1973, BT-Drucks 7/630 § 1567 Abs 2. Neu gefaßt durch 1. EheRG BGBl 1976 I 1421.

Schrifttum

Vgl Schrifttum zu Vorbem zu §§ 1564 ff.

Systematische Übersicht

Alphabetische Übersicht

I.   Normzweck, Reichweite

1.   Abs 1

a)   Grundsätzliches
aa)   Abs 1 enthält die **Legaldefinition** des Begriffes „Getrenntleben". Das Schei- **1**
dungsrecht des 1. EheRG knüpft an das Getrenntleben die Funktion eines nach
außen wirkenden Indikators für die schwer feststellbaren inneren tatbestandlichen
Scheidungsvoraussetzungen. Das Getrenntleben unterstreicht die *Ernstlichkeit des
Scheidungswillens* und stellt die *Scheiternsprognose* auf eine sichere Grundlage. Ohne
Getrenntleben kann daher (im Regelfall) die Ehe nicht geschieden werden (§ 1565
Abs 2). Längeres Getrenntleben gibt andererseits das *Scheitern der Ehe* nach außen
zu erkennen und dient daher als Grundlage für die Vermutungsfristen des § 1566.
Nach der Wertung des Gesetzes ist das Getrenntleben, also der *äußere Zustand der
Ehe* ein sicheres Fundament der Feststellung der Tatbestandsmerkmale der Schei-
dungsvoraussetzungen. Daher bedarf es einer zwingenden gesetzlichen Festlegung
der Art und Weise der Trennung, die als „Getrenntleben" diese Indikatorfunktion
erfüllt. Im Gegensatz zur ehelichen Lebensgemeinschaft, die der freien Ausgestaltung durch die Ehegatten überlassen ist, sind die Modalitäten des Getrenntlebens als
Grundlage der Ehescheidung objektiv und zwingend festgelegt (BGB-RGRK/GRASSHOF
Rn 3; MünchKomm/WOLF Rn 3; PALANDT/DIEDERICHSEN Rn 1; SCHWAB/SCHWAB Teil II Rn 119;
AK-BGB/LANGE-KLEIN Rn 1).

bb)   Angeknüpft wird an das **faktische Getrenntleben** im Gegensatz zu einem Ver- **2**
fahren der **gerichtlichen** oder gerichtlich bestätigten Trennung, wie sie etwa das ita-
lienische Recht kennt.

α)   Dadurch ist sichergestellt, daß die **Indizwirkung des Getrenntlebens** unmittelbar
einwirkt und nicht relativiert wird. Eindeutige tatsächliche **Kriterien des Getrenntlebens als Zustand** geben Aufschluß über den *Fortbestand des Scheidungswillens*,
während eine gerichtliche Trennungsentscheidung nur eine Momentaufnahme darstellt, die auch aus einer Überreaktion auf die Krise der Ehe geboren sein kann. Eine

gerichtliche Trennungsentscheidung könnte also immer nur in Verbindung mit einer in der Folgezeit nachprüfbar vollzogenen Trennung zur Grundlage einer Scheidung gemacht werden.

3 **β)**   Eine behördlich oder gerichtlich formalisierte Trennung hätte zwar andererseits den Vorzug einer zweifelsfreien **Festlegung des Trennungsbeginns** und damit insbesondere der Vermeidung einverständlich manipulierten Vortrags zur Trennung. Gegen eine Lösung, die bereits den Trennungsbeginn mit einer gerichtlichen Entscheidung verbindet, spricht jedoch die Zielsetzung, die Trennungszeit als eine freie Bedenkzeit zu verstehen (vgl Vorbem 15 zu §§ 1564 ff). Die Ehegatten können durch Aufgabe der faktischen Elemente des Getrenntlebens ohne weiteres zur Fortsetzung der ehelichen Lebensgemeinschaft zurückkehren; die Versöhnungsbereitschaft wird nicht durch eine zwischen den Ehegatten stehende gerichtliche Entscheidung gehemmt.

4 **γ)**   Das Getrenntleben gibt den Ehegatten die Möglichkeit, ihren Scheidungswunsch **ernsthaft zu prüfen**. Die tatsächlichen Folgen des Getrenntlebens stellen dabei den Ehegatten vor Augen, wie sie ihr Leben ohne die bisherige faktische und seelisch-moralische Unterstützung des Ehepartners bewältigen können. Dieser Funktion kann allerdings das Getrenntleben im Umfeld des ehelichen und nachehelichen Unterhaltsrechts nicht völlig gerecht werden; der Anstoß zum Bedenken der Situation trifft vorwiegend den Ehegatten, der während des Zusammenlebens Unterhaltsleistungen in natura entgegengenommen hat. Hingegen bleibt der Anspruch auf Unterhaltsleistung in Geld während des Getrenntlebens unverändert bestehen; er wird sogar regelmäßig erstmals in Form einer monatlichen Unterhaltsrente aktualisiert, was oft zunächst als Vorteil und Unabhängigkeit empfunden wird, so daß sich für den haushaltführenden Ehegatten eine erheblich geringere Warnfunktion ergibt. Ggf wirkt die Zahlung von Trennungsunterhalt in einer Situation, die häufig von Freiheitsdrang und realitätsfernen Selbstverwirklichungsträumen geprägt ist, sogar scheidungsfördernd.

5 **cc)**   Ein **Recht zum Getrenntleben** setzt Abs 1 nicht voraus. Das Getrenntleben ist in seiner Funktion als Indikator des Scheiterns der Ehe ein faktischer (Fehlen der häuslichen Gemeinschaft) und willensgetragener (Ablehnung der ehelichen Lebensgemeinschaft) Zustand, der unabhängig davon ist, ob der das Getrenntleben herbeiführende Ehegatte hierzu gemäß **§ 1353 Abs 2** berechtigt ist. Zu dem sich daraus ergebenden Spannungsverhältnis vgl § 1565 Rn 20 ff.

b)   **Bedeutung des Getrenntlebens im Scheidungsrecht**

6 **aa)**   Der Begriff des Getrenntlebens ist in erster Linie auf die **Scheiternsvermutungen des § 1566** zugeschnitten; dies ergibt sich aus den Materialien (BT-Drucks 7/650, 114) und hat im Gesetzestext in § 1567 Abs 2 Niederschlag gefunden, wo – versehentlich – ausschließlich auf § 1566 Bezug genommen wird (JOHANNSEN/HENRICH/JAEGER Rn 2). Die **Auslegung** des Getrenntlebensbegriffes muß sich daher vorrangig an der Zwecksetzung der Scheiternsvermutungen orientieren. Der ein „Getrenntleben" begründende Sachverhalt muß so beschaffen sein, daß er bei der in § 1566 Abs 1 bzw Abs 2 zugrundegelegten Dauer das Scheitern der Ehe verläßlich anzeigt (BGH NJW 1989, 1988; JOHANNSEN/HENRICH/JAEGER Rn 3; SOERGEL/HEINTZMANN Nachtrag Rn 3). Die Voraussetzungen des Getrenntlebens sind sorgsam von Amts wegen zu prüfen; sie unterliegen nicht der Parteidisposition (MünchKomm/Wolf Rn 3).

bb) Die zweite Funktion des Getrenntlebensbegriffes für das Scheidungsrecht er- **7** gibt sich aus **§ 1565 Abs 2**. Die Scheidung aus dem Grundtatbestand setzt voraus, daß die Ehegatten mindestens ein Jahr getrennt leben; ansonsten kann die Scheidung nur unter den erschwerten Voraussetzungen des § 1565 Abs 2 (unzumutbare Härte) erfolgen. Der dort bezweckte Schutz gegen vorschnelle Scheidungsentschlüsse steht in Einklang mit der Notwendigkeit einer strengen Auslegung des Getrenntlebensbegriffs als Grundlage der Scheiternsvermutung (Soergel/Heintzmann Rn 3; oben Rn 4). Daher ist in § 1565 Abs 2 das Getrenntleben ebenfalls in Anwendung von Abs 1 zu bestimmen (BGH NJW 1978, 1810; BGH NJW 1979, 1360; OLG Celle FamRZ 1979, 234; OLG Hamm FamRZ 1978, 117; OLG Köln FamRZ 1979, 236; Schwab/Schwab Teil II Rn 145; MünchKomm/Wolf Rn 4; Soergel/Heintzmann Rn 3; Johannsen/Henrich/Jaeger Rn 1), wenngleich die Konsequenzen einer Lockerung der Trennungsvoraussetzungen dort weniger einschneidend wären als zu den Vermutungsfristen: In Anwendung von § 1566 wird das Getrenntleben zur *einzigen Grundlage* der unwiderlegbaren Scheiternsvermutung, in Anwendung von § 1565 ist das einjährige Getrenntleben *(nur) kumulative Voraussetzung* für die dann immer noch positiv zu treffende Scheiternsfeststellung.

cc) **Scheidungsverfahrensrechtlich** ist die Dauer des Getrenntlebens bedeutsam für **8** die **Aussetzung des Verfahrens**. Leben die Ehegatten ein Jahr getrennt, darf das Verfahren nicht gegen den Widerspruch beider Ehegatten ausgesetzt werden (§ 614 Abs 2 S 2 ZPO), leben sie mehr als drei Jahre getrennt kommt eine Aussetzung höchstens für sechs Monate in Betracht (§ 614 Abs 4 S 2 ZPO).

Für die Bestimmung der **Zuständigkeit** gemäß §§ 606 ZPO ist hingegen nicht an den Getrenntlebensbegriff des Abs 1 anzuknüpfen, sondern jeweils auf den *gewöhnlichen Aufenthalt* jedes Ehegatten abzustellen (MünchKomm/Wolf Rn 67; aA wohl Erman/Dieckmann Rn 2). So behalten insbesondere beide Ehegatten ihren gewöhnlichen Aufenthalt noch in der ehelichen Wohnung (also § 606 Abs 1 ZPO), wenn sie entsprechend Abs 1 S 2 in der ehelichen Wohnung getrennt leben.

dd) Seit der Aufhebung der durch das Bundesverfassungsgericht (BVerfG NJW 1981, **9** 108) für verfassungswidrig erklärten **Befristung der Härteklauseln (§ 1568 Abs 2 aF)** durch das Unterhaltsänderungsgesetz (BGBl 1986 I 301) ist eine bestimmte Dauer des Getrenntlebens nicht mehr geeignet, die Härteklauseln zwingend auszuschließen. Die Dauer des Getrenntlebens verdient freilich bei der Abwägung zwischen den Belangen des Antragstellers und des die Scheidung ablehnenden Antragsgegners weiterhin Beachtung, setzt aber keine statische Grenze mehr (vgl dazu § 1568 Rn 167 ff).

c) **Getrenntleben in Bestimmungen außerhalb des Scheidungsrechts**
aa) Der Getrenntlebensbegriff in Abs 1 ist auf die Regelung der Ehescheidung in **10** §§ 1564 ff zugeschnitten; es kann daher ein tatbestandlich vorausgesetztes Getrenntleben selbst in sonstigen **familienrechtlichen Vorschriften** nicht schematisch nach § 1567 beurteilt werden (Schwab/Schwab Teil II Rn 145; BGB-RGRK/Grasshof Rn 2; Rolland Rn 1; aA Erman/Dieckmann Rn 2; Johannsen/Henrich/Jaeger Rn 6). Der Begriff des Getrenntlebens ist dort jeweils nach dem Zweck der Bestimmung auszulegen; insbesondere kann sich eine (analoge) Anwendung von § 1567 verbieten, wenn es lediglich

auf das tatsächliche Getrenntleben ankommt, nicht aber auf die von Abs 1 geforderte Willens- und Motivationslage; andererseits kann ein Zusammenleben über kürzere Zeit die Trennung für Zwecke anderer Bestimmungen auch unterbrechen, wenn es zur Versöhnung der Ehegatten erfolgt, also scheidungsrechtlich unerheblich wäre (vgl Abs 2 und § 1567). Im Ergebnis herrscht jedoch weitgehend Einigkeit im Kernbereich der familienrechtlichen Normen, welche einen Bezug zur Scheidungssituation haben. Auch die – nach hier vertretener Ansicht erforderliche Einzelwertung – wird häufig zu einer entsprechenden Anwendung von § 1567 führen, weil mit der Verwendung des Begriffs „Getrenntleben" auch eine möglichst einheitliche Abgrenzung der im Vorfeld einer Scheidung regelungsbedürftigen tatsächlichen Situation verbunden ist (ähnlich JOHANNSEN/HENRICH/JAEGER Rn 6).

11　bb)　Anwendbar ist der Getrenntlebensbegriff des Abs 1 bei Regelungen, die in engem *Zusammenhang* mit einer auf *Scheidung abzielenden Trennung* stehen, also § 1361 (Trennungsunterhalt; BGH FamRZ 1982, 574; PALANDT/DIEDERICHSEN Rn 2; JOHANNSEN/HENRICH/JAEGER Rn 6; aA ROLLAND Rn 1; zweifelnd BGB-RGRK/GRASSHOF Rn 2), §§ 1361 a und b (Hausrat und Ehewohnung bei Getrenntleben) und § 1385 (vorzeitiger Zugewinnausgleich bei dreijährigem Getrenntleben; JOHANNSEN/HENRICH/JAEGER Rn 6). Anwendbar ist der Trennungsbegriff des Abs 1 grundsätzlich auch in **kindschaftsrechtlichen Bestimmungen**, die auf die Situation der Ehekrise und die der Scheidung vorangehende Trennung zugeschnitten sind, also § 1629 Abs 3 (Prozeßstandschaft für Kindesunterhaltsanspruch bei Getrenntleben; PALANDT/DIEDERICHSEN Rn 2), Problematisch ist die Anwendung bei § 1671 (elterliche Sorge bei Getrenntleben, zu § 1672 aF: OLG Köln FamRZ 1986, 388; zweifelnd: BGB-RGRK/GRASSHOF Rn 2). Für einen Sorgerechtsantrag sollte es nicht genügen, wenn die Ehegatten/Eltern in der ehelichen Wohnung getrennt leben, da der typische Bedarf nach Entscheidungskompetenz eines Elternteils kaum besteht, wenn beide Eltern und die Kinder in derselben Wohnung leben. Freilich kann auch in diesem Fall trennungsbedingte Konsensunfähigkeit bestehen.

12　cc)　Nicht vollständig deckungsgleich ist der Trennungsbegriff in § 1357 Abs 3 (Wegfall der Schlüsselgewalt; vgl SCHWAB/SCHWAB Teil II Rn 145; zweifelnd BGB-RGRK/GRASSHOF Rn 2) und § 1362 Abs 1 (sowie § 739 ZPO; Wegfall der Eigentumsvermutung; WACKE FamRZ 1980, 16). Als problematisch erweist sich bei beiden Bestimmungen die Situation des Getrenntlebens in der ehelichen Wohnung, da jeweils Dritte betroffen sind, für die das Getrenntleben in diesem Fall nicht erkennbar wird (WACKE FamRZ 1980, 16; zweifelnd: BGB-RGRK/GRASSHOF Rn 2). Anwendbar ist § 1567 Abs 1 auf diese Bestimmungen jedoch insoweit, als die *bloße räumliche Trennung* nicht genügt, sondern ein *Trennungswille* hinzutreten muß (OLG Düsseldorf NJW-RR 1995, 963: Strafhaft).

13　dd)　Außerhalb des Familienrechts ist teilweise von eigenständigen Trennungsbegriffen auszugehen. Diese sind nach dem Zweck der jeweiligen Regelung zu bestimmen und von den Voraussetzungen des § 1567 sowie den Feststellungen des Familiengerichts im Scheidungsverfahren unabhängig (ERMAN/DIECKMANN Rn 5; MünchKomm/WOLF Rn 67). Insbesondere der Trennungsbegriff im **Steuerrecht** (§§ 26, 26 b EStG) ist enger, weil ein kurzfristiges Zusammenleben – anders als in Abs 2 – das Getrenntleben unterbricht (zu Einzelheiten: LIEBELT NJW 1994, 703). Im **Sozialrecht** ist teilweise von einem an § 1567 orientierten Trennungsbegriff auszugehen, wenn nach dem Zweck der Regelung auf die durch die Trennung manifestierte Lockerung der ehelichen

Lebensgemeinschaft abzustellen ist (vgl BAG FamRZ 1995, 1139 zu einer Ausschlußklausel in einer betrieblichen Versorgungsordnung im Fall des Getrenntlebens). Hingegen tritt die Verhinderung von Mißbrauch im Sozialrecht in den Vordergrund, wenn Ehegatten vortragen, in derselben Wohnung getrennt zu leben und damit eine Nichtanrechnung von Einkommen des einen auf Sozialleistungsansprüche des anderen erreichen wollen (vgl zu § 11 Abs 2 BAFöG: BVerfG FuR 1995, 145). Auch im **Ausländerrecht** wird nach den maßgeblichen Interessen teils auf die familienrechtliche Lage abgestellt (vgl OVG Hamburg FamRZ 1994, 1249 zur ehelichen Gemeinschaft bei behördlich veranlaßter Trennung der Ehegatten [Heimaufenthalt]); teils erfordern öffentliche Interessen die Berücksichtigung von Umständen, die familienrechtlich (noch) nicht relevant werden (vgl zu ausländerrechtlichen Konsequenzen vor Ablauf des Trennungsjahres bei Zweckehen § 1565 Rn 103).

d)   Getrenntleben und Aufhebung der häuslichen Gemeinschaft

aa)   Historisch ersetzt das „Getrenntleben" als Beschreibung des Zustandes, an den   **14** scheidungsrechtliche Konsequenzen geknüpft werden, in §§ 1564 ff idF des 1. EheRG die „Aufhebung der häuslichen Gemeinschaft" iSd § 48 EheG aF. Mit diesem Übergang hat der Gesetzgeber nicht nur eine erhebliche Erweiterung der Rechtsfolgen der Trennung verbunden, die im alten Recht nur in § 48 EheG unmittelbar anspruchsbegründendes Element des Scheidungstatbestands war. Der Gesetzgeber hat mit dem neuen Begriff insbesondere die Entwicklung der Rechtsprechung zur Zerrüttungsscheidung des alten Rechts aufgegriffen, wonach die Aufhebung der häuslichen Gemeinschaft neben der tatsächlichen Trennung ein **willensgetragenes Element** der Ablehnung des Zusammenlebens erforderte. Hierdurch wurden insbesondere die Fälle ausgegrenzt, in denen die Ehegatten aufgrund äußerer Umstände getrennt lebten, ohne daß dem ein Trennungswille zugrundelag; andererseits wurde auch bereits zu § 48 EheG aF die Möglichkeit eines solchermaßen willensgetragenen Getrenntlebens in der ehelichen Wohnung erkannt (BGH FamRZ 1969, 80; dazu: BGB-RGRK/Grasshof Rn 1; MünchKomm/Wolf Rn 9; Johannsen/Henrich/Jaeger Rn 9).

bb) Getrenntleben ist **nicht identisch** mit der Aufhebung der häuslichen Gemein-   **15** schaft. Dies ergibt sich sprachlogisch aus der Kumulation des Nichtbestehens der häuslichen Gemeinschaft mit einem weiteren Tatbestandsmerkmal („und ein Ehegatte sie erkennbar nicht herstellen will, weil …") zum definierten Begriff des „Getrenntlebens". Die Wortwahl verdeutlicht, daß zur rein tatsächlichen Aufhebung der Gemeinsamkeit der häuslichen Lebensführung ein inneres Element hinzutritt, nämlich die Ablehnung der häuslichen Gemeinschaft durch einen Ehegatten.

e)   Getrenntleben und Nichtbestehen der ehelichen Lebensgemeinschaft

aa) Die Beschreibung des inneren Elements, welches das Getrenntleben von der   **16** Aufhebung der häuslichen Gemeinschaft abgrenzt, bezieht die eheliche Lebensgemeinschaft ein und führt dadurch zu Schwierigkeiten in der **Abgrenzung** zwischen **Getrenntleben** und **Aufhebung der ehelichen Lebensgemeinschaft** iSd § 1565 Abs 1 (zur Abgrenzung zwischen ehelicher Lebensgemeinschaft und *häuslicher Gemeinschaft* vgl § 1565 Rn 24). Dieses Problem ist in der **Gesetzgebungsgeschichte angelegt**. Es war zunächst im Regierungsentwurf 1973 (BT-Drucks 7/650 § 1567 Abs 1 S 1) die Formulierung enthalten „wenn zwischen ihnen keine häusliche Gemeinschaft besteht und ein Ehegatte deren Herstellung erkennbar ablehnt". Die Einbeziehung der ehelichen Lebensgemeinschaft geht zurück auf einen Vorschlag des Bundesrates. Hintergrund ist der rechtspolitische Streit zwischen Bundestags- und Bundesratsmehrheit um die „Fristenautomatik" des § 1566, also um die Ausgestaltung der Vermutungen als widerlegbar oder unwiderlegbar. Der Bundesratsvorschlag sollte Elemente des Zerrüttungsgedankens auch in die Voraussetzungen des Getrenntlebens einbringen.

17 bb) Damit bezieht aber die Definition des Getrenntlebens bei streng grammatikalischem Verständnis bereits zentrale **Teile des subjektiven Tatbestands** aus dem Grundtatbestand des § 1565 Abs 1 ein. Zwischen der „ehelichen Lebensgemeinschaft" iSd Abs 1 und der „Lebensgemeinschaft der Ehegatten" iSd § 1565 Abs 1 läßt sich nicht differenzieren; bei diesem Formulierungsunterschied handelt es sich um ein Redaktionsversehen; der Gesetzgeber hat beide Begriffe synonym verstanden (MünchKomm/ Wolf Rn 45). Da die Lebensgemeinschaft der Ehegatten nur aus der Übereinstimmung der Ehegatten heraus definiert werden kann (dazu § 1565 Rn 26 ff), bewirkt die Ablehnung der ehelichen Lebensgemeinschaft durch einen Ehegatten dogmatisch verstanden bereits die negative *Diagnose* während die *endgültige* Ablehnung zur negativen *Prognose* über die eheliche Lebensgemeinschaft führt. Damit wäre für die Fristenscheidung verglichen mit dem Grundtatbestand lediglich die Prognose des Scheiterns verzichtbar, die Diagnose aber durchzuführen (so in der Tat MünchKomm/Wolf Rn 15 a, 46). Würde man aber beispielsweise zur Feststellung des Tatbestands des Abs 1 tatsächlich den Nachweis verlangen, daß ein Ehegatte während der gesamten Trennungszeit die eheliche Lebensgemeinschaft abgelehnt hat, so stünde diese Feststellung in enger Nachbarschaft zur positiven Feststellung des Scheiterns der Ehe, weil die Möglichkeit der positiven Prognose angesichts der lange anhaltenden negativen Diagnose nur noch theoretischer Natur ist (Rolland Rn 6; MünchKomm/ Wolf Rn 11). Insbesondere als Grundlage der **Vermutungen** des Scheiterns in § 1566 wäre dem Getrenntleben bei solchem Verständnis die Bedeutung praktisch entzogen. Berücksichtigt man die rechtspolitischen Strömungen im Zeitpunkt der Verabschiedung des 1. EheRG, so liegt die Annahme nicht fern, daß der Gesetz gewordene Vorschlag des Bundesrats eben dies bezweckte: Es sollte die Fristenscheidung des § 1566 dadurch entschärft werden, daß in den Tatbestand des Getrenntlebens als *Vermutungsvoraussetzung* bereits das *Vermutungsergebnis* als Tatbestandsmerkmal einbezogen wurde.

18 cc) Die ganz herrschende Meinung ist dieser Zielsetzung zu Recht nicht gefolgt und lehnt eine sog **„kleine Zerrüttungsprüfung"** als Bestandteil der Prüfung des Getrenntlebens ab (BGH NJW 1989, 1988; Rolland Rn 6; Johannsen/Henrich/Jaeger Rn 4; Schwab FamRZ 1976, 500; BGB-RGRK/Grasshof Rn 19 f). Eine Auslegung, die wesentliche Elemente der Scheiternsprüfung in den Tatbestand des Getrenntlebens hineinträge, verstieße gegen den **Normzweck** des § 1566: Die Schonung der Privat- und Intimsphäre der Ehegatten durch die Scheiternsvermutung ist nicht erreichbar, wenn die Grundlage dieser Vermutung eine eingehende Erforschung des psychologischen Verhältnisses der Ehegatten zueinander voraussetzt. Die Ablehnung der ehelichen Lebensgemeinschaft im Sinne des Scheiternsbegriffs in § 1565 Abs 1, also das *Fehlen der ehelichen Gesinnung* kann daher nicht maßgeblich sein für die Feststellung des Getrenntlebens (BGH NJW 1989, 1989).

19 Dieser normzweckentsprechenden Auslegung läßt sich zwar aus Sicht einer **historischen Auslegung** zu Recht entgegenhalten, daß damit dem Gesetzgeber des 1. EheRG letztlich in seiner rechtspolitischen Zielsetzung die Gefolgschaft verweigert wird; die herrschende Ansicht verwirklicht eher die Zielsetzung des Regierungsentwurfs und stellt sich gegen die rechtspolitisch gewollte Einschränkung der Fristenscheidung durch die Antragsteller im Bundesrat (zutreffend MünchKomm/WOLF Rn 45; aA BGB-RGRK/GRASSHOF Rn 20). Dies spricht jedoch im Ergebnis nicht gegen die herrschende Ansicht. Vielmehr ergibt sich ein offener Konflikt zwischen der auch im Bundesrat und im Rechtsausschuß nicht aufgegeben Zielsetzung des § 1566 (Schonung der Intimsphäre) und dem nachgeschobenen Bezug des subjektiven Moments des Getrenntlebens auf die Ablehnung der ehelichen Lebensgemeinschaft. In diesem Konflikt muß die historische Auslegung zurücktreten, soweit der mit der Modifikation des § 1567 Abs 1 S 1 verbundene gesetzgeberische Wille unvereinbar ist mit dem übergeordneten legislativen Zweck der Fristenscheidung. Hätte der Gesetzgeber die Fristenscheidung in so erheblichem Maß relativieren wollen, so hätte dies unmittelbar in § 1566 Ausdruck finden müssen. Dies macht allerdings das Tatbestandsmerkmal nicht überflüssig, reduziert es aber auf einen Gehalt, der mit diesem Ziel vereinbar ist (dazu unten Rn 26 f).

2. Abs 2

a) Das Erfordernis ununterbrochener Trennungsfristen als Voraussetzung der **20** Scheidung aus dem Grundtatbestand bzw der Fristenscheidung bedeutet ein **ehefeindlich wirkendes psychologisches Hemmnis** gegen eine Unterbrechung der Trennung zu Versöhnungszwecken. Die Rechtsprechung zu § 48 EheG aF hatte eine Unterbrechung der erforderlichen dreijährigen Trennung bereits dann angenommen, wenn die Ehegatten auch nur probeweise oder vorübergehend in einem nicht ganz geringfügigen Zeitraum zusammenlebten (MünchKomm/WOLF Rn 6). Berücksichtigt man die mit einem Versöhnungsversuch nach erfolgter Trennung ohnedies verbundenen psychologischen Belastungen, die Aufgabe einer bereits erreichten gewissen Selbständigkeit von der Unterstützung des anderen Ehegatten, das Risiko der emotionalen Aufwühlung von nur oberflächlich bewältigten Kränkungen und Verletztheiten, so liegt die Annahme nahe, daß der Weg zu einem unsicheren Versöhnungsversuch nur frei wird, wenn der Rückzug in die Vorbereitung der Scheidung hierdurch nicht auf wiederum längere Zeit versperrt ist (vgl JOHANNSEN/HENRICH/JAEGER Rn 5).

b) Abs 2 soll diese Spannung zwischen Klarheit der Trennung als Scheidungsvor- **21** aussetzung und ehefeindlicher Wirkung mildern und **Versöhnungsversuche der Ehegatten fördern**. Abs 2 erleichtert damit zwar mittelbar die Scheidung – weil ein erfolglos verlaufener Versöhnungsversuch die Trennungsfrist nicht hemmt oder unterbricht. Dies ist jedoch nur der Preis für die Verwirklichung des eheerhaltenden Zwecks, da die Verhinderung des Versöhnungsversuchs erst recht ehefeindlich wäre. Als eheerhaltende Bestimmung ist Abs 2 auch im Rahmen des § 1565 Abs 2 (Feststellung des Ablaufs des Trennungsjahres) anzuwenden (MünchKomm/WOLF Rn 13; JOHANNSEN/HENRICH/JAEGER Rn 5; vgl unten Rn 127).

c) Mit der in Abs 2 gewählten Lösung, die dem Regierungsentwurf entspricht, **22** beschreitet das Gesetz einen Mittelweg zwischen ausnahmslos **unterbrechungsloser Trennung** und **Kumulation aufeinanderfolgender Trennungsfristen**. Eine Kumulation abschnittsweiser Trennungszeiten zu den erforderlichen Mindesttrennungszeiten würde jedenfalls dem Zweck des § 1565 Abs 2 zuwiderlaufen; die einjährige Mindesttrennungsfrist kann übereilte Scheidungsentschlüsse nur verhindern, wenn in den Verhältnissen jedes Ehegatten eine durch die Trennung gekennzeichnete Beständigkeit eingetreten ist; eine Lösung vom Partner auf Raten ist umgekehrt als deutliches Indiz für einen nicht gefestigten Scheidungswillen zu werten. Eine andere Wertung könnte hinsichtlich der Vermutungsfrist der § 1566 Abs 2 veranlaßt sein. Der scheidungswillige Ehegatte, der sich während der Trennungszeit durch den an der Ehe festhaltenden Ehegatten *immer wieder* zu Phasen „neuer Versuche miteinander" bewegen läßt, offenbart damit nicht ohne weiteres, daß die Ehe noch nicht endgültig gescheitert ist. Hier mag nicht selten auch allgemein menschliches Mitleid mittragendes Motiv sein. In solchen Fällen kann sich die Regelung des Abs 2 als eng erweisen, weil in extremen Fällen das Zusammenleben nicht der Versöhnung dient oder häufiger und damit insgesamt von längerer Dauer ist. *Rechtspolitisch* erwägenswert erscheint daher die Möglichkeit einer Lockerung des Dreijahrestatbestandes durch eine Regelung, wonach ein Zusammenleben von einer bestimmten Dauer (etwa von insgesamt sechs Monaten während des Dreijahreszeitraums) den Lauf der Frist nur hemmt; § 1565 Abs 2 sollte hiervon nicht betroffen sein, vor Ausspruch der Scheidung müßte also ein – vorbehaltlich von Versöhnungsversuchen nach Abs 2 – ununterbrochenes Trennungsjahr laufen. *De lege lata* erscheint jedoch zumindest eine großzügige Handhabung von Abs 2 geboten, die durchaus zwischen den Fristen in § 1565 Abs 2 und § 1566 Abs 1 einerseits und § 1566 Abs 2 differenzieren sollte. Gerechtfertigt erscheint eine solche Differenzierung, weil im Rahmen des § 1566 Abs 2 die Gefahr erheblich geringer ist, daß der die Trennung herbeiführende und tragende Ehegatte leichtfertig handelt und durch nicht mehr ganz kurzfristige Versöhnungsversuche über die Bedeutung des Scheidungsentschlusses hinweggetäuscht wird. Umgekehrt könnte eine solche Handhabung auch dem scheidungsunwilligen Partner durch das Scheitern längerer Versuche eines Zusammenlebens helfen, falsche Illusionen abzubauen, sich aus dem oft nur noch von Lösungsangst und nicht mehr von personaler Zuneigung getragenen Eheerhaltungswillen zu befreien und die Scheidung als die einzig noch mögliche Konfliktlösung zu akzeptieren.

II.   Systematik der Begriffsdefinition

23 Der Begriff des Getrenntlebens ist durch Abs 1 S 1 **dreifach gegliedert**. Die Legaldefinition umfaßt ein *äußeres Element* sowie die von einer *inneren Haltung (Motiv)* getragene *Willensrichtung* eines der Ehegatten. Sämtliche Tatbestandselemente müssen **kumulativ** vorliegen (MünchKomm/Wolf Rn 15).

1.   Objektiver Tatbestand

24 Äußeres Element ist das **objektive Nichtbestehen einer häuslichen Gemeinschaft** zwischen den Ehegatten. Dabei setzt die Definition nicht voraus, daß die häusliche Gemeinschaft nicht *mehr* besteht – also einmal bestanden hat (Johannsen/Henrich/ Jaeger Rn 7; Soergel/Heintzmann Rn 4; ungenau MünchKomm/Wolf Rn 14). Abs 1 S 2 stellt klar, daß auch ohne Aufgabe der ehelichen Wohnung eine häusliche Gemeinschaft *nicht mehr* bestehen kann. Es ergeben sich also drei Varianten des objektiven Trennungssachverhalts; die *Aufhebung* der häuslichen Gemeinschaft durch *Auszug* wenigstens eines Ehegatten aus der ehelichen Wohnung, die *Aufhebung* der häuslichen Gemeinschaft *innerhalb* der ehelichen Wohnung und das *Fehlen* einer häuslichen Gemeinschaft von Anfang der Ehe oder einem früheren Zeitpunkt als dem des Beginns des Getrenntlebens an.

2.   Trennungswille

Subjektiv ist erforderlich, daß wenigstens ein Ehegatte die häusliche Gemeinschaft **25**
erkennbar nicht herstellen will. Dieses Merkmal grenzt die Fälle sonstiger Aufhebung
der häuslichen Gemeinschaft (Unterbringung, berufsbedingte doppelte Haushaltsführung) ab gegen die scheidungsrechtlich relevante willensgetragene Aufhebung der
häuslichen Gemeinschaft (GERNHUBER/COESTER-WALTJEN § 27 VII 3). Diese Funktion
entspricht dem bereits zu § 48 Abs 1 EheG aF zutage getretenen Bedürfnis, die Fälle
unfreiwilliger Trennung auszugrenzen. Der BGH hatte hierzu die Formel entwickelt,
daß zur Aufhebung der häuslichen Gemeinschaft der Trennungswille mindestens
eines Ehegatten hinzukommen müsse (BGHZ 4, 280 f; BGH FamRZ 1963, 173; BGH FamRZ
1969, 80). Der Gesetzgeber wollte die Maßgeblichkeit dieser Rechtsprechung klar-
stellen (BT-Drucks 7/650, 114, 261); hierzu war es notwendig- aber auch ausreichend (vgl
unten Rn 30) – das Tatbestandselement der *willentlichen* Nichtherstellung der häuslichen Gemeinschaft einzufügen.

3.   Trennungsmotiv

a)   Nicht mehr von dieser Klarstellungsfunktion getragen ist das dritte Tatbe- **26**
standselement. Der Wille, die häusliche Gemeinschaft nicht herzustellen, muß darauf
beruhen, daß der trennungswillige Ehegatte die **eheliche Lebensgemeinschaft ablehnt.**
Diese Motivation, die über die Rechtsprechung des BGH zu den Voraussetzungen
der Trennung iSd § 48 EhG hinausgeht (zutreffend MünchKomm/WOLF Rn 14, 45), läßt sich
nicht mehr mit der Klarstellungsfunktion rechtfertigen; ein Wille, die häusliche Gemeinschaft nicht herzustellen, ist auch dann nicht anzunehmen, wenn der betreffende
Ehegatte „freiwillig", also etwa berufsbedingt und nicht zur Anstaltsunterbringung
eine eigene Wohnung nimmt. Er würde die häusliche Gemeinschaft, fiele die Notwendigkeit weg, herstellen wollen. Des Moments der Ablehnung der ehelichen Lebensgemeinschaft hätte es nicht bedurft, um zu verdeutlichen, daß nur eine Aufhebung der häuslichen Gemeinschaft mit einem gegen das **Zusammenleben** mit dem
anderen Partner als Person gerichteten Motiv das Getrenntleben begründet (aA
SCHWAB FamRZ 1979, 16; JOHANNSEN/HENRICH/JAEGER Rn 10, vgl aber Rn 11, und SOERGEL/
HEINTZMANN Rn 6 aE; wohl auch GERNHUBER/COESTER-WALTJEN § 27 VII 3). Die Aufhebung
der häuslichen Gemeinschaft aus Gründen, welche die Ehegatten als notwendig
ansehen, auch wenn diese Gründe nicht mit *vis absoluta* eine Trennung erzwingen
(Berufstätigkeit im Ausland, Schutz vor ansteckender Krankheit des anderen, Pflege
von Angehörigen) bewirkt schon keine willentliche Trennung iSd Abs 1 (aA die Vorgenannten sowie BGB-RGRK/GRASSHOF Rn 26).

b)   Dennoch erscheint es aus teleologischen Gründen (dazu oben Rn 18) zwingend, **27**
das Element der Ablehnung der ehelichen Lebensgemeinschaft in dem Sinn einschränkend zu verstehen, daß nicht die **Ablehnung der Lebensgemeinschaft** im Sinne
der Scheiternsprüfung des § 1565 Abs 1 festzustellen ist, sondern lediglich die **Moti-**
vationslage des die Trennung herbeiführenden Ehegatten konkretisiert wird.

aa)   Auch bei dieser Auslegung läuft das hier erörterte dritte Tatbestandsmerkmal **28**
des Getrenntlebens nicht leer, erhält aber nicht die Natur einer allgemein abgelehnten **„kleinen Zerrüttungsprüfung".** Der Wille zum Getrenntleben muß hiernach genährt sein durch eine in die *Zukunft* gerichtete (überschießende, ROLLAND Rn 2 b)

Tendenz, mit dem anderen Partner auf absehbare Zeit nicht (mehr) zusammenleben zu wollen aus Gründen, die in der Beziehung der Ehegatten begründet sind (ähnlich im Ergebnis auch JOHANNSEN/HENRICH/JAEGER Rn 11; BGB-RGRK/GRASSHOF Rn 22). Das Tatbestandsmerkmal macht die Nichtherstellung der häuslichen Gemeinschaft **scheidungsgerichtet**. Der gegen die häusliche Gemeinschaft stehende Wille *als solcher* grenzt damit die zufälligen und die von außen an die Ehegatten herangetragenen „Trennungen" gegen das Getrenntleben ab. Die *„Ablehnung der ehelichen Lebensgemeinschaft"* als Tatbestandsmerkmal sondert unter den willentlichen Trennungen diejenigen aus, die aus Sicht des sich trennenden Ehegatten sich gegen das Zusammenleben unmittelbar richten.

29   **bb)**   Nicht erforderlich ist daneben eine Feststellung einer bereits abschließend **ehefeindlichen Gesinnung** (BGB-RGRK/GRASSHOF Rn 22; JOHANNSEN/HENRICH/JAEGER Rn 11; GERNHUBER/COESTER-WALTJEN § 27 VII 3). Abs 1 verlangt an dieser Schnittstelle nur eine Motivationslage, nicht aber eine endgültig gereifte Gesinnung. Unschädlich für die Voraussetzung des Getrenntlebens ist es insbesondere, wenn der die häusliche Gemeinschaft aufgebende Ehegatte durchaus – in anderer Weise – die eheliche Lebensgemeinschaft mit diesem Partner fortsetzen würde. Insbesondere muß die Ablehnung der ehelichen Lebensgemeinschaft iSd Abs 1 zunächst nicht nachhaltig und ernsthaft sein; sie kann durchaus einem übereilten Entschluß entspringen.

30   **cc)**   Nicht überzeugend erscheint es hingegen, wenn ein Teil des Schrifttums dem Tatbestandsmerkmal jede praktische Bedeutung abspricht, indem es auf die bloße Willentlichkeit der Trennung reduziert wird. Zwischen der **willentlichen Ablehnung der häuslichen Gemeinschaft** und der iSd Abs 1 **motivierten** willentlichen Ablehnung ist zu differenzieren (zutreffend insoweit MünchKomm/WOLF Rn 34 f, Rn 44 f; die dort vertretene klare Unterscheidung von willentlicher Aufhebung der häuslichen Gemeinschaft und dem erforderlichen Motiv wird von JOHANNSEN/HENRICH/JAEGER Rn 12 als „uneinheitlich" verkannt). Es kann auch – wie hier erörtert – differenziert werden, ohne daß es zu einer „kleinen Zerrüttungsprüfung" kommt (im einzelnen unten Rn 85 ff). Die Motivationslage steht *zwischen* dem bloßen Willen, nicht mit dem Partner zusammenzuleben und dem Verlust der ehelichen Gesinnung.

III. Nichtbestehen der häuslichen Gemeinschaft

1. Allgemeines

31   **a)**   Das Nichtbestehen der häuslichen Gemeinschaft ist ein objektiver Zustand ohne jede willensorientierte Prüfung. Im Gegensatz zur Handhabung des § 48 EheG aF besteht auch dann keine häusliche Gemeinschaft mehr, wenn die Ehegatten gegen ihren Willen oder ohne die in Abs 1 geforderte überschießende Tendenz faktisch getrennt sind (MünchKomm/WOLF Rn 16; SOERGEL/HEINTZMANN Rn 9); das gilt freilich nicht, wenn bei beruflich oder sonst von außen veranlaßter Trennung Teile der häuslichen Lebensführung gemeinsam stattfinden, also eine vollständige häusliche Trennung nicht besteht.

Voraussetzung hierfür ist, daß die Ehegatten keinen **gemeinsamen räumlichen Mittelpunkt der Lebensführung** (mehr) haben. Dem Lebensmittelpunkt sind alle täglichen Lebensbereiche zuzuordnen, die sich üblicherweise im häuslichen Bereich abspielen, also Schlafen, Wohnen, Kochen, Essen, Hauspflege und Kleiderpflege, häusliche Freizeitgestaltung und Geselligkeit (BGB-RGRK/Grasshof Rn 11). Auch eine Gemeinsamkeit in **Teilbereichen** dieses Gesamtbildes führt dazu, daß eine *vollständige* Trennung der Lebensführung nicht besteht. Der objektive Tatbestand wird jedenfalls dann nicht erfüllt, wenn ein Ehegatte für den anderen Versorgungsleistungen (Waschen, Kochen) erbringt oder wenn in der häuslichen Freizeitgestaltung Gemeinsamkeiten bestehen. Das Erfordernis der Trennung ist nicht unter Einbeziehung einer inneren Tendenz zu verstehen, so daß zwischen „gleichzeitigem" Tun und „Miteinander" Tun differenziert werden könnte. Grundsätzlich ist vielmehr eine objektive **räumliche Trennung** der Lebensbereiche durchzuführen (Erman/Dieckmann Rn 8).

b)   Bei Prüfung dieses Merkmals ist grundsätzlich ein **strenger Maßstab** anzulegen,   **32** weil die Trennung gemäß Abs 1 das einzige *vollständig objektive Prüfungskriterium* ist und damit bereits mit der Bejahung der häuslichen Trennung im Regelfall die weitreichenden Konsequenzen der Scheiternsvermutungen bzw der Mindesttrennungsfrist präjudiziert sind.

aa)   Die daraus hergeleitete Forderung nach einer **vollkommenen tatsächlichen Tren-**   **33** **nung** (BT-Drucks 7/650, 114; Soergel/Heintzmann Rn 3) schießt jedoch über das Ziel sorgsamer Feststellung hinaus, insbesondere im Verhältnis zu Abs 1 S 2, der aus sozialen Gründen eine Trennung innerhalb der ehelichen Wohnung zuläßt. Ehegatten, die aus wirtschaftlichen Gründen keine räumliche Trennung durch Einzug in verschiedene Wohnungen aufnehmen können, sollen nicht vor unüberwindbare Scheidungshindernisse gestellt werden (OLG München FamRZ 1978, 596; Rolland Rn 2 b). Eine akribische und vollständige Trennung kann schon deshalb nicht gefordert sein; hinzu kommt, daß eine kleinliche Kasuistik die Gefahr birgt, die Ehegatten zu feindlichem Verhalten zu motivieren aus Scheu, Gemeinsamkeiten zu setzen, die der Trennung entgegenstehen (Rolland Rn 2 a). Insbesondere ist Rücksicht zu nehmen auf Ehegatten, die sich eine vollständige räumliche Trennung nicht ohne Zerschlagung ihrer wirtschaftlichen Grundlagen leisten können, oder die ihre Kinder schonend auf die Scheidung vorbereiten wollen (MünchKomm/Wolf Rn 156). Erfordernisse des Getrenntlebens dürfen nicht dazu führen, daß die Chance zur Fortsetzung der Ehe ausgeschlossen wird.

bb)   Abzulehnen sind andererseits Versuche, zur Verwirklichung dieser *relativ* voll-   **34** ständigen Trennung in den objektiven Tatbestand ein **subjektives Element** einfließen zu lassen.

α)   Teilweise wird vertreten, die Feststellung der häuslichen Trennung sei entscheidend abhängig von der **ehelichen Lebensgestaltung** und der **subjektiven Einstellung** der Ehegatten (AK-BGB/Lange-Klein Rn 5; ähnlich: Damrau NJW 1977, 1623). Eine teilweise Einstellung häuslicher Gemeinsamkeiten bei Fortdauer der Gemeinsamkeit einzelner Bereiche des häuslichen Zusammenlebens (Wäsche waschen, Mahlzeiten vorbereiten) wird nicht dadurch zur Aufhebung der häuslichen Gemeinschaft, daß die Ehegatten (oder einer von ihnen) die verbliebenen Elemente als wenig relevant bemessen. Dies würde bedeuten, daß das kumulativ zum objektiven Tatbestand erforderliche Willenselement den objektiven Tatbestand partiell *ersetzt*.

35 β) Auf einem Mißverständnis beruht hingegen die Annahme, auf die individuellen Lebensumstände sei deshalb Rücksicht zu nehmen, weil sich hieraus ggf auch das **Bestehen einer häuslichen Gemeinschaft** ergeben könnte. Richtig ist zwar, daß das Zusammenleben der Ehegatten in wechselnden Hotelzimmern oder einem Wohnwagen nicht als Fehlen einer häuslichen Gemeinschaft gewertet werden kann, wenn dieses Zusammenleben dem gemeinsamen Lebensstil (Zirkusleute, Künstler) entspricht (so wohl SCHWAB/SCHWAB Teil II Rn 121). Die Ehegatten sind in der Wahl ihrer Lebensgestaltung frei; solange dabei eine räumliche Gemeinschaft in den von der häuslichen Gemeinschaft erfaßten Angelegenheiten stattfindet, ist die häusliche Gemeinschaft nicht aufgehoben (dazu näher unten Rn 49). Hingegen setzt § 1567 Abs 1 voraus, daß die Ehegatten *nicht frei* sind in der Bestimmung der Gestaltung des Getrenntlebens.

36 γ) Die Berücksichtigung einer anderen Einschätzung der Ehegatten wäre auch **zweckwidrig**: Das Erfordernis objektiver häuslicher Trennung hat auch die Funktion, dem scheidungswilligen Ehegatten vor Augen zu führen, wie er ohne den tatsächlichen Beistand seines Partners auskommt. Eben dieses Ziel würde verfehlt, wenn die Ehegatten solchen Beistand als unmaßgeblich hinwegdefinieren dürften. Daher kann auch innerhalb einer größeren **Wohngemeinschaft** die häusliche Trennung nicht bei Beibehaltung der objektiven Haushaltsmerkmale dadurch zum Ausdruck gebracht werden, daß sich ein Ehegatte einem anderen Mitbewohner anstelle seines Ehepartners zuwendet. Dies betrifft ausschließlich die innere Tendenz und kann das objektive Merkmal nicht herbeiführen (SOERGEL/HEINTZMANN Rn 10; aA MünchKomm/WOLF Rn 23). Selbst bei einer Zweckehe genügt es nicht den Erfordernissen der häuslichen Trennung, wenn die Ehegatten im selben Haushalt leben, aber der trennungswillige Ehegatte nur intime Beziehungen zu einem Dritten im selben Haushalt unterhält (OLG Düsseldorf FamRZ 1981, 677). Erforderlich ist zwar nicht, daß einer der Ehegatten die Wohngemeinschaft verläßt; es sind jedoch vollständig die Kriterien anzuwenden, die für ein Getrenntleben in derselben Wohnung gelten, da nicht die Eigenständigkeit des Hausstandes der konkret betroffenen Ehegatten *vor* der Trennung das Abgrenzungskriterium stellt, sondern die Eigenständigkeit der Hausstände beider Ehegatten *nach* der Trennung. Der Ehegatte, der getrennt leben will, darf also auch innerhalb der Aufgabenverteilung in der Wohngemeinschaft keine Haushaltsführungsleistungen von seinem Ehegatten entgegennehmen. Unschädlich ist es sicher, wenn ein Ehegatte im Rahmen seines „Küchendienstes" auch den in der Gemeinschaftstonne befindlichen Müll des anderen entsorgt; nicht mit einem Getrenntleben vereinbar ist aber auch in dieser Wohnform die gemeinsame Einnahme von Mahlzeiten. Das mag im Einzelfall die Organisation der Wohngemeinschaft stören, es besteht aber kein Anlaß, Ehegatten, die gemeinsam in größeren Hausständen leben, hinsichtlich der objektiven Voraussetzungen der Trennung zu privilegieren.

37 cc) Hingegen sind Einschränkungen der vollständigen Trennung zuzulassen, soweit sie **von den Umständen objektiv zwingend geboten** sind (PALANDT/DIEDERICHSEN Rn 5). Ehegatten leben nur dann getrennt, wenn sie das unter den gegebenen realen Umständen des Einzelfalles erreichbare **Höchstmaß** an räumlicher Trennung verwirklichen (BGH NJW 1978, 1810: BGH NJW 1979, 105; BGH NJW 1979, 1360; OLG Köln FamRZ 1982, 808; ROLLAND Rn 2 a). Gemeinsamkeiten der häuslichen Lebensführung sind also jeweils daraufhin zu prüfen, ob sie von den Umständen geboten sind.

c) Hingegen ist eine Trennung auf **beruflicher Ebene** nicht erforderlich, selbst **38** wenn Betrieb und Büro mit der Ehewohnung verbunden sind (OLG Köln FamRZ 1982, 808), kann die gemeinsame Arbeit im Betrieb nicht die häusliche Trennung beeinträchtigen. Das gilt sogar, wenn der eine Ehegatte wie andere Arbeitnehmer in dem Betrieb des anderen Ehegatten *verpflegt* wird (MünchKomm/WOLF Rn 31).

2. Getrennte Wohnungen nach vorherigem Zusammenleben

a) Grundmodell des Nichtbestehens der häuslichen Gemeinschaft ist der **Auszug 39 eines Ehegatten aus der ehelichen Wohnung** oder **Einzug beider Ehegatten in verschiedenen (neuen) Wohnungen.** Als Wohnung in diesem Sinn ist jede, eine abgeschlossene Haushaltsführung erlaubende Einheit zu verstehen; es kommt daher auch die Trennung in zwei Wohnungen desselben Mehrfamilienhauses in Betracht (MünchKomm/ WOLF Rn 17). Leben die Ehegatten nicht unter einem Dach, so kommt der *Wohnungsqualität* der bewohnten Einheit keine Bedeutung zu. Maßgeblich ist nicht, daß jeder Ehegatte eine *abgeschlossene* Wohnung hat, sondern nur, daß es nicht zu Überschneidungen im häuslichen Bereich beider Ehegatten kommt.

In diesem Fall ist das objektive Nichtbestehen der häuslichen Gemeinschaft im allgemeinen leicht festzustellen und zu verwirklichen. Erforderlich ist, daß der „ausziehende" Ehegatte seine räumliche häusliche Lebensführung aus der ehelichen Wohnung herausverlegt hat. Maßstab ist immer der Bezug zur ehelichen Wohnung; es kommt nicht darauf an, ob der Ehegatte überhaupt eine neue Wohnung zum Mittelpunkt der Lebensführung gemacht hat; er kann auch an wechselnden Orten sich aufhalten oder an einem von vorneherein nur als vorübergehend gedachten Aufenthaltsort (Hotel, Pension, Frauenhaus, Praxis- oder Kanzleiräume eines freiberuflich tätigen Ehegatten). Erforderlich ist nach den grundsätzlich dargelegten Maßstäben (oben Rn 32 ff), daß kein Teil der häuslichen Lebensführung (weiterhin) in der Wohnung stattfindet, in der der andere Ehegatte wohnt.

b) Grundsätzlich ist nur auf die **objektiven Umstände** abzustellen, die **Beweggründe 40** der häuslichen Trennung sind unerheblich.

aa) Daher besteht die häusliche Gemeinschaft auch dann nicht mehr, wenn einem Ehegatten die **Flucht** aus einem Staat gelingt, der die Ausreise nicht erlaubt, dem anderen aber nicht; oder wenn ein Ehegatte in einer **Anstalt** untergebracht wird. Dabei kann nicht mehr auf die Rechtsprechung zu § 48 EheG aF abgestellt werden, da der Begriff der Aufhebung der häuslichen Gemeinschaft dort mit dem subjektiven Element verbunden wurde, das in § 1567 eine eigenständige Qualität als Tatbestandsmerkmal erlangt hat (MünchKomm/WOLF Rn 19).

bb) Strittig ist jedoch, ob **jede Entfernung eines Ehegatten aus der ehelichen Wohnung 41** unter Aufhebung der häuslichen Gemeinsamkeiten zu einer Aufhebung der häuslichen Gemeinschaft iSd Abs 1 führt.

α) Nach einer Ansicht soll dies nicht eintreten, wenn sich aus dem **natürlichen und vorhersehbaren Gang der Dinge** ergibt, daß die Abwesenheit als vorübergehend anzusehen ist (BGB-RGRK/GRASSHOF Rn 12; MünchKomm/WOLF Rn 20; PALANDT/DIEDERICHSEN Rn 8). Dem ist zwar zuzugeben, daß die Abwesenheit aus beruflichen Gründen, wegen einer zeitigen Anstaltsunterbringung oder zu einer Urlaubsreise ohne den Ehepartner nicht zur Aufgabe des häuslichen räumlichen Lebensmittelpunktes führt, weil der betroffene Ehegatte die auswärtige Unterbringung regelmäßig nicht als Lebensmittelpunkt versteht.

42 β) Problematisch an einer solchen Einschränkung des objektiven Trennungsbegriffs ist allerdings, daß ein **Übergang zu einem Getrenntleben** iSd Abs 1 aus einer zunächst als vorübergehend aufgefaßten Abwesenheit nicht nur die Manifestation des Willenselements des Getrenntlebens erfordert, sondern zunächst eine Begründung des objektiven Tatbestandes der Beendigung der häuslichen Gemeinschaft erfordern würde. Dieses objektiv angelegte Tatbestandsmerkmal müßte hinzutreten, ohne daß sich etwas an der objektiven Lage ändern könnte. Mit der Orientierung an dem regelmäßigen Verlauf der Dinge wird also in den objektiven Tatbestand ein Wertungsgesichtspunkt hineingetragen, der stark von den Vorstellungen der Ehegatten abhängt, also subjektiver Natur ist.

43 cc) Es erscheint daher vorzugswürdig, den objektiven Tatbestand der Aufgabe der häuslichen Gemeinschaft schon dann anzunehmen, wenn ein Ehegatte **nicht nur (objektiv erkennbar) ganz vorübergehend** – zB Urlaub normaler Dauer – die eheliche Wohnung verläßt. Dies dürfte schon bei einer sechsmonatigen ununterbrochenen Auslandstätigkeit nicht mehr der Fall sein; bei Strafhaft, Anstaltsunterbringung (BGH NJW 1989, 1988; OLG Hamm FamRZ 1990, 166) oder Sicherungsverwahrung ist objektiv eine Aufhebung der häuslichen Gemeinschaft anzunehmen (aA BGB-RGRK/GRASSHOF Rn 12).

44 dd) Keine Aufhebung der häuslichen Gemeinschaft liegt hingegen vor, wenn die längere Abwesenheit **immer wieder unterbrochen** wird, etwa um gemeinsame Wochenenden oder die Freizeit zu verbringen. Die von der Gegenansicht genannten Beispiele (kürzere Strafhaft, Wehrdienst etc, MünchKomm/WOLF Rn 21) sind häufig dadurch gekennzeichnet, daß die Ehegatten die häusliche Gemeinschaft objektiv noch nicht vollständig aufgegeben haben, weil solche Gemeinsamkeiten anläßlich von Wochenenden, Hafturlauben etc. fortbestehen. Dann bedarf es aber keiner Abgrenzung nach dem voluntativ geprägten „regelmäßigen Lauf der Dinge"; die Ehegatten leben in solchen Fällen schon objektiv nicht getrennt. Andererseits ergeben sich aber auch nicht die hier angeführten Probleme, aus der „vorübergehenden" Trennung heraus die Trennung iSd Abs 1 zu verwirklichen. Diese tritt dann – in ihrem objektiven Tatbestand – erst durch Wegfall verbliebener Gemeinsamkeiten ein.

45 ee) Im Ergebnis wird hiervon die Feststellung des Getrenntlebens nicht berührt; das maßgebliche Kriterium zur Abgrenzung ist nach Eintritt der häuslichen Trennung in diesen Fällen der **Wille, die häusliche Gemeinschaft nicht herzustellen**; dieser Wille kann zu Beginn der Trennung fehlen und sukzessive hinzutreten, ohne daß sich an den objektiven Verhältnissen etwas zu ändern braucht (vgl BGHZ 4, 279; PALANDT/DIEDERICHSEN Rn 8). In Einzelfällen kann die Gegenansicht dazu führen, schon die Aufhebung der häuslichen Gemeinschaft zu verneinen. Nach hier vertretener Ansicht ist am Maßstab des *Trennungswillens* zu prüfen, ob eine objektiv gegebene häusliche Trennung in ein Getrenntleben iSd Abs 1 „umschlägt" (BGH NJW 1989, 1989; OLG Hamm FamRZ 1990, 166).

Die hier vertretene Ansicht führt auch nicht dazu, daß die Trennungsfristen im Falle von **Schwierigkeiten, sich nach der Rückkehr wieder aneinander zu gewöhnen**, schon vor der Rückkehr anlaufen. Hat keiner der Ehegatten während der häuslichen Trennung den *Willen* zur Trennung gebildet, so fehlt es am Getrenntleben iSd Abs 1 und damit am Lauf der Fristen.

c)   **Unschädlich für die Annahme getrennter Haushalte** sind generell solche Verbin- **46** dungen des ausgezogenen Ehegatten zur Wohnung des anderen Ehegatten, die sich auf den **gegenständlichen Bereich** beziehen, ohne daß sich dadurch ein Teil der häuslichen Lebensführung in die Wohnung des anderen Ehegatten verlagert. Die häusliche Gemeinschaft besteht also nicht deshalb fort, weil der Ehegatte, der ausgezogen ist, noch einen Schlüssel zur ehelichen Wohnung hat oder dort seine persönliche Habe zurückgelassen hat (OLG Hamm FamRZ 1978, 190; ROLLAND Rn 2 b; BGB-RGRK/ GRASSHOF Rn 11; JOHANNSEN/HENRICH/JAEGER Rn 13; MünchKomm/WOLF Rn 18). Unmaßgeblich sind auch **rechtliche Gesichtspunkte**, etwa der Umstand, daß der aus der ehelichen Wohnung ausgezogene Ehegatte noch dort gemeldet ist (ROLLAND Rn 2 b; MünchKomm/ WOLF Rn 18).

d)   Dauern trotz Lebens in getrennten Wohnungen die **Kontakte mit dem Ehepart-** **47** **ner in dessen Wohnung** noch an, so ist zu differenzieren.

aa)   Werden nicht völlig unwesentliche Elemente der häuslichen Lebensführung (oben Rn 31 ff) in **einer der Wohnungen gemeinsam** durchgeführt, so genügt der formal getrennte Bezug verschiedener Wohnungen nicht zur Herbeiführung des objektiven Tatbestands des Getrenntlebens, zB, wenn ein Ehegatte weiter regelmäßig von dem anderen Ehegatten verköstigt wird. Auf die *Beweggründe* für ein solches Vorgehen kommt es nicht an; auch wenn solche Gemeinsamkeiten nur der Ersparnis von Haushaltskosten dienen, fehlt es am Getrenntleben (vgl BGHZ 4, 280). Es besteht dann eine eingeschränkte häusliche Gemeinschaft (JOHANNSEN/HENRICH/JAEGER Rn 14). Das kann insbesondere auch dann der Fall sein, wenn die Ehegatten unterschiedliche Teile der Haushaltsgemeinschaft auf **verschiedene Wohnungen** verlagern, aber dort jeweils gemeinsam Teilhaushalte führen. Auch insoweit kommt es nicht zur Aufhebung der häuslichen Gemeinschaft.

bb)   Unschädlich sind hingegen **nur gelegentliche Kontakte in der Wohnung eines der** **48** **Ehegatten.** Hierzu gehören einzelne Besuche, das Abholen von gemeinsamen Kindern, Anwesenheit bei Familienfeiern sowie gelegentlicher Geschlechtsverkehr (ROLLAND Rn 2 b; SCHWAB/SCHWAB Teil II Rn 123). Die Abgrenzung gegen die Fortdauer oder Wiederaufnahme der häuslichen Gemeinschaft erscheint aber nicht unproblematisch. Da auch insoweit die *subjektive Einstellung* der Ehegatten zur Bedeutung dieser Kontakte kein taugliches Abgrenzungskriterium ist (SCHWAB/SCHWAB Teil II Rn 123; JOHANNSEN/HENRICH/JAEGER Rn 15; aA BGB-RGRK/GRASSHOF Rn 13), kann nur ein objektiver Maßstab entscheiden. Einerseits darf im Interesse der Chancen zu einer Versöhnung nicht jede Kontaktaufnahme die Trennung unterbrechen. Andererseits wird aber bei einer gewissen **Regelmäßigkeit** der Kontakte auf einer zur häuslichen Gemeinschaft zählenden Ebene die häusliche Gemeinschaft nicht mehr aufgehoben, sondern nur in Teilbereichen beseitigt, insgesamt betrachtet also nur *gelockert* sein. Das ist anzunehmen, wenn ein Ehegatte regelmäßig in der Wohnung des anderen *verköstigt* wird, wenn es regelmäßig zum Geschlechtsverkehr kommt, oder häufigere

Thomas Rauscher

geplante Freizeitaktivitäten in einer der Wohnungen stattfinden. Die Wiederaufnahme von Teilen der häuslichen Gemeinschaft ist der Fortdauer von Gemeinsamkeiten gleichzustellen. Zu Gemeinsamkeiten außerhalb einer der beiden Wohnungen vgl unten Rn 81 ff.

3. Ehen ohne – übliche – häusliche Gemeinschaft

49 a) Abs 1 ist auch anzuwenden, wenn in der Ehe **keine häusliche Gemeinschaft begründet** wurde oder die häusliche Gemeinschaft **bereits zu einem früheren Zeitpunkt aufgehoben** wurde, ehe der subjektive Trennungswille hinzutrat.

50 aa) Der objektive Tatbestand des **Nichtbestehens der häuslichen Gemeinschaft** ist in solchen Fällen gegeben, das Getrenntleben iSd Abs 1 kann nur anhand des subjektiven Tatbestandsmerkmals festgestellt werden. Getrenntleben liegt erst vor, wenn zur räumlichen Trennung der Trennungswille hinzutritt (ROLLAND Rn 3; SCHWAB/ SCHWAB Teil II Rn 130; JOHANNSEN/HENRICH/JAEGER Rn 29; MünchKomm/WOLF Rn 22). Das Bestehen einer ehelichen Lebensgemeinschaft in dem von den Ehegatten geplanten Rahmen begründet keine häusliche Gemeinschaft, wenn die Ehegatten keine gemeinsame Wohnung haben. Die eheliche Gemeinschaft besteht dann ohne häusliche Gemeinschaft (BGH NJW 1981, 449; BGH NJW 1981, 1810; MünchKomm/WOLF Rn 22). In diesen Fällen ist für den Beginn des Getrenntlebens ausschließlich auf den subjektiven Tatbestand abzustellen; die Ehegatten leben erst dann getrennt, wenn zu der häuslichen Trennung das Nichtherstellen-Wollen der häuslichen Gemeinschaft aus dem Motiv der Ablehnung der ehelichen Lebensgemeinschaft hinzutritt.

51 bb) Es kommt in diesen Fällen jedoch nicht ohne weiteres auf die Aufgabe des Willens an, eine **häusliche Gemeinschaft** herzustellen, mögen dem auch auf absehbare Zeit Hindernisse entgegenstehen (so aber MünchKomm/WOLF Rn 37 – auch in Hinblick auf sog Zweck- bzw Scheinehen; vgl § 1564 Rn 11). Vielmehr ist zu differenzieren. Haben die Ehegatten bei oder nach Eheschließung *bewußt ein Lebensmodell gewählt*, das eine häusliche Gemeinschaft nicht vorsieht, so kann auch der Wille, diese auf absehbare Zeit nicht herzustellen, ein Getrenntleben nicht begründen. Die Ehegatten leben in solchen Fällen erst getrennt, wenn ein Ehegatte zu erkennen gibt, daß er die häusliche Trennung nicht nur wegen der einverständlichen Lebensplanung will, sondern weil er an der ehelichen Lebensgemeinschaft nicht mehr festhält (vgl KG NJW 1982, 112; OLG Düsseldorf FamRZ 1980, 677; OLG Hamm FamRZ 1982, 1074; OLG Karlsruhe FamRZ 1986, 681; ERMAN/DIECKMANN Rn 14; SOERGEL/HEINTZMANN Rn 19, 21 jeweils auf die Kundgabe des *Scheidungswillens* abstellend; aA MünchKomm/WOLF Rn 37). Ist hingegen die häusliche Trennung zurückzuführen auf die Umstände, die von den Ehegatten als *zwingend* empfunden werden, so kommt es für den Beginn des Getrenntlebens auf den Trennungswillen *und* das Motiv an (unten Rn 114).

52 b) Die häusliche Gemeinschaft kann aber bestehen, wenn die Ehegatten **nichtkonventionelle Formen des Wohnens** pflegen. Eine eigenständige und abgeschlossene gemeinsame Wohnung ist nicht erforderlich; wenn die Ehegatten den wesentlichen Bereich der häuslichen Aktivitäten in einer Wohngemeinschaft, in der Wohnung von Freunden oder Verwandten, in einem Wohnwagen oder in wechselnden Hotelzimmern (dazu oben Rn 35) verwirklichen, so fehlt es nicht an einer häuslichen Gemeinschaft (MünchKomm/WOLF Rn 23). Das hat nicht mit der Freiheit der Ehegatten in der

Gestaltung ihrer *ehelichen* Gemeinschaft zu tun, sondern folgt aus der *negativen Definition* in Abs 1 („keine häusliche Gemeinschaft besteht"). Zu prüfen ist nicht, ob eine *vollständige* häusliche Gemeinschaft *besteht*, sondern ob nach der Trennung *keinerlei Elemente* einer häuslichen Gemeinschaft *vorhanden* sind.

4. Aufhebung der häuslichen Gemeinschaft in der ehelichen Wohnung (Abs 1 S 2)

a) Allgemeines
aa) Abs 1 S 2 betont die Möglichkeit des Getrenntlebens in der ehelichen Woh- **53** nung; auch diese Variante des Getrenntlebens setzt den objektiven Tatbestand der häuslichen Trennung voraus. Die **Formulierung der Bestimmung** ist redaktionell miß-lungen. Abs 1 S 1 führt das Nichtbestehen der häuslichen Gemeinschaft als *Element* des Getrenntlebens auf, während Abs 1 S 2 seinem Wortlaut nach das Nichtbestehen der häuslichen Gemeinschaft mittels des Getrenntlebens in der ehelichen Wohnung definiert. Unstreitig ist Abs 1 S 2 dahin zu verstehen, daß der objektive Tatbestand des Nichtbestehens der häuslichen Gemeinschaft auch in der ehelichen Wohnung bestehen kann (BGB-RGRK/GRASSHOF Rn 36). Unter welchen Umständen dies der Fall ist, sagt Abs 1 S 2 nicht (MünchKomm/WOLF Rn 25 liest in die Bestimmung bereits das Ergebnis ihrer Auslegung – weitestmögliche Trennung – hinein). Abs 1 S 2 kann daher nicht als eigen-ständige Definition des Getrenntlebens in der ehelichen Wohnung verstanden wer-den, sondern stellt lediglich klar, daß ein solches Getrenntleben möglich ist (SCHWAB/ SCHWAB Teil II Rn 131). Für den Tatbestand ist Abs 1 S 1 maßgeblich.

bb) Dabei kommt der Verwendung des **Begriffes „eheliche Wohnung"** in Abs 1 S 2 **54** *keine Bedeutung* zu. Es ist fraglich, ob eine Wohnung in der die Ehegatten getrennt leben, tatsächlich noch *eheliche* Wohnung ist. Abs 1 S 2 gilt aber ebenso für eine Wohnung, die vor Aufnahme der Trennung nicht eheliche Wohnung war (SCHWAB/ SCHWAB Teil II Rn 131), also zB, wenn die Ehegatten aus einer Wohnung mit einem großen Zimmer in eine Wohnung mit zwei kleinen Zimmern umziehen, um möglichst kostengünstig getrennt leben zu können.

cc) Angesichts der in tatsächlicher Hinsicht erheblich schwieriger zu gestaltenden **55** Trennung kommt in diesem Fall hinsichtlich des **objektiven Tatbestands** dem Krite-rium der Durchführung eines **höchstmöglichen Maßes an räumlicher Trennung** (oben Rn 37) erhebliche Bedeutung zu. Die in der oberlandesgerichtlichen Rechtsprechung zunächst im Anschluß an die Rechtsprechung des BGH zu § 48 EheG aF (BGH FamRZ 1969, 80) überwiegend auch in diesem Zusammenhang geforderte **vollständige tatsächliche Trennung** (OLG Frankfurt FamRZ 1978, 595; NJW 1978, 892; OLG Köln FamRZ 1978, 34; OLG Schleswig SchlHA 1978, 37; OLG Stuttgart FamRZ 1978, 690) hat der BGH (BGH NJW 1978, 1810) ausdrücklich relativiert. **Zugeständnisse** sind zu machen hinsichtlich der **räumlichen Verhältnisse**; hingegen darf weder ein **gemeinsamer Haushalt**, noch dürfen **wesentliche persönliche Beziehungen** vorliegen. Auch das Getrenntleben in der ehelichen Wohnung ist nicht unter Vernachlässigung des objektiven Tatbestands – primär nach der **Willensrichtung** der Ehegatten – zu beurteilen. Vielmehr ist der objektive Tatbestand in einer Weise zu verwirklichen, die der Bedeutung der Be-stimmung für die Scheiternsvermutungen gerecht wird, also der Indizwirkung des Getrenntlebens in verschiedenen Wohnungen entspricht. Die **Lebensbereiche** der Ehegatten müssen **räumlich getrennt** sein; die Trennung darf sich nicht auf bloße Symbolhandlungen, wie getrenntes Schlafen, reduzieren. Die Ehegatten müssen auch in diesem Fall eine vollständige Unabhängigkeit von Versorgungsleistungen durch den anderen praktiziert haben (BGB-RGRK/GRASSHOF Rn 37). Sie dürfen keinen gemeinsamen Haushalt führen (ERMAN/DIECKMANN Rn 9; JOHANNSEN/HENRICH/JAEGER Rn 22; ROLLAND Rn 2 c).

56 dd) Andererseits kommt es für die Feststellung der räumlichen Trennung innerhalb einer Wohnung auch nicht auf die **Motivation** an, aus der heraus sich die Ehegatten für ein Getrenntleben in derselben Wohnung entscheiden. Abs 1 S 2 soll zwar vor allem solchen Eheleuten die Herstellung der Voraussetzung zur Scheidung ermöglichen, die sich verschiedene Wohnungen wirtschaftlich nicht leisten können oder sie nicht finden. Die Möglichkeit des Getrenntlebens in derselben Wohnung ist aber nicht auf diese Fälle beschränkt, die Voraussetzungen sind nach einem **objektiven Maßstab** (BGH NJW 1978, 1810; BGH NJW 1979, 105; OLG Köln FamRZ 1982, 808) einheitlich zu bestimmen. Weder kommen erleichterte Bedingungen in Betracht für Ehegatten, die aus wirtschaftlicher Not diesen Weg des Getrenntlebens wählen, noch sind Ehegatten durch besonders strenge Anwendung zu sanktionieren, wenn sie für ein Getrenntleben in derselben Wohnung keine allgemein als zwingend anerkannten Motive haben (Verbilligung des Getrenntlebens, Vermeidung von Gerede im sozialen Umfeld; vgl MünchKomm/WOLF Rn 26; wohl anders OLG München FamRZ 1978, 596).

57 ee) Die Motivationslage ist aber auch dann bedeutungslos, wenn die Ehegatten ein höheres Maß an Gemeinsamkeit der Lebensbereiche verwirklichen, weil eine **wirtschaftliche Notlage** nicht nur das Getrenntleben in derselben Wohnung gebietet, sondern eine **gemeinsame Haushaltsführung** notwendig macht. Die Bedeutung des Getrenntlebens im Sinne eines getrennten häuslichen Wirtschaftens läßt es nicht zu, ein- und dieselbe Handlung danach zu differenzieren, ob sie „in ehegemäßer Weise" oder „nur aus wirtschaftlicher Notwendigkeit" stattfindet bzw gegen Entgelt auch für einen Untermieter erbracht werden würde (so aber OLG München FamRZ 1978, 596; Tendenzen in dieser Richtung erneut: OLG München FamRZ 1998, 826: „so daß Inanspruchnahme fremder Hilfe für die Wäsche den Ast überfordern würde"; ähnlich OLG Köln NJW 1978, 2556; noch weitergehend AK-BGB/LANGE-KLEIN Rn 5, 7 mit übertriebenem Sozialpathos; wie hier: JOHANNSEN/HENRICH/JAEGER Rn 25; BGB-RGRK/GRASSHOF Rn 37; ERMAN/DIECKMANN Rn 9; MünchKommWOLF Rn 28). Eine solche Bewertung läuft auf die Prüfung des Scheiterns der Ehe unter Umgehung der Trennungsvoraussetzung hinaus (so offenkundig AK-BGB/ LANGE-KLEIN Rn 7 „kann nicht letztendlich das Scheitern der Ehe gemessen werden") und wird dem Zweck des Getrenntlebens als *Vermutungsbasis* nicht gerecht. Eine solche Bewertung bedeutete einerseits eine Belastung des Trennungstatbestandes mit subjektiven Elementen (ERMAN/DIECKMANN Rn 9). Andererseits würde damit – rechtspolitisch motiviert – eine Scheidung ohne unzumutbare Härte iSd § 1565 Abs 2 aber auch ohne objektives Getrenntleben ermöglicht werden, wenn die Ehegatten sich ein Getrenntleben wirtschaftlich nicht leisten können. Schließlich wäre eine Ehe zu scheiden, deren Partner nach eigener Wertung so sehr aufeinander angewiesen sind, daß sie zwingend zusammenleben müssen; Ehegatten, die geschieden werden wollen, streben aber gerade eine vollständige Trennung ihrer Lebensbereiche auch in wirtschaftlicher Hinsicht an; die damit verbundenen Härten können ihnen nur im Rahmen der Sozialgesetze nach der Scheidung erspart werden; es besteht kein Grund, diese Zielsetzung im Vorfeld der Scheidung (auch) dem Familienrecht aufzuerlegen (BGB-RGRK/GRASSHOF Rn 43; JOHANNSEN/HENRICH/JAEGER Rn 25; vgl zur ähnlichen Problematik der gelegentlich behaupteten wirtschaftlichen Unmöglichkeit einer Trennung, die zur Milderung von schweren Härten iSd § 1565 Abs 2 geboten wäre, dort Rn 149).

b) Einzelheiten
aa) Faktoren der häuslichen Gemeinschaft

Die Feststellung des Nichtbestehens einer häuslichen Gemeinschaft innerhalb der- **58** selben Wohnung hängt damit wesentlich von der **Einordnung einzelner Faktoren** des häuslichen Lebens ab. Das Getrenntleben kann hier nicht positiv beschrieben werden; es bedarf der negativen Abgrenzung, inwieweit von dem Grundsatz der strikten ausnahmslosen Trennung abgewichen werden darf (JOHANNSEN/HENRICH/JAEGER Rn 20).

bb) Trennung der räumlichen Lebensbereiche

Erforderlich ist eine strikte Trennung der räumlichen Lebensbereiche. **59**

α) Die **Wohnräume** sind grundsätzlich zwischen den Ehegatten zur alleinigen Benutzung aufzuteilen. Die Ehegatten müssen insbesondere in verschiedenen Räumen **wohnen und schlafen** (BGH NJW 1978, 1810; MünchKomm/WOLF Rn 29 a; JOHANNSEN/HENRICH/JAEGER Rn 22; ERMAN/DIECKMANN Rn 8; SCHWAB FamRZ 1979, 17; zur Einraumwohnung unten Rn 63 f).

β) Unschädlich ist aber im Rahmen des vom BGH entwickelten Erfordernisses **60** eines höchstmöglichen Maßes an Trennung (oben Rn 55) die **gemeinsame Benutzung von nur einmal vorhandenen Räumen**, also Flur, Küche, Toilette, Bad (BGH NJW 1978 1810, MünchKomm/WOLF Rn 29 a; SOERGEL/HEINTZMANN Rn 11), wohl auch von Waschkeller und Waschmaschine, da die Waschmaschine, anders als ein Fernsehgerät, nicht zu den in einer Wohnung unschwer mehrfach aufstellbaren Geräten zählt (ebenso JOHANNSEN/HENRICH/JAEGER Rn 21). Diese gemeinsame Benutzung folgt dem unabweisbaren Zwang, daß ein Leben in einer Wohnung ohne Nutzung dieser „lebensnotwendigen" Einrichtungen nicht möglich ist. Hierzu gehört auch ein Mindestmaß an **wechselseitiger Absprache** über die Benutzung dieser Räumlichkeiten.

γ) Die räumlichen Gemeinsamkeiten müssen sich jedoch in einem **bloß räumlichen** **61** **Nebeneinander** erschöpfen, das durch die objektiven Zwänge der Wohnungsgestaltung bedingt ist. Die **gemeinsame Benutzung des ehelichen Schlafzimmers** führt daher grundsätzlich (zu Pflegefällen unten Rn 79 f) dazu, daß eine häusliche Gemeinschaft fortbesteht (BGH NJW 1979, 1360; OLG Karlsruhe NJW 1978, 1534; SOERGEL/HEINTZMANN Rn 11; MünchKomm/WOLF Rn 29 a; OLG Köln FamRZ 1978, 34 weist zutreffend darauf hin, daß in Gegenrichtung getrenntes Schlafen zur Annahme des Nichtbestehens der häuslichen Gemeinschaft nicht genügt). Wenn eine Aufteilung der Wohnung in zwei Wohn-/Schlafzimmer möglich ist, steht die gemeinsame Benutzung eines Raumes als Schlafzimmer bzw. Wohnzimmer der Trennung entgegen. Dann kann sich auch nicht etwas anderes deshalb ergeben, weil die Ehegatten meinen, sie könnten in diesen Räumen ohne eheliche Gesinnung „nebeneinander herleben" (aA: OLG Köln NJW 1978, 2556; OLG Karlsruhe FamRZ 1980, 52). Zu erwägen ist hingegen die Einschränkung des Grundsatzes in Fällen, in denen ein zweiter Raum nicht zur Verfügung steht (BGB-RGRK/GRASSHOF Rn 46; näher unten Rn 63 f).

δ) Einer vollständigen Trennung steht es auch entgegen, wenn die Ehegatten in **62** einem Raum regelmäßig **gemeinsam fernsehen** (BGH NJW 1978, 671; OLG Köln FamRZ

1982, 807; JOHANNSEN/HENRICH/JAEGER Rn 24). Die **Gegenansicht** (OLG Karlsruhe FamRZ 1980, 52; BGB-RGRK/GRASSHOF Rn 46) bewertet zwar möglicherweise die Bedeutung des Fernsehgeräts in der geltenden sozialen Anschauung zutreffend („eine Trennung, die in der Praxis ... am schwersten fällt" – offenbar schwerer als die vom Partner), übersieht aber, daß dieses Bedürfnis, wenn es denn lebensnotwendig ist, mit ungleich weniger tatsächlichen Problemen gedeckt werden kann als die Vermehrung der Sanitärräume einer Wohnung (und im Hinblick auf die Zeit nach der Scheidung auch gedeckt werden muß). Die Berücksichtigung solcher sozialer Bedürfnisse ist kein Randproblem, sondern würde zu einer Aufweichung des Trennungsbegriffs führen, gerade weil die innerfamiliäre Freizeitgestaltung in weiten Kreisen offenbar überwiegend im Konsum elektronischer Unterhaltung besteht, der weiterhin gemeinsam stattfinden würde. Etwas anderes gilt nur dann, wenn sich eine solche Gemeinsamkeit als gelegentlicher Einzelfall erweist (OLG Düsseldorf FamRZ 1982, 1014; ähnlich SOERGEL/HEINTZMANN Rn 11); dies ergibt sich aber nicht aus der Sonderbehandlung bestimmter Verhaltensweisen (Fernsehen), sondern aus einer Ausfüllung des Begriffes „häusliche Gemeinschaft", der Gelegenheitsgemeinsamkeiten nicht einschließt.

cc) Einraumwohnung

63 α)   Die Einraumwohnung bedeutet in diesem Zusammenhang das Paradigma der weitestmöglichen vorstellbaren Verknappung des in der ehelichen Wohnung zur Verfügung stehenden Raums. Insoweit ist **strittig**, ob eine Trennung der Lebensbereiche räumlich so weit möglich ist, daß die **Voraussetzungen der Trennung geschaffen** werden können. Nach dem Wortlaut des Abs 1 S 2 ist ein solches Getrenntleben rechtlich nicht ausgeschlossen (MünchKomm/WOLF Rn 29; BGB-RGRK/GRASSHOF Rn 47). Eine Ansicht hält dennoch das Getrenntleben in einer Einraumwohnung für tatsächlich ausgeschlossen (MünchKomm/WOLF Rn 29; SCHWAB FamRZ 1979, 17). Es erscheint wenig überzeugend, die Unmöglichkeit eines solchen Getrenntlebens aus der grundsätzlich ablehnenden Haltung zum gemeinsamen Übernachten im ehelichen Schlafzimmer (oben Rn 61) herleiten zu wollen. Sind in einer Wohnung zwei Zimmer vorhanden, so ist die weitestmögliche Trennung nicht verwirklicht, wenn die Ehegatten im selben Zimmer nächtigen oder wohnen; ist aber nur ein Raum vorhanden, so stehen unabweisbare Tatsachen gegen eine räumliche Trennung der Lebensbereiche (BGB-RGRK/GRASSHOF Rn 47). Die *Symbolwirkung* des gemeinsamen Nächtigens in einem Raum ist weder für noch gegen ein Getrenntleben durchschlagend.

64 β)   Auch der Einwand, ein getrenntes Wirtschaften ermögliche in diesem Fall nicht die **von § 1565 Abs 2 gewollte Besinnung** verfängt nicht unbedingt: Führen die Ehegatten die Trennung der übrigen Lebensbereiche tatsächlich konsequent durch, so offenbart sich darin, die in einer Einraumwohnung immer naheliegende Hilfe des anderen nicht zu beanspruchen, ein hohes Maß an Scheidungsenergie. Zweifelhaft bleibt also vor allem, ob eine solche Trennung tatsächlich konsequent durchgeführt wurde. Das spricht aber nicht gegen die Zulässigkeit des Getrenntlebens in einer Einraumwohnung; im Falle der streitigen Scheidung wird der Antragsgegner verbliebene Gemeinsamkeiten vortragen, im Falle der einverständlichen Scheidung eignet sich eine Zweizimmerwohnung ebensogut als Grundlage unwahren Vortrags wie eine Einraumwohnung. Fragwürdig erscheint es jedenfalls, den Ehegatten die Errichtung potemkinscher Dörfer anzuraten; Trennwände aus Stoff oder Pappe (so SOERGEL/HEINTZMANN Rn 12) haben Konjunktur, wenn die steuerliche Außenprüfung naht; zur Verwirklichung rechtspolitischer Ziele im Familienrecht erscheinen sie wenig geeignet, weil sie in einem sozialen Bereich, der ohnehin häufig von peinlichen Sticheleien geprägt ist, die Lächerlichkeit zur Pflicht erheben würden.

dd) Versorgungsleistungen

α)   Erforderlich ist, daß kein gemeinsamer Haushalt geführt wird (BGH NJW 1978, **65**
1810; BGH NJW 1979, 1360; BGB-RGRK/Grasshof Rn 49). Im Bereich des gemeinsamen **häuslichen Wirtschaftens** und der **Versorgung** ist auch bei Getrenntleben in derselben Wohnung eine nahezu ausschließliche Trennung zu fordern; zwingende Gegebenheiten, die für ein räumliches Nebeneinander sprechen können, ergeben sich für den Bereich der Haushaltsführung regelmäßig nicht. Allenfalls ist insoweit an **Reflexwirkungen** der Haushaltstätigkeit eines Ehegatten in seinem Bereich auf den Bereich des anderen Ehegatten zu denken. Bestellt ein Ehegatte den Garten (der ggf ihm gehörenden ehelichen Wohnung), reinigt er das WC, beschafft Heizmaterial oder nimmt Erhaltungs- oder Ausbesserungsarbeiten vor, so kommt dies ungerichtet auch dem anderen Ehegatten zugute, ohne daß sich hieraus eine häusliche Gemeinschaft ergibt (BGB-RGRK/Grasshof Rn 50); solche Reflexe sind unvermeidbar, wenn der geordnete Erhalt des räumlichen Rahmens beider Haushalte sichergestellt werden soll. Das gilt auch und insbesondere dann, wenn der **Alleineigentümer-Ehegatte** den Haushalt in der ihm gehörenden ehelichen Wohnung führt, um diese Wohnung nicht **verwahrlosen** zu lassen, weil der andere Ehegatte wegen einer Suchterkrankung dazu weder bereit noch in der Lage ist. Es kann keinem Ehegatten zugemutet werden, sein Eigentum sehenden Auges zugrunderichten zu lassen, nur um die äußere häusliche Trennung vollständig durchzuführen. Solange die Haushaltsführung nur die Wohnung im Eigeninteresse betrifft, nicht aber dem Partner geleistet wird, kommt sie diesem ebenfalls nur als – unschädlicher – Reflex zugute (OLG Stuttgart NJW-RR 1993, 514).

Es besteht weitgehend Übereinstimmung, daß jedenfalls eine **regelmäßige Versorgung** eines Ehegatten durch den anderen mit Mahlzeiten oder Wäsche einem Getrenntleben entgegensteht (BGH NJW 1978, 1810; Soergel/Heintzmann Rn 11; Johannsen/Henrich/Jaeger Rn 22; Erman/Dieckmann Rn 9; Schwab/Schwab Teil II Rn 136; **aA** OLG München FamRZ 1978, 596). Das gilt auch, wenn der **barunterhaltspflichtige Ehegatte** dem anderen die Mittel zur Haushaltsführung zur Verfügung stellt und dieser die Mahlzeiten zubereitet, selbst wenn diese getrennt eingenommen werden (OLG Köln FamRZ 1978, 34; OLG Köln FamRZ 1982, 807; MünchKomm/Wolf Rn 29 b). Diese Folgerung offenbart zwar die höchst fragwürdigen Wertungen des Unterhaltsrechts, das dem barunterhaltspflichtigen Ehegatten Leistungspflichten auferlegt, denen keine Ansprüche mehr korrespondieren; sie ist dennoch für den Begriff des Getrenntlebens konsequent, da es hier nicht auf die Verwirklichung der Teilhabegerechtigkeit ankommt, sondern auf die Tatsache wechselseitiger *häuslicher* Leistungen.

β)   Unschädlich ist hingegen die beidseitig selbständige **Entgegennahme von Haus-** **66**
haltsleistungen durch Dritte, sofern in den übrigen Lebensbereichen eine vollständige Trennung stattfindet. So können die Ehegatten beide räumlichen Lebensbereiche und ihre jeweilige Wäsche durch denselben Angestellten versorgen lassen sowie – getrennt – die Mahlzeiten einnehmen, welche dieselbe Köchin gleichzeitig bereitet hat (BGB-RGRK/Grasshof Rn 53). Dies gilt auch, wenn die Ehegatten in einer **Wohngemeinschaft** oder zusammen mit Verwandten leben (vgl auch oben Rn 36, 52); Haushaltsleistungen *durch Dritte* an jeden der Ehegatten sind unschädlich für die Ver-

Thomas Rauscher

wirklichung des Trennungstatbestands (so wohl auch BGB-RGRK/Grasshof Rn 51). Regelmäßige Haushaltsleistungen eines Ehegatten an den anderen stehen hingegen der Aufhebung der häuslichen Gemeinschaft entgegen, gleichviel, ob sie nur diesem oder zugleich auch Dritten erbracht werden.

67 γ)   Fraglich ist, inwieweit auch hier **vereinzelte Versorgungsleistungen** einem Getrenntleben nicht entgegenstehen. Nach überwiegender Ansicht (OLG Hamm FamRZ 1978, 511; OLG Köln FamRZ 1986, 388; MünchKomm/Wolf Rn 28; BGB-RGRK/Grasshof Rn 49; Rolland Rn 2 c; Johannsen/Henrich/Jaeger Rn 23; aA Soergel/Heintzmann Rn 22) begründen solche Leistungen keine – auch eingeschränkte – häusliche Gemeinschaft. Dem ist zuzustimmen; es kommt dabei nicht auf die **Vermeidbarkeit** an (so aber Soergel/Heintzmann Rn 22), weil und soweit auch sonst (bei getrennter Wohnung) nur gelegentliche Leistungen für den anderen Ehegatten nicht den Tatbestand einer häuslichen *Gemeinschaft* begründen. Ebenso, wie bei getrennten Wohnungen gelegentliche Besuche mit den damit verbundenen Leistungen keine Haushaltsgemeinschaft begründen (zum selben Kriterium bzgl des Fernsehens vgl oben Rn 62 aE), verhält es sich auch bei Trennung in derselben Wohnung. Die Trennung muß hier ebenso klar, aber nicht intensiver stattfinden, als im „Normalfall" getrennter Wohnungen. Maßstab ist damit auch in diesem Fall das Ausmaß, die Intensität und insbesondere die Regelmäßigkeit solcher Haushaltsleistungen.

68 δ)   Derselbe Maßstab ist anzuwenden, wenn die Ehegatten **gelegentlich gleichzeitig eine Mahlzeit einnehmen**, was der BGH als *„bloßes räumliches Nebeneinander ohne persönliche Beziehung oder geistige Gemeinsamkeit"* angesehen hat (BGH NJW 1978, 1810). Die Begründung des BGH trifft allerdings nicht das wesentliche Abgrenzungsmerkmal. Der Begründungstopos des bloßen räumlichen Nebeneinander bezieht sich auf die Fälle zwingender Nutzung derselben Räume (oben Rn 63 f) und würde voraussetzen, daß eine unvermeidbare Notwendigkeit besteht, an der es in solchen Fällen gerade fehlt. Auch die angesprochene *Willensrichtung* ist nicht maßgeblich, da die Motivation der Ehegatten grundsätzlich nicht in den objektiven Trennungstatbestand einfließt und – in Gegenrichtung – bei regelmäßig wiederholtem gemeinsamen Essen ebenfalls nicht geeignet wäre, den Fortbestand eines eingeschränkten gemeinsamen Haushalts auszuschließen. Entscheidend ist auch insoweit die **Gelegentlichkeit** bzw das **Fehlen regelmäßiger gleichartiger Kontakte** (wie hier: Johannsen/Henrich/Jaeger Rn 23).

ee)   Einseitige Annäherungsversuche

69   Haushaltsarbeiten, die ein Ehegatte dem anderen gegen dessen Willen aufdrängt, sind unbeachtlich (BGH NJW 1978, 1810; BGB-RGRK/Grasshof Rn 50; sehr weitgehend, selbst bei *regelmäßigen* Versorgungsleistungen: OLG München FamRZ 1998, 826). Das Getrenntleben in der ehelichen Wohnung bringt allerdings eine Vermehrung von Gelegenheiten zum Andienen solcher Versorgungsleistungen mit sich; dies verstärkt einerseits die **Möglichkeit eines Aussöhnungsversuchs.** Andererseits kann der unbedingt scheidungswillige Ehegatte sich solchen Annäherungen, die meist von dem Willen zur Versöhnung getragen sein werden, innerhalb derselben Wohnung häufig nur eingeschränkt entziehen. Die Vermeidung solcher Leistungen ist jedoch jedenfalls Sache des nicht annahmebereiten Ehegatten; ihm steht die Möglichkeit zur Trennung durch Bezug einer anderen Wohnung offen. Das Instrument der Wohnungszuweisung nach § 1361 b sollte jedenfalls nicht gegen das Bemühen um eine Versöhnung mittels eines Angebots von Versorgungsleistungen eingesetzt werden.

ff)   Gemeinsame Kinder
Leben in der ehelichen Wohnung gemeinsame Kinder der Ehegatten, so ergeben sich   **70**
aus der Verantwortung beider Ehegatten als Eltern sowie der tatsächlichen Berührung der Lebensräume durch die Kinder erhebliche Probleme bei der **Durchführung der Trennung** (SCHWAB FamRZ 1978, 17 hält sie für praktisch ausgeschlossen [„Geheimnis"]).

α)   Jedenfalls stehen notwendige **Absprachen** über die Erziehung und die Versor-   **71**
gung der Kinder der Trennung nicht entgegen (offengelassen von BGH FamRZ 1978, 884 f). Selbst nach der Scheidung oder bei Getrenntleben in verschiedenen Wohnungen sind solche Absprachen erforderlich; die Fähigkeit zu solcher Absprache ist sogar im Hinblick auf ein gemeinsames Sorgerecht nach Scheidung zwingend notwendig. Unschädlich sind auch Versorgungshandlungen, die nicht nur dem jeweiligen Ehegatten, sondern auch den Kindern zugute kommen; auch der Ehegatte, der die Kinder nicht unmittelbar versorgt, muß nicht von den *Kindern* getrennt leben. Unschädlich sind auch weitergehende Reflexwirkungen auf den anderen Ehegatten, die sich nur deshalb ergeben, weil aufgrund des Vorhandenseins von Kindern beide Ehegatten weitergehende Leistungen in der Haushaltsführung erbringen, soweit die Wohnungspflege berührt ist.

β)   Uneinheitlich beurteilt werden hingegen die Auswirkung von ansonsten tren-   **72**
nungsschädlichen **Gemeinsamkeiten der Haushaltsführung**, die **mit Rücksicht auf die Kinder** stattfinden. Die Erfordernisse der strikten Durchführung der Trennung in der Haushaltsführung sind einem Kind zweifellos schwer vermittelbar. Ein – insbesondere kleineres – Kind dürfte kaum einsehen, daß der berufstätige Elternteil sich nach Rückkehr von der Arbeitsstelle seine Mahlzeit aus selbst gekauften Vorräten zubereiten und ohne den Rest der Familie einnehmen muß, während für den haushaltsführenden Elternteil und die Kinder das gewohnte in Ruhe eingenommene Essen stattfindet; ein verantwortungsbewußter Elternteil kann hierdurch in Konflikt mit seinem moralischen Empfinden geraten (OLG Köln FamRZ 1982, 808; BGB-RGRK/ GRASSHOF Rn 41; SOERGEL/HEINTZMANN Rn 25).

γ)   Hieraus folgert ein Teil von Rechtsprechung und Schrifttum eine sehr weit-   **73**
gehende Zulässigkeit von Gemeinsamkeiten bei der **Zubereitung und Einnahme von Mahlzeiten** (BGB-RGRK/GRASSHOF Rn 41: regelmäßige gemeinsame Abendmahlzeit; OLG Karlsruhe FamRZ 1980, 52: regelmäßige Vorbereitungshandlungen zum Frühstück, regelmäßiges Abendessen; OLG Düsseldorf FamRZ 1982, 1014: gelegentliches gemeinsames Essen und häufig gemeinsames Fernsehen; wohl auch OLG Köln FamRZ 1982, 808: gemeinsame Mahlzeiten).

δ)   Auch wenn das solchen Verfahrensweisen bei sonstiger räumlicher Trennung   **74**
zugrundeliegende Bestreben, dem Kind groteske Situationen zu ersparen, nachvollziehbar erscheint, kann bei einer **täglich regelmäßigen gemeinsamen Zubereitung und Einnahme von Mahlzeiten** nicht mehr von einer Trennung der Haushaltsführung *in allen Bereichen* gesprochen werden. Die Motive, mögen sie sich auch ausschließlich auf gemeinsame Kinder beziehen, sind nicht geeignet, eine objektiv nicht vorhandene Trennung zu konstruieren (MünchKomm/WOLF Rn 30). Grundsätzlich wird man also auch dann eine getrennte Einnahme der Mahlzeiten fordern müssen, wenn

gemeinsame Kinder im Haushalt leben (MünchKomm/WOLF Rn 30; JOHANNSEN/HENRICH/ JAEGER Rn 26).

75 ε)   Das **psychologische Problem**, das sich aus dem Unverständnis des Kindes für die notwendigen Trennungsmodalitäten ergibt, läßt sich nicht ohne weiteres mit dem Hinweis überwinden, nach der Scheidung werde den Kindern dies auch zugemutet (so aber JOHANNSEN/HENRICH/JAEGER Rn 26). Es macht durchaus einen Unterschied, ob ein Kind über ein Jahr hinweg die praktizierte Trennung in ihren vielfältigen Unverständlichkeiten durchleben muß, oder ob es den Schmerz der Trennung von einem Elternteil erlebt, der sich aber in der Folgezeit deshalb bewältigen läßt, weil die Eltern in verschiedenen Wohnungen leben und das Kind in seinem Umfeld eine neue Normalität gewinnt. Dieses Spannungsverhältnis läßt sich aber nicht vollständig zu Lasten des Trennungsbegriffes bewältigen, da ansonsten den Ehegatten die vom Gesetz gewollte Bedenkmöglichkeit genommen wird, die ebenfalls als eheerhaltender Faktor auch im Interesse der Kinder besteht.

76 ζ)   Dem Empfinden der Kinder läßt sich also nur durch **eingeschränkte Gemeinsamkeiten** entgegenkommen, wobei weitgehend Einigkeit besteht, daß auch eine gewisse Regelmäßigkeit für die Annahme des Getrenntlebens noch unschädlich ist. Auf diese Weise können die Kinder möglichst schonend auf das bevorstehende Ende der Ehe und den endgültigen Auszug eines Elternteils vorbereitet werden (OLG Köln NJW 1987, 1561). Werden beispielsweise die bisherigen Essensgewohnheiten auf den **gemeinsamen sonntäglichen Mittagstisch mit den Kindern** reduziert, so hindert dies bei Durchführung der Trennung der Haushaltsführung im übrigen nicht die Aufhebung der häuslichen Gemeinschaft (OLG Düsseldorf FamRZ 1982, 1014; OLG Köln NJW 1987, 1561; in Verbindung mit anderen Gemeinsamkeiten sehr großzügig: OLG Köln FamRZ 1980, 52; JOHANNSEN/HENRICH/JAEGER Rn 26; MünchKomm/WOLF Rn 30). Diese Ausnahme ist auch nicht auf den Fall zu beschränken, daß eine **gemeinsame elterliche Sorge nach Scheidung** in Betracht kommt (so ERMAN/DIECKMANN Rn 9). Den Kindern soll durch Rest-Gemeinsamkeiten gerade die Trennung der Eltern erleichtert werden; eine Notwendigkeit hierzu besteht auch dann, wenn zu erwarten ist, daß ein Elternteil alleine die elterliche Sorge ausüben wird, zumal die problematischen Gemeinsamkeiten der Haushaltsführung sich ohnedies auf der Ebene *tatsächlicher Kontakte* abspielen, so daß es nicht auf die elterliche Sorge sondern auf die Obhut und das jedenfalls fortbestehende Recht zum Umgang ankäme.

77 η)   Daneben bedarf es jedoch einer **weitestmöglichen Trennung in sonstigen Bereichen der Haushaltsführung**. Gemeinsames Fernsehen ist ebensowenig geeignet, für Kinder Härten der Trennung zu mildern (aA OLG Düsseldorf FamRZ 1982, 1014) wie die Mitversorgung des anderen Ehegatten durch Putzen und Wäschewaschen. Insoweit steht die Erleichterung der Verhältnisse für die Ehegatten selbst im Vordergrund, die eine Ausnahme vom Grundsatz größtmöglicher Trennung nicht rechtfertigt.

gg) Notwendige Hilfeleistungen für den anderen Ehegatten
78 Das Erfordernis einer weitestgehenden Trennung der häuslichen Lebensbereiche schließt nicht **notwendige Hilfeleistungen für den anderen Ehegatten** aus.

    α)   Das gilt nicht nur, soweit der Hilfe leistende Ehegatte schon nach **allgemeinen**

Vorschriften (§ 323 c StGB) zur Hilfeleistung verpflichtet ist (Johannsen/Henrich/Jae-
ger Rn 27; BGB-RGRK/Grasshof Rn 40). Das Scheidungsrecht gebietet nicht einen Verzicht auf allgemeine Mitmenschlichkeit gegenüber dem Ehegatten (Soergel/Heintz-
mann Rn 24). Jedenfalls unproblematisch ist damit auch eine Hilfeleistung anläßlich
von Erkrankungen und Verletzungen, die nicht die Schwelle des § 323 c StGB erreichen.

β)   Ist ein Ehegatte **dauernd hilfs- oder pflegebedürftig**, so stellen sich häufig nur die **79**
Alternativen der Unterbringung des kranken Ehegatten außerhalb der ehelichen
Wohnung oder der Leistung von Hilfe durch den gesunden Ehegatten. Der BGH
(BGH NJW 1979, 1360) läßt zu Recht auch in solchen Fällen eine Gestaltung zu, die ein
Getrenntleben in der ehelichen Wohnung ermöglicht. Voraussetzung ist auch inso-
weit die weitestmögliche Trennung der Lebensbereiche, also insbesondere getrenntes
Schlafen und Wohnen. Der gesunde Ehegatte kann aber im *notwendigen Umfang* den
pflegebedürftigen Ehegatten mitversorgen; weitere persönliche Gemeinsamkeiten
dürfen daraus nicht erwachsen (MünchKomm/Wolf Rn 30 a; BGB-RGRK/Grasshof
Rn 40; Johannsen/Henrich/Jaeger Rn 27; Erman/Dieckmann Rn 9). Dies kann bei Gefahr
für Gesundheit und Leben des Pflegebedürftigen auch bedeuten, daß ein gelegentliches **Übernachten im ehelichen Schlafzimmer** erforderlich und damit trennungsun-
schädlich ist (MünchKomm/Wolf Rn 30 a); die grundsätzlich auf Trennung dieses Le-
bensbereiches sehende Richtschnur des BGH (BGH NJW 1979, 1360) steht dem nicht
entgegen. Wenn einerseits grundsätzlich festzustellen ist, daß die Symbolwirkung des
getrennten Schlafens nicht geeignet ist, eine Trennung herbeizuführen, so kann für
ein zwingend bedingtes gemeinsames Nächtigen im selben Raum nichts anderes
gelten als für sonstige Sachzwänge (vgl auch zur Einraumwohnung oben Rn 63).

γ)   Erst recht ist es für die Annahme der Trennung unschädlich, wenn ein Ehegatte **80**
den anderen wegen dessen **Suchterkrankung** teilweise versorgt, um zu vermeiden, daß
die gemeinsame Ehewohnung verwahrlost. Die Versorgung erfolgt dann nicht mehr
als Aufgabe in der ehelichen Gemeinschaft, sondern aus dem Bestreben, Sachwerte
nicht zu beschädigen (OLG Stuttgart NJW-RR 1993, 514; einschränkend Soergel/Heintzmann
Nachtrag Rn 11).

c)   **Gemeinsamkeiten außerhalb der Wohnung**
aa)   Grundsätzlich unberührt bleibt die Aufhebung der häuslichen Gemeinschaft in **81**
der **ehelichen Wohnung** durch Kontakte, welche die Ehegatten außerhalb der Wohnung pflegen. Solche Kontakte (gemeinsamer Urlaub, Geschlechtsverkehr, Unternehmungen) sind nicht Ausdruck einer *häuslichen* Gemeinschaft (BGB-RGRK/Grass-
hof Rn 14; Erman/Dieckmann Rn 10; MünchKomm/Wolf Rn 31). Dies gilt mutatis mutandis
auch für Kontakte von Ehegatten, welche in **verschiedenen Wohnungen** getrenntleben,
sich aber außerhalb beider Wohnungen begegnen. Auf die **Häufigkeit** solcher Kontakte kommt es für das Tatbestandsmerkmal der Aufhebung der häuslichen Gemeinschaft solange nicht an, als sich die Gemeinsamkeiten nicht überwiegend auf einen
Ort konzentrieren, der (neuer) Mittelpunkt der häuslichen Lebensführung wird
(MünchKomm/Wolf Rn 32).

bb)   Dasselbe gilt für **gelegentliche Besuche** eines Ehegatten in der Wohnung des **82**
anderen, gleichviel, ob es sich um die ehemals eheliche Wohnung handelt oder nicht
(Schwab/Schwab Teil II Rn 123; MünchKomm/Wolf Rn 32; BGB-RGRK/Grasshof Rn 13). Da-

bei ist jedoch zu berücksichtigen, daß eine Konzentration von Gemeinsamkeiten häuslicher Lebensführungen sich leichter an einem Ort entwickeln kann, an dem der eine Ehegatte wohnt. Insbesondere bei Getrenntleben in derselben Wohnung ist der Spielraum insoweit geringer, da bei Wohnen in derselben Wohnung „Besuche" regelmäßig den Anschein der Fortsetzung von Teilen der häuslichen Gemeinschaft erwecken.

83 cc)   Abzulehnen ist hingegen die Forderung, bei Getrenntleben in derselben Wohnung dürften auch außerhalb der Wohnung **„keine wesentlichen persönlichen Beziehungen"** zwischen den Ehegatten mehr bestehen (so wohl JOHANNSEN/HENRICH/JAEGER Rn 22 in Anschluß an diese Formulierung in BGH NJW 1978, 1810). Die Forderung nach einer Reduktion der persönlichen Beziehungen *in der Wohnung* dient der Abgrenzung von Fällen des *räumlichen Nebeneinanders* zu Fällen des *räumlichen* – und damit *häuslichen* – *Miteinanders*. Räumliche Gemeinsamkeiten in der Wohnung dürfen nicht mehr von persönlicher Beziehung getragen sein, da sie sonst Ausdruck einer fortgesetzten häuslichen Gemeinschaft sind. Das betrifft aber nicht den Bereich *außerhalb der ehelichen Wohnung*. Es ist nicht einzusehen, daß ein gemeinsamer Urlaub oder ähnliche Kontakte anders zu werten sind, wenn die Ehegatten aus dem Getrenntleben in der (ehemals) ehelichen Wohnung dorthin aufbrechen als von verschiedenen Wohnungen aus.

84 dd)   Solche Kontakte können allerdings – in allen Trennungsfällen – den **Trennungswillen** (unten Rn 85 ff) in Frage stellen. Treffen sich die Eheleute außerhalb ihrer Wohnungen häufiger zu gemeinsamen Unternehmungen, Freizeitgestaltung, Geschlechtsverkehr oä, so kann dies gegen die subjektive Komponente der Trennung sprechen, vor allem, wenn solche Treffen zweckgerichtet für solche Gemeinsamkeiten stattfinden (SOERGEL/HEINTZMANN Rn 13; ERMAN/DIECKMANN Rn 10; BGB-RGRK/GRASSHOF Rn 14) und sich nicht bloß anläßlich von sonstigen notwendigerweise erfolgenden Treffen (Gespräche über Kindererziehung etc) ereignen. Es kann dann jedenfalls an dem zweiten subjektiven Moment, dem Trennungswillen *aufgrund Ablehnung der ehelichen Lebensgemeinschaft* fehlen, weil sich die Ehegatten ggf auf einen (neuen) reduzierten Inhalt ihrer Lebensgemeinschaft verständigt haben (BGB-RGRK/GRASSHOF Rn 14).

IV.   Subjektiver Tatbestand, Wille zur Trennung und Motiv

1.   Struktur

85   Das subjektive Tatbestandsmerkmal ist **zweielementig**. Es setzt sich zusammen aus einem **Willenselement** und einem **Motiv**.

a)   Das Nichtbestehen der häuslichen Gemeinschaft muß **mindestens von einem der Ehegatten gewollt** sein; dieser Teil des subjektiven Tatbestands grenzt Trennungen, die keiner der beiden Ehegatten will, vom Getrenntleben ab; die Eheleute leben auch in diesen Fällen (Unterbringung in Anstalt, Wehrdienst, berufliche Tätigkeit im Ausland) objektiv ohne häusliche Gemeinschaft (oben Rn 41 ff), aber nicht getrennt iSd Abs 1.

86 b)   **Motiv** für die Trennung muß die **Ablehnung der Lebensgemeinschaft** sein. Dies bedeutet nicht, daß Voraussetzung des Getrenntlebens die Feststellung des Fortfalls der ehelichen Lebensgemeinschaft ist (keine „kleine Zerrüttungsprüfung", oben Rn 18). Das **Fehlen der ehelichen Gesinnung** muß nicht festgestellt werden (BGH NJW 1989, 1988; OLG Hamm FamRZ 1990, 166). Notwendig ist aber ein Motiv, das sich gegen das Zusammenleben in ehelicher Lebensgemeinschaft unmittelbar richtet und nicht nur auf eine vorübergehende Trennung – ggf zu einem eheerhaltenden Zweck – abzielt (oben Rn 26 ff).

2. Nicht-Herstellen-Wollen der häuslichen Gemeinschaft

a) Der Trennungswille muß nur bei einem Ehegatten vorliegen; entscheidend ist **87** aber, daß er bei demjenigen vorliegt, der die Trennung aufrechterhält (BGH NJW 1978, 1810; Palandt/Diederichsen Rn 7; MünchKomm/Wolf Rn 34).

b) Der Wille muß **gegen** die Herstellung einer **häuslichen Gemeinschaft** gerichtet **88** sein (MünchKomm/Wolf Rn 35; BGB-RGRK/Grasshof Rn 17; aA Soergel/Heintzmann Nachtrag Rn 14: der Trennungswille beziehe sich auf die *eheliche Lebensgemeinschaft*). Der BGH bezieht allerdings offenbar den Trennungswillen auf die Lebensgemeinschaft, wenn die häusliche Gemeinschaft ohnedies nicht besteht und nicht erreichbar ist (BGH NJW 1989, 1989). Dies entspricht nicht der Zielsetzung der Bestimmung: Getrenntleben iSd Abs 1 bedeutet objektiv Aufhebung der häuslichen Gemeinschaft, weil der Gesetzgeber als Grundlage der Vermutungswirkungen nicht an die vielfältigen Erscheinungsformen der ehelichen Lebensgemeinschaft, sondern an den klaren und objektiven Begriff der häuslichen Gemeinschaft anknüpft; das subjektive Merkmal bezieht sich – wie auch der Wortlaut zeigt – damit aber ebenfalls auf die Haltung zu diesem objektiven Zustand. Lediglich die *Motivationslage* umfaßt die eheliche Lebensgemeinschaft. Daher ist der gegen die häusliche Gemeinschaft gerichtete Wille auch nicht **zukunftsorientiert**, sondern bezogen auf den gegenwärtigen Zustand. Auch wenn ein Ehegatte die eheliche Wohnung verläßt, weil er vorübergehend Abstand zu seinem Partner gewinnen will, oder diesen zu einem ihm genehmen Verhalten (Umzug usw) bewegen will, will er keine häusliche Gemeinschaft (MünchKomm/Wolf Rn 39). Das *zukunftsgerichtete* Moment ergibt sich erst aus dem *Motiv* der Ablehnung der ehelichen Lebensgemeinschaft, die in diesen Fällen ggf nicht vorliegt (dazu unten Rn 93 ff).

c) Eine – im Sinne einer vis *compulsiva* – als **erforderlich empfundene Trennung,** **89** welche dem Lebensplan der Eheleute entspricht oder eine **durch die Umstände** an die Ehegatten **herangetragene Trennung**, welche die Ehegatten – im Sinne einer *vis absoluta* – hinnehmen müssen, führt nicht zum Getrenntleben, wenn unabhängig von dem hingenommenen Hindernis, also dann, wenn die Verhältnisse es gestatteten, der Wille beider Ehegatten bestünde, eine häusliche Gemeinschaft herbeizuführen (Rolland Rn 4; aA BGB-RGRK/Grasshof Rn 26). So führten die **Abwesenheit aus beruflichen Gründen** (OLG Hamm FamRZ 1978, 190), eine **Strafhaft** (OLG Bamberg FamRZ 1981, 52; OLG Düsseldorf NJW-RR 1995, 963; KG FamRZ 1978, 342; Soergel/Heintzmann Rn 20) oder die **Unterbringung eines Ehegatten in einem Heim** (BGH NJW 1989, 1988; OLG Hamm FamRZ 1990, 166; OVG Hamburg FamRZ 1994, 1249, 1250) nicht als solche zum Getrenntleben, obgleich jeweils das Fehlen einer häuslichen Gemeinschaft zu bejahen ist (oben Rn 41 ff; Schwab/Schwab Teil II Rn 124; Erman/Dieckmann Rn 12).

90 d)   Der Wille, die häusliche Gemeinschaft nicht herzustellen, kann in solchen Fällen jedoch **nachträglich hinzutreten**, eine unfreiwillige Trennung also für einen der Ehegatten zu einer freiwilligen, gegen die häusliche Gemeinschaft gerichteten werden. Für die Frage, wann eine solche Trennung in ein Getrenntleben „umschlägt" (BGH NJW 1989, 1988; OLG Hamm FamRZ 1990, 167), erlangt der **Wille zur häuslichen Trennung** als Teil des subjektiven Tatbestands des Abs 1 entscheidende Bedeutung. Dies ist dann der Fall, wenn der ursprünglich nur hingenommene Zustand nunmehr als erwünscht erscheint (SCHWAB/SCHWAB Teil II Rn 125). Nicht richtig erscheint es, im Falle einer bereits aufgehobenen häuslichen Gemeinschaft anläßlich einer dauerhaften Anstaltsunterbringung auf den Willen abzustellen, die noch vorhandene rudimentäre Lebensgemeinschaft aufrecht zu erhalten oder aufzugeben (so aber BGH NJW 1989, 1989). Abs 1 stellt nicht darauf ab, ob beide Ehegatten die Lebensgemeinschaft wollen, sondern ob sie eine häusliche Gemeinschaft wollen. Der Wille zur häuslichen Gemeinschaft hängt aber nicht davon ab, ob deren Herstellung in absehbarer Zeit *möglich* ist. Das vom BGH herangezogene Kriterium vermischt Aspekte des Willens mit solchen des Motivs und der Erkennbarkeit. Maßgeblich bleibt auch in solchen Fällen der Wille, eine häusliche Gemeinschaft nicht herzustellen, würden die Umstände es erlauben. Dieser Wille, insbesondere aber das ihn tragende *Motiv*, kann allerdings dadurch *erkennbar* werden, daß ein Ehegatte die Rudimente einer noch verwirklichten Lebensgemeinschaft aufgibt (dazu unten Rn 103 f).

91 e)   Der maßgebliche Wille ist **nicht rechtsgeschäftlicher Natur**. Es handelt sich um die Kundgabe einer Verhaltensabsicht, die nicht notwendig einem **Adressaten**, insbesondere nicht dem anderen Ehegatten, zugehen muß (ROLLAND Rn 4; ERMAN/DIECK-MANN Rn 12; MünchKomm/WOLF Rn 41 f).

Daher kann auch ein **Geschäftsunfähiger** diesen Willen bilden und äußern; auf den Willen des gesetzlichen Vertreters kommt es nicht an (BGH NJW 1989, 1989; OLG Hamm FamRZ 1990, 168; JOHANNSEN/HENRICH/JAEGER Rn 30; MünchKomm/WOLF Rn 41; ROLLAND Rn 4). Maßgeblich ist in solchen Fällen, ob dem geschäftsunfähigen Ehegatten ein *natürlicher Wille* verblieben ist, eine häusliche Gemeinschaft mit dem Partner abzulehnen. Da es dabei nicht auf die eheliche Gesinnung ankommt (BGH NJW 1989, 1989; mißverständlich OLG Hamm FamRZ 1990, 168), kann auch das Fehlen jedes ehelichen Empfindens angesichts einer hochgradigen Störung der Geistestätigkeit nicht im Sinne eines gegen die häusliche Gemeinschaft gerichteten Willens interpretiert werden (so aber OLG Hamm FamRZ 1990, 168: „daß sein völlig fehlendes Bewußtsein aufgrund seines Geisteszustandes einem bewußten Verlust der ehelichen Gesinnung gleichzusetzen ist").

Wenn der geisteskranke Ehegatte noch **nicht einmal mehr einen natürlichen Willen** bilden kann, so kann er sich gerade nicht in dem von Abs 1 geforderten Sinn gegen die häusliche Gemeinschaft entscheiden. Das subjektive Element des Tatbestands kann dann nur noch in der Person des gesunden Ehegatten verwirklicht werden, wenn *dieser* den Willen bildet, eine häusliche Gemeinschaft mit dem Geisteskranken nicht mehr anzustreben.

92 f)   Ist ein Ehegatte **verschollen** und geht der andere Ehegatte davon aus, daß der Verschollene verstorben ist, so erscheint es fraglich, ob er den erforderlichen Willen haben kann; ist der hinterbliebene Ehegatte überzeugt vom Ende der Ehe durch Tod des Partners, so kann er weder den erforderlichen Willen bilden (noch das Motiv in

Bezug auf die Lebensgemeinschaft verwirklichen). Der erforderliche Wille kann allenfalls dann gebildet werden, wenn der hinterbliebene Ehegatte trotz letzter Zweifel am Ableben des Partners jedenfalls eine Fortsetzung der Ehe ablehnt und seine Lebensverhältnisse neu ordnen will (BGB-RGRK/GRASSHOF Rn 27; ROLLAND Rn 5 mNachw zur Rechtsprechung zu § 48 EheG aF; SOERGEL/HEINTZMANN Rn 15).

3. Ablehnung der ehelichen Lebensgemeinschaft

a) Die Ablehnung der ehelichen Lebensgemeinschaft ist als **Motiv des Willens**, die **93** häusliche Gemeinschaft nicht herzustellen, im Tatbestand des Abs 1 immer *neben diesem Willen festzustellen*. Das erfordert jedoch nicht den Nachweis der Aufhebung der ehelichen Lebensgemeinschaft, insbesondere nicht den Wegfall der ehelichen Gesinnung an sich; der Tatbestand des Abs 1 darf nach dem Zweck des Getrenntlebensbegriffes als Grundlage von Scheiternsvermutungen nicht zu einer „kleinen Zerrüttungsprüfung" führen (dazu oben Rn 28 f).

b) Erforderlich ist jedoch, daß der Wille zur Aufhebung der häuslichen Gemein- **94** schaft von einem **scheidungsgerichteten Motiv** getragen ist (oben Rn 26 ff). Entscheidend ist, ob der Ehegatte bereit ist, die von den Ehegatten bisher gewollte oder gelebte Lebensgemeinschaft fortzusetzen, oder ob er die Trennung vollzieht, weil er diese Lebensgemeinschaft (in dieser Weise) nicht mehr verwirklichen will. Festzustellen ist eine ablehnende Haltung zur Weiterführung der Ehe (BGH NJW 1979, 979). Der Trennungswille muß Ausdruck für einen Zustand der Störung der Ehe sein, der nach der Vorstellung des trennungswilligen Ehegatten zur Scheidung führen kann, wenn sich keine Besserung einstellt (ohne diese Einschränkung im Sinne der hier vertretenen Scheidungsgerichtetheit: SCHWAB/SCHWAB Teil II Rn 127). Stehen **äußere Umstände** einer Verwirklichung der ursprünglich gewollten häuslichen Gemeinschaft und Lebensgemeinschaft entgegen, so kommt es darauf an, ob die Ehegatten die nach den Verhältnissen möglichen Reste einer ehelichen Lebensgemeinschaft verwirklichen wollen oder ob einer der Ehegatten diese Reste ablehnt (BGH NJW 1989, 1988; OLG Hamm FamRZ 1990, 167).

c) Hingegen ist nicht erforderlich, daß der trennungswillige Ehegatte bereits ab- **95** schließend **scheidungswillig** ist. Es genügt, wenn ein Ehegatte die Trennung herbeiführt, weil er die gelebte eheliche Lebensgemeinschaft nicht mehr in dieser Weise verwirklichen will, er aber die Trennungszeit nutzen möchte, um in Ruhe die Einstellung zu seinem Partner und die Notwendigkeit einer Scheidung zu prüfen (ERMAN/ DIECKMANN Rn 13; JOHANNSEN/HENRICH/JAEGER Rn 11). Auch wenn ein Ehegatte die eheliche Wohnung in „eigentlich ehefreundlicher Absicht" verläßt, etwa, weil er das Leben mit den Schwiegereltern im selben Haus als für seine Ehe schädlich ansieht, will er diese Form der Lebensgemeinschaft nicht mehr fortführen; selbst wenn er hofft, der Partner werde ihm folgen, lehnt er die gegenwärtig gelebte eheliche Lebensgemeinschaft ab (BGB-RGRK/GRASSHOF Rn 22; MünchKomm/WOLF Rn 35, anders aber Rn 49; SOERGEL/HEINTZMANN Rn 14; JOHANNSEN/HENRICH/JAEGER Rn 22). Ist er allerdings in diesem Zusammenhang entschlossen, zurückzukehren, wenn ihm der Partner nicht folgt, fehlt es an der notwendigen scheidungsgerichteten Motivation, weil die Trennung dann nicht geeignet sein kann, das Scheitern der Ehe zu indizieren (weitergehend MünchKomm/WOLF, Rn 49, jedes ehefreundliche Motiv lasse die erforderliche Ablehnung der ehelichen Lebensgemeinschaft ermangeln). Gerade in Fällen, in denen ein Partner unschlüssig ist, will das auf dem Begriff des Getrenntlebens iSd Abs 1 beruhende Erfordernis der Mindesttrennungsdauer (§ 1565 Abs 2) Zeit zur Besinnung gewähren; dem stünde es entgegen, wenn für das Getrenntleben bereits ein vollendeter Scheidungsentschluß erforderlich wäre.

Erst recht steht es dem Getrenntleben nicht entgegen, wenn der trennungswillige Ehegatte lediglich aus Gründen, die nicht auf eine Fortsetzung der ehelichen Lebensgemeinschaft in gewandelter Form abzielen, eine Scheidung ablehnt; insbesondere also steht eine Ablehnung der Scheidung aus **wirtschaftlichen** oder **religiösen Gründen** oder wegen des Wohles gemeinsamer Kinder der Annahme des Getrenntlebens nicht entgegen (MünchKomm/Wolf Rn 50, dort aber wohl zu eng ausgehend von dem Standpunkt, das Tatbestandsmerkmal verlange eine negative Diagnose der ehelichen Lebensgemeinschaft).

96 d)   Hingegen liegt nach dem hier vertretenen Begriff der **Scheidungsgerichtetheit** des Trennungswillens kein Getrenntleben vor, wenn ein Ehegatte lediglich „**Abstand von der Ehe gewinnen**" will. Diese – von der Rechtsprechung zu § 48 EheG aF noch eingeschlossene – Fallgestaltung wird durch die erforderliche Ablehnung der ehelichen Lebensgemeinschaft nicht erfaßt (MünchKomm/Wolf Rn 49; Schwab/Schwab Teil II Rn 127; aA BGB-RGRK/Grasshof Rn 22; Johannsen/Henrich/Jaeger Rn 11; Soergel/Heintzmann Rn 14). Die Motivationslage ist in diesem Fall nicht scheidungsgerichtet; der die Trennung herbeiführende Ehegatte ist noch nicht einmal zu dem Grad der Gewißheit gelangt, daß er jedenfalls die in der bisherigen Weise geführte eheliche Lebensgemeinschaft ablehnt; er hält sich nicht nur – was für ein Getrenntleben unschädlich ist – den Weg zu einer **Umgestaltung** der ehelichen Lebensgemeinschaft offen, sondern ist sich noch nicht einmal im Klaren, ob er überhaupt Anstoß an der gelebten ehelichen Lebensgemeinschaft nimmt.

97 e)   Die durch die rechtspolitisch wenig geglückte Beifügung des Motivs als Tatbestandsmerkmal bedingte Notwendigkeit der **Erforschung des Trennungsmotivs** kann zu Unsicherheiten in der Feststellung des Beginns des Getrenntlebens führen. Insbesondere wird ein Wandel des Motivs während der Trennung, etwa von bloßer Ungewißheit über die Lage der Ehe hin zu einer Ablehnung der ehelichen Lebensgemeinschaft aus Sicht des Scheidungsverfahrens kaum nachweisbar sein. Auch das **Erkennbarkeitskriterium** (sogleich Rn 99 ff) ist nur geeignet, eine eheneutrale Trennung abzugrenzen gegen eine Trennung, die aus der Konfliktlage heraus entstanden ist. Der Antragsteller wird hingegen regelmäßig aus seiner Sicht im Scheidungsverfahren ein scheidungsgerichtetes Trennungsmotiv behaupten. Insoweit ist ein Verzicht auf intensive Überprüfung der Motivlage geboten, um nicht den Gesetzeszweck des Abs 1 und die hinter dieser Bestimmung stehenden an das Getrenntleben anknüpfenden Scheiternsvermutungen zu desavouieren. Trennt sich ein Ehegatte von seinem Partner ohne einen äußeren, eheneutralen Grund, so spricht die Lebenserfahrung dafür, daß dies nicht nur aus Unschlüssigkeit geschieht, sondern nach den Vorstellungen des Trennungswilligen wenigstens auch in eine Scheidung münden *kann*. Insbesondere erleichtert die **Dauer der Trennung** die **Annahme eines erforderlichen Motivs**: Will der Trennungswillige mit seinem Auszug aus der ehelichen Wohnung nur seine Vorstellungen gegenüber dem Partner warnend unterstreichen, so wird die Trennung schwerlich über ein oder drei Jahre andauern. Spätestens die Einsicht in die Erfolglosigkeit eines solchen „Warnschusses" wird entweder zur Rückkehr in die gelebte eheliche Lebensgemeinschaft führen oder die Motivlage

in Richtung auf eine Scheidung verändern. Keinesfalls bedarf es also bei einer dreijährigen Trennung ohne erkennbar eheneutralen Grund einer Prüfung, ob während
des gesamten Zeitraumes ein Ehegatte die eheliche Lebensgemeinschaft abgelehnt
hat, oder ob zu Beginn der Trennung lediglich eine Besinnung über die Ehe als Motiv
gestanden hatte.

f) Erst recht wird nach allgemeiner Ansicht eine **negative Prognose** über die Ehe **98**
nicht verlangt. Die Ablehnung der ehelichen Lebensgemeinschaft bezieht sich aus
Sicht des Scheidungsverfahrens ausschließlich auf vergangene Zeiträume des Getrenntlebens, nicht aber auf die Chancen der Ehe in der Zukunft. Insoweit greift ggf
umfassend die Vermutungswirkung des § 1566 ein (MünchKomm/WoLF Rn 52 selbst von
dem Standpunkt, Abs 1 setze die negative *Diagnose* voraus).

4.   „Erkennbarkeit" des Willens

a)   Grundsätze
aa) Der Wille zur Aufhebung der häuslichen Gemeinschaft muß sich **nach außen** **99**
manifestieren. Dieses Erfordernis hat der Gesetzgeber im Anschluß an die Rechtsprechung zur Aufhebung der häuslichen Gemeinschaft geschaffen (KG FamRZ 1978,
342 [unter Hinweis auf BGHZ 4, 279; BGHZ 38, 266]; MünchKomm/WoLF Rn 40). Es handelt sich
danach nicht um eine *Beweisregel*, sondern um ein weiteres *Tatbestandsmerkmal*, das
neben den Aufhebungswillen tritt. Der bloße – später geäußerte – innere Wille, die
häusliche Gemeinschaft nicht herzustellen, genügt nicht; das Getrenntleben iSd
Abs 1 *beginnt* erst in dem *Zeitpunkt*, in dem dieser Wille nach außen offenbar
wird. Dabei handelt es sich um einen **objektiven Tatbestand**, der gesondert festzustellen ist (MünchKomm/WoLF Rn 40); zum Getrenntleben kommt es, wenn der trennungswillige Ehegatte diese Verhaltensabsicht **unmißverständlich zu erkennen gibt**
(OLG Hamm FamRZ 1990, 167). Der Wille kann in verschiedener Weise nach außen
erkennbar in Erscheinung treten (SOERGEL/HEINTZMANN Rn 15). Er muß sich für einen
objektiven Beobachter aus den Umständen, den Handlungen oder den zweifelsfreien
Erklärungen des trennungswilligen Ehegatten ergeben.

bb) Der Wortlaut der Bestimmung läßt nicht deutlich erkennen, ob sich die **Er- 100**
kennbarkeit nur auf den Willen, die häusliche Gemeinschaft nicht herzustellen, beziehen muß, oder ob **auch das Motiv**, welches hinter diesem Willen steht, vom Erfordernis
der Erkennbarkeit umfaßt ist. Der Zweck der Bestimmung, insbesondere des Er-
kennbarkeitserfordernisses, spricht dafür, daß auch erkennbar sein muß, daß der
trennungswillige Ehegatte die Trennung aus einem scheidungsgerichteten Motiv
(hierzu oben Rn 93 ff) will. Grundlage des Tatbestands des Getrenntlebens, der wiederum die Basis für die Scheiternsvermutungen ist, muß ein Wille zur Trennung sein,
der aus dem genannten Motiv gespeist wird. Die Erkennbarkeit gewährleistet, daß
nur eine solchermaßen qualifizierte häusliche Trennung zur Grundlage einer Scheiternsvermutung gemacht wird; würde man – was nach dem Wortlaut naheliegt und
die Prüfung fallweise erleichtern würde – nur die Erkennbarkeit des gegen die häusliche Gemeinschaft gerichteten Willens verlangen, so könnte die nicht notwendig
erkennbare überschießende Innentendenz noch im Scheidungsverfahren bis zum
Schluß der mündlichen Verhandlung „nachgeschoben" werden. Eine Scheidung
könnte dann aufgrund einer zunächst nicht scheidungsgerichteten Trennung ausgesprochen werden, die Einhaltung der Fristen eines Getrenntlebens iSd Abs 1 wäre

Thomas Rauscher

nicht mehr sichergestellt. Erforderlich ist also neben der Erkennbarkeit des Willens zur Aufhebung der häuslichen Gemeinschaft auch die Erkennbarkeit einer scheidungsgerichteten Trennungsabsicht (ERMAN/DIECKMANN Rn 13; BGB-RGRK/GRASSHOF Rn 28; AK-BGB/LANGE-KLEIN Rn 9; SOERGEL/HEINTZMANN Rn 20: „auf Dauer angelegte Trennungsabsicht"; aA MünchKomm/WOLF Rn 53; wohl auch: OLG Bamberg FamRZ 1981, 52).

In diesem Sinn läßt sich auch die mißverständliche Bemerkung des BGH verstehen, **Gegenstand des Willens** sei nicht die Herstellung der häuslichen Gemeinschaft, sofern sie nicht herstellbar sei, sondern die „Aufgabe der bisher noch rudimentär verwirklichten Lebensgemeinschaft" (BGH NJW 1989, 1989, weitergehend SOERGEL/HEINTZMANN Nachtrag Rn 14, Gegenstand des Trennungswillens sei nie die häusliche Gemeinschaft, sondern immer die verwirklichte Lebensgemeinschaft): Leben die Ehegatten ohne häusliche Gemeinschaft, so kann der Wille zur Trennung nur durch Umstände *erkennbar* werden, die sich nicht unmittelbar auf die Herstellung oder Aufhebung der häuslichen Gemeinschaft beziehen; insbesondere ist eine getrennte Wohnungnahme als Signal nicht möglich. Besondere Bedeutung kommt in diesem Fall der *Erkennbarkeit des Motivs* zu, aufgrund dessen die Ehegatten ohne häusliche Gemeinschaft leben. Bemühen sich beide, Restbestände einer ehelichen Lebensgemeinschaft zu verwirklichen, so zeigt dies, daß zwingende oder als zwingend empfundene Notwendigkeiten der Trennung zugrundeliegen; bricht ein Ehegatte die Kontakte ab, so wird dadurch *erkennbar*, daß bei ihm ein Motivwandel hin zu einer Ablehnung der ehelichen Lebensgemeinschaft stattgefunden hat. Nur insoweit erscheint es richtig, von einer „Verzahnung" des Trennungswillens mit dem Fehlen der ehelichen Gesinnung zu sprechen (SOERGEL/HEINTZMANN Nachtrag Rn 15), als in tatsächlicher Hinsicht das Motiv des Trennungswillens häufig durch Ereignisse erkennbar wird, die auch Zweifel an der ehelichen Gesinnung begründen.

101 cc)   Da es sich nicht um einen Geschäftswillen handelt, ist keine **Willenserklärung** erforderlich (oben Rn 91). Eines Zugangs an den anderen Ehegatten bedarf es nicht.

102 dd)   Diesem müssen auch nicht die **Umstände bekannt** sein, aus denen sich die Erkennbarkeit des Willens ergibt (ROLLAND Rn 5; MünchKomm/WOLF Rn 42; SCHWAB/SCHWAB Teil II Rn 125; PALANDT/DIEDERICHSEN Rn 8; einschränkend: SOERGEL/HEINTZMANN Rn 19).

α)   Die **Gegenansicht** verlangt, daß die objektiven Umstände, aus denen sich für einen Dritten der Trennungswille ergebe, **auch dem anderen Ehegatten erkennbar** sein müssen. Unerheblich sei nur, ob der andere Ehegatte die gebotenen Schlüsse auch aus den Umständen zieht (BGB-RGRK/GRASSHOF Rn 28, JOHANNSEN/HENRICH/JAEGER Rn 30; AK-BGB/LANGE-KLEIN Rn 8). Der Hinweis auf die Bedeutung der subjektiven Einstellung der Partner (AK-BGB/LANGE-KLEIN Rn 8) kann dieses Erfordernis ebensowenig begründen, wie die elementare Bedeutung des Getrenntlebens für das Scheidungsrecht (JOHANNSEN/HENRICH/JAEGER Rn 30). Auf die subjektive Einstellung und die Reaktionsmöglichkeit des anderen Ehegatten kommt es gerade für eine von einem Ehegatten ausgehende Haltung nicht an. Der Bedeutung des Getrenntlebens wird auch eine Handhabung gerecht, die an das Vorliegen der Trennungsabsicht hohe Seriositätsanforderungen stellt. Die Seriosität ist aber nicht nur dann gewahrt, wenn der andere Ehegatte benachrichtigt wird.

103 β)   Bedeutsam wird die Streitfrage in Fällen, in denen die Ehegatten **objektiv ohne**

häusliche Gemeinschaft leben und ein Ehegatte den subjektiven Schritt zum Getrenntleben unternimmt. Unterbricht der Ehegatte beispielsweise die Kontakte zu seinem inhaftierten Partner, so kann sich der Trennungswille nicht nur dadurch manifestieren, daß er dies dem Partner mitteilt; vielmehr genügt auch der für andere erkennbar gewollte – und nicht von Umständen diktierte oder vorübergehende Abbruch von Besuchen, Briefwechsel und ähnlichem. Allerdings sind in diesem Fall zusätzliche Erkennbarkeitsanforderungen zu stellen, denn die bloße Einstellung des Briefwechsels gibt sich weder vom Zeitpunkt her noch von der gewollten Endgültigkeit objektiv zu erkennen (vgl BGH FamRZ 1957, 118); es genügen aber zusätzliche, **Dritten erkennbare klare Indizien** (PALANDT/DIEDERICHSEN Rn 8). In diesem Fall kann der Trennungswille früher nach außen als gegenüber dem Partner erkennbar werden, wenn zB ein Rechtsanwalt zur Scheidungsberatung aufgesucht wird. Erst recht gilt dies, wenn **keine Kontaktmöglichkeit** besteht. In diesem Fall wäre es ggf sogar eheschädlich, mangels Mitteilungsmöglichkeit an den Partner als Voraussetzung des Getrenntlebens die *Stellung des Scheidungsantrags zu* verlangen (so JOHANNSEN/HENRICH/JAEGER Rn 30), weil damit Fakten geschaffen werden, die gerade erst in der Zeit des Getrenntlebens sorgsam bedacht werden sollen. Auch hier muß es genügen, wenn der trennungswillige Ehegatte diesen Willen nachprüfbar erklärt oder gezeigt hat. Auch die Aufnahme einer nachhaltigen außerehelichen Beziehung mit Kundmachung gegenüber Dritten kann insoweit genügen (**aA** BGB-RGRK/GRASSHOF Rn 28).

γ) Hiervon zu unterscheiden sind Fälle, in denen ein Ehegatte versucht, seinem **104** Partner Fakten zu **verheimlichen**, aus denen der Trennungswille nach objektiven Kriterien manifest würde. Für solche Fälle ist – in Übereinstimmung mit der Gegenansicht (BGB-RGRK/GRASSHOF Rn 28 sieht wohl vorwiegend diese Situation) – die Erkennbarkeit gegenüber Dritten nicht geeignet, einen Willen deutlich zu machen, der nur anscheinend darauf abzielt, nicht mehr mit dem Ehepartner leben zu wollen; wer etwa ein außereheliches Verhältnis zu verschleiern sucht, macht vielmehr erkennbar, daß er Schaden für seine Ehe vermeiden will; Verheimlichen der Umstände begründet also Zweifel an der Trennungsabsicht (MünchKomm/WOLF Rn 42).

dd) Der Trennungswille ist **widerruflich**.   **105**

α) Der zu einem **früheren Zeitpunkt trennungswillige Ehegatte** kann zum Ausdruck bringen, daß er *wieder bereit* ist, mit dem Partner zusammen zu leben. Dies setzt nicht voraus, daß die häusliche Gemeinschaft tatsächlich wieder aufgenommen wird oder aufgenommen werden kann; erforderlich ist lediglich, daß die Bereitschaft erkennbar wird, die häusliche Gemeinschaft aufzunehmen, wenn äußere Hindernisse wegfallen (SCHWAB/SCHWAB Teil II Rn 126). Ein solcher erkennbarer Willenswandel kann sich aus einem wörtlichen oder tatsächlichen Bekenntnis zur erneuten Aufnahme früher abgebrochener Besuche und Briefkontakte ergeben, wenn derzeit eine häusliche Gemeinschaft nicht herstellbar ist (BGH NJW 1989, 1989). Die Ehegatten leben dann – mit Wirkung *ex nunc* – nicht mehr getrennt (SOERGEL/HEINTZMANN Nachtrag Rn 14), auch wenn die *äußeren Verhältnisse* keine Änderung erfahren (OLG Hamm FamRZ 1990, 167). Ist das dadurch begründete erneute Zusammenleben (erst) von kurzer Dauer, greift ggf Abs 2 ein.

β) In Betracht kommt auch der **Wegfall des Motivs**: Hat ein Ehegatte aus Ableh- **106** nung der ehelichen Lebensgemeinschaft heraus die Trennung herbeigeführt und kommt es später ohne Wiederherstellung der häuslichen Gemeinschaft zu einem Konsens über ein eheliches Zusammenleben in anderer Weise, so ist zwar der auf Trennung gerichtete Wille nicht aufgehoben; er ist jedoch nicht mehr von dem Motiv getragen, die eheliche Lebensgemeinschaft abzulehnen, so daß das Getrenntleben entfällt. Hierfür können vermehrte Kontakte der Ehegatten sprechen, sofern sie nicht nur Versöhnungsversuche darstellen, sondern eine Einigung über neue Formen des Zusammenlebens erweisen (BGB-RGRK/GRASSHOF Rn 34).

b) Indizien

107 **aa) Bei zusammenlebenden Ehegatten** wird grundsätzlich der andere Ehegatte den Trennungswillen ebenso erkennen können, wie ein objektiver Dritter; eine Erklärung ist auch in diesem Fall nicht erforderlich, aber geeignet, um Zweifel zu beseitigen und Klarheit über den Beginn des Getrenntlebens zu schaffen. Ebenso eindeutig ist es freilich, wenn ohne äußeren Zwang (Wohnungsmangel, Beruf, Schutz gegen Übergriffe bei Streitigkeiten) ein Ehegatte aus der ehelichen Wohnung auszieht und sich eine eigene Wohnung nimmt (MünchKomm/WOLF Rn 42 a). Dasselbe gilt, wenn ein Ehegatte den anderen aus der Wohnung weist.

Den Trennungswillen erkennbar machen in diesem Fall auch **Verfahrenshandlungen**, nicht nur ein *Scheidungsantrag*, sondern auch der Antrag nach § 620 Abs 1 Nr 5 ZPO, das Getrenntleben der Ehegatten im Wege der einstweiligen Anordnung zu regeln (MünchKomm/WOLF Rn 42 a) oder Anträge nach § 620 Abs 1 Nr 7 ZPO, § 1361 a (Hausratsverteilung bei Getrenntleben), § 1361 b (Zuweisung der Ehewohnung bei bzw zum Getrenntleben) und § 620 Abs 1 Nr 1 ZPO, § 1671 (Elterliche Sorge bei Getrenntleben).

108 **bb)** Die Absicht, **innerhalb der ehelichen Wohnung** getrennt zu leben, vollzieht sich regelmäßig im engeren Lebensbereich der Ehegatten. Die Erkennbarkeit des Trennungswillens überschneidet sich daher mit der Durchführung der möglichst umfassenden Trennung der Lebensbereiche. Da insoweit jedoch die Durchführung der räumlichen Trennung die am meisten problematische Seite des Tatbestands darstellt, wird bei Feststellung einer konsequenten räumlichen Trennung regelmäßig auch der Trennungswille nachgewiesen sein; die Durchführung der Trennung in der ehelichen Wohnung beruht regelmäßig auf einem Willen, der den subjektiven Erfordernissen des Abs 1 entspricht (vgl SOERGEL/HEINTZMANN Rn 22); eine zufällige, im Sinne des Scheidungsrechts irrelevante Trennung kommt in der ehelichen Wohnung praktisch nicht vor. Da das Getrenntleben in der ehelichen Wohnung bereits objektiv Abgrenzungsmaßnahmen erfordert, wird regelmäßig eine ausdrückliche oder konkludente Erklärung der Trennungsabsicht gegenüber dem Partner vorliegen. Auch **Verfahrenshandlungen** (oben Rn 107) sind dabei ergänzend geeignet, den Trennungswillen erkennbar zu machen.

109 **cc)** Besondere Anforderungen ergeben sich für die Erkennbarkeit des Trennungswillens, wenn die Ehegatten **nach ihrem Lebensplan nicht in häuslicher Gemeinschaft gelebt** haben.

α) Insbesondere betroffen sind hiervon **Fehl- oder Zweckehen**, in denen eine eheliche Lebensgemeinschaft nicht gewollt ist, dies aber wegen des ehefremden Zwecks regelmäßig nicht sogleich nach außen kundgetan wird. Dieselben Grundsätze gelten aber auch, wenn mit der Eheschließung kein ehefremder Zweck verfolgt wird, aber eine häusliche Gemeinschaft von beiden Ehegatten abgelehnt wird und die eheliche Lebensgemeinschaft von den Ehegatten einverständlich in anderer Weise definiert wurde.

β)   Die Ehegatten leben bei einem solchen Lebensplan **zunächst nicht getrennt**. Es **110** besteht zwar ein Wille, die häusliche Gemeinschaft nicht herzustellen; dieser Wille beruht jedoch nicht auf der Ablehnung der ehelichen Gemeinschaft. Getrenntleben iSd Abs 1 tritt erst ein, wenn ein Ehegatte das Motiv „Ablehnung der ehelichen Lebensgemeinschaft" erkennbar macht (Schwab/Schwab Teil II Rn 130; Johannsen/Henrich/Jaeger Rn 29; MünchKomm/Wolf Rn 37). Die willentliche Nichtherstellung der häuslichen Gemeinschaft hat in diesen Fällen keine maßgebliche Aussagekraft, weil sie dem Lebensplan der Ehegatten bzw dem ehefremden Zweck entspricht (vgl oben Rn 50 f). Die für das Getrenntleben allesentscheidende Erkennbarkeit des Motivs der Ablehnung der ehelichen Lebensgemeinschaft setzt bei **Fehl- oder Zweckehen**, auch bei von Anfang an geplantem Fehlen von Kontakten regelmäßig voraus, daß ein Ehegatte die **Scheidungsabsicht äußert** (dazu § 1565 Rn 101), was spätestens mit der Erteilung einer *Prozeßvollmacht* für die Durchführung des Scheidungsverfahrens erfolgt (KG NJW 1982, 112).

γ)   Hat ein Ehegatte den Willen zur Aufnahme einer **ehelichen Gemeinschaft vor-** **111** **getäuscht**, gilt nichts besonderes. Ist es nicht zur Herstellung einer häuslichen Gemeinschaft gekommen, so beginnt das Getrenntleben in dem Zeitpunkt, in dem die Unaufrichtigkeit und damit die Ablehnung der häuslichen Gemeinschaft erkennbar wird (BGB-RGRK/Grasshof Rn 33). Hat ein Ehegatte nur über seine Bereitschaft zur Eingehung einer **häuslichen Gemeinschaft getäuscht**, lehnt er aber eine eheliche Lebensgemeinschaft ohne häusliche Gemeinschaft nicht ab, so kommt es zum Getrenntleben, wenn er zu erkennen gibt, daß er die eheliche Gemeinschaft nicht in der zunächst vermeintlich von beiden Ehegatten vorgesehenen Form verwirklichen will. Die Tatsache, daß der die häusliche Trennung verursachende Ehegatte eine andere Form ehelicher Lebensgemeinschaft bejahen würde, schließt das Getrenntleben nicht aus.

δ)   Haben die Ehegatten hingegen **absprachegemäß eine eheliche Gemeinschaft ohne** **112** **häusliche Gemeinschaft** geführt, so kann der Wille zum Getrenntleben auch durch Abbruch der Elemente gegenseitiger Kontaktpflege erkennbar werden, aus denen die eheliche Lebensgemeinschaft im konkreten Fall besteht (Johannsen/Henrich/Jaeger Rn 29 aE). In diesen Fällen ist aber die Erkennbarkeit nicht schon dann gewährleistet, wenn ein Ehegatte die Kontakte stillschweigend unterbricht; da dies die Motivlage nicht eindeutig und unzweifelhaft erkennbar macht, ist regelmäßig eine *verbale Äußerung* oder eine andere *unmißverständliche Tathandlung* erforderlich, aus der erkennbar wird, daß die bisher gepflegten Kontakte nicht mehr aufrecht erhalten werden sollen (Johannsen/Henrich/Jaeger Rn 30; BGB-RGRK/Grasshof Rn 31).

ε)   Ein **Zusammenfallen von Eheschließung und Beginn des Getrenntlebens** ist nicht **113** zwingend – etwa als Sanktion gegen rechtsmißbräuchliches Verhalten (vgl Johannsen/Henrich/Jaeger § 1565 Rn 50) – ausgeschlossen, ist aber in der Realität nur für Fehl- oder Zweckehen denkbar und wird dort schwerlich vorkommen, weil der ehefremde Zweck für eine gewisse Zeit gerade die *Nichterkennbarkeit* voraussetzt (dies übersieht

MünchKomm/WOLF Rn 37, der unzutreffend bereits Getrenntleben annimmt, wenn der Wille zur häuslichen Gemeinschaft fehlt, auch wenn das Motiv [Ablehnung einer ehelichen Gemeinschaft] noch nicht erkennbar ist; unklar auch SCHWAB/SCHWAB Teil II Rn 130; vgl auch oben Rn 49 und § 1565 Rn 101).

114 dd) Ähnlich bedeutsam wird die Erkennbarkeit des subjektiven Tatbestands, wenn in Fällen **vorübergehender notwendiger oder erzwungener häuslicher Trennung** ein Ehegatte zum Zustand des Getrenntlebens übergehen will, insbesondere also in Fällen beruflicher Abwesenheit oder einer Anstaltsunterbringung. Solange in solchen Fällen die alleine noch möglichen Restbestände einer Lebensgemeinschaft gepflegt werden, liegt zwar räumliche Trennung, aber kein Getrenntleben vor (BGH NJW 1989, 1989; OLG Hamm FamRZ 1990, 166, 167). Auch hier kommt der Erkennbarkeit des Trennungswillens und -motivs ausschlaggebende Bedeutung zu; es genügt auch insoweit nicht die stillschweigende Einstellung von Kontakten; vielmehr muß – nicht notwendig gegenüber dem Partner (vgl oben Rn 101 ff) unzweifelhaft erkennbar werden, daß die häusliche Gemeinschaft nicht mehr aufgenommen werden soll, auch wenn das Hindernis wegfiele. Hinreichende Handlungen sind der *Abbruch von Besuchen in Verbindung mit der Aufnahme eines intimen Verhältnisses zu einem Dritten* (BGH NJW 1979, 1360); das *Mitteilen und die Verwirklichung der Absicht*, den in Haft befindlichen Partner nicht mehr zu besuchen bzw bei Hafturlauben nicht mehr aufzunehmen (KG FamRZ 1978, 342; OLG Bamberg FamRZ 1981, 52; ähnlich für den Fall der Unterbringung in einer Pflegeanstalt: BGH NJW 1989, 1989). Jedenfalls wird der Wille ausreichend erkennbar, wenn während der Anstaltsunterbringung des Partners *Scheidungsantrag* gestellt wird. Bei *berufsbedingter Trennung* genügt die **ausdrückliche Mitteilung**, getrennt leben zu wollen (OLG Hamm FamRZ 1978, 117). Ausreichend erkennbar wird der Wille in solchen Fällen auch, wenn der berufsbedingt im Ausland befindliche Ehegatte den ihn besuchenden Partner zwangsweise nach Hause schickt (OLG Hamm FamRZ 1978, 190).

5. Wille des anderen Ehegatten

115 a) Der **entgegenstehende Wille des anderen Ehegatten** ist für den Tatbestand des Getrenntlebens unbeachtlich. Zwar sind die Ehegatten nach § 1353 Abs 1 S 2 zur ehelichen Lebensgemeinschaft verpflichtet, die regelmäßig die häusliche Gemeinschaft einschließt. Die Voraussetzungen des § 1353 Abs 2 liegen im Falle des Wunsches eines Ehegatten nach Getrenntleben iSd Abs 1 aber regelmäßig nicht vor. Die Konzeption des Scheidungsrechts steht jedoch in einem gewissen Widerspruch zu der eigentlich bestehenden Verpflichtung zur häuslichen Gemeinschaft (dazu § 1565 Rn 20 ff). Diese Spannung kann aber nur in der Weise gelöst werden, daß auch ein ggf rechtswidriges Getrenntleben Abs 1 genügt. Das folgt insbesondere auch aus der Möglichkeit der Zuweisung der Ehewohnung nach § 1361 b, die ebenfalls ein Recht zum Getrenntleben nicht voraussetzt (ERMAN/DIECKMANN Rn 6).

116 b) Dies schließt es nicht aus, daß ein Ehegatte gemäß § 606 ZPO auf **Gestattung des Getrenntlebens** klagt, oder im Verfahren der **einstweiligen Anordnung** Regelungen über das Getrenntleben nach § 620 Nr 5 und 7 ZPO herbeiführt.

Eine **positive Herstellungsklage** des verlassenen Ehegatten gemäß § 1353 Abs 1 bleibt möglich, kann aber wegen des Verbotes der Zwangsvollstreckung hieraus (§ 888 Abs 2 ZPO) das Getrenntleben nicht hindern.

V.   Zusammenleben zu Versöhnungszwecken über kürzere Zeit (Abs 2)

1.   Begünstigte Zeiträume

a)   Abs 2 ist eine **Ausnahmebestimmung**. Der Zweck der Trennungsfristen, deren **117** Grundlage das Getrenntleben nach Abs 1 ist, verlangt einen grundsätzlich **ununter-brochenen Verlauf** (im einzelnen unten Rn 151 ff; zur Hemmung unten Rn 154). Abs 2 dient der **Erleichterung von Versöhnungsversuchen**. Gäbe es die Bestimmung nicht, würde jede Form der Wiederaufnahme einer häuslichen Gemeinschaft auch für kurze Zeit unabhängig vom Motiv das Getrenntleben nach Abs 1 unterbrechen und damit die Fristen nach § 1565 Abs 2 bzw § 1566 unterbrechen oder allenfalls doch hemmen. Ein Ehegatte, der diese Rechtsfolge bedenkt, würde von Versöhnungsversuchen abgeschreckt, aus Sorge, Rechtsnachteile für den Fristlauf bei einer späteren erneuten Trennung zu erleiden (Rolland Rn 7; BGB-RGRK/Grasshof Rn 58; MünchKomm/Wolf Rn 58; Soergel/Heintzmann Rn 28; Schwab/Schwab Teil II Rn 141; näher oben Rn 20 ff).

b)   Begünstigt werden daher nur Fälle des Zusammenlebens zum **Zweck der Ver-** **118** **söhnung** (Johannsen/Henrich/Jaeger Rn 33), also zur Rettung und Erhaltung der Ehe (Palandt/Diederichsen Rn 11) und zur Wiederherstellung einer ehelichen Lebensgemeinschaft in der bisherigen oder einer gewandelten Form (AK-BGB/Lange-Klein Rn 12).

aa)   Diese Zweckrichtung ist nicht final zu verstehen, auch ein Zusammenleben **119** zum Zweck der **Prüfung von Versöhnungschancen** ist privilegiert (Rolland Rn 8 b; MünchKomm/Wolf Rn 61; BGB-RGRK/Grasshof Rn 62).

bb)   Ein Zusammenleben aus anderen Gründen ist nicht begünstigt (Johannsen/ **120** Henrich/Jaeger Rn 33), so ein Zusammenleben, um den sozialen Schein zu wahren, die Lebenshaltung zu verbilligen oder aus Mitleid (Erman/Dieckmann Rn 16; Münch-Komm/Wolf Rn 61). Unmaßgeblich sind aber die **Motive der Versöhnungsbereitschaft** (zutreffend AK-BGB/Lange-Klein Rn 12; dies verkennen auch die dort ablehnend zitierten Stimmen nicht; es ist nur zu unterscheiden, ob sich die Ehegatten aus sozialen Gründen, Geldmangel etc versöhnen wollen [Motiv] oder ob sie – ohne Versöhnungsbereitschaft – aus solchen Gründen lediglich zusammenleben [nicht begünstigter Grund]). Kommen die Ehegatten wieder zu einer häuslichen Gemeinschaft zusammen, um ein *pflegebedürftiges Kind* gemeinsam zu betreuen, so greift Abs 2 nicht ein (Rolland Rn 8 b; BGB-RGRK/Grasshof Rn 62). Das schließt jedoch nicht aus, daß in solchen Fällen sorgsam zu prüfen ist, ob die Ehegatten nur die durch die Pflege des Kindes bedingten Gemeinsamkeiten aufnehmen, oder tatsächlich eine häusliche Gemeinschaft erneuern. Die Aufnahme von häuslichen Beziehungen aus Rücksichtnahme auf ein Kind oder zum Zweck der Pflege eines Kindes ist nicht anders zu beurteilen als deren Fortbestand (vgl oben Rn 76 f, Pflege des Ehegatten: Rn 78). Eine **analoge Anwendung** des Abs 2 auf andere Gründe des Zusammenlebens kommt wegen des Ausnahmecharakters nicht in Betracht (Rolland Rn 8 b).

cc)   Jedoch muß der **Versöhnungsversuch nicht der einzige Grund** sein (Palandt/Die- **121**

DERICHSEN Rn 11; BGB-RGRK/GRASSHOF Rn 62). So ist insbesondere bei Zusammenleben aus Mitleid oder bei der Pflege eines gemeinsamen Kindes wegen vorübergehender schwerer Krankheit zu prüfen, ob die Ehegatten nicht diese schicksalhafte Entwicklung *auch* zum Anlaß eines Versöhnungsversuchs genommen haben; ansonsten würden familiensoziologisch notwenige und wünschenswerte Betreuungsleistungen in einer für ein Kind schweren Zeit verhindert (ähnlich MünchKomm/WOLF Rn 61).

122 dd) Sprechen keine Anhaltspunkte, insbesondere eindeutige Äußerungen des trennungswilligen Ehegatten dagegen, so ist bei Aufnahme eines erneuten Zusammenlebens jedoch zu **vermuten**, daß dieses einer Versöhnung dienen soll (MünchKomm/WOLF Rn 61; BGB-RGRK/GRASSHOF Rn 62). Kehrt ein trennungswilliger Ehegatte zurück, so ist es naheliegend, daß er dies mit Versöhnungsbereitschaft tut.

123 c) Abs 2 setzt voraus, daß **die Ehegatten nicht mehr getrennt leben**. Der Begriff „Zusammenleben" ist untechnisch zu verstehen; er bezeichnet lediglich das Gegenteil von „Getrenntleben" iSd Abs 1. Die Bestimmung setzt nach Wortlaut und Zweck voraus, daß ein Zustand vorliegt, der nach den übrigen Bestimmungen, insbesondere Abs 1, *nicht mehr als Getrenntleben* anzusehen wäre. Theoretisch kann mit Rücksicht auf die Struktur des Tatbestands des Getrenntlebens nach Abs 1 die Voraussetzung des Nicht-mehr-Getrenntlebens dadurch eingetreten sein, daß die *häusliche Trennung* beseitigt ist *oder* dadurch, daß der *subjektive Tatbestand* nicht mehr vorliegt, kein Ehegatte also mehr die Trennung will oder beide die eheliche Lebensgemeinschaft wieder bejahen (MünchKomm/WOLF Rn 59). Regelmäßig wird aber Abs 2 in Fällen eingreifen, in denen die Ehegatten zu einem Versöhnungsversuch die **häusliche Gemeinschaft** wiederherstellen (BGB-RGRK/GRASSHOF Rn 60; JOHANNSEN/HENRICH/JAEGER Rn 33). Nur diese Form der Beseitigung eines Tatbestandsmerkmal des Getrenntlebens ermöglicht nämlich im Normalfall die von Abs 2 vorausgesetzte **Schwebelage** zwischen Beseitigung des Getrenntlebens und Versöhnung, also den Versöhnungsversuch. Gibt der trennungswillige Ehegatte seinen *Trennungswillen* oder das *Motiv* der Ablehnung der ehelichen Lebensgemeinschaft auf, so wird häufig bereits eine vollendete Versöhnung vorliegen (dazu unten Rn 127 ff).

Kommt es nur zu einer **Annäherung** der Ehegatten ohne Herstellung einer häuslichen Gemeinschaft und ohne Beseitigung des subjektiven Tatbestands des Getrenntlebens, so dauert das Getrenntleben an, gleichviel, ob die Ehegatten in dieser Phase eine Versöhnung versuchen (BGB-RGRK/GRASSHOF Rn 60; **aA** AK-BGB/LANGE-KLEIN Rn 12, die Versöhnungsbereitschaft beseitige bereits die „negative Einstellung" also das Motiv in Abs 1). Möglich ist jedoch, daß die Ehegatten in einer solchen Phase den Versuch unternehmen, eine eheliche Lebensgemeinschaft mit **reduziertem Inhalt** (insbesondere ohne häusliche Gemeinschaft) zu erproben. Dies kann dafür sprechen, daß noch keine Versöhnung erfolgt ist, sondern ebenfalls ein Versöhnungsversuch vorliegt, beide Ehegatten aber bereits die eheliche Lebensgemeinschaft (in anderer Form) wieder bejahen. In diesem Fall ist Abs 2 anwendbar (BGB-RGRK/GRASSHOF Rn 61). Der Umstand, daß die Ehegatten in diesem Fall nur locker zusammenleben, erlaubt es aber nicht, die „kürzere Zeit" großzügiger zu beurteilen als bei Aufnahme einer häuslichen Gemeinschaft (**aA** BGB-RGRK/GRASSHOF Rn 61). Da Abs 2 eine *Anrechnung* solcher Zeiträume auf die Fristen des Getrenntlebens vorsieht, kommt eine weitere Ausdehnung nicht in Betracht, da sonst scheidungsrelevante Fristenzeiträume ggf weitgehend in Form eines gelockerten Zusammenlebens abgeleistet werden und damit die Gesetzeszwecke der Fristenbestimmungen verfehlt werden. Zudem ist gerade in dieser Konstellation sorgsam zu prüfen, ob nicht der bereits angebahnte *innere Konsens* schon zu einer Versöhnung geführt hat, was hier erheblich näher liegt als im Falle des lediglich räumlich, damit äußerlich initiierten Versöhnungsansatzes.

d)   Die **Erfolgsaussichten** eines Versöhnungsversuchs sind ohne Bedeutung; auch **124** Versöhnungsversuche, die von vorneherein (ex post betrachtet) zum *Scheitern verurteilt* sind, unterfallen Abs 2 (OLG Köln FamRZ 1979, 236; ERMAN/DIECKMANN Rn 16); ebensowenig ist Abs 2 nur auf in ihrem Erfolg fragwürdige Versöhnungsversuche anzuwenden; die Bestimmung will gerade auch *aussichtsreiche* Versöhnungsversuche fördern, so daß auch bei deren – unerwartetem – Scheitern Abs 2 anzuwenden ist (MünchKomm/WOLF Rn 62). Auch kann nicht die Aussichtslosigkeit aus Sicht des Scheidungsverfahrens – nach erneuter Trennung – zu einer großzügigeren Beurteilung des Tatbestandsmerkmals „kürzere Zeit" führen (**aA** OLG Köln FamRZ 1979, 236).

e)   **Beide Ehegatten** müssen **versöhnungswillig** sein (ERMAN/DIECKMANN Rn 16; **aA** wohl **125** JOHANNSEN/HENRICH/JAEGER Rn 33: Willensrichtung des vorher trennungswilligen Ehegatten); ist der vordem nicht trennungswillige Ehegatte nicht bereit, eine Versöhnung anzustreben, so handelt es sich nur um einen einseitigen Annäherungsversuch, der ggf trotz einer Rückkehr in die eheliche Wohnung entsprechend den Grundsätzen über das Getrenntleben in der ehelichen Wohnung nicht zur Aufnahme der häuslichen Gemeinschaft führt, wenn der dort verbliebene Ehegatte ihn nicht annimmt. Nimmt dieser Ehegatte aber ohne Versöhnungsbereitschaft dennoch die häusliche Gemeinschaft mit dem Trennungswilligen wieder auf, so ist Abs 2 nicht anwendbar. Das kann in der Folge dazu führen, daß auch bei einer nur kurzen Frist dieses Zusammenleben die Fristen des Getrenntlebens unterbricht. Als Antragsgegner im Scheidungsverfahren könnte sich dann der nicht trennungswillige Ehegatte auf seine eigene Versöhnungsfeindlichkeit berufen mit der Folge, daß zu Lasten des Antragstellers die Versöhnungsfristen – weil unterbrochen – nicht abgelaufen sind. Ein solches Vorgehen kann gegen *Treu und Glauben* verstoßen (ERMAN/DIECKMANN Rn 16), wenn der spätere Antragsgegner seine Versöhnungsfeindschaft dem Antragsteller nicht zu erkennen gegeben hat. Dann muß es für die Anwendung von Abs 2 genügen, daß sich das Geschehen aus Sicht des trennungswilligen und versöhnungsbereiten Ehegatten so darstellt, als habe ein Versöhnungsversuch stattgefunden; die übrigen tatbestandlichen Voraussetzungen (insbesondere die kürzere Zeit) müssen vorliegen. In einem solchen Fall wird auch regelmäßig eine Vermutung dafür sprechen, daß beide Ehegatten zunächst versöhnungsbereit waren und der Antragsgegner erst später seine Ansicht geändert und die Vorzüge eines solchen Vorgehens für seine Position im Scheidungsverfahren erkannt hat.

f)   Auch auf Versöhnungsversuche **während des Scheidungsverfahrens** ist Abs 2 an- **126** wendbar (MünchKomm/WOLF Rn 64; ERMAN/DIECKMANN Rn 17 aE). Im Zeitpunkt der letzten mündlichen Verhandlung dürfen die Ehegatten sich jedoch nicht im Stadium eines Versöhnungsversuchs befinden, insbesondere nicht häuslich zusammenleben (MünchKomm/WOLF Rn 64), auch wenn vor Aufnahme des Versöhnungsversuchs der Scheidungsantrag begründet war, insbesondere also die Ehegatten ein Jahr getrennt gelebt haben (§ 1565 Abs 2). Befinden sich die Ehegatten zu diesem Zeitpunkt in einem Versöhnungsversuch, ist zweckmäßigerweise (wegen des ungewissen Ausgangs) ein *Ruhen des Verfahrens* (§ 251 ZPO) anzuordnen. Eine *Aussetzung* nach

§ 614 ZPO kommt nur unter den dort genannten zusätzlichen Voraussetzungen in Betracht (dazu § 1564 Rn 109 f), in der vorliegenden Konstellation (Entscheidungsreife vorbehaltlich des laufenden Versöhnungsversuchs) regelmäßig also nur auf Antrag bzw mit Zustimmung beider Ehegatten (§ 614 Abs 2 S 2 ZPO), da die Ehegatten bereits ein Jahr getrennt gelebt haben. Haben die Ehegatten zum Zwecke der Versöhnung bereits eine häusliche Gemeinschaft aufgenommen, so genügt regelmäßig ein Ruhen des Verfahrens für etwa vier Monate. Dann tritt, sofern im übrigen die Voraussetzungen der Scheidung vor Aufnahme des Versöhnungsversuch vorgelegen hätten – Entscheidungsreife ein, weil entweder der Versöhnungsversuch gescheitert ist oder die „kürzere Zeit" überschritten wurde (dazu unten Rn 137 f), so daß Abs 2 nicht mehr anzuwenden ist (ERMAN/DIECKMANN Rn 17).

2. Gelungene Versöhnung oder Versöhnungsversuch

127 **a)** Abs 2 privilegiert nur **Versöhnungsversuche, die letztlich gescheitert sind.** Haben sich die Ehegatten hingegen versöhnt, trennen sie sich aber erneut, so greift Abs 2 nicht ein, so daß jedenfalls der Zeitraum des Zusammenlebens nicht unschädlich für die Berechnung der Trennungsfristen ist. Eine gelungene Versöhnung macht die bis dahin abgelaufenen Fristen nach dem Zweck des Getrenntlebens gegenstandslos; *Versöhnung* bedeutet eine *Zäsur* hinsichtlich der Ernstlichkeit des Scheidungswillens (§ 1565 Abs 2) und entwertet das Getrenntleben als Indiz für das Scheitern der Ehe (§ 1566). Sie **unterbricht** daher den Fristlauf; trennen sich die Ehegatten erneut, so beginnen die Fristen neu zu laufen (OLG Celle FamRZ 1979, 234; OLG Hamm NJW-RR 1986, 554; OLG Köln FamRZ 1979, 236; ROLLAND Rn 8; BGB-RGRK/GRASSHOF Rn 63; MünchKomm/ WOLF Rn 62, ERMAN/DIECKMANN Rn 16; aA DAMRAU NJW 1977, 1624; vgl zur Entscheidung über *Hemmung oder Unterbrechung* im übrigen unten Rn 150 f).

128 **b)** Dieser weitgehenden Konsequenz einer erfolgten Versöhnung im Vergleich zum Versöhnungsversuch steht eine problematische **Abgrenzung** beider Vorgänge gegenüber. Da sich der Abgrenzungsbedarf nur im Scheidungsverfahren stellt, erweisen sich in der Rückschau aus der späteren Situation die Verhältnisse oft als sehr ähnlich, eine Versöhnung, der alsbald ein neues Scheitern folgt, ist schwer von einem gescheiterten Versöhnungsversuch abgrenzbar.

129 **c)** Andererseits erscheint es zwingend, Kriterien zur Abgrenzung zu finden, die sich nicht erst in der Rückschau realisieren, sondern – wenigstens potentiell – bereits im Zeitpunkt der vermuteten Versöhnung vorliegen. Es wäre logisch kaum einsehbar, nach Gesichtspunkten zu entscheiden, die ein im maßgeblichen Zeitpunkt neben die Ehegatten gestellter objektiver und optimal informierter Dritter nicht zu erkennen vermöchte. Versöhnungsversuche werden gerade dann, wenn die Ehegatten sie ernst meinen, *äußerlich* kaum von einer echten Versöhnung zu unterscheiden sein, weil gerade im häuslichen Zusammenleben und gegenüber Kindern und Dritten alle äußerlichen Merkmale der bisherigen Lebensgemeinschaft wiederhergestellt werden.

130 **aa)** **Nicht maßgeblich** sind daher alle Umstände, die erst *rückschauend* im Zeitverlauf zwischen angeblicher Versöhnung und mündlicher Verhandlung im Scheidungsverfahren entstehen. Zwar mag sich häufig erst in der Rückschau *erweisen*, ob bereits eine Versöhnung vorlag oder ein später gescheiterter Versuch (SOERGEL/HEINTZMANN

Nachtrag Rn 33). Dennoch ist auf den *Zustand* im Zeitpunkt der vermeintlichen oder wirklichen Versöhnung abzustellen. Auch wenn eine Ehe tief gestört war und sich im weiteren Verlauf zeigt, daß der Versöhnungs(versuch) nach menschlichem Ermessen *zum Scheitern verurteilt* war, kann im früheren Zeitpunkt eine wirkliche Versöhnung vorgelegen haben; diese läßt sich dann nicht im Nachhinein als bloßer Versöhnungsversuch uminterpretieren, um die Anwendung des Abs 2 zu erreichen (MünchKomm/ WOLF Rn 62; aA OLG Köln FamRZ 1979, 236; SCHWAB/SCHWAB Teil II Rn 142).

Unmaßgeblich ist auch der *Zeitraum zwischen Versöhnung und erneuter Trennung.* Auch ein nur kurzer Zeitraum des Zusammenlebens nach Versöhnung und nachfolgend alsbaldige Trennung kann nicht die stattgefundene Versöhnung in einen Versöhnungsversuch rückverwandeln (so aber: DAMRAU NJW 1977, 1264). Freilich kann dies ein Indiz dafür sein, daß die Ehegatten eine ernsthafte Versöhnung noch nicht gewollt hatten (dazu sogleich Rn 132).

bb) **Maßgeblich** ist vielmehr die **Einstellung der Ehegatten**. Eine Versöhnung liegt **131** nur vor, wenn die Ehegatten ernsthaft und auf Dauer *angelegt* die eheliche Gemeinschaft wieder aufnehmen wollen (MünchKomm/WOLF Rn 62). Es sind also Kriterien zu ermitteln, aus denen sich diese *innere Einstellung* im Zeitpunkt der vermuteten Versöhnung ergibt.

α) Gegen eine Versöhnung spricht, wenn die Ehegatten (oder einer von ihnen) für **132** ihren Versöhnungsversuch eine **bestimmte Zeitdauer** festgelegt haben, und es nach Ablauf dieser Zeitdauer wieder zur Trennung kommt; dasselbe gilt, wenn ausdrücklich vereinbart wurde, man wolle nur **probeweise** zusammenleben und diese Vereinbarung vor erneuter Trennung nie erkennbar aufgehoben worden war (ERMAN/DIECK-MANN Rn 16; MünchKomm/WOLF Rn 60; SCHWAB/SCHWAB Teil II Rn 143 nimmt offenbar an, es ergäbe sich auch ohne die Begünstigung durch Abs 2 in solchen Fällen keine Hemmung oder Unterbrechung). Dasselbe gilt, wenn der trennungswillige Ehegatte unter einer **Bedingung** zurückkehrt und es wegen Nichterfüllung der Bedingung zur erneuten Trennung kommt (SCHWAB FamRZ 1976, 501; SCHWAB/SCHWAB Teil II Rn 142: zB Aufgabe von Alkoholismus).

β) Andererseits spricht eine nur **sehr kurze Dauer des Zusammenlebens** zwar häufig **133** für einen abgebrochenen Versöhnungsversuch; sie steht aber der Annahme einer Versöhnung nicht zwingend entgegen, wenn andere Indizien eindeutig darauf hinweisen, daß die Ehegatten abschließend ihren Konflikt als beendet angesehen und die eheliche Lebensgemeinschaft wieder aufgenommen haben (OLG München FamRZ 1990, 885; ob in diesem Fall eine Versöhnung vorgelegen hat, mag bezweifelt werden, vgl auch MünchKomm/WOLF Rn 62, Fn 189).

γ) Dabei erweist sich die **Mitteilung einer erfolgten Versöhnung** als starkes Indiz. **134** Teilt der trennungswillige Ehegatte dem Antragsgegner mit, *er liebe ihn und wolle noch viele Jahre mit ihm leben,* so spricht das für eine Versöhnung, wenn der Antragsgegner nie Zweifel gelassen hat, daß er die Ehe fortsetzen wolle, falls der Partner zurückkehrt (OLG München FamRZ 1990, 885). Das gilt auch, wenn beide Parteien dem *Gericht* mitteilen, sie hätten sich versöhnt oder wenn der Antragsteller bereits einen früher gestellten *Scheidungsantrag* aus diesem Grund *zurücknimmt* (OLG Hamm NJW-RR 1986, 554; OLG München FamRZ 1990, 885; passim auch OLG Celle FamRZ 1979, 235). Für eine Versöhnung spricht es auch, wenn der in die eheliche Wohnung zurückkehrende Ehegatte dies unter *erheblichen Aufwendungen* (Rücktransport der Möbel) tut oder durch die erneute *ordnungsbehördliche Anmeldung* in der ehelichen Wohnung zu erkennen gibt, daß er keine Vorbehalte in Hinblick auf ein Scheitern der „Versöhnung" hat (vgl dazu OLG München FamRZ 1990, 885).

135 δ)   Auch die **Schwere des Zerwürfnisses**, das der Trennung zugrunde gelegen hatte, ist indiziell: Hat der Trennung ein schwerwiegender Konflikt zugrunde gelegen und „versuchen es die Ehegatten noch einmal miteinander", so wird hierin bei späterem Scheitern eher ein bloßer Versöhnungsversuch zu sehen sein, als wenn einer übereilten Trennung aus geringfügigem Anlaß eine Rückkehr zueinander folgt.

136 ε)   Nicht für eine Versöhnung spricht hingegen für sich genommen der Umstand, daß die Ehegatten während des Versöhnungsversuch miteinander **Geschlechtsverkehr** hatten. Selbst eine regelmäßige „Geschlechtsgemeinschaft an Wochenenden" stellt noch keine Versöhnung dar, sondern kann nur als gescheiterter Versöhnungsversuch gewertet werden (BGH NJW 1982, 1872; OLG Celle FamRZ 1996, 804; SOERGEL/HEINTZMANN Rn 29).

3.   „Kürzere Zeit"

137 Der Versöhnungsversuch ist durch Abs 2 nur privilegiert, wenn das dadurch veranlaßte Zusammenleben lediglich „kürzere Zeit" gedauert hat. Die Ausfüllung des Tatbestandsmerkmals der „kürzeren Zeit" läßt einige **Zweifelsfragen** offen.

a)   Prinzipiell ist zu fragen, ob dieses Tatbestandsmerkmal **großzügig** gehandhabt werden kann, um den Gesetzeszweck des Abs 2 zu unterstützen, den Ehegatten die Scheu vor aussichtsreichen Versöhnungsversuchen zu nehmen (dies betont zB OLG Düsseldorf FamRZ 1995, 96). Der Gesetzeszweck des Abs 2 erfordert es an sich, bei der Bestimmung des für einen Versöhnungsversuch ohne Rückwirkungen auf den Fristlauf zulässigen Zeitrahmens nicht allzu kleinlich zu verfahren (MünchKomm/WOLF Rn 60; ROLLAND Rn 8 a). Abs 2 würde seinen Zweck verfehlen, wenn man die Bestimmung nur auf ein solches Zusammenleben anwenden wollte, das sich aus der Perspektive des Eheverlaufs als *„kurz und flüchtig"* erweist (so aber SCHWAB/SCHWAB Teil II Rn 142). Der Zeitraum muß vielmehr ernsthafte Bemühungen um eine Versöhnung erlauben. Andererseits geht es nicht an, *mehrmonatiges Zusammenleben ohne generelle Zeitgrenzen* noch als kürzere Zeit zu verstehen, solange es nur Versöhnungsversuchen gilt (so aber AK-BGB/LANGE-KLEIN Rn 13). Es ist hier immer das Spannungsfeld der Gesetzeszwecke des Abs 2 zu denen der Fristenbestimmungen in § 1565 Abs 2 und 1566 zu berücksichtigen; eine in großen Teilen nach Abs 2 „abgelegte" Frist des Getrenntlebens kann nicht mehr die Indikatorfunktion für Zwecke jener Bestimmungen gewährleisten.

138 b)   Eine weitestgehend am Zweck des Abs 2 orientierte Auslegung soll sich nach einer Ansicht auch auf die **individuellen Schwierigkeiten einer Versöhnung** im Einzelfall einstellen und in problematischen Fällen auch längere Versöhnungsversuche tolerieren (OLG Celle FamRZ 1979, 234; OLG Köln FamRZ 1979, 236; ROLLAND Rn 8 a; MünchKomm/WOLF Rn 60). Dem ist zu Recht entgegenzuhalten, daß eine individuelle Prognose zur Ausfüllung von Abs 2 nicht angebracht ist; das Tatbestandsmerkmal der kürzeren

Zeit ist objektiv zu bestimmen (BGB-RGRK/Grasshof Rn 67; Johannsen/Henrich/Jaeger Rn 34; wohl auch: Erman/Dieckmann Rn 17). Der Zweck des Abs 2 konkurriert immer auch mit den Zwecken von § 1565 Abs 2 und § 1566, so daß eine an diesen Fristen gemessene objektiv ausreichende Dauer der Besinnung, Ernstlichkeitsprüfung und Indizierung des Scheiterns der Ehe notwendig ist. Daher kann auch das Verhältnis von der Dauer der intakten Ehe zur Trennungsdauer keine Rolle spielen (Soergel/Heintzmann Rn 30).

c) Strittig ist, ob die „kürzere Zeit" in **Abhängigkeit von der jeweils maßgeblichen zu** **139** **erfüllenden scheidungsrechtlichen Frist** zu bemessen ist.

aa) Eine verbreitete Ansicht fordert eine großzügigere Bemessung (mehrmonatiges Zusammenleben noch als kürzere Zeit), wenn das Getrenntleben als Grundlage der Vermutungsfrist des § 1566 Abs 2 **(Drei-Jahresfrist)** dient, während für die **Einjahresfristen** in § 1565 Abs 1 und § 1566 Abs 1 ein strengerer Maßstab anzulegen sei, setzt also die Bemessung als „kürzere Zeit" in Relation zur Vermutungsfrist (MünchKomm/Wolf Rn 60; Palandt/Diederichsen Rn 10).

Dem wird entgegengehalten, es führe zu absurden Ergebnissen, wenn die Ehegatten im *letzten Jahr* der Trennungsfrist nach § 1566 Abs 2 über einen Zeitraum zusammenlebten, der zwar noch für die Dreijahresfrist ein kürzerer iSd Abs 2 sei, nicht aber mehr für die Jahresfrist des § 1565 Abs 2 (BGB-RGRK/Grasshof Rn 67; Johannsen/Henrich/Jaeger Rn 34, Rolland Rn 8 a; Gernhuber/Coester-Waltjen § 27 VII 6). Dieser Einwand erscheint verständlich, da der Dreijahrestatbestand als bloße Vermutung auf dem Grundtatbestand aufbaut, dieser aber ein einjähriges Getrenntleben *im letzten Jahr* vor der letzten mündlichen Verhandlung verlangt. Diese Argumentation erscheint freilich nicht vollends zwingend, denn der Zweck der Mindesttrennungsfrist aus § 1565 Abs 2 (Übereilungsschutz) wird *erst recht* durch ein § 1566 Abs 2 genügendes Getrenntleben gewahrt, so daß ein in Hinblick auf Abs 2 anders berechnetes dreijähriges Getrenntleben die Funktion des § 1565 Abs 2 in sich aufnähme.

Dennoch ist es wegen der **Indizfunktion für das Scheitern**, also unmittelbar für den Zweck des § 1566 Abs 2, richtig, im *letzten Trennungsjahr* einheitliche Maßstäbe anzulegen: Leben drei Jahre getrennt lebende Ehegatten kurz vor dem Scheidungsverfahren wieder länger zusammen, als dies für Zwecke des § 1565 Abs 2 bzw § 1566 Abs 1 hinnehmbar wäre, so sind Zweifel an der Fortdauer der Ehezerstörung, damit am Scheitern und an der Ernstlichkeit des Scheidungswillens veranlaßt.

bb) Anders verhält es sich hingegen mit den **ersten beiden Jahren** des dreijährigen **140** Getrenntlebens. Haben die Ehegatten in der ersten Hälfte der rückschauend berechneten Dreijahresfrist noch über einen etwas längeren Zeitraum sich um Versöhnung bemüht, ist dieses Bemühen dann aber gescheitert und hat sich das Scheitern im unmittelbaren Vorfeld des Scheidungsverfahrens durch ein konsequenter und versöhnungsfeindlicher werdendes Getrenntleben manifestiert, so erscheint eine großzügigere Handhabung des Abs 2 in Ansehung jener ersten Versöhnungsversuche zweckentsprechend (BGB-RGRK/Grasshof Rn 67 aE; MünchKomm/Wolf Rn 60 aE, sowie – erst recht – die Befürworter der vorgenannten Differenzierung oben Rn 139; **aA** auch insoweit: Rolland Rn 8 a; Johannsen/Henrich/Jaeger Rn 34). Die Rechtsklarheit im ersten Trennungsjahr spricht nicht hiergegen (so aber Johannsen/Henrich/Jaeger Rn 34). Leben die

Ehegatten nur innerhalb eines Jahres getrennt, überschreiten die Versöhnungsversuche aber insoweit das Abs 2 entsprechende Maß, so herrscht Klarheit: Ein Scheidungsantrag wäre nach Ablauf dieses Jahres nicht nach dem Grundtatbestand – kein Trennungsjahr – und damit auch nicht nach § 1566 Abs 1 begründet. Daß sich für Zwecke des § 1566 Abs 2 später begrifflich etwas anderes ergibt, erscheint nicht widersprüchlich. Es geht um eine – dogmatisch wie teleologisch – andere Wertung, die anders ausfallen kann.

Die Gegenansicht übersieht insbesondere, daß innerhalb der **Dreijahresfrist des § 1566 Abs 2** häufig ein Problem auftritt, das ohne eine etwas großzügigere Handhabung des Abs 2 für Versöhnungsversuche in der Frühphase der Trennung kaum lösbar ist: Haben die Ehegatten zu Beginn des Getrenntlebens eine kürzere Versöhnung versucht, so wäre ein **weiterer kürzerer Versöhnungsversuch** im Vorfeld des Scheidungsverfahrens praktisch ausgeschlossen (zur Frage mehrfacher Versöhnungsversuche unten Rn 143 f), wenn in der Summe die kürzere Zeit überschritten wird. Ein solcher letzter Versöhnungsversuch ist aber durchaus wünschenswert, um letzte Chancen für den Fortbestand der Ehe abzuklären. Ein größerer für Versöhnungsversuche innerhalb des Dreijahreszeitraums verfügbarer Gesamt-Zeitraum ermöglicht dies, ohne daß erhebliche Abstriche an der Verwirklichung des Gesetzeszwecks von § 1566 Abs 2 hinzunehmen wären. Daß beide Streitfragen (vgl auch Rn 139) bislang ersichtlich in der veröffentlichten Rechtsprechung nicht aufgetreten sind, zeigt wohl, daß Versöhnungsversuche in aller Regel auch zu Beginn der längeren Trennung nicht längerfristig angelegt werden, weil eine Scheidung nach § 1566 Abs 2 selten von vorneherein als einzige Möglichkeit in Betracht kommt, so daß auch die beratende Praxis nicht ein nur den Zwecken von § 1565 Abs 2 genügendes Getrenntleben empfehlen könnte. Der Effekt der hier vertretenen Ansicht könnte sich also insbesondere in den beschriebenen Fällen mehrerer Versöhnungsversuche offenbaren.

141 **d)** Eine **Konkretisierung** des Merkmals „kürzere Zeit" wird von der ganz überwiegenden Ansicht in der Weise vorgenommen, daß für Zwecke der **Jahresfristen** (§ 1565 Abs 2, § 1566 Abs 1) oberhalb von drei Monaten keine kürzere Zeit mehr vorliegt; drei Monate werden andererseits zunehmend in der Rechtsprechung noch als „kürzere Zeit" angesehen (OLG Düsseldorf FamRZ 1995, 96 [etwa drei Monate erfüllen noch Abs 2]; OLG Frankfurt/Main FamRZ 1986, 166; OLG Köln FamRZ 1982, 1015 [nicht mehr bei vier Monaten]; OLG Zweibrücken FamRZ 1981, 146; MünchKomm/Wolf Rn 60 a; Palandt/Diederichsen Rn 10; BGB-RGRK/Grasshof Rn 68; Erman/Dieckmann Rn 17 [drei, allenfalls vier Monate]; Soergel/Heintzmann Nachtrag Rn 30 [nicht mehr bei sechs Monaten]). Vereinzelt werden sogar längere Zeiträume im Einzelfall vertreten (OLG Köln FamRZ 1979, 236: rund 6 Monate; Dörr NJW 1989, 489: Orientierung an der Aussetzungsmöglichkeit des § 614 ZPO). Dies erscheint im Hinblick auf die mit der Jahresfrist verfolgten Zwecke nicht mehr vertretbar. Zwar haftet jeder Festlegung auf einen starren Zeitraum das Odium der Zufälligkeit an. Andererseits kann nicht darauf verzichtet werden, daß die Ehegatten einen überwiegenden Teil der Trennungsfrist tatsächlich in dem von Abs 1 beschriebenen Zustand getrenntleben. Die Rechtsfolge der *Anrechnung* auf die Fristen (unten Rn 145) zwingt hier zu einer Begrenzung der Reichweite des Abs 2; dies führt zu einer starren Obergrenze, die überdies den Vorzug der Rechtssicherheit angesichts verbreiteter Übereinstimmung für sich hat. Härten, die sich aus der Nichtanwendung von Abs 2 bei unwesentlich längeren letztlich gescheiterten Versöhnungsversuchen ergeben könnten, lassen sich auf der *Rechtsfolgenseite* durch Annahme einer bloßen

Hemmung (nicht Anrechnung, aber auch nicht Unterbrechung) der laufenden Fristen korrigieren (dazu näher unten Rn 154).

e) Für Zwecke der Dreijahresfrist darf vom hier vertretenen Standpunkt aus **142** jedenfalls kein mehr als dreimonatiger Versöhnungsversuch im *letzten Trennungsjahr* stattgefunden haben. Für die beiden vorangehenden Jahre sollte hingegen die Höchstgrenze bei **sechs Monaten** anzusiedeln sein (ähnlich BGB-RGRK/GRASSHOF Rn 68: fünf Monate; zur Frage der *Kumulation* mehrerer Versöhnungsversuche unten Rn 144).

4. Mehrere Versöhnungsversuche

a) Der Wortlaut des Abs 2 läßt offen, ob „ein" als Zahlwort oder unbestimmter **143** Artikel zu verstehen ist. Der Zweck der Bestimmung legt es nahe, die Privilegierung nicht auf einen einmaligen Versöhnungsversuch zu beschränken, sondern auch **mehrere Versöhnungsversuche zuzulassen;** dies ist ersichtlich unstreitig (MünchKomm/WOLF Rn 63; SOERGEL/HEINTZMANN Rn 34 a; BGB-RGRK/GRASSHOF Rn 65; JOHANNSEN/HENRICH/JAEGER Rn 34). Auch mehrere gescheiterte Versöhnungsversuche sind also nach Abs 2 zu beurteilen.

b) Fraglich ist hingegen, ob für **jeden Versöhnungsversuch** die **kürzere Zeit** erneut **144** läuft, oder ob die Zeiträume aller Versöhnungsversuche **zusammenzurechnen** sind. Eine Ansicht (SOERGEL/HEINTZMANN Rn 34 a) will wiederholte Versöhnungsversuche dadurch fördern, daß deren Dauer nicht zusammengerechnet wird. Hiergegen spricht aber, daß solchermaßen theoretisch die gesamte Dauer des Getrenntlebens aus kurz aufeinander folgenden gescheiterten Versöhnungsversuchen bestehen könnte. Der Zweck der Fristen in § 1565 Abs 2 und § 1566 wäre in Frage gestellt. Ein durch wiederholte, in der Summe längere Versöhnungsversuche gekennzeichnetes Getrenntleben kann nicht mehr Grundlage von Scheiternsvermutungen sein und begründet Zweifel an der Ernstlichkeit des Scheidungswillens. Daher darf insgesamt die Summe aller Zeiten des Zusammenlebens zu Versöhnungsversuchen **insgesamt die kürzere Zeit** nicht überschreiten (MünchKomm/WOLF Rn 63; JOHANNSEN/HENRICH/JAEGER Rn 34; BGB-RGRK/GRASSHOF Rn 65; ERMAN/DIECKMANN Rn 17). Bedeutsam wird daher die hier vertretenen Ansicht, wonach der Begriff „kürzere Zeit" abhängig von der zu erfüllenden Frist zu sehen ist (oben Rn 140 f). Der großzügigere Rahmen für die Bemessung der „kürzeren Frist" in den ersten beiden Trennungsjahren in Anwendung von § 1566 Abs 2 gilt auch dann, wenn ein Teil der Versöhnungsversuche in diese Zeit fällt und die in das letzte Trennungsjahr fallenden Versöhnungsversuche insgesamt drei Monate nicht überschreiten.

5. Rechtsfolge

a) Liegen die Voraussetzungen des Abs 2 vor, so werden die Fristen nach § 1566 **145** **weder unterbrochen noch gehemmt.** Der Zeitraum, den der letztlich gescheiterte Versöhnungsversuch angedauert hat, wird **in den Fristlauf eingerechnet** (ROLLAND Rn 9; BGB-RGRK/GRASSHOF Rn 58; MünchKomm/WOLF Rn 65). Diese Rechtsfolge – eine Zeit des Zusammenlebens wird als Trennungszeit gerechnet – ist in Hinblick auf den Gesetzeszweck ungewöhnlich, denn auch eine Hemmungsbestimmung hätte bewirkt, daß eine vor Aufnahme des Versöhnungsversuchs angelaufene Frist des Getrenntlebens für die scheidungsrelevanten Fristen nicht „verloren" gewesen wäre (SCHWAB

FamRZ 1976, 501). Die weitgehende Rechtsfolge nötigt auch zu einer relativ engen Handhabung, die bei bloßer Fristhemmung nicht in gleicher Weise geboten wäre.

146 **b)**   Dieselbe Rechtsfolge gilt auch, über den Wortlaut von Abs 2 hinaus, für die **Jahresfrist der Mindesttrennungsdauer nach § 1565 Abs 2**. Insoweit liegt unstreitig ein Redaktionsversehen vor; der Zweck des Abs 2, Versöhnungsversuche dadurch zu begünstigen, daß sie für den Fristlauf unschädlich sind, gilt gleichermaßen für die Mindesttrennungsdauer (OLG Celle FamRZ 1979, 235; OLG Hamm FamRZ 1978, 117; OLG Köln FamRZ 1979, 236; BGB-RGRK/GRASSHOF Rn 59; JOHANNSEN/HENRICH/JAEGER Rn 32; AK-BGB/LANGE-KLEIN Rn 11; ERMAN/DIECKMANN Rn 18).

VI.   Fristberechnung

147 **1.**   Die Trennungsfristen in §§ 1565 Abs 2, 1566 Abs 1 und Abs 2 sind **gesetzliche Fristbestimmungen** iSd § 186; die Berechnung erfolgt nach §§ 187, 188 (BGB-RGRK/GRASSHOF Rn 57). Die Fristen **beginnen**, wenn sämtliche objektiven und subjektiven Voraussetzungen des Abs 1 vorliegen; die Fristen laufen nur, wenn während des gesamten Zeitraums die objektiven und subjektiven Voraussetzungen andauern, es sei denn, die Voraussetzungen von Abs 2 liegen vor (MünchKomm/WOLF Rn 56, JOHANNSEN/HENRICH/JAEGER Rn 17).

148 **2.**   Die Fristen werden vom Zeitpunkt der letzten mündlichen Verhandlung **zurückgerechnet** (BGB-RGRK/GRASSHOF Rn 57; ERMAN/DIECKMANN Rn 17 aE). Der Gesetzeszweck erfordert es, daß die Ehegatten in diesem Zeitpunkt getrennt leben. Daher greift weder eine der Vermutungsfristen nach § 1566 noch der Ablauf der Mindesttrennungsfrist nach § 1565 Abs 2 ein, wenn die maßgeblichen Fristen zwar *vor der letzten mündlichen Verhandlung* schon einmal abgelaufen waren, die Ehegatten aber *im Zeitpunkt der letzten mündlichen Verhandlung* nicht mehr getrennt leben; Versöhnungsversuche im Rahmen des Abs 2 sind auch unschädlich, wenn sie während der Anhängigkeit des Scheidungsverfahrens stattfinden (OLG Köln FamRZ 1979, 236 [im Berufungsrechtszug]; MünchKomm/WOLF Rn 64; ERMAN/DIECKMANN Rn 17 aE). Ein Versöhnungsversuch im Zeitpunkt der letzten mündlichen Verhandlung steht jedoch der Scheidung entgegen (näher oben Rn 126).

Grundsätzlich kann der Fristablauf als Tatsache nur in einer **Tatsacheninstanz** festgestellt werden. Ausnahmsweise kann auch der Fristablauf während der Revisionsinstanz berücksichtigt werden, wenn das Getrenntleben bereits in der Tatsacheninstanz festgestellt ist und die Ehegatten übereinstimmend zur Fortdauer des Getrenntlebens vortragen.

149 **3.**   Daraus ergeben sich folgende **Konstellationen des Fristlaufs:**

a)   Leben die Ehegatten in häuslicher Gemeinschaft und zieht ein Ehegatte aus bzw nimmt die Trennung in der ehelichen Wohnung auf, mit dem Willen und Motiv gemäß Abs 1 (oben Rn 87 ff), so beginnt das Getrenntleben regelmäßig mit der **Herstellung der häuslichen Trennung**, da das subjektive Merkmal dem Entschluß zum Auszug vorgelagert ist.

b)   Lebten die Ehegatten einverständlich oder aus Notwendigkeit von Anbeginn der Ehe oder einem früheren Zeitpunkt an **ohne häusliche Gemeinschaft**, so beginnt das Getrenntleben mit dem **Erkennbarwerden** der Ablehnung der häuslichen Gemeinschaft und des Motivs durch einen Ehegatten.

c) **Die Fortdauer des Getrenntlebens** ist sodann nur abhängig von dem objektiven und subjektiven Tatbestand des Abs 1; das Getrenntleben dauert also auch dann fort, wenn zu einem späteren Zeitpunkt die häusliche Trennung objektiv zwingend wird (Beispiel: Getrenntlebender Ehegatte wird inhaftiert), es sei denn, der trennungswillige Ehegatte gibt das subjektive Moment des Getrenntlebens auf (MünchKomm/ WOLF Rn 57).

d) **Zum Fristende bzw Hemmung** sogleich Rn 154.

4. Nach dem Wortlaut des Abs 1 ist fraglich, ob – außerhalb des Anwendungsbe- **150** reichs von Abs 2 – eine **Hemmung** der Fristen in Betracht kommt, mit der Folge, daß nicht zusammenhängende Fristen des Getrenntlebens **kumuliert** werden. Die Formulierung „unterbricht oder hemmt … nicht" spräche dafür, daß außerhalb des Anwendungsbereichs von Abs 2 Fälle der Unterbrechung wie der Hemmung der Fristen vorkommen.

a) **Grundsätzlich** erfordert der Gesetzeszweck einen **ununterbrochenen Fristlauf**; **151** weder die Ernsthaftigkeit des Scheidungswillens (für die Funktion des Getrenntlebens in § 1565 Abs 2) noch die endgültige Zerstörung der ehelichen Gesinnung (für das Getrenntleben als Basis der Scheiternsvermutungen gemäß § 1566) kann aus einer abschnittsweise verwirklichten Dauer des Getrenntlebens hergeleitet werden. Erneutes Zusammenleben (auch nach echter Versöhnung) **unterbricht** also den Fristlauf (SCHWAB FamRZ 1976, 501; PALANDT/DIEDERICHSEN Rn 12). Das bedeutet: Haben die Ehegatten getrennt gelebt und nehmen sie erneut eine häusliche Gemeinschaft auf oder finden beide zur Bejahung einer (ggf geänderten) ehelichen Lebensgemeinschaft zurück, so kann die frühere Phase des Getrenntlebens auf ein späteres erneutes Getrenntleben nicht angerechnet werden (OLG Zweibrücken FamRZ 1981, 146; BGB-RGRK/GRASSHOF Rn 57; SCHWAB/SCHWAB Teil II Rn 144).

b) Die in Abs 2 bestimmte Ausnahme für den Fall eines **Zusammenlebens über** **152** **kürzere Zeit mit Versöhnungsabsicht** wirft die Frage auf, wie die durch das Fehlen je eines Merkmals des Tatbestands des Abs 2 gekennzeichneten Situationen, nämlich ein **kürzeres Zusammenleben ohne Versöhnungsabsicht** sowie ein **längeres Zusammenleben mit Versöhnungsabsicht** zu behandeln sind.

aa) Einigkeit besteht, daß beide Fallgruppen nicht in der von Abs 2 beschriebenen **153** Weise *begünstigt* sind, da die Voraussetzungen des Abs 2 kumulativ vorliegen müssen. Das bedeutet aber nur, daß in Fällen, die nicht von Abs 2 erfaßt werden, Zeiten des Zusammenlebens **nicht auf die Trennungsfrist angerechnet** werden können.

bb) Nach der Systematik des Abs 2 ist hingegen eine **Hemmung** der Trennungs- **154** fristen in diesen Fällen nicht ausgeschlossen. Dennoch steht nach dem Gesetzeszweck außer Frage, daß ein **Zusammenleben ohne Versöhnungsabsicht** das Getrenntleben unterbricht, so daß bei erneutem Getrenntleben die Frist neu anläuft (ERMAN/ DIECKMANN Rn 15; BGB-RGRK/GRASSHOF Rn 57; oben Rn 120). Es geht hier regelmäßig um

Fälle der Herstellung einer häuslichen Gemeinschaft ohne Versöhnungswillen und – erst recht – ohne Aufgabe der ablehnenden Haltung zur ehelichen Lebensgemeinschaft. Eine Ausnahme ist nur zu machen, wenn das Zusammenleben nur nach außen zu einem konkreten und ganz vorübergehenden Zweck *vorgespiegelt* wird, etwa, um einem Besucher eine heile Welt vorzugaukeln oder um Erbchancen eines der Ehegatten zu wahren (so SCHWAB/SCHWAB Teil II Rn 143). Dann liegt in Wirklichkeit keine häusliche Gemeinschaft vor.

155 cc) Fraglich ist hingegen, ob ein letztlich erfolgloses **Zusammenleben mit Versöhnungsabsicht**, das nicht mehr nach Abs 2 privilegiert ist, weil es über eine nicht mehr „kürzere Zeit" angedauert hat, wenigstens in der Weise privilegiert werden kann, daß es die Fristen nur hemmt, nicht aber unterbricht.

α) Der nach längerer Zeit gescheiterte Versöhnungsversuch zeigt letztlich, daß *trotz Versöhnungsbemühungen der alte Zustand* fortbesteht, so daß sich hieraus eine Rechtfertigung ergeben könnte, an den bisherigen Verlauf des Getrenntlebens anzuknüpfen (so SOERGEL/HEINTZMANN Rn 35). Auch gehört das Zusammenleben zu Versöhnungszwecken nach der Wertung des Abs 2 zu den wünschenswerten und daher einer *Begünstigung zugänglichen Formen* der Unterbrechung des Getrenntlebens iSd Abs 1. Die Funktion des Getrenntlebens spricht jedoch dagegen, längeres Zusammenleben zu Versöhnungszwecken *unbegrenzt* nur fristhemmend und nicht -unterbrechend wirken zu lassen. Gerade wiederholte Versöhnungsversuche überschreiten in der Summe der Zeit häufig die zeitliche Grenze des Abs 2, ohne daß es zu einer echten Versöhnung kommt, die jedenfalls fristunterbrechend wirken würde. Grenzenlose Kumulation dazwischenliegender Trennungsfristen würde dem Getrenntlebensbegriff die Aussagekraft nehmen. Grundsätzlich ist also ein Versöhnungsversuch, der letztlich ohne Erfolg über eine nicht mehr kürzere Frist angedauert hat, **fristunterbrechend** (MünchKomm/WOLF Rn 60 a).

156 β) Die Privilegierung nach Abs 2 würde aber dann empfindlich gestört, wenn eine scharfe Abgrenzung zwischen *kürzerer* und *nicht mehr kürzerer* Zeit übergangslos zwischen den Alternativen der vollen Anrechnung (Abs 2) auf die Frist und der Unterbrechung der Frist entschiede. Die Möglichkeit, eine Fristhemmung anzunehmen, kann hier Härten korrigieren, sollte aber auch nur diese Funktion übernehmen. Liegen die Voraussetzungen des Abs 2 *nicht mehr vor*, so kann eine Hemmung angenommen werden, wenn die **„kürzere Zeit" iSd Abs 2 nur unwesentlich überschritten** ist, bzw durch mehrere einzelne, für sich genommen Abs 2 unterfallende Zeiträume, unwesentlich überschritten wird. Das ist dann anzunehmen, wenn der Versöhnungsversuch etwa **einen Monat** länger angedauert hat, als für eine Anwendung von Abs 2 noch zulässig. Innerhalb der Dreijahresfrist des § 1566 Abs 2 ist dieser Zeitraum ebenso wie die Abs 2 unterfallenden Zeiträume (oben Rn 142) auf zwei Monate zu verdoppeln (ähnlich ERMAN/DIECKMANN Rn 17; die dort vorgeschlagene Differenzierung nach dem Lauf der Einjahresfristen bzw der Dreijahresfrist ergibt sich hier auch deshalb, weil die Auslegung des Merkmals „kürzere Zeit" nach hier vertretener Ansicht [oben Rn 141 f] von der Länge der maßgeblichen Frist abhängt).

157 γ) Bei noch **länger währenden gescheiterten Versöhnungsversuchen** kann nicht mehr eine bloße Fristhemmung angenommen werden. Leben die Ehegatten ein Jahr getrennt (§ 1565 Abs 2), aber wegen einer solchen Unterbrechung nicht drei Jahre, so bietet sich fallweise nur noch die **Berücksichtigung** der früher verlaufenen, nicht mehr einzurechnenden Fristen des Getrenntlebens bei der Feststellung des Scheiterns gemäß § 1565 Abs 1 (Grundtatbestand) an (SCHWAB FamRZ 1976, 501; ERMAN/DIECKMANN Rn 17, mißverständlich allerdings die Bezugnahme auf die „Endphase der 3-Jahres-Frist"; nach dem fristunterbrechenden Versöhnungsversuch muß jedenfalls erneut die Jahresfrist des § 1565 Abs 2 ablaufen; ein früheres Getrenntleben kann dann aber stark für das Scheitern sprechen, wenn es fast drei Jahre gedauert hatte).

VII. Darlegungs- und Beweislast

1.   Getrenntleben

Die Beweislast für den Beginn des Getrenntlebens und grundsätzlich auch für den **158** **Fortbestand des Getrenntlebens** bis zur letzten mündlichen Verhandlung trägt der Ehegatte, der sich auf die Trennung beruft und aus den Trennungsfristen ihm günstige Folgerungen herleitet, regelmäßig also der Antragsteller (SOERGEL/HEINTZMANN Rn 26; SCHWAB/SCHWAB Teil II Rn 146; vgl § 1566 Rn 84). Die zum Tatbestand des Abs 1 gehörenden **subjektiven Merkmale** sind als innere Tatsachen einem unmittelbaren Beweis schwer zugänglich. Der Beweis beschränkt sich daher häufig auf die *Erkennbarkeit der Ablehnung der häuslichen Gemeinschaft.* Hinsichtlich des *Motivs* ist davon auszugehen, daß ein Ehegatte, der den anderen ohne erkennbaren sonstigen Grund verläßt, dies aufgrund einer ablehnenden Haltung zur ehelichen Lebensgemeinschaft tut (SOERGEL/HEINTZMANN Rn 27; GERNHUBER/COESTER-WALTJEN § 27 VII 3: Bewertung des Verhaltens; weitergehend MünchKomm/WOLF Rn 54: „tatsächliche Vermutung"). Ein gesonderter Nachweisbedarf ergibt sich auch dann nicht hinsichtlich des Motivs, wenn das Getrenntleben aus einer Situation der – erzwungenen oder notwendigen – häuslichen Trennung heraus aufgenommen wurde (**aA** MünchKomm/WOLF Rn 54); hier ist allerdings die *Erkennbarkeit* gesteigert beweisbedürftig.

2.   Abs 2

a)   Ist der Beginn des Getrenntlebens und das Getrenntleben im Zeitpunkt der **159** letzten mündlichen Verhandlung bewiesen, so hat der Antragsgegner **unterbrechungsrelevante Tatsachen** vorzutragen und zu beweisen. Das folgt aus dem Zweck des Abs 2, dem versöhnungsbereiten trennungswilligen Ehegatten nicht das Risiko aufzubürden, aufgrund des Versöhnungsversuchs des bisherigen Fristlaufs verlustig zu gehen (JOHANNSEN/HENRICH/JAEGER Rn 35). Dieses Risiko würde ihm auch drohen, müßte er den Abs 2 entsprechenden Versöhnungsversuch beweisen. Hierzu gehört, daß überhaupt ein **Zusammenleben stattgefunden hat** (OLG Celle FamRZ 1979, 234; SCHWAB/SCHWAB Teil II Rn 146; SOERGEL/HEINTZMANN Rn 37), daß das Zusammenleben zu einer tatsächlichen **Versöhnung** geführt hat (OLG Celle FamRZ 1979, 234; OLG München FamRZ 1990, 885; ROLLAND Rn 10; BGB-RGRK/GRASSHOF Rn 69; JOHANNSEN/HENRICH/JAEGER Rn 35; PALANDT/DIEDERICHSEN Rn 12; ERMAN/DIECKMANN Rn 19) oder daß das Zusammenleben **nicht mit Versöhnungsbereitschaft** erfolgte (ROLLAND Rn 10). Auch für die Behauptung, daß (insbesondere bei mehreren Versöhnungsversuchen) insgesamt die **kürzere Zeit** iSd Abs 2 überschritten wurde, trägt der Antragsgegner die Beweislast; ist die genaue Dauer nicht ermittelbar, ist im Zweifel Abs 2 anzuwenden (SOERGEL/ HEINTZMANN Rn 37).

160 b)   Das Gericht muß aber, unbeschadet dieser Beweislastverteilung für den Fall des non liquet, **von Amts wegen prüfen**, ob die Ehegatten sich versöhnt haben oder ob ein Versöhnungsversuch über die für Abs 2 zulässige kürzere Frist angedauert hat. Insoweit gilt § 616 Abs 2 ZPO; die Versöhnung bzw die sonstige Unterbrechung der Trennungsfristen ist – trotz der gegenläufigen abstrakt eheerhaltenden Zielsetzung des Abs 2 – eine konkret eheerhaltende Tatsache (SOERGEL/HEINTZMANN Rn 36 f).

§ 1568

[1] **Die Ehe soll nicht geschieden werden, obwohl sie gescheitert ist, wenn und solange die Aufrechterhaltung der Ehe im Interesse der aus der Ehe hervorgegangenen minderjährigen Kinder aus besonderen Gründen ausnahmsweise notwendig ist oder wenn und solange die Scheidung für den Antragsgegner, der sie ablehnt, auf Grund außergewöhnlicher Umstände eine so schwere Härte darstellen würde, daß die Aufrechterhaltung der Ehe auch unter Berücksichtigung der Belange des Antragstellers ausnahmsweise geboten erscheint.**

[2] (Aufgehoben.)

Materialien: vgl RegE 1971 (BT-Drucks VI 2577, 3), RegE 1973 (BT-Drucks 7/650, 8) § 1568 Abs 1 und Rechtsausschuß des BT (BT-Drucks 7/4631, 28 und 87); Anrufung des Vermittlungsausschusses durch den Bundesrat (BT-Drucks 7/4694, 9; BRDrucks 1/76, 25 ff). Neu gefaßt durch 1. EheRG BGBl 1976, 1421. Ehemaliger Abs 2 für teilweise verfassungswidrig erklärt durch BVerfGE 55, 134; gestrichen durch Art 1 Ziff 4 UÄndG v 20.2.1986 mit Wirkung zum 1.4.1986 (BGBl I 301); BT-Drucks 10/4514.

Schrifttum

AMBROCK, Zur Verfassungsmäßigkeit und Auslegung der positiven Härteklausel des 1. Eherechtsgesetzes, FamRZ 1978, 314
BOSCH, Anmerkung zu OLG Stuttgart 15 UF 242/90, FamRZ 1991, 334, 951
GRASSHOF, Die Härteklausel im Ehescheidungsrecht, in: FS Zeidler (1987) 837
HAUFFE, OLG Stuttgart 15 UF 242/90, FamRZ 1991, 950

RAMM, Zum Unterhaltsänderungsgesetz, JZ 1986, 164
SCHWAB, Verhinderung der „Scheidung zur Unzeit" – Zu Funktion und Reform des § 1568, FamRZ 1984, 1171
Vgl Schrifttum zu Vorbemerkungen zu §§ 1564 ff.

Systematische Übersicht

Alphabetische Übersicht

I. Normgeschichte

1. Vorgeschichte

1 a) Bis zum Inkrafttreten des 1. EheRG sah der **Verschuldensscheidungstatbestand des EheG** eine Härteklausel zur Abwehr von Scheidungen im Interesse des Beklagten oder der gemeinsamen minderjährigen Kinder nicht vor. In der Struktur des Verschuldensscheidungsrechts ist der Ausspruch der Scheidung aus Verschulden des Beklagten einer Billigkeitskorrektur zu seinen Gunsten nicht zugänglich; der Schutz der Kindesinteressen wurde dem Sanktionsgedanken gegenüber dem schuldigen Beklagten hintangestellt.

Bemerkenswert für die rechtspolitische und soziale Bedeutung der nunmehr geschaffenen Kinderschutzklausel erscheint jedoch, daß das Fehlen einer Möglichkeit zum Erhalt der Ehe im Kindesinteresse bei der Verschuldensscheidung alten Rechts (immerhin rund 95% der Fälle) nie als Mangel empfunden wurde. Der *Regierungsentwurf*, der eine solche Regelung zunächst auch für das neue Recht nicht vorsah, beruft sich wohl weitgehend zu Recht darauf, daß dies den fehlenden Bedarf für eine solche Klausel belege (BT-Drucks 7/650, 114 ff).

2 b) Die **Zerrüttungsscheidung** konnte auf Widerspruch des Beklagten versagt werden, wenn der Kläger die Zerrüttung der Ehe ganz oder überwiegend verschuldet hatte (§ 48 Abs 2 EheG aF [vgl schon § 55 Abs 2 EheG 1938]); auch insoweit war der Gedanke des Härteschutzes in das Verschuldensdenken eingebettet. Einerseits war nur der schuldige Ehegatte dem Widerspruch ausgesetzt, andererseits bedurfte es nur des Widerspruchs und der Bindung des nicht schuldigen Ehegatten an die Ehe, nicht aber einer diesen besonders hart treffenden Ausnahmesituation.

Zugunsten der **gemeinsamen minderjährigen Kinder** sah § 48 Abs 3 EheG aF – inkonsequenter Weise nur im Fall der Zerrüttungsscheidung (MünchKomm/Wolf Rn 8; **aA** Bosch, Neue Rechtsordnung in Ehe und Familie 59) – die Möglichkeit vor, die Scheidungsklage abzuweisen, wenn das *wohlverstandene Interesse* eines oder mehrerer ehelicher Kinder die Aufrechterhaltung der Ehe erforderte. Die Rechtsprechung dehnte auch diesen Schutz stark in Richtung auf eine Sanktionierung unmoralischen Verhaltens des Scheidungsklägers aus, insbes, wenn das „natürliche Empfinden der Kinder für Recht und Ordnung" gegen den Vater als Ehebrecher als schützenswertes Gut behandelt wurde (BGH FamRZ 1957, 251).

3 c) Eine strukturell § 1568 nF ähnliche Härteklausel sah nur § 47 EheG aF, beschränkt auf den Fall der **Scheidung wegen Krankheit** eines Ehegatten vor. Die Ehe konnte nicht gemäß § 46 EheG aF wegen Krankheit geschieden werden, wenn das Scheidungsbegehren sittlich nicht gerechtfertigt war, was im gesetzlichen Regelbeispiel dann anzunehmen war, wenn die Auflösung der Ehe den Beklagten außergewöhnlich hart treffen würde.

2. Härteklauseln im geltenden Recht

Die Bestimmung entspricht in ihrer geltenden Fassung § 1568 Abs 1 idF des 4
1. EheRG.

a) Der **Regierungsentwurf** enthielt eine zeitlich nicht beschränkte Härteklausel, die nur auf eine schwere Härte aufgrund außergewöhnlicher Umstände zugunsten des Antragsgegners abstellte, dabei aber ausdrücklich wirtschaftliche Umstände außer Betracht nahm (BT-Drucks 7/650, ebenso schon BT-Drucks VI 2577, § 1568).

b) Der **Bundestag** hatte zunächst – gegen die Stellungnahme des Bundesrates (sogleich) – die Härteklausel inhaltlich unverändert aus dem Regierungsentwurf übernommen, jedoch auf Vorschlag des Rechtsausschusses des BT eine *Befristung* beschlossen; die Härteklausel sollte nach dreijährigem Getrenntleben nicht mehr angewandt werden (BT-Drucks 7/4361 S 13, 87, § 1568).

c) Der **Bundesrat** beantragte eine Ausdehnung der Härteklausel zum Schutz der *Kinder* (BT-Drucks 7/650, 261; so schon BT-Drucks VI/2577, 153) sowie die Einbeziehung auch *wirtschaftlicher Härten* (BT-Drucks 7/650, 261). Gegen die vom Bundestag beschlossene Fassung ohne Berücksichtigung dieser Vorschläge rief der Bundesrat den Vermittlungsausschuß an.

d) Im **Vermittlungsausschuß** (BT-Drucks 7/4992) wurde die geltende Fassung als § 1568 Abs 1 beschlossen unter Einbeziehung der Interessen der gemeinsamen minderjährigen Kinder und Zulassung wirtschaftlicher Härten zur Begründung einer schweren Härte. Die *Befristung* wurde in Abs 2 idF des 1. EheRG auf fünf Jahre ausgedehnt (zum ganzen: MünchKomm/Wolf Rn 9 ff; Johannsen/Henrich/Jaeger Rn 2 ff; BGB-RGRK/Grasshof Rn 1).

3. Aufhebung von Abs 2

a) Nach Inkrafttreten des 1. EheRG blieb insbesondere § **1568 Abs 2 umstritten** (vgl 5 Habscheid, in: FS Bosch [1976] 355 ff; Hillermeier FamRZ 1976, 578 f; Bosch FamRZ 1976, 401, 1977, 569, 574). Das *Bundesverfassungsgericht* konnte zunächst (BVerfGE 53, 224) bei Stimmengleichheit eine Verfassungswidrigkeit der Bestimmung nicht feststellen (für Verfassungsgemäßheit auch BGH NJW 1979, 978). Wenige Monate später wurde Abs 2 dann für insoweit mit Art 6 Abs 1 GG unvereinbar erklärt (BVerfGE 55, 134), als die dort bestimmte starre Befristung ausnahmslos nach Ablauf der Frist die Ehescheidung zuließ und nicht ein Mindestmaß an Elastizität gewährleistete, die Scheidung der Ehe zur Unzeit zu vermeiden (dazu näher unten Rn 11 f).

b) Durch das **Unterhaltsänderungsgesetz** wurde sodann mit Wirkung vom 1. 4. 1986 Abs 2 **ersatzlos gestrichen**. Der Gesetzgeber folgt damit nicht einer durch die Entscheidung des BVerfG zwingend vorgegebenen Linie. Das Gericht hatte gerade nicht die Bestimmung für verfassungswidrig *und nichtig* erklärt; vielmehr stellt sich eine generelle Befristung der Härteklauseln auf fünf Jahre für normal gelagerte Härtefälle als vereinbar mit Art 6 Abs 1 GG dar. Lediglich die Unflexibilität für einen besonders gelagerten Ausnahmefall hatte das verfassungsrechtliche Verdikt begründet. Als – auch vom BVerfG grundsätzlich gebilligte (BVerfGE 55, 134) – Regelungsalternative wäre auch eine verfahrensrechtliche Lösung in Form einer zeitlich unbefristeten **Aussetzungsbefugnis**, also eine Änderung des § 614 ZPO in Betracht gekommen. Der Gesetzgeber hat die materiellrechtliche Lösung vorgezogen, damit aber in noch stärkerem Maß den Gerichten die Verantwortung für eine verfassungskonforme Ausfüllung der Härteklauseln übertragen.

c)   Nach Wegfall der zeitlichen Befristung hat sich der verfassungsrechtliche Aspekt verschoben: Verfassungskonforme Auslegung von § 1568 bedeutet nunmehr eine im Interesse der **Eheschließungsfreiheit** (Art 6 Abs 1 GG, vgl zum Grundrecht der Eheschließungsfreiheit bei vorangegangener gescheiterter Ehe EGMR EuGRZ 1987, 313; BVerfGE 36, 146, 161; BVerfGE 53, 224, 250; BGH FamRZ 1986, 655; KNÜTEL FamRZ 1985, 1090; der Bestandsschutz der ersten Ehe aus Art 6 Abs 1 GG wirkt gerade nicht mehr, wenn diese Ehe gescheitert ist) sowie der allgemeinen Handlungsfreiheit (Art 2 Abs 1 GG) des scheidungswilligen Ehegatten gebotene **einschränkende Auslegung**, die insbesondere – ausgehend von der Wendung „solange" im Tatbestand – auch das zeitliche Moment der unzumutbaren Härte für den Antragsgegner und der Ausnahmesituation für die Kinder angemessen zu berücksichtigen hat. Die Bestimmung ist nur nach Maßgabe einer Auslegung verfassungskonform, welche das legitime Interesse des aus einer gescheiterten Ehe strebenden Antragstellers auf Wiedererlangung seiner Eheschließungsfreiheit und Verwirklichung in einer glücklicheren Ehe *gleichwertig* neben das Ausnahmeinteresse des Antragsgegners am Erhalt dieser Ehe stellt. Gegenüber den minderjährigen Kindern ist zwar nicht in gleichem Maße abzuwägen – was sich auch darin zeigt, daß die Belange des Antragstellers nach dem Text der Bestimmung nur in der 2. Alt zu berücksichtigen sind. Die Belange der Kinder reduzieren sich jedoch ohnedies im Zeitverlauf, spätestens mit Erlangung der Volljährigkeit. Die Bestimmung kann verfassungskonform gehandhabt werden (zur verfassungsrechtlichen Diskussion vgl Vorbem 17 f zu §§ 1564 ff), sofern dieses bei langer Erhaltung einer gescheiterten Ehe sehr intensiv spürbare Spannungsverhältnis bei der Bestimmung von Normzweck und Handhabung der Ausnahmenorm angemessen berücksichtigt wird (hierzu unten Rn 13 f).

II.   Normzweck

1.   Härteklausel (Ehegattenschutzklausel)

a)   Keine Eheschutzklausel
6 Die Härteklausel zugunsten des Antragsgegners hat zwar im Einzelfall eine de facto eheerhaltende oder -verlängernde Wirkung. Die **Eheerhaltung ist jedoch nicht Normzweck** (BGB-RGRK/GRASSHOF Rn 5).

aa)   Da die Bestimmung erst eingreift, wenn nach den vorangehenden Normen das Scheitern der Ehe feststeht, ist sie weder geeignet, dem Verfassungsgebot des Art 6 Abs 1 GG entsprechend, die **Scheidung einer nicht gescheiterten Ehe** zu verhindern, noch ist die Bestimmung geeignet, bestimmte **soziale Funktionen** einer Ehe zu erhalten. Leben die Ehegatten getrennt und lehnt wenigstens einer von ihnen – was der Scheiternsbegriff voraussetzt – endgültig die eheliche Lebensgemeinschaft ab, so ist diese Ehe nicht mehr geeignet, soziale Funktionen im Verhältnis der Ehegatten zu erfüllen (BGB-RGRK/Grasshof Rn 5). Das Scheitern der Ehe, also die Zerstörung der personalen Bindung der Ehegatten läßt sich nicht von der sozialen Funktion der Ehe trennen; eine Ehe ohne personale Bindung hat keine legitime soziale Funktion im Verhältnis der Ehegatten mehr (aA Schwab/Schwab Teil II Rn 87 mit Bezugnahme auf die „Erfahrung"). Der Erhalt der gewohnten „Gesellschaftskreise" (Schwab/Schwab Teil II Rn 88) ist jedenfalls keine schützenswerte Sozialfunktion der Ehe, sondern allenfalls ein um die Ehe herum aufgebauter Besitzstand, soweit – von unzeitgemäßem, auf Verdienste des Ehegatten gegründetem sozialen Ansehen („Standesamtspromotion") abgesehen – das tatsächlich gelebte Umfeld regelmäßig bereits mit der Trennung entfallen ist. Der insbesondere durch den haushaltsführenden Gatten „mitgestaltete soziale Raum" (Schwab/Schwab Teil II Rn 88) ist bereits mit der Trennung zerbrochen.

bb) Die Bestimmung **schützt auch nicht die gescheiterte Ehe als solche** (BGB-RGRK/ **7** Grasshof Rn 6; MünchKomm/Wolf Rn 2; aA ersichtlich Schwab/Schwab Teil II Rn 90, mit der zweckwidrigen und letztlich sogar verfassungswidrigen [sogleich] Forderung nach einer ehestabilisierenden Handhabung der Härteklausel), wirkt also nicht im Interesse des *Rechtsinstituts Ehe*. Ein solcher Schutz ist weder von Verfassungs wegen geboten (Vorbem 6 ff zu §§ 1564 ff), noch wäre er zulässig. Jeder nicht durch außergewöhnliche Umstände im Interesse eines *Beteiligten* gebotene Erhalt einer gescheiterten Ehe würde Grundrechte des scheidungswilligen Partners verletzen. Zum Schutz der Institution wäre eine Bestimmung der vorliegenden Art auch ungeeignet, da sie auf der Zerrüttungsscheidung aufbaut, die Scheidbarkeit einer gescheiterten Ehe also voraussetzt.

b)   Fortwirkende personale Verantwortung
Die Bestimmung dient vielmehr dem **individuellen Schutz** des scheidungsunwilligen **8** Antragsgegners, der aufgrund einer außergewöhnlichen Situation nicht in der Lage ist, die Konsequenz (Ehescheidung) einer schicksalhaften Entwicklung zu tragen und daher die Ehescheidung (derzeit) als eine Härte empfinden würde, die über das Maß dessen hinausgeht, was mit einer Ehescheidung an Härte normalerweise verbunden ist (BGB-RGRK/Grasshof Rn 8).

Strittig, und für die Handhabung der Norm von Bedeutung, ist die **Rechtfertigung** dieses individuellen Schutzes.

aa) Das *Bundesverfassungsgericht* sieht die Rechtfertigung für die Härteklausel in **9** einer fortwirkenden **personalen Verantwortung** der Ehegatten füreinander (BVerfGE 55, 134, 142; ähnlich auch die hM: MünchKomm/Wolf Rn 2 ["personale Folge"]; Johannsen/Henrich/Jaeger Rn 9 [Gebot zur Rücksichtnahme, nicht Ahndung von Rechtsmißbrauch]; Soergel/ Heintzmann Rn 1 [Mitverantwortung]).

Dem wird entgegengehalten (BGB-RGRK/Grasshof Rn 7), eine solche Verantwortung sei mit dem aus § 1353 Abs 2 fließenden Recht zum Getrenntleben nicht vereinbar und müßte außerdem weitere Härten erfassen, als nur extreme Ausnahmefälle. Das erscheint nicht zutreffend: § 1353 Abs 2 verwirklicht lediglich das Prinzip, wonach das Scheitern der Ehe die Pflicht zur ehelichen Lebensgemeinschaft aufhebt, macht also deutlich, daß die *umfassende* personale Verantwortung der Ehegatten füreinander ggf nicht auf Lebenszeit andauert, sondern mit dem Scheitern der Ehe endet. Das spricht aber gerade nicht dagegen, in besonderen Ausnahmefällen dennoch auch in diesem Stadium ein höheres Maß an Rücksichtnahme zwischen den Ehegatten zu fordern, als zwischen einander Fremden; der Beseitigung der Pflicht zur ehelichen Lebensgemeinschaft und dem Umstand des Scheiterns der Ehe entspricht es dann, diese ausnahmsweise Rücksichtnahme eng zu begrenzen.

10 bb) Wollte man hingegen die Bestimmung nur als eine **Konkretisierung der General-klausel des § 242** verstehen (so BGB-RGRK/GRASSHOF Rn 8), so wäre die Begründung für die – eigentlich selbstverständliche – Folgerung offen, warum der Antragsteller seinem Ehegatten das Verharren in einer gescheiterten Ehe schuldet, nicht aber jedem Dritten, für den das Nicht-Verheiratetsein eine außergewöhnliche Härte bedeutet. Die Antwort könnte nur in der zwischen den Parteien bestehenden und in früheren Tagen auch verwirklichten Ehe gesehen werden; nach Treu und Glauben kann der Antragsgegner sich der Scheidung nur widersetzen, weil der Antragsteller aufgrund der Ehe ausnahmsweise seine berechtigten Freiheitsinteressen hintanstellen muß, um vom Antragsgegner schwerere Nachteile fernzuhalten. Damit aber läßt sich auch der Maßstab von Treu und Glauben nur durch die aus der Ehe fließende personale Verantwortung konkretisieren.

Dies führt dazu, daß einerseits wegen der Scheiternssituation nur höchst ausnahmsweise Fallgestaltungen in Betracht kommen, andererseits die Belange des Antragstellers angemessen zu berücksichtigen sind. In einem von Verschuldenselementen freien Scheidungsrecht wird dem Antragsteller ggf auch dann die Zurückstellung seiner Interessen zugemutet, wenn er am Scheitern der Ehe völlig unschuldig ist (MünchKomm/WOLF Rn 5).

c) Verhinderung der Scheidung zur Unzeit

11 aa) Damit aber stellt sich die Frage, mit welcher **Zielsetzung** dieser ausnahmsweise Schutz zu verwirklichen ist. In der ursprünglichen, durch Abs 2 aF zeitlich begrenzten Fassung wurde ganz überwiegend das Ziel der Härteklausel darin gesehen, die **Scheidung zur Unzeit** zu verhindern. Ausgangspunkt war eindeutig ein Verständnis, wonach „Unzeit" in diesem Fall immer ein **endlicher Zeitraum** sei. Dem scheidungsunwilligen Antragsgegner sollte eine **Anpassungsfrist** gewährt werden, binnen derer er sich mit der eingetretenen Lebens- und Ehesituation sollte abfinden können. Deutlich wurde diese Zielsetzung aufgrund der Änderungen, welche die Klausel in den Beratungen im Rechtsausschuß des Bundestags erfahren hat (oben Rn 4). Die im Gesetzgebungsverfahren zwischen Bundesrat und Bundestag eingesetzte Kompromißmasse (Fristverlängerung, Einbeziehung materieller Härten) hat dieses Grundverständnis nicht mehr berührt, so daß als Zweck der Bestimmung iSd Abs 1 aF historisch, teleologisch und auch wortlautentsprechend die Verhinderung der Scheidung zur Unzeit im Sinne einer jedenfalls zeitlichen Verzögerung anzunehmen ist. Die Bestimmung wurde in Übereinstimmung mit der zwingenden Befristung in Abs 2 aF dahin verstanden, daß sie keinesfalls die Scheidung der Ehe **auf Dauer** ausschließen könne, so daß immer nur ein Aufschub der Scheidung, nicht aber eine endgültige Abwendung der Scheidung möglich sei (OLG Koblenz FamRZ 1977, 792; OLG Köln FamRZ 1981, 959; OLG Köln NJW 1982, 2262).

12 bb) Dieses Verständnis basiert auf der psychologisch richtigen Erkenntnis, daß selbst außergewöhnliche Umstände, die zunächst als eine schwere Härte empfunden werden, mit dem **Ablauf der Zeit** für den Betroffenen deutlich weniger fühlbar werden und dadurch den Charakter einer *schweren* Härte verlieren (BGH NJW 1979, 978; BGH NJW 1979, 1360; BGH NJW 1984, 2353; BGH NJW 1985, 2531).

d)　Einfluß der verfassungsrechtlichen Frage auf den Normzweck

aa)　Die ganz überwiegende Meinung beurteilt denn auch die Folgen der beiden **13** Entscheidungen des BVerfG sowie die Streichung des Abs 2 aF durch das UÄndG ausgehend von diesem ursprünglichen Verständnis (JOHANNSEN/HENRICH/JAEGER Rn 5 ff; MünchKomm/WOLF Rn 2; ERMAN/DIECKMANN Rn 11; SCHWAB/SCHWAB Teil II Rn 86; SCHWAB FamRZ 1984, 1171). Strittig ist jedoch der **Einfluß der veränderten verfassungsrechtlichen Beurteilung** sowie des **rechtspolitischen Hintergrunds der Streichung von Abs 2.** Hier ist zu differenzieren. Die Entscheidungen des BVerfG haben der Bestimmung in beiden Richtungen verfassungsrechtliche Konturen verliehen, die bei der Normzielbestimmung zu beachten sind (sogleich Rn 14 ff). Die Änderung durch das UÄndG – insbesondere deren rechtspolitische Grundlagen als eine jüngere Quelle der teleologischen Auslegung – kann Ausdruck eines gewandelten Normverständnisses sein (hierzu unten Rn 15 ff). Die Notwendigkeit einer verfassungskonformen Auslegung der – geänderten – Bestimmung setzt der Annahme eines solchen neuen gesetzgeberischen Willens aber Grenzen.

bb)　Das **BVerfG** (BVerfGE 55, 134) hat in Kenntnis der zugrundeliegenden Rechts- **14** entwicklung das Ziel der **Verhinderung der Scheidung zur Unzeit** grundsätzlich als ausreichende Ausfüllung des Schutzzweckes ausdrücklich gebilligt. Die Entscheidung anerkennt auch die psychosoziale Grundthese, wonach „viele Härten … schon im Lauf der fünfjährigen Trennungszeit an Bedeutung verlieren". Dem Gesetzgeber wird lediglich auferlegt, ein *Mindestmaß an Elastizität zu* schaffen, um Härten begegnen zu können, die *„in dem Zeitpunkt, in dem die Härteklausel erschöpft ist"* fortbestehen oder kurz vor Ablauf neu auftreten. Selbst erklärte Gegner der Zerrüttungsscheidung im allgemeinen und einer Begrenzung der Härteklausel im besonderen haben zugestanden, daß eine Korrektur des § 1568 aF nach dieser verfassungsgerichtlichen Maßgabe den ursprünglichen Normzweck nicht berührt. Die Forderung nach einer weitergehenden Änderung, insbesondere einer Abkehr von der Formel der „Scheidung zur Unzeit" ist nicht im Gewand der verfassungsrechtlichen Gebotenheit, sondern des rechtspolitischen Ziels einhergegangen (vgl insbesondere SCHWAB FamRZ 1984, 1174). Die Entscheidung des BVerfG beruht also weder auf einem geänderten Normzweckverständnis, noch legt sie ein solches nahe.

e)　Gewandeltes Normzweckverständnis durch Streichung des Abs 2?

aa)　Auch nach Streichung von Abs 2 aF durch das UÄndG vertritt die überwie- **15** gende Ansicht weiterhin als **Normziel die Vermeidung der Scheidung zur Unzeit** im Sinne eines Hinausschiebens, nicht aber einer endgültigen Verhinderung der Scheidung (OLG Hamm [2. Familiensenat] FamRZ 1989, 1189; OLG Karlsruhe FamRZ 1989, 1304; PALANDT/DIEDERICHSEN Rn 1; MünchKomm/WOLF Rn 2; BGB-RGRK/GRASSHOF Rn 20; SOERGEL/HEINTZMANN Rn 1, 51; GERNHUBER/COESTER-WALTJEN § 27 VI 1; RAMM JZ 1986, 165 – der allerdings die Neufassung wegen Verstoßes gegen den Gewaltenteilungsgrundsatz wegen Eröffnung richterlicher Willkür für verfassungswidrig hält, dazu Vorbem 19 zu §§ 1564 ff; PESCHEL-GUTZEIT MDR 1986, 457). Die Bedeutung der Gesetzesänderung wird in Übereinstimmung mit der verfassungsgerichtlichen Vorgabe darin gesehen, daß an die Stelle der festen

Zeitgrenze für diesen Aufschub eine flexible, ggf auch aufgrund unerwarteter Umstände verlängerbare Zeitgrenze getreten ist.

16 bb) Die **Gegenansicht** räumt zwar ein, daß die Annahme einer Normziel-Änderung über die verfassungsgerichtliche Entscheidung hinausgeht (ERMAN/DIECKMANN Rn 11 aE; JOHANNSEN/HENRICH/JAEGER Rn 7), führt aber Gründe an, die für eine Zielmodifikation sprechen sollen. In Extremfällen dient hiernach § 1568 nunmehr auch der **Erhaltung der gescheiterten Ehe auf Dauer** (ausdrücklich: JOHANNSEN/HENRICH/JAEGER Rn 9; ERMAN/DIECKMANN Rn 11; SCHWAB/SCHWAB Teil II Rn 86; BOSCH FamRZ 1976, 401; FamRZ 1977, 574; im Ansatz wohl auch OLG Hamm [1. Familiensenat] NJW-RR 1989, 1159). Die vom Gesetzgeber gewählte Kappung des Abs 2 werde durch die bisherige und noch überwiegende Ansicht teilweise mißachtet (JOHANNSEN/HENRICH/JAEGER Rn 9); der Gesetzgeber habe die vom BVerfG offengehaltene „flexible Fristenlösung" nicht gewählt (SCHWAB/SCHWAB Teil II Rn 86). Außerdem könne § 1568 seine *eheerhaltende Funktion* nicht gewährleisten, wenn ohnehin die Scheidung nur auf Zeit verhinderbar sei; eine nur zeitweise erhaltene Ehe nütze niemandem (SCHWAB FamRZ 1984, 1174).

Allerdings wird auch von diesem Standpunkt die Bedeutung des (vermeintlichen) Zielwechsels nicht überschätzt. Einerseits ist unstrittig die Beurteilung der Härteklausel eine Momententscheidung im Zeitpunkt der letzten mündlichen Verhandlung. Die Ablehnung der Scheidung wegen Eingreifens der Härteklausel erwächst auch dann nur für die augenblickliche Situation in Rechtskraft, wenn das Gericht Umstände annimmt, die lebenslang die Scheidung ausschließen; der Antragsteller kann den Scheidungsantrag immer wieder stellen (SCHWAB FamRZ 1984, 1174). Überdies räumt auch diese Einsicht den extremen Ausnahmecharakter von solchen Situationen ein, die zu lebenslanger Unscheidbarkeit führen sollen.

17 cc) Der Ansicht, wonach § 1568 nicht nur eine Scheidung zur Unzeit verhindert, also eine Anpassungsphase gewährt, sondern ggf die Scheidung auf Dauer verhindert, **kann nicht gefolgt werden.**

α) Das **historische Argument** aus der ersatzlosen Streichung von Abs 2 aF wird dadurch kompensiert, daß § 1565 Abs 1 weiterhin eine gescheiterte Ehe als grundsätzlich scheidbar ausweist und die Härteklausel in ihrer verbliebenen Form das *Zeitmoment* („solange") weiterhin ausdrücklich einbezieht (RAMM JZ 1986, 165; SOERGEL/HEINTZMANN Nachtrag Rn 1). Die Wendung „wenn *und* solange" (nicht *„oder"*) zeigt, daß der Zeitlauf in jeder zeitbezogenen Beurteilung der Situation des Antragsgegners zu berücksichtigen ist. Statische Situationen, welche die Scheidung der Ehe absolut verbieten, sind schon nach dem Wortlaut der Bestimmung nicht vorstellbar.

β) Hinzu kommt, daß der Gesetzgeber vor dem **Hintergrund der Entscheidung des Bundesverfassungsgerichts** gehandelt hat, so daß die Annahme einer verfassungskonformen Korrektur der Bestimmung näher liegt als die Annahme einer rechtspolitischen Wendung, die im Wortlaut keinen Ausdruck gefunden hat.

γ) Der Hinweis auf die Sinnlosigkeit einer Verzögerung der Ehescheidung in Ansehung einer angeblich **eheerhaltenden Tendenz** verfehlt das Begründungsziel schon deshalb, weil § 1568 eine solche eheerhaltende Tendenz nicht besitzt. Konsequenterweise wäre § 1568 ersatzlos zu streichen, wenn – wie von dieser Ansicht behauptet – der Kampf um die zeitliche Verzögerung der Scheidung sinnlos wäre. Diese Haltung negiert nämlich die Ausnahmesituation, die von der Bestimmung einzig erfaßt ist, weil sie die – wertneutral gesehene – Unfähigkeit des Antragsgegners, sich auf die eingetretene schicksalhafte Lage einzustellen, offenbar nicht als grundsätzlich behebungsbedürftig ansieht. Vielmehr wird diese, aus der Grundwertung von § 1565 Abs 1 als *Ausnahmelage* zu charakterisierende Haltung, zu einem im Interesse des Instituts Ehe auf Dauer schützenswerten Gut stilisiert, also im Grunde ein liberales und personales Eheverständnis bekämpft, wie es § 1565 Abs 1 zugrundeliegt.

b) Entscheidend aber ist, daß eine Bestimmung, welche die Scheidung einer ge- **18** scheiterten Ehe auf Lebenszeit verhindert, in Extremfällen selbst **mit Art 2 Abs 1, Art 6 Abs 1 GG nicht mehr vereinbar wäre.** Soweit die Gegenansicht die Gefahr einer verfassungswidrigen Zielbestimmung bedenkt, wird angenommen, daß Art 6 Abs 1 nicht in jedem Fall die Berechenbarkeit des Endes der Ehe *im Voraus* gebiete (ERMAN/ DIECKMANN Rn 11), so daß die *jeweils* gebotene Prüfung, ob inzwischen die Härte so weit gemildert sei, daß eine Scheidung ausgesprochen werden könne, die Verfassungsmäßigkeit der Bestimmung wahre (JOHANNSEN/HENRICH/JAEGER Rn 10). Tatsächlich aber geht es nicht um diese Randfrage der späteren Korrigierbarkeit, sondern um das Grundproblem der Festschreibung einer Interessenabwägung zulasten des Antragstellers. Es ist schlechterdings mit der verfassungsgeschützten Freiheit des Antragstellers – wenn nicht sogar mit seiner Menschenwürde – unvereinbar, wenn er einer Wertung ausgesetzt wird, die ihm jede Hoffnung nimmt (vgl OLG Hamm NJW-RR 1989, 1159: „Die Antragsgegnerin ist schwer, jedoch nicht unmittelbar letal erkrankt, was in Verbindung mit einem psychischen Steuerungsverlust dauerhaft zum Ausschluß der Scheidung führt; der Antragsteller kann auf die Verwirklichung seines Wunsches nach einer neuen Ehe nur hoffen, wenn er seinen Scheidungsantrag selbst bereits vom nahen Tode gezeichnet stellt"). Verfassungsgemäß ist nur eine Normsicht, die dem Antragsteller auch bei schwersten Härten für den Antragsgegner jederzeit eine berechenbare Chance läßt, ein Ende seiner gescheiterten Ehe noch zu erleben; eine **verfassungswidrige Perspektivlosigkeit** des Antragstellers (so auch OLG Hamm) beginnt nicht erst, wenn dieser vom Tod gezeichnet ist, sondern schon dann, wenn er auf unabsehbare Zeit in einer gescheiterten Ehe gefangen bleibt. Das bedeutet insbesondere, daß keine tatsächliche Fallgestaltung auf Seiten des Antragsgegners in der Weise gewertet werden darf, daß sie bei gleichbleibender Fallage eine Scheidung immer als unzeitig erscheinen läßt. Vielmehr ist nach dem Grad der Härte für den Antragsgegner der Zeitlauf des Getrenntlebens zu berücksichtigen. Daraus, daß grundsätzlich das Scheidungsrecht jedem Partner einer gescheiterten Ehe das Ertragen der mit einer Scheidung verbundenen Härten zumutet, folgt, daß der Antragsgegner nicht aus dem normalen Gewöhnungsprozeß durch Annahme einer absolut scheidungsausschließenden Lage entlassen werden darf.

2. Kinderschutzklausel

a) Im Verhältnis zu den Kindern hängt die Fortdauer der sozialen Funktionen der **19** Eltern-Kind-Beziehung nicht zwingend vom Bestand der Ehe ab, die in den hier berührten Fällen ohnehin nur noch dem rechtlichen Bande nach erhalten wird. Grundsätzlich besteht ein Kindesinteresse am Heranwachsen in einer sozial intakten Familie mit Vater und Mutter. Für den Fall des Kindes verheirateter Eltern bedeutet dies aber, daß das zentrale Bestandsinteresse des Kindes, nämlich der Erhalt einer *intakten Familie* bereits mit der Trennung, häufig genug in deren streitbelastetem Vorfeld bereits zerstört ist. Der Fortbestand der Ehe dem Bande nach bringt dem Kind regelmäßig keinen **sozialen Vorteil**. Die **wirtschaftliche Lage** des Kindes getrenntlebender Eltern unterscheidet sich nicht von der Lage nach Ehescheidung; insbesondere die Unterhaltsansprüche gegen den barunterhaltspflichtigen Elternteil sind von der Scheidung nicht berührt. Auch der Vorteil des **Fortbestands gemeinsamer elterlicher Sorge** ist nunmehr auch nach der Ehescheidung die Regel, sofern die Eltern nicht konsensunfähig sind; ohne diese Konsensfähigkeit liegt die gemeinsame elterliche Sorge aber auch im Trennungsstadium nicht im Kindesinteresse. Wenn Eltern die Trennungszeit nicht in Haß und Streit verbringen, werden sie schwerlich aufgrund der – psychologisch die Lage *entspannenden* – Scheidung in offene Aversion verfallen. Grundsätzlich wird daher das Interesse minderjähriger Kinder durch eine Verzögerung der Ehescheidung nicht gefördert (MünchKomm/Wolf Rn 3; BGB-RGRK/ Grasshof Rn 9; aA Schwab/Schwab Teil II Rn 89). Dem Kind ist insbesondere nicht damit gedient, wenn sich die Verhinderung der Scheidung in Verbitterung des Antragstellers gegenüber dem Kind als Verursacher der Scheidungsverhinderung niederschlägt.

20 b) Der Gesetzgeber hat mit der Kinderschutzklausel also seltene **Ausnahmefälle** vorsorgend bedacht, in denen das Kindesinteresse ausnahmsweise auf den Erhalt einer gescheiterten Ehe dem Bande nach gerichtet ist (MünchKomm/Wolf Rn 3; Johannsen/Henrich/Jaeger Rn 4). In solchen Fällen kann es nicht zu einer Abwägung gegen die Interessen des Antragstellers kommen, weil die Pflicht zur Rücksichtnahme gegenüber den minderjährigen Kindern nicht aus einem Restbestand *wechselseitiger* personaler Verantwortung für den Ehegatten, sondern aus dem uneingeschränkten Fortbestand familiärer Solidarität mit dem Abkömmling folgt.

21 c) Eine **Befristung** ist für die Kinderschutzklausel wenig sinnvoll; die nach Abs 2 aF gleichermaßen für diese Klausel geltende Befristung war inkonsequent. Das Kindesinteresse kann ausnahmsweise bis zur Erreichung der Volljährigkeit des Kindes in einem so starken Maße berührt sein, daß das Interesse des Antragstellers an der Wiedererlangung seiner Eheschließungsfreiheit und der Befreiung aus der ehelichen Bindung zu weichen hat (Johannsen/Henrich/Jaeger Rn 4). Der Kinderschutzklausel ist allerdings durch die Anbindung an die *Minderjährigkeit* des Kindes eine Befristung auf den Zeitpunkt der Erreichung der Volljährigkeit des Kindes immanent. Schon deshalb stellt sich die Problematik der Perspektivlosigkeit des Antragstellers nicht. Hinzu kommt, daß jedenfalls die – überwiegend relevanten – psychischen Gründe, welche zum Eingreifen der Kinderschutzklausel führen können, angesichts der starken sozialen Dynamik der kindlichen und jugendlichen Entwicklung regelmäßig von vorübergehender Dauer sind.

III. Gemeinsame Grundsätze für die Härteklauseln

1. Zwei Härteklauseln

22 Die Bestimmung umfaßt **zwei selbständige Einwendungen** gegen die Scheidung der Ehe: die Kinderschutzklausel (2. HS 1. Alt) und die Ehegattenschutzklausel bzw. Härteklausel (2. HS 2. Alt). Beide Klauseln schützen bei unterschiedlichen tatbestandlichen Voraussetzungen verschiedene Personen und werden prozessual unterschiedlich behandelt. Die Zusammenfassung dieser inhomogenen Tatbestände in einer Bestimmung ist Folge des Kompromisses im Vermittlungsausschuß (oben Rn 4) und hat wegen der strukturellen Verschiedenheit der Klauseln gesetzessystematische Kritik erfahren (Schwab FamRZ 1984, 1175; MünchKomm/Wolf Rn 13). Die Zusammenfassung ist letztlich bedeutungslos; lediglich dürfen aus ihr keine Folgerungen für die Handhabung und die Auslegung der beiden Klauseln gezogen werden. Im übrigen weisen beide Klauseln durchaus einige grundlegende Parallelen auf.

2. Einwendungscharakter

a) Fraglich erscheint, ob es sich bei beiden Klauseln um **von Amts wegen** zu be- 23 achtende Einwendungen handelt (so Schwab/Schwab Teil II Rn 91). Zweifellos trifft dies für die *Kinderschutzklausel* zu; das Gericht hat von Amts wegen bei Vorhandensein gemeinsamer Kinder zu ermitteln, ob ausnahmsweise die Scheidung auf die Kinder sich in einer Weise auswirkt, die ein Aufrechterhalten der Ehe ausnahmsweise notwendig macht (Schwab/Schwab Teil II Rn 91). Deshalb steht auch außer Zweifel, daß die Kinderschutzklausel gegen **jeden Scheidungstatbestand** eingreifen kann (näher unten Rn 46).

b) Für die **Ehegattenschutzklausel** ist der **Einwendungscharakter** nicht zweifelsfrei, 24 da § 616 Abs 3 ZPO bestimmt, daß das Gericht außergewöhnliche Umstände iSd § 1568 nur berücksichtigen darf, wenn der Antragsgegner sich darauf beruft. Dies sollte jedoch insbesondere aus systematischen Gründen im Zusammenhang mit dem Regelungsgegenstand des § 616 ZPO nur als eine Einschränkung des *Untersuchungsgrundsatzes* zu verstehen sein; hat sich der Antragsgegner in gehöriger Weise auf die außergewöhnlichen Umstände berufen (dazu unten Rn 170 ff), so ist die Ehegattenschutzklausel ggf von Amts wegen zu berücksichtigen; der betroffene Ehegatte hat also kein auf die außergewöhnlichen Umstände gegründetes materielles Gestaltungsrecht (Widerspruchsrecht) und keine Einrede, auf die er sich berufen müßte (Schwab/Schwab Teil II Rn 91). Das hat zur Folge, daß nach Vortrag außergewöhnlicher Umstände das Gericht von Amts wegen prüft, ob sich aus ihnen eine schwere Härte für den Antragsgegner ergibt und die Härteklausel eingreift (Schwab/Schwab Rn 91). Das hat aber nicht zur Folge, daß sich § 616 Abs 3 ZPO isolierbar auf den Vortrag außergewöhnlicher *Umstände* bezieht und das Gericht die als schwere *Härte* empfundenen Auswirkungen von Amts wegen zu ermitteln hat (so aber MünchKomm/Wolf Rn 75). Die außergewöhnlichen Umstände lassen sich nach dem Zweck der Regelung in § 616 Abs 3 ZPO nicht von der durch sie bedingten schweren Härte trennen; § 616 Abs 3 ZPO verwirklicht den *Zweck*, die nur im Interesse des Antragsgegners bestehende Härteklausel davon abhängig zu machen, daß sich der Antragsgegner aus den sie begründenden Umständen gegen die Scheidung wehrt. Das bedeutet, daß auch die schwere Härte § 616 Abs 3 ZPO unterfällt (Rolland Rn 22; Johannsen/Henrich/Jaeger Rn 37; die dort genannte Entscheidung des BGH [NJW 1981, 2516] gibt dazu allerdings nichts her, da der BGH dort lediglich betont, daß der allgemeine Vortrag, der Antragsgegner empfinde die Scheidung als Härte, nicht genügt, um Amtsermittlungen – über die Umstände – anzustellen). Damit ist aber der Einwendungscharakter der Härteklausel im praktischen Ergebnis regelmäßig bedeutungslos, weil der erforderliche Vortrag regelmäßig bereits – wenigstens konkludent – die Berufung auf die Härteklausel beinhaltet.

3. Voraussetzung: Scheitern

25 a) Beide Klauseln setzen voraus, daß die Ehe nach §§ 1565 bis 1567 zu scheiden ist, daß also das **Scheitern feststeht.** Dies gilt gleichermaßen für die Kinderschutzklausel wie für die Ehegattenschutzklausel (PALANDT/DIEDERICHSEN Rn 1; DIEDERICHSEN NJW 1977, 278; MünchKomm/WOLF Rn 21; JOHANNSEN/HENRICH/JAEGER Rn 12, 20; SCHWAB/SCHWAB Teil II Rn 93; SCHWAB FamRZ 1976, 504; ERMAN/DIECKMANN Rn 3). Das folgt in erster Linie aus dem Wortlaut („obwohl sie gescheitert ist"), erweist sich aber auch aufgrund der Systematik der Scheidungsbestimmungen als geboten. Die Härteklauseln sind materiell nicht vom Zustand der ehelichen Lebensgemeinschaft abstrahierbar. Einerseits läßt sich das Kindesinteresse nicht beurteilen, ohne daß der Zustand der Beziehung der Ehegatten (Eltern) untersucht ist (SCHWAB/SCHWAB Teil II Rn 93; SCHWAB FamRZ 1976, 504; JOHANNSEN/HENRICH/JAEGER Rn 12); für die Ehegattenschutzklausel gelten vergleichbare tatsächliche Verknüpfungen. Die Feststellung einer schweren Härte und die Abwägung der Belange des Antragsgegners sind nur in Abhängigkeit vom Zustand der Ehe zu treffen (JOHANNSEN/HENRICH/JAEGER Rn 20; MünchKomm/WOLF Rn 73). Bedeutsamer als diese *tatsächliche* Verknüpfung ist jedoch die *systematische* Verknüpfung des Scheiterns als Scheidungsgrund mit der Feststellung des Eingreifens einer Härteklausel. Ist die Ehe nicht gescheitert, so gibt die Fragestellung, ob die Aufrechterhaltung der Ehe ausnahmsweise geboten ist, keinen Sinn. Über die nicht gescheiterte Ehe sind keine Ausnahme-Erwägungen anzustellen; vielmehr ist sie schon deshalb nicht zu scheiden, weil sie nicht gescheitert ist.

26 b) Daher kann insbesondere das Gericht nicht **offenlassen,** ob die Ehe gescheitert ist und den Scheidungsantrag abweisen, weil jedenfalls der Tatbestand einer Härteklausel vorliege. Die Gegenansicht (ROLLAND Rn 5; SOERGEL/HEINTZMANN Rn 58) argumentiert mit der herkömmlichen Struktur von Tatbestand, Einrede und prozessualer Einwendung. Sie verkennt dabei aber, daß die Einwendungen nach § 1568 nicht ohne Zusammenhang mit dem Scheitern der Ehe – isoliert – existieren können, wie beispielsweise die Prozeßunfähigkeit des Klägers unbeschadet der Wirksamkeit eines Vertrags bestehen kann oder Verjährung unbeschadet der Mangelhaftigkeit einer Sache prüfbar ist. Außerdem handelt es sich bei der Abweisung des Scheidungsantrags wegen Eingreifens der Härteklausel und Abweisung, weil die Ehe nicht gescheitert ist, nicht um *gleichwertige sachliche Abweisungsgründe* (das aber setzt ROLLAND Rn 5 voraus). Greift eine Härteklausel ein, so ist die Ehe lediglich *solange* nicht zu scheiden, wie sie im Interesse ehelicher Kinder aufrecht zu erhalten ist oder bis sich der Antragsgegner an die für ihn im Augenblick eine schwere Härte bedingenden Umstände gewöhnt hat. Die nicht gescheiterte Ehe kann zwar später ggf auch geschieden werden, ihre Scheidbarkeit ist aber nicht aufgeschoben, sondern noch gar nicht eingetreten. Schließlich wirkt die Abweisung wegen Eingreifens der Ehegattenschutzklausel ggf auf ein erneutes Scheidungsverfahren ein: Im zweiten Verfahren hat das Gericht jedenfalls in Berücksichtigung der Belange des Antragstellers die Zeitdauer in Erwägung zu ziehen, für welche die Ehe *nur noch wegen der Härteklausel* bestanden hat. Die Scheidung wäre also ggf in einem späteren Verfahren eher auszusprechen, wenn schon im vorangehenden Verfahren die Abweisung auf § 1568 gestützt wurde, weil dem Antragsteller ein längeres Abwarten nicht mehr zumutbar ist.

4. Lex specialis

a) Beide Härteklauseln sind enge Ausnahmetatbestände, die nur ausnahmsweise **27** eingreifen. Dies wirft die Frage auf, ob sich der Antragsgegner außerhalb von deren Anwendungsbereich darauf berufen kann, daß der Scheidungsantrag gegen **Treu und Glauben** (§ 242) verstoße. Diese Frage hat, nachdem Abs 2 teilweise für verfassungswidrig erklärt worden ist, jedenfalls aber nach Aufhebung des Abs 2 erheblich an Bedeutung verloren; ein Rückgriff auf § 242 hätte insbesondere nach Ablauf der für das Eingreifen der scheidungsrechtlichen Härteklauseln ursprünglich bestehenden Fünfjahresfrist einen möglichen Anwendungsbereich gehabt, wurde aber in dieser Funktion weithin abgelehnt (OLG Nürnberg FamRZ 1979, 819; Lüke AcP 1978, 1; Diederichsen NJW 1977, 273; aA Hillermeier FamRZ 1976, 549). Neben der unbefristeten scheidungsrechtlichen Härteklausel wird die Anwendung des § 242 noch erwogen für Fälle, in denen die Scheidung für den Antragsgegner keine schwere Härte aufgrund außergewöhnlicher Umstände bedeutet, aber der Antragsteller bewußt und planmäßig das Scheitern der Ehe herbeigeführt hat, so daß sein Scheidungsbegehren sich als Rechtsmißbrauch erweisen könnte (Rolland Rn 18; zur Berücksichtigung solchen Verhaltens im Rahmen der Ehegattenschutzklausel: BGH NJW 1981, 2809 und unten Rn 88).

b) Jedenfalls seit Aufhebung der Befristung der Härteklausel, also in den zuletzt **28** (oben Rn 26 aE) beschriebenen Fällen ist **§ 1568 abschließend** (Rolland Rn 18 ff; Münch-Komm/Wolf Rn 14; Erman/Dieckmann Rn 3; Gernhuber/Coester-Waltjen § 27 VI 1). Der Gesetzgeber hat in verfassungsrechtlich gebotener Weise eine geordnete und mit der Systematik der Zerrüttungsscheidung vereinbare Härteregelung getroffen. Der Richter darf diese Systematik nicht mit der Begründung übergehen, die Ehe sei aus anderen Billigkeitsgründen nicht zu scheiden (MünchKomm/Wolf Rn 14). Solche Billigkeitserwägungen würden sich – insbesondere im Fall der *„planmäßigen Herbeiführung des Scheiterns"* – regelmäßig als ein Verdikt gegen den Grundsatz des § 1565 Abs 1 erweisen, daß eine gescheiterte Ehe geschieden werden kann, ohne daß es auf die Verursachung des Scheiterns ankommt. Die Begrenzung der Härteklausel auf den Schutz der Kinder und des Antragsgegners in Ausnahmefällen stellt die Stimmigkeit zwischen diesem Prinzip und der Härteklausel her. Sie stellt die Grundkonzeption des Scheidungsrechts sicher, § 242 würde hier stören (Rolland Rn 19). § 242 wäre eine Einbruchstelle für eine vom Gesetzgeber bewußt abgelehnte *allgemeine Rechtsmißbrauchsklausel*, die eine Rückkehr zum Verschuldensprinzip bedeutet hätte (BT-Drucks 7/650, 117). Die Nichtanwendbarkeit von § 242 folgt letztlich auch, weil ein Verstoß gegen Treu und Glauben insoweit nicht vorliegen dürfte: Planmäßiges Herbeiführen des Scheiterns ist eine Kategorie, die im System der §§ 1564 ff keine Sonderbehandlung mehr erfährt; die Verursachung des Scheidungsgrundes ist irrelevant. Abgesehen davon, daß zu gezielt böswilligem Verhalten wohl eher das Scheidungsrecht des EheG angehalten hat, um den Ehepartner zur Scheidung zu zwingen (so auch Rolland Rn 20, die Fallgestaltung stamme aus dem Erfahrungsbereich des alten Rechts), kann das von § 1565 Abs 1 ignorierte Herbeiführen des Scheidungsgrundes schwerlich gegen Treu und Glauben verstoßen. Man wird – so sehr anderweitige moralische Bedenken bestehen mögen – aus § 1565 Abs 1 zu folgern haben, daß die Zerstörung der eigenen Ehe bürgerlichrechtlich *sanktionslos* bleibt, wenn sie gescheitert ist, also der erreichte Zerstörungsgrad die Scheidung rechtfertigt. Das aber beurteilt sich ggf auch *einseitig* nach der Einstellung des Antragstellers zur Ehe; niemand wird planmäßig auf die Scheidung hinwirken, wenn er sich nicht bereits von der Ehe abgewendet hat, ihm also die eheliche Gesinnung nicht mehr zueigen ist. Das aber schließt eine Korrektur nach § 242 BGB aus.

5. Rechtsfolgenermessen

29 a) Die Bestimmung ist als **Sollvorschrift** formuliert. Dennoch hat das Gericht nach allgemeiner Ansicht **kein Auswahlermessen auf der Rechtsfolgenseite;** wenn feststeht, daß die tatbestandlichen Voraussetzungen einer der Härteklauseln vorliegen, darf dem Scheidungsantrag nicht stattgegeben werden. Die Bestimmung ist insoweit sprachlich mißlungen; „soll" bezieht sich inhaltlich wohl darauf, daß das Gericht zu *beurteilen* hat, ob die die Aufrechterhaltung der Ehe „notwendig" bzw „geboten" ist. Steht das Ergebnis dieser Beurteilung fest, so ist als Rechtsfolge zwingend, daß die Ehe nicht geschieden werden *darf* (Schwab/Schwab Teil II Rn 92; Erman/Dieckmann Rn 4).

30 b) Fraglich ist, ob in diesem Fall der Scheidungsantrag ausnahmslos **abgewiesen** werden muß. In der Phase zwischen der Entscheidung des BVerfG, durch die Abs 2 für teilweise verfassungswidrig erklärt, nicht aber als nichtig verworfen worden war, bis zum Inkrafttreten des UÄndG war strittig, ob nach Ablauf eines fünfjährigen Getrenntlebens und Fortdauer der Härte der Scheidungsantrag ggf abzuweisen oder das Verfahren **auszusetzen** war. Für die Phase bis zu einer verfassungskonformen gesetzlichen Regelung war die vom BGH (BGH NJW 1985, 2531) vertretene Aussetzung das geeignete, übergangsweise einzusetzende prozessuale Mittel (OLG Hamm FamRZ 1985, 189 lehnt lediglich eine *weitere* Aussetzung aus rechtsstaatlichen Gründen ab, da der Gesetzgeber im Zeitpunkt der Entscheidung schon vier Jahre untätig die Umsetzung der verfassungsgerichtlichen Entscheidung den Gerichten überlassen hatte). *Diese* Möglichkeit der Aussetzung ist mit Wegfall der Unklarheit durch Streichung von Abs 2 gegenstandslos geworden.

31 c) Die Möglichkeit zur **Aussetzung** ergibt sich im übrigen nur beschränkt. Eine Aussetzungsmöglichkeit nach § 614 ZPO besteht nur, wenn der Scheidungsantrag noch nicht abweisungsreif ist (dazu § 1564 Rn 109). Es erscheint nun aber nicht ohne weiteres selbstverständlich, hieraus zu folgern, das Gericht dürfe nicht mehr aussetzen, wenn es vom Eingreifen einer Härteklausel überzeugt sei (so aber OLG Hamburg FamRZ 1986, 470 [Anmerkung Henrich]; Soergel/Dieckmann Rn 4). Es geht an dieser Stelle nämlich gerade um die Frage, *ob* das Eingreifen der Härteklauseln zur *Abweisungsreife* führt. Das kann deshalb zweifelhaft sein, weil die Härteklauseln keine *endgültige Scheidungsverhinderung* bewirken, sondern nur einen *Aufschub* (oben Rn 15 ff). Eine Aussetzung – in den von § 614 ZPO vorgezeichneten Grenzen – ist also nicht nur zulässig, wenn das Gericht das Scheitern der Ehe festgestellt hat, aber vom Eingreifen einer Härteklausel noch nicht völlig überzeugt ist (auf diesen Fall beschränken die Aussetzungsmöglichkeit: OLG Hamburg FamRZ 1986, 470; Soergel/Heintzmann Rn 4), sondern auch, wenn das Gericht zwar derzeit vom Eingreifen der Härteklausel überzeugt ist, aber *Aussicht* besteht, daß *innerhalb der zulässiger Weise möglichen Dauer einer Aussetzung* die Voraussetzungen der Härteklausel entfallen. Das ist insbesondere der Fall, wenn das durch die Kinderschutzklausel geschützte Kind während der Dauer der Aussetzung volljährig wird, aber auch, wenn damit zu rechnen ist, daß der psychisch durch die Scheidung überforderte Antragsgegner während der Dauer einer Verfahrensaussetzung durch therapeutische Hilfe in die Lage versetzt wird, die schicksalhafte Entwicklung zu tragen, soweit in einem solchen Fall die

Härteklausel überhaupt eingreift (unten Rn 106). In solchen Fällen steht gerade fest, daß dem Antragsgegner bzw dem Kind bereits mit der Aussetzung (voraussichtlich) geholfen werden kann, so daß das Argument der Gegenansicht (BGB-RGRK/GRASSHOF Rn 38), die Lebenswirklichkeit verlange insoweit eine Antragsabweisung, jedenfalls relativiert werden muß. Es ist nicht einsichtig, warum den Ehegatten die mit einer Antragsabweisung aufgrund der Härteklausel verbundene *Verhärtung der Fronten* (Vertiefung der Ablehnung des Antragsgegners durch den Antragsteller, verfehlte Siegesstimmung beim Antragsgegner) sowie die erheblichen *Kosten* eines weiteren Scheidungsverfahrens nach verhältnismäßig kurzer Zeit zugemutet werden sollten. Diese Ansicht steht im übrigen nicht in Widerspruch zu der auch hier befürworteten (§ 1564 Rn 109) hM, wonach einem entgegen § 1565 Abs 2 verfrüht vor Ablauf eines Trennungsjahres gestellten Scheidungsantrag nicht durch Aussetzung über die Jahreshürde hinweggeholfen werden darf. In jenem Fall ist die Ehe nicht gescheitert, so daß im Entscheidungszeitpunkt unzweifelhaft der Scheidungsantrag abweisungsreif ist. Der Antragsteller hat dann nicht etwa nur hinter den Interessen des Antragsgegners zurückzustehen, sondern er hat die Antragsabweisung als Folge seiner unbegründeten Antragstellung zu tragen. Greift hingegen *derzeit* eine Härteklausel ein, so ist die Ehe dennoch gescheitert, der Scheidungsantrag also nur *noch nicht begründet*. Maßgeblich sind hierfür nur die Interessen des Antragsgegners oder minderjähriger Kinder aufgrund der Ausnahmesituation, die der Antragsteller eigentlich nicht zu vertreten hat. Mag auch häufig das „derzeit noch" sich über einen längeren Zeitraum erstrecken, so ist in den genannten besonders gelagerten Fällen doch Raum für eine Aussetzung.

6.   Ausnahmecharakter

a)   Für beide Härteklauseln betont das Gesetz den Ausnahmecharakter. Im Interesse der Kinder ist die Ehe nur aufrechtzuerhalten, wenn „besondere Gründe" vorliegen und die Aufrechterhaltung „ausnahmsweise notwendig" ist; die Härteklausel zugunsten des Ehegatten setzt „außergewöhnliche Umstände" voraus, welche die Aufrechterhaltung „ausnahmsweise geboten" erscheinen lassen. Dies betont sprachlich überdeutlich den rechtspolitischen Streit um die Fassung der Härteklauseln (SCHWAB/SCHWAB Teil II Rn 94), aber auch die Begrenzung der Ausnahmeregel auf das verfassungsrechtlich zwingende Maß – und nur auf dieses. Der Antrag, eine gescheiterte Ehe zu scheiden, kann nur aus außergewöhnlich *schweren* Gründen abgewiesen werden, nicht aber zur Vermeidung allgemeiner Härten. Es muß immer berücksichtigt werden, daß in jedem Fall der Anwendung einer Härteklausel ein eigentlich von der Grundwertung des Gesetzes *(eine gescheiterte Ehe ist auf Antrag zu scheiden)* gebilligtes Interesse des Antragstellers durchkreuzt wird; die Höherwertigkeit der Gegeninteressen muß also evident sein (deshalb zB verfehlt die etwas polemische Fragestellung von HENRICH FamRZ 1986, 470 f, ob denn der Schmerz des Kindes erst bei Suizidgefahr vernommen werde). Das beschränkt die Anwendung auf außergewöhnliche Härten; jede der Härteklauseln bezieht sich nur auf *krasse Ausnahmefälle*. **32**

b)   Keinesfalls kann zurückgegriffen werden auf Entscheidungsgrundsätze zu **§ 48 Abs 3 EheG aF**. Die Härteklauseln dienen nicht der Sanktion für Pflichtverstöße während der Ehe gegenüber dem Ehegatten oder den Kindern. Das Gesetz nimmt die Situation, wie sie bis zum Scheitern der Ehe sich entwickelt hat, als gegeben hin; **33**

es will lediglich in Ausnahmefällen weitere vermeidbare Nachteile abwenden, die mit dem Scheidungsausspruch verbunden wären (MünchKomm/WOLF Rn 20).

34 **c)** Die **Scheidungspraxis entspricht** diesem grundsätzlichen Ziel des Gesetzes. 1984 sollen in Bayern drei Scheidungsanträge von 19.002 aufgrund der Härteklauseln abgewiesen worden sein (HENRICH, in: FS Müller-Freienfels 289, 306), im Jahre 1989 wurden im gesamten alten Bundesgebiet 19 von über 154.000 Scheidungsanträgen wegen einer der Härteklauseln abgewiesen (MünchKomm/WOLF Rn 16, 24). Dies steht in einem auffälligen Mißverhältnis zu dem Echo der Bestimmung in der wissenschaftlichen Diskussion und der veröffentlichten oberlandesgerichtlichen Rechtsprechung. Besonders letzteres läßt sich aber dadurch erklären, daß gerade der Ausnahmecharakter der Bestimmung ein hohes Maß an Ausfüllungsbedürftigkeit im Einzelfall bewirkt, der nur durch eine lückenlose Dokumentation des Fallmaterials genügt werden kann; die relativ hohe Zahl der veröffentlichten Entscheidungen zu § 1568 (vgl im folgenden insbes Rn 56 und 103 ff) zeigt aber auch, daß zu dieser Bestimmung offenbar nicht selten letztlich unbegründet *vorgetragen* wird, um eine Scheidung zu verhindern. Das gemahnt durchaus zu einer strengen Handhabung.

IV. Kinderschutzklausel (1. Alt)

1. Sinnvoller Einsatz – Rechtspolitische Kritik

35 **a)** Die Kinderschutzklausel hat in der **Praxis geringe Bedeutung** erlangt (BGB-RGRK/GRASSHOF Rn 27). Das wird auch augenfällig in der veröffentlichten oberlandesgerichtlichen Rechtsprechung; noch nicht einmal 5% der veröffentlichten Entscheidungen zu § 1568 befassen sich mit der Kinderschutzklausel. Nur eine Entscheidung ist bisher ersichtlich, die das Eingreifen bejaht hat (OLG Hamburg FamRZ 1986, 469).

36 **b)** Ursache dafür ist jedoch **nicht eine verfehlte Zurückhaltung** der Gerichte (mit dieser Tendenz aber HENRICH FamRZ 1986, 470 [Anm]; ähnlich auch HENRICH, in: FS Müller-Freienfels 289 ff; HATTENHAUER, Das Recht des Kindes auf Familie [1976] 12).

aa) Die Aufrechterhaltung einer gescheiterten Ehe – was zunächst festzustellen ist – und der **Fortbestand des bloßen Ehebandes** zwischen Eltern, die nicht mehr zusammen leben und aus psychologischen Gründen auch nicht mehr zusammen leben *können*, ist regelmäßig **für das Kind nicht vorteilhaft**. Nicht nur sind die Folgen der Trennung der Eltern, der regelmäßig erhebliche Streitigkeiten vorausgehen, nicht durch den Fortbestand des Ehebandes zu heilen. Die Konsequenzen der Trennung können also keine Rolle für die Anwendung der Härteklausel spielen (AK-BGB/LANGE-KLEIN Rn 13; SOERGEL/HEINTZMANN Rn 10). Die Bestimmung geht aus von den Fakten, die durch das Scheitern der Ehe geschaffen sind (MünchKomm/WOLF Rn 20). Sie kann einen trennungswilligen Elternteil nicht zwingen, die häusliche Gemeinschaft oder gar die eheliche Lebensgemeinschaft wieder aufzunehmen; es liegt fern jeder Realität, anzunehmen, die Ehegatten könnten sich nur aufgrund der Abweisung des Scheidungsantrags wegen der Kinderschutzklausel eines anderen besinnen und einzig in Hinblick auf ihre Pflichten als Eltern ein gemeinsames Familienleben aufnehmen (BGB-RGRK/GRASSHOF Rn 27), oder sich zur theatralischen Darstellung eines Familienlebens durchringen. Dies verkennt nicht die schwere Schicksalhaftigkeit des Zerbrechens der Elternehe für das Kind; wo aber das Schicksal eingegriffen hat, kann das Recht nicht heilen.

bb) Die Scheidung der Ehe der Eltern erweist sich von der im Scheidungsverfahren **37** erreichten Situation aus betrachtet häufig als **vorteilhafter für das Kind** als die Aufrechterhaltung der Ehe dem Bande nach (ROLLAND Rn 30; BEITZKE ZfRvgl 1972, 1; AK-BGB/LANGE-KLEIN Rn 13; SCHWAB FamRZ 1976, 507 hingegen bezeichnet diese offenkundige Erkenntnis als unbewiesen, der Vorwurf der Undifferenziertheit verfängt nicht, weil von der auch hier geteilten Ansicht nie behauptet wurde, es gebe keine Ausnahmen – denen gerade § 1568 dienen soll). Das Kind wird durch den Fortbestand des Ehebandes aufgrund Versagung der Scheidung vorhersehbar weiter in die Querelen der Eltern hineingezogen. Auch äußerst verantwortungsbewußte Eltern werden nicht immer in der Lage sein, diese Spannungen von gemeinsamen Kindern fern zu halten. Insbesondere der Elternteil, bei dem ein Kind lebt, neigt wohl oft dazu, dieses Kind zu seiner nächsten Bezugsperson zu machen und mit ihm nicht nur die Freude des Alltags, sondern gerade auch den Schmerz der weiterlaufenden „ehelichen" Auseinandersetzung zu teilen. Nach Rechtskraft der Scheidung kommt es hingegen regelmäßig zu einer sozialen Verfestigung der Lage. Selbst die Kontaktaufnahme des nicht sorgeberechtigten Elternteils kann aus einer neutraler werdenden Haltung zum geschiedenen Gatten entspannter (und auch ohne Sorge um den Verlust von Trennungsfristen) wieder aufgebaut oder fortgesetzt werden. Der normierte extreme Ausnahmecharakter, der auch im Wortlaut der Bestimmung deutlich wird, beruht daher nicht auf einer Überbewertung der Freiheitsinteressen des aus der Ehe strebenden Ehegatten, sondern auf der regelmäßigen Erkenntnis, daß die *Aufrechterhaltung* der gescheiterten Ehe der Eltern *nicht im Kindesinteresse* liegt.

c) Gelegentlich wird daher angeregt, die Gerichte sollten die Kinderschutzklausel **38** bereits **im Scheidungsverfahren einsetzen**, um die Ehegatten zur Aussöhnung, insbesondere den Antragsgegner zur Rücknahme seines Scheidungsantrags zu bewegen (HENRICH, in: FS Müller-Freienfels 320; ERMAN/DIECKMANN Rn 8; ähnlich BGB-RGRK/GRASSHOF Rn 27, der soziale Schutz der Kinder müsse bei Vollzug der Trennung eingreifen, womit aber wohl nur Milderung durch ordnende Regelung der Trennungsfolgen gemeint ist). Dieser Ansicht ist entgegenzutreten. Sie beruht auf einer Prämisse über die der Scheidung zugrundeliegende psychische Befindlichkeit der Eltern, die nicht nur vergröbernd generalisiert, sondern den Regelfall der gescheiterten Ehe nicht trifft. Die Ehegatten müßten nur, so diese Ansicht, auf ihre Verantwortung gegenüber den Kindern hingewiesen werden, um „Verantwortungsbewußtsein" (ERMAN/DIECKMANN Rn 8) zu zeigen und ihre „Selbstverwirklichungsvorstellungen" (BGB-RGRK/GRASSHOF Rn 27) aufzugeben. Es mag Ausnahmefälle geben, die von dem frivol-verantwortungsverachtenden Ausbruch eines Ehegatten aus der Ehe gekennzeichnet sind. Regelmäßig bedeutet aber das Scheitern einer Ehe zunächst einmal für die davon betroffenen Ehegatten den Zusammenbruch von Lebensvorstellungen und eine schwere seelische Krisensituation. Scheidungswilligkeit setzt regelmäßig die – freilich subjektive, nichtsdestoweniger aber ausweglos empfundene – Erkenntnis voraus, in dieser Ehe nicht mehr leben zu können. Ehegatten zur Wiederaufnahme der Lebensgemeinschaft aus einer solchen Lage heraus im angeblich wohlverstandenen Interesse der Kinder zu nötigen, ihnen hierzu Verantwortungslosigkeit vorzuwerfen, ist menschenunwürdig und sollte Gerichten nicht angesonnen werden. Die Scheidung hat schon für manchen Ehegatten *und* manches Kind die Rettung vor (oder auch erst nach) einem psychischen Zusammenbruch bedeutet.

39 d)   Dabei wird nicht verkannt, daß Elternschaft auch **Pflicht** bedeutet, auf die sich die Gegenansicht beruft. Nur bedeutet Elternschaft weder Pflicht zur Ehe – weshalb auch die nichteheliche Familie unter dem Schutz des Art 6 Abs 1 GG steht – noch bedeutet sie Pflicht zur Zerstörung der eigenen Persönlichkeit zugunsten des Kindes. Dem Kind wäre auf längere Sicht durch die mit einer nur scheinbar friedfertig fortgesetzten Ehe einhergehende psychische Deformation eines oder beider Eltern auch nicht gedient.

Vielmehr geht es darum, die **unverändert auch nach Scheidung fortdauernde gemeinsame Verantwortung** beider Elternteile zu stärken und zu fördern, was regelmäßig durch eine möglichst streit- und schutzklauselfreie Scheidung besser verwirklicht wird. Um gemeinsame Verantwortung gegenüber einem Kind wahrzunehmen, bedarf es nicht der Aufrechterhaltung des formalen Ehebandes (so im Ergebnis zutreffend BGB-RGRK/Grasshof Rn 27 aE; **aA** Schwab FamRZ 1976, 507). Insbesondere die **gemeinsame elterliche Sorge** nach Scheidung, aber auch die Bereitschaft zu unkomplizierten und regelungsfreien Umgangsmodalitäten für den nicht mit dem Kind zusammenlebenden Elternteil muß im Zentrum der Bemühungen des Familienrichters um das Kindesinteresse stehen. Es erscheint daher unverständlich, wenn dieses Ziel als „Ersatzziel" (Erman/Dieckmann Rn 8) diffamiert wird. Es beruht auf einem groben Mißverständnis von Kindeswohl und Elternpflicht, anzunehmen, der Richter halte den nunmehr freilich nur noch auf Antrag zu erwägenden – Verlust des Sorgerechts als Waffe gegen den scheidungswilligen Ehegatten in der Hand und zwinge diesen zu einer Rückkehr in die Ehe, um nicht die Bindung zu seinem Kind zu verlieren. Ziel darf nicht ein formeller Schutz der Ehe sein, der die Kinder dadurch instrumentalisiert, daß er den Leidensdruck steigert, um die Elternverantwortung zu mehren; Scheidung und Sorgerechtsregelung müssen vielmehr die Last der schicksalhaften Entwicklung soweit als möglich von allen Beteiligten nehmen.

40 e)   Die Kinderschutzklausel ist dabei nur das äußerste Mittel zur vorübergehenden Lösung von Situationen, in denen sich ein Kind mit der Scheidung als Konsequenz der Trennung der Eltern **nicht abfinden** kann. Es handelt sich letztlich um Fälle einer **pathologischen Situation** der kindlichen Psyche, die dadurch gekennzeichnet ist, daß das Kind nicht mehr die gelebte Familie, sondern den formalen Bestand der Elternehe zur Grundlage seines Selbst- und Umweltverständnisses (Soergel/Heintzmann Rn 11) macht. In dieser Situation muß das Interesse eines oder beider Eltern an der Scheidung zurückstehen, gleichviel, ob diese pathologische Lage durch die Entwicklung verursacht oder – was nicht unwahrscheinlich ist – durch den scheidungsunwilligen Ehegatten provoziert ist; selbstverständlich sind sorgerechtliche Sanktionen gegen einen Elternteil geboten, der ein Kind zu Zwangsvorstellungen treibt, um mittels der Kinderschutzklausel den Erhalt des Ehebandes zu erzwingen (vgl den Fall des OLG Hamburg FamRZ 1986, 959; dazu auch BGB-RGRK/Grasshof Rn 33).

2.   Geltungsbereich

41 a)   Die Kinderschutzklausel gilt zugunsten der **aus der Ehe hervorgegangenen minderjährigen Kinder.** Erfaßt sind gemeinsame Kinder, auch wenn sie aus einer früheren

Ehe derselben Ehegatten miteinander hervorgegangen sind (Schwab/Schwab Teil II
Rn 101; BGB-RGRK/Grasshof Rn 28), oder vor der Eheschließung geboren wurden
(vgl schon unter früherem Kindschaftsrecht: BGB-RGRK/Grasshof Rn 28; Erman/Dieckmann
Rn 7). Maßgeblich ist insoweit der rechtliche Status; selbst wenn unstreitig das Kind
der Ehefrau biologisch nicht vom Ehemann abstammt, greift auch für Zwecke der
Kinderschutzklausel die Vermutung der Abstammung, solange die Abstammung
nicht wirksam angefochten ist (Erman/Dieckmann Rn 7; MünchKomm/Wolf Rn 19).

b)   Aufgrund der Gleichstellung nach § 1754 Abs 1 sind auch die gemeinsam **adop-   42
tierten** minderjährigen Kinder erfaßt (Schwab/Schwab Teil II Rn 101; Johannsen/Henrich/
Jaeger Rn 11; MünchKomm/Wolf Rn 19). Das gilt insbesondere wegen § 1754 Abs 1 2. Alt
auch im Falle der Annahme eines Stiefkindes, wobei unmaßgeblich ist, ob das Stief-
kind zu dem Ehegatten, der sein leiblicher Elternteil ist, vor der Adoption die Stellung eines ehelichen oder nichtehelichen Kindes hatte. Die Anwendbarkeit auf Kinder, die unter altem Adoptionsrecht adoptiert wurden und deren Adoption gemäß
Art 12 § 3 Abs 1 Adoptionsgesetz nach den Vorschriften über die Volljährigenadop-
tion zu behandeln ist (zutreffend die Anwendung bejahend MünchKomm/Wolf Rn 19) wird
sich in Kürze durch Zeitablauf wegen Volljährigkeit solcher Kinder erledigt haben.

c)   Fraglich ist die Anwendung auf **Pflegekinder** und auf **Kinder eines der Ehegatten**,   43
die im gemeinsamen Haushalt gelebt haben. Nach der bis zum 30. 6. 1998 geltenden
Rechtslage wurde auf diese Kinder § 1568 nicht angewendet (vgl Staudinger/Rau-
scher[12] Rn 38). Für eine Ausdehnung auf diese Kinder sprach schon immer, daß die
Kinderschutzklausel das zu beiden Ehegatten bestehende *soziale Kindschaftsverhält-
nis* schützt. Tragender Grund für die Ausgrenzung aus dem Anwendungsbereich des
§ 1568 und eine Beschränkung auf *rechtlich gesicherte Kindschaftsverhältnisse* (Er-
man/Dieckmann Rn 7; Schwab/Schwab Teil II Rn 101) war die Vermeidung von Unschärfen
in der Anwendung einer Ausnahmevorschrift.

Seit dem 1. 7. 1998 definiert jedoch § 1685 Abs 2 für das Verhältnis zum Stiefelternteil
und zu Familienpflegeeltern ein *Umgangsrecht* des Kindes, so daß sich die bisher
rechtlich unscharfe Beschreibung der hier angesprochenen Gruppe von Kindern
ausreichend konkretisiert und deren Beziehung zum (bloß) sozialen Elternteil rechtlich verdichtet hat. Die Einbeziehung in den Anwendungsbereich des § 1568 wird die
logische Folge dieser Anerkennung des sozialen Kindschaftsverhältnisses sein. Die
Bestimmung gilt also auch für gemeinsame Pflegekinder der Ehegatten sowie für
einseitige Kinder, die über einen längeren Zeitraum im gemeinsamen Haushalt der
Ehegatten gelebt haben.

d)   Geschützt sind nur **minderjährige Kinder**. Eine Beschränkung auf darunterlie-   44
gende Altersgruppen kann nicht generell angenommen werden (MünchKomm/Wolf
Rn 19); der Schutz kann auch einem 17-jährigen Jugendlichen zukommen, wenngleich
in einem solchen Fall regelmäßig Therapiebedarf bestehen wird; denn der nach
kurzer Frist nicht mehr geschützte junge Erwachsene wird schwerlich die vom Gesetz
typisiert angenommene Reife und Steuerungsfähigkeit erlangt haben, um die Lage zu
verkraften, wenn er sich kurz zuvor noch durch die Scheidung der Eltern in eine
unabweisbare psychische Ausnahmesituation gedrängt sieht. Die denkbaren Fallgruppen zeigen jedoch, daß der Schutz ganz überwiegend Kindern bis zur abgeschlossenen Pubertät zugutekommt (Erman/Dieckmann Rn 7).

Ein *verheiratetes Kind* ist grundsätzlich nicht mehr durch die Kinderschutzklausel geschützt (PALANDT/DIEDERICHSEN Rn 5; ERMAN/DIECKMANN Rn 7). Verheiratete Kinder haben sich von ihren Eltern als Hauptbezugspersonen gelöst und müssen auf die soziale Einbindung in ihrer eigenen Ehe und Familie verwiesen werden. Für die Anwendung der Kinderschutzklausel fehlt die Notwendigkeit.

45 e)   Zugunsten **volljähriger Kinder** greift die Schutzklausel nicht ein. Die Annahme eines Interesses, das der Scheidung der Ehe der Eltern entgegensteht, ist mit dem Grundgedanken der Eigenverantwortung eines volljährigen Kindes nicht vereinbar; grundsätzlich ist das Interesse des Antragstellers an der Scheidung der gescheiterten Ehe irgendgearteten Interessen eines volljährigen Kindes voranzustellen. Problematisch kann allerdings die Berücksichtigung der Interessen eines **geistig oder körperlich behinderten** oder eines **psychisch gestört reagierenden** volljährigen Kindes sein (zB Selbstmordgefahr bei einem entwicklungsretardierten 18-jährigen). Eine Analogie zur Kinderschutzklausel kommt insoweit nicht in Betracht; jedoch kann in extremsten Ausnahmefällen (wohl nur Suizidgefahr) das Wohlergehen eines volljährigen Kindes im Rahmen der Ehegatten-Härteklausel zu einem außergewöhnlichen Umstand werden, der die Scheidung zu einer schweren Härte für den scheidungsunwilligen Ehegatten macht (SOERGEL/HEINTZMANN Rn 8). In solchen Fällen ist jedoch die Rechtsprechung zur Möglichkeit psychisch bedingter Fehlreaktionen des *Ehegatten* (unten Rn 109 ff) *mutatis mutandis* heranzuziehen: Selbst eine unmittelbare Gefahr für Leib und Leben des volljährigen Kindes kann in der Härteklausel nur dann als Härte für den Antragsgegner Berücksichtigung finden, wenn das volljährige Kind nicht in der Lage ist, eigenverantwortlich seine Reaktion auf die Scheidung der Eltern zu steuern, insbesondere also nicht bei willentlich freier Verweigerung einer gebotenen Therapie. Das kann freilich auch dann anzunehmen sein, wenn die Reaktion des Abkömmlings durch den Antragsgegner gelenkt wird; handelt in einem solchen Fall der Antragsgegner selbst mit Steuerungsfähigkeit, so dürfte sich die Berufung auf die *Härteklausel* – anders als zur Kinderschutzklausel – als grob rechtsmißbräuchlich und daher in Abwägung zu den Interessen des Antragstellers als unbeachtlich erweisen. Dem Interesse des durch den Antragsgegner geschädigten volljährigen Abkömmlings kann dann nur durch Maßnahmen außerhalb des Eherechts (Betreuung, Sozialmaßnahmen) gedient werden.

46 f)   Die Kinderschutzklausel ist bei **allen Nachweistatbeständen des Scheiterns der Ehe („Scheidungstatbeständen")** zu beachten. Der Schutz gemeinsamer Kinder ist unabhängig von der Art des Nachweises des Scheiterns der Ehe. Insbesondere greift die Kinderschutzklausel auch ein, wenn die Ehe vor Ablauf eines Trennungsjahres aufgrund *unzumutbarer Härte für den Antragsteller nach § 1565 Abs 2* geschieden wird. Vor allem aber kann die Kinderschutzklausel auch einer *einverständlichen Scheidung* (§ 1566 Abs 1, § 630 ZPO) entgegenstehen; die Ehegatten können über den Schutz der gemeinsamen Kinder nicht disponieren (ERMAN/DIECKMANN Rn 3; JOHANNSEN/HENRICH/JAEGER Rn 11). Die Nichtgeltung der Ehegattenschutzklausel in diesem Fall beruht letztlich auf dem Grundsatz *volenti non fit iniuria;* das Einverständnis beider Eltern mit der Scheidung kann aber den Kindern nicht zugerechnet werden. § 616 Abs 3 ZPO steht dem nicht entgegen. Die Bestimmung ist zugeschnitten auf den Ehegattenschutz, der entgegen dem Grundsatz der Berücksichtigung eheerhaltender Tatsachen von Amts wegen nur dann eingreifen soll, wenn der zu schützende Ehegatte sich auf die eine Härte begründenden außergewöhnlichen Umstände beruft. Für die Kinderschutzklausel paßt diese Ausnahme zugunsten des Beibringungs-grundsatzes (näher oben Rn 23 f, unten Rn 170 f) nicht; die Kinderschutzklausel soll gerade nicht dem Antragsgegner dienen und steht daher auch nicht zu seiner Disposition (Rolland Rn 40; Johannsen/Henrich/Jaeger Rn 18; Erman/Dieckmann Rn 3).

Rechtstatsächlich dürfte allerdings die Anwendung der Kinderschutzklausel gegen den Scheidungswillen beider Eltern wenig sinnvoll sein. Insoweit erscheint es vor-zugswürdig, die vorhandene gemeinsame Regelungsenergie zu einer Vereinbarung zu nutzen, die den Interessen des Kindes trotz Ausspruchs der Scheidung gerecht wird.

3. Anwendungsvoraussetzungen

a) Aufrechterhaltung der Ehe notwendig
aa) Die Kinderschutzklausel setzt voraus, daß die **Aufrechterhaltung der Ehe** im 47
Kindesinteresse notwendig ist. „Ehe" kann in diesem Zusammenhang nur **Eheband**
bedeuten, da die Abweisung des Scheidungsantrags die tatsächliche Situation nicht
zu beeinflussen vermag (Rolland Rn 31). Die Abweisung des Scheidungsantrags
nimmt dem Antragsteller nicht das Recht zum Getrenntleben (§ 1353 Abs 2; OLG
Köln NJW 1982, 2262). Alle für ein Kind nachteiligen Folgen, die bereits auf der **Trennung** der Eltern bzw auf dem **Scheitern** der Ehe als solchem beruhen, können daher
nicht unter die Kinderschutzklausel gefaßt werden. Dazu gehören insbesondere die
sozialen Konsequenzen aus der Auflösung des gelebten Familienverbandes, die Ver-
minderung der Betreuung, da nur noch ein Elternteil die tägliche Betreuung leistet,
sowie Spannungen aufgrund der Ausübung des Umgangsrechts durch den Elternteil,
bei dem das Kind nicht lebt (Johannsen/Henrich/Jaeger Rn 13).

bb) Abzuwägen ist die **Situation, die sich bei Scheidung der Ehe** ergeben würde **gegen** 48
die Lage, in der sich das Kind **bei Abweisung des Scheidungsantrags** befindet. In den
Vergleich sind insbesondere auch die Folgen einzubeziehen, mit denen zu Lasten des
Kindes zu rechnen ist, wenn die Abweisung des Scheidungsantrags zu einer Fort-
setzung des elterlichen Streits und sonstiger Spannungen führt, denen das Kind bei
Fortbestehen der Ehe ausgesetzt bleibt (Soergel/Heintzmann Rn 11).

cc) **Notwendig** ist die Aufrechterhaltung der Ehe, wenn die zu erwartenden Nach- 49
teile für das Kindesinteresse nicht auf andere Weise abgewendet werden können
(OLG Köln NJW 1982, 2262; MünchKomm/Wolf Rn 22). In jedem Fall muß festgestellt
werden, daß die Aufrechterhaltung der Ehe tatsächlich geeignet ist, das Wohl des
Kindes zu fördern, bzw weiteren, größeren Nachteil von ihm abzuhalten.

b) Interesse des Kindes
aa) Berücksichtigungsfähig sind alle Folgen für das Kind, die wesentlich sein **Wohl-** 50
ergehen beeinflussen; in Betracht kommen dabei psychische, erzieherische und häusliche, also immaterielle Interessen, aber auch unterhalts- und vermögensrechtliche
Folgen, also materielle Interessen (Schwab/Schwab Teil II Rn 99; Soergel/Heintzmann
Rn 12; Einzelheiten unten Rn 71 ff). Materielle Interessen werden allerdings durch das
Erfordernis der „besonderen" Gründe stark eingeschränkt (Erman/Dieckmann Rn 9),
weil allgemeine wirtschaftliche Verschlechterungen der Leistungsfähigkeit des barunterhaltspflichtigen Elternteils durch die Scheidung meist zwangsläufig eintreten.

51 bb)   Eine **Abwägung** gegen die Interessen des Antragstellers findet bei der Kinderschutzklausel nicht statt. Die Kinderschutzklausel erfordert eine absolute Bewertung des Kindesinteresses ohne Relation zu Interessen des Antragstellers. Im Gegensatz zur Ehegattenschutzklausel stehen die Interessen des Antragstellers und die der Kinder nicht paritätisch nebeneinander; die Kinder können die Ehekrise der Eltern nicht beeinflussen, sie sind zwar faktisch beteiligt, tragen aber auch in weiterem Sinn keine Verantwortung für das Scheitern der Elternehe. Das gilt auch dann, wenn der Antragsteller besondere Interessen an der Scheidung vorbringen kann, insbesondere, wenn er in einer neuen Verbindung lebt, aus der bereits Kinder hervorgegangen sind (MünchKomm/WOLF Rn 23; ROLLAND Rn 34).

52 cc)   Auch das Tatbestandsmerkmal der **Notwendigkeit der Aufrechterhaltung der Ehe** kann nicht zu einer Abwägung führen (tendenziell für eine Interessenabwägung zwischen den Freiheitsinteressen des Antragstellers und dem betroffenen Kindesinteresse ERMAN/DIECKMANN Rn 10; SCHWAB/SCHWAB Teil II Rn 94). Es gibt kein mehr oder weniger „notwendig", sondern nur einen am Kindesinteresse zu bestimmenden Grad der Notwendigkeit (JOHANNSEN/HENRICH/JAEGER Rn 15). Notwendig ist die Aufrechterhaltung dann, wenn die Situation des Kindes isoliert betrachtet sie erfordert, mag die Aufrechterhaltung auch für den Antragsteller eine ggf größere Härte bedeuten als für das Kind. Dies kann für den Antragsteller allerdings die Zumutung erheblicher Nachteile bedeuten, was nur dadurch gerechtfertigt ist, daß die Kinderschutzklausel generell auf Ausnahmefälle beschränkt ist, in denen das Kindeswohl die Aufrechterhaltung der Ehe zwingend gebietet. Insbesondere kann aber auch nicht eine Abwägung dergestalt stattfinden, daß bereits weniger bedeutsame Belastungen für ein Kind die Kinderschutzklausel auslösen, nur weil dem Antragsteller kein bedeutender Nachteil durch einen Aufschub der Scheidung widerfährt und er auch zumutbar die bestehende Lage weiter ertragen könnte. Die Kinderschutzklausel kann als Ausnahmeregelung eine ihr gelegentlich beigelegte Aufgabe eines Denkanstoßes an die Ehegatten, sich bewußt zu machen, unter welchen Voraussetzungen sie den Bestand ihrer Ehe nicht aufs Spiel setzen sollten (so ERMAN/DIECKMANN Rn 10), nicht erfüllen. Sie ist erst in einem Zeitpunkt zu prüfen, in dem die Ehe schon gescheitert ist – und nicht nur „auf dem Spiel steht". Die makaber anmutende „Selbstmordschwelle" (ERMAN/DIECKMANN Rn 9) ist unausweichliche Folge der Erkenntnis, daß das Interesse des Kindes die Aufrechterhaltung der gescheiterten Ehe kaum erfordert – es sei denn das Kind reagiert in der Ausnahmesituation psychisch unstabil.

53 dd)   Ohne Bedeutung ist auch die **Haltung des Antragsgegners**. Selbst wenn dieser die Gefährdung des Kindesinteresses gezielt herbeigeführt hat, um die Scheidung zu verhindern, insbesondere wenn er in zurechenbarer Weise einen pathologischen psychischen Zustand des Kindes bewirkt hat, aufgrund dessen der Scheidungsausspruch für das Kind eine Gefahr bedeutet, greift die Kinderschutzklausel ein. Die Interessen des Antragsgegners werden durch diese Klausel nicht geschützt, der Kindesschutz darf aber auch nicht durch ein fehlendes Interesse oder durch Rechtsmißbrauch des Antragsgegners beeinträchtigt werden (OLG Hamburg FamRZ 1986, 470).

c)   Besondere Gründe, ausnahmsweise

54 aa)   Die Kinderschutzklausel greift nur bei Vorliegen **besonderer Gründe** als enge **Ausnahmebestimmung** ein. Ein allgemeines Interesse des Kindes am Fortbestand der Ehe der Eltern reicht nicht aus (ERMAN/DIECKMANN Rn 9; MünchKomm/WOLF Rn 22), so denn übliche Erschwernisse überhaupt aus der Scheidung und nicht aus dem Scheitern der Ehe folgen. Deshalb kann auch nicht allgemein das Leid der Kinder im Zusammenhang mit der Scheidung (HENRICH FamRZ 1986, 470) Berücksichtigung finden – so es denn durch die Abweisung des Scheidungsantrags gemildert würde.

bb) Auch die Scheidung einer gescheiterten Ehe mit Kindern ist die **Regel**; ein **55** Gericht muß nicht gesondert begründen, wenn es eine solche Ehe ohne Erwägung der Härteklausel scheidet. Die regelmäßige Befassung mit der Sorgerechtsgestaltung im Scheidungsverfahren (§ 613 Abs 1 S 2 ZPO) gewährleistet, daß das Gericht ggf auf eine Ausnahmesituation aufmerksam wird, in der sich das Kind befindet. Gerechtfertigt werden muß vielmehr die Anwendung der Kinderschutzklausel, also die Annahme einer *außergewöhnlichen Fallgestaltung* (OLG Celle FamRZ 1978, 508; ROLLAND Rn 32; MünchKomm/WOLF Rn 22). Dabei kommt es nicht auf äußerlich besonders „exotische" Fallgestaltungen an, sondern auf die Auswirkung der konkreten Scheidungssituation auf das Kind. Außergewöhnlich muß immer die durch die Scheidung für das betroffene Kind heraufbeschworene Belastung sein (SCHWAB/SCHWAB Teil II Rn 94); dem kann auch eine normale äußere Situation zugrundeliegen, wenn die psychische Disposition des Kindes mit einer außergewöhnlichen Empfindlichkeit auf sie reagiert.

4. Einzelfragen

a) Immaterielle Nachteile
aa) Verlust einer Bezugsperson
Im Zuge der Trennung und Scheidung verliert ein Kind regelmäßig die gleichmäßige **56** Bindung an die beiden Elternteile als **zwei Bezugspersonen**.

α) Der Umstand, daß eine solche Bindung wünschenswert ist, kann die Kinderschutzklausel nicht begründen (anders die Rechtsprechung zu § 48 Abs 3 EheG aF BGHZ 12, 111). Einerseits tritt der Mangel bereits mit der Trennung der Eltern auf, ist also nicht Folge der Scheidung und daher durch Versagung der Scheidung nicht vermeidbar (GERNHUBER/COESTER-WALTJEN § 27 V 1; MünchKomm/WOLF Rn 27). Außerdem handelt es sich um eine regelmäßige Folge der Scheidung für das Kind, so daß besondere Gründe nicht vorliegen.

β) Das gilt auch, wenn das Kind sich **beiden Elternteilen gleich stark verbunden 57** fühlt, so daß die Trennung von einem der Elternteile ihm Schmerz zufügt oder wenn das Kind unter der Abkehr eines Elternteils von der Familie leidet; auch dies ist eine häufige Trennungsfolge (ROLLAND Rn 36; SOERGEL/HEINTZMANN Rn 21). Die Kontaktmöglichkeiten zu beiden Elternteilen werden durch die Scheidung weder rechtlich noch tatsächlich zerstört (OLG Köln NJW 1982, 2262). Dafür, daß die tatsächlichen Kontakte nicht durch den Elternteil, bei dem das Kind lebt, behindert werden, kann und muß ggf im Rahmen einer Sorgerechts- und Umgangsregelung gesorgt werden. Insoweit ist die Lage nicht anders als während des Getrenntlebens. Die Anwendung der Härteklausel scheidet also wegen der Gefahr des Kontaktverlustes nicht nur in dem offenkundigen Fall aus, daß das Kind von schädlichen Einflüssen des anderen Elternteils ohnehin fernzuhalten ist (ERMAN/DIECKMANN Rn 9). Auch wenn durch die Scheidung die Umgangsmöglichkeiten eines Elternteils mit dem Kind in tatsächlicher Hinsicht erheblich erschwert werden (OLG Köln FamRZ 1998, 827: Gefahr der Ausweisung ausländischen Elternteils), läßt sich nur in Fällen einer konkreten Kindeswohlgefährdung die Aufrechterhaltung der Ehe rechtfertigen; die grundsätzliche Vorzugswürdigkeit eines gleichmäßigen Kontakts des Kindes zu beiden Eltern genügt nicht, um den in einer gescheiterten Ehe lebenden Antragsteller an diese Ehe zu binden.

58 γ)   Erst recht scheidet die Anwendung der Härteklausel aus, wenn sich das Kind dem Elternteil, bei dem es nicht lebt, **nicht besonders verbunden** fühlt (OLG Celle FamRZ 1978, 509; OLG Köln FamRZ 1998, 827, 828) oder wenn das Kind eine feste Bindung zu einem Elternteil gefunden hat, sich mit der Trennung und Scheidung abfindet und von diesem Elternteil verantwortungsvoll und einwandfrei betreut wird (OLG Schleswig NJW 1978, 53; ERMAN/DIECKMANN Rn 9).

59 δ)   Fraglich ist, ob die Härteklausel eingreifen könnte, wenn zu besorgen ist, daß ein Elternteil sich infolge der Scheidung **von dem Kind abwendet** und die bisher gepflogenen Kontakte aufgibt, weil er die positive Haltung zu dem Kind nach eigenem Bekunden nach der Scheidung nicht mehr aufbringen kann (MünchKomm/WOLF [1. Aufl] Rn 44; BGB-RGRK/GRASSHOF Rn 33). Dies ist abzulehnen. Wenn der Antragsgegner eine derart labile Haltung zu seinem Kind hat, daß er das Leiden des Kindes unter der Trennung von ihm als Elternteil dadurch steigert, daß er die Scheidung auch als eine Scheidung vom Kind versteht, dürften erhebliche Zweifel an der Erziehungsfähigkeit dieses Elternteils bestehen. Es ist dann Aufgabe des Gerichts, dem Antragsgegner das Unrechtmäßige und den Mangel an Verantwortungsgefühl in seiner Haltung bewußt zu machen. Die Voraussetzungen der Kinderschutzklausel sind zwar grundsätzlich unabhängig von der Haltung des Antragsgegners zu beurteilen; es muß aber auch verhindert werden, daß der Antragsgegner durch bloße Ankündigungen – die häufig nur auf die Ausübung von Druck ausgerichtet sind – die Voraussetzungen der Kinderschutzklausel herbeiredet. Etwas anderes kann nur dann gelten, wenn das Kind durch die Ankündigung in eine Situation gerät, die das normale Maß des Trennungsschmerzes von einem Elternteil übersteigt (vgl unten Rn 64 ff).

bb) Betreuung des Kindes
60 Die Kinderschutzklausel greift auch nicht ein, wenn die **Intensität der Betreuung des Kindes** aufgrund der Scheidung geringer wird, als während des Bestehens der ehelichen Lebensgemeinschaft.

α)   Auch hierbei handelt es sich generell um Folgen, die **bereits mit der Trennung** eintreten und/oder mit einer Scheidung normalerweise verbunden sind. Hierzu gehört der Umstand, daß der Elternteil, bei dem das Kind lebt, ggf eine **Berufstätigkeit** aufnimmt (MünchKomm/WOLF Rn 28), oder wenn frühere gemeinsame Freizeitaktivitäten und Urlaube entfallen. Das nacheheliche *Unterhaltsrecht* berücksichtigt die Betreuungsbedürfnisse des Kindes durch den Tatbestand des Kindesbetreuungsunterhalts (§ 1570 BGB, ROLLAND Rn 36), die maßgeblichen Abwägungen sind dort anzustellen, nicht aber im Zusammenhang mit der Härteklausel.

61 β)   Fraglich ist, ob die Kinderschutzklausel eingreifen kann, wenn das Kind **krank und besonders pflegebedürftig** ist, so daß die Betreuung durch beide Elternteile geboten erscheint. Dies erscheint auf den ersten Blick naheliegend; zu bedenken ist aber, daß der Antragsteller schwerlich die häusliche Gemeinschaft wieder aufnehmen wird, um das Kind mitzubetreuen. Ist er unabhängig vom Scheitern der Ehe dazu bereit, gewisse Betreuungsleistungen zu übernehmen, so wird er dies auch nach der Scheidung tun; die Versagung der Scheidung wird hier schwerlich die Bereitschaft zur tatsächlichen Unterstützung in der Pflege mehren. Ist aber der scheidungswillige Ehegatte unter keinen Umständen zu einer Pflege in Zusammenwirken mit dem anderen Ehegatten bereit, so kann die Verzögerung der Scheidung nicht helfen (OLG Celle FamRZ 1978, 509).

γ)   Auch ein aufgrund des Getrenntlebens oder der Ehescheidung erforderlich **62** werdender **Wohnungswechsel** wird dem Kind grundsätzlich zugemutet, kann also die Kinderschutzklausel nicht auslösen (MünchKomm/Wolf Rn 28).

cc)   Sorgerechtsverteilung
Die Kinderschutzklausel wird auch nicht ausgelöst, wenn mit der Scheidung eine **63** **Sorgerechtsregelung** verbunden ist. Das hat seine Ursache weniger darin, daß eine solche Regelung ggf auch im Fall des Getrenntlebens getroffen werden muß (so OLG Köln NJW 1982, 2262). Vielmehr kann eine Regelung, die das Gesetz als mögliche Folge der Scheidung der Eltern vorsieht, nicht als außergewöhnlich iSd Kinderschutzklausel gelten. Die mit der zwingenden Übertragung der elterlichen Sorge auf einen Elternteil verbundene verfassungswidrige Härte war schon durch die Eröffnung der Möglichkeit seit 1. 7. 1998 des Regelfalls – einer gemeinsamen elterlichen Sorge nach Scheidung bereinigt.

dd)   Psychische Ausnahmesituationen
Damit konzentriert sich die Anwendung der Kinderschutzklausel auf **psychische Aus-** **64** **nahmesituationen**, in denen das Kind, geprägt durch gesellschaftliche, erzieherische, religiöse oder sonst veranlaßte Fehlwertungen nicht das Zerbrechen der Ehe der Eltern als das eigentlich schicksalhaft-tragische Ereignis empfindet, sondern die formelle Ehescheidung eine Lebenskatastrophe auszulösen droht.

α)   Unstreitig greift die Kinderschutzklausel ein, wenn die Gefahr besteht, daß das **65** Kind die Ehescheidung zum Anlaß einer **Selbsttötung** nehmen wird (OLG Hamburg FamRZ 1986, 469; Soergel/Heintzmann Rn 20; MünchKomm/Wolf Rn 26; Johannsen/Henrich/Jaeger Rn 17; Erman/Dieckmann Rn 9; Palandt/Diederichsen Rn 3; BGB-RGRK/Grasshof Rn 33). Das Beharren des Antragstellers auf seinem Scheidungsantrag wäre in einem solchen Fall unverständlich.

β)   Dabei ist davon auszugehen, daß solche Fälle in aller Regel gekennzeichnet **66** sind von einem **pathologischen Zustand** (BGB-RGRK/Grasshof Rn 33; MünchKomm/Wolf Rn 26; Johannsen/Henrich/Jaeger Rn 17). Das Gericht wird hier nicht ohne *sachverständige Beratung* auskommen, um die Gefahr einer angekündigten Selbsttötung abschätzen zu können. Weit häufiger als eine ernste Gefahr wird der Einsatz der Drohung mit Selbstmord als *Druckmittel* sein, wobei die Verfestigung einer solchen Drohung hin zu einer zwanghaften Vorstellung in Betracht kommt (vgl OLG Hamburg aaO). Insbesondere muß geklärt werden, ob der Zustand **behandlungsfähig** ist; in einem solchen Fall ist die Abweisung des Scheidungsantrags nicht gerechtfertigt (MünchKomm/Wolf Rn 26). Das Risiko eines Scheidungsausspruchs vor einer erfolgreichen Therapie erscheint aber ebenfalls nicht gerechtfertigt, so daß innerhalb der bestehenden Möglichkeiten eine *Aussetzung* des Verfahrens für die Dauer der vom Sachverständigen angeratenen Therapie geboten ist.

67 γ) Widersetzt sich der Antragsgegner einer solchen Therapie des Kindes oder hat er den krankhaften psychischen Zustand **verursacht oder genährt**, so hat dies keinen unmittelbaren Einfluß auf die Kinderschutzklausel. Diese besteht ausschließlich im Interesse des Kindes und kann daher nicht durch den Antragsgegner verwirkt werden (SOERGEL/HEINTZMANN Rn 20). Allerdings gebietet in einem solchen Fall das Kindeswohl eine *sorgerechtliche Reaktion* auf die kindeswohlschädliche Haltung des Antragsgegners. Das gilt auch dann, wenn der Antragsgegner selbst die Scheidung als gesellschaftlichen Makel empfindet oder für religiös verboten hält und diese Haltung dem Kind in einer Weise vermittelt, die zu einer suizidalen Zwangsvorstellung führt.

68 δ) Fraglich erscheint, ob und ggf bis zu welchen Symptomen **unterhalb der Suizidschwelle** liegende psychische und psychosomatische Reaktionen des Kindes auf den Scheidungsausspruch das Eingreifen der Kinderschutzklausel rechtfertigen können. Ein Eingreifen der Kinderschutzklausel zur Abwendung der Verschlechterung einer psychisch labilen Situation oder einer – dann letztlich wiederum psychisch bedingten – Verschlechterung eines somatischen Krankheitsbildes wird gelegentlich vertreten, ohne daß Fälle und Grenzen einer solchen Einbeziehung erkennbar werden (ERMAN/DIECKMANN Rn 9 „auch bereits unterhalb dieser Schwelle"; SOERGEL/HEINTZMANN Rn 19 „psychisch labiles, … behindertes oder sonst leidendes Kind"; JOHANNSEN/HENRICH/JAEGER Rn 17 „schwere Identitätskrise; ROLLAND Rn 36 „Schaden nehmen kann"). Man wird nicht ausschließen können, daß es Fälle gibt, in denen ein Kind durch die drohende Scheidung der Eltern psychisch derart destabilisiert ist, daß die Kinderschutzklausel zu erwägen ist, ohne daß die Maximalschwelle der Suizidgefahr erreicht wird. In Hinblick auf die Ausnahmenatur und den absoluten, gegen die Belange des Antragstellers nicht abwägbaren Charakter der Bestimmung bedürfen solche Fälle aber einer klaren und engen Abgrenzung. Erforderlich ist, daß – gutachterlich nachweisbar – dem Kind ein *anhaltender* psychischer oder psychosomatischer Schaden droht, der nicht durch geeignete therapeutische Maßnahmen abgewendet werden kann. Vorübergehende Verhaltensauffälligkeiten genügen nicht; erst recht genügt es nicht, wenn das Kind sich in einen Wertekonflikt gestürzt sieht, den es aber mit geeigneter Unterstützung bewältigen kann.

69 ε) Daher greift die Kinderschutzklausel nicht ein, wenn lediglich vorgetragen wird, das Kind werde durch die Ehescheidung der Eltern **seelisch schwer getroffen** (OLG Zweibrücken FamRZ 1982, 294; ERMAN/DIECKMANN Rn 9). Betroffenheit ist eine normale Reaktion auf das Scheitern der Ehe der Eltern, weil dieses Scheitern dem Kind, abhängig von seinem Lebensalter häufig erstmals, jedenfalls aber wegen der emotionalen Nähe zu den unmittelbar betroffenen Eltern zumeist sehr intensiv, vor Augen führt, daß menschliche Bindungen zerbrechen können. Dies ist eine normale Erfahrung, die das Kind bei gesunder psychischer Befindlichkeit bewältigen muß und kann.

70 ζ) Keine Grundlage für das Eingreifen der Kinderschutzklausel ist es auch, wenn das **Rechts- oder Moralempfinden** des Kindes durch die Ehescheidung der Eltern gestört wird. Die Rechtsprechung zu § 48 Abs 3 EheG aF versagte teilweise die Scheidung wegen Störung des Rechtsempfindens der Kinder (BGH LM § 48 EheG

Abs 1 Nr 8). Dem kann nicht gefolgt werden (Gernhuber/Coester-Waltjen § 27 V 4 Fn 7).
§§ 1564 ff beschreiben die Haltung des Gesetzes zur Ehescheidung als einer fraglos
nicht förderungswürdigen, aber zulässigen und notwendigen Institution. Wenn das
Kind ein hiervon abweichendes Rechtsempfinden hat – dessen Quelle in aller Regel
eine entsprechend motivierte Erziehung ist – so kann sich das Gesetz dem nicht
beugen. Sonst bestünde die Gefahr, daß über die Kinderschutzklausel eine religiös
oder sonst weltanschaulich motivierte Ablehnung der Scheidung Einfluß nimmt auf
die Rechtslage (MünchKomm/Wolf Rn 25; ähnlich BGB-RGRK/Grasshof Rn 32). Die Ehe
der Eltern eines zB der kanonischen Auffassung von der Unscheidbarkeit der Ehe
verbundenen Kindes kann nicht bis zu dessen Volljährigkeit unscheidbar sein – ggf
ohne Rücksicht darauf, daß die Ehegatten selbst diese Lehre (oft aus leidvoller
Erfahrung der Diskrepanz zwischen Lehre und Lebenswirklichkeit) nicht teilen.
Etwas anderes kann sich ergeben, wenn das Kind außerstande ist, diese Wertspan-
nungen zu verarbeiten, so daß sich ein pathologischer psychischer Zustand ergibt, der
die oben (Rn 64 f) beschriebene Intensität erreicht. Anknüpfungspunkt für die Kinderschutzklausel ist dann nicht die scheidungsablehnende *Haltung* des Kindes, sondern die sich hieraus für das Kind ergebende *Gefahr*.

b)   Materielle Gründe
aa)   Die Berücksichtigung **wirtschaftlicher Belange** sollte nach den Vorstellungen der   **71**
Gesetzentwürfe (BT-Drucks VI/2577, 62; BT-Drucks 7/650, 119) ausgeschlossen sein. Nach
Einführung einer Kinderschutzklausel und Wegfall der Beschränkung der Härteklau-
sel auf nicht-wirtschaftliche Belange ist nach allgemeiner Ansicht auch die Kinder-
schutzklausel für wirtschaftliche Interessen des Kindes offen (Schwab FamRZ 1976, 505;
Schwab/Schwab Teil II Rn 99; MünchKomm/Wolf Rn 30; Rolland Rn 37; Johannsen/Henrich/
Jaeger Rn 16; Gernhuber/Coester-Waltjen § 27 V 3).

bb)   Diese Öffnung dürfte jedoch eher theoretischer Natur sein, so daß **Zweifel**   **72**
berechtigt sind, ob die – mittelbar durch Änderung der Ehegatten-Härteklausel
bewirkte – Ausdehnung der Kinderschutzklausel auf wirtschaftliche Belange gerechtfertigt ist in Relation zu den extremen Ausnahmelagen, die für die Berücksichtigung
immaterieller Interessen vorliegen müssen. Regelmäßig ist der Sozialstaat in der
Lage, einen wirtschaftlichen Mangel so abzufangen, daß eine untragbare Situation
für das Kind nicht entsteht. Die tatbestandlichen Ausnahme-Voraussetzungen der
Kinderschutzklausel bewirken also, daß **kaum Fälle vorstellbar** sind, in denen aus
wirtschaftlichen Gründen ein Eingreifen der Klausel zu bejahen wäre (Johannsen/
Henrich/Jaeger Rn 16).

Eine Verschlechterung der wirtschaftlichen Lage des Kindes geht mit der Trennung
und sodann der Scheidung der Eltern regelmäßig einher. Einerseits muß der Unterhaltsanspruch als Geldanspruch realisiert werden, hinzu kommt, daß die insgesamt
zur Verfügung stehenden Mittel regelmäßig zur Führung zweier getrennter Haushalte verwendet werden. Diese Nachteile muß das Kind in Kauf nehmen; sie sind
normale Folgen, die teils ohnehin bereits mit der Trennung eintreten, ansonsten aber
mit jeder Ehescheidung verbunden sind. Selbst in besten wirtschaftlichen Verhältnissen muß ein Kind geschiedener Eltern letztlich zumindest mit geringeren Erbaus-
sichten rechnen. Daß ein oder beide Elternteile das Kind nur im Rahmen ihrer
geringer gewordenen Leistungsfähigkeit unterstützen werden, rechtfertigt nicht den
Rückgriff auf die Kinderschutzklausel, selbst wenn die Leistungsfähigkeit ausnahms-

weise nicht schon durch die Trennung, sondern erst durch die Scheidung gemindert wird (MünchKomm/Wolf Rn 33; Soergel/Heintzmann Rn 14).

73 cc) Strittig ist, ob die **Gefährdung des geschuldeten Unterhalts** zum Eingreifen der Kinderschutzklausel führen kann.

α) Teilweise wird angenommen, eine mit **Tatsachen belegte konkrete Gefährdung** der Unterhaltsansprüche des Kindes einschließlich der Kosten einer angemessenen Berufsausbildung könne die Versagung der Scheidung aufgrund der Kinderschutzklausel begründen (Soergel/Heintzmann Rn 15); dasselbe soll gelten für die **Gefahr des Verlusts des gewohnten Lebensraums** (Erman/Dieckmann Rn 9) oder sogar allgemein bei einer **wesentlichen Verschlechterung der finanziellen Verhältnisse** (Schwab/Schwab Teil II Rn 99). Dem ist entgegenzuhalten, daß kein Kind eine Statusgarantie gegenüber seinen Eltern innehat; Unterhaltsansprüche bestehen nur im Rahmen der Leistungsfähigkeit des Unterhaltsschuldners. Die Ehescheidung ist grundsätzlich kein mutwilliger Akt der Herabsetzung der eigenen Leistungsfähigkeit. Eine Versagung oder Verzögerung der Scheidung aufgrund der Erwartung, das Kind werde einen über die im Falle der Scheidung bestehende Leistungsfähigkeit hinausgehende Ausstattung erlangen, ist abzulehnen (MünchKomm/Wolf Rn 33).

74 β) Insbesondere rechtfertigt die konkrete oder abstrakte Erwartung, der unterhaltpflichtige Elternteil werde eine **neue Ehe** schließen, das Eingreifen der Kinderschutzklausel – im Gegensatz zur Rechtsprechung zu § 48 Abs 3 EheG aF (BGH FamRZ 1967, 141) – nicht. Zum einen schließt ein hoher Anteil von Geschiedenen eine neue Ehe, so daß es sich um ein normale Folge der Ehescheidung handelt und überdies die Eheschließungsfreiheit des scheidungswilligen Ehegatten unangemessen beschränkt würde, wenn wegen potentieller Unterhaltsnachteile von Kindern aus einer früheren Ehe die Scheidung verzögert würde (BGB-RGRK/Grasshof Rn 30; Rolland Rn 38; Johannsen/Henrich/Jaeger Rn 16). Hinzu kommt, daß Unterhaltsansprüche der Kinder denen eines späteren Ehegatten ohnedies vorgehen, so daß es zu einer Gefährdung nicht kommen dürfte (MünchKomm/Wolf Rn 30). Die Scheidung darf daher aus Unterhaltsgründen nicht verweigert werden, auch wenn konkret eine erneute Eheschließung des unterhaltpflichtigen Elternteils zu erwarten ist (Rolland Rn 38; Palandt/Diederichsen Rn 3; MünchKomm/Wolf Rn 30; BGB-RGRK/Grasshof Rn 30; Rolland Rn 38; Johannsen/Henrich/Jaeger Rn 16; aA Schwab/Schwab Teil II Rn 99; unklar Erman/Dieckmann Rn 9).

75 γ) Dasselbe gilt hinsichtlich der Erwartung, der unterhaltpflichtige Elternteil könne in einer neuen Ehe **weitere Kinder** zeugen oder gebären. Zwar wären solche Kinder den erstehelichen unterhaltsrechtlich gleichgestellt. Diese Möglichkeit ist aber wiederum eine normale Folge der Scheidung; überdies wird gerade in Fällen einer konkreten Eheschließungserwartung mit der Geburt von Kindern auch ohne eine Eheschließung zu rechnen sein, wenn dem in einer neuen Beziehung lebenden Ehegatten die Scheidung versagt wird; auch diese Kinder würden dann gleichberechtigt den Unterhaltsanspruch der aus erster Ehe hervorgegangenen Kinder schmälern (BGB-RGRK/Grasshof Rn 31).

76 δ) Diskutiert wird auch die **fehlende Leistungsbereitschaft** des Unterhaltsschuldners als Beispiel für eine Gefährdung des Kindesunterhalts. Im Gegensatz zu älterer

Rechtsprechung zu § 48 Abs 3 EheG aF (OLG Oldenburg NJW 1947/48, 103; OLG Celle FamRZ 1963, 523) wird dieser Fall allgemein als Grundlage der Kinderschutzklausel abgelehnt. Es wird kaum je die Bereitschaft zur Unterhaltsleistung während des Getrenntlebens stärker sein als nach der Scheidung; die Versagung der Scheidung hätte dann nur Sanktionscharakter, würde aber nicht einen scheidungsbedingten Nachteil für das Kind vermeiden (ROLLAND Rn 37).

Der unterhaltspflichtige Elternteil ist auch nicht zur Ausräumung von Einwänden, die für die Kinderschutzklausel relevant werden könnten, gehalten, Zweifel an seiner Leistungsbereitschaft durch Leistung von Sicherheit oder Titulierung in einer vollstreckbaren Urkunde zu zerstreuen (so aber wohl MünchKomm/WOLF Rn 34). Dem Unterhaltsgläubiger steht es frei, seinen Unterhaltsanspruch ggf im Klageweg titulieren zu lassen; dem Unterhaltsschuldner aber muß es ohne Rückwirkungen auf den Scheidungsausspruch ebenfalls freistehen, die von ihm nach Grund oder Höhe bezweifelte Unterhaltspflicht in verfahrensrechtlich zulässiger Weise zu bestreiten. Da der Unterhaltsanspruch eines Kindes durch die Scheidung nicht auf eine andere Rechtsgrundlage gestellt wird, liefe ein Zwang zur Titulierung darauf hinaus, daß der unterhaltspflichtige Antragsteller zur Absicherung seines Scheidungsantrags einen Unterhaltsanspruch anerkennen muß, der ggf über seine spätere Leistungsfähigkeit hinausgeht.

ε) Zu erwägen sind daher nur die von der überwiegenden Meinung genannten **77** **besonderen Ausnahmefälle aufgrund zusätzlicher Anhaltspunkte**, die über eine allgemeine Reduzierung des Unterhalts oder dessen Gefährdung hinausgehen. Konkret wird insoweit nur der Fall eines **Sonderbedarfs des Kindes aufgrund von Krankheit** diskutiert (ROLLAND Rn 38; JOHANNSEN/HENRICH/JAEGER Rn 16). Auch insoweit ist ein Rückgriff auf die Kinderschutzklausel abzulehnen (MünchKomm/WOLF Rn 34). Sonderbedarf hat der Unterhaltspflichtige ebenfalls nur im Rahmen seiner Leistungsfähigkeit zu decken. Es besteht kein Unterschied zwischen einer Mangellage, in der das Kind den elementaren Lebensbedarf nicht aus Unterhaltsleistungen decken kann und einer Situation, in der (nur) ein Sonderbedarf wegen Krankheit die spätere Leistungsfähigkeit des Unterhaltsgläubigers übersteigt. Insbesondere ist davon auszugehen, daß die notwendigen Kosten einer Heilbehandlung ohnedies von der sozialen (oder ggf privaten) Krankenversicherung getragen werden; wo dies ausnahmsweise nicht der Fall sein sollte, erscheint es vorzugswürdig, das Kind auf Sozialleistungen der öffentlichen Hand zu verweisen, als die Ehescheidung zu versagen. Ein Eingreifen der Kinderschutzklausel wäre letztlich nur in dem – im Sozialstaat nicht denkbaren – Fall zu bejahen, daß ein Kind ohne Versagung oder Verzögerung der Scheidung sich einer zur Vermeidung körperlicher oder psychischer Schäden gebotenen Heilbehandlung nicht unterziehen kann. Dann aber wären im Kern nicht nur wirtschaftliche Interessen betroffen, sondern immaterielle Güter in Gefahr.

ee) Die **erbrechtlichen Erwartungen** eines Kindes sind durch die Kinderschutzklau- **78** sel nicht geschützt (BGB-RGRK/GRASSHOF Rn 31; PALANDT/DIEDERICHSEN Rn 3; MünchKomm/WOLF Rn 35). Es wäre vielmehr geradezu unsittlich, einem Ehegatten den Verzicht auf eine neue Eheschließung oder weitere Abkömmlinge zu oktroyieren, um die Erbquoten der erstehelichen Kinder zu sichern. Insoweit enthält das *Pflichtteilsrecht* die angemessenen gesetzlichen Wertungen zwischen Teilhabegerechtigkeit und Freiheitsinteressen des (potentiellen) Erblassers.

5. Zeitdauer

79 Eine **bezifferte Befristung** der Anwendung der Kinderschutzklausel besteht seit Aufhebung von Abs 2 nicht mehr. Die Kinderschutzklausel führt aber weiterhin nur zu einem **Aufschub** der Scheidung.

a) Zeitliche Schranken ergeben sich zum einen aus dem **Wortlaut** der Bestimmung: Die Kinderschutzklausel greift nur ein, *„solange"* die Aufrechterhaltung der Ehe im Interesse eines Kindes notwendig ist. Der Antragsteller kann also nach Wegfall der besonderen Gründe jederzeit seinen Scheidungsantrag wiederholen. Insbesondere in der zutreffenden Beschränkung auf besondere psychische Ausnahmesituationen ist bei einem neuen Scheidungsantrag jeweils sorgsam zu prüfen, ob die Belastung des Kindes durch die zeitliche Entwicklung oder durch eine Therapie gemildert wurde (MünchKomm/Wolf Rn 36).

80 b) Eine weitere zeitliche Begrenzung folgt aus dem Erfordernis der **Minderjährigkeit**. Die Härteklausel endet jedenfalls mit der Erreichung der Volljährigkeit des betroffenen Kindes (näher oben Rn 45).

81 c) Beide zeitlichen Faktoren führen grundsätzlich nicht dazu, daß das Scheidungsverfahren lediglich ausgesetzt wird. Vielmehr ist **grundsätzlich** bei Eingreifen der Kinderschutzklausel der Scheidungsantrag **abzuweisen**. Es kommt auch nicht in Hinblick auf eine demnächst eintretende Volljährigkeit des Kindes der Ausspruch der **Scheidung für diesen Zeitpunkt** in Betracht. Ausnahmsweise empfiehlt es sich jedoch das Verfahren **auszusetzen**, wenn die von § 614 ZPO eröffneten zeitlichen Möglichkeiten ausreichen, um eine als aussichtsreich anzusehende Therapie des Kindes abzuwarten oder den Zeitraum bis zur Erreichung der Volljährigkeit zu überbrücken (näher oben Rn 66).

6. Amtsermittlung, Beweislast

82 a) Die Kinderschutzklausel ist **von Amts wegen zu beachten** (oben Rn 23). Kein Verfahrensbeteiligter muß sich auf die Kinderschutzklausel **berufen** (Soergel/Heintzmann Rn 6; Johannsen/Henrich/Jaeger Rn 18; MünchKomm/Wolf Rn 74).

83 b) Für die **Ermittlung** der sie begründenden Tatsachen gilt uneingeschränkt der **Amtsermittlungsgrundsatz**; § 616 Abs 3 ZPO ist auf die Kinderschutzklausel nicht anwendbar (Rolland Rn 40). Das Gericht hat – bei entsprechenden Anhaltspunkten, insbesondere in einer Stellungnahme des Jugendamtes – alle Tatsachen zu ermitteln, aus denen sich ergeben kann, daß die Aufrechterhaltung der Ehe im Kindesinteresse ausnahmsweise notwendig ist (MünchKomm/Wolf Rn 74). Deshalb unterliegt die Einführung von Tatsachen durch den Antragsgegner (als bloße Mitteilung an das Gericht im Rahmen der Amtsermittlung) nicht dem Anwaltszwang (Rolland Rn 41). Die Kinderschutzklausel ist in jeder **Tatsacheninstanz** zu beachten; auf Tatsachen, die in der Revisionsinstanz bekannt werden, kann die Kinderschutzklausel regelmäßig nicht gestützt werden, da die Voraussetzungen für eine ausnahmsweise Berücksichtigung neuen Tatsachenstoffes in diesem Fall regelmäßig nicht vorliegen (Rolland Rn 42).

84 c) Eine **Beweislast** im prozessualen Sinn besteht aufgrund des Amtsermittlungsgrundsatzes hinsichtlich der Kinderschutzklausel nicht. Fraglich ist aber, wer im **materiellen** Sinn die Beweislast trägt, dh, wie zu entscheiden ist, wenn das Eingreifen der Kinderschutzklausel **zweifelhaft** ist. Legt man allgemeine verfahrensrechtliche Maßstäbe an, so ist aus dem Ausnahmecharakter der Kinderschutzklausel zu folgern, daß diese nur anzuwenden ist, wenn nach Ausschöpfung aller Beweismittel ihre Voraussetzungen zur Überzeugung des Gerichts feststehen (MünchKomm/WOLF Rn 74; ROLLAND Rn 44; SOERGEL/HEINTZMANN Rn 24), dh der *Antragsgegner* trägt die materielle Beweislast, im Zweifel ist die Ehe zu scheiden. Hiergegen wird vorgetragen (JOHANNSEN/HENRICH/JAEGER Rn 43), die Beschränkung auf extreme, insbesondere psychische, Ausnahmefälle erfordere es, im Interesse des Kindeswohles im Zweifel für das Kindeswohl zu entscheiden; insbesondere soll im Fall der möglichen Suizidgefahr der Antragsteller die Beweislast tragen. Diese Ausnahme erscheint nicht erforderlich. Die Anwendung der Kinderschutzklausel erfordert in psychologischen Ausnahmelagen nicht die Feststellung, daß ein bestimmter Schaden für das Kind mit Sicherheit eintreten wird; kein Gutachter kann mit Sicherheit vorhersagen, daß ein Kind nach Ausspruch der Scheidung Selbstmord begehen wird. Daher muß es für die Annahme der die Anwendung der Kinderschutzklausel rechtfertigenden psychischen Ausnahmesituation genügen, wenn zur Überzeugung des Gerichts feststeht, daß das Kind in hohem Maß **gefährdet** ist, wenn die Scheidung ausgesprochen wird. Schon eine **Gefährdung von Leib, Leben oder psychischer Gesundheit** berührt das Kindesinteresse im erforderlichen Maß.

V.   Härteklausel – Ehegattenschutzklausel (2. Alt)

1.   Ausgangspunkt: Zerrüttungsprinzip

a)   Die Härteklausel ist **keine Ausnahme zum Zerrüttungsprinzip**, sie steht vielmehr **85** auf der Grundlage des von § 1565 Abs 1 bestimmten Prinzips, daß eine gescheiterte Ehe zu scheiden ist. Die Härteklausel darf daher nicht dazu eingesetzt werden, dem „schuldigen" Ehegatten die Scheidung zu versagen und Einzelursachen aus der Geschichte des Scheiterns der Ehe zu sanktionieren (AK-BGB/LANGE-KLEIN Rn 15). Befürchtungen wie Hoffnungen (insbes BOSCH FamRZ 1971, 64; NEUHAUS FamRZ 1970, 448), die Gerichte würden die Härteklausel dazu benutzen, Elemente des Verschuldensprinzips gegen das Zerrüttungsprinzip durchzusetzen, haben sich nicht bewahrheitet (MünchKomm/WOLF Rn 37).

b)   Die Handhabung der Härteklausel hat ausschließlich vom **einzelnen Fall** aus- **86** zugehen. Sie dient nur dem Ziel, den konkret betroffenen Antragsgegner, für den die Scheidung seiner – eigentlich scheidungsreifen – Ehe eine außergewöhnlich begründete schwere Härte bedeuten würde, gegen diese Scheidung zu schützen. In der Auslegung der Härteklausel haben hingegen allgemein **eheerhaltende** Erwägungen keinen Raum (BGB-RGRK/GRASSHOF Rn 5; MünchKomm/WOLF Rn 38; zum Normzweck oben Rn 6 ff).

2.   Spezifische Scheidungshärte, Struktur

a)   Die Härteklausel kann der Scheidung einer gescheiterten Ehe nur entgegen- **87** stehen, wenn Härten vorliegen, die sich **aus der Scheidung selbst** ergeben. Die Härte muß durch die Scheidung verursacht oder wesentlich mitverursacht sein. Eine allein durch das Scheitern der Ehe oder die Trennung der Ehegatten verursachte Härte genügt nicht (BGH NJW 1979, 1042; BGH NJW 1981, 2808; KG FamRZ 1983, 1135; OLG Düsseldorf FamRZ 1978, 36; OLG Hamm FamRZ 1985, 190; FamRZ 1989, 1189; NJW-RR 1989 1159; NJW-RR 1990, 965; OLG Koblenz FamRZ 1977, 791; OLG Köln NJW 1982, 2262; OLG Nürnberg FamRZ 1979, 818; OLG Schleswig FamRZ 1977, 802; PALANDT/DIEDERICHSEN Rn 4; ROLLAND Rn 10; MünchKomm/WOLF Rn 39; BGB-RGRK/GRASSHOF Rn 10; GERNHUBER/COESTER-WALTJEN § 27 VI 5)

88 b)   Damit sind insbesondere die **Umstände der Trennung**, die Belastungen durch die **Abwendung des Partners nicht zu berücksichtigen.** Kränkungen, Lieblosigkeiten und Rücksichtslosigkeit des sich von dem anderen abwendenden Ehegatten, der Verlust der in der Ehe gefundenen Erfüllung oder Lebensaufgabe (OLG Koblenz NJW 1978, 54; SOERGEL/HEINTZMANN Rn 38) können nicht zur Anwendung der Härteklausel führen.

Selbst das wohl nur theoretisch erörterte **planmäßige Zerstören der Ehe** oder das **Festhalten an einer außerehelichen Beziehung** im Bewußtsein, dadurch die Ehe zu zerstören (BGH NJW 1981, 2808; OLG Düsseldorf FamRZ 1980, 146) können innerhalb der Härteklausel nicht berücksichtigt werden (MünchKomm/WOLF Rn 52; JOHANNSEN/HENRICH/JAEGER Rn 29; BGB-RGRK/GRASSHOF Rn 13; SOERGEL/HEINTZMANN Rn 37; aA AMBROCK FamRZ 1978, 318; ROLLAND Rn 11 a), weil sie dem Antragsgegner bereits in der Entwicklung zum Scheitern der Ehe hin zugefügt worden sind, so daß die sich daraus ergebenden Härten nicht Folgen der Scheidung sein können (BGB-RGRK/GRASSHOF Rn 10). Überdies sind solche Härten üblicherweise mit dem Scheitern der Ehe verbunden und daher weder außergewöhnlich noch selten (MünchKomm/WOLF Rn 52). Die Bestimmung dient auch nicht der **Sanktionierung** moralischen Versagens im Vorfeld des Scheidungsverfahrens, denn auch Folgen solchen Versagens können jedenfalls nicht mehr durch Versagung der Scheidung verhindert werden (OLG Celle FamRZ 1978, 508). Im übrigen würde durch die Berücksichtigung schuldhafter Verursachung des Scheiterns im Rahmen der Härteklausel das tragende Prinzip des Zerrüttungsscheidungsrechts in Frage gestellt, wonach die Ursachen für das Scheitern schwer feststellbar, jedenfalls aber nicht zu untersuchen sind. Schweres Verschulden am Scheitern der Ehe kann also die Härteklausel nicht begründen.

89 c)   Selbst wenn die Umstände des Scheiterns und der Trennung bei dem Antragsgegner eine **krankhafte Entwicklung** hervorgerufen oder verschlimmert (OLG Düsseldorf FamRZ 1978, 37) haben, etwa weil der Antragsteller ehewidrige Beziehungen aufgenommen hat (OLG Düsseldorf FamRZ 1980, 147) oder den Antragsgegner in einer Zeit besonderer Schicksalsschläge verlassen hat (AK-BGB/LANGE-KLEIN Rn 15), handelt es sich dabei um Härten, die durch die Trennung oder das Scheitern hervorgerufen wurden, nicht aber durch die Scheidung der Ehe. Andererseits genügt es aber, daß ein durch das Scheitern der Ehe hervorgerufener Zustand sich aufgrund der Scheidung vorhersehbar verschlimmert (OLG Düsseldorf FamRZ 1978, 37). Dabei müssen die Umstände der Verschlechterung selbst die tatbestandlichen Erfordernisse der Außergewöhnlichkeit und Schwere erfüllen (MünchKomm/WOLF Rn 39; aA ERMAN/DIECKMANN Rn 13, es reiche, wenn die Scheidung die Härte mitverursacht habe, zutreffend hingegen für den Fall einer „richtunggebenden Verschlimmerung" der Härte).

90 d)   Der Tatbestand der Härteklausel ist im Grundsatz **zweielementig strukturiert.** Er enthält ein **objektivierbares Element**, das Vorliegen außergewöhnlicher Umstände, die eine Ausnahmesituation kennzeichnen, sowie ein **subjektbezogenes Element**, die schwere Härte für den individuellen Antragsgegner (BGH NJW 1979, 1042; BGH NJW 1981, 1808; MünchKomm/WOLF Rn 64).

3. Außergewöhnliche Umstände, ausnahmsweise

a) Die Härteklausel ist nur anzuwenden, wenn die „Auswirkungen der Eheschei- **91** dung (zum einen) auf außergewöhnlichen, von den normalen Gegebenheiten abweichenden Umständen beruhen" (BGH NJW 1979, 1042). Dies bedeutet, daß die Härteklausel **nicht** auf **Umstände** gestützt werden kann, **die mit einer Scheidung üblicherweise** nach dem gewöhnlichen Lauf der Dinge oder doch häufig verbunden sind (BGH NJW 1979, 1042; BGH NJW 1979, 1360; BGH NJW 1984, 560; ROLLAND Rn 8). Das Gesetz geht davon aus, daß jeder Ehegatte die normalen Härten einer Scheidung hinnehmen und selbst mit ihnen fertigwerden muß. Hierhin gehören die **Auflösung der Familiengemeinschaft** mit dem Verlust der **zugehörigen sozialen Bindungen** (OLG Schleswig FamRZ 1977, 802) sowie die Gefahr der **Vereinsamung** (OLG Düsseldorf FamRZ 1978, 36) und die Minderung des **gesellschaftlichen Ansehens**, die wohl nur noch in Ausnahmefällen besonders aufsehenerregender Scheidungen anzunehmen ist (OLG Nürnberg FamRZ 1979, 818; vgl auch OLG Hamm FamRZ 1977, 802 betreffend dörfliche Lebensverhältnisse).

b) Das Tatbestandsmerkmal der **außergewöhnlichen Umstände** soll neben den **92** schwer feststellbaren subjektiven Tatbestand der schweren Härte einen **objektiven Maßstab** treten lassen, der dem Ausnahmecharakter der Vorschrift adäquat ist (BT-Drucks 7/650, 116; JOHANNSEN/HENRICH/JAEGER Rn 24). **Vergleichsmaßstab** ist nicht die harmonisch verlaufende Ehe, sondern die durchschnittliche gescheiterte Ehe (Münch-Komm/WOLF Rn 43; JOHANNSEN/HENRICH/JAEGER Rn 25). Der Gesetzgeber wollte, obwohl dies sprachlich nicht ohne weiteres zum Ausdruck kommt, mit den außergewöhnlichen Umständen nicht nur die schwere Härte „akzentuieren" – also *besonders* schwere Härten beschreiben (so aber SCHWAB/SCHWAB Teil II Rn 106, der auch schwere Härten aufgrund normaler Umstände zugrundelegen will), sondern ein Tatbestandsmerkmal schaffen, das die im subjektiven Bereich liegende und schwer ermittelbare Härte *objektivierbar* macht. Die Härte selbst muß ausnahmsweise nicht zumutbar sein (OLG München EzFamR BGB § 1568 Nr 3). Das ist aber nur erreichbar, wenn *eigenständig* auf der Ebene dieses Tatbestandsmerkmals eine Abgrenzung normaler Scheidungssituationen von außergewöhnlichen Fallgestaltungen erfolgt. Außergewöhnliche Umstände sind also nur solche, die einzeln oder in Kombination dem Sachverhalt ein Gepräge geben, das von der Mehrzahl der Scheidungsfälle abweicht (BGB-RGRK/GRASSHOF Rn 11). Das Gesetz geht davon aus, daß eine scheidungsbedingte Härte unter *normalen Umständen* nicht geeignet ist, die Scheidung zu verhindern, nur weil der Antragsgegner sie aufgrund seiner besonderen inneren Verfassung als schwer und unerträglich empfindet (BGH NJW 1981, 1809; OLG Celle FamRZ 1996, 614; SOERGEL/HEINTZMANN Rn 27). Liegen keine objektiv außergewöhnlichen Umstände vor, so mag der Antragsgegner die Scheidung aus seiner persönlichen Einstellung zur Ehe heraus als unerträglich hart empfinden; dies begründet jedoch nicht die Anwendung der Härteklausel (BGH NJW 1981, 2808; JOHANNSEN/HENRICH/JAEGER Rn 31). Auf diese Weise kann insbesondere sichergestellt werden, daß die bloße „Befindlichkeit" des Antragsgegners, also seine subjektive Haltung zur Scheidungssituation gegen den Scheidungsausspruch einsetzbar wird (diese Befürchtung äußert RAMM JZ 1986, 165).

Zutreffend an der Gegenansicht (SCHWAB/SCHWAB Teil II Rn 106 ff) ist allerdings, daß – in der entgegengesetzten Richtung – die **Außergewöhnlichkeit** der Umstände sich nicht lösen läßt von der **durch sie verursachten Härte**. Die Außergewöhnlichkeit der Umstände läßt sich verstehen in dem Sinne, daß aus einer objektivierbaren Sicht eine *solche Situation* vernünftigerweise als schwere Härte empfunden werden kann. Die prozessuale Situation bringt es mit sich, daß der Antragsgegner die eine schwere Härte begründenden Umstände einführt, weil er sie als schwere Härte empfindet, so daß der Schwerpunkt der Prüfung auf deren Außergewöhnlichkeit liegt. Nur ausnahmsweise wird die Außergewöhnlichkeit zu bejahen sein und es dennoch an der subjektiv empfundenen schweren Härte fehlen.

93 **c)** Die Frage, ob auch **wirtschaftliche Umstände** für die Härteklausel beachtlich sein sollen, war einer der Gesichtspunkte, unter denen die vom Bundestag zunächst beschlossene Gesetzesfassung Gegenstand der Anrufung des **Vermittlungsausschusses** durch den Bundesrat war (oben Rn 4).

aa) Da das Verfahren im **Vermittlungsausschuß** zu einer Streichung des Satzes „Wirtschaftliche Härten bleiben außer Betracht" führte, kann im Grundsatz kein Zweifel bestehen, daß wirtschaftlich bedingte Härten auch zu berücksichtigen sein können (BGH NJW 1981, 2517; BGH NJW 1984, 2353; BGH NJW 1985, 2713; OLG Köln FamRZ 1995, 997; ROLLAND Rn 13; MünchKomm/WOLF Rn 53; SOERGEL/HEINTZMANN Rn 29; GERNHUBER/ COESTER-WALTJEN § 27 VI 3 [„theoretisch"] und Nachw im folgenden).

94 **bb)** Umstände, die zu einer für die Härteklausel beachtlichen wirtschaftlichen Härte führen, müssen aber **dieselben Voraussetzungen** erfüllen, die für das Eingreifen der Härteklausel im übrigen gelten.

α) Sie müssen also insbesondere auf dem Scheidungsausspruch als solchem **beruhen** und **außergewöhnlich** sein. Damit scheiden alle wirtschaftlichen Folgen aus, die aus der **Auflösung der Wirtschaftsgemeinschaft** der Ehegatten folgen, weil sie trennungs- und nicht scheidungsbedingt sind (ROLLAND Rn 14).

95 **β)** Wirtschaftliche Folgen, die durch das **Scheidungsfolgenrecht** geregelt sind, insbesondere die Abweichungen des nachehelichen vom ehelichen Unterhaltsanspruch sind keine *außergewöhnlichen* Umstände; Folgen, die das Gesetz normalerweise mit der Scheidung verbindet, sollen den Ehegatten auch im Normalfall ersichtlich zugemutet werden, können also nicht andererseits als außergewöhnlich iSd Härteklausel gelten (BGH NJW 1984, 2353 [HausratsVO]; BGH NJW 1985, 2713 [schuldrechtlicher VA über Betriebsrente]; OLG Düsseldorf FamRZ 1978, 36 [Unterhalt]; MünchKomm/WOLF Rn 53; ROLLAND Rn 14; AK-BGB/LANGE-KLEIN Rn 16). Im übrigen sind Scheidungsfolgenregelungen gerade dazu bestimmt, die wirtschaftlichen Folgen der Scheidung zu mildern oder gerecht zu verteilen; das Vorhandensein von Scheidungsfolgenregelungen ist also sogar regelmäßig vom Gesetzgeber als Mittel gedacht, wirtschaftlichen Umständen das Gewicht zu nehmen, Grundlage der Härteklausel zu sein (DÖRRE; NJW 1989, 491).

96 **γ)** Unbeachtlich sind auch gesetzliche **Folgen der Scheidung, die in nicht-familienrechtlichen Rechtsvorschriften** an die Scheidung geknüpft sind, sofern sie den Antragsgegner nicht außergewöhnlich treffen, sondern regelmäßige Konsequenz einer Scheidung sind. Das ist nicht der Fall bei einer Veränderung des **Krankenversicherungs-**

schutzes, auch wenn dadurch während der Ehe versicherte Sonderleistungen entfallen oder nunmehr eigenständig privat versichert werden müßten (nur im Ergebnis zutreffend daher BGH NJW 1981, 2516, eine schwere Härte verneinend, ebenso JOHANNSEN/HENRICH/JAEGER Rn 28). Daher können solche Folgen auch nicht in der Gesamtschau mit anderen – immateriellen – Faktoren berücksichtigt werden.

δ)   Aber auch wirtschaftliche Folgen, die dadurch entstehen, daß das **Scheidungs-** 97 **folgenrecht ausnahmsweise im Einzelfall keinen Ausgleich** vorsieht, führen nicht ohne weiteres zum Eingreifen der Härteklausel. Grundsätzlich müssen Härten innerhalb der Regelung der Folgesachen mit den dort vorgesehenen Mechanismen ausgeglichen werden (BGH NJW 1984, 2353 Ehewohnung: HausratsVO; näher unten Rn 163 ff).

ε)   Gegen eine Beachtlichkeit kann auch ausschlagen, daß der Aufschub der Schei- 98 dung **geeignet** sein muß, die wirtschaftliche Folge zu mildern. Auch im Zusammenhang mit wirtschaftlichen Härten darf die Härteklausel nicht darauf angelegt werden, die Scheidung auf Dauer auszuschließen. Das aber wäre zB der Fall, wenn der Antragsgegner sich auf die Härteklausel beruft, um sich eine Altersversorgung nach dem Antragsteller zu erhalten. In einem solchen Fall ist die Härteklausel in verfassungsgemäßer Handhabung nicht geeignet, die wirtschaftliche Härte zu beseitigen: Dem Antragsteller würde jede Hoffnung genommen, jemals geschieden zu werden, da nur sein Tod und die darauf beruhende Versorgung die wirtschaftliche Härte für den Antragsgegner beseitigen könnte (vgl OLG Düsseldorf FamRZ 1980, 780 [kein Versorgungsausgleich] noch unter Geltung von Abs 2).

Auch im Zusammenhang mit anderen – immateriellen – außergewöhnlichen Umständen sind die Aussichten auf eine dereinstige Hinterbliebenenversorgung bei fortdauernder Ehe daher nicht beachtlich (**aA** OLG Hamm FamRZ 1985, 191; SOERGEL/HEINTZMANN Rn 40).

cc)   Es erscheint **zweifelhaft, ob wirtschaftliche Umstände jemals geeignet sind**, für sich 99 alleine die Anwendung der Härteklausel zu rechtfertigen (MünchKomm/WOLF Rn 53; BGB-RGRK/GRASSHOF Rn 15). Auch der einzige im Schrifttum für die Notwendigkeit der Einbeziehung wirtschaftlicher Umstände angeführte Beispielsfall, der Antragsgegner könne durch die Scheidung die wirtschaftliche Grundlage seiner **Existenz** verlieren oder aus einem **Betrieb** gedrängt werden, der ihm Lebensinhalt ist (OLG Hamm FamRZ 1989, 1189; ROLLAND Rn 15; SCHWAB FamRZ 1976, 505), ist nicht geeignet, die Härteklausel auszulösen (MünchKomm/WOLF Rn 59; JOHANNSEN/HENRICH/JAEGER Rn 28). Soweit es um einen Betrieb geht, der erst aufgrund der Vermögensauseinandersetzung einem der Ehegatten zufällt (ROLLAND Rn 15), sind die wirtschaftlichen Folgen im Rahmen der güterrechtlichen Scheidungsfolgenregelung angemessen zu erfassen, insbesondere über §§ 1381, 1382. Das gilt erst recht, wenn eine gesellschaftsrechtliche Form der gemeinsamen Betriebsführung vorliegt, die dann auch gesellschaftsrechtlich auseinanderzusetzen ist.

Hat hingegen der **Antragsgegner** in dem dem Antragsteller rechtlich zugeordneten **Betrieb** über seine ehewirkungsrechtlichen Verpflichtungen hinaus **mitgewirkt**, so kann ebenfalls die Härteklausel nicht eingreifen: Kein im Betrieb mitarbeitender Familienangehöriger erwürbe durch seine Mitarbeit die Stellung eines Miteigentümers oder Mitgesellschafters. Würde man die Härteklausel eingreifen lassen, so er-

hielte hingegen der Antragsgegner auf Lebenszeit nicht nur eine gesicherte Macht-
stellung im Betrieb, sondern darüber hinaus bliebe der Unternehmer-Ehegatte auch
noch in der gescheiterten Ehe gefangen; unternehmerische Tätigkeit mit dem Ehegatten kann nicht stärker binden als mit jedem Dritten, weil insoweit wirtschaftliche
und nicht personale Bindungen im Vordergrund stehen.

Die Problematik des **Verlustes der Erwerbsgrundlage** ist ggf auf *ehegüter-* und *unter-
haltsrechtlichem* Weg zu bereinigen. Die Leistung von Unterhalt an den bisher mitarbeitenden Ehegatten sichert diesem erforderlichenfalls den wirtschaftlichen Status
nach den Lebensverhältnissen, über das Ehegüterrecht wird die Mitarbeit wirtschaftlich „entlohnt" – im Fall der Gütertrennung ggf über allgemein schuldrechtliche
Grundsätze insbesondere den Wegfall der Geschäftsgrundlage. Zur Weiterbeschäftigung des Antragsgegners als Arbeitnehmer ist der Antragsteller nur im Rahmen
arbeitsrechtlicher Bestimmungen verpflichtet.

In dieser Fallgruppe stehen letztlich wohl nicht wirtschaftliche Gesichtspunkte in-
mitten, sondern der **soziale Status im Betrieb des Ehegatten** (SCHWAB FamRZ 1976, 506 hält
ausdrücklich selbst eine Weiterbeschäftigung als Arbeitnehmer nicht für ausreichend, um die Härte
auszuschließen; ähnlich OLG Hamm FamRZ 1989, 1189) und die **berufliche Erfüllung** (GERN-
HUBER/COESTER-WALTJEN § 27 VI 4: Arbeitsfeld). Der Statusverlust ist ohne Belang; die
Ablösung vom sozialen Ansehen des Ehegatten ist nicht außergewöhnlich, sondern
mit jeder Scheidung einer Ehe mit Statusgefälle verbunden. Die berufliche Erfüllung
kann nicht beachtlich sein, wenn selbst die – der Ehe wesentlich enger anhaftende –
familiäre Erfüllung als Ehemann/-frau durch die Härteklausel nicht geschützt ist (vgl
oben Rn 91). Allenfalls kann mittels der Härteklausel dem Antragsgegner eine kurzfristige Übergangsphase eingeräumt werden, um sich auf die neue Situation einzustellen (MünchKomm/WOLF Rn 59), insbesondere sich ein neues Wirkungsfeld zu suchen.
Es ist in vielen Fällen schon schwer genug begründbar, warum ein Ehegatte dem
anderen nach Scheidung soll Unterhalt leisten müssen; die Ehe aufrechtzuerhalten,
um dem Antragsgegner seine gewohnte berufliche Tätigkeit zu sichern, erscheint
völlig unangemessen.

100 dd) In Betracht zu ziehen sind daher insbesondere Fälle, in denen wirtschaftliche
Umstände in **Verbindung** mit immateriellen Umständen dem Fall insgesamt ein außergewöhnliches Gepräge geben, so daß die Härteklausel eingreift (OLG Hamm
FamRZ 1985, 189). Die Beachtlichkeit wirtschaftlicher Umstände kann aber auch in
diesem Rahmen immer nur zur Gewährung einer **Umstellungsphase führen**. Gerade
im wirtschaftlichen Bereich entspricht es einer Grundwertung des Gesetzes, daß nach
der Scheidung jeder Ehegatte in Eigenverantwortlichkeit neue finanzielle Disposi-
tionen treffen muß (insbes § 1569; ROLLAND Rn 15). Diese Obliegenheit kann ihm nicht
dadurch abgenommen werden, daß schon die Scheidung auf unabsehbare Zeit verhindert wird. Wirtschaftliche Umstände **scheiden jedenfalls** als Härtegründe aus, wenn
der Antragsteller sich in geeigneter Weise verpflichtet, die härtebegründenden wirtschaftlichen Nachteile durch Vermögensleistungen auszugleichen (ROLLAND Rn 15; **aA**
SCHWAB FamRZ 1976, 506, vgl oben Rn 95).

101 d) Als außergewöhnliche Umstände sind **nicht nur ehebedingte Umstände** zu beachten. Häufig werden die außergewöhnlichen Umstände in Zusammenhang mit
dem Verlauf der Ehe oder der Situation des Scheiterns stehen. In Betracht kommen

aber auch Umstände, insbesondere *Erkrankungen*, die nicht auf die Situation der Ehe zurückzuführen zu sein brauchen und schon vor der Eheschließung bestanden haben können (OLG Düsseldorf FamRZ 1978, 36). Erforderlich ist nur, daß die Gesamtumstände, auf denen die Härte beruht, anhand einer objektiven Beurteilung außergewöhnlich sind (JOHANNSEN/HENRICH/JAEGER Rn 25). In diese Beurteilung *geht jedoch auch ein*, ob die Umstände *ehebedingt* sind oder nicht: Ist etwa eine schwere psychische Erkrankung erst durch die zum Scheitern führenden Auseinandersetzungen hervorgerufen worden, so liegt die Außergewöhnlichkeit näher als im Falle einer schon vor Eheschließung bestehenden chronischen Erkrankung. Hinzu kommt, daß die *schwere Härte*, die *Gebotenheit* der Aufrechterhaltung der Ehe und die *Berücksichtigung der Belange des Antragstellers* in Fällen nicht ehebedingter Umstände anders zu beurteilen sind als in Fällen ehebedingter Umstände (vgl OLG Düsseldorf FamRZ 1978, 36; MünchKomm/WOLF Rn 47).

e) Umstände, die als außergewöhnlich iSd Härteklausel anzusehen sind, müssen **102** nicht jeweils isoliert für sich geeignet sein, die Härteklausel auszulösen. Erforderlich ist eine **Gesamtschau** (vgl BGH NJW 1979, 1042; BGH NJW 1981, 2808; KG FamRZ 1983, 1133). Dabei ist jedoch darauf zu achten, daß die Häufung von Umständen nur die *Außergewöhnlichkeit* zu kumulieren vermag. Umstände, die aus anderen Gründen ausscheiden, zB weil sie durch Scheidungsfolgenregelungen entstehen (dazu näher oben Rn 95 ff; unzutreffend daher auch die Formulierung, Scheidungsfolgenregelungen könnten *„für sich allein"* [SOERGEL/HEINTZMANN Rn 40] nicht außergewöhnlich sein), oder weil aus ihnen keine *schei*dungsbedingten Verschlechterungen der Lage des Antragsgegners erwachsen, sind auch in Vielzahl nicht als außergewöhnliche Umstände anzusehen (unzutreffend daher OLG Hamm FamRZ 1985, 189: Alter, allgemeine wirtschaftliche Unsicherheit und moralische Wertungen über das Verhalten des Antragstellers).

4.   Einzelfälle nichtwirtschaftlicher außergewöhnlicher Umstände

a)   Physische Krankheit des Antragsgegners
aa) Grundsätzlich **kann auch die Ehe eines kranken Menschen geschieden werden**, **103** selbst wenn die Scheidung dem Erkrankten Nachteile bringt (BGH 1979, 1360; BGH NJW 1981, 2808; BGH NJW 1985, 907; DÖRR NJW 1989, 491; MünchKomm/WOLF Rn 47). Zwar trifft die Scheidung einen kranken Menschen schwerer als einen Gesunden; ohne Hinzutreten weiterer Umstände kann dies aber nicht als *außergewöhnliche* Härte angesehen werden (BGH NJW 1979, 1360; OLG Köln NJW 1982, 2263). Insbesondere **physische** Erkrankungen sind regelmäßig nicht geeignet, die Härteklausel auszulösen, da ein kausaler Zusammenhang zwischen der Scheidung und einer Verschlimmerung des Zustandes selten zu erwarten ist. **Minder schwere**, insbesondere aber auch nicht unmittelbar letale, **chronische Krankheiten oder Körperbehinderungen** können nur zur Grundlage der Härteklausel werden, wenn die Krankheit sich durch die Scheidung verschlimmern wird (BGH NJW 1981, 2516; BGH NJW 1981, 2808; BGH NJW 1985, 2531; OLG Düsseldorf FamRZ 1978, 38; AG Mainz NJW-RR 1990, 779; MünchKomm/WOLF Rn 47), – was selten der Fall sein wird. Dabei ist auch zu berücksichtigen, daß die Härteklausel immer nur eine wenn auch ggf längerdauernde – **vorübergehende Situation** ausgleichen kann. Eine nicht unmittelbar lebensbedrohende, aber unheilbare Krankheit kann schon deshalb nicht als solche die Härteklausel begründen (RAMM JZ 1986, 165; wohl auch PALANDT/DIEDERICHSEN Rn 6: nicht bei dauernder Hilfsbedürftigkeit).

Maßgeblich ist nicht in erster Linie die **Charakterisierung der Krankheit;** die Einordnung als außergewöhnlicher Umstand ergibt sich vielmehr auch aus der Relation zwischen dem Krankheitsbild und der Person des Antragsgegners, wobei nicht die subjektive Befindlichkeit des Antragsgegners (also die *schwere Härte*) gemeint ist, sondern die objektivierbare Auswirkung des Krankheitsbildes in Verbindung mit der Scheidung (dazu näher unten Rn 105).

104 **bb)** Auch **mehrere verschiedene,** nicht außergewöhnlich schwere Leiden, die verbunden sind mit Operationen, lösen die Härteklausel nicht aus (KG FamRZ 1983, 1133), ebensowenig ein *angegriffener Gesundheitszustand,* selbst in Verbindung mit hohem Alter und langer Ehedauer (OLG Nürnberg FamRZ 1979, 818; JOHANNSEN/HENRICH/JAEGER Rn 29). Dagegen spricht nicht, daß das *Bundesverfassungsgericht* die Verfassungswidrigkeit von Abs 2 zu einem Ausgangsfall festgestellt hat, in dem die Antragsgegnerin an mehreren, jeweils nicht unmittelbar lebensgefährdenden Erkrankungen litt und das OLG grundsätzlich die Voraussetzungen für außergewöhnliche Umstände bejaht hatte (BVerfGE 55, 134; Bedenken in dieser Richtung bei MünchKomm/WOLF Rn 47). Zum einen nimmt das BVerfG diese Wertung des OLG hin, da es sich insoweit um eine mit der Verfassungsbeschwerde nicht angegriffene Auslegung einfachen Rechts handelt. Die Entscheidung begründet die Verfassungswidrigkeit des Abs 2 also unter der Prämisse des Vorliegens außergewöhnlicher Umstände und einer schweren Härte. Vor allem aber war das Krankheitsbild im Ausgangsfall gekennzeichnet durch eine – psychiatrisch begutachtete – Gefährdung des *psychischen Abwehrsystems.* Dies – nicht die Intensität der physischen Erkrankungen – erweist sich als der tragende Grund für die Einordnung bestimmter physischer Krankheitsbilder in den Tatbestand außergewöhnlicher Härten (dazu eingehend unten Rn 106 ff). Erst recht können normale, durch das Lebensalter bedingte *Belastungen,* die jeder durchlaufen muß, auch die *Wechseljahre* der Frau (MünchKomm/WOLF Rn 51; GERNHUBER/COESTER-WALTJEN § 27 VI 4) nicht als außergewöhnliche Umstände berücksichtigt werden. Insbesondere Erkrankungen, an denen der Antragsgegner bereits *vor der Eheschließung* gelitten hat, können normalerweise nicht als außergewöhnliche, die Scheidung hindernde Umstände angesehen werden (OLG Düsseldorf FamRZ 1978, 36).

105 **cc)** Außergewöhnliche Umstände werden im Falle **außerordentlich schwerer physischer Krankheitsbilder** von Rechtsprechung und Schrifttum angenommen. So wurde die Härteklausel angewendet zugunsten eines Antragsgegners mit *multipler Sklerose im Spätstadium* (BGH NJW 1985, 2532) und *Krebs mit etwa einjähriger Lebenserwartung* (OLG Karlsruhe FamRZ 1979, 512). In einem Fall *unheilbarer Muskellähmung mit etwa dreijähriger Lebenserwartung* (OLG Hamm NJW-RR 1989, 1159) nahm das Gericht außergewöhnliche Umstände an, die aber wegen der Gegeninteressen des Antragstellers nicht zum Eingreifen der Härteklausel führten. Dem ist zuzustimmen; die gelegentlich undifferenzierte Formulierung dieser Ausnahmesituationen im Schrifttum und anderen, auf solche Fälle Bezug nehmenden Entscheidungen bedarf jedoch einer Eingrenzung. Die *Schwere der Krankheit* (so: OLG Düsseldorf FamRZ 1978, 37; SCHWAB/ SCHWAB Teil II Rn 108; PALANDT/DIEDERICHSEN Rn 5) ist nicht das entscheidende Merkmal, auch wenn sie begleitet wird von dem *Gefühl des Alleingelassenseins* (OLG Düsseldorf FamRZ 1978, 37; ERMAN/DIECKMANN Rn 14). Entscheidend ist vielmehr, daß die Krankheit zu einem Grad der *psychischen Belastung* geführt hat, der befürchten läßt, daß der Antragsgegner neben der ihm von der Krankheit abverlangten Steuerungsfähigkeit die weiteren, durch die Scheidung hinzutretenden Belastungen nicht mehr abdämmen, die erforderlichen Kräfte nicht mehr erübrigen kann (BGH NJW 1985, 2532), so daß die schwere krankheitsbedingte Belastung *„psychisch unzumutbar überhöht"* wird (OLG Karlsruhe FamRZ 1979, 513). Erst die Prognose, daß die mit der Scheidung verbundene Mehrbelastung durch den *Antragsgegner psychisch nicht mehr steuerbar* ist (OLG Hamm NJW-RR 1989, 1159; Soergel/Heintzmann Nachtrag Rn 31), rechtfertigt die Einordnung als außergewöhnliche Umstände iSd Härteklausel. Der potentielle Verlust der psychischen Steuerungs- oder Duldungsfähigkeit rechnet nicht erst zur schweren Härte, sondern bedeutet gerade das außergewöhnliche *objektive Merkmal* dieser Fallgruppe. Es geht also letztlich auch in dieser Fallgruppe nicht um eine *absolute*, alleine durch die *Schwere der Krankheit* gekennzeichnete Ausnahmesituation. Auch in diesen Fällen ist unverzichtbar, daß die Scheidung sich auf den Verlauf der Krankheit oder die Lage des Antragsgegners außergewöhnlich schwer auswirkt; das aber wird zutreffend jeweils durch die Gefahr des *psychischen* Symptoms der Belastungsüberhöhung bzw des Steuerungsausfalls begründet. Deshalb ist auch der **nahe Tod des Antragsgegners** kein absolut für die Außergewöhnlichkeit sprechender Umstand (so aber Rolland Rn 11; MünchKomm/Wolf Rn 47; keine der genannten Entscheidungen begründet mit diesem Gesichtspunkt, die Entscheidung des OLG Karlsruhe, aaO teilt die unmittelbar letale Prognose noch nicht einmal mit).

Die Zusammenfassung solcher Fälle unter dem Gesichtspunkt der **schweren Erkrankung** läßt sich nur mit der Erwägung rechtfertigen, daß ein *psychisch Gesunder* den Belastungen einer Scheidung im normalen Krankheitsfall gewachsen ist; nur bei außergewöhnlich schweren Erkrankungen kann die Gefahr der hier maßgeblichen **psychischen Überbelastung** eintreten. Das zeigt aber auch die Gefahr der pauschalen Ausgrenzung minder schwerer Erkrankungen. Die Aussage, eine minder schwere Erkrankung begründe keine außergewöhnlichen Umstände (oben Rn 103), bedarf unter dieser Erkenntnis der Ergänzung dahin, daß für einen **psychisch Gesunden** eine solche Erkrankung keine außergewöhnliche Härte begründet. Mit der immer – gerade auch bei schwersten Erkrankungen – erforderlichen Einbeziehung des psychischen Moments wird aber deutlich, daß jeder Belastungsfall letztlich nur in Relation zur psychischen Gesundheit des Antragsgegners abschätzbar ist (vgl dazu den Ausgangsfall zu BVerfGE 55, 134, wo die Kumulation von schweren, aber nicht abschätzbar tödlichen Erkrankungen wegen der Gefahr eines Zusammenbruchs des psychischen Abwehrsystems zur Grundlage der Härteklausel gemacht wurde, dazu auch oben Rn 104).

b) Psychische Krankheit des Antragsgegners
aa) Die Erwägungen zur Beachtlichkeit physischer Erkrankungen (oben Rn 103 ff, **106** insbes Rn 105) machen deutlich, daß eine scharfe Grenze zwischen relevanten Fallgruppen physischer Krankheiten und der Einordnung psychischer Krankheiten als außergewöhnliche Umstände nicht zu ziehen ist, da die Beachtlichkeit schwerer körperlicher Krankheiten erst durch die Auswirkung auf die Psyche des Antragsgegners vermittelt wird.

bb) Eine diesem – im Fall der physischen Erkrankung nicht immer randscharf **107** gesehenen – Zusammenhang entsprechende Wertung hat die Rechtsprechung zur **Suizidgefahr** entwickelt.

α) Grundsätzlich ist auch hier, selbst im Zusammenhang mit Selbstmordversuchen in der Phase des Getrenntlebens, der allgemein notwendige **Konnex zwischen Schei-**

dungsausspruch und Verschlechterung der Situation für den Antragsgegner zu wahren. Eine mit einem Selbstmordversuch während des Getrenntlebens verbundene Gemütskrankheit des Antragsgegners kann also als solche nicht das Eingreifen der Härteklausel begründen, weil eine darin etwa zu sehende Härte unabhängig vom Scheidungsausspruch wäre (BGH NJW 1981, 2809).

108 β) Steht zu befürchten, daß eine psychische Erkrankung des Antragsgegners sich durch die Scheidung verschlimmert, insbesondere, daß der Antragsgegner Selbstmord begehen wird, so begründet dies **alleine noch keine außergewöhnlichen Umstände**. Beantwortet der Antragsgegner das Scheidungsbegehren mit einem Suizidversuch, so wird die schwere Härte grundsätzlich nicht durch den Scheidungsausspruch, sondern durch das reaktive Verhalten des Antragsgegners bewirkt (OLG Celle NJW-RR 1995, 1409).

109 γ) Etwas anderes gilt bei Vorliegen einer **psychischen Ausnahmesituation**, durch die der Antragsgegner sein Verhalten nicht mehr oder nur noch erheblich eingeschränkt verantwortlich steuern kann (BGH NJW 1981, 2808; BGH NJW 1984, 2353; KG FamRZ 1983, 1134; OLG Celle NJW-RR 1995, 1409; OLG Hamm NJW-RR 1990, 965; MünchKomm/WOLF Rn 48; JOHANNSEN/HENRICH/JAEGER Rn 27; SOERGEL/HEINTZMANN Nachtrag Rn 30). Ein solcher Zustand ist anzunehmen, wenn der Antragsgegner in einen *brisant labilen Zustand suizidaler Düsternis* gerät (BGH NJW 1985, 2531, dort war die *Ursache* dieses Zustands eine physische Erkrankung, vgl oben Rn 105).

110 δ) Hingegen bedeutet eine psychische Verschlechterung, insbesondere eine Suizidgefahr, selbst wenn – wie häufig – eine kurzschlußhafte Fehlreaktion nicht ausschließbar ist, keine außergewöhnlichen Umstände, sofern der Antragsgegner in der Lage ist, trotz der verschlechterten psychischen Situation seine seelischen Reaktionen noch **selbstverantwortlich zu steuern** (BGH NJW 1981, 2808; BGH NJW 1984, 2353; KG FamRZ 1983, 1134; OLG Hamm NJW-RR 1990, 965; OLG Stuttgart NJW-RR 1992, 1093; MünchKomm/WOLF Rn 48; JOHANNSEN/HENRICH/JAEGER Rn 29).

111 ε) In diesem Bereich trifft den Antragsgegner darüber hinaus die Obliegenheit, sich einer erfolgversprechenden **Therapie** zu unterziehen. Die Frage, ob die seelische Steuerungsfähigkeit noch besteht, kann dahinstehen, wenn der Antragsgegner der Selbstmordgefahr in zumutbarer Weise durch eine Psychotherapie begegnen kann (OLG Hamm NJW-RR 1990, 965; **aA** MünchKomm/WOLF Rn 48). Entscheidend ist aber, daß der Antragsgegner noch in der Lage ist, seine Bereitschaft zu einer Therapie verantwortlich zu steuern; das wird häufig der Fall sein, wenn er die derzeit nicht steuerbare Suizidgefahr nicht durch Behandlung abwenden läßt, um nicht der Härteklausel verlustig zu gehen. Wenn der Antragsgegner sich angesichts einer therapiefähigen Depression mit suizidalen Tendenzen bewußt nicht in Behandlung begibt, ist dieses Verhalten dem Antragsgegner als eigenverantwortlich zurechenbar (OLG Stuttgart NJW-RR 1992, 1093).

112 cc) Ist der Antragsgegner **suchtkrank**, so ergeben sich insofern Probleme, als die Sucht sehr häufig zu den Gründen gehören wird, die zum Scheitern der Ehe geführt haben, ggf eine Sucht sogar iSd § 1565 Abs 2 zu einer Scheidung aus unzumutbarer Härte für den Antragsteller führen kann (vgl ERMAN/DIECKMANN Rn 14).

α)   Dies beeinflußt jedoch generell nicht die Behandlung der Sucht als *außerge-wöhnlichen Umstand* iSd Härteklausel: Auch Sucht kann nur insoweit anerkannt werden, als eine gravierende Verschlechterung des Zustandes aufgrund der Scheidung zu erwarten ist. Insbesondere genügt es nicht, daß der Antragsgegner meint, er könne beim Antragsteller Halt finden, um sich seiner Sucht zu widersetzen (OLG Schleswig NJW 1978, 53; PALANDT/DIEDERICHSEN Rn 6; JOHANNSEN/HENRICH/JAEGER Rn 29; ablehnend GÖRGENS FamRZ 1978, 647).

β)   Eine schwere Suchtkrankheit kann freilich auch mit **psychischen Ausfallsympto-**   113 **men** einhergehen, die zu einem Zustand führen, in dem der Antragsgegner nicht mehr steuerungsfähig ist; sind aus diesem Grund erhebliche Nachteile für ihn durch die Scheidung zu besorgen, so liegen außergewöhnliche Umstände vor. Dabei sind jedoch zwei Gesichtspunkte besonders zu beachten: Einmal wird es in Suchtfällen häufig der Fall sein, daß der Antragsgegner therapiefähig ist und sich einer Therapie entzieht. Soweit dies noch im Zustand der Eigenverantwortlichkeit geschieht, steht das bereits der Annahme außergewöhnlicher Umstände entgegen (vgl oben Rn 110). Häufig werden auch die *Belange des Antragstellers* in solchen Fällen ein stärkeres Gewicht erlangen, insbesondere wenn der Antragsteller bereits über längere Zeit unter der Sucht des Antragsgegners gelitten hat und selbst am Ende seiner Kraft ist (vgl OLG Schleswig NJW 1978, 53). Gegen eine nicht mehr steuerbare Suizidgefahr können solche Interessen allerdings wohl kaum durchschlagen, wohl aber gegen das Risiko einer Vertiefung der Sucht.

c)   Krankheit eines gemeinsamen Kindes
aa)   Die Krankheit, selbst die **dauernde Betreuungsbedürftigkeit** eines gemeinsamen   114 Kindes, das der Antragsgegner betreut, kann für sich genommen keine außergewöhnlichen Umstände begründen (OLG Celle FamRZ 1978, 509; ERMAN/DIECKMANN Rn 14). Anknüpfungspunkt für das Eingreifen der Härteklausel könnte in solchen Fällen ohnehin nur die *Belastung* sein, die den Ehegatten trifft. Betreut der Ehegatte das Kind schon während des Getrenntlebens, so ist nicht erkennbar, in welcher Weise die Scheidung sich auf die Schwere der tatsächlichen Belastungen auswirken sollte (insoweit unzutreffend AMBROCK FamRZ 1978, 899). Die Versagung der Scheidung ist in solchen Fällen auch nicht etwa deshalb geboten, um den Antragsteller, der sich der Verantwortung für das Kind entzieht, zu sanktionieren, denn die Härteklausel schützt nicht Gerechtigkeitserwartungen, sondern den Antragsgegner (deshalb schon im rechtspolitischen Ansatz verfehlt: AMBROCK FamRZ 1978, 899).

bb)   Aufgrund der Erkrankung des Kindes und der Belastung durch die Betreuung   115 kann sich jedoch wiederum bei dem Antragsgegner eine **labile psychische Situation** aufbauen, die eine weitere Belastung durch den Scheidungsausspruch nicht zuläßt. Insoweit ist freilich – auch bei Zusammenwirken der Betreuungsleistung mit anderen besonderen Faktoren wie Alter, geringerer wirtschaftlicher Absicherung und einem starken Bindungsgefühl an den Antragsteller trotz Scheiterns der Ehe – ein ebenso strenger Maßstab anzulegen wie im Fall einer durch eigene Erkrankungen des Antragstellers verursachten psychischen Instabilität. Unzutreffend ist daher eine Entscheidung des OLG Hamm (FamRZ 1985, 189), die der – langjährigen und schicksalhaften – Pflegebedürftigkeit des gemeinsamen Sohnes der Parteien die Qualität einer außergewöhnlichen Härte zumißt und sich dabei nicht etwa auf weitere, die Lage als außergewöhnlich kennzeichnende *objektive Umstände* stützt (so ERMAN/

DIECKMANN Rn 14), sondern lediglich die von der Antragsgegnerin „nachvollziehbar dargestellten" Gründe dafür einbezieht, aus denen sie die Scheidung als *Härte* empfindet. Dabei handelt es sich um ein Motivationsbündel aus einem Gefühl der Zurückgesetzheit (jüngere Partnerin des Antragstellers) und unspezifischen Zukunftsängsten (Sozialhilfeangst). Die Entscheidung zeigt deutlich den schmalen Grad zwischen psychisch bedingten außergewöhnlichen Umständen und der unzulässigen Beachtung einer subjektiv schweren Härte ohne solche Umstände: Die Anwendung der Härteklausel ist nur dann in einem solchen Fall gerechtfertigt, wenn sich der Antragsgegner in einer **objektiv nachweisbaren** Streßsituation (MünchKomm/WOLF Rn 50 deutet die Entscheidung des OLG Hamm in dieser Weise) befindet, die zu Steuerungsausfällen führen kann.

116 **cc)** Ausnahmsweise kann unter diesen Voraussetzungen die Härteklausel auch eingreifen, wenn die – in solchen Fällen inhaltlich stärker greifende, aber auf die Minderjährigkeit des Kindes zeitlich beschränkte – **Kinderschutzklausel durch Volljährigwerden des Kindes verbraucht ist** (vgl Rn 45). Insbesondere kann die nicht steuerbare Gefahr eines scheidungsbedingten Suizid eines volljährigen Kindes aufgrund der engen verwandtschaftlichen Bindung für den Antragsgegner einen außergewöhnlichen Umstand bedeuten. Hingegen kann die bloße Behinderung oder Betreuungsbedürftigkeit eines volljährigen Kindes wiederum nur unter den soeben (Rn 114) genannten psychischen Auswirkungen auf den Antragsgegner Berücksichtigung finden (**aA** wohl SOERGEL/HEINTZMANN Rn 22).

d) **Beistandsleistungen während der Ehe**
117 **aa)** Gelegentlich werden außergewöhnliche Umstände darin gesehen, daß der Antragsgegner sich in **schweren Zeiten** überdurchschnittlich für die Familie und den Erhalt von deren wirtschaftlichen Grundlagen **eingesetzt und verdient gemacht** hat. Der BGH hat es – in Verbindung mit der Dauer der Ehe, dem plötzlichen Tod des Sohnes und dem Umstand, daß der Antragsteller sich einer jüngeren Frau zugewandt hatte – als außergewöhnlichen Umstand angesehen, daß die Ehegatten in einer späten Phase ihrer Ehe eine schwere wirtschaftliche Krise des Betriebs des Antragstellers gemeistert hatten und die Antragsgegnerin hierzu die gesamte Erbschaft ihres Vaters in den kranken Betrieb eingebracht hatte (BGH NJW 1979, 1042; zustimmend: SCHWAB/SCHWAB Teil II Rn 108; ROLLAND Rn 11). Diese Wertung erscheint aufgrund der Mehrzahl außergewöhnlicher Faktoren – zu denen der „Ausbruch" des Antragstellers aus der Ehe nicht zu zählen gewesen wäre – gerechtfertigt, sofern man die außergewöhnlichen Umstände im Einklang mit dieser Entscheidung vollständig abstrahiert von den sich hieraus ergebenden Folgen sieht. Während in den Fällen von Krankheit des Antragsgegners der BGH wohl zu Recht immer die Möglichkeit einer Verschlechterung des Zustandes des Antragsgegners sowie die Zurechenbarkeit der seelischen Fehlreaktion in das Tatbestandsmerkmal der „außergewöhnlichen Umstände" gezogen hat (vgl oben Rn 110 f), erscheint es bei dieser Sichtweise aber völlig offen, warum *frühere Leistungen* während der Ehe außergewöhnliche Umstände in Hinblick auf die Härteklausel begründen sollten. Nach jener Rechtsprechung ist die Eignung der außergewöhnlichen Umstände, die Lage des Antragsgegners im Falle der Scheidung zu verschlechtern, essentielles Kriterium der Abgrenzung. Verzichtet man auf diese Prüfung, so besteht die Gefahr, daß auf der Ebene des Tatbestandsmerkmals der schweren Härte allein die subjektive Haltung des Antragsgegners zu seiner (gescheiterten) Ehe genügt, er werde ob seiner Leistungen gerade durch den

Scheidungsausspruch (und nicht durch das Zerbrechen der Ehe) schwer getroffen. Auslöser der Härteklausel wäre dann nicht mehr ein objektiv außergewöhnlicher Umstand, sondern das Ausmaß der Enttäuschung des Antragsgegners (so wohl Münch-Komm/WOLF Rn 45).

bb) Besondere Leistungen sind daher allenfalls dann als außergewöhnliche Um- **118** stände anzusehen, wenn die Möglichkeit besteht, daß sie sich durch den Scheidungsausspruch als **wirtschaftlich oder psychisch frustriert** erweisen. Dabei scheidet eine wirtschaftliche Frustration der bereits erbrachten Leistung regelmäßig aus, weil der Antragsgegner ggf im Zugewinnausgleich, soweit dieser einen angemessenen Ausgleich nicht herstellt, über die Grundsätze des Wegfalls der Geschäftsgrundlage einen Ausgleich bei Scheitern der Ehe erlangen wird. Das Empfinden der psychischen Frustration einer erbrachten aufopferungsvollen Leistung ist aber nur bei ganz außergewöhnlichem, weit überobligationsmäßigem Einsatz anzunehmen, um die Gleichwertigkeit als außergewöhnlicher Umstand im Vergleich zu der zu Recht restriktiven Rechtsprechung in Fällen psychischer Erkrankung zu gewährleisten. Der vom BGH entschiedene Fall mag – insbesondere in Zusammenwirken mit den weiteren schicksalhaften Umständen – diese Einordnung rechtfertigen. Die Führung des Betriebs des Antragstellers in dessen Abwesenheit, aufopferungsvolle Pflege bei Krankheit, sowie ehewirkungs- und unterhaltsrechtlich ggf sogar geschuldete Leistungen wie die Finanzierung des Studiums des Antragstellers oder die Geburt vieler Kinder (Beispiele vgl MünchKomm/WOLF Rn 45) können keinesfalls als solchermaßen außergewöhnliche Umstände gewertet werden.

e)   Lange Dauer der Ehe
Die **lange Dauer einer Ehe** ist als Einzelumstand nie außergewöhnlich (OLG Nürnberg **119** FamRZ 1979, 818; MünchKomm/WOLF Rn 44; PALANDT/DIEDERICHSEN Rn 6; SOERGEL/HEINTZ-MANN Rn 35; JOHANNSEN/HENRICH/JAEGER Rn 26).

aa) Die **Anzahl der Ehescheidungen** nach langer Ehe steigt an. Ein die Gesamtzahl der Scheidungen mitbestimmender Grund ist sogar die verlängerte Lebenserwartung und die hieraus resultierende verlängerte Ehedauer mit der Folge einer verlängerten Ehephase, die durch Ehealltag und zunehmendes Spannungspotential gekennzeichnet ist. Die Scheidung längerwährender Ehen wird auch zunehmend dadurch zum Normalfall, daß ein geändertes Bewußtsein jüngerer Generationen, insbesondere Abkehr von religiöser und weltanschaulicher Ablehnung der Scheidung, zunächst statistisch auf die (noch kürzeren) Ehen dieser Generationen eingewirkt haben. Jedenfalls bedeutet die Härteklausel keine Scheidungssperre für lange Ehen (Münch-Komm/WOLF Rn 44; SOERGEL/HEINTZMANN Rn 35). Auch eine mehr als dreißig Jahre geführte Ehe kann geschieden werden (OLG Hamm FamRZ 1989, 1188), selbst wenn ethische Gründe hinzutreten, welche die wirtschaftlichen Konsequenzen für den Antragsgegner nicht zumutbar erscheinen lassen. Insoweit kann nicht die Scheidung ausgeschlossen werden, sondern es muß mit den Billigkeitsklauseln der vermögensrechtlichen Folgesachen korrigiert werden (OLG Hamm aaO zu § 1381 BGB, allerdings sehr weitgehend für eine Sanktionierung nicht-wirtschaftlichen Fehlverhaltens, ablehnend daher WIEG-MANN FamRZ 1990, 627).

bb) Inbesondere ist fraglich, ob eine lange Ehedauer jemals ein Umstand sein kann, **120** aufgrund dessen die **Scheidung selbst** eine Härte bedeutet; zwar mag das Alleinsein nach einer langen Ehe im Einzelfall eine schwerere Last sein als im Durchschnittsfall; diese Konsequenz tritt aber bereits mit der Trennung ein und nicht erst durch den Scheidungsausspruch (OLG Nürnberg FamRZ 1979, 819).

121 cc) Teilweise wird die Ehedauer in **Verbindung mit anderen Umständen** in der Rechtsprechung als außergewöhnlicher Umstand angesehen (BGH NJW 1979, 1042; KG FamRZ 1987, 1133) und im Schrifttum weithin aufgenommen (ROLLAND Rn 11; ERMAN/DIECKMANN Rn 14; SOERGEL/HEINTZMANN Rn 35; JOHANNSEN/HENRICH/JAEGER Rn 26). Dem ist entgegenzuhalten, daß die Dauer der Ehe in einer solchen Gesamtschau von so untergeordneter Bedeutung ist, daß *ohne* diesen Umstand jeweils auch außergewöhnliche Umstände gegeben sein müßten, die Dauer der Ehe aber andererseits keinen der anderen Umstände zu ersetzen vermag (BGH aaO: schwerer Schicksalsschlag und außergewöhnlich überobligationsmäßiger Einsatz; KG aaO: akute Selbstmordgefahr). Auch in Zusammenhang mit weiteren Umständen kann aber auf die Eignung eines Umstandes, *gerade aufgrund des Scheidungsausspruchs* eine Härte zu erzeugen, nicht verzichtet werden. Die Dauer der Ehe erweist sich damit nur als eine ergänzende Floskel, die nicht als gesondert tragender außergewöhnlicher Umstand gewertet werden sollte, schon um die Gleichmäßigkeit der Gewichtung der „außergewöhnlichen Umstände", insbesondere in Relation zu den Fällen psychischer Erkrankungen nicht in Frage zu stellen (dazu auch oben Rn 117).

122 dd) Hinzu kommt die Gefahr der **Aufweichung des objektiven Tatbestandsmerkmals**. Eine längere Ehedauer ist objektiv kein wirklich außergewöhnlicher Umstand, sie wird es auch nicht in Verbindung mit anderen Kriterien ähnlich nachgeordneter Bedeutung (zB Lebensalter, durchschnittlich angegriffene Gesundheit; zutreffend: OLG Nürnberg FamRZ 1976, 818). Dann aber birgt die – auch nur fallweise Berücksichtigung langer Ehedauer als objektiv außergewöhnlich die Gefahr, daß durch Kumulation mehrerer eher unbedeutender Faktoren in vielen Fällen die objektive Tatbestandshürde genommen wird und nur noch der wenig nachprüfbare subjektive Tatbestand als Filter wirkt. Wenn tatsächlich ein Ehegatte aufgrund der langen Dauer der Ehe – ggf in Verbindung mit anderen ähnlichen Faktoren – durch den Scheidungsausspruch in erheblicher Weise in seiner psychischen Stabilität gefährdet ist, dann ist der berücksichtigungsfähige außergewöhnliche Umstand nicht die Ehedauer, sondern die außergewöhnliche psychische Verfassung (so wohl auch OLG Hamm FamRZ 1989, 1189). Letztlich geht es darum, *wer* diese Verfassung zu beurteilen hat: Prüft man sie erst im Tatbestandsmerkmal der schweren Härte, so entscheidet darüber die Darstellung des Antragsgegners in Verbindung mit einem mehr oder weniger mitleidvollen Richter. Im Tatbestandsmerkmal der außergewöhnlichen Umstände ist der psychische Zustand hingegen eine Tatsache, für die der Richter regelmäßig einen Sachverständigen zuziehen wird.

123 ee) Eine **kurze Ehedauer** wird hingegen die Bedeutung eines sonstigen außergewöhnlichen Umstands mildern; das beeinflußt aber nicht den objektiven Tatbestand; vielmehr liegt selbst bei schweren außergewöhnlichen Umständen angesichts kurzer Ehedauer in der Regel keine schwere Härte vor (OLG Düsseldorf FamRZ 1978, 36; MünchKomm/WOLF Rn 44).

f) Lebensalter
Ob das hohe Lebensalter des Antragsgegners ein außergewöhnlicher Umstand sein **124**
kann, ist ebenfalls strittig.

aa) Teilweise wird angenommen, das hohe Lebensalter könne ein solcher Umstand
sein, weil es *einem alten Menschen schwerer* gelinge, sich eine *neue Lebensgrundlage*
zu schaffen (MünchKomm/Wolf Rn 46). Insbesondere soll das hohe Lebensalter in
Verbindung mit der *Dauer der Ehe* (MünchKomm/Wolf Rn 46) oder weiteren Umständen (BGH NJW 1979, 1042; Soergel/Heintzmann Rn 35) einen außergewöhnlichen Umstand begründen. Darüberhinaus wird sogar vertreten, ein besonders **junges Alter** bei
Eheschließung könne selbst bei geringer Ehedauer ein außergewöhnlicher Umstand
sein, wegen der Schwierigkeit, mit der neuen Lage fertigzuwerden (MünchKomm/Wolf
Rn 46).

bb) Dem stehen dieselben Gründe entgegen wie einer Berücksichtigung der Ehe- **125**
dauer (Kausalität des Scheidungsausspruchs, Häufigkeit; vgl oben Rn 119 ff), so daß
jedenfalls eine **isolierte Berücksichtigung altersbedingter Eingewöhnungsprobleme** nicht
in Betracht kommt (so auch Johannsen/Henrich/Jaeger Rn 29). Darüber hinaus sollte
aber – wie die Ehedauer – das Lebensalter auch nicht als Hilfsumstand in Verbindung
mit sonstigen Umständen herangezogen werden (Gernhuber/Coester-Waltjen § 27 VI
4). Der einzige Fall, in dem das hohe Lebensalter unter Geltung des neuen Scheidungsrechts mit tragend herangezogen wurde (BGH NJW 1979, 1042) erhält sein Gepräge nicht durch das Lebensalter der Antragsgegnerin, sondern durch einen schweren Schicksalsschlag und die *psychische Verfassung*. Da ein hohes Lebensalter als
solches in einer gescheiterten Ehe nicht außergewöhnlich ist, birgt seine Berücksichtigung ebenfalls (zur Dauer der Ehe oben Rn 122) die Gefahr, daß das objektive Filter
(„außergewöhnliche Umstände") zu weit gewählt wird, die nachfolgend zu prüfende
schwere Härte dann aber nur noch von der Begründungskunst des Antragsgegners
abhängt. Wiederum kann der Antragsgegner sich nicht auf sein Lebensalter – das an
sich außergewöhnlich sein kann – berufen, sondern nur auf einen objektiv
außergewöhnlichen Seelenzustand, mag dieser auch durch das Lebensalter geprägt
sein. Die Prüfung muß im objektiven Tatbestand ansetzen, wo sie verläßlich durchführbar ist; das Gericht kann nicht der Selbstbeschreibung des Seelenzustandes im
subjektiven Kriterium der schweren Härte vertrauen.

Besonders deutlich wird dies am Beispiel eines **jung Verheirateten und alsbald Geschiedenen.** Wenn ein junger Mensch die Scheidung seiner Ehe altersbedingt tiefgreifend nicht verkraftet, so liegt dem ein psychischer Zustand zugrunde, der nicht
auf der Scheidung beruht, sondern regelmäßig schon der Eheschließung vorgelagert
ist, wie Unselbständigkeit, Einsamkeitsneurosen ua. Dann aber muß diesen objektivierbaren seelischen Zuständen nachgegangen werden und kann nicht die Hürde des
außergewöhnlichen Umstands durch den ohne diese Zustände nicht glaubhaften
Hinweis auf das jugendliche Alter übersprungen werden.

g) Religiöse Überzeugungen
Religiöse Überzeugungen des Antragsgegners von der Unauflöslichkeit der Ehe **126**
können keine außergewöhnlichen Umstände begründen (Gernhuber/Coester-Walt-
jen § 27 VI 1).

aa) Es handelt sich hierbei **nicht um einen objektiv prüfbaren Umstand**, sondern um eine subjektive Einschätzung (OLG Hamm FamRZ 1989, 1189), die mit der objektiven Wertung des Gesetzes nicht in Einklang steht. Der Einwand, aufgrund eigener religiöser Überzeugungen erweise sich die Scheidung als schwere Härte, scheitert also nicht erst in der Abwägung gegen die Belange des Antragsgegners (so aber OLG Stuttgart FamRZ 1991, 334; AG Schorndorf FamRZ 1992, 568), vielmehr ist schon das Vorliegen außergewöhnlicher Umstände zu verneinen (JOHANNSEN/HENRICH/JAEGER Rn 29; MünchKomm/WOLF Rn 51). Wollte man eine solche Einschätzung als außergewöhnliche Umstände berücksichtigen, hätte es der Antragsgegner in der Hand, sich eine Einstellung zu eigen zu machen und damit das objektiv prüfbare Tatbestandsmerkmal zu überwinden (HAUFFE FamRZ 1991, 950); eine schwere Härte wird das Gericht – schon aus Respekt vor der verfassungsrechtlich geschützten Glaubenssphäre (Art 4 Abs 1 GG) des Antragsgegners – diesem immer glauben müssen (problematisch daher die Behandlung des Problems durch das AG Schorndorf FamRZ 1992, 569); nicht umsonst wurde die Überprüfung der Gewissensentscheidung gegen den Kriegsdienst mit der Waffe nach Art 4 Abs 3 GG durch eine Erklärungslösung ersetzt, weil religiöse Überzeugungen und Entscheidungen einer verfahrensmäßigen Verifikation nicht zugänglich sind (und nicht zu deren Gegenstand gemacht werden sollten).

127 **bb)** Die **Gegenansicht** (AG Schorndorf FamRZ 1992, 568; BOSCH FamRZ 1991, 334 und 951; SOERGEL/HEINTZMANN Nachtrag Rn 27, 42) möchte die Auffassung einer der großen christlichen Kirchen als mitbeachtlich für die Rechtsprechung deutscher Scheidungsgerichte ansehen. Dies geht in zweifacher Hinsicht fehl. Zum einen kommt es auf Überzeugungen weder des Antragsgegners, noch des Antragstellers oder des Richters – nicht an; Überzeugungen sind frei, verfassungsrechtlich garantiert, aber nicht objektive Umstände (so wohl letztlich auch AG Charlottenburg FamRZ 1979, 920). Zum anderen – folgt man der Gegenansicht auf die Ebene des in der Härteklausel irrelevanten Streits um Überzeugungen – wäre die Beachtung christlicher Überzeugungen im Scheidungsrecht *verfassungswidrig*. Der Antragsgegner kann seine religiöse Überzeugung unter dem Schutz des Art 4 GG bilden, die großen Kirchen mögen sich – selbst in einem juristischen Periodicum (vgl BOSCH FamRZ 1991, 951) – an der freien rechtspolitischen Diskussion beteiligen und sich ihr stellen. Das Gesetz aber gewährleistet *jedem* diese Freiheit, auch wenn er sie anders oder bewußt nicht (negative Religionsfreiheit) nützt (insoweit inhaltlich zutreffend OLG Stuttgart FamRZ 1991, 334). Allenfalls sollte der Richter die Chance nutzen, dem religiös von der Unscheidbarkeit der Ehe überzeugten Antragsgegner zu verdeutlichen, daß das Gericht nur in die vom Standesbeamten geschlossene „weltliche" Ehe eingreift (daher iE gegen eine dauerhafte Scheidungsverhinderung aus religiösen Gründen auch SOERGEL/HEINTZMANN Nachtrag Rn 50).

128 **cc)** Hiervon unabhängig kann der Antragsgegner durch seine **religiöse Überzeugung** ggf in einen psychischen Zustand geraten, der eine nicht steuerbare ausweglose Situation im Falle des Scheidungsausspruchs besorgen läßt. Dann aber ist nicht die religiöse Überzeugung, sondern dieser Zustand als außergewöhnlicher Umstand zu prüfen (zutreffend OLG Hamm FamRZ 1989, 1189).

h) **Schwere Schicksalsschläge**
129 Schwere Schicksalsschläge können außergewöhnliche Umstände begründen (SCHWAB/SCHWAB Teil II Rn 108; PALANDT/DIEDERICHSEN Rn 5).

aa) Solche Schicksalsschläge müssen in einem **zeitlichen Zusammenhang** mit der Phase des Scheiterns und der Scheidung der Ehe stehen (**aA** wohl SOERGEL/HEINTZMANN Nachtrag Rn 44: bei längerem Zurückliegen zwar außergewöhnlicher Umstand aber keine schwere Härte); außergewöhnlich iSd Härteklausel sind Schicksalsschläge nur, wenn die durch sie verursachte Belastung zu den Belastungen der Scheidung hinzutritt; nur dann können sie geeignet sein, im Zusammenhang mit dem Scheidungsausspruch eine schwere Härte auszulösen. Überdies wird nur bei aktuellen Schicksalsschlägen ein *Scheidungsaufschub* (zutreffend in einem solchen Fall zur zeitlichen Komponente: AG Mainz NJW-RR 1990, 780) sinnvoll sein, um dem Antragsgegner eine Überhöhung der psychischen Belastung zu ersparen. Als außergewöhnlicher Umstand ist daher zu Recht der *Unfalltod des Sohnes* gewertet worden (BGH NJW 1979, 1042; AG Mainz NJW-RR 1990, 779), wobei unerheblich ist, ob es sich um einen gemeinschaftlichen Abkömmling der Ehegatten handelt; die Außergewöhnlichkeit (und die schwere Härte) beurteilen sich aus dem Blickwinkel des Antragsgegners, allenfalls wäre bei der Abwägung der Interessen des Antragstellers zu berücksichtigen, wenn es sich um den plötzlichen Tod eines einseitigen Abkömmlings des Antragsgegners handelt. Auch ein **eigener schwerer Unfall** des Antragsgegners kann bei entsprechendem zeitlichem Bezug einen außergewöhnlichen Umstand bedeuten; insbesondere kann in diesem Fall auch eine heilbare, letztlich vorübergehende, wenn auch akut schwere Verletzung berücksichtigt werden, die als *Krankheit* ohne die schicksalhafte Komponente nicht geeignet wäre, die Härteklausel auszulösen (vgl AG Mainz NJW-RR 1990, 779). Dies zeigt wiederum deutlich den entscheidenden Gesichtspunkt; es handelt sich um einen Umstand, der geeignet ist, bei dem Antragsgegner das Maß des psychisch Erträglichen in Verbindung mit der Scheidung „zum Überlaufen" zu bringen.

bb) Hingegen sind nicht in diese Fallgruppe einzuordnen **frühere schwere gemein-** 130 **same Zeiten** oder eine **planmäßige Zerstörung der Ehe** durch den Antragsteller (so aber SOERGEL/HEINTZMANN Rn 32). Beiden Gesichtspunkten ermangelt der Bezug zum Zeitpunkt der Scheidung und damit die Eignung zur Verschlechterung der Situation den Antragsgegners aufgrund des Scheidungsausspruchs; es geht in der Fallgruppe der *Schicksalsschläge* grundsätzlich nicht um das Alleinlassen zu einer Zeit besonderer Schicksalsschläge, also nicht um eine moralische Würdigung des Verhaltens des Antragstellers. Ausschlaggebend ist die potentielle seelische Belastung des Antragsgegners durch den Schicksalsschlag in Verbindung mit der Scheidung. An dieser Kumulation fehlt es bei früheren schicksalhaften Lebenszeiten (zur Problematik der „planmäßigen Zerstörung der Ehe" oben Rn 88).

i) Gesellschaftliche Veränderungen
Die mit der Scheidung einhergehenden Veränderungen im gesellschaftlichen Umfeld 131 begründen keine außergewöhnlichen Umstände. Mögliche Auswirkungen auf das gesellschaftliche Ansehen oder die gesellschaftliche Einbettung (Bekannten-, Freundes-, Kollegen- und Geschäftspartner-Umfeld) gehen mit der Ehescheidung gewöhnlich einher und sind daher nicht außergewöhnlich (MünchKomm/WOLF Rn 51, vgl oben Rn 91).

k) Berufliche Auswirkungen
Ideelle berufliche Auswirkungen der Scheidung, insbesondere der Verlust der Stel- 132 lung als „Ehegatte des Chefs" in einem Familienunternehmen oder der Verlust einer

zum Lebensinhalt gewordenen beruflichen Stellung im Betrieb des Antragstellers begründen keine außergewöhnlichen Umstände (näher oben Rn 99).

5. Einzelfälle wirtschaftlicher außergewöhnlicher Umstände

133 a) Wirtschaftliche Folgen der Scheidung begründen **ganz überwiegend keine außergewöhnlichen Umstände**. Insbesondere sind Konsequenzen gesetzlicher **Scheidungsfolgenregelungen nie außergewöhnlich** (näher oben Rn 95 ff).

134 b) Keine außergewöhnlichen Umstände sind daher insbesondere **unterhaltsrechtliche Auswirkungen der Scheidung.**

aa) Die Scheidung kann nicht aufgrund des Unterhaltsgefälles zwischen dem **ehelichen** (§ 1361) und dem **nachehelichen** (§ 1569 ff) Unterhalt versagt werden (ROLLAND Rn 14; MünchKomm/WOLF Rn 55), umso weniger aufgrund unspezifischer Sorgen über eine wirtschaftliche Verschlechterung der Lage nach Scheidung (OLG Düssseldorf FamRZ 1978, 37; unzutreffend daher OLG Hamm FamRZ 1985, 189). Selbst wenn ein nachehelicher Unterhaltsanspruch nicht besteht oder der Antragsgegner **sozialhilfebedürftig** würde, ist dies kein außergewöhnlicher Umstand (MünchKomm/WOLF Rn 55), da die Wertungen des nachehelichen Unterhaltsrechts nicht über die Härteklausel korrigiert werden können. Die Korrektur von Härten und die Entscheidung, welcher Unterhaltsberechtigte im Mangelfall den Vorzug verdient, müssen dort getroffen werden (vgl §§ 1609 Abs 2, 1582). Keinesfalls kann eine spätere erneute Eheschließung und die sich daraus ergebenden unterhaltsrechtlichen Folgen durch die Härteklausel verhindert werden. Daß ein geschiedener Ehegatte wieder heiratet und auch Kinder hat – die im übrigen in gleicher Weise unterhaltsberechtigt wären, wenn sie bei bestehender Ehe neben dieser Ehe geboren werden, so daß die Kausalität zwischen Nachteil und Scheidungsausspruch fehlt – ist kein außergewöhnlicher Umstand im Gefolge einer Ehescheidung (MünchKomm/WOLF Rn 57; BGB-RGRK/GRASSHOF Rn 16).

135 bb) Auch zugunsten des **Antragsgegners** als **Unterhaltsschuldner** kann die Belastung mit nachehelichen Unterhaltsansprüchen des Antragstellers nicht als außergewöhnlicher Umstand verstanden werden. Zwar trifft es zu, daß die *scheidungsfolgenrechtlichen Härteklauseln* (§§ 1579, 1587 c) den Unterhaltsschuldner nicht immer hinreichend schützen (ERMAN/DIECKMANN Rn 14). Dies kann aber nicht über die scheidungsrechtliche Härteklausel kompensiert werden. Der Gesetzgeber ist vielmehr aufgerufen, das Scheidungsfolgenrecht wertungsstimmig – insbesondere nach dem Selbstverantwortungsprinzip – zu gestalten und kann nicht dadurch aus der Verantwortung entlassen werden, daß Gerichte wegen grober Unbilligkeit der gesetzlichen Scheidungfolgenregelungen eine gescheiterte Ehe nicht scheiden.

136 c) Verschlechterungen im Krankenversicherungsschutz sowie in der **Alters- und Hinterbliebenenversorgung** begründen keine außergewöhnlichen Umstände.

aa) Der Wegfall der **Familienhilfe** in der gesetzlichen Krankenversicherung, der **Beihilfe** von Beamtenangehörigen und die daraus folgende Notwendigkeit des Aufbaus eines eigenständigen Krankenversicherungsschutzes sind normale Folgen der Scheidung (MünchKomm/WOLF Rn 60; SOERGEL/HEINTZMANN Rn 40; ERMAN/DIECKMANN Rn 14; BGH NJW 1981, 2516 verneint nur die unzumutbare Härte; ebenso JOHANNSEN/HENRICH/

JAEGER Rn 28). Dadurch entstehende Prämiennachteile sind ggf unterhaltsrechtlich zu berücksichtigen. Das Risiko der Nichtversicherbarkeit von Vorerkrankungen und damit die Gefahr gravierender wirtschaftlicher Nachteile ist weitestgehend ausgeschlossen durch sozialversicherungsrechtliche Regelungen und die Geschäftsbedingungen der privaten Krankenversicherungen, die dem geschiedenen Ehegatten einen eigenen Eintritt in die gesetzliche Krankenversicherung oder eine Erweiterung seines Schutzes wegen Wegfalls der beamtenrechtlichen Beihilfe in der privaten Krankenversicherung ermöglichen.

bb) Der Wegfall der **Hinterbliebenenversorgung** ist normale Folge der Scheidung **137** (OLG Düsseldorf FamRZ 1980, 780; BGB-RGRK/GRASSHOF Rn 17; MünchKomm/WOLF Rn 60). Schwierigkeiten im Zusammenhang mit der Abwicklung des **Versorgungsausgleichs** sind nicht außergewöhnliche Umstände (BGH NJW 1985, 2713). Unbilligkeiten sind – wie im nachehelichen Unterhaltsrecht – spezifisch im Scheidungsfolgenrecht zu bereinigen (MünchKomm/WOLF Rn 60; SOERGEL/HEINTZMANN Rn 40; näher oben Rn 95). Der Umstand, daß der versorgungsausgleichsberechtigte Ehegatte ggf eine eigene Altersrente noch nicht erhält, wenn der Antragsteller vorverstirbt, obgleich er als Ehegatte in diesem Fall Hinterbliebenenversorgung erhielte, mag durchaus eine Härte sein. Diese Härte ist aber zurückzuführen auf die gesetzlichen Wertungen des Versorgungsausgleichs und daher ggf dort zu korrigieren – was partiell durch das VAHRG auch geschehen ist. Erst recht kann der Wunsch, bei einer zeitlich verzögerten Scheidung eine dem Antragsgegner günstigere Regelung des Versorgungsausgleichs zu erlangen, keinen außergewöhnlichen Umstand begründen (OLG Karlsruhe FamRZ 1989, 1304). Es liegt in der Natur des Versorgungsausgleichs, ist also nicht außergewöhnlich, daß mit längerer Ehedauer der nicht oder mit geringerer Versorgungsanwartschaft berufstätige Ehegatte Aussichten auf einen höheren Versorgungsausgleich erlangen würde.

d) Die Folgen der **vermögensrechtlichen** Auseinandersetzung der Ehegatten nach **138** Scheidung begründen als Scheidungsfolgenregelung keine außergewöhnlichen Umstände, zB, wenn der Antragsgegner zur Tilgung der Ausgleichsforderung Vermögen veräußern (OLG Hamm FamRZ 1989, 1190) oder infolge der Scheidung das Wohnhaus verlassen muß, in dem er den größten Teil seines Lebens verbracht hat (BGH NJW 1984, 2353). Unzuträglichkeiten muß (zu Unterhalt und Versorgungsausgleich vgl oben Rn 134, 137) die HausratVO, das eheliche Güterrecht, ggf – bei Gütertrennung – das Schuldrecht lösen.

e) **Materielle berufliche Konsequenzen** des Scheidungsausspruchs sind grundsätz- **139** lich nicht außergewöhnlich.

aa) Ist der Antragsgegner im Betrieb des Antragstellers oder gemeinsam mit diesem freiberuflich oder unternehmerisch tätig, so sind die wirtschaftlichen Folgen zwischen den Ehegatten nach dem Rechtsverhältnis auszugleichen, das ihrer beruflichen Zusammenarbeit zugrundeliegt (näher oben Rn 99; zu den ideellen Folgen auch oben Rn 132).

bb) Ausnahmsweise kann die Ehescheidung mittelbar dazu führen, daß der An- **140** tragsgegner seine berufliche Anstellung bei einem anderen Arbeitgeber verliert, insbesondere, wenn der Antragsgegner Ausländer ist und nach der Scheidung die

Gefahr der **ausländerrechtlichen Ausweisung oder Abschiebung** droht. Nicht selten wird vertreten, daß eine schwere Härte vorliegen kann, wenn dem Antragsgegner durch die Scheidung die Ausweisung und in seinem Heimatland die wirtschaftliche Existenzvernichtung droht (OLG Köln FamRZ 1995, 997; OLG Nürnberg NVwZ-RR 1996, 294; MünchKomm/WOLF Rn 52 a; offen gelassen von BGH NJWE-FER 1998, 73). Eine solche Folge der Ehescheidung ist jedoch kaum denkbar:

Die bloß mögliche Konsequenz, eine relativ gut bezahlte **Stellung in Deutschland zu verlieren** und im Heimatstaat wirtschaftliche Eingliederungsprobleme, insbesondere eine schlechtere Arbeitsmarktlage zu gewärtigen, kann jedenfalls außergewöhnliche Umstände nicht begründen (BGH NJWE-FER 1998, 73; OLG Karlsruhe NJW-RR 1990, 1476; OLG Köln FamRZ 1995, 997; PALANDT/DIEDERICHSEN Rn 6; ERMAN/DIECKMANN Rn 14; JOHANNSEN/HENRICH/JAEGER Rn 30). Immerhin wird der Antragsgegner regelmäßig wirtschaftliche Werte und berufliche Qualifikationen während der Ehezeit in Deutschland erworben haben, die ihm in aller Regel verbesserte Chancen in seinem Heimatland gewährleisten (BGH NJWE-FER 1998, 73). § 1568 kann schwerlich eine Lebensstandardgarantie für ausländische Ehegatten deutscher Staatsangehöriger enthalten.

Hinzu tritt regelmäßig, daß auch längerfristiges **Getrenntleben** zur **Beschränkung der Aufenthaltsgenehmigung** nach § 12 Abs 2 AuslG und schließlich zur Ausweisung des ausländischen Ehegatten eines Deutschen führen kann, so daß der Scheidungsausspruch für die wirtschaftlichen Folgen der Ausweisung nicht kausal wird (OLG Köln FamRZ 1995, 997; OLG Nürnberg NVwZ-RR 1996, 293, 294).

Die Gefahr einer **physischen Bedrohung bei Rückkehr in den Heimatstaat** (offen gelassen in BGH NJWE-FER 1998, 73) wird ebenfalls nicht im Rahmen der scheidungsrechtlichen Härteklausel zu lösen sein. Ist der Heimatstaat grundsätzlich willens, den Schutz des Antragsgegners vor (kriminellen) Übergriffen zu gewährleisten, so ergibt sich keine unzumutbare Härte daraus, daß das Leben in Deutschland sicherer sein mag. Ist der Heimatstaat hierzu nicht bereit, so ist die Frage des Schutzes des Antragsgegners im **Asylrecht** angemessen zu lösen.

Die Gefahr des **Verlustes der Bindungen zu einem gemeinsamen Kind**, die bei einer Ausweisung aus Deutschland häufig besteht, ist primär von der Seite des Kindeswohls und damit aus Sicht der Kinderschutzklausel zu betrachten; auf Seiten des betroffenen Elternteils kann im Einzelfall durchaus eine erhebliche Härte bestehen, die aber nicht außergewöhnlich ist und daher die Ehegattenschutzklausel nicht auslösen kann (OLG Köln FamRZ 1998, 827, 829).

141 e) Der Verlust der **erbrechtlichen Stellung** als Ehegatte ist systematische und notwendige Folge der Ehescheidung, also nicht außergewöhnlich (MünchKomm/WOLF Rn 61).

6. Schwere Härte

a) Art der Härte
142 aa) Die schwere Härte für den Antragsgegner stellt im Tatbestand der Härteklausel das **subjektive Moment** (MünchKomm/WOLF Rn 64; SOERGEL/HEINTZMANN Rn 41). Die Scheidung oder das Scheitern der Ehe wird regelmäßig von beiden Ehegatten als Härte

empfunden. Der Schutz durch die Härteklausel greift nur ein, wenn sich die Härte aus der Scheidung selbst ergibt, nicht aber aus der Trennung oder dem Scheitern (dazu oben Rn 87). Hinsichtlich der **Intensität** bedarf es einer schweren, dem Antragsgegner ausnahmsweise nicht zumutbaren Härte (BGH NJW 1979, 1042).

bb) Beurteilungsgrundlage des Härteempfindens ist die subjektive Persönlichkeit des **143** Antragsgegners in seiner konkreten Situation. **Maßstab der Beurteilung** ist daher vor allem die körperliche, geistige und seelische Veranlagung des Antragsgegners (BGH NJW 1979, 1042 mit Nachw; MünchKomm/WOLF Rn 64; BGB-RGRK/GRASSHOF Rn 21; SOERGEL/ HEINTZMANN Rn 42, zu weitgehend aber Nachtrag Rn 42, auch die religiöse Verwurzelung zu den die Persönlichkeit prägenden Empfindungen rechnend). Sie kann beruhen auf schweren seelischen, psychischen oder körperlichen Beeinträchtigungen (BGH NJW 1981, 2808). Das Gesetz mutet also dem Antragsgegner nicht nur die normalen Härten zu, die mit einer Scheidung verbunden sind; vielmehr kann sich auch der Antragsgegner nicht auf Härten berufen, die er selbst zu tragen imstande ist. Es bedarf also einer Prüfung, wie sich der Ausspruch der Scheidung auf den konkret betroffenen Antragsgegner auswirkt. In Konsequenz hiervon kommt die Härteklausel nur dem labilen Ehegatten zugute, nicht aber dem lebenstapferen, dem zugemutet wird, sich mit den Auswirkungen der Scheidung abzufinden (OLG Celle FamRZ 1978, 509; GERNHUBER/COE- STER-WALTJEN § 27 VI 5; **aA** AMBROCK FamRZ 1978, 899, der jedoch die Außergewöhnlichkeit der Umstände mit der schweren Härte vermengt, näher unten Rn 144).

b)   Verhältnis zu den außergewöhnlichen Umständen
aa)   Die schwere Härte kann erst geprüft werden, wenn **außergewöhnliche Umstände** **144** **festgestellt** sind. Das Gefühl tiefer Kränkung und seelischen Schmerzes führt also nicht zur Anwendung der Härteklausel, wenn es nur subjektiv empfunden wird, aber keine außergewöhnlichen Umstände im objektiven Sinn (oben Rn 91 ff) zugrundelie- gen. Ein allgemeiner Vortrag, die Scheidung treffe den Antragsgegner „seelisch schwer" reicht schon deshalb nicht aus, weil die seelische Betroffenheit kein außerge- wöhnlicher Umstand ist (vgl BGH NJW 1981, 2808; MünchKomm/WOLF Rn 62; SOERGEL/ HEINTZMANN Rn 45). Jedoch kann die psychische Befindlichkeit des Antragsgegners **selbst ein außergewöhnlicher Umstand** sein, wenn das subjektive Härteempfinden in einen psychischen Zustand mündet, den der Antragsgegner nicht mehr verantwort- lich beherrschen kann (dazu oben Rn 106 ff). In einem solchen Fall fließt der subjektive Tatbestand in den objektiven ein; die Feststellung außergewöhnlicher Umstände beinhaltet mit der Prognose des Verlusts der Steuerungsfähigkeit bereits die An- nahme einer schweren Härte (JOHANNSEN/HENRICH/JAEGER Rn 34).

bb)   Sind außergewöhnliche Umstände festgestellt, so kann die Annahme einer **145** schweren Härte auch auf Umstände gestützt werden, die **nicht unmittelbar mit diesen Umständen verbunden** sind. Häufig wird die Einstellung des Antragsgegners zur Ehe, der Verlauf der Ehe, die – wenn auch unbegründete – Hoffnung auf eine Aussöhnung gerade die subjektive Auswirkung mitprägen (vgl BGH NJW 1979, 1042; ROLLAND Rn 10; MünchKomm/WOLF Rn 63). Da der objektive Tatbestand der außergewöhnlichen Um- stände Sachverhalte ausgrenzt, in denen dem Antragsgegner die mit der Scheidung für ihn verbundene Härte auch bei übersteigerter Empfindsamkeit zuzumuten sind, ist der Tatbestand der schweren Härte nicht auf das Härtempfinden eines durch- schnittlichen Menschen in dieser Situation begrenzt (MünchKomm/WOLF Rn 64). Auch die **Mitverursachung des Scheiterns** durch den Antragsgegner schließt es nicht aus, daß er subjektiv das Scheitern als schwere Härte empfindet (zutreffend MünchKomm/WOLF Rn 64 gegen OLG Köln NJW 1982, 2262; dies kann jedoch eine Rolle für die Abwägung gegen die Belange des Antragstellers spielen).

146 cc) Eine **Vermutung**, daß außergewöhnliche Umstände zu einer schweren Härte führen, besteht nicht (MünchKomm/WOLF Rn 64). Fälle, in denen solche Umstände angenommen, eine schwere Härte aber nicht festgestellt wird, sind aber selten (vgl aber OLG Celle FamRZ 1978, 509). Das subjektive Empfinden des Antragsgegners ist letztlich nur schwer überprüfbar; liegen außergewöhnliche Umstände vor, so sollte die Feststellung der schweren Härte in der Regel *nicht mit Hilfe eines Sachverständigen* getroffen werden (aA JOHANNSEN/HENRICH/JAEGER Rn 34). Im Gegensatz dazu wird zur Feststellung außergewöhnlicher *psychisch bedingter* Umstände das Gericht kaum ohne sachverständige Beratung auskommen. Der Unterschied liegt darin begründet, daß nach Feststellung außergewöhnlicher Umstände für den Vortrag des Antragsgegners, diese begründeten für ihn eine schwere Härte, eine gewisse Wahrscheinlichkeit spricht.

147 c) Ist der Antragsgegner aufgrund **Geisteskrankheit** unfähig, die mit einer Scheidung seiner Ehe verbundenen Umstände emotional zu erfassen, so scheidet eine schwere Härte aus (MünchKomm/WOLF Rn 65; SOERGEL/HEINTZMANN Rn 46).

7. Ablehnung der Scheidung

148 a) Tatbestandlich setzt die Anwendung der Härteklausel voraus, daß der **Antragsgegner die Scheidung ablehnt.** Dies bedeutet nach dem Gesetzeswortlaut, daß der Antragsgegner der Scheidung nicht zustimmt und auch keinen eigenen Scheidungsantrag stellt und daß er dem Scheidungsantrag des Antragstellers entgegentritt. Die Ablehnung muß im Scheidungsverfahren gegenüber dem Richter erklärt werden (JOHANNSEN/HENRICH/JAEGER Rn 22; zu prozessualen Fragen unten Rn 170 ff).

149 b) Strittig (Nachweise hierzu BGH NJW 1981, 2516) war aufgrund der Gesetzgebungsgeschichte längere Zeit, ob darüber hinaus der Antragsgegner sich auch auf die Härteklausel berufen könne, wenn ihm die **innere Bindung** zur Ehe fehlt oder er nicht mehr die **Bereitschaft zur Wiederaufnahme der ehelichen Lebensgemeinschaft** hat.

aa) Der Vorschlag des *Bundesrates* (BT-Drucks 7/4694, 9), die Anwendung der Härteklausel von der inneren Bindung des Antragsgegners an die Ehe abhängig zu machen, ist nicht Gesetz geworden. Es sollte vermieden werden, daß der Antragsgegner innere Bindung heucheln müßte (BGH NJW 1981, 2516; BGH NJW 1985, 2531). Die Vermeidung von Härten kann durchaus auch dann sinnvoll sein, wenn der Antragsgegner **auf längere Sicht** an der Ehe nicht mehr festhalten will, aber die *kurzfristige Lage* für ihn eine schwere Härte bedeutet. Das wird vor allem bei Beteiligung wirtschaftlicher Härten denkbar sein, weil hier keine personale Beziehung zwischen den Ehegatten geschützt wird, sondern nur eine Wirtschaftsfunktion der Ehe (ähnlich MünchKomm/WOLF Rn 40: „Sozialfunktion"). Denkbar ist ein vorübergehendes Schutzbedürfnis ohne innere Bindung an die Ehe aber auch in Fällen schwerer Schicksalsschläge und Krankheiten (vgl BGH NJW 1985, 2531). Da die Härteklausel nicht den Schutz der Ehe als Institut bezweckt, sind Fälle vorstellbar, in denen der Schutz des Antragsgegners geboten ist, selbst wenn die Ehe als solche von beiden Ehegatten abgelehnt wird (vgl

BGB-RGRK/Grasshof Rn 25). Im Anschluß an zwei Entscheidungen des BGH (BGH NJW 1981, 2516; BGH NJW 1985, 2531) besteht nunmehr nahezu Einigkeit, daß das **Fehlen innerer Bindungen des Antragsgegners** an die Ehe *nicht von vorneherein* die Berufung auf die Härteklausel ausschließt (OLG Karlsruhe FamRZ 1990, 631; MünchKomm/Wolf Rn 40; Johannsen/Henrich/Jaeger Rn 22; Rolland Rn 7 a; Schwab/Schwab Teil II Rn 110; aA Palandt/Diederichsen Rn 8; Ambrock FamRZ 1978, 315 mit dem Vorwurf der Verfassungswidrigkeit einer Anwendung der Härteklausel ohne innere Bindung des Antragsgegners an die Ehe; aA wohl auch OLG Köln NJW 1982, 2262, die eheliche Gesinnung des Antragsgegners prüfend). Das gilt auch, wenn der Antragsgegner selbst die Trennung herbeigeführt hat, insbesondere, wenn dadurch eine endgültige Zerrüttung vermieden werden sollte (KG FamRZ 1983, 1135; Soergel/Heintzmann Rn 47).

bb) Fehlt dem Antragsgegner die Bereitschaft, die eheliche Lebensgemeinschaft **150** wiederherzustellen, so dürfte aber nur in Ausnahmefällen eine **schwere Härte** feststellbar sein (BGH NJW 1981, 2516; BGH NJW 1985, 2532; Dörr NJW 1989, 491). Das Empfinden der Scheidung als einer unzumutbaren Belastung wird selten gegeben sein, wenn der Antragsgegner eine eheliche Lebensgemeinschaft nicht mehr will. Daher wird in Fällen **immaterieller außergewöhnlicher Umstände** selten die Härteklausel ohne Ehebindung des Antragsgegners eingreifen (vgl aber insbes den Fall BGH NJW 1985, 2531; Schwab/Schwab Teil II Rn 111; MünchKomm/Wolf Rn 40; Johannsen/Henrich/Jaeger Rn 23).

cc) Von geringerer Bedeutung ist die Bindung des Antragsgegners an die Ehe für **151** die Berücksichtigung außergewöhnlicher **materieller Umstände**. In den selten relevanten Fällen, in denen die Aufrechterhaltung der Ehe aus wirtschaftlichen Gründen geboten sein mag, zielt der Schutz des Antragsgegners auf den Erhalt seiner wirtschaftlichen Lage ab. In solchen Fällen erscheint es noch weniger zwingend, eine innere Bindung des Antragsgegners zu verlangen (OLG Karlsruhe FamRZ 1990, 631; Schwab/Schwab Teil II Rn 111; MünchKomm/Wolf Rn 40; Johannsen/Henrich/Jaeger Rn 23). Es erscheint freilich aus anderen Gründen nicht unbedenklich, dem die eheliche Lebensgemeinschaft rundweg ablehnenden Antragsgegner die Berufung auf eine wirtschaftliche Härte zu gestatten. Sofern der Antragsgegner nicht zugleich immateriell schwer belastet wird, ist fraglich, ob sich nicht *treuwidrig* verhält, wer einerseits die materiellen Vorteile des formellen Ehebandes für sich reklamiert, andererseits aber die eheliche Lebensgemeinschaft nicht mehr aufnehmen will. Nicht selten wird in solchen Gestaltungen Rache das tragende Motiv sein; dem kann nur durch eine äußerst eingeschränkte Handhabung der Härteklausel in Fällen überwiegend wirtschaftlicher Härten vorgebeugt werden, da gerade der bewußt seine Emotion beherrschende Antragsgegner Ehefreundlichkeit unschwer heucheln könnte.

8. Berücksichtigung der Belange des Antragstellers

a) Berücksichtigung
Die Belange des Antragstellers sind zu berücksichtigen im Rahmen einer Abwägung **152** im Verhältnis zu der mit außergewöhnlichen Umständen zusammenhängenden schweren Härte für den Antragsgegner. Die Bestimmung grenzt die **berücksichtigungsfähigen Belange** des Antragstellers nicht ein, insbesondere sind *keine außergewöhnlichen Umstände* auf Seiten des Antragstellers erforderlich. Eine solche Begrenzung ist auch nicht deshalb geboten, weil die Interessen von Antragsteller und

Antragsgegner in einem vom Zerrüttungsprinzip geprägten Scheidungsrecht als *gleichwertig* zu behandeln sind. Ausgangspunkt ist nämlich das Scheitern der Ehe, so daß der Antragsteller sich grundsätzlich nicht auf besondere Belange und außergewöhnliche Umstände stützen müßte; der Scheidungsantrag ist eigentlich begründet. Die Abwägung greift daher in jeder **Kompensationslage**; auch Belange des Antragstellers, die gegenüber denen des Antragsgegners minder schwer wiegen, können die schwere Härte für den Antragsgegner so weit kompensieren, daß die Härteklausel nicht mehr eingreift, ohne daß es zu einem gleichwertigen Ausgleich kommen müßte (**aA** PALANDT/DIEDERICHSEN Rn 7: Überwiegen der Belange des Antragstellers). Je enger allerdings die Voraussetzungen an die außergewöhnlichen Umstände gesetzt werden, umso höher wird auch die Bedeutung der Belange des Antragstellers sein müssen, wenn diese geeignet sein sollen, die schwere Härte im Einzelfall zu kompensieren (JOHANNSEN/HENRICH/JAEGER Rn 36).

b) Gewicht

153 Die Belange des Antragstellers müssen aber **deutlich über das normale Interesse an der Scheidung** hinausgehen (BGB-RGRK/GRASSHOF Rn 26; MünchKomm/WOLF Rn 69). Das normale Interesse, aus der gescheiterten Ehe zu entkommen und ggf die Eheschließungsfreiheit wiederzuerlangen, wird gerade durch den Scheidungstatbestand des § 1565 Abs 1 abgedeckt, die Härteklausel läßt aber diesen Tatbestand zurücktreten, wenn in der Person des Antragsgegners die schwere Härte aufgrund außergewöhnlicher Umstände vorliegt.

Überdies kommen – ebenso wie dies für den Antragsgegner *mutatis mutandis* der Fall ist – nur solche Belange zugunsten des Antragstellers zur Abwägung, die durch den **Ausspruch der Scheidung für den Antragsteller vorteilhaft beeinflußt** werden. Günstige Positionen, die schon durch ein Getrenntleben erreichbar sind, bleiben ebenso außer Betracht wie Belange, die auch durch den Scheidungsausspruch nicht begünstigt werden (MünchKomm/WOLF Rn 68).

c) Immaterielle Belange

154 Immaterielle Belange des Antragstellers werden vorrangig dadurch betroffen, daß er **keine neue Ehe eingehen** kann (ROLLAND Rn 16).

aa) Nach einhelliger Ansicht genügt aber der bloße Wunsch, eine gegenwärtige **nichteheliche Verbindung** durch **Eheschließung** zu legalisieren, nicht, um eine bereits bejahte schwere Härte auszugleichen und die Härteklausel auszuschließen. Dem ist grundsätzlich beizupflichten, wenn man mit der hier vertretenen Ansicht sehr hohe Anforderungen an die tatbestandlichen Voraussetzungen der Härteklausel auf Seiten des Antragsgegners stellt. Dies gilt insbesondere, wenn Leib und Leben des Antragsgegners im Fall der Scheidung gefährdet wären (KG FamRZ 1983, 1135; SOERGEL/HEINTZMANN Rn 53 und Nachtrag Rn 53); der Antragsteller kann nämlich regelmäßig trotz Fortbestehens seiner Ehe *tatsächlich* in den Lebensverhältnissen leben, die er wünscht, sein Interesse an einer Eheschließung bewegt sich primär nur auf der Ebene der *Legalisierung* (KG FamRZ 1983, 1135; OLG Hamm NJW-RR 1989, 1159; ROLLAND Rn 16; JOHANNSEN/HENRICH/JAEGER Rn 36; ähnlich ERMAN/DIECKMANN Rn 15).

155 **bb)** Zu berücksichtigen sind dabei jedoch **besondere Umstände**. Grundsätzlich wird die Eingehung einer (intimen) Beziehung mit einem noch in einer gescheiterten Ehe

verheirateten Partner zwar von weiten Bevölkerungskreisen nicht als „Ehebruch" sittlich mißbilligt. Andererseits kann es für den Antragsteller wie für seinen neuen Partner erheblich mehr als eine bloße Zumutung bedeuten, wenn ihre Beziehung über Jahre hinweg als „nebenehelich" stattfinden muß. Dem Antragsteller kann beispielsweise ein beachtenswerter Belang durchaus daraus erwachsen, daß sein neuer Partner unter dem sozialen Druck von Familie und Umgebung die Beziehung mit einem Verheirateten nicht fortführen will. Dann ist nämlich die gesamte Lebensplanung des Antragstellers in Frage gestellt und nicht nur ein rechtliches Band.

cc) Beachtenswert ist dieser Gesichtspunkt überdies auch dann, wenn der Antrag- **156** steller eine neue Ehe nicht eingehen will, sondern mit seinem neuen Partner in einer **nichtehelichen Lebensgemeinschaft** leben möchte, der ggf im Einzelfall bestehende gesellschaftliche Makel der nichtehelichen Lebensgemeinschaft eines Noch-Verheirateten aber zu der beschriebenen Belastung führt (MünchKomm/Wolf Rn 68).

dd) Erst recht sind Belange zu berücksichtigen, die sich in dieser Konstellation aus **157** **zusätzlichen Härten** für den Antragsteller ergeben. Ist der Antragsteller **pflegebedürftig** und läuft er Gefahr, im Falle des Fortbestands der Ehe seinen neuen, ihn pflegenden Partner zu verlieren, so ist dies ein starker abwägungsfähiger Belang (BGB-RGRK/Grasshof Rn 26; MünchKomm/Wolf Rn 69; Johannsen/Henrich/Jaeger Rn 36).

Ähnlich ist es zu beurteilen, wenn aus der neuen Verbindung **Kinder hervorgegangen** sind (Gernhuber/Coester-Waltjen § 27 VI 5). Es besteht zwar nicht mehr ein formales Statusinteresse; da aber das Familienrecht Kindern nicht verheirateter Eltern im Verhältnis zum Vater nicht gänzlich dieselbe Stellung einräumt wie Kindern verheirateter Eltern, bleibt jedoch ein Interesse des Kindes an Absicherung der rechtlichen Beziehung seiner Eltern anzunehmen. In diesem Fall hat das Wohl der Kinder als Belang des Antragstellers gegenüber den Interessen des Antragsgegners erhebliche Bedeutung (zurückhaltend: MünchKomm/Wolf Rn 69). Soweit aber die Rechtslage es erlaubt, das Kindeswohl auch ohne Scheidung des noch verheirateten Elternteils zu wahren – was nach Feststellung der wirklichen Abstammung seit dem 1.7.1998 im Falle einer Sorgeerklärung nach § 1626 a Abs 1 Nr 1 der Fall ist –, gehen diese Belange regelmäßig den Interessen des Antragsgegners *nicht* vor (BGB-RGRK/Grasshof Rn 26). In Betracht kommen vor allem Fälle, in denen die Mutter die elterliche Sorge wegen der noch bestehenden anderweitigen Ehe des Vaters des Kindes nicht mit diesem teilen will.

ee) **Unabweisbar** werden die Belange des Antragstellers dann, wenn auf seiner Seite **158** wenigstens gleich starke Interessen berührt sind. Dies ist nicht nur dann der Fall, wenn der Antragsteller eine neue Ehe eingehen möchte und besonders schwerwiegende Belange hinzukommen, sondern grundsätzlich, wenn die Versagung der Scheidung für ihn eine annähernd gleichschwere Härte bedeutet wie der Ausspruch der Scheidung für den Antragsgegner.

α) Eine solche Situation ist zu bejahen, wenn der Antragsteller aufgrund einer **159** **schweren Krankheit** im Falle eines Scheidungsaufschubs keine Aussicht mehr hätte, seinen neuen Partner noch zu heiraten, ehe er seiner Krankheit erliegt (OLG Hamm NJW-RR 1989, 1159 [dort wurde die entsprechende schwere Härte für den Antragsgegner offen gelassen]; Soergel/Heintzmann Nachtrag Rn 50; ähnlich Johannsen/Henrich/Jaeger Rn 36).

Die dem Antragsteller mit der Versagung genommene reale Chance, jemals zu Lebzeiten noch geschieden zu werden, bedeutet für diesen eine Perspektivlosigkeit, die über jedes Interesse des Antragsgegners an der Scheidung hinausgeht.

160 β)   Dies gilt auch, wenn die Gefahr besteht, daß der Antragsteller **Selbstmord** begeht, wenn ihm die Scheidung versagt wird (MünchKomm/Wolf Rn 68). Insoweit sind an die Feststellung der Ernstlichkeit dieselben Anforderungen zu stellen, wie hinsichtlich des Antragsgegners (oben Rn 97 ff). Liegen bei beiden Parteien Selbstmordgefahren vor, so greift die Härteklausel nicht ein; zumal auf seiten des Antragstellers eine gleichschwere Härte nicht erforderlich ist, ist in diesem Fall die Härte für den Antragsgegner kompensiert, so daß der Grundsatz der Scheidung der gescheiterten Ehe vorgeht.

161 ff)   Ein solcher Abwägungsvorrang kann aber auch bereits auf erheblich weniger brisanten Interessenebenen eingreifen: Die Anwendung der Härteklausel zugunsten eines **suchtkranken** Antragsgegners scheidet – abgesehen davon, daß außergewöhnliche Umstände vorliegen müßten – schon dann aus, wenn dem Antragsteller aufgrund der leidvollen Erlebnisse mit der Sucht des Antragsgegners während der Ehe ein weiterer Fortbestand des Ehebandes nicht zumutbar ist, weil dies über die Kräfte des Antragstellers ginge (OLG Schleswig FamRZ 1977, 804).

162 gg)   Dies gilt auch, wenn Umstände vorliegen, die eine **unzumutbare Härte iSd § 1565 Abs 2** für den Antragsteller begründen; in solchen Fällen muß nicht immer schon die Außergewöhnlichkeit der Umstände oder das Gefühl der Härte für den Antragsgegner zu verneinen sein (zweifelnd MünchKomm/Wolf Rn 68). Jedenfalls aber ist der maßgebliche Umstand zugunsten des Antragstellers in die Abwägung einzubeziehen.

Abzuwägen sind auch **sonstige Scheiternsursachen**, die noch nicht die Intensität einer unzumutbaren Härte nach § 1565 Abs 2 erreichen, wenn etwa der Antragsgegner die Ehe durch Fehlverhalten (Alkoholmißbrauch) zerstört hat und der Antragsteller erst nach längeren Bemühungen um die Rettung der Ehe sich zum Scheidungsantrag entschlossen hat (BGB-RGRK/Grasshof Rn 26).

d)   Wirtschaftliche Belange
163 aa)   Wirtschaftliche Belange des Antragstellers sind **berücksichtigungsfähig**. Fraglich erscheint jedoch angesichts der höchst eingeschränkten Relevanz solcher Umstände zugunsten des Antragsgegners, ob wirtschaftliche Belange auch zugunsten des Antragstellers nur in diesem eingeschränkten Umfang Berücksichtigung finden dürfen. Teilweise wird dies angenommen, so daß insbesondere wirtschaftliche Veränderungen, die das **Scheidungsfolgenrecht** erfaßt, nicht in die Abwägung eingestellt werden sollen (MünchKomm/Wolf Rn 70). Das läßt sich nicht zwingend aus einer gleichmäßigen Berücksichtigung beidseitiger Belange herleiten: Das Scheidungsfolgenrecht hat die Aufgabe, die Folgen der *Scheidung* zu regeln, gleicht also die wirtschaftlichen Umstände, die den Antragsgegner aufgrund von Scheidungsfolgen anläßlich der Scheidung treffen, aus. Das Scheidungsfolgenrecht regelt aber *nicht* die Unbilligkeiten der *Nichtscheidung*. Der Antragsteller leidet ggf nicht unter Scheidungsfolgen, sondern gerade unter *Nichtscheidungs-Folgen;* er muß gewärtigen, daß die weitere Ehezeit zu einem höheren Versorgungsausgleich führt, er verliert ehegüterrechtlich jedenfalls den Vorteil der Bestimmung des Berechnungszeitpunkts nach § 1384 und muß mit

einem vorzeitigen Zugewinnausgleich abwarten, bis die Ehegatten drei Jahre getrennt leben (§ 1385), er hat ggf Trennungsunterhalt und nicht (nur) nachehelichen Unterhalt zu leisten und der Antragsgegner kann nach ihm pflichtteilsberechtigt werden. Diese Probleme gleicht das Scheidungsfolgenrecht nicht aus, so daß sie durchaus in die Abwägung einzustellen sind.

bb) Ob solche Belange die Schwere einer Härte entscheidend mindern, hängt von **164** den Fallumständen ab; generell ist dies nicht ausgeschlossen (wohl aA ROLLAND Rn 17; MünchKomm/WOLF Rn 70, der ein „Aufwiegen" verlangt), da die Belange nicht der schweren Härte gleichgewichtig, sondern nur im Verhältnis zu ihr bedeutsam sein müssen.

cc) In Betracht kommt ein Durchgreifen der Belange des Antragstellers vor allem **165** dann, wenn der Antragsgegner Anstalten macht, sich seine dem Gericht dargetane **immaterielle schwere Härte abkaufen** zu lassen. Die Erfahrung lehrt, daß immaterielle schwere Härten häufig keineswegs für den Antragsgegner so unüberwindbar sind, wie er dem Gericht zu vermitteln vermag. In manchem Fall heilt nicht die Zeit die Wunden der Härte, sondern Geld (vgl den empörenden Ausgang des Vorlagebeschlusses AG Sulingen FamRZ 1977, 793, der in FamRZ 1979, 512 berichtet wird; wenn eine Antragsgegnerin ein Gericht dadurch mißbraucht, daß es den Richter zu überzeugen vermag, die Ehescheidung bedeute trotz fünfjährigen Getrenntlebens für sie eine in verfassungswidrigem Maße schwere Härte [was in jener frühen, rechtspolitisch motivierten Entscheidung im übrigen nicht einmal mit der gehörigen Sorgfalt festgestellt wurde, vgl treffend LÜKE NJW 1978, 139], nur um sich dann den Ehemann von dessen neuer Lebensgefährtin abkaufen zu lassen, so ist das ein verwerflicher Mißbrauch der Härteklausel). Hier muß das Gericht die Geringschätzung, die der Antragsgegner seinen eigenen „immateriellen" Härten beimißt, indem er sie versilbert, in die Abwägung einstellen. Jedenfalls in dem Zeitpunkt, in dem der Antragsgegner seine schwere Härte zu verkaufen bereit ist, ist der Schluß zulässig, daß eine schwere Härte nicht (mehr) vorliegt (MünchKomm/WOLF Rn 81). Im übrigen dürfte eine solche finanzielle Leistung als Entgelt für die Scheidungsbereitschaft sittenwidrig sein (einschränkend GERNHUBER/COESTER-WALTJEN § 26 I 7).

Anders ist es zu beurteilen, wenn der Antragsgegner eine schwere materielle Härte vorbringt und der Antragsteller diese ausgleicht, weil dann die finanzielle Leistung des Antragstellers ein geeignetes Mittel zur Milderung der schweren Härte ist. Hier wird die schwere Härte nicht unglaubwürdig, sie entfällt aber gerade durch die Kompensation des wirtschaftlichen Nachteils.

9.   Aufrechterhaltung „geboten"

Die Aufrechterhaltung der Ehe muß „geboten" sein. Im Zusammenhang mit den die **166** Härteklausel einschränkenden Gesichtspunkten der *außergewöhnlichen Umstände,* *schweren Härte,* des in der Vokabel *„ausnahmsweise"* zum Ausdruck kommenden besonderen Ausnahmecharakters und der Abwägung gegen *Belange des Antragstellers* kommt dem Begriff „geboten" keine die Anwendung der Norm maßgeblich beeinflussende Aufgabe zu. Selbstverständlich ist bereits aufgrund des Ausnahmecharakters, daß es nicht genügt, wenn die Aufrechterhaltung der Ehe nur nützlich, zweckmäßig oder von irgendeinem Standpunkt wünschenswert ist (ROLLAND Rn 12). Andererseits ist fraglich, ob „geboten" einen geringeren Grad der Erforderlichkeit beschreibt als *„notwendig"* iSd Kinderschutzklausel (so PALANDT/DIEDERICHSEN Rn 8).

Eine solche Abstufung erscheint mit den Zwecken der Härteklausel im Verhältnis zur Kinderschutzklausel nicht vereinbar; der Schutz der Kinder kann nicht erst auf einem höheren Grad der Erforderlichkeit einsetzen. Vielmehr bedeutet „geboten" eher einen gesteigerten Grad der Notwendigkeit; die Situation muß die Aufrechterhaltung der Ehe (ausnahmsweise) **gebieten**, eine andere Entscheidung darf nicht in Betracht kommen.

10. Zeitliche Grenzen der Ehegattenschutzklausel

167 a) Nach Aufhebung von Abs 2 setzt die Dauer des Getrenntlebens der Anwendung der Härteklausel **keine absolute Grenze** mehr. Der Wortlaut („solange") macht aber weiterhin deutlich, daß die Regelung nicht der Verhinderung der Scheidung auf Dauer (zur Problematik des Normzwecks oben Rn 11 ff) dient. Schon vor Aufhebung des Abs 2 aF wurde zu Recht der zeitliche Verlauf des Getrenntlebens in der Abwägung berücksichtigt (OLG Schleswig FamRZ 1977, 804). Bei der Anwendung der Härteklausel ist zu berücksichtigen, daß nach dem vom Gesetz vorausgesetzten Verständnis und der Lebenserfahrung sich auch schwere Härten mit dem Lauf der Zeit *abschwächen* (OLG Hamm FamRZ 1985, 191; MünchKomm/WOLF Rn 41; JOHANNSEN/HENRICH/JAEGER Rn 35); eine ursprünglich bestehende schwere Härte wird regelmäßig nach einer längeren Dauer des Getrenntlebens die Härteklausel nicht mehr rechtfertigen (einschränkend MünchKomm/WOLF Rn 72 aE). Oft wird es zum Eingreifen der Härteklausel schon deshalb nicht kommen, weil die meisten Härten schon nach Ablauf der dreijährigen Vermutungsfrist des § 1566 Abs 2 an Bedeutung verloren haben dürften (DÖRR NJW 1989, 491). Haben die Voraussetzungen einmal vorgelegen und ist deshalb der Scheidungsantrag abgewiesen worden, so schützt dies den Antragsgegner nicht dauerhaft und nimmt ihm insbesondere nicht die Verantwortung ab, sich auf die Lage einzustellen (OLG Hamm FamRZ 1985, 191; vgl auch OLG Hamm FamRZ 1989, 1189 „Der AGg hatte somit genügend Zeit ..."; diesen Aspekt der Gewöhnung betonen auch GERNHUBER/COESTER-WALTJEN § 27 VI 5).

168 b) Die **Zielsetzung** der Härteklausel, dem Antragsgegner eine **Gewöhnungsfrist** zu gewähren, ist nach Wegfall der absoluten Befristung dadurch zu verwirklichen, daß mit zunehmender Trennungsdauer umso sorgsamer geprüft wird, ob für den Antragsteller eine Härte *noch* vorliegt, die einen Aufschub der Scheidung rechtfertigt. Grundsätzlich kann die Aufrechterhaltung einer gescheiterten Ehe nicht als wünschenswerter Zustand angesehen werden (JOHANNSEN/HENRICH/JAEGER Rn 35). Je länger die Trennung dauert, umso höhere Anforderungen sind an das Eingreifen der Härteklausel zu stellen (AG Mainz NJW-RR 1990, 779; SCHWAB/SCHWAB Teil II Rn 112; JOHANNSEN/HENRICH/JAEGER Rn 35).

Das bedeutet nicht nur, daß anläßlich eines erneuten Scheidungsantrags der Gewöhnungseffekt zu berücksichtigen ist. Liegt vielmehr eine Härte vor, die sich auch durch einen langfristigen Scheidungsaufschub *kaum noch verändert*, so darf der Scheidungsantrag nicht mehr (abweichend MünchKomm/WOLF Rn 41: in extremen Ausnahmefällen – welche sollten dies sein?) abgewiesen werden, da sonst die Ehe in verfassungswidriger Weise zu Lasten des Antragstellers (oben Rn 11) unscheidbar würde. Keinesfalls können die unabänderlichen wirtschaftlichen und statusbedingten Interessen einer im Betrieb des Mannes mitarbeitenden Frau eine lebzeitig unscheidbare Ehe begründen (so aber SCHWAB/SCHWAB Teil II Rn 112). Nimmt man in solchen Fällen überhaupt außergewöhnliche Umstände und eine schwere Härte an (oben Rn 99, 132, 139), so besteht gerade für wirtschaftlich und psychosozial veranlaßte Härten eine hohe Anforderung an die Umstellungsbereitschaft des Antragsgegners.

c) Besondere Bedeutung kommt für die angemessene zeitliche Begrenzung der **169** Härteklausel der **Abwägung der Belange des Antragsgegners** zu. Ist die Härte dergestalt, daß sich der Antragsgegner, ggf mit therapeutischer Hilfe, an die veränderte Lage gewöhnen kann, so erlangen die Belange des Antragstellers, insbesondere seine Freiheitsinteressen (dazu oben Rn 154 ff) mit Zeitablauf umso höheres Gewicht. Wirkt diese immanente Begrenzung ausnahmsweise nicht, so schwächt sich die Bedeutung der Härte für den Antragsgegner doch *im Verhältnis* zu den Belangen des Antragstellers ab (MünchKomm/WOLF Rn 64, 72), weil deren Bedeutung mit der Zeitdauer *wächst*, so daß letztlich auch in diesen Fällen die Belange des Antragstellers überwiegen. In aller Regel wird nach einer **fünfjährigen Trennungsdauer** die Härteklausel verbraucht sein (AG Mainz NJW-RR 1990, 780; MünchKomm/WOLF Rn 72; aA SCHWAB/SCHWAB Teil II Rn 112 keine Orientierung an der Fünfjahresfrist), wenn die sie begründenen Umstände bereits im Zeitpunkt der Trennung vorgelegen haben, die Gewöhnung also einsetzen konnte.

11. Geltendmachen, Beweislast

a) Obgleich es sich auch bei der Ehegattenschutzklausel um eine von Amts wegen **170** zu *beachtende* Einwendung handelt (oben Rn 24), hat der Gesetzgeber für die außergewöhnlichen Umstände, welche die Ehegattenschutzklausel begründen, den für eheerhaltende Tatsachen geltenden **Amtsermittlungsgrundsatz (§ 616 Abs 2 ZPO) ausgeschlossen.** Gemäß § 616 Abs 3 ZPO ist erforderlich, daß der Antragsgegner zu den außergewöhnlichen Umständen und zur schweren Härte (SOERGEL/HEINTZMANN Rn 56; JOHANNSEN/HENRICH/JAEGER Rn 37; aA MünchKomm/WOLF Rn 75, nur zu den außergewöhnlichen Umständen) Einzelheiten vorträgt, also die Voraussetzungen der Härteklausel substantiiert behauptet; der allgemeine Hinweis, den Antragsgegner werde die Scheidung schwer belasten, reicht nicht aus, um Ermittlungen von Amts wegen auszulösen (BGH NJW 1981, 2516; BGH NJW 1981, 2809; SOERGEL/HEINTZMANN Rn 56; MünchKomm/WOLF Rn 75; oben Rn 24). Will das Gericht nach Vortrag des Antragsgegners die Härteklausel anwenden, ist dem Antragsteller Gelegenheit zu geben, sich dazu zu äußern (MünchKomm/WOLF Rn 76).

b) Strittig ist, ob die Berufung auf die Härteklausel durch Vortrag außergewöhn- **171** licher Umstände und Härtegrundlagen dem **Anwaltszwang** unterliegt. Für den Anwaltszwang (§ 78 Abs 2 S 1 Nr 1 ZPO) soll sprechen, daß eine § 630 Abs 2 S 2 ZPO (Zustimmung iSd § 1566 Abs 1) entsprechende Befreiung vom Anwaltszwang fehlt und § 616 Abs 3 ZPO Amtsermittlungen ausschließt (JOHANNSEN/HENRICH/JAEGER Rn 38; ROLLAND Rn 24). Dem ist aber entgegenzuhalten, daß die Berufung auf außergewöhnliche Umstände **keine Prozeßhandlung** bedeuten muß (das aber legt ROLLAND aaO zugrunde [Doppelnatur, Rn 23]; zurückhaltender JOHANNSEN/HENRICH/JAEGER aaO: „gerichtliche Prüfung bestimmende Kraft"); § 616 Abs 3 ZPO schließt **nur die Amtsermittlung** aus, nicht aber die Verwertung der außergewöhnlichen Umstände durch das Gericht. Die Berufung auf die Voraussetzungen der Härteklausel ist nach dem mit § 616 Abs 3 ZPO verbundenen Zweck **materieller Natur.** Es soll der Entscheidung des Antragsgegners vorbehalten bleiben, ob er sich die Härteklausel zunutze macht, weil diese nur ihn schützt; der entsprechende Vortrag ist also materiellrechtlicher Natur und daher auch im Anwaltsprozeß durch die Partei selbst möglich (im Ergebnis wie hier: SCHWAB FamRZ 1976, 506; BGB-RGRK/GRASSHOF Rn 36; MünchKomm/WOLF Rn 75; ERMAN/DIECKMANN Rn 21; ZÖLLER/PHILIPPI § 616 ZPO Rn 6; JOHANNSEN/HENRICH/SEDEMUND-TREIBER § 616 ZPO Rn 6). In Kenntnis der Umstände muß das Gericht dann von Amts wegen die Härteklausel prüfen.

172 c)   In der **Revisionsinstanz** kann der Antragsgegner keine neuen Tatsachen vortragen, welche die Härteklausel begründen. Er kann sich aber erstmals auf die Härteklausel berufen, wenn er sich dazu auf Tatsachen bezieht, die das Berufungsgericht bereits festgestellt hat (BGB-RGRK/GRASSHOF Rn 40; MünchKomm/WOLF Rn 77; ROLLAND Rn 24 lehnt die Zulässigkeit der Einführung der Härteklausel wohl ebenfalls nur bei neuem Tatsachenvortrag ab).

173 d)   Die **Beweislast** für das Vorliegen der Voraussetzungen der Härteklausel trägt der Antragsgegner. Bleibt zweifelhaft, ob die vorgetragenen Tatsachen zutreffen, die außergewöhnliche Umstände und für den Antragsgegner eine schwere Härte bedeuten sollen, ist die Ehe zu scheiden (ERMAN/DIECKMANN Rn 21; JOHANNSEN/HENRICH/JAEGER Rn 42).

Ist zweifelhaft, ob aufgrund nachgewiesener Umstände außergewöhnliche Umstände vorliegen oder eine schwere Härte besteht, hat also das Gericht aufgrund der nachgewiesenen Tatsachen Zweifel hinsichtlich deren **Wertung**, so geht dies zu Lasten des Antragsgegners, die Ehe ist zu scheiden (OLG Karlsruhe FamRZ 1990, 631; MünchKomm/WOLF Rn 79; JOHANNSEN/HENRICH/JAEGER Rn 42; ROLLAND Rn 44; SOERGEL/HEINTZMANN Rn 56).

Für **Belange des Antragstellers** gilt entsprechendes: Die Beweislast für das Vorliegen solcher Belange trägt der Antragsteller; sind Tatsachen, die er vorträgt, nicht erweislich, so greift – wenn die Voraussetzungen im übrigen bestehen – die Härteklausel ein (MünchKomm/WOLF Rn 79). Bestehen hingegen **Abwägungszweifel**, so greift die Härteklausel nicht durch. Dies trägt dem Umstand Rechnung, daß eine gescheiterte Ehe nur aufrechtzuerhalten ist, wenn die Aufrechterhaltung – zweifelsfrei – geboten ist.

12.   Disposition und Vereinbarungen über die Härteklausel

174 a)   Strittig ist, ob ein Ehegatte vor oder im Scheidungsprozeß sich **wirksam verpflichten** kann, die Härteklausel nicht geltend zu machen. Unstreitig können die Ehegatten nicht **vor Entstehen der Härtegründe** wirksam über das Recht des Antragsgegners disponieren, gemäß § 616 Abs 3 ZPO außergewöhnliche Umstände vorzutragen, die zum Eingreifen der Härteklausel führen (JOHANNSEN/HENRICH/JAEGER Rn 35; MünchKomm/WOLF Rn 81; ROLLAND Rn 21). Eine Ansicht will jedoch entsprechend den Grundsätzen über den Verzicht auf den entstandenen Scheidungsanspruch (BGHZ 97, 304) einen Verzicht auf die Geltendmachung der Härteklausel für im Zeitpunkt des Verzichts bekannte Härtegründe als wirksam ansehen (MünchKomm/WOLF Rn 81). Die überwiegende Gegenansicht lehnt auch dies ab, da der Antragsgegner bis zum Eintritt der Rechtskraft der Scheidung frei sein müsse, sich auf die ihn schützende Härteklausel zu berufen (ROLLAND Rn 21; BGB-RGRK/GRASSHOF § 1564 Rn 22; JOHANN-

SEN/HENRICH/JAEGER Rn 40 und § 1564 Rn 35; GERNHUBER/COESTER-WALTJEN § 25 Nr 6, die aber auch den Verzicht auf einen entstandenen Scheidungsanspruch nicht zulassen wollen). Erstgenannter Ansicht ist zu folgen: Zwischen dem Verzicht auf ein bereits entstandenes Scheidungsrecht (§ 1564 Rn 42 f) und dem Verzicht auf einen bereits entstandenen Härtegrund ist nicht zu differenzieren. Der Umstand, daß die Härteklausel potentiell eheerhaltend wirkt, der Scheidungsanspruch hingegen eheauflösend, bewirkt nicht die Unzulässigkeit des Verzichts auf die Härteklausel; die Eheerhaltung ist nur Mittel zum Schutz des Antragsgegners. Dieser kann, soweit bereits ein überschaubarer Härtegrund vorliegt, auf dessen Geltendmachung verzichten. Als **Folge** des wirksamen Verzichts kann insoweit das Gericht die dennoch geltenden Umstände nicht verwerten und die Härteklausel nicht *aufgrund dieser Umstände* anwenden (MünchKomm/WOLF Rn 82).

b)   Eine **Rücknahme der im Prozeß geltendgemachten Ehegattenschutzklausel** kann   **175** jederzeit erfolgen.

aa)   **Anwaltszwang** besteht hierzu nicht, selbst wenn man die Berufung auf die Härteklausel auch als Prozeßhandlung sieht (oben Rn 171; ROLLAND Rn 26; JOHANNSEN/ HENRICH/JAEGER Rn 39; MünchKomm/WOLF Rn 78; ERMAN/DIECKMANN Rn 21). Jedenfalls entzieht nämlich die Rücknahme der (auch) materiellrechtlichen *Berufung auf die Härteklausel* die Grundlage; außerdem wird das Gericht kaum eine *schwere Härte feststellen* können, wenn der Antragsgegner rein tatsächlich den Schutz der Härteklausel nicht (mehr) wünscht.

bb)   Fraglich ist, ob diese Rücknahme auch in der Revisionsinstanz möglich ist. Das   **176** wird überwiegend bejaht (MünchKomm/WOLF Rn 78; ROLLAND Rn 27), unter Hinweis auf § 561 ZPO teilweise aber in Frage gestellt (ERMAN/DIECKMANN Rn 21). Soweit man die Berufung auf die Härteklausel auch als Prozeßhandlung ansähe, bedeutet zwar die Rücknahme eine auch in der Revisionsinstanz zulässige Prozeßhandlung, die der Berufung auf die Härteklausel die Grundlage entzieht. Als Prozeßhandlung unterläge die Rücknahme jedoch dem Anwaltszwang. Damit kann nach beiden Ansichten relevant werden, ob auch die *materiellrechtliche Wirkung* rücknehmbar ist. Dies ist in Ausnahme zu § 561 ZPO zu bejahen, da die Rücknahme insoweit zwar Tatsache ist, aber des Beweises nicht bedarf (ROLLAND Rn 27).

c)   Eine **zurückgenommene** Berufung auf die Härteklausel kann bis zum Schluß der   **177** mündlichen Verhandlung in der Tatsacheninstanz erneut eingeführt werden (ROLLAND Rn 28; JOHANNSEN/HENRICH/JAEGER Rn 39).

VI.   Rechtskraft – erneuter Scheidungsantrag

1.   Die Anwendbarkeit der Härteklausel bezieht sich immer nur auf den Zeitpunkt   **178** der letzten Tatsachenverhandlung; wird der Scheidungsantrag aufgrund von § 1568 abgewiesen, so erwächst nur die **auf diesen Zeitpunkt** bezogene Feststellung in Rechtskraft. Ein neuer Scheidungsantrag ist also nicht nur **zulässig**, wenn der Antragsteller **neue Tatsachen iSd Tatbestands der Härteklausel** vorträgt, die ggf in Verbindung mit den früheren Tatsachen geeignet sind, zu einer Neubewertung und zur Nichtanwendung der Härteklausel zu führen (SCHWAB/SCHWAB Teil II Rn 95; ERMAN/DIECKMANN Rn 20; MünchKomm/WOLF Rn 84, § 1564 Rn 91); es genügt vielmehr, wenn der Antragsteller vorträgt, aufgrund der seit der letzten Tatsachenverhandlung abgelaufenen **Zeit-spanne** müßten die im übrigen nicht veränderten Tatsachen anders bewertet werden; auch die Zeitspanne ist in diesem Zusammenhang materiellrechtlich von Relevanz und somit im Sinne der Rechtskraftwirkung eine neue Tatsache (ERMAN/DIECKMANN Rn 20). Dies folgt daraus, daß die Abwägung der Belange des Antragstellers gegen die schwere Härte für den Antragsgegner nach längerer Zeit schließlich zugunsten des Antragstellers ausfallen muß, insbesondere dann, wenn dem Antragsgegner durch einen weiteren Scheidungsaufschub ohnedies nicht zu helfen ist.

179 **2.** Feststellungen im antragsabweisenden Urteil über die **Dauer des Eingreifens der Härteklausel** sollten jedoch sowohl zugunsten wie zulasten beider Parteien in die Rechtskraft einbezogen werden. Verfahrensrechtlich problematisch ist hierbei allerdings die Konstruktion einer Bindung an Feststellungen des Gerichts, wonach die Härteklausel zu einem **bestimmten Zeitpunkt endet** (ERMAN/DIECKMANN Rn 20), weil insoweit ein Umstand betroffen ist, der die Antragsabweisung nicht trägt, sondern zugunsten des Antragstellers in Rechtskraft erwachsen müßte.

180 **3.** Auf **veränderte Tatsachen** – mit Ausnahme des Zeitfaktors – kann jedoch ein neuer Scheidungsantrag vor Fristablauf oder eine neue Anwendung der Härteklauseln nach Fristablauf gestützt werden. Die Feststellung, die Ehegattenschutzklausel verhindere die Scheidung endgültig, begründet jedenfalls ein Rechtsmittel, da es mit dem Gesetzeszweck nicht übereinstimmt, eine solche – unzutreffende – Feststellung zu treffen. Erwächst das Urteil in Rechtskraft, so muß der Zeitablauf dennoch als **neue Tatsache** behandelt und damit ein erneuter Scheidungsantrag zugelassen werden; das Erstgericht kann nämlich nicht mit Rechtskraft feststellen, daß das Zweitgericht bestimmte Tatsachen (hier den Zeitablauf) nicht verwerten darf (im Ergebnis ebenso ERMAN/DIECKMANN Rn 20).

Verordnung über die Behandlung der Ehewohnung und des Hausrats (HausratsVO)

vom 21. Oktober 1944 (RGBl I 256/BGBl III 404 – 3), zuletzt geändert durch das Gesetz zur Neuordnung des Eheschließungsrechts vom 1. Juli 1998 (BGBl I 833).

Einleitung zur HausratsVO

Schrifttum

Amtliche Begründung DJ 1944, 278

BERGERFURTH, Zur geplanten Änderung des Eherechts: Anwaltszwang – Prozeßkostenhilfe – Zuweisung der Ehewohnung, FamRZ 1985, 545

BOSCH, Zur Neuordnung des ehelichen Güterrechts, FamRZ 1954, 149

BRUDERMÜLLER, Die Zuweisung der Ehewohnung an einen Ehegatten, FamRZ 1987, 109

ders, Wohnungszuweisung und Ausgleichszahlung, FamRZ 1989, 7

ders, Wohnungszuweisung bei Beendigung einer nichtehelichen Lebensgemeinschaft, FamRZ 1994, 207

BUMILLER/WINKLER, Freiwillige Gerichtsbarkeit (5. Aufl 1992)

COESTER, Wohnungszuweisung bei getrennt lebenden Ehegatten, FamRZ 1993, 249

DÖRR/HANSEN, Die Entwicklung des Familienrechts seit Mitte 1993, NJW 1994, 2456

dies, Die Entwicklung des Familienrechts seit Mitte 1994, NJW 1995, 2753

EWERS, Anmerkung zu OLG Bamberg FamRZ 1990, 179; FamRZ 1990, 1373

FEHMEL, Hausratsverordnung (1986)

GERHARDT/VHEINTSCHEL-HEINEGG/KLEIN ua, Handbuch des Fachanwalts Familienrecht

GERNHUBER, Probleme der Zugewinngemeinschaft, NJW 1991, 2238

GERNHUBER/COESTER-WALTJEN, Familienrecht (4. Aufl 1994)

HAUSSLEITER/SCHULZ, Vermögensauseinandersetzung bei Trennung und Scheidung (2. Aufl 1997)

HEITZMANN, Zur Anfechtbarkeit und Bindungswirkung der Abgabeentscheidung nach § 18 HausratsVO, FamRZ 1983, 957

HOFFMANN/STEPHAN, Hausratsverordnung (2. Aufl 1965)

JAYME, Zur Verteilung der Ehewohnung und des Hausrats bei Getrenntleben ausländischer Ehegatten, IPRax 1981, 49

JOHANNSEN/HENRICH, Eherecht (3. Aufl 1998)

KEIDEL, Aus der Rechtsprechung der Freiwilligen Gerichtsbarkeit, JZ 1953, 272

KEIDEL/KUNTZE/WINKLER, Freiwillige Gerichtsbarkeit (13. Aufl 1992)

KOBUSCH, Die eigenmächtige Hausratsteilung, FamRZ 1994, 935

KUHNT, Die Regelung des Hausrats nach der Ehescheidung, AcP 150, 130

LAPPE, Kosten in Familiensachen (4. Aufl)

MAURER, Die Wirkung vorläufiger Benutzungsregelungen zum Hausrat und zur Ehewohnung, FamRZ 1991, 886

MÜLLER, Der Hausrat nach der Trennung und Scheidung der Ehegatten, Amtsvorm 1990, 586

NIES, Einstweilige Anordnung zur Einweisung und Besitzentziehung bei Ehewohnungen, MDR 1994, 8

QUAMBUSCH, Zur rechtlichen Behandlung der Vorräte bei Ehescheidung und Getrenntleben, FamRZ 1989, 691

SCHETTLER, Die Stellung des Vermieters bei der gerichtlichen Regelung der Rechtsverhältnisse an der Wohnung geschiedener Ehegatten, ZMR 1983, 325

SCHUBERT, Zur Reform der Gemeinschaftsteilung durch die Hausratsverordnung von 1944, JZ 1983, 939

ders, Anmerkung zu BGH vom 14. 3. 1984, JR 1984, 380

Gerd Weinreich

SCHWAB, Neue Rechtsprechung zum Zuge-
winnausgleich, FamRZ 1984, 429
SMID, Zum Verhältnis von Hausratsteilung und
Zugewinnausgleich, NJW 1985, 173

WEBER, Die Entwicklung des Familienrechts seit
Mitte 1996, NJW 1997, 2787
ZÖLLER, Zivilprozeßordnung (20. Aufl 1997).

Systematische Übersicht

Alphabetische Übersicht

I.   Geschichte

1 Die HausratsVO ist als 6. Durchführungsverordnung zum EheG von 1938 am
21. 10. 1944 vom damaligen Reichsminister der Justiz zum 1. 11. 1944 erlassen worden. Sie hatte sich als erforderlich erwiesen, weil die bis dahin geltenden Regelungen
für die Verteilung von Wohnung und Hausrat im Falle des Scheiterns einer Ehe
unzulänglich waren. Die ohnehin vorhandenen Probleme hatten sich angesichts
der kriegsbedingten Verknappung von Wohnraum und Hausratsgegenständen
noch erheblich verschärft.

2 Bis zum Inkrafttreten der HausratsVO galten die materiell – rechtlichen Normen des
BGB. Das heißt, die Verteilung von Hausrat und Wohnung erfolgte nach den jewei-

ligen Eigentumsverhältnissen. Gegebenenfalls hatte eine Teilung in Natur zu erfolgen. War diese undurchführbar, so mußte der Hausrat veräußert und der Erlös verteilt werden, was – zumal angesichts der Verknappung – nicht den Interessen der beteiligten Eheleute entsprach. Möglichkeiten zum Eingriff in bestehende Mietverhältnisse gab es überhaupt nicht.

Durch die HausratsVO sollte dem Gericht angesichts der genannten Unzulänglich- **3** keiten der allgemeinen materiellen Rechtsnormen bei der Verteilung von Wohnraum und Hausrat anläßlich einer Eheauflösung die Möglichkeit zu einer schnellen und zweckmäßigen Regelung gegeben werden, für die das Verfahren weniger formgebunden und eher den Bedürfnissen des Einzelfalls angepaßt war (vgl: Amtliche Begründung DJ 1944, 278).

Nach dem Ende des Krieges bestanden die Probleme zunächst in unverminderter **4** Schärfe fort. Auch später erwies sich die mit der HausratsVO gebotene Möglichkeit zu einem schnellen und gegenüber dem Zivilprozeß weniger aufwendigen Verfahren als praktikabel. Da darüber hinaus erkannt wurde, daß die HausratsVO nur unwesentlich von nationalsozialistischem Gedankengut beeinflußt war, wurden auch nach der Kapitulation keine Zweifel an der Fortgeltung der HausratsVO geäußert. Durch § 79 Satz 2 des Kontrollratsgesetzes Nr 16 sind zwar alle zum alten Eherecht erlassenen Gesetze, Verordnungen und Erlasse aufgehoben worden, soweit sie mit dem damals neuen EheG unvereinbar waren. Da die HausratsVO aber nicht die seinerzeit aufgehobenen Regelungen des EheG betraf, bestand Einigkeit, daß sie von der Aufhebung nicht betroffen war (Kuhnt AcP 150, 130, 132). Die HausratsVO gilt nach allgemeiner Meinung auch als bundesdeutsches Recht fort. Sie ist deshalb auch in der vom Bundesminister der Justiz herausgegebenen amtlichen Sammlung des Bundesrechts (BGBl III) in Folge 51 unter der Gliederungsnummer 404 – 3 abgedruckt.

Dasselbe galt zunächst für den Bereich der früheren DDR. Hier ist sie erst mit dem **5** Inkrafttreten des FamGB am 1. 4. 1966 außer Kraft getreten.

Die HausratsVO ist zwischenzeitlich mehrfach geändert worden. So ist durch das **6** GleichberechtigungsG im Jahre 1957 § 18 a eingefügt worden. Durch das 1. EheRG vom 14. 6. 1976 wurde die Möglichkeit gegeben, die Hausratssachen im Verbund zu verhandeln. Überdies wurde die Zuständigkeit des Familiengerichts in § 11 eingeführt. Durch das UnterhaltsÄndG vom 20. 2. 1986 ist § 18 a durch den Verweis auf § 1361 b BGB ergänzt worden und durch das zum 1. 7. 1998 in Kraft getretene Gesetz zur Neuordnung des Eheschließungsrechts (BGBl I 833) und die damit verbundene Aufhebung des Ehegesetzes ist schließlich in der Überschrift der Zusatz „6. Durchführungsverordnung zum Ehegesetz" gestrichen sowie § 25 HausratsVO dem Umstand angepaßt worden, daß es das Institut der Nichtigkeit der Ehe fortan nicht mehr gibt.

II. Wirksamkeit und Geltungsbereich

1. Verfassungsrechtliche Wirksamkeit

Die HausratsVO ist **verfassungsrechtlich unbedenklich**. Insbesondere verstößt sie nicht **7** gegen Art 14 GG. Ihre Regelungen ergeben sich aus der Notwendigkeit der Entflechtung von unter Umständen langjährigen Lebensverknüpfungen im äußeren Le-

Gerd Weinreich

bensbereich von Wohnung und Hausrat (BVerfG FamRZ 1991, 1413; BayObLGZ 1955, 56; BayObLGZ 1960, 379).

2. Anwendbarkeit

8 Aus dem Sondercharakter der HausratsVO folgt, daß ihre Regelungen nicht auf andere Sachverhalte analog anwendbar sind. Das gilt insbesondere für die Auflösung zum Beispiel einer **nichtehelichen Lebensgemeinschaft**, mögen die damit verbundenen Probleme auch mit denen, die bei der Auflösung einer Ehe entstehen, vergleichbar sein.

3. Internationales Privatrecht und Privatverfahrensrecht

9 Ist eine Ehesache in Deutschland anhängig, so ist das hierfür zuständige Gericht auch für das Hausratsverfahren **international zuständig.** Ist eine Ehesache dagegen nicht anhängig, so folgt die **internationale Zuständigkeit** für die Hausratssache aus § 11 Abs 2 Satz 1 iVM § 18 a HausratsVO (OLG Hamm FamRZ 1981, 875; OLG Düsseldorf IPRax 1983, 129 mit Anm Jayme; OLG Frankfurt FamRZ 1989, 84; OLG Koblenz NJW-RR 1991, 522; Jayme IPrax 1981, 49, 50). Das gilt jedenfalls dann, wenn sich die **Ehewohnung in Deutschland** befindet.

10 Die Zuständigkeit des deutschen Familiengerichts ist gemäß §§ 11 Abs 2 S 2 HausratsVO, 606 Abs 2, 3 ZPO aber auch dann gegeben, wenn die Eheleute über die **Benutzung einer im Ausland gelegenen Immobilie** streiten. Denn in diesem Fall ist Art 16 Nr 1 EuGVÜ nicht anwendbar, da alle vermögensrechtlichen Sonderbeziehungen zwischen Ehegatten, die keinen Unterhalt darstellen von der Anwendung des EuGVÜ auszunehmen sind (KG FamRZ 1974, 198, für den Fall einer in der Schweiz gelegenen Ferienwohnung; Staudinger/vBar/Mankowski [1996] Art 14 EGBGB Rn 285 mwN).

11 Die **internationale Zuständigkeit zum Erlaß einstweiliger Anordnungen** folgt der internationalen Zuständigkeit in der Hauptsache. Besteht deshalb eine Hauptsachezuständigkeit, so besteht auch eine Zuständigkeit im Eilverfahren (OLG Stuttgart NJW 1980, 1227; OLG Karlsruhe FamRZ 1984, 184; Staudinger/vBar/Mankowski [1996] Art 14 EGBGB Rn 286).

12 Stellt der geltend gemachte Anspruch nach deutschem Recht keine Familiensache dar und kennt das anzuwendende ausländische Recht für den Fall der Scheidung auch keine funktional der HausratsVO vergleichbare Regelung, so fehlt es an der sachlichen Zuständigkeit des Familiengerichts (OLG Hamm NJW-RR 1993, 1349; OLG Köln FamRZ 1994, 1476; OLG Bamberg FamRZ 1995, 560; OLG Karlsruhe FamRZ 1997, 33; OLG Stuttgart FamRZ 1997, 1085 jeweils zu einem Streit über die Herausgabe mitgebrachter Hausratsgegenstände zwischen türkischen Eheleuten; aA: AG Recklinghausen FamRZ 1995, 677). Diese besteht allerdings dann, wenn der erhobene Anspruch nach deutschem Recht ein familienrechtlicher wäre, nur das anzuwendende Recht keine der HausratsVO entsprechenden Regelungen kennt (OLG Düsseldorf FamRZ 1995, 1280).

13 Ist die internationale Zuständigkeit des deutschen Familiengerichts gegeben, so sind die **verfahrensrechtlichen Vorschriften der HausratsVO** anwendbar. Das Verfahren unterliegt nämlich insoweit der lex fori, weshalb die verfahrensrechtlichen Vorschriften

HausratsVO auch dann zur Anwendung kommt, wenn der Sache nach materielles ausländisches Recht anzuwenden ist.

Nach heute herrschender Meinung stellt die **Verteilung von Hausrat und Ehewohnung 14 nach der Scheidung** eine Scheidungsfolge dar, weshalb an das **Scheidungsfolgenstatut** nach Art 17 EGBGB und weder an das **Güterstatut** nach Art 15 EGBGB noch an das **Unterhaltsstatut** nach Art 18 EGBGB anzuknüpfen ist (OLG Hamm FamRZ 1974, 25; OLG Düsseldorf IPRax 1982, 159; OLG Düsseldorf FamRZ 1993, 575; OLG Frankfurt FamRZ 1989, 75, 77; OLG Stuttgart FamRZ 1997, 1085, 1086; STAUDINGER/vBAR/MANKOWSKI [1996] Art 14 EGBGB Rn 292 mwN; **aA**: OLG Karlsruhe FamRZ 1993, 1464). Etwas anderes gilt nur dann, wenn die Verteilung von Hausrat und Ehewohnung **Teil der güterrechtlichen Auseinandersetzung** ist. In diesem Fall kommt Art 15 EGBGB zur Anwendung, da die Zuteilung dann ehegüterrechtlich zu qualifizieren ist (STAUDINGER/vBAR/MANKOWSKI [1996] Art 14 EGBGB Rn 293).

Streitig ist die Qualifikation der **Verteilung von Ehewohnung und Hausrat für den Fall 15 der Trennung** der Eheleute. Die heute wohl herrschende Meinung sieht die Zuweisung von Ehewohnung und Hausrat als eine **unterhaltsrechtliche Frage** an und knüpft deshalb an Art 18 EGBGB bzw das vorrangige Haager Unterhaltsabkommen an (OLG Hamm FamRZ 1989, 621; OLG Düsseldorf NJW 1990, 3091, 3092; OLG Koblenz NJW-RR 1991, 522; OLG Frankfurt FamRZ 1991, 1190; OLG Karlsruhe FamRZ 1993, 1464). Die Gegenmeinung stellt dagegen auf die **ehewirkungsrechtliche Qualifikation** ab und hält damit Art 14 EGBGB für anwendbar (OLG Stuttgart FamRZ 1990, 1354; OLG Frankfurt FamRZ 1989, 84, 85; OLG Hamm FamRZ 1990, 54, 55; KG FamRZ 1991, 1190). Wegen der Einzelheiten des Streitstandes wird auf STAUDINGER/vBAR/MANKOWSKI (1996) Art 14 EGBGB Rn 3 ff verwiesen.

4. Innerdeutsche Geltung

Im Gebiet der früheren DDR ist die HausratsVO gemäß der allgemeinen Vorschrift 16 des **Art 8 Einigungsvertrag** geltendes Recht für alle für die Zeit nach dem 3. 10. 1990 bestehenden Ehen. Der Vorschrift des § 39 DDR-FamGB kommt nur noch für bis dahin nicht abgewickelte Auseinandersetzungen gemeinschaftlichen Vermögens Bedeutung zu (vgl: AG Berlin-Charlottenburg DtZ 1992, 60 = FamRZ 1991, 848).

III. Aufbau der HausratsVO

Die HausratsVO ist im wesentlichen in fünf Abschnitte unterteilt. Während die §§ 1 17 und 2 allgemein geltende Vorschriften enthalten, stellen die §§ 3–7 besondere Vorschriften für die Zuweisung der Ehewohnung und die §§ 8–10 solche für die Verteilung des Hausrats auf. Der 4. Abschnitt (§§ 11–18 a) enthält spezielle Verfahrensregeln und der 5. in §§ 20–23 Kostenvorschriften. Dabei sind insbesondere die Verfahrens- und Kostenvorschriften durch Regelungen der ZPO und des FGG zu ergänzen.

Gerd Weinreich

Erster Abschnitt
Allgemeine Vorschriften

§ 1
Aufgabe des Richters

(1) Können sich die Ehegatten anläßlich der Scheidung nicht darüber einigen, wer von ihnen die Ehewohnung künftig bewohnen und wer die Wohnungseinrichtung und den sonstigen Hausrat erhalten soll, so regelt auf Antrag der Richter die Rechtsverhältnisse an der Wohnung und am Hausrat.

(2) Die in Absatz 1 genannten Streitigkeiten werden nach den Vorschriften dieser Verordnung und den Vorschriften des Zweiten und des Dritten Titels des Ersten Abschnitts im Sechsten Buch der Zivilprozeßordnung behandelt und entschieden.

Systematische Übersicht

Alphabetische Übersicht

1. Abschnitt. Allgemeine Vorschriften

Gerd Weinreich

I. Allgemeines

1 § 1 umschreibt die Aufgabe des Richters, die ihm nach der Scheidung (§ 621 Abs 1 Nr 7 ZPO) hinsichtlich der Verteilung der Ehewohnung, der Wohnungseinrichtung und des sonstigen Hausrats zukommt. Die HausratsVO gilt sinngemäß auch nach **Aufhebung der Ehe** (§ 25 HausratsVO). Für die **Dauer des Getrenntlebens** wird über § 18 a HausratsVO für die vorläufige Regelung der Rechtsverhältnisse am Hausrat (§ 1361 a BGB) und an der Ehewohnung (§ 1361 b BGB) ergänzend auf die Verfahrensvorschriften der HausratsVO zurückgegriffen. Keine Anwendung findet die HausratsVO für die Zeit vor der Trennung. Hier gelten allgemeine vertragsrechtliche bzw güterrechtliche Regelungen.

Besteht zwischen den Eheleuten der Güterstand der **Gütergemeinschaft**, so findet die HausratsVO gleichwohl Anwendung. Die nach im Hausratsverteilungsverfahren getroffenen Regelungen hinsichtlich der Ehewohnung, der Wohnungseinrichtung und des Hausrats haben auch für die nachfolgende Auseinandersetzung des Gesamtgutes der Gütergemeinschaft Bestand. Allerdings sind die den Ehegatten zugewiesenen Gegenstände sodann im Rahmen der Auseinandersetzung der Gütergemeinschaft zu berücksichtigen (STAUDINGER/THIELE [1994] § 1471 Rn 17).

II. Verfahren und Zuständigkeit

2 Das Hausratsverteilungsverfahren ist ein sogenanntes **streitiges Verfahren der freiwilligen Gerichtsbarkeit**. Es setzt stets einen **Verfahrensantrag** voraus, ohne den der Richter nicht tätig werden darf. Es richtet sich im wesentlichen zunächst nach den Grundsätzen des FGG, so daß die Ehegatten **Beteiligte**, nicht Parteien sind. Ermittlungen sind von Amts wegen durchzuführen (§ 12 FGG). Eine Beweislast gibt es nicht. Im übrigen wird wegen weiterer Einzelheiten auf die Erläuterungen zu § 13 verwiesen.

3 Zu einem Hausratsverteilungsverfahren kommt es anläßlich der Ehescheidung. Dabei kann über sie als Scheidungsfolgesache im Verbundverfahren gemeinsam mit der Scheidung befunden werden (§§ 621 Abs 1 Nr 7, 623 Abs 1, 629 Abs 1 ZPO). Möglich ist aber auch die Hausratsverteilung im selbständigen isolierten Verfahren im Anschluß an die Ehescheidung. Ist ein Ehescheidungsverfahren dagegen noch nicht anhängig, ist die Regelungsbefugnis nach der HausratsVO für das Familiengericht noch nicht eröffnet. Allenfalls kommen Regelungen nach §§ 1361 a, b BGB in Betracht (OLG München FamRZ 1996, 302; GERHARDT/vHEINTSCHEL-HEINEGG/KLEIN Kap 8 Rn 1).

4 Für alle Streitigkeiten über die Auseinandersetzung von Wohnung und Hausrat ist das Familiengericht ausschließlich zuständig (§§ 23 b Abs 1 GVG, 621 Abs 1 ZPO).

III. Abgrenzungen

1. Ähnlich gelagerte Fallgestaltungen

5 Keine Hausratsachen und damit keine familienrechtlichen Streitigkeiten sind die Auseinandersetzung rechtsgeschäftlich begründeten Miteigentums nach §§ 741 ff BGB, der Ausgleich gemeinsamer Schulden, die Auseinandersetzung zwischen Eheleuten und Dritten über Wohnung und Hausrat (BGH FamRZ 1994, 98), der Streit über

Nutzungen aus bereits vor der Trennung überlassenen Wohnungen (OLG Hamburg FamRZ 1982, 941; OLG Koblenz FamRZ 1989, 85; OLG Bamberg FamRZ 1990, 179), der Streit über die Verpflichtung zur Räumung nach einer entsprechenden vergleichsweisen Regelung im Wohnungszuweisungsverfahren (OLG Karlsruhe NJW-RR 1995, 1473) und der Streit über die Neuregelung der Verwaltung und Nutzung der einem Ehegatten überlassenen, in seinem Miteigentum stehenden Wohnung (BGH FamRZ 1994, 98; BGH NJW 1982, 1753), da die Anspruchsgrundlage hierfür in § 745 Abs 2 BGB und damit im Schuldrecht zu suchen ist. Beansprucht dagegen ein Ehegatte von dem anderen Herausgabe eines in seinem Eigentum stehenden Hausratsgegenstandes, handelt es sich trotz der in § 985 BGB zu suchenden Anspruchsgrundlage um einen Streit im Rahmen der Regelung der Rechtsverhältnisse am Hausrat, für den das Familiengericht zuständig ist (BGH FamRZ 1984, 575; OLG Bamberg FamRZ 1997, 378 = NJW-RR 1996, 1413). Denn maßgeblich ist insoweit allein, daß Gegenstände herausverlangt werden, die dem Hausrat im Sinne der HausratsVO zuzurechnen sind.

Keine Familiensachen sind Streitigkeiten über Schadensersatz oder auf Auszahlung **6** des anteiligen Erlöses nach der Veräußerung eines im Miteigentum von Ehegatten stehenden Hausratsgegenstandes (BGH FamRZ 1988, 155; BGH FamRZ 1980, 988; BGH FamRZ 1980, 45; OLG Hamm FamRZ 1980, 66; OLG Frankfurt FamRZ 1981, 375). Streitig ist das allerdings für Klagen auf Leistung des Interesses anstelle der in einer Hausratsentscheidung titulierten Herausgabe gemäß § 893 Abs 2 ZPO (vgl insoweit: LG München FamRZ 1992, 335; OLG Koblenz FamRZ 1982, 507; OLG Düsseldorf FamRZ 1985, 406). Hat ein Ehegatte dem anderen während der Dauer der Ehezeit ein wertvolles Möbelstück übereignet und beruft er sich nunmehr auf den Wegfall der Geschäftsgrundlage oder stützt er seinen Anspruch auf den Widerruf der Schenkung, so kann über den Herausgabeanspruch nicht im Rahmen des Hausratsverfahrens vom Familiengericht, sondern in einem zivilprozessualen Verfahren entschieden werden (OLG Celle FamRZ 1997, 381).

Streiten die Eheleute über die Durchsetzung eines seinem Inhalt nach unstreitigen **7** und vollzugsfähigen Vergleichs über Hausrat, so handelt es sich hierbei nicht um ein Hausratsverfahren, da die nach der HausratsVO zu regelnden Rechtsverhältnisse an Hausrat und Ehewohnung als solche geklärt sind (BGH FamRZ 1990, 987; BGH FamRZ 1979, 789). Dasselbe gilt nach wohl herrschender Auffassung, auch dann, wenn die Eheleute sich nach einverständlicher Aufteilung des Hausrates über den Ausgleichsanspruch noch nicht einig sind (BGH FamRZ 1990, 987; BGH FamRZ 1988, 155; BGH FamRZ 1986, 454), obgleich sich dagegen einwenden ließe, daß eine Einigung über den Hausrat hier zumindest noch nicht umfassend zustandegekommen ist (so auch: OLG Frankfurt FamRZ 1983, 730). Keine Familiensache ist schließlich der Streit über Hausrat vor der Trennung der Eheleute sowie die Auseinandersetzung von Hausrat und Wohnung von Personen, die in einer nichtehelichen Lebensgemeinschaft gelebt haben.

Danach kann der Eindruck entstehen, daß für die Abgrenzung zwischen dem Haus- **8** ratsverfahren und ähnlich gelagerten Fallgestaltungen keine einheitlichen Kriterien verwandt werden. Einerseits wird ohne Rücksicht darauf, ob der streitige Gegenstand zum Hausrat zählt oder nicht, auf die jeweilige Anspruchsgrundlage abgestellt (Auseinandersetzung von Miteigentum, Neuregelung der Verwaltung von Miteigentum, Schadensersatz, Wegfall der Geschäftsgrundlage), andererseits wiederum ist die Zugehörigkeit des Gegenstandes zum Hausrat maßgeblich (Klage auf Herausgabe von Alleineigentum). Dieser Widerspruch ist aber nur ein scheinbarer. Tatsächlich ist maßgeblich stets die **Anspruchsgrundlage**. Eine gegen den getrennt lebenden oder geschiedenen Ehegatten gerichtete Klage auf Herausgabe von zum Hausrat zählenden Alleineigentum ist jedoch deshalb als Hausratssache zu behandeln, weil § 985 BGB durch die spezielleren Vorschriften der HausratsVO bzw §§ 1361 a oder b BGB verdrängt wird. Auch im Falle des Herausgabeanspruchs ist deshalb nicht maßgeblich auf die Zugehörigkeit der Sache zum Hausrat, sondern darauf abzustellen, daß sich ein Anspruch nur aus der HausratsVO ergeben kann.

2.   Hausrat und Zugewinn

9 Abzugrenzen ist zwischen **Hausrat und Zugewinn**. Dabei ist streitig, ob Hausrat auch dem Zugewinn unterfällt. Rechtsprechung und Literatur tendieren dahin, Hausrat generell aus dem Zugewinn auszugliedern (OLG Karlsruhe FamRZ 1982, 277; OLG Hamm FamRZ 1982, 937; OLG Köln FamRZ 1983, 709), oder jedenfalls diejenigen Sachen auszunehmen, die nach der HausratsVO durch Richterspruch oder infolge Einigung der Parteien verteilt werden oder worden sind (BGH FamRZ 1984, 144, 146; OLG Düsseldorf FamRZ 1992, 60; OLG Bamberg FamRZ 1989, 408, 410). Danach gehört der Hausrat zwar grundsätzlich als Vermögensgegenstand in das Endvermögen. Soweit er aber den Vorschriften der HausratsVO unterliegt, wird er einer Sonderregelung nach Billigkeitsvorschriften unterworfen und scheidet deshalb aus dem Zugewinn aus (BGHZ 89, 137). Dasselbe gilt für die nach der HausratsVO zu leistende Ausgleichszahlung. Diejenigen Gegenstände, die im Alleineigentum eines Ehegatten stehen und nicht dem anderen zugewiesen werden, sind dagegen beim Zugewinnausgleich zu berücksichtigen (BGH FamRZ 1984, 144, 147; so auch Schwab FamRZ 1984, 429; Smid NJW 1985, 173; Johannsen/Henrich/Jaeger § 1375 Rn 9). Hiermit soll vermieden werden, daß die Ergebnisse des Zugewinnausgleichs durch die Hausratsverteilung in Frage gestellt werden. Andernfalls wäre zu befürchten, daß einem Ehegatten beim Zugewinnausgleich Hausratsgegenstände oder damit zusammenhängende Verbindlichkeiten mit ihrem vollen Wert zugerechnet werden müßten, obwohl sie der Richter im Hausratsverfahren ohne vollen Wertausgleich dem anderen Ehegatten zuweisen kann (BGH FamRZ 1984, 144).

10 Diese Erwägungen und die der Rechtsprechung zugrundeliegenden Praktikabilitätsgründe erscheinen überzeugend und sollten die Ausgliederung von Hausrat aus dem Zugewinn rechtfertigen (vgl aber: Staudinger/Thiele [1994] § 1375 Rn 4 mwN; kritisch insbesondere Gernhuber NJW 1991, 2238, 2243; MünchKomm/Gernhuber § 1375 Rn 8; Soergel/Lange § 1372 Rn 12).

11 Nach herrschender Meinung bleibt somit jedenfalls derjenige Hausrat, mit dem sich das anhängige Hausratverfahren befaßt oder der bereits verteilt ist, bei der Berechnung des Zugewinnausgleichs sowohl im Anfangs- als auch im Endvermögen unberücksichtigt. Der an dem für die Berechnung des Zugewinnausgleichs maßgeblichen Stichtag bereits ausgezahlte und noch vorhandene Ausgleichsbetrag für von dem anderen übernommenen Hausrat bleibt gleichfalls unberücksichtigt, weil andernfalls der Wert der übernommenen Hausratsgegenstände indirekt gleichwohl mit in den Zugewinn einbezogen würde (BGH FamRZ 1984, 144; Palandt/Diederichsen Einl Rn 6; aA: Müller Amtsvorm 1990, 586, 595).

IV. Rechtsnatur des Auseinandersetzungsanspruchs

Der Anspruch auf Auseinandersetzung der Ehewohnung und des Hausrats ist kein 12 Vermögensrecht, sondern die Befugnis, eine Rechtsgestaltung durch richterliche Anordnung herbeizuführen. Der Anspruch ist **höchstpersönlich**, da er auf der zwischen den Ehegatten vorhanden gewesenen engen Lebensgemeinschaft beruht und auf die individuellen Belange nach Auflösung der Ehe abgestellt ist. Er ist demnach **weder abtretbar, noch pfändbar** (anders die einem Ehegatten bereits zugeteilten Sachen und Ansprüche, OLG Celle JW 1935, 1718) oder **verpfändbar** sowie **unvererblich** (OLG Frankfurt OLGZ 1969, 136). Durch den **Tod eines Ehegatten** während des laufenden Verfahrens wird einem bereits anhängigen Verfahren die Grundlage entzogen, so daß es in der **Hauptsache erledigt** ist (OLG Hamm NJW 65, 872). Eine Fortsetzung des Verfahrens mit den Erben ist nur wegen der Kosten zulässig. Der Richter kann Wohnung und Hausrat auch nicht Dritten (zum Beispiel den Kindern) zuweisen (OLG München MDR 1951, 623).

Die HausratsVO erfaßt allein die Rechtsverhältnisse an der **Ehewohnung** (§§ 3–7 13 HausratsVO) und am **Hausrat** (§§ 8–10 HausratsVO). Geld, Wertpapiere, Bankguthaben, gewerbliches oder landwirtschaftlich genutztes Vermögen und Grundstücke können dagegen nicht über das Hausratsverteilungsverfahren aufgeteilt werden. Gemeinschaftliche Schulden werden im Hausratsverteilungsverfahren nur insoweit verteilt, als sie mit dem Hausrat zusammenhängen (§ 10 HausratsVO).

V. Fehlende Einigung als Verfahrensvoraussetzung

1. Das Zustandekommen einer Einigung

Voraussetzung für die Anwendung der HausratsVO ist, daß eine Einigung der Ehe- 14 gatten über die Verteilung von Wohnung und Hausrat noch nicht erfolgt ist. Ob eine Einigung, die sich gegebenenfalls auch aus den Umständen – etwa dem eindeutigen tatsächlichen Verhalten der Ehegatten (vgl: AG Kerpen FamRZ 1997, 1344) – ergeben kann, erzielt worden ist, ist vom Familienrichter **von Amts wegen** zu prüfen (OLG Zweibrücken FamRZ 1993, 82 = NJW-RR 1993, 649; OLG Koblenz FamRZ 1984, 1241; KG FamRZ 1975, 164). Dabei sind an das Zustandekommen einer Auseinandersetzungsvereinbarung **strenge Anforderungen** zu stellen. Liegt eine Einigung vor, so stellt diese ein **Verfahrenshindernis** dar (OLG Hamm FamRZ 1959, 21).

2. Vorbehaltlosigkeit und Vollständigkeit der Einigung

Eine Einigung der Ehegatten in diesem Sinne ist nur dann anzunehmen, wenn sie 15 **ohne Vorbehalt** erfolgt (OLG Schleswig SchlHA 1952, 187) und **vollständig** ist. Sie muß die Rechtsverhältnisse so erschöpfend regeln, daß sie eine richterliche Gestaltung überflüssig macht. Das ist zum Beispiel dann nicht der Fall, wenn sich nur die Ehegatten geeinigt haben, der Vermieter, dessen Mitwirkung im Einzelfall erforderlich ist, aber noch nicht zugestimmt hat (OLG Celle FamRZ 1998, 1530; OLG Karlsruhe FamRZ 1995, 45; OLG Hamm FamRZ 1994, 388; OLG Hamburg FamRZ 1990, 651; OLG Köln FamRZ 1989, 640; OLG München FamRZ 1986, 1019). Dasselbe gilt, wenn sich die Ehegatten auch nur über einen Gegenstand noch nicht geeinigt haben (OLG Hamm FamRZ 1990, 1126) oder die Einigung zwar die Verteilung des Hausrates, nicht aber die erforderliche Ausgleichszahlung regelt. Keine abschließende Regelung liegt auch dann vor, wenn die Einigung unwirksam ist oder unter einer Bedingung steht, die als auflösende eingetreten oder als aufschiebende noch nicht eingetreten ist (GERHARDT/vHEINTSCHEL-HEINEGG/ KLEIN Kap 8 Rn 2). Ob die Einigung vollständig ist, ist im übrigen auch nach dem Regelungsinhalt zu bestimmen. So ist eine nur für die Dauer des Getrenntlebens erfolgte Einigung auch unter Berücksichtigung des Umstandes vollständig, daß sie – wie die Regelungen nach §§ 1361 a oder b BGB – nur eine vorläufige ist.

3. Streit über Inhalt und Wirksamkeit der Einigung

16 Wird das Zustandekommen oder die Wirksamkeit einer von einem Ehegatten behaupteten Einigung bestritten, so ist der Streit darüber, ob eine Einigung erfolgt ist, eine **Vorfrage im Hausratsverfahren**, für deren Klärung der Hausratsrichter zuständig ist (OLG Zweibrücken NJW-RR 1993, 649; OLG Frankfurt FamRZ 1991, 1327; OLG Celle NJW 1964, 1861; OLG Bremen FamRZ 1963, 366). Das gilt auch für die Frage, ob bestimmte Gegenstände von einer Einigung über den Hausrat erfaßt sind (OLG Düsseldorf NJW-RR 1986, 1137).

Zulässig ist auch der **Feststellungsantrag** eines Ehegatten dahingehend, daß der Hausrat abschließend verteilt ist. Auch hierfür ist der Hausratsrichter zuständig (OLG Hamm FamRZ 1980, 901).

17 Bleiben **Zweifel** daran, ob eine Einigung erfolgt ist, so geht dies zu Lasten desjenigen Ehegatten, der die Teilungsvereinbarung behauptet. Das folgt daraus, daß sonst ein Hausratsverfahren nicht durchgeführt werden könnte, aber auch eine Teilung im Prozeßwege aus der behaupteten Einigung nicht möglich wäre, weil in jenem Verfahren der positive Nachweis des Zustandekommens einer Einigung zu führen wäre (vgl: SOERGEL/HEINTZMANN § 1 HausratsVO Rn 10).

4. Teilweise Einigung

18 Haben sich die Ehegatten nur teilweise geeinigt und begehren sie im übrigen eine richterliche Entscheidung, so hat das Gericht diese **Teileinigung** zu beachten. Über den Teil der Wohnung oder des Hausrats, auf den sich die Einigung bezieht, darf es nicht mehr entscheiden (BGHZ 18, 143; OLG Frankfurt FamRZ 1983, 730). Nur dann, wenn sich die tatsächlichen Verhältnisse zwischenzeitlich wesentlich geändert haben, ist in sinngemäßer Anwendung des § 17 Abs 2 HausratsVO eine **Änderung des Teilvergleichs** durch das Gericht gerechtfertigt. Erscheint die Teilvereinbarung im übrigen unausgewogen, so kann im Wege der Restregelung gegebenenfalls eine insgesamt angemessene Regelung angestrebt werden.

VI. Der Begriff des Hausrats und der Ehewohnung

1. Allgemeines

19 Das Hausratsverfahren bezieht sich nur auf die in § 1 genannten Regelungsgegenstände, also die **Ehewohnung** (§ 1361 b BGB) sowie die **Wohnungseinrichtung** und den **Hausrat** (§ 1361 a BGB), wobei die eigentums- und güterrechtlichen Verhältnisse für die Begriffsbestimmung ohne Bedeutung sind.

2. Ehewohnung

Der Begriff der **Ehewohnung** (§§ 3–6 HausratsVO) ist weit auszulegen. Er ist iden- **20** tisch mit dem Wohnungsbegriff in § 1361 b BGB. Danach werden alle Räume erfaßt, in denen Ehegatten wohnen, gewohnt haben oder bestimmungsgemäß wohnen wollten (BGH FamRZ 1990, 987). Hierzu zählen auch möblierte Räume sowie die zu einer Wohnung rechnenden **Nebenräume** wie Boden, Keller und Garage einschließlich des Hausgartens (BGH FamRZ 1990, 987; OLG Hamburg MDR 1948, 477; OLG Frankfurt FamRZ 1956, 112). Maßgeblich für die Bestimmung des Begriffs der Ehewohnung sind die **tatsächlichen Verhältnisse** sowie der **gemeinsame Plan der Nutzung als Ehewohnung**, mag dieser auch nicht realisiert worden sein (OLG München FamRZ 1986, 1019).

Auch eine **Baracke** (OLG Schleswig FamRZ 1955, 139), **Wohnlaube** (BGH LM Nr 1 zu § 3 **21** HausratsVO), **Ferienwohnung** (KG FamRZ 1974, 198) oder ein **Wochenendhaus** (OLG Frankfurt FamRZ 1982, 398) können, je nach den tatsächlichen Gegebenheiten als Ehewohnung gelten (BGH FamRZ 1990, 987). Voraussetzung ist allerdings, daß die häufig genutzte Ferienwohnung oder das Wochenendhaus den **räumlichen Mittelpunkt für die Ehe** dargestellt hat (OLG Zweibrücken FamRZ 1981, 259; OLG München FamRZ 1994, 1331; OLG Naumburg FamRZ 1994, 389), was nach Sinn und Zweck der HausratsVO deshalb geboten erscheint, weil das Erfordernis einer schnellen und zweckmäßigen Benutzungsregelung bei nur gelegentlich genutzten Räumlichkeiten nicht besteht (so auch: Haussleiter/Schulz Kap 1 Rn 11).

Sind die genannten Unterkünfte wenigstens zeitweise die gemeinsame Wohnung, so **22** kommt es nicht darauf an, ob die Eheleute daneben noch über eine weitere Wohnung verfügen. Maßgeblich ist allein, daß sie jedenfalls zeitweilig neben der Hauptwohnung wie diese gemeinsam genutzt wurde (OLG Frankfurt FamRZ 1982, 398; **aA**: KG FamRZ 1986, 1010; OLG Zweibrücken FamRZ 1981, 259).

Nichts anderes gilt für die **Kajüte** eines Schiffes etwa von Binnenschiffern oder den **23** **Wohnwagen** eines Schaustellerehepaares.

Unerheblich ist, ob die Benutzung der Räume zu Wohnzwecken vertraglich gestattet **24** war oder ein Anspruch auf Nutzung bestand. Ohne Bedeutung für die Einordnung sind auch die Eigentumsverhältnisse, ob einer der Ehegatten oder beide Eigentümer oder Mieter sind oder eine genossenschaftliche Bindung. Um eine Ehewohnung kann es sich auch bei solchen Räumen handeln, die jahrelang von einem Ehegatten allein bewohnt worden sind (OLG München FamRZ 1986, 1019).

Ausschließlich oder ganz überwiegend beruflich oder gewerblich genutzte Räume, **25** wie **Werkstätten** oder **Praxisräume**, gehören dagegen nicht zur Ehewohnung.

Der **Auszug eines Ehegatten** aus der Wohnung ändert nichts an der Qualifizierung der **26** Wohnung als Ehewohnung, solange dieser die bloße Folge ehelicher Spannungen ist. Hat der ausziehende Ehegatte dagegen durch seinen Auszug zu erkennen gegeben, daß er die Wohnung nicht mehr beansprucht, so kann eine Einigung vorliegen, die für eine gerichtliche Entscheidung keinen Raum mehr läßt (vgl oben Rn 14). Hat dagegen im umgekehrten Fall ein zur **Trennung entschlossener Ehegatte** eine Wohnung mit dem Ziel angemietet, dort nach vollzogener Trennung allein zu leben, so wird diese

Wohnung auch nicht dadurch Ehewohnung, daß der Ehepartner als Mitmieter im Vertrag aufgeführt wird (AG Kerpen FamRZ 1997, 379).

27 Hatten die Ehegatten überhaupt noch keine gemeinsame Wohnung, so fehlen regelmäßig die Voraussetzungen für die Anwendung der HausratsVO in Bezug auf die Wohnung. Dasselbe gilt dann, wenn einer der Ehegatten die Wohnung aufgegeben oder getauscht hat. Die **Tauschwohnung** tritt allerdings an die Stelle der Ehewohnung, wenn der Tausch vorgenommen wurde, um die gemeinsame Wohnung der Auseinandersetzung zu entziehen.

3. Hausrat und Wohnungseinrichtung

28 **Die Definition der Begriffe Hausrat** und **Wohnungseinrichtung** (§§ 8–10 HausratsVO) geht auf KUHNT (AcP 150, 130, 132) zurück und ist ihrem Sinn und Zweck entsprechend weit gefaßt. Hausrat und Wohnungseinrichtung sind vergleichbar mit den **Haushaltsgegenständen** in §§ 1369, 1932 BGB. Hierzu zählen alle beweglichen Gegenstände, die nach den Vermögens- und Lebensverhältnissen der Ehegatten und ihrer Kinder üblicherweise für die Wohnung, die Hauswirtschaft und das Zusammenleben der Familie, einschließlich der Freizeitgestaltung bestimmt sind, also der gemeinsamen Lebensführung dienen (BGH FamRZ 1984, 144, 146; FamRZ 1984, 575). Voraussetzung ist die **Eignung** der betreffenden Gegenstände als Hausrat und deren **tatsächliche Verwendung** im Rahmen der gemeinsamen Lebensführung. Unerheblich sind dagegen das **Anschaffungsmotiv** (OLG Düsseldorf FamRZ 1986, 1132) und der **Wert** (BGH FamRZ 1984, 575). Demzufolge können auch **Gegenstände von hohem Wert** einschließlich kostbarer Kunstgegenstände zum Hausrat zählen, wenn sie nur ihrer Art nach als Hausratsgegenstände geeignet sind und nach dem Lebenszuschnitt der Eheleute als solche dienen (BGH FamRZ 1984, 575). Die Widmung zum Hausratsgegenstand kann sich auch aus schlüssigem Verhalten der Eheleute ergeben.

29 Zum Hausrat gehören daher **Möbel, Teppiche, Herde, Kühlschränke, Lampen, Bilder** und **Wandschmuck, Gardinen** und **Vorhänge, Bett- und Tischwäsche,** auch die Ausstattung des gemeinsam genutzten Wochenendhauses (OLG Bamberg FamRZ 1993, 335), **Rundfunk-, Fernseh-** und **Videogeräte** (OLG Düsseldorf MDR 1960, 850; BayObLG FamRZ 1968, 319), **Tonträger, Filme, Küchen-** und **Haushaltsgeräte, Gartenmöbel, Nähmaschinen** und **Klaviere,** soweit sie nicht für den Beruf eines der Ehegatten bestimmt sind (BayObLG 1952, 279) sowie **Bücher,** die der Unterhaltung oder allgemeiner Belehrung dienen.

30 Haustiere sind zwar kein Hausrat im eigentlichen Sinne, doch sind auf sie die Vorschriften der HausratsVO entsprechend anzuwenden (OLG Zweibrücken FuR 1998, 235, = FamRZ 1998 1432; AG Bad Mergentheim, FamRZ 1998, 1432; PALANDT/DIEDERICHSEN § 1 Rn 12; GERHARDT/vHEINTSCHEL-HEINEGG/KLEIN Kap 8 Rn 76). Dasselbe gilt für **Vorräte** an Nahrungsmitteln und Heizmaterial (QUAMBUSCH FamRZ 1989, 691).

31 Hausratsgegenstände können auch **geliehen** (OLG Hamm FamRZ 1990, 531), **geleast** (OLG Stuttgart FamRZ 1995, 1275) oder **gemietet** sein oder im **Sicherungseigentum** eines Dritten stehen.

32 Auch den Hausrat betreffende **Ersatzansprüche** und **Anwartschaften** unterliegen der

Zuweisung nach der HausratsVO. Dazu zählen gegen Dritte gerichtete Herausgabe- und Ersatzansprüche (OLG Frankfurt NJW 1959, 2267; BGH FamRZ 1980, 988), Ansprüche aus Vorbehaltskauf (BayObLG FamRZ 1968, 320), Ansprüche aus §§ 1368, 1369 BGB (BayObLG FamRZ 1965, 331) oder Ersatzansprüche gegen die Hausratsversicherung (KG FamRZ 1960, 239). Ansprüche des einen Ehegatten gegen den anderen wegen Zerstörung, Verbrauch oder Veräußerung von Hausratsgegenständen zählen jedoch nicht zu den Regelungsgegenständen der HausratsVO und sind vor dem Prozeßgericht geltend zu machen (BGH FamRZ 1980, 45; OLG Hamm FamRZ 1980, 66; OLG Frankfurt FamRZ 1981, 375; aA: OLG Karlsruhe FamRZ 1987, 848 und KG FamRZ 1974, 195). Anderes gilt für Ansprüche eines Ehegatten gegen den anderen auf einen Teil des Surrogates, etwa die anteilige Versicherungsleistung aus einem Hausratsschaden (OLG Köln FamRZ 1993, 1462).

Nicht zum Hausrat zählen solche Gegenstände, die ausschließlich beruflichen Zwek- **33** ken eines der Ehegatten dienen sowie solche Gegenstände, die lediglich dem persönlichen Gebrauch, den individuellen Bedürfnissen oder den persönlichen Interessen eines Familienmitglieds dienen. Kein Hausrat ist deshalb die **Briefmarkensammlung** (OLG Hamm FamRZ 1980, 683) oder die **Münzsammlung** eines Ehegatten (OLG Düsseldorf FamRZ 1986, 1134), das für **Hobby-** oder **Berufsausübung** bestimmte **Werkzeug**, die **Fachliteratur**, der für den Beruf eines Ehegatten bestimmte **Computer** (OLG Hamburg FamRZ 1990, 1118) oder das **Musikinstrument** des Musiklehrers (OLG Hamm JMBlNRW 1959, 17). Zum persönlichen Gebrauch bestimmter **Schmuck**, **Kleidung** und **Andenken** dienen dem persönlichen Gebrauch oder den persönlichen Interessen eines Familienmitgliedes und stellen deshalb keinen Hausrat dar (OLG Bamberg FamRZ 1997, 378). **Kunstgegenstände** und **Antiquitäten** unterliegen dem Zugewinnausgleich, sofern sie vorrangig zu Zwecken der Kapitalanlage beschafft worden sind. Dienen sie dagegen der Möblierung oder Ausschmückung des gemeinsamen Hauses so zählen sie nach ihrer Zweckbestimmung und dem Lebenszuschnitt der Eheleute zum Hausrat (BGH FamRZ 1984, 144; BGH FamRZ 1984, 575; OLG Köln NJW-RR 1996, 904; OLG Bamberg FamRZ 1997, 378 = NJW-RR 1996, 1413).

4. Einzelfälle

a) Das Kraftfahrzeug
Das Kraftfahrzeug stellt grundsätzlich keinen Hausratsgegenstand dar, es sei denn, es **34** ist unabhängig von den Eigentumsverhältnissen kraft Widmung für den gemeinsamen Haushalt zum Zwecke der Haushalts- und privaten Lebensführung, insbesondere zum Einkauf, zur Betreuung der gemeinsamen Kinder oder zu Schul- und Wochenendfahrten gemeinschaftlich genutzt worden (BGH FamRZ 1983, 794; FamRZ 1991, 43; OLG Köln FamRZ 1980, 249; BayObLG FamRZ 1982, 399; OLG Hamm FamRZ 1983, 72; FamRZ 1990, 1126; OLG Hamburg FamRZ 1990, 1118; OLG Zweibrücken FamRZ 1991, 848; OLG Düsseldorf FamRZ 1992, 60; FamRZ 1992, 1445; OLG Oldenburg NdsRpfl 1996, 286; OLG München FuR 1997, 353). Entscheidend für die Zuordnung eines PKW zum Hausrat ist daher die **Zweckbestimmung**, die er im Einzelfall innerhalb der Ehe erhalten hat. Steht das Fahrzeug täglich für den Bedarf der Familie zur Verfügung und wird es für die gesamte Familie genutzt, so ist es gerechtfertigt, es dem Hausrat zuzuordnen.

Die bloße Mitbenutzung eines Fahrzeugs für eheliche oder familiäre Bedürfnisse **35** macht dagegen aus einem PKW noch keinen Gegenstand des Hausrats (OLG Hamm

Gerd Weinreich

FamRZ 1990, 54; OLG Hamburg FamRZ 1990, 1118; OLG Zweibrücken FamRZ 1991, 848). Die Anforderungen an die Widmung eines PKW zum Hausratsgegenstand sind vielmehr erst dann erfüllt, wenn er vollständig für die Haushalts- und gemeinsame private Lebensführung zur Verfügung gestellt worden ist, die Ehegatten also auf einen persönlichen, insbesondere beruflichen Gebrauch verzichtet haben. Im Einzelfall kommt darüberhinaus die Annahme einer Widmung zum Hausratsgegenstand auch dann in Betracht, wenn der Wagen nur überwiegend für Zwecke der Haushalts- und gemeinsamen privaten Lebensführung genutzt worden ist (OLG Düsseldorf FamRZ 1992, 1445).

36 Der Zurechnung zum Hausrat steht nicht entgegen, daß nur einer der Ehegatten einen Führerschein hat (OLG Hamburg FamRZ 1990, 1118). Unerheblich ist auch die Gestaltung des Vertragsverhältnisses mit dem Leasinggeber bei einem geleasten Fahrzeug, wenn der PKW auch während des Bestehens der ehelichen Lebensgemeinschaft stets auch dem Ehegatten, der nicht Leasingnehmer war, tatsächlich zur Verfügung gestanden hat (OLG Stuttgart FamRZ 1995, 1275). Die Fahrzeugpapiere teilen das Schicksal des Fahrzeuges als solchem.

b)   Wohnwagen und Wohnmobil

37 Wohnwagen und Wohnmobil werden regelmäßig als Hausrat anzusehen sein. Für die Zuordnung gelten die oben zum Kraftfahrzeug dargestellten Grundsätze. Die Widmung zum Hausratsgegenstand setzt demnach auch hier voraus, daß der Wohnwagen oder das Wohnmobil während der Ehe bestimmungsgemäß von der Familie genutzt worden ist, weder den individuellen Zwecken des einen noch dem ausschließlichen persönlichen Gebrauch des anderen Ehegatten diente (OLG Koblenz NJW-RR 1994, 516; OLG Düsseldorf FamRZ 1992, 60; OLG Köln FamRZ 1992, 696; OLG Celle FamRZ 1992, 1300). Dasselbe gilt für die von den Eheleuten gemeinschaftlich genutzte **Segelyacht** (LG Ravensburg FamRZ 1995, 1585; PALANDT/DIEDERICHSEN § 1 Rn 12).

c)   Einbauküchen, Einbaumöbel

38 Einbauküchen, Einbaumöbel und die Badezimmereinrichtung sind dann kein Hausrat, wenn sie wesentlicher Bestandteil des Gebäudes und damit Grundstücks im Sinne § 94 Abs 2 BGB sind (OLG Zweibrücken FamRZ 1993, 82; OLG Hamm FamRZ 1991, 89; OLG Frankfurt FamRZ 1982, 938). Wesentlicher Bestandteil des Gebäudes sind alle Gegenstände, die ihm nach der Verkehrsanschauung ein besonderes Gepräge geben, ohne die es daher noch nicht fertiggestellt erscheint, oder die dem Baukörper besonders angepaßt sind und deswegen mit ihm eine Einheit bilden (BGH NJW 1984, 2277; BGH NJW-RR 1990, 914). Ob diese Voraussetzungen erfüllt sind, ist eine Frage des Einzelfalls und hängt auch von regionalen Besonderheiten ab (OLG Hamm FamRZ 1998, 1028). Dabei sind die Montagekosten kein ausschlaggebendes Kriterium (OLG Zweibrücken FamRZ 1993, 82).

5.   Gemeinsames Eigentum beider Ehegatten

39 Das Hausratsverfahren umfaßt nur solche Gegenstände, die entweder beiden Ehegatten gemeinsam gehören (§ 8 Abs 1 HausratsVO), für den gemeinsamen Haushalt angeschafft worden sind (§ 8 Abs 2 HausratsVO) oder wenigstens während der Ehe von dem nicht eigentumsberechtigten Ehegatten genutzt worden sind (§ 9 HausratsVO). Maßgeblich abzustellen ist für den Umfang des Hausrats auf den **Zeitpunkt der Trennung**, so daß diejenigen Gegenstände, die erst für die getrennte Haushalts-

führung angeschafft worden sind, nicht verteilt werden können (BGH NJW 1984, 484, 486). Insoweit bestand nicht mehr der Wille zur gemeinsamen Nutzung. Dasselbe gilt erst recht für erst nach der Scheidung beschaffte Gegenstände.

6.　Vorhandensein des Hausrats

Verteilt werden können nur Gegenstände, die im Zeitpunkt der gerichtlichen Ent- **40** scheidung noch vorhanden sind (OLG Hamm FamRZ 1996, 1423). Hausrat gilt solange als vorhanden, wie nicht das Gegenteil bewiesen ist (PALANDT/DIEDERICHSEN § 1 HausratsVO Rn 21). Vorhanden ist auch der Hausrat, den ein Ehegatte für sich beiseitegeschafft hat (KG FamRZ 1974, 195; OLG Schleswig SchlHA 1957, 207). Tritt bei Hausratsgegenständen, die im gemeinsamen Eigentum beider Eheleute standen, nach der Rechtskraft der Scheidung – etwa durch Verkauf – eine Änderung der Eigentums- oder Besitzverhältnisse ein, so ist dies für die Hausratsverteilung unbeachtlich (OLG Hamm FamRZ 1990, 1126; OLG Düsseldorf FamRZ 1986, 1132).

VII. Antrag

1.　Allgemeines

Für die Einleitung eines Hausratsverteilungsverfahrens bedarf es eines Antrages **41** jedenfalls eines der beteiligten Ehegatten. Die sonstigen Beteiligten (vgl etwa § 7 HausratsVO) sind dagegen nicht selbst antragsberechtigt (BayObLG NJW 1993, 1914; OLG Celle NJW 1964, 1861). Dasselbe gilt für die Erben. Der Tod eines Ehegatten beendet auch ein schwebendes Verfahren, das deshalb nicht mit den Erben fortgesetzt werden kann (OLG Hamm NJW 1965, 872). Gegen die Erben besteht nur die Möglichkeit einer Herausgabeklage.

2.　Verfahrens- und Sachantrag

Hinsichtlich des Antrages ist zwischen dem Verfahrensantrag und dem Sachantrag zu **42** unterscheiden. Der Antrag, ein Verfahren nach der HausratsVO durchzuführen, stellt die Grundlage für die gerichtliche Entscheidung dar, während das Gericht an Sachanträge der Eheleute nicht gebunden ist. Sachanträge stellen vielmehr lediglich Vorschläge für die zu treffende Entscheidung dar (BGH FamRZ 1992, 531; BayObLG FamRZ 1971, 34). Deshalb bedarf es auch keines im Sinne von § 253 ZPO bestimmten Antrages (OLG Zweibrücken FamRZ 1980, 1143). Auch darf das Gericht über den Antrag der Eheleute hinausgehen. Andererseits folgt daraus nicht, daß die Ehegatten am Verfahren nicht mitzuwirken brauchen. Trotz des aus § 12 FGG folgenden **Amtsermittlungsgrundsatzes** sind die Ehegatten nach allgemeiner Meinung gehalten, den Bestand des Hausrats mit den jeweiligen Wertangaben aufzulisten, um so die Grundlage für die zu treffende Billigkeitsentscheidung zu schaffen. Wegen weiterer Einzelheiten wird auf die Erläuterungen zu § 13 HausratsVO verwiesen.

3.　Frist

Eine Frist für den Verfahrensantrag ist in der HausratsVO nicht vorgesehen. § 12 **43** HausratsVO regelt nur den Sonderfall des Eingriffs in die Rechte Dritter. Diese Frist wird auch durch Klageerhebung beim Prozeßgericht gewahrt (§ 18 Abs 2). Einer verspäteten **Antragstellung** kommt regelmäßig nur unter dem Gesichtspunkt der **Billigkeit** bei der Sachentscheidung Bedeutung zu (KG OLGZ 1977, 427; so auch SOERGEL/ HEINTZMANN § 1 HausratsVO Rn 22).

44 Unter Umständen kann der Anspruch aber auch **verwirkt** sein, etwa dann, wenn der Antrag erst nach fünfjährigem Scheidungsverfahren, vollzogener Vermögensauseinandersetzung sowie der Herausgabe einzelner Hausratsgegenstände gestellt wird (OLG Bamberg NJW-RR 1991, 1285; vgl auch AG Weilburg FamRZ 1998, 963; JOHANNSEN/HENRICH/BRUDERMÜLLER § 1 Rn 14). Wegen weiterer Einzelheiten wird auf die Erläuterungen zu § 12 HausratsVO verwiesen.

4. Postulationsfähigkeit

45 Im Rahmen isolierter Verfahren besteht für die beteiligten Ehegatten kein **Anwaltszwang**. Das gilt auch im **Beschwerdeverfahren** (§ 78 Abs 2 Nr 3 ZPO). Wird die Hausratsverteilung dagegen als **Folgesache im Verbund** betrieben, so besteht Anwaltszwang für die Eheleute (§ 78 Abs 2 Nr 1 ZPO). **Drittbeteiligte** (zB die Vermieter) müssen sich dagegen in keinem Fall anwaltlich vertreten lassen (§ 78 Abs 2 ZPO).

5. Auskunftsanspruch

46 Ob ein Auskunftsanspruch über den Bestand des Hausrats gegeben ist, ist streitig. Einerseits wird argumentiert, für einen derartigen Anspruch fehle das Rechtsschutzinteresse. Denn gemäß § 12 FGG ist schon von Amts wegen aufzuklären, welche Hausratsgegenstände vorhanden sind und für eine Verteilung in Betracht kommen (so: OLG Düsseldorf FamRZ 1985, 1152; OLG Celle FamRZ 1986, 490; GERHARDT/HEINTSCHEL-HEINEGG/KLEIN Kap 8 Rn 121). Andererseits weist HEINTZMANN (SOERGEL/HEINTZMANN § 1 HausratsVO Rn 18 a) zu Recht darauf hin, daß auch in dem von Amts wegen zu führenden Versorgungsausgleichsverfahren in §§ 1587 e Abs 1, 1580 BGB ein Auskunftsanspruch gegeben ist. Auch im FGG – Verfahren ist im übrigen der Parteivortrag Grundlage der zu treffenden Entscheidung. Aus diesem Grunde wird mit der wohl herrschenden Meinung ein Auskunftsanspruch gemäß §§ 242, 260 BGB wenigstens dann gegeben sein, wenn der die Auskunft begehrende Ehegatte in entschuldbarer Weise keine Kenntnis über Umfang und Bestand des Hausrats hat und der andere die Auskunft unschwer erteilen kann (so: KG FamRZ 1982, 68; OLG Düsseldorf FamRZ 1987, 81 für den Fall, daß der Ehegatte sich in Strafhaft befindet; OLG Frankfurt FamRZ 1988, 645; OLG Zweibrücken FamRZ 1995, 1211; PALANDT/DIEDERICHSEN § 8 HausratsVO Rn 2).

47 Die aus § 1379 BGB folgende Auskunftspflicht erstreckt sich dagegen nicht auf den Hausrat, da dieser nicht dem Zugewinnausgleich unterliegt (BGH FamRZ 1984, 144).

§ 2
Grundsätze für die rechtsgestaltende Entscheidung

Soweit der Richter nach dieser Verordnung Rechtsverhältnisse zu gestalten hat, entscheidet er nach billigem Ermessen. Dabei hat er alle Umstände des Einzelfalls, insbesondere das Wohl der Kinder und die Erfordernisse des Gemeinschaftslebens, zu berücksichtigen.

Systematische Übersicht

Alphabetische Übersicht

I.   Allgemeines

Die Vorschrift des § 2 räumt dem Hausratsgericht die Möglichkeit ein, unter Berück- **1** sichtigung der Umstände des Einzelfalles nach billigem Ermessen zu entscheiden. Die Vorschrift gilt sowohl für die Zuteilung der Wohnung (§§ 3–7) als auch für die Verteilung des Hausrats (§§ 8–10). Sie gilt aber nur für **rechtsgestaltende Entscheidungen** und mithin nicht in **Verfahrensfragen** (§§ 11 ff) sowie in **nichtgestaltenden Teilen** der Entscheidung, etwa bei der Vorfrage der Feststellung des Eigentums (BayObLGZ 1952, 279, 281).

Ermessensfreiheit besteht nur innerhalb der durch die HausratsVO – beispielsweise **2** durch § 3 und § 9 – gesetzten **Grenzen**. Nicht begrenzt wird das Ermessen durch die Sachanträge der Beteiligten. An diese ist das Gericht nicht gebunden. Sie sind nur als Vorschläge dafür zu werten, wie die Eheleute die Verteilung vorgenommen haben

Gerd Weinreich

möchten (BGHZ 18, 143; BayObLGZ 1956, 153), stellen als solche aber kein die Billigkeitsentscheidung berührendes Kriterium dar.

II. Die Ermessensentscheidung

1. Die die Ermessensentscheidung berührenden Umstände

3 Bei seiner Ermessensentscheidung hat das Gericht alle Umstände zu berücksichtigen, die das Verhältnis der geschiedenen Ehegatten zueinander, ihre gegenwärtigen Lebensbedingungen und ihre Beziehungen zu der Wohnung und den einzelnen Hausratsgegenständen betreffen, soweit diese irgendwie bedeutsam für die Beurteilung dessen sein können, was im Einzelfalle billig, gerecht und zweckmäßig ist (BGHZ 18, 143, 148). Die **Billigkeit** erfordert nicht, daß beide Ehegatten gleiche Anteile erhalten, oder daß wenigstens ein wertmäßiger Ausgleich erfolgt. Die Berücksichtigung beispielsweise des **Wohles der Kinder** oder der **wirtschaftlichen Verhältnisse** kann gegebenenfalls sogar einem vollen Wertausgleich zwingend entgegenstehen (BGH FamRZ 1984, 144, 146; OLG München FamRZ 1997, 752).

2. Maßgeblicher Zeitpunkt

4 Maßgeblich für die Ermessensentscheidung ist der Zustand zum **Zeitpunkt der Beschlußfassung** (BayObLGZ 1956, 370). Erst zukünftige und ungewisse Umstände müssen unberücksichtigt bleiben, während **hinreichend sicher voraussehbare Entwicklungen** – etwa die sichere Wiederheirat eines Ehegatten – in die Ermessensentscheidung mit einfließen können.

3. Einschränkung des Ermessens

5 Hervorzuheben ist, daß die Grenzen des Ermessens durch Vorschriften der HausratsVO eingeengt sind. Zu nennen sind hier die §§ 3, 4, 9 und 10 Abs 2. Für all diese Fälle gelten die nachfolgenden Ausführungen nur eingeschränkt, während vorrangig auf die dort genannten Kriterien abzustellen ist.

4. Die besonderen Ermessenskriterien

6 Das **Wohl der Kinder** und die **Erfordernisse des Gemeinschaftslebens** sind als die Ermessensentscheidung begründende Umstände durch § 2 Satz 2 HausratsVO besonders hervorgehoben.

a) Das Wohl der Kinder

7 Für die Entscheidung des Hausratsgerichts ist vorrangig auf das Wohl der Kinder abzustellen. Schon der Wortlaut der Norm läßt erkennen, daß es sich dabei nicht zwingend um gemeinsame Kinder handeln muß. Auch das Wohl von Kindern eines Ehegatten aus einer früheren Ehe, oder einer nichtehelichen Beziehung sowie von Pflegekindern kann zu berücksichtigen sein (HOFFMANN/STEPHAN 2 Anm 2; KG FamRZ 1991, 467). Das Wohl der Kinder wird auch mit Beginn ihrer Volljährigkeit nicht bedeutungslos.

8 In der Regel wird es geboten sein, demjenigen Ehegatten, bei dem die gemeinsamen

minderjährigen oder volljährigen Kinder leben, oder der sich um mit in die Ehe gebrachte Kinder, die nicht aus ihr hervorgegangen sind, zu kümmern hat, die **Ehewohnung** (OLG Celle FamRZ 1992, 465, 466; OLG Karlsruhe FamRZ 1981, 1087; KG FamRZ 1967, 631; FamRZ 1991, 467; OLG Köln FamRZ 1996, 492) und den für die **Betreuung der Kinder notwendigen Hausrat** zu belassen (BayObLGZ 1950/51, 453; KG FamRZ 1967, 631). Hinsichtlich der Wohnung gilt dies schon deshalb, weil den Kindern das ihnen vertraute Umfeld möglichst erhalten bleiben soll (OLG Karlsruhe FamRZ 1981, 1087) und weil es einem allein lebenden Elternteil eher möglich sein wird, eine angemessene Ersatzwohnung zu finden (OLG Celle FamRZ 1992, 465, 466). Sofern noch nicht feststeht, bei welchem Elternteil sich die Kinder zukünftig aufhalten werden, wird es zweckmäßig sein, das Hausratsverteilungsverfahren bis zur Entscheidung hierüber **auszusetzen**. Über die Möglichkeit der Aussetzung vgl § 13 Rn 20.

b) Die Erfordernisse des Gemeinschaftslebens
Streitig ist, ob den „Erfordernissen des Gemeinschaftslebens" noch eine Bedeutung **9** zukommt. VOELSKOW weist darauf hin, daß dieser Begriff auf der nationalsozialistischen Ideologie einer Volksgemeinschaft beruht. Er könne deshalb nicht als fortgeltend angesehen werden (JOHANNSEN/HENRICH/VOELSKOW § 2 Rn 5).

Die herrschende Meinung interpretiert den Begriff demgegenüber dergestalt, daß **10** hierunter die Beziehungen der Ehegatten zu ihrer Umwelt, zum Hauseigentümer und den übrigen Hausbewohnern zu verstehen sind (so jetzt auch: JOHANNSEN/HENRICH/BRUDERMÜLLER § 2 Rn 6). Der Ehegatte soll zum Beispiel nicht der Möglichkeit beraubt werden, in der Nähe seiner Arbeitsstelle zu wohnen (PALANDT/DIEDERICHSEN § 2 Rn 11). Ferner soll darauf abgestellt werden, welcher der Ehegatten sich besser in die Hausgemeinschaft einfügt (OLG Hamburg NJW 1954, 1892; BayObLGZ 1955, 205; 1956, 159). Auch ist gegebenenfalls der Wohnraumbedarf infolge Wiederheirat ein die Billigkeit begründender Umstand (OLG Stuttgart OLGZ 1968, 125; BayObLGZ 1956, 370, 375).

Letztlich wird es des Abstellens auf die „Erfordernisse des Gemeinschaftslebens" **11** aber gar nicht bedürfen, weil die genannten Umstände regelmäßig auch den ohnehin zu wertenden Interessen der Ehegatten zugeordnet werden können, die im Rahmen der Billigkeitserwägungen zu berücksichtigen sind.

c) Belange Dritter
Die Belange familienfremder Dritter sind für die Entscheidung nicht von Bedeutung, **12** weshalb die Wohnverhältnisse von Verwandten regelmäßig unberücksichtigt bleiben (OLG Schleswig SchlHA 1949, 350). Hat somit ein Ehegatte seine Eltern mit in die eheliche Wohnung aufgenommen, so kann auf deren Wohnverhältnisse bei der Zuweisung der Ehewohnung im Verhältnis der Ehegatten zueinander nicht entscheidend abgestellt werden (OLG Schleswig SchlHA 1949, 350). Dasselbe gilt für die Interessen zum Beispiel der nichtehelichen Lebensgefährtin des die Wohnung beanspruchenden Ehegatten (KG FamRZ 1991, 467). Dagegen kann unter Umständen Berücksichtigung finden, daß ein naher Angehöriger eines Ehegatten im selben Hause wohnt (OLG Hamburg NJW 1954, 1892).

d) Die Ursachen der Eheauflösung
Durch das 1. EheRG und die damit verbundene Abkehr vom Verschuldensprinzip **13** sind „die Ursachen der Eheauflösung" als weiteres Regelbeispiel aus § 2 Satz 2

gestrichen worden. Daraus kann aber nicht gefolgert werden, daß nunmehr die Gründe, die zum Scheitern der Ehe geführt haben, schlechterdings keine Rolle mehr spielen sollen. Sie können vielmehr im Rahmen der Billigkeitsentscheidung nach wie vor berücksichtigt werden, wenngleich ihr Gewicht gemindert ist. So finden die Rechtsgedanken der §§ 1381, 1579 und 1587 c BGB im Einzelfall auch im Rahmen der Hausratsteilung Anwendung (KG FamRZ 1988, 182; SOERGEL/HEINTZMANN § 2 Rn 1; JOHANNSEN/HENRICH/BRUDERMÜLLER § 2 Rz 1; BGB-RGRK/KALTHOENER § 2 Rn 5). Daraus folgt, daß etwa ein **schwerwiegendes und klar bei einem Ehegatten liegendes Fehlverhalten** Berücksichtigung finden kann (BVerfG NJW 1980, 689; KG FamRZ 1988, 182). Dieses ist nicht mit dem Verschulden an der Trennung gleichzusetzen und stellt gegebenenfalls auch nur einen von mehreren angemessen zu berücksichtigenden Umständen dar. Auch nach heute geltendem Recht wird damit aber der als unschuldig an der Trennung anzusehende Ehegatte dem ehebrecherischen Ehegatten und dessen neuen Partner nicht zu weichen brauchen (PALANDT/DIEDERICHSEN § 2 Rn 12; BayObLGZ 1950/51, 449 zur früheren Rechtslage).

14 Überdies kann der gemeinsame Hausrat demjenigen Ehegatten zum Alleineigentum übertragen werden, der von dem anderen durch **Prozeßbetrug** zur Unterhaltszahlung veranlaßt worden ist (AG Weilburg FamRZ 1992, 191; aA: MünchKomm/MÜLLER-GINDULLIS § 2 Rn 3).

e)   Die wirtschaftlichen Verhältnisse der Eheleute

15 Die Billigkeitsentscheidung zu beeinflussen vermögen auch die wirtschaftlichen Verhältnisse der Eheleute, insbesondere ihre Fähigkeit, sich anderweitig Ersatz für Hausrat oder Wohnung zu beschaffen (zur Wohnung: BayObLG FamRZ 1964, 306, 308). Andererseits wird zu prüfen sein, ob der wirtschaftlich schwächere Ehepartner eine gegebenenfalls teure Wohnung überhaupt längerfristig finanzieren kann (HOFFMANN/ STEPHAN § 2 Anm 2). Hatte ein Ehegatte stets **höhere Einkünfte** und hat er deshalb mehr zu gemeinsamen Ersparnissen beigetragen, so kommt diesem Umstand nur geringe Bedeutung zu (BayObLG MDR 1964, 506; KG FamRZ 1988, 182, 184). Ist die Wohnung mit **Geschäftsräumen** verbunden oder befindet sie sich in der **Nähe des Arbeitsplatzes** eines Ehegatten, so wird dieser Umstand dagegen zu berücksichtigen sein (BayObLGZ 1956, 153).

f)   Die Herkunft der Mittel für den Hausrats- und Wohnungserwerb

16 Die Herkunft der Mittel, die für den Erwerb von Hausratsgegenständen genutzt wurden, stellt kein wesentliches Kriterium dar. Das gilt selbst dann, wenn sie aus einer nur einem Ehegatten zugeflossenen Erbschaft stammen (OLG Düsseldorf FamRZ 1987, 1055). Bei der Wohnungszuweisung wird dagegen eine Rolle spielen, daß ein Ehegatte die Wohnung erstellt und eingerichtet (OLG Schleswig JR 1950, 502) und möglicherweise schon vor der Eheschließung in ihr gelebt hat (OLG Hamm JMBlNRW 1951, 214). Investitionen eines Ehepartners in die Wohnung können jedoch auch durch Zahlung einer Abfindung analog § 8 Abs 3 HausratsVO ausgeglichen werden (OLG Karlsruhe FamRZ 1981, 1087).

g)   Sonstige Umstände

17 Sonstige in Betracht kommende Umstände sind zum Beispiel die Hilfsbedürftigkeit oder Erkrankung eines Ehegatten und dessen Alter. Ausdrücklich hinzuweisen ist darauf, daß die in der HausratsVO genannten Regelbeispiele und die obige Aufzäh-

lung (Rn 7 ff) nur beispielhaft sein kann und stets auf die Umstände des Einzelfalls abzustellen ist, wobei auch die Wünsche und Vorstellungen der Parteien Berücksichtigung finden können.

5. Ausgleichszahlung

Ausfluß der Ermessensfreiheit des Hausratsgerichts ist dessen Befugnis, dem durch **18** die Hausratsverteilung oder Wohnungszuweisung begünstigten Ehegatten eine Ausgleichszahlung aufzuerlegen, wie dies in § 8 Abs 3 HausratsVO ausdrücklich vorgesehen ist. Auch ist es möglich, denkbare Härten im Falle der Wohnungszuweisung durch Einräumung einer **Räumungsfrist** zu mildern. Wegen der Einzelheiten wird auf die Ausführungen zu § 3 Rn 19, § 5 Rn 20 f und § 8 Rn 18 ff verwiesen.

Zweiter Abschnitt
Besondere Vorschriften für die Wohnung

Vorbemerkungen zu §§ 3–7 HausratsVO

1 Die §§ 3 bis 7 stellen besondere Vorschriften für die Zuweisung der ehelichen Wohnung auf. Dabei spielen die Eigentumsverhältnisse an demjenigen Grundstück, auf dem sich die Ehewohnung befindet, eine für die Zuweisungsentscheidung entscheidende Rolle. Durch die genannten Vorschriften wird das dem Hausratsgericht nach § 2 HausratsVO grundsätzlich eingeräumte Ermessen teilweise eingeschränkt.

2 Zu unterscheiden ist zwischen dem Fall, in dem sich das Haus im **Alleineigentum eines Ehegatten** oder in seinem **Miteigentum neben einem Dritten** befindet (§ 3), ob es sich um eine **Dienst- oder Werkwohnung** (§ 4) oder um eine **Mietwohnung** handelt (§ 5). Wegen des Falles, daß **beide Ehegatten Miteigentümer** sind, wird auf die Ausführungen zu § 3 Rn 7 verwiesen.

3 Für die **Dauer des Getrenntlebens** stellt § 1361 b BGB eine eigenständige Regelung auf, so daß die §§ 3 ff HausratsVO, deren Intention dahin geht, eine dauerhafte Regelung zu schaffen, auch keine analoge Anwendung finden. Auch eine entsprechende Anwendung auf den Fall der Trennung einer **nichtehelichen Lebensgemeinschaft** scheidet aus, da in die schutzwürdigen Rechte von Mitmietern nur in den gesetzlich vorgesehenen Ausnahmefällen eingegriffen werden darf (AG Berlin-Neukölln NJW-RR 1993, 133; BRUDERMÜLLER FamRZ 1994, 207, 215).

4 Angesichts des weitgehenden Eingriffs auch in die Rechte Dritter, ist eine Anwendung des § 5 Abs 2 HausratsVO im Rahmen eines isolierten Verfahrens auf Zuweisung der Wohnung für die Dauer des Getrenntlebens selbst dann ausgeschlossen, wenn die Eheleute diese Rechtsfolge anerkennen. Dieses Anerkenntnis erweist sich als wirkungslos (OLG Köln FamRZ 1994, 632).

5 Das Verfahren betreffend die Zuweisung der Ehewohnung hat nur Bedeutung für die **Gestaltung künftiger Rechtsverhältnisse**. Über das Zuweisungsverfahren kann somit keine Nutzungsentschädigung für die Vergangenheit verlangt werden (OLG Hamburg FamRZ 1982, 941).

6 Die aus §§ 3 bis 6 HausratsVO folgenden Regelungsbefugnisse bestehen – anders als die aus §§ 1361 a und b BGB – erst, wenn ein Scheidungsverfahren anhängig ist (OLG München FamRZ 1996, 302).

§ 3
Wohnung im eigenen Hause eines Ehegatten

(1) Ist einer der Ehegatten allein oder gemeinsam mit einem Dritten Eigentümer des

Hauses, in dem sich die Ehewohnung befindet, so soll der Richter die Wohnung dem anderen Ehegatten nur zuweisen, wenn dies notwendig ist, um eine unbillige Härte zu vermeiden.

(2) Das gleiche gilt, wenn einem Ehegatten allein oder gemeinsam mit einem Dritten der Nießbrauch, das Erbbaurecht oder ein dingliches Wohnrecht an dem Grundstück zusteht, auf dem sich die Ehewohnung befindet.

Systematische Übersicht

Alphabetische Übersicht

I.   Allgemeines

In den §§ 3–7 regelt die HausratsVO die Zuweisung der Ehewohnung nach der **1** Scheidung der Ehe. Da die Regelungen endgültige Verhältnisse schaffen, sind sie auf den Fall der Zuweisung der Wohnung für die **Dauer des Getrenntlebens** auch nicht entsprechend anwendbar. Für diesen Fall bildet § 1361 b BGB eine eigenständige Regelung.

2 Nicht nach den Regeln der HausratsVO, sondern nach denen der **Gemeinschaft** (§§ 741 ff BGB) ist zu beurteilen, welche Ansprüche hinsichtlich der Nutzung einer den Eheleuten gemeinsam gehörenden Wohnung bestehen. Verläßt einer der Ehegatten die im Miteigentum stehende Wohnung, ohne sie weiter nutzen zu wollen, so kann er nach § 745 Abs 2 BGB eine Neuregelung der Verwaltung und Nutzung verlangen.

3 Da die HausratsVO es vermeiden will, in dingliche Rechte mehr als notwendig einzugreifen, erfolgt die Zuweisung der Ehewohnung nur zum Gebrauch (OLG Oldenburg FamRZ 1965, 277; KG FamRZ 1986, 72), **nicht zu Eigentum**. Deshalb liegt in der Wohnungszuweisung auch **kein enteignender Eingriff** (BayObLG FamRZ 1977, 467, 472). Die **Eigentumsverhältnisse** sind gleichwohl zwingend zu klären, zumal sie ein maßgebliches Entscheidungskriterium darstellen. Die Zuweisung der Wohnung an einen Ehegatten steht somit folgerichtig auch einer Veräußerung derselben nicht entgegen.

4 Die Eigentumsvermutung des § 8 Abs 2 HausratsVO findet hier keine entsprechende Anwendung. Das gilt auch für diejenigen Fälle, in denen die Ehewohnung aus einem Behelfsheim, einer Wohnlaube oder zum Beispiel einem Wohnwagen besteht.

5 Der Begriff der Ehewohnung ist unter § 1 Rn 20 ff definiert. Hierauf wird verwiesen.

II.   Eigentum eines Ehegatten

1.   Eigentumsbegriff

6 § 3 betrifft nur den Fall, daß die Wohnung sich im eigenen Haus eines der Ehegatten befindet, wobei nach Abs 2 dasselbe gilt, wenn zu Gunsten eines der Ehegatten an dem Haus ein **Nießbrauchrecht** (§ 1030 BGB), ein **Erbbaurecht** (§ 1 ErbbauVO) oder ein **dingliches Wohnrecht** (§ 1093 BGB) bestellt ist. Schließlich findet § 3 auch Anwendung für den Fall des **Wohnungseigentums** (§ 1 WEG) oder des **Dauerwohnrechts** (§ 31 WEG) an der Ehewohnung (§ 60 WEG). Dagegen kann in einer genossenschaftlichen Mitgliedschaft kein dem Eigentum vergleichbares Recht gesehen werden, so daß Genossenschaftswohnungen gegebenenfalls nach § 2 zugewiesen werden müssen.

2.   Alleineigentum

7 Die Vorschrift des § 3 setzt weiter voraus, daß das Haus, in dem sich die Ehewohnung befindet, im **Alleineigentum eines Ehegatten** steht, oder daß dieser **gemeinsam mit einem Dritten** Miteigentümer ist. Gehört das Haus dagegen vollständig Dritten, so regelt sich die Zuweisung nach § 5 HausratsVO. Steht es im **Miteigentum beider Ehegatten**, findet § 3 gleichfalls keine Anwendung. Dann, wie auch in dem Fall, daß beide Ehegatten ein gemeinsames Nießbrauch- oder Wohnrecht an dem Grundstück haben, kann der Familienrichter die Wohnung nach § 2 HausratsVO nach **billigem Ermessen** dem einen oder anderen Ehegatten zuweisen (BayObLG JZ 53, 474; BayObLG

FamRZ 1974, 22; OLG Celle NJW-RR 1992, 1222). Auf die unbillige Härte im Sinne des § 3 kommt es dabei nicht an (OLG Celle NJW-RR 1992, 1222).

3. Inhalt der Zuweisungsentscheidung

Stets wird nur über die Gebrauchsmöglichkeit, nicht über das Eigentum als solches **8** entschieden.

Für den Fall der Zuweisung kann zugunsten des jeweils ausscheidenden Ehegatten **9** eine angemessene Ausgleichszahlung festgesetzt werden. Zugleich kann das Verbot ausgesprochen werden, die einstmals eheliche Wohnung zu betreten (OLG Frankfurt MDR 1977, 145), wenn sich dieses als erforderlich erweist.

4. Konkurrieren mehrerer dinglicher Rechte miteinander

Problematisch sind die Fälle, in denen unterschiedlich starke dingliche Rechte der **10** Ehegatten miteinander konkurrieren, beispielsweise das Eigentum und der Nieß-brauch. Schließt dabei das bestehende dingliche Recht den Eigentümer per se von der Nutzung aus, so ist dem dinglich Berechtigten der Vorrang gegenüber dem Eigentümer einzuräumen (OLG Stuttgart FamRZ 1990, 1260), weil § 3 HausratsVO der Gedanke zu entnehmen ist, daß der Gesetzgeber demjenigen Ehegatten den grund-sätzlichen Vorrang einräumen will, der bereits nach bürgerlichem Recht hinsichtlich des Besitzes und der Nutzungsmöglichkeit dinglich berechtigt ist (OLG Stuttgart FamRZ 1990, 1260). Entsprechendes gilt, wenn beide Ehegatten zwar **Miteigentümer** des mit der ehelichen Wohnung bebauten Grundstücks, aber nur einer **Erbbauberechtigter** und damit alleiniger Eigentümer der Ehewohnung ist (OLG Oldenburg FamRZ 1998, 571). Im übrigen ist gegenüber dem Eigentümer gemäß § 3 HausratsVO zu verfahren (OLG Düsseldorf FamRZ 1980, 171). Im Falle gleichrangiger Rechte folgt die Entschei-dung demgegenüber aus § 2 HausratsVO. Das gilt auch dann, wenn dingliches Wohn-recht und Eigentum miteinander konkurrieren, das Wohnrecht aber nicht unter Aus-schluß der Eigentümer bestellt worden ist (OLG Naumburg FamRZ 1998, 1529).

5. Beurteilung der Eigentumsverhältnisse

In wessen Eigentum das Haus steht, in dem sich die Ehewohnung befindet, regelt sich **11** nach den Vorschriften des BGB. Abgesehen von dem Fall, daß die Ehewohnung in einem Behelfsheim, einer Wohnlaube, einem Wohnwagen oder dergleichen gelegen ist, ist somit maßgeblich auf die im **Grundbuch** ausgewiesene dingliche Rechtslage abzustellen. **Schuldrechtliche Ansprüche** des anderen Ehegatten können dagegen nicht berücksichtigt werden (OLG Stuttgart OLGZ 1968, 126, 127; OLG Düsseldorf FamRZ 1980, 171, 172). Allerdings wirkt eine vom Eigentümer für den Fall der Scheidung zuvor eingegangene verbindliche Verpflichtung zur Eigentumsübertragung bereits wie das Eigentum selbst (so: OLG Köln FamRZ 1992, 322).

III. Unbillige Härte

Ist einer der Ehegatten allein oder mit einem Dritten Eigentümer der Ehewohnung **12** oder des Hauses, in dem sich diese befindet, so soll die Wohnung dem anderen nur zugewiesen werden, wenn dies notwendig ist, um eine **unbillige Härte** zu vermeiden.

An die Annahme einer unbilligen Härte sind **strenge Anforderungen** zu stellen, um nicht mehr als notwendig in das Eigentum einzugreifen. Die Zuweisung der Wohnung an den Nichteigentümer muß aufgrund außergewöhnlicher Umstände dringend notwendig sein, um eine für diesen unerträgliche Belastung abzuwenden, während die Aufgabe der Wohnung für ihn eine ungewöhnlich schwere Beeinträchtigung darstellen muß (OLG Stuttgart OLGZ 1968, 126; BayObLG FamRZ 1974, 17, 18; OLG Düsseldorf FamRZ 1980,171; OLG Köln FamRZ 1992, 322). Sind allerdings die Voraussetzungen einer unbilligen Härte erfüllt, so ist die Zuweisung der Wohnung verfassungsrechtlich unbedenklich (BayObLG FamRZ 1974, 17; BayObLG FamRZ 1977, 467).

13 Eine bloße **Unbequemlichkeit**, mit der die Aufgabe der Wohnung für den Nichteigentümer verbunden wäre, stellt noch keine unbillige Härte dar. Es reicht auch nicht aus, daß ein Ehegatte die Wohnung dringender braucht als der andere. Auch kann die Härte nicht damit begründet werden, daß der weichende Ehegatte **keine der Ehewohnung vergleichbare Unterkunft zu finden vermag** (OLG München FamRZ 1995, 1205, 1206). Die Tatsache, daß der Nichteigentümer bereits seit längerer Zeit allein in der Wohnung lebt, begründet jedenfalls dann nicht die Zuweisung der Wohnung an ihn, wenn dem Alleineigentümer – Ehegatten dieser Zustand aus beachtenswerten Gründen nicht länger zugemutet werden kann (OLG Köln NJW-RR 1994, 1160). Die Zuweisung kann auch nicht zum **Zweck der Sicherung** sonst gefährdeter Unterhaltsansprüche erfolgen (OLG München FamRZ 1995, 1205). Erforderlich ist vielmehr, daß weitere Umstände aus dem persönlichen, aber auch finanziellen Bereich der Ehegatten hinzukommen. Die **Gründe, die zur Auflösung der Ehe geführt haben**, spielen für die Annahme einer Härte keine Rolle.

14 Eine unbillige Härte kann dagegen beispielsweise denn vorliegen, wenn derjenige Elternteil, der die **gemeinsamen Kinder betreut**, – im Gegensatz zu dem alleinstehenden Ehegatten – keine andere für sich und die Kinder angemessene Wohnung zu finden vermag (OLG Stuttgart OLGZ 1968, 126,128; BayObLG FamRZ 1974, 17, 18), wovon allerdings dann kaum ausgegangen werden kann, wenn der Ehegatte nur ein bereits 14 Jahre altes Kind betreut (OLG Oldenburg FamRZ 1998, 571), wenn der die Kinder betreuende Elternteil ansonsten im Wohnzimmer einer ihm zur Verfügung stehenden Ersatzwohnung schlafen müßte (OLG Köln FamRZ 1996, 492), wenn der Nichteigentümer **mangels Unterhaltszahlungen** auf die Einnahmen aus einer Untervermietung angewiesen ist (MünchKomm/MÜLLER-GINDULLIS § 3 Rn 6; **aA**: JOHANNSEN/HENRICH/BRUDERMÜLLER § 3 Rn 7), oder wenn der Nichteigentümer in der Wohnung eine **Praxis** oder einen **Gewerbetrieb** ausübt und diese nicht alsbald verlegt werden können. Auch das **Alter**, die **psychische Verfassung** der Eheleute oder deren **körperliche Gegebenheiten** können eine unbillige Härte begründen, zum Beispiel dann, wenn der Nichteigentümer an den Rollstuhl gefesselt und die Wohnung für die Benutzung mit dem Rollstuhl besonders geeignet ist (SOERGEL/HEINTZMANN § 3 Rn 6). Schließlich ist auch darauf abzustellen, in welcher Lage sich der Eigentümer befindet, ob er die Wohnung selbst benötigt, oder sie überhaupt nicht persönlich nutzen will (OLG Stuttgart OLGZ 1968, 126; BayObLG FamRZ 1977, 467, 471).

IV. Rechtsverhältnis zwischen den Eheleuten nach der Wohnungszuweisung

1. Begründung eines Miet- oder Nutzungsverhältnisses

Im Falle der Zuweisung der Ehewohnung an den Nichteigentümer – Ehegatten kann **15** das Familiengericht zwischen diesem und dem ausscheidenden Eigentümer ein **Miet- oder sonstiges Nutzungsverhältnis** begründen (§ 5 Abs 2 HausratsVO), oder eine **Ausgleichszahlung** anordnen, wobei mit dieser allerdings nicht der Zweck verfolgt werden darf, mit ihr die früher gemeinsame Aufbringung der Mittel zur Finanzierung der Wohnung auszugleichen, da Ausgleichsansprüche der Ehegatten aus der Finanzierung eines Eigenheims nicht der HausratsVO unterliegen (OLG Hamburg FamRZ 1988, 80). Ausgeschlossen ist die Begründung von Wohnungseigentum oder eines dinglichen Wohnrechts (OLG Hamm JMBlNRW 1958, 103).

2. Ausgestaltung des Miet- oder Nutzungsverhältnisses

Begründet das Familiengericht ein Miet- oder Nutzungsverhältnis, so darf dieses **16** nicht für den Rest des Lebens des Nichteigentümers **unkündbar** eingeräumt werden, da darin eine **unzulässige Enteignung** läge (SOERGEL/HEINTZMANN § 3 Rn 6). Die **Höhe des regelmäßig festzusetzenden Mietzinses** bestimmt sich nach den allgemeinen Regeln. Von einer Mietzins- oder Ausgleichszahlung kann nur ausnahmsweise abgesehen werden. Besteht etwa zwischen den Eheleuten eine **Unterhaltsregelung** dahingehend, daß die Nutzung der Ehewohnung ihrem Wert nach unterhaltsmindernd zu berücksichtigen ist, so entspricht es nicht der Billigkeit, obendrein noch eine Mietzinszahlung anzuordnen und die Wohnungsnutzung mithin doppelt zu bewerten (BGH FamRZ 1986, 434). Von der Anordnung der Mietzins- oder Ausgleichszahlung kann weiter auch dann abgesehen werden, wenn der weichende Ehegatte das ihm allein zustehende **Wohnrecht** gar nicht ausüben will und eine wirtschaftliche Verwertung ihm nach § 1093 Abs 2 BGB nicht möglich ist (OLG Bamberg FamRZ 1996, 1085).

Die Ausgestaltung des Miet- oder Nutzungsverhältnisses durch das Familiengericht **17** steht in dessen Ermessen. Auf die **Zustimmung der Beteiligten** kommt es nicht an. Bei der Festsetzung der Höhe der Miete oder des Nutzungsentgelts ist auf die für die Wohnung **ortsübliche Miete** einerseits sowie die **wirtschaftlichen Verhältnisse der Eheleute** andererseits abzustellen. Das durch das Familiengericht gestaltete Mietverhältnis kann gemäß § 571 BGB auch einem späteren Erwerber entgegengehalten werden (SOERGEL/HEINTZMANN § 3 Rn 7). Es kann auch von vornherein **befristet** werden. Teilweise wird sogar die Auffassung vertreten, daß eine angemessene Befristung zwingend vorzunehmen ist (JOHANNSEN/HENRICH/BRUDERMÜLLER § 3 Rn 10, OLG München FamRZ 1995, 1205, 1206). Weiter kann daran gedacht werden, dem weichenden Ehegatten eine angemessene **Räumungsfrist** einzuräumen (vgl: OLG Oldenburg FamRZ 1998, 571, 571).

Wegen weiterer Einzelheiten wird auf die Kommentierung zu § 5 verwiesen.

Die Begründung eines **Nutzungsverhältnisses** wird sich insbesondere beim Bestehen **18** von Miteigentum anbieten, weil die §§ 57 ff ZVG im Falle der Zwangsversteigerung nur bei einem zuvor begründeten Mietverhältnis Anwendung finden, die Verwertung der Miteigentumsanteile mithin eher als bei Begründung eines Mietverhältnisses möglich ist (OLG Celle NJW-RR 1992, 1222, 1223).

V. Ausgleichszahlung

19 Ordnet das Familiengericht eine Ausgleichszahlung (zur Zulässigkeit: OLG Naumburg FamRZ 1998, 1529) an, so stellt diese eine Nutzungsentschädigung, nicht etwa eine geldliche Abfindung des Eigentums oder Eigentumsanteils dar. Die Ausgleichszahlung kann in einem Betrag, oder in Form einer laufenden Entschädigung fällig werden.

§ 4
Dienst- und Werkwohnung

Eine Wohnung, die die Ehegatten auf Grund eines Dienst- oder Arbeitsverhältnisses innehaben, das zwischen einem von ihnen und einem Dritten besteht, soll der Richter dem anderen Ehegatten nur zuweisen, wenn der Dritte einverstanden ist.

Systematische Übersicht

Alphabetische Übersicht

I. Allgemeines

1 Eine Dienst- oder Werkwohnung, die ein Ehegatte aufgrund eines Dienst- oder Werkvertrages zwischen ihm und einem Dritten erhalten hat, soll dem anderen Ehegatten nur zugewiesen werden, wenn der Dritte hiermit einverstanden ist. Diese Vorschrift weicht vom Grundsystem der HausratsVO ab, nach dem vorrangig die Interessen der beiden Eheleute und deren Kinder abzuwägen sind. Sie stellt somit eine Ausnahmevorschrift dar, die das Interesse des Arbeitgebers, nicht die des möglicherweise hiervon abweichenden Eigentümers oder Vermieters der Wohnung schützen soll (BayObLGZ 1959, 403; BayObLGZ 1971, 377). Diese Begünstigung des Arbeitgebers begründet jedoch keinen Verstoß gegen Art 3 Abs 2 GG (OLG Frankfurt FamRZ 1955, 211; BayObLGZ 1972, 216) und ist auch mit Art 6 GG zu vereinbaren (BayObLG 1972, 216).

II. Begriff der Dienst- oder Werkwohnung

Eine Dienst- oder Werkwohnung ist eine solche, die ein Ehegatte mit **Rücksicht auf** 2 **ein Dienst- oder Arbeitsverhältnis** oder im Rahmen eines solchen erhalten hat. Nicht ausreichend für die Annahme ist, daß der Arbeitgeber nur **Hauseigentümer** ist. Andererseits kann aber auch ein **Dritter Vermieter** sein, etwa dann, wenn er sich dem Arbeitgeber gegenüber zur Überlassung der Wohnung an Betriebsangehörige verpflichtet hat (BayObLGZ 1959, 403; OLG Frankfurt FamRZ 1991, 838). Daß beide Ehegatten den Mietvertrag unterschrieben haben, steht der Anwendung von § 4 auch dann nicht entgegen, wenn nur einer von ihnen in dem maßgeblichen Dienst- oder Arbeitsverhältnis steht (OLG Schleswig SchlHA 1982, 183).

Im einzelnen kommen folgende Wohnungen in Betracht: 3

a) **Werkmietwohnungen** nach § 565 b BGB, die mit Rücksicht auf das Bestehen eines Dienstverhältnisses vermietet worden sind,

b) **Werkdienstwohnungen** nach § 565 e BGB, die im Rahmen eines Dienstverhält- 4 nisses überlassen worden sind, wobei der an sich angemessene Mietzins einen Teil der Vergütung für die Dienstleistung darstellt,

c) **Bergarbeiterwohnungen**, die aus Mitteln der Kohlenabgabe auf Grund des Ge- 5 setzes vom 4. 5. 1957 (BGBl III 2330) errichtet und an Wohnberechtigte im Kohleberg- bau durch Mietvertrag überlassen worden sind,

d) **Dienstwohnungen**, die aufgrund eines öffentlich-rechtlichen Nutzungsverhält- 6 nisses überlassen worden sind.

Streitig ist, ob die Vorschrift auf vergleichbare Fälle **entsprechende Anwendung** findet. 7 Dies ist bejaht worden für den Fall, daß die Ehewohnung in einem **engen räumlichen Verhältnis zum Arbeitsplatz** steht (LG Wuppertal MDR 1949, 170 für die Wohnung auf einem gepachteten Bauernhof), daß die Wohnung einem Ehegatten nur mit Rücksicht darauf überlassen wurde, daß er eine **Schlüsselstellung in der Industrie** einnimmt (OLG Frankfurt FamRZ 1955, 211; so auch: SOERGEL/HEINTZMANN § 4 Rn 1; HOFFMANN/STEPHAN § 4 Anm 1) oder daß die **wohnungsmäßige Förderung bestimmter Berufsgruppen** zu den Aufgaben des Vermieters gehört (OLG Frankfurt ZMR 1955, 179). Begründet wird diese Annahme mit der vergleichbaren Interessenlage des Arbeitgebers. Dieser Analogie bedarf es indessen nicht, da der räumliche Zusammenhang mit dem Arbeitsplatz oder die besonderen Konditionen des Mietvertrages auch im Rahmen der nach § 2 Haus- ratsVO vorzunehmenden Billigkeitserwägungen berücksichtigt werden können (so auch: MünchKomm/MÜLLER-GINDULLIS § 4 Rn 5).

Im Falle einer **genossenschaftlichen Mitgliedschaft** ist die Interessenlage der Genossen- 8

Gerd Weinreich

schaft mit derjenigen des Vermieters einer Dienst- oder Werkwohnung nicht vergleichbar, so daß die Zuweisung einer Genossenschaftswohnung nur nach § 2 erfolgt.

III. Der maßgebliche Zeitpunkt

9 Aus dem Wortlaut der Regelung („innehaben") folgt, daß es für die Annahme einer Dienst- oder Werkwohnung maßgeblich auf den **Zeitpunkt der Entscheidung** ankommt. § 4 ist deshalb auch dann anzuwenden, wenn die Abhängigkeit der Wohnungsüberlassung vom Dienst- oder Arbeitsverhältnis erst nach der Überlassung der Wohnung begründet worden ist. Ist das Arbeitsverhältnis dagegen zum Zeitpunkt der Entscheidung bereits beendet, oder die Bindung zwischen dem Miet- und dem Arbeitsverhältnis zwischenzeitlich aufgehoben, so findet § 4 keine Anwendung mehr, weil das Arbeitsverhältnis keinen Einfluß mehr auf Verlauf und Gestaltung des Mietverhältnisses hat (OLG Hamburg FamRZ 1982, 939). In der Rechtsprechung wird allerdings auch die gegenteilige Auffassung vertreten. Insoweit wird argumentiert, die Stellung eines vom Arbeitsverhältnis unabhängigen Mieters könne nur der Dienst- oder Arbeitspflichtige selbst erlangen (OLG Frankfurt FamRZ 1991, 838). Angesichts des Ausnahmecharakters der Vorschrift und deshalb, weil der Schutzzweck des § 4 nach Beendigung der Bindung entfallen ist, besteht für eine derart ausweitende Auslegung der Norm jedoch keine Veranlassung. § 4 findet demzufolge auch dann keine Anwendung, wenn die Frist, für die die Wohnung als mit Rücksicht auf das Arbeitsverhältnis überlassen gilt, abgelaufen ist, der Arbeitgeber die Wohnung aber auch weiterhin nur Betriebsangehörigen zur Verfügung stellen will (OLG Hamburg FamRZ 1982, 939).

IV. Zuteilung der Wohnung

10 Die Dienst- oder Werkwohnung ist regelmäßig demjenigen Ehegatten zuzuteilen, der sie vom Arbeitgeber wegen seines Dienst- oder Arbeitsverhältnisses bekommen hat. Eine Zuweisung an den anderen Ehegatten soll nur im **Einverständnis mit dem Dienstherrn** erfolgen.

11 Nach dem Wortlaut der Norm ist aber nicht jegliche **Entscheidung ohne das Einverständnis des Vermieters** oder **gegen dessen Widerspruch** ausgeschlossen. § 4 statuiert vielmehr den Vorrang der Vermieterinteressen gegenüber denjenigen der Eheleute im Sinne eines **Regel-Ausnahme-Verhältnisses**. So kommt eine Zuweisung an den anderen Ehegatten ohne Zustimmung des Arbeitgebers oder sogar gegen dessen ausdrücklichen Willen dann in Betracht, wenn die Belange des Ehegatten wegen der Besonderheiten des Falles ausnahmsweise schwerer wiegen als das Interesse des Arbeitgebers (OLG Frankfurt FamRZ 1992, 695; FamRZ 1991, 838; OLG Hamm FamRZ 1981, 183; BayObLG NJW 1970, 329; OLG Hamburg FamRZ 1990. 651). Das ist namentlich dann der Fall, wenn der Charakter der Wohnung als Dienst- oder Werkwohnung in absehbarer Zeit ohnehin aufgehoben werden soll (BayObLG NJW 1970, 329), wenn nur so ungewöhnliche Härten vermieden werden können (AG Kerpen FamRZ 1997, 1344 für den Fall einer schwer psychisch erkrankten und unter Betreuung stehenden nicht betriebsangehörigen Ehefrau), und wenn andererseits die Fortsetzung des Arbeitsverhältnisses für den betriebsangehörigen Ehegatten nicht unmöglich oder unzumutbar erschwert wird (BayObLG NJW 1970, 329; BayObLGZ 1972, 216; AG Ludwigshafen FamRZ 1995, 558). Andererseits scheidet eine Zuweisung an den nicht betriebsangehörigen Ehegatten dann aus,

wenn dem eine gesetzliche Zweckbindung entgegensteht (OLG Hamm FamRZ 1981, 183 für den Fall einer dem Gesetz zur Förderung des Bergarbeiterwohnungsbaus im Kohlenbergbau unterliegenden Wohnung).

Erfolgt eine **Zuweisung an den nicht betriebsangehörigen Ehegatten ohne die Zustim- 12 mung des Vermieters**, so gebieten es die durch § 4 besonders geschützten Interessen des Wohnungsgebers, die Wohnung nur **befristet** zu überlassen (BayObLG NJW 1970, 329), wobei für die Bemessung der Frist beispielsweise auf den Zeitraum abgestellt werden kann, den der Ehegatte für die Anmietung einer angemessenen Ersatzwohnung voraussichtlich benötigt.

Besteht ein **Dienst- oder Arbeitsverhältnis mit beiden Ehepartnern**, was beispielsweise 13 bei einem Hausmeisterehepaar der Fall sein kann, so ist die Wohnung grundsätzlich demjenigen Ehegatten zu überlassen, mit dem das Dienst- oder Arbeitsverhältnis fortgesetzt wird, was aus Sinn und Zweck des § 4 folgt. Wird es mit beiden Ehegatten fortgesetzt, so erfolgt die Zuteilung dagegen entsprechend § 2 nach billigem Ermessen (MünchKomm/MÜLLER-GINDULLIS § 4 Rn 4; SOERGEL/HEINTZMANN § 4 Rn 4; **aA** BGB-RGRK/KALTHOENER § 4 Rn 7, wonach die Zuteilung an einen Ehegatten in entsprechender Anwendung von § 4 von dem Einverständnis des Dienstherrn oder Arbeitgebers abhängig sein soll).

§ 5
Gestaltung der Rechtsverhältnisse

(1) Für eine Mietwohnung kann der Richter bestimmen, daß ein von beiden Ehegatten eingegangenes Mietverhältnis von einem Ehegatten allein fortgesetzt wird oder daß ein Ehegatte an Stelle des anderen in ein von diesem eingegangenes Mietverhältnis eintritt. Der Richter kann den Ehegatten gegenüber Anordnungen treffen, die geeignet sind, die aus dem Mietverhältnis herrührenden Ansprüche des Vermieters zu sichern.

(2) Besteht kein Mietverhältnis an der Ehewohnung, so kann der Richter zugunsten eines Ehegatten ein Mietverhältnis begründen. Hierbei setzt der Richter den Mietzins fest. Ist dieser neu zu bilden, so soll der Richter vorher die Preisbehörde hören.

Systematische Übersicht

Alphabetische Übersicht

I. Allgemeines

1 Im Falle der Zuweisung der Ehewohnung an einen Ehegatten ist es regelmäßig erforderlich, die bestehenden Mietverhältnisse den geänderten Umständen anzupassen. Durch die mit § 5 gegebene Möglichkeit der **Vertragsgestaltung** durch das Gericht kann dieses eine Änderung des Mietvertrages jedoch nur hinsichtlich der **Vertragsparteien**, nicht auch des **Vertragsinhalts** vornehmen. Es kann bestimmen, mit welchem Ehegatten ein bestehendes Mietverhältnis fortgeführt werden soll oder auch ein Mietverhältnis zugunsten eines der Ehegatten neu begründen, wenn ein solches mit diesem Ehepartner bislang nicht bestand. Obwohl sich das Gericht dabei über die fehlende Zustimmung des Vermieters hinwegsetzen kann, wird durch diesen Eingriff dessen Eigentumsrecht nicht in verfassungswidriger Weise unverhältnismä-

§ 5 HausratsVO

2. Abschnitt. Besondere Vorschriften für die Wohnung   2–6

ßig und die Sozialbindung überschreitend beschränkt (BVerfG FamRZ 1991, 1413; BayObLG FamRZ 1983, 701).

Haben die Ehegatten **Miteigentum an der Ehewohnung**, so findet § 5 nur bis zum   2 Zeitpunkt der **Teilungsversteigerung** Anwendung. Nach durchgeführter Versteigerung kommt eine Zuweisung nach dieser Vorschrift nicht mehr in Betracht, weil § 180 Abs 3 ZVG insoweit eine abschließende spezielle Regelung darstellt, die die Anwendung des § 5 HausratsVO ausschließt (OLG Hamm FamRZ 1998, 181).

Eine **entsprechende Anwendung** des § 5 auf Fälle, in denen mehrere nicht miteinander   3 verheiratete Personen gemeinsam Mieter einer Wohnung sind, ist wegen des Sondercharakters der Hausratsverordnung nicht zulässig (AG Berlin-Neukölln NJW-RR 1993, 133).

II.   Mietwohnung

1.   Begriff des Mietverhältnisses

§ 5 bezieht sich nur auf Mietwohnungen, wobei der Begriff „Mietverhältnis" weit   4 auszulegen ist und alle mietähnlichen Vertragsverhältnisse umfaßt, aufgrund derer Eheleute eine Wohnung innehaben. So gilt die Vorschrift auch für **Leihverhältnisse** entsprechend. Dasselbe gilt für Pachtverhältnisse etwa dann, wenn mit der Wohnung ein **Pachtverhältnis** über einen Garten verbunden ist. Dann darf auch in das Pachtverhältnis eingegriffen werden, wenn die Wohnung die Hauptsache ist und das Pachtland keine selbständige wirtschaftliche Bedeutung hat (HOFFMANN/STEPHAN § 5 Anm 1 B).

Auch dadurch, daß die Wohnung an besondere **Mitgliedschaftsrechte** geknüpft ist,   5 wird die Gestaltungsbefugnis des Gerichts nicht eingeengt. Das gilt etwa für den Fall, daß die Ehewohnung in einem Kleingarten gelegen ist. Die Ehewohnung kann dann auch demjenigen Ehegatten zugewiesen werden, der nicht Mitglied des Kleingartenvereins ist (BGH LM § 3 Nr 1; HOFFMANN/STEPHAN § 5 Anm 1 B). Entsprechendes gilt, wenn die Ehewohnung eine **Genossenschaftswohnung** ist, die nach der Satzung der Genossenschaft nur an Mitglieder vergeben werden darf. Auch dann ist die Zuweisung an denjenigen Ehegatten möglich, der nicht Mitglied der Genossenschaft ist (OLG München FamRZ 1991, 1452; OLG Oldenburg NdsRpfl 1952, 153; KG FamRZ 1984, 1242; BayObLGZ 1955, 56). § 5 HausratsVO stellt auch eine für die Zuweisung genossenschaftlich gebundenen Wohnraums hinreichend bestimmte Rechtsgrundlage dar (BVerfG NJW 1992, 106). Allerdings kann das Gericht weder die Mitgliedschaftsrechte als solche übertragen, noch sonst in sie eingreifen.

Die Tatsache, daß eine Wohnung ganz oder teilweise aus Mitteln eines **Aufbaudarle-**   6 **hens nach dem Lastenausgleichsgesetz** finanziert worden ist, steht der Anwendung der HausratsVO nicht entgegen (BayObLG FamRZ 1964, 371; KG FamRZ 1967, 631). Weder enthält der Wortlaut des Gesetzes einen Hinweis darauf, daß die HausratsVO nicht oder nur beschränkt auf entsprechend geförderte Wohnungen anwendbar sein soll, noch rechtfertigen Sinn und Zweck des LAG eine solche Ausnahme (HOFFMANN/STEPHAN § 5 Rn 1 B).

7 Gleichgültig ist, ob beide Ehegatten **Vertragspartner** sind, oder nur einer. Im letzteren Fall ist das Gericht nicht gehindert, die Wohnung auch demjenigen Ehegatten zuzuweisen, der nicht Partner des Mietvertrages ist.

2. Mietverhältnis zum Zeitpunkt der Entscheidung

8 Grundsätzlich muß das Mietverhältnis zum **Zeitpunkt der Entscheidung** noch bestehen. Hat allerdings ein Ehegatte das Mietverhältnis über die von ihm allein gemietete Wohnung gekündigt, oder durch einen Aufhebungsvertrag mit dem Vermieter beendet, so kann die Wohnung dem anderen, dort noch lebenden Ehegatten zugewiesen werden, solange sie noch nicht anderweitig vermietet worden ist. Insoweit wird mit diesem Ehegatten **rückwirkend** ein neues Mietverhältnis zu den alten Bedingungen begründet (BayObLG NJW 1961, 317; OLG Hamburg FamRZ 1982, 939, 940; OLG München FamRZ 1991, 1452, 1455). Andernfalls könnte der Ehegatte, der bisher alleiniger Miete war, stets die Zuweisung an den anderen Ehegatten vereiteln.

III. Die Zuweisungsentscheidung

1. Gestaltung des Vertragsverhältnisses

9 Die Zuweisungsentscheidung kann dahin gehen, daß derjenige Ehegatte die Wohnung behält, der sie ohnehin gemietet hat. Dann bedarf es der nach § 5 möglichen Rechtsgestaltung nicht. Andernfalls hat das Gericht zu bestimmen, daß entweder der andere Ehegatte in das bestehende Mietverhältnis eintritt, oder das Mietverhältnis mit nur einem Ehegatten fortgeführt wird. Nach Absatz 2 wird verfahren, wenn die Wohnung nach § 6 geteilt wird, oder wenn es inzwischen – zum Beispiel durch Kündigung seitens des Ehegatten oder Abschluß eines Aufhebungsvertrages zwischen diesem und dem Vermieter – beendet worden ist (BayObLG NJW 1961, 317; OLG Hamburg FamRZ 1982, 939; KG FamRZ 1984, 1242; OLG München FamRZ 1991, 1452).

10 Stets beschränkt sich der Eingriff in das Mietverhältnis auf die Änderung der **Person des Mieters**, während das Vertragsverhältnis im übrigen unberührt bleibt. So ist es dem Gericht insbesondere verwehrt, den **Mietzins**, die **Zahlungsmodalitäten** oder vertraglich vereinbarte **Kündigungsfristen** zu ändern oder die **Laufzeit des Vertrages** zu Gunsten des Mieters zu verlängern. Dagegen kann es den Mietvertrag **zeitlich befristen** (BayObLG NJW 1957, 163).

11 Unter Umständen kann auch von einer rechtsgestaltenden und in die Rechte des Vermieters eingreifenden Entscheidung abgesehen und eine Regelung getroffen werden, die sich nur im **Innenverhältnis** zwischen den Ehegatten auswirkt. Eine derartige Regelung kommt insbesondere dann in Betracht, wenn die Zustimmung des Vermieters zwar erforderlich ist, wegen des Ablaufs von mehr als 1 Jahr nach Rechtskraft der Ehescheidung gemäß § 12 aber nicht mehr eingeholt werden kann. Dann kann auch im Innenverhältnis unter den Ehegatten die **Aufteilung der Wohnung** geregelt oder einer der Ehegatten zur **Räumung** verpflichtet werden. Wegen der Einzelheiten vergleiche insoweit die Erläuterungen zu § 12 Rn 6.

12 Die Neuregelung des Mietverhältnisses erfolgt durch **Hoheitsakt**. Sie bedarf, abgesehen vom Fall des § 12 HausratsVO, nicht der **Zustimmung des Vermieters**. Auch der ausdrückliche **Widerspruch des Vermieters** gegen die Fortsetzung oder Begründung des Mietverhältnisses mit einem der Ehegatten bindet das Gericht nicht. Allerdings sollte die Zuweisung dann unterbleiben, wenn der Vermieter ankündigt, den Mietvertrag sogleich kündigen zu wollen und wenn die Kündigung rechtlich möglich und aussichtsreich erscheint, da nicht etwas zugewiesen werden soll, was ohnehin alsbald wieder aufgegeben werden muß (KG FamRZ 1984, 1242; Schettler ZMR 1983, 325, 328). Darüber hinaus sind gemäß § 2 bei der Zuweisungsentscheidung auch die **Interessen des Vermieters** zu berücksichtigen. Deshalb kann auch dessen Wille maßgeblich sein, wenn etwa für beide Ehegatten gleich viel spricht.

Sonst für die wirksame Begründung eines Mietverhältnisses **erforderliche Genehmi-** **13** **gungen** – öffentlich – rechtlicher oder privatrechtlicher Art – brauchen nicht eingeholt zu werden (§ 16 Abs 2 HausratsVO).

2. Keine ungewollte Zuweisung

Unzulässig ist es, die Wohnung einem Ehegatten gegen seinen Willen zuzuweisen, mit **14** der Folge, daß er nunmehr allein für die Mietzinszahlungen aufzukommen hat (OLG Celle FamRZ 1981, 958). Überhaupt gehört es zu den ungeschriebenen sachlichen Voraussetzungen einer Entscheidung nach § 5, daß einer der Ehegatten die Wohnung **zugewiesen erhalten will** (Soergel/Heintzmann, § 5 Rn 7; nach Auffassung des OLG Hamburg FamRZ 1983, 958 fehlt es für einen Antrag, dem anderen Ehegatten die Wohnung gegen dessen Willen zuzuweisen, gar an einem rechtlichen Interesse), da die Wohnungszuweisung nach der HausratsVO für den in der Wohnung verbleibenden Ehegatten eine **Rechtswohltat** sein soll (Haussleiter/Schulz Kap 1 Rn 77). Auch der Wunsch eines Ehegatten, **aus dem Mietverhältnis entlassen zu werden**, rechtfertigt nicht die Alleinzuweisung der Wohnung an den anderen Ehegatten gegen dessen Willen (OLG München NJW-RR 1995, 1474). Will keiner der Ehegatten die Wohnung für sich behalten, so ist kein Platz für eine Entscheidung nach § 5. Es bleibt dann nur die Möglichkeit der **Kündigung des Mietvertrages**.

Besteht zwischen den Ehegatten allerdings Einigkeit darüber, daß einer von ihnen **15** die Ehewohnung für die Zeit nach der Scheidung behält und der andere aus dem Mietvertrag entlassen werden soll oder erstrebt der in der Wohnung verbleibende Ehegatte den Fortbestand des bisherigen Mietverhältnisses allein, um von der Verpflichtung zur Zahlung des Mietzinses frei zu sein, so muß der die Wohnung verlassende Ehegatte seinerseits eine rechtsgestaltende Entscheidung nach § 5 dahin gehend beantragen können, die **Wohnung dem anderen zuzuweisen**. Er kann nach herrschender Meinung nämlich von dem anderen nicht die **Zustimmung zur Kündigung** des Mietvertrages beanspruchen (Haussleiter/Schulz Kap 1 Rn 79; LG Flensburg FamRZ 1983, 1025; AG Charlottenburg FamRZ 1990, 532; Johannsen/Henrich/Brudermüller § 5 Rn 9). Ein solcher Anspruch folgt insbesondere nicht aus der früheren ehelichen Lebensgemeinschaft (§ 1353 Abs 1 Satz 2 BGB), da diese keinen Ehegatten verpflichtet, an einem Rechtsgeschäft mitzuwirken, durch das seine eigenen Interessen verletzt werden können. Um von seiner Zahlungspflicht befreit zu werden bliebe dem weichenden Ehegatten somit andernfalls keine andere Möglichkeit, als seinerseits die Zuweisung der Wohnung an sich mit dem einzigen Ziel zu beantragen, den Mietvertrag nach erfolgter Zuweisung zu kündigen, wobei sehr zweifelhaft ist, ob ein derartig begründeter Antrag Aussicht auf Erfolg haben kann (ablehnend für einen Antrag auf Zuweisung der Ehewohnung bei Veräußerungsabsicht während der Dauer des Getrenntlebens nach § 1361 b BGB: OLG Köln NJW-RR 1997, 771).

3. Erfordernis richterlicher Entscheidung

16 Auch eine Einigung zwischen dem ausziehenden Ehegatten und dem Vermieters dahingehend, daß der verbleibende Ehegatte fortan als der alleinige Vertragspartner anzusehen ist, reicht nicht aus, um das Mietverhältnis wirksam abzuändern. Da mit dieser Regelung auch die Rechte des verbleibenden Ehegatten berührt werden, bedarf es selbst dann der **gestaltenden Entscheidung** nach § 5, wenn dieser zwar mit der Trennung, nicht aber mit der Änderung des Mietverhältnisses einverstanden ist (OLG Karlsruhe FamRZ 1995, 45; OLG Hamm FamRZ 1994, 388; BayObLG FamRZ 1983, 701).

4. Beendigung des Mietverhältnisses durch die Zuweisungsentscheidung

17 Das mit dem weichenden Ehegatten bestehende Mietverhältnis erlischt mit der Rechtskraft der Zuweisungsentscheidung. Mit diesem Zeitpunkt wird er somit von seinen Verpflichtungen aus dem Vertrag frei, wenn nicht das Gericht etwas anderes anordnet. Das **Vermieterpfandrecht** an von ihm eingebrachten Sachen erlischt ebenfalls, allerdings nur für die Zukunft. Hinsichtlich aufgelaufener **Mietrückstände** besteht es fort. Für diese haftet der neue Mieter, sofern er nicht ohnehin Gesamtschuldner war, nicht (BGHZ 36, 265). War er noch nicht Mitmieter, tritt er durch die Zuweisung in das Vertragsverhältnis ein.

5. Anordnungen zur Sicherung der Ansprüche des Vermieters

18 Da durch den Wechsel in der Person des Mieters die Belange des Vermieters beeinträchtigt oder gar gefährdet werden können, gibt Abs 1 Satz 2 die Möglichkeit, Anordnungen zu treffen, durch die die aus dem Mietvertrag herrührenden Ansprüche des Vermieters gesichert werden können. Dabei ist § 5 Abs 1 Satz 2 zwar als **Kannvorschrift** formuliert. Ist ein Sicherungsbedürfnis aber zu bejahen, hat das Gericht aus Gründen der Wahrung der Interessen des Vermieters **kein Ermessen** (OLG Karlsruhe NJW 1998, 2148). Ein **Sicherungsbedürfnis** kann etwa deshalb bestehen, weil sich der Vermieter statt bisher zwei nur noch einem Schuldner gegenüber sieht, oder weil ein zahlungskräftiger gegen einen weniger zahlungskräftigen Mieter getauscht wird. Das Gericht kann zur Sicherung des Vermieters dann zum Beispiel anordnen, daß der weichende und unterhaltspflichtige Ehegatte für den Mietzins **mithaftet** (OLG Hamm FamRZ 1993, 574, 575). Eine zeitlich unbegrenzte Mithaft kommt allerdings nicht in Betracht, da andernfalls der Regelungsgehalt des § 5 Abs 1 Satz 1 ausgehöhlt würde (OLG Karlsruhe NJW 1998, 2148; OLG Hamm FamRZ 1994, 388, 389, wo die Mithaft zeitlich auf 2 Jahre bzw 18 Monate begrenzt wird). Mögliche Anordnungen können weiter darin bestehen, daß der ausscheidende Ehegatte sich für die Zahlung des Mietzinses **verbürgt**, oder daß für zukünftige Mietzinsforderungen eine **taugliche Sicherheit** geleistet wird (OLG Hamm FamRZ 1993, 574; OLG Hamm FamRZ 1994, 388, 389; OLG Hamburg FamRZ 1991, 1317; OLG Hamburg FamRZ 1990, 651; OLG München NJW-RR 1995, 1474). Bei **unbezweifelbarer Solvenz** des verbleibenden Ehegatten kommt eine weitere Mithaftung des anderen Ehegatten allerdings nicht in Betracht (OLG Karlsruhe FamRZ 1995, 45).

Eine geleistete **Kaution** verbleibt beim Vermieter. Das folgt daraus, da das Miet- 19
verhältnis aus dessen Sicht – wenngleich eventuell mit einem anderen Mieter –
fortgesetzt wird. Die Aufteilung der Kaution ist Sache der beteiligten Eheleute (so
auch: SOERGEL/HEINTZMANN § 5 Rn 12).

6. Anordnungen zur Durchführung der Entscheidung

Gemäß § 15 HausratsVO sollen in der Zuweisungsentscheidung auch diejenigen 20
Anordnungen getroffen werden, die zur Durchführung der Zuweisungsentscheidung
notwendig sind. Dazu zählt regelmäßig auch die **Anordnung der Räumung** der Wohnung durch den weichenden Ehegatten. Auch **Räumungsfristen** können gesetzt werden, wobei diese ihre Grundlage nicht in § 721 ZPO, sondern in §§ 15 und 2 HausratsVO finden (OLG Stuttgart FamRz 1980, 467; OLG Hamburg FamRZ 1983, 1151). Wegen
der Vollstreckung vgl im übrigen die Ausführungen zu § 16.

7. Ausgleichszahlung

Obwohl § 5 eine Ausgleichszahlung zu Gunsten des weichenden Ehegatten nicht 21
ausdrücklich vorsieht, entspricht es der herrschenden Meinung, daß eine solche
aus Billigkeitsgründen auch bei der Zuteilung der Ehewohnung angeordnet werden
kann (BayObLGFamRZ 1965, 513; FamRZ 1970, 30; FamRZ 1974, 22; OLG Oldenburg FamRZ
1965, 277; OLG Karlsruhe FamRZ 1981, 1087, 1088; OLG Hamm FamRZ 1988, 745; SOERGEL/
HEINTZMANN § 5 Rn 18; MünchKomm/MÜLLER-GINDULLIS § 5 Rn 5; PALANDT/DIEDERICHSEN
§ 5 Rn 9; **aA**: OLG Hamm FamRZ 1993, 1462). Anlaß hierzu besteht beispielsweise dann,
wenn die Aufwendungen des weichenden Ehegatten für die Anmietung und Einrichtung einer Ersatzwohnung, den Umzug oder die Stellung einer Kaution ausgeglichen werden sollen, oder wenn ein Ausgleich für an der Ehewohnung geleistete
Umbauarbeiten erfolgen soll. Es kann eine einmalige Zahlung angeordnet werden,
aber stets nur als Ausgleich für zu ziehende Nutzungen, nicht als Abfindung für
Eigentums- oder Miteigentumsverlust, da das Gericht weder Eigentum begründen
noch aufheben darf (OLG Schleswig SchlHA 1955, 25).

IV. Neubegründung eines Mietverhältnisses (Abs 2)

1. Voraussetzungen

Gemäß Abs 2 kann ein Mietverhältnis neu begründet werden, wenn kein solches 22
(mehr) über die Ehewohnung besteht. Das kann dann der Fall sein, wenn das Mietverhältnis zwischenzeitlich beendet worden ist (vgl oben Rn 8). Im übrigen ist an
diejenigen Fälle zu denken, in denen die Wohnung in einem Haus gelegen ist, das
im Alleineigentum eines oder im Miteigentum beider Ehegatten steht oder auf
Grund eines entsprechenden dinglichen Rechts bewohnt wird. Dasselbe gilt für
Wohnungen, für die ein Leih- oder sonstiges Nutzungsverhältnis – etwa auf Grund
verwandtschaftlicher Beziehungen – besteht. Darüber hinaus findet Abs 2 Anwendung im Falle der Wohnungsteilung nach § 6 HausratsVO. Dann wird ein Mietverhältnis zwischen dem Eigentümer und demjenigen Ehegatten begründet, der die
Teilwohnung erhalten hat (BayObLG FamRZ 1974, 22).

Gerd Weinreich

2. Nutzungsverhältnis

23 Zwar kommt neben der Begründung eines Mietverhältnisses auch diejenige eines Nutzungsverhältnisses in Betracht. Da dieses aber viele Fragen ungeregelt läßt, wird dem Mietverhältnis regelmäßig der Vorzug einzuräumen sein (BayObLG FamRZ 1974, 22, 24). Andererseits kann die Begründung eines Nutzungsverhältnisses dann angezeigt sein, wenn beide **Ehegatten Miteigentümer** des Hauses sind (BayObLG FamRZ 1974, 22, 24; OLG Celle NJW-RR 1992, 1223), da im Falle der Zwangsversteigerung die §§ 53 ff ZVG nur bei einem zuvor begründeten Mietverhältnis Anwendung finden, die Realisierung des Miteigentumsanteils also mit einem Nutzungsverhältnis eher möglich ist (OLG Celle).

3. Gestaltung des Miet- oder Nutzungsverhältnisses

24 Für das neu begründete Mietverhältnis gelten die §§ 535 ff BGB. Es gilt auch die **Sozialklausel** des § 556 b BGB, nicht jedoch der **Bestandsschutz** des Art 1 § 2 WoRKSchG. **Eigenbedarf des Vermieters** bleibt bei der Entscheidung nach der HausratsVO außer Betracht (OLG Hamburg FamRZ 1982, 939). Somit kann der vom Hauseigentümer geltend gemachte Eigenbedarf nicht dazu führen, daß ein Antrag auf Zuweisung der Ehewohnung zurückgewiesen wird. Auf diese Weise soll vermieden werden, daß die Mietstreitigkeiten zwischen dem Vermieter und einem Ehegatten vor dem Hausratsrichter ausgetragen werden (HOFFMANN/STEPHAN § 5 Anm 5). Das schließt aber nicht aus, daß der Vermieter nach der Zuweisungsentscheidung das dann nur noch mit einem Ehegatten bestehende Mietverhältnis nunmehr wegen Eigenbedarfs kündigen kann.

25 Im Falle der Begründung eines Miet- oder Nutzungsverhältnisses hat das Gericht von Amts wegen sogleich auch die **Höhe des Mietzinses** oder der **Nutzungsentschädigung** festzusetzen (OLG München FamRZ 1990, 530). Dabei entscheidet es im Rahmen des ihm nach § 2 eingeräumten Ermessens, ohne daß es noch der Anhörung einer „**Preisbehörde**" bedürfte, die nur zu Zeiten gesetzlicher Mietpreisbindung geboten war. Die Höhe des Mietzinses bestimmt sich auch nach den **wirtschaftlichen Verhältnissen der Beteiligten** und kann die **ortsübliche Vergleichsmiete** gegebenenfalls unterschreiten (BayObLG FamRZ 1977, 467, 472). Das kann zum Beispiel dann geboten sein, wenn der in der Wohnung, die im Eigentum des weichenden Ehegatten steht, verbleibende Ehegatte minderjährige Kinder zu betreuen hat. Aber auch die **Dauer der Ehe**, der geleistete **Beitrag zur gemeinsamen Haushaltsführung** oder die **Mitarbeit im Erwerbsgeschäft des Ehegatten** können bei der Bemessung der Miete eine Rolle spielen. Von der Festsetzung einer Miete kann ganz abgesehen werden, wenn der Wohnvorteil bereits im Rahmen der **Bemessung des Unterhalts** berücksichtigt worden ist.

26 Hat allerdings der nicht in der Wohnung verbleibende Ehegatte das Mietverhältnis über die eheliche Wohnung zuvor durch Kündigung oder Vereinbarung einer Vertragsaufhebung beendet und wird nunmehr ein neues Mietverhältnis mit dem anderen Ehegatten begründet (vgl oben Rn 7), so erfolgt die Begründung rückwirkend zu den alten Bedingungen, so daß in diesem Fall nicht die Möglichkeit gegeben ist, eine von der früheren abweichende Miethöhe festzusetzen.

27 Besteht **Miteigentum beider Ehegatten** an der Ehewohnung und begründet das Gericht ein Nutzungsverhältnis, so richtet sich die Höhe des Nutzungsentgelts bei hälftigem Miteigentum beider Ehegatten auch nur nach dem **halben Mietwert** (BayObLG FamRZ 1974, 22, 24; OLG Nürnberg OLGZ 1980, 46, 47; OLG Celle FamRZ 1992, 465).

V. Frist

Ein Eingriff in die Rechte des Vermieters kommt nicht mehr in Betracht, wenn der 28 Antrag auf Zuweisung der Ehewohnung nicht innerhalb eines Jahres nach Rechtskraft der Ehescheidung gestellt worden ist (§ 12). Auch dann ist allerdings immer noch eine **Regelung im Innenverhältnis** zwischen den Ehegatten möglich (siehe oben Rn 10, § 12 Rn 6).

VI. Vollstreckung

Die **Zwangsvollstreckung** richtet sich gemäß § 16 nach den Vorschriften der ZPO. Der 29 Räumungstitel gibt nur dem **Ehegatten** einen Vollstreckungstitel, nicht hingegen auch dem **Vermieter** (OLG Hamm JMBlNRW 1952, 27). Das gilt auch dann, wenn die Entscheidung auf dessen Rechtsmittel ergangen ist. Wegen der Einzelheiten wird auf die Erläuterungen zu § 16 verwiesen.

Für Streitigkeiten aus dem durch das Hausratsgericht gestalteten Mietvertrag ist das 30 Prozeßgericht zuständig.

VII. Keine Anwendung für die Zeit des Getrenntlebens

Im Rahmen eines isolierten Verfahrens auf Zuweisung der ehelichen Wohnung für 31 die Zeit des Getrenntlebens findet § 1361 b BGB, nicht § 5 HausratsVO Anwendung. Auch eine Analogie zu § 5 scheidet aus, da Sinn und Zweck der genannten Vorschriften nicht miteinander zu vergleichen sind. Während § 5 HausratsVO eine endgültige Regelung schafft, soll diese für die Dauer des Getrenntlebens gerade vermieden werden (OLG Köln FamRZ 1994, 632), weshalb für die Dauer des Getrenntlebens auch keine rechtsgestaltende Regelung des Mietverhältnisses gegenüber dem Vermieter ergehen kann (AG Detmold FamRZ 1997, 380).

§ 6
Teilung der Wohnung

(1) Ist eine Teilung der Wohnung möglich und zweckmäßig, so kann der Richter auch anordnen, daß die Wohnung zwischen den Ehegatten geteilt wird. Dabei kann er bestimmen, wer die Kosten zu tragen hat, die durch die Teilung und ihre etwaige spätere Wiederbeseitigung entstehen.

(2) Für die Teilwohnungen kann der Richter neue Mietverhältnisse begründen, die, wenn ein Mietverhältnis schon bestand, an dessen Stelle treten. § 5 Abs. 2 Sätze 2 und 3 gelten sinngemäß.

Gerd Weinreich

Systematische Übersicht

Alphabetische Übersicht

I. Voraussetzungen

1 Nach dem **Grundsatz der Verhältnismäßigkeit** ist das Gericht gehalten, die Ehewohnung vorrangig nicht einem der Ehegatten zuzuweisen, sondern unter ihnen aufzuteilen. Das setzt jedoch voraus, daß die Teilung der Wohnung möglich und zweckmäßig ist. Dazu muß sie sich – gegebenenfalls nach Vornahme baulicher Veränderungen – überhaupt durchführen lassen. Überdies muß ein **friedliches Zusammenleben** der geschiedenen Ehegatten unter einem Dach zu erwarten sein. Besteht durch die Teilung die Gefahr ständiger Streitigkeiten zwischen den Ehegatten, so hat sie zu unterbleiben (OLG Schleswig SchlHA 1957, 125; OLG Hamburg FamRZ 1991, 1317). Diese Gefahr besteht insbesondere auch dann, wenn nach der Teilung noch Räumlichkeiten – zum Beispiel die Küche oder das Bad – gemeinsam genutzt werden müssen.

2 Die Voraussetzungen für eine Wohnungsteilung werden in der Praxis nur selten erfüllt sein.

3 Die Teilung kommt in Betracht, wenn sich die Ehewohnung im Hause eines oder beider Ehegatten befindet. Sie ist aber auch bei Miet- oder Untermietverhältnissen und dann möglich, wenn hinsichtlich der Wohnung ein Nutzungsverhältnis bestand.

II. Durchführung der Teilung

4 Es erfolgt die **Teilung sowohl der Wohnung** als auch der dazugehörenden **Nebenräume**. Daß dazu **bauliche Veränderungen** erforderlich sind, steht dem nicht entgegen, was bereits aus dem Wortlaut der Vorschrift folgt (Absatz 1 Satz 2). In jedem Fall muß aber bedacht werden, daß etwaige bauliche Maßnahmen **bauordnungsrechtlich zulässig**

sein müssen. Deshalb wird es sich dann, wenn Baumaßnahmen notwendig sind, regelmäßig als erforderlich erweisen, vor der Entscheidung eine **Stellungnahme der Bauordnungsbehörde** einzuholen (HOFFMANN/STEPHAN § 6 Anm 1). Unabhängig davon ist eine Teilung aber auch nur dann zulässig, wenn die Wohnung im wesentlichen **baulich geeignet** ist. Sie muß deshalb über mindestens **abtrennbare Bereiche** mit **mehreren Naßräumen** und der Möglichkeit der Einrichtung einer **zweiten Küche** verfügen.

Die Teilung erfolgt stets **nur zwischen den Ehegatten**, nicht auch mit Dritten, etwa dem 5 Eigentümer der Hauses (BayObLG NJW 1961, 317) oder gemeinsamen Kindern.

III. Zustimmung des Vermieters

Im Falle der Teilung einer Mietwohnung bedarf es grundsätzlich nicht der Zustim- 6 mung des Vermieters. Etwas anderes gilt aber dann, wenn bauliche Maßnahmen durchzuführen sind (MünchKomm/MÜLLER-GINDULLIS § 6 Rn 2), da dann ein nicht mehr durch die Sozialbindung des Eigentums gerechtfertigter Eingriff vorläge. In jedem Fall ist darauf zu achten, daß der Vermieter auch nicht die **Kosten einer späteren Beseitigung der Baumaßnahmen** zu tragen hat.

IV. Kosten der Teilung

Gemäß Abs 1 Satz 2 kann das Gericht regeln, wer die Kosten der Teilung zu tragen 7 hat, sofern die Beteiligten sich hierüber nicht selbst verständigen. Hierzu wird es zweckmäßig sein, die erforderlichen Arbeiten genau festzulegen und die Höhe der voraussichtlich erforderlichen Kosten durch **Einholung von Sachverständigengutachten** oder **Kostenvoranschlägen** zu ermitteln. Die Kosten können entweder einem Ehegatten oder beiden anteilig auferlegt werden. Keinesfalls kann aber bestimmt werden, daß sie der **Vermieter** ganz oder auch nur teilweise zu tragen hat (SOERGEL/ HEINTZMANN § 6 Rn 3; MünchKomm/MÜLLER-GINDULLIS § 6 Rn 3; **aA**: HOFFMANN/STEPHAN § 6 Anm 2 unter Hinweis auf die amtliche Begründung). Das gilt selbst dann, wenn die getroffenen Maßnahmen ihm später zugute kommen könnten.

V. Begründung eines Mietverhältnisses

Befand sich die eheliche Wohnung in einem Haus, das im Eigentum eines Dritten 8 oder nur eines von beiden Ehegatten steht, so kann für eine Teilwohnung oder beide Teilwohnungen ein Mietverhältnis begründet werden. Schon zuvor bestehende Mietverhältnisse erlöschen dann mit der Rechtskraft der Teilungsanordnung.

Bestand schon zuvor ein Mietvertrag, so müssen die Vertragsbestimmungen der neuen 9 Mietverhältnisse denen des bisherigen Vertrages entsprechen. Dabei sind auch die jeweils zu zahlenden Mietzinsen festzusetzen. Obwohl kleinere Wohnungen häufig relativ teurer sind als größere, dürfte es unzulässig sein, durch Festsetzung jeweils ortsüblicher Mieten für die Teilwohnungen den Vermieter besser zu stellen, als er durch die Vermietung der ungeteilten Ehewohnung gestanden hat. Wegen der Gestaltung der Mietverhältnisse im übrigen wird auf die Erläuterungen zu § 5 verwiesen.

Zulässig ist es auch, für einen Ehegatten ein Untermietverhältnis zu begründen, oder 10 die Rechte der Ehegatten nur im Innenverhältnis zu regeln. Zu beachten ist aber

stets, daß die Aufteilung – anders als im Fall der Teilung für die Dauer des Getrenntlebens nach § 1361 b BGB – auf Dauer angelegt ist.

VI.   Keine Anwendung für die Zeit des Getrenntlebens

11 Für die Aufteilung der Wohnung während des Getrenntlebens gilt nicht § 6 HausratsVO, sondern § 1361 b BGB.

§ 7
Beteiligte

**Außer den Ehegatten sind im gerichtlichen Verfahren auch der Vermieter der Ehe-
wohnung, der Grundstückseigentümer, der Dienstherr (§ 4) und Personen, mit denen
die Ehegatten oder einer von ihnen hinsichtlich der Wohnung in Rechtsgemeinschaft
stehen, Beteiligte.**

Systematische Übersicht

Alphabetische Übersicht

I. Allgemeines

Durch die die eheliche Wohnung betreffenden Entscheidungen wird häufig auch in **1**
die **Rechte Dritter** eingegriffen. Die gemäß § 7 vorgesehene Beteiligung dieser Dritten hat den Zweck, auch diesen das grundgesetzlich gebotene **rechtliche Gehör** einzuräumen. Überdies dient die Beteiligung Dritter der **Sachaufklärung** (BayObLG
FamRZ 1970, 36, 37).

II. Die Beteiligten

Der Kreis der Beteiligten, die sowohl **natürliche** als auch **juristische Personen** sein **2**
können, ist in § 7 genannt. Außer den Ehegatten sind dies:

1. Der Vermieter

Wie oben § 5 Rn 4 ff dargestellt, ist der Begriff „Mietwohnung" weit auszulegen. **3**
Dementsprechend gilt die Verpflichtung zur Beteiligung nicht nur für den eigentlichen Vermieter der Ehewohnung im Rahmen eines eigentlichen Mietverhältnisses,
sondern auch im Falle ähnlich gelagerter Vertragsverhältnisse, etwa der **Leihe** oder
der **Pacht**. Deshalb sind gegebenenfalls auch der Verleiher oder Verpächter (OLG
Schleswig FamRZ 1955, 139) zu beteiligen. Dasselbe gilt für die **Wohnungsgenossenschaft**,
wenn die eheliche Wohnung als Genossenschaftswohnung zugeteilt worden ist (OLG
Oldenburg NdsRpfl 1952, 153). Handelt es sich bei dem Vermieter um eine **Erbengemeinschaft** oder **BGB-Gesellschaft**, so sind diese zu beteiligen. Sind die Eheleute **Untermieter**, ist neben dem Vermieter auch der Eigentümer oder sonst dinglich Berechtigte
zu beteiligen, da häufig auch in dessen Rechte eingegriffen werden wird, zumal
Untermietverträge regelmäßig der Zustimmung des Eigentümers bedürfen. Der Beteiligung des Vermieters bedarf es auch, wenn die Wohnung nach § 6 geteilt werden
soll, weil auch dadurch selbst dann in seine Belange eingegriffen wird, wenn bauliche
Veränderungen nicht vorgesehen sind.

2. Der Grundstückseigentümer

Dem Grundstückseigentümer gleich stehen der **Erbbauberechtigte**, der **Nießbraucher** **4**
(OLG Celle NdsRpfl 1961, 228; OLG Stuttgart OLGZ 1968, 126) und alle oben § 3 Rn 6
genannten dinglich Berechtigten. Nicht erforderlich ist, daß sie zugleich Vermieter
sind (OLG Celle NdsRpfl 1961, 228; OLG Stuttgart OLGZ 1968, 126), was etwa im Falle einer
Untervermietung nicht der Fall wäre.

3. Der Dienstherr

Haben die Ehegatten die Wohnung im Sinne des § 4 auf Grund eines Dienst- oder **5**

Gerd Weinreich

Arbeitsverhältnisses inne, so ergibt sich die Verpflichtung zur Beteiligung des Dienstherrn, Arbeitgebers oder Betriebsleiters schon aus dem Wortlaut des § 4 („... wenn der Dritte einverstanden ist"). Nicht erforderlich ist auch hier, daß der Dienstherr oder Arbeitgeber auch Vermieter ist. Er ist auch zu beteiligen, wenn die Wohnung von einem Dritten gemietet ist, der sich gegenüber dem Dienstherrn verpflichtet hat, sie nur an dessen Betriebsangehörige zu vermieten.

4. Personen, mit denen die Ehegatten oder einer von ihnen hinsichtlich der Wohnung in Rechtsgemeinschaft stehen

6 Hierunter fallen Personen, die **eigene dingliche oder schuldrechtliche Ansprüche** an der Wohnung erworben haben, wie zum Beispiel **Miteigentümer**, **Mitmieter**, aber auch **Untermieter** (OLG Celle NdsRpfl 1961, 228) und nahe **Angehörige**, die mit den oder einem Ehegatten bezüglich der Räume in Rechtsgemeinschaft stehen. Nicht ausreichend ist es, daß jemand durch die Wohnungszuweisung tatsächlich betroffen wird. Deshalb sind minderjährige Kinder, die die Wohnung auf Grund des Eltern/Kind Verhältnisses bewohnen, nicht selbst zu beteiligen (BayObLG FamRZ 1977, 467; anders aber zum Sorgerechtspfleger: BayObLG ZMR 1955, 177). Dasselbe gilt für das Jugendamt.

7 Nicht beteiligt wird auch der **Konkursverwalter** über das Vermögen eines der Ehegatten, da die den Gegenstand des Hausratsverfahrens bildenden Rechte an der Ehewohnung nicht der Pfändung unterworfen und damit vom Konkurs der Ehegatten nicht erfaßt sind (OLG Celle MDR 1962, 416).

8 Nicht beteiligt werden auch der **Heimstättenausgeber** (OLG Braunschweig OLGZ 1974, 354) sowie ohne eigene Rechtsposition in die Wohnung aufgenommene **Angehörige** oder **neue Partner** eines der Ehegatten. Etwas anderes gilt jedoch für den **Ehemann der wiederverheirateten und in der Wohnung verbliebenen Ehefrau** (HOFFMANN/STEPHAN § 7 Anm 1; PALANDT/DIEDERICHSEN § 7 Rn 1).

III. Stellung der Beteiligten

9 Die Beteiligten im Sinne des § 7 haben **kein eigenes Antragsrecht**. Sie haben zwar eine **parteiähnliche Stellung** (BayObLG NJW 1957, 63), sind aber nicht wie die Eheleute unmittelbar und materiell Beteiligte im Sinne des § 1 HausratsVO. Sie können also nicht ihrerseits ein Wohnungszuweisungsverfahren einleiten. Ebensowenig können sie die **Vollstreckung** aus der Entscheidung betreiben (OLG Hamm JMBlNRW 1952, 27). Ihnen sind aber die das Verfahren einleitenden Anträge sowie die Entscheidungen **zuzustellen**. Wird das Hausratsverfahren im **Verbund** betrieben, so ist dabei gemäß § 624 Abs 4 ZPO darauf zu achten, daß den Beteiligten nur das jeweils sie betreffende Schriftstück zugestellt werden darf. Damit soll verhindert werden, daß Dritte mehr als notwendig über die innerfamiliären Angelegenheiten der beteiligten Ehegatten erfahren. Deshalb sind Tatbestand und Entscheidungsgründe des Verbundurteils so zu fassen, daß die an den Dritten zuzustellenden Teile aus sich heraus verständlich sind.

IV. Form und Folgen der Beteiligung

10 Eines besonderen **Beteiligungs- oder Beiladungsbeschlusses** bedarf es – anders als zum

§ 7 HausratsVO

2. Abschnitt. Besondere Vorschriften für die Wohnung   **11–15**

Beispiel im verwaltungsgerichtlichen Verfahren gemäß § 65 VwGO – nicht (AG Charlottenburg MDR 1979, 583). Eine ausdrückliche **Benennung der Beteiligten** durch die Ehegatten ist nicht erforderlich. Da aber andererseits die Beteiligung zwingend vorgeschrieben ist („sind zu beteiligen"), sind deren Namen und Anschriften gegebenenfalls von Amts wegen zu erfragen.

Die Beteiligung kann **schriftlich** erfolgen, jedoch wird es sich in der Regel als zweck- **11** mäßig erweisen, den Sachverhalt auch mit ihnen **mündlich** zu erörtern, wenn eine mündliche Verhandlung ohnehin stattfindet (§ 13 Abs 2). Das folgt schon daraus, daß gemäß § 13 Abs 2 auf eine **gütliche Einigung** hingewirkt werden soll, diese jedoch ohne die **Zustimmung der Beteiligten** nicht wirksam wird (HOFFMANN/STEPHAN § 7 Anm 2). Für die mündliche Verhandlung im **Verbund** gilt § 624 Abs 4 ZPO entsprechend. Deshalb ist sie so zu gliedern, daß die Dritte betreffenden Folgesachen getrennt von den übrigen Angelegenheiten erörtert werden und Dritte nur bei dem sie betreffenden Teil der Verhandlung zugegen sind.

Die Beteiligten haben ein **selbständiges Beschwerderecht** (§§ 19, 20 FGG, 14 Haus- **12** ratsVO). Das gilt auch dann, wenn sie ihre Rechte im erstinstanzlichen Verfahren nicht wahrgenommen haben.

Für die Beteiligten besteht auch im Verbundverfahren **kein Anwaltszwang** (vgl § 78 **13** Abs 2 ZPO). Im Falle des **Todes eines Beteiligten** tritt keine Unterbrechung des Verfahrens ein, da dem FGG eine dem § 239 ZPO entsprechende Bestimmung unbekannt ist. An ihre Stelle treten die materiell berechtigten Rechtsnachfolger, die gegebenenfalls von Amts wegen zu ermitteln sind.

V.   Wirksamkeit der Entscheidung gegenüber den Beteiligten

Die Entscheidung erwächst auch gegenüber den Beteiligten in **Rechtskraft** (OLG **14** Schleswig SchlHA 1957, 125). Sie wird insgesamt aber erst dann wirksam, wenn sie gegenüber allen Beteiligten rechtskräftig geworden ist. Das hat besondere Bedeutung im **Verbundverfahren**, da auch der Scheidungsausspruch – solange nicht auf Rechtsmittel verzichtet worden ist – wegen der Möglichkeit der **Anschlußberufung** eines Ehegatten erst dann rechtskräftig wird, wenn die mit der Zustellung beginnende **Rechtsmittelfrist** für alle am Verfahren Beteiligten abgelaufen ist. Andernfalls muß die **absolute Rechtsmittelfrist** von 6 Monaten verstrichen sein (§ 516 ZPO). Ist die Entscheidung nicht allen Beteiligten zugestellt worden, so erwächst sie nicht in Rechtskraft und bleibt in der Schwebe (PALANDT/DIEDERICHSEN § 7 Rn 2).

Vergleiche sind den Beteiligten gegenüber nur wirksam, wenn sie ihnen **zugestimmt** **15** haben. Verweigern sie die Zustimmung, so hat das Gericht insoweit zu entscheiden (HOFFMANN/STEPHAN § 7 Anm 2).

Dritter Abschnitt
Besondere Vorschriften für den Hausrat

Vorbemerkungen zu §§ 8–10 HausratsVO

1 Die materiellrechtlichen Vorschriften der §§ 8–10 stellen besondere Regeln für die Verteilung des Hausrats auf. Wegen der Definition des Begriffs wird auf die Ausführungen zu § 1 Rn 28 ff verwiesen. Unter den Begriff des Hausrats fällt auch die Wohnungseinrichtung, soweit sie nicht zum wesentlichen Bestandteil des Hauses geworden ist. Im einzelnen ist auch hier im Hinblick auf die jeweiligen Eigentumsverhältnisse zu unterscheiden zwischen dem gemeinsamen Eigentum der Eheleute (§ 8), für das eine normierte Vermutung streitet (§ 8 Abs 2), und dem alleinigen Eigentum eines Ehegatten (§ 9). In das Eigentum Dritter oder auch nur deren schuldrechtliche Positionen wird nicht eingegriffen (§ 10), weshalb sie – anders als beispielsweise der Vermieter oder Grundeigentümer im Falle der Wohnungszuweisung gemäß § 7 – nicht zu beteiligen sind.

2 Im Gegensatz zur Hausratsverteilung für die Dauer des Getrenntlebens nach § 1361 a BGB zielt die nach §§ 8 ff auf eine dauerhafte Verteilung. Gleichwohl haben die Vorschriften der HausratsVO auch für jene Fälle Bedeutung. So ist der Hausratsbegriff identisch mit dem in § 1361 a BGB genannten. Die Eigentumsvermutung nach § 8 Abs 2 gilt analog auch im Rahmen des § 1361 a Abs 2 BGB.

§ 8
Gemeinsames Eigentum beider Ehegatten

(1) Hausrat, der beiden Ehegatten gemeinsam gehört, verteilt der Richter gerecht und zweckmäßig.

(2) Hausrat, der während der Ehe für den gemeinsamen Haushalt angeschafft worden ist, gilt für die Verteilung (Absatz 1) auch dann, wenn er nicht zum Gesamtgut einer Gütergemeinschaft gehört, als gemeinsames Eigentum, es sei denn, daß das Alleineigentum eines Ehegatten feststeht.

(3) Die Gegenstände gehen in das Alleineigentum des Ehegatten über, dem sie der Richter zuteilt. Der Richter soll diesem Ehegatten zugunsten des anderen eine Ausgleichszahlung auferlegen, wenn dies der Billigkeit entspricht.

Systematische Übersicht

3. Abschnitt. Besondere Vorschriften für den Hausrat

Alphabetische Übersicht

I.   Allgemeines

§§ 8–10 regeln die Verteilung des **Hausrats** zu dem auch die **Wohnungseinrichtung** **1**
zählt (§ 1 Abs 1 HausratsVO). Wegen des Begriffs des Hausrats vgl § 1 Rn 28 ff.
Für die Verteilung kommt es maßgeblich auch auf die **Eigentumsverhältnisse** an.

Gerd Weinreich

Die **Rechte von Gläubigern** bleiben unberührt. Das gilt selbst dann, wenn sowohl das Hausratsgericht als auch der durch die Zuweisungsentscheidung begünstigte Ehegatte zum Zeitpunkt der Entscheidung davon ausgegangen sind, daß Rechte Dritter nicht bestehen (OLG Saarbrücken OLGZ 1967, 1). Es darf auch nicht in sonstiger Weise in Rechte Dritter eingegriffen werden, so daß hier auch kein Dritter Beteiligter am Verfahren sein kann.

2 Durch die Hausratsverteilung wird eine andernfalls notwendige Auseinandersetzung nach §§ 752 ff. BGB, insbesondere ein Verkauf der Hausratsgegenstände nach § 753 BGB, vermieden. Durch die Eigentumsvermutung des Abs 2 werden darüber hinaus ansonsten erforderliche umständliche Beweiserhebungen entbehrlich. Häufig nicht klärbare Zweifel über die Eigentumsverhältnisse insbesondere an solchen Gegenständen, die während des Bestehens der Ehe angeschafft worden sind, werden bedeutungslos.

3 Gegenstände, die als Hausrat verteilt werden, unterliegen nach herrschender Meinung nicht dem Zugewinn. Auch der Ausgleichsanspruch aus Abs 3 bleibt bei der Ermittlung des Zugewinns außer Betracht (BGH FamRZ 1984, 144; PALANDT/DIEDERICHSEN Einl Rn 6; **aA**: MÜLLER DAVorm 1990, 595). Wegen weiterer Einzelheiten vgl insoweit die Erläuterungen zu § 1 Rn 9 ff.

4 Die HausratsVO gilt unabhängig vom vereinbarten **Güterstand**. Leben die Ehegatten im **Güterstand der Gütergemeinschaft** nach §§ 1415 ff BGB, so gehören die während der Ehe angeschafften Sachen regelmäßig, solange sie nicht in das **Sondergut** (§ 1417 BGB) oder das **Vorbehaltsgut** (§ 1418 BGB) fallen, ohnehin zum **Gesamtgut** (§ 1416 BGB) und sind somit von Gesetzes wegen gemeinsames Eigentum beider Eheleute. Leben die Eheleute im **Güterstand der Zugewinngemeinschaft**, so wird der während der Ehe angeschaffte Hausrat im Rahmen der Auseinandersetzung nach § 8 Abs 2 HausratsVO regelmäßig **wie gemeinsames Eigentum behandelt**. Selbst bei Eheleuten, die für sich **Gütertrennung** vereinbart haben, wird man in der Regel von einer „**Gemeinschaft des Erwerbs und Verbrauchs**" ausgehen können (BVerfGE 61, 319, 345). Insoweit greifen die Regelungen der HausratsVO in das eheliche Güterrecht ein und bewirken für einen Teilbereich geradezu dessen Korrektur (GERNHUBER, Familienrecht § 29 II 4). Die Vorschrift des **§ 1370 BGB** ist allerdings gegenüber der des § 8 Abs 2 vorrangig und wird durch diese nicht berührt, so daß beim Güterstand der Zugewinngemeinschaft während des Bestehens der Ehe angeschaffter Hausrat, der an die Stelle nicht mehr vorhandener oder wertlos gewordener Gegenstände tritt, als **Surrogat** Eigentum desjenigen Ehegatten wird, dem die nicht mehr vorhandenen oder wertlos gewordenen Gegenstände gehörten.

II. Gemeinsames Eigentum

1. Allgemeines

5 Nach § 8 unterliegt grundsätzlich nur derjenige Hausrat der Verteilung, der im **gemeinsamen Eigentum** der Eheleute steht. Dabei ist es unerheblich, ob es sich um **Miteigentum** oder – wie beim Gesamtgut in der Gütergemeinschaft – **Gesamthandeigentum** handelt. Unter diese Regelung fallen auch die für gemeinsamen Hausrat angeschafften **Ersatzstücke**, wobei es auf deren Wert nicht ankommt (BayObLG FamRZ

1970, 31; KG FamRZ 1968, 648). Gegenstände, die ein Ehegatte nur unter **Eigentumsvorbehalt** erworben hat, dürfen dem anderen nur dann zugeteilt werden, wenn der Gläubiger hiermit einverstanden ist (§ 10 Abs 2). Entsprechend kann mit **geliehenem** (OLG Hamm FamRZ 1990, 531), **gemietetem** oder **geleastem** (OLG Stuttgart FamRZ 1995, 1275) Hausrat verfahren werden, für den die Anwartschafts- oder Besitzrechte verteilt werden. Voraussetzung für die Verteilung nach § 8 ist allerdings, daß der Hausrat im Zeitpunkt der Entscheidung überhaupt noch **vorhanden** ist (OLG Hamm FamRZ 1996, 1423; vgl § 1 Rn 40).

2. Die Vermutung des § 8 Abs 2

a) Grundlage der Vermutung

Während der Ehe für den gemeinsamen Haushalt angeschaffter Hausrat gilt für die **6** Verteilung, unabhängig vom jeweiligen Güterstand, als gemeinsames Eigentum, solange nicht § 1370 BGB eingreift. Die **Vermutung** gilt also nicht für die Aussteuer oder Surrogate hierfür. Sie findet ihre Grundlage darin, daß ein Ehegatte im allgemeinen, solange das Verhältnis der Eheleute zueinander ungetrübt ist, gar nicht die Absicht hat, an Hausratsgegenständen Alleineigentum für sich oder den anderen zu begründen (OLG Celle NdsRpfl 1960, 231). Die durch Abs 2 begründete Vermutung ist **widerlegbar** und gilt allein im Rahmen der Hausratsverteilung.

b) Während der Ehe angeschaffter Hausrat

Die Vermutung des § 8 Abs 2 gilt nur für während der Ehe angeschafften Hausrat. **7** Auch **Anschaffungen vor der Ehe** können allerdings darunter fallen, wenn sie von den Verlobten im Hinblick auf ihre spätere Eheschließung getätigt und erst nach der Eheschließung ganz oder teilweise bezahlt worden sind (OLG Freiburg Rpfleger 1950, 569; PALANDT/DIEDERICHSEN § 8 Rn 8; **aA** OLG Oldenburg FamRZ 1955, 139; OLG Schleswig SchlHA 1957, 207), hingegen nicht, wenn die Eheleute schon vor der Ehe in häuslicher Gemeinschaft zusammengelebt und dafür Hausrat erworben haben. Für diesen wird Miteigentum aber gemäß § 1006 BGB zumeist aus dem bestehenden Mitbesitz zu vermuten sein. Die Vermutung gilt auch dann nicht, wenn der Hausrat von einem der Verlobten gekauft und später aus seinen eigenen Mitteln bezahlt worden ist (SOERGEL/ HEINTZMANN § 8 HausratsVO Rn 5). Sind die Hausratsgegenstände unter **Eigentumsvorbehalt** erworben worden, so gilt die Miteigentumsvermutung für die **Anwartschaft** (BayObLG FamRZ 1968, 319).

Auch Hausratsgegenstände, die von einem der Ehegatten vor der Ehe allein erwor- **8** ben worden sind und in seinem **Alleineigentum** standen, können nach der Eheschließung gemeinschaftliches Eigentum werden, wenn sie dem **gemeinsamen Haushalt gewidmet** werden und keine Umstände gegen einen solchen Willen der Ehegatten sprechen. Der Wille, die für den gemeinsamen Hausrat genutzten Gegenstände zu gemeinsamem Eigentum werden zu lassen, folgt bei einer intakten Ehe aus dem Willen zur ehelichen Lebensgemeinschaft (BOSCH FamRZ 1954, 149, 154).

c) Forderungen

Forderungen der Eheleute gegen Dritte, die sich auf Hausratsgegenstände beziehen, **9** können gleichfalls zum Hausrat gehören und dem Hausratsverteilungsverfahren unterliegen (BGH FamRZ 1980, 988). Das gilt namentlich für Ansprüche aus §§ 1368, 1369 BGB, also für solche Ansprüche, die im Rahmen der Zugewinngemeinschaft nach einer Veräußerung ohne Einwilligung des anderen Ehegatten entstehen (BGH FamRZ 1983, 794).

d) Anschaffung

10 Der Begriff der Anschaffung setzt zwar grundsätzlich einen **entgeltlichen Eigentums-erwerb** voraus, wobei unerheblich ist, ob ein Ehegatte den Kaufvertrag allein abgeschlossen hat oder im Einvernehmen oder Zusammenwirken mit dem anderen. Die Vermutung gilt aber auch für **selbst angefertigten** Hausrat (OLG Düsseldorf NJW 1959, 1046). Dasselbe gilt für während der Ehe **gegenseitig geschenkten** Hausrat (OLG Celle NdsRpfl 1960, 231). Von **Dritten zur Hochzeit** oder danach geschenkter Hausrat gilt dann nach § 8 Abs 2 als gemeinsames Eigentum, wenn nicht die Umstände des Falles für eine Schenkung an nur einen Ehegatten sprechen (KG OLGE 15, 400: OLG Köln FamRZ 1986, 703). Eine **Schenkung** ist zwar an sich keine Anschaffung, wird von der einhelligen Praxis jedoch entsprechend behandelt. Nicht angeschafft sind dagegen **ererbte Gegenstände** (OLG Celle NdsRpfl 1960, 231). Das gilt sogar dann, wenn diese zuvor benutzte gemeinsame Hausratsgegenstände ersetzen und an deren Stelle weiter genutzt werden (OLG Stuttgart NJW 1982, 585).

e) Anschaffung für den gemeinsamen Haushalt

11 Die Anschaffung muß für den gemeinsamen Haushalt erfolgt sein, wovon im Regelfall auszugehen ist (OLG Celle NdsRpfl 1960, 231). Ein entgegenstehender Wille kann sich aus den Umständen ergeben und ist etwa dann anzunehmen, wenn es sich um wertvolle Einzelstücke handelt, die mit einem Erinnerungswert verbunden sind, oder wenn der von einem Ehegatten aus seinen Ersparnissen erworbene Hausrat einverständlich überwiegend nur von ihm genutzt worden ist. Auf den Wert kommt es dagegen nicht an (BGH FamRZ 1985, 575).

12 Die Vermutung des Abs 2 gilt nicht, wenn der Hausrat **nach dem Scheitern der Ehe**, aber vor der Aufhebung der häuslichen Gemeinschaft – etwa in Vorbereitung der bevorstehenden Trennung – (OLG Schleswig SchlHA 1957, 207), oder gar **nach der Trennung** angeschafft worden ist (BGH FamRZ 1984, 144, 147).

3. Widerlegbarkeit der Vermutung des § 8 Abs 2

13 Die Vermutung des Abs 2 kann widerlegt werden. Dabei hat derjenige Ehegatte, der sich auf sein Alleineigentum beruft, dieses zu **beweisen** (OLG München NJW 1972, 542). Die Vorschrift erfordert aber nicht, daß das Alleineigentum unstreitig, offenkundig oder sonst ohne Beweisaufnahme ermittelbar ist (so aber: OLG Kiel JR 1948, 344). Es sollen lediglich **uferlose und komplizierte Beweiserhebungen** vermieden werden, die häufig in keinem Verhältnis zum Wert des betreffenden Gegenstandes stehen (HOFF-MANN/STEPHAN § 8 Anm 4 A). Demzufolge braucht das Gericht auch nicht jedem **Beweisantritt** nachzugehen. Eine **Aussetzung des Verfahrens** zur Klärung der Eigentumsfrage im Prozeßwege ist unzulässig (BayObLG FamRZ 1965, 331). Sie würde Sinn und Zweck der HausratsVO, die auf eine schnelle Regelung der Hausratsauseinandersetzung zielt, widersprechen. Andererseits kann sich das Gericht auf **übereinstimmende Erklärungen der Ehegatten** zu den Eigentumsverhältnissen verlassen (BayObLG FamRZ 1963, 331).

14 Der während der Ehe erfolgte Kauf eines Hausratsgegenstandes im eigenen Namen

und dessen **Bezahlung aus eigenen Mitteln** läßt allein noch nicht auf das Alleineigentum eines Ehegatten schließen (AG Weilburg FamRZ 1992, 191). Dieser hat vielmehr daneben darzulegen und zu beweisen, daß er den Gegenstand **subjektiv** auch für sich allein hat erwerben wollen (OLG München NJW 1972, 542; OLG Celle NdsRpfl 1960, 231).

III. Grundsätze der Hausratsverteilung

Die Verteilung des Hausrats erfolgt gemäß Abs 1 **gerecht und zweckmäßig**. Insoweit **15** gelten die zu § 2 genannten Gesichtspunkte, weshalb auf die dortigen Anmerkungen verwiesen werden kann.

IV. Folge der Hausratsverteilung

Mit der Zuteilung des Hausrats wird die Gemeinschaft aufgelöst. Zugleich erwirbt **16** der begünstigte Ehegatte **Alleineigentum** an den ihm zugewiesenen Gegenständen (Abs 3 Satz 1). Einer **Übergabe** bedarf es dazu nicht, so daß der Eigentumserwerb mit der Wirksamkeit der Entscheidung auch dann erfolgt, wenn der Besitz erst später übergeht. Dem steht auch nicht entgegen, daß die zugeteilte Sache tatsächlich entgegen der Annahme des Gerichtes nicht Miteigentum war, sondern im Alleineigentum eines Ehegatten stand. Dagegen wird aus § 10 Abs 1 gefolgert, daß Rechte Dritter mit Ausnahme des Vermieterpfandrechts (vgl § 5 Rn 16) unberührt bleiben, weil das Gericht nicht über sie verfügen kann. Deshalb ist die Zuteilung trotz Rechtskraft des Zuteilungsbeschlusses im **Verhältnis zu Dritten** wirkungslos, falls diese Eigentümer der zugeteilten Sachen sind (HOFFMANN/STEPHAN § 8 Anm 3; KEIDEL JZ 1953, 272, 274). Auch ein **gutgläubiger Erwerb** scheidet aus (OLG Saarbrücken OLGE 67, 1).

Die Zuteilung erfolgt **unbedingt** und **unbefristet**. Unzulässig ist deshalb beispielsweise **17** eine Verteilung „falls vorhanden" (OLG Hamm JMBlNRW 1959, 17).

V. Ausgleichszahlung

1. Grundlage

Wenn dies der Billigkeit entspricht, soll der Richter dem Ehegatten, in dessen Eigen- **18** tum die zugeteilten Gegenstände übergehen, zugunsten des anderen eine Ausgleichszahlung auferlegen (§ 8 Abs 3 Satz 2). Die Ausgleichszahlung setzt zunächst voraus, daß dem ausgleichspflichtigen Ehegatten überhaupt Hausrat zugeteilt wird. Eine **isolierte Ausgleichszahlung** ist dagegen unzulässig (OLG Frankfurt FamRZ 1983, 730; BayObLG FamRZ 1985, 1057; OLG Zweibrücken FamRZ 1987, 165; OLG Naumburg FamRZ 1994, 390; OLG Thüringen FamRZ 1996, 1293). Andererseits kann das Gericht einem Ehegatten sämtlichen Hausrat zuweisen und ihm auferlegen, dem anderen eine entsprechende Ausgleichszahlung zu leisten (OLG Karlsruhe FamRZ 1987, 848). Da der Hausrat aber gerecht – also in etwa wertgleich – und zweckmäßig zu verteilen ist, stellt die Anordnung einer Ausgleichszahlung die **Ausnahme** dar, und kommt etwa dann in Betracht, wenn durch die Verteilung nicht mehr kompensierbare Wertunterschiede verbleiben (GERHARDT/vHEINTSCHEL-HEINEGG/KLEIN Kap 8 Rn 113).

2. Höhe der Ausgleichszahlung und Billigkeitserwägungen

19 Vorrangig ist das Gericht gehalten, den Hausrat unter Beachtung der Zuweisungsgesichtspunkte so aufzuteilen, daß sich die **Werte** der dem einen und dem anderen zugewiesenen Gegenstände **entsprechen**, wobei ein **exakter wertmäßiger Ausgleich** nicht erreicht werden muß (BGH FamRZ 1994, 505). Es braucht nur eine pauschale und überschlägige Bewertung zu erfolgen. Die **Höhe des Ausgleichsbetrages** richtet sich nach dem **Verkehrswert** zum Zeitpunkt der Auseinandersetzung (OLG Stuttgart FamRZ 1992, 1446; OLG Stuttgart FamRZ 1993, 1461), nicht nach den **Anschaffungskosten.**

20 Da § 8 Abs 3 Satz 2 eine Billigkeitsentscheidung verlangt, kann statt einer Ausgleichszahlung auch eine **andere Ausgleichsleistung** angeordnet werden, etwa die Übergabe eines dem ausgleichsverpflichteten Ehegatten gehörenden Gegenstandes (BayObLG FamRZ 1970, 31). Die für die Billigkeitsentscheidung maßgeblichen Umstände des Einzelfalles können es auch rechtfertigen, von einer **Ausgleichsleistung ganz abzusehen**, oder keinen vollen wertmäßigen Ausgleich vorzunehmen. Für die Entscheidung maßgebliche Kriterien sind unter anderem die **wirtschaftlichen** Verhältnisse der Ehegatten, die **Dauer der Ehe** und die **Gründe ihrer Auflösung** sowie die Frage, wem die **elterliche Sorge über gemeinsame Kinder** obliegt (BGH FamRZ 1984, 144, 146; OLG Hamm FamRZ 1967, 105). Unterschiedliche wirtschaftliche Verhältnisse oder die Sorgerechtsregelung können einem vollen Wertausgleich sogar zwingend entgegenstehen (BGH FamRZ 1984, 144, 146; OLG München FamRZ 1997, 752). Entscheidend ist auch, ob ein beteiligter Ehegatte die Möglichkeit hat, sich gleichwertige Sachen günstig wieder zu beschaffen und welchen Beitrag er gegebenenfalls zum gemeinsamen Haushalt oder im Erwerbsgeschäft des anderen geleistet hat.

21 Die **unterlassene Zahlung von Unterhalt** begründet dagegen jedenfalls dann kein Billigkeitsargument, wenn der Unterhaltsanspruch tituliert ist, da auf Grund des Titels vollstreckt werden könnte, die Billigkeitserwägung somit nachträglich unzutreffend würde (so auch OLG Frankfurt FamRZ 1983, 730).

22 Bei der Berechnung der Ausgleichszahlung können **Schadensersatzansprüche** des ausgleichsberechtigten Ehegatten gegen den anderen wegen unbefugter Verfügungen über Hausrat vor der Scheidung nicht berücksichtigt werden. Denn Objekte der Hausratsteilung können nur im Zeitpunkt der Entscheidung **noch vorhandene Gegenstände** sein. Daraus folgt, daß mit zu diesem Zeitpunkt nicht mehr vorhandenem Hausrat auch keine Anordnung einer Ausgleichszahlung begründet werden kann (OLG Hamm FamRZ 1996, 1423). Allerdings kann das Familiengericht den **unbefugtermaßen veräußerten Gegenstand** dem unberechtigt verfügenden Ehegatten anrechnen (KG FamRZ 1974, 195). Nicht berücksichtigt werden können auch Ansprüche auf Zahlung anteiliger **Miete**, wenn die Eheleute sich über die Nutzung der Ehewohnung gegen entsprechende Zahlung geeinigt haben (PALANDT/DIEDERICHSEN § 8 Rn 11).

VI. Aufrechnung und Zurückbehaltung

23 Gegen die **Ausgleichsforderung** kann im Hausratsverteilungsverfahren **nicht aufgerechnet** werden, da derjenige Ehegatte, dem die Ausgleichsforderung zugesprochen worden ist, in die Lage versetzt werden soll, sich sogleich neuen erforderlichen Hausrat zu beschaffen (OLG Hamm FamRZ 1981, 293). Auch eine **Verrechnung mit Unter-**

haltsansprüchen ist nicht möglich (OLG Frankfurt FamRZ 1983, 730). Dasselbe gilt entsprechend für den Ausgleichsanspruch wegen Versicherungsleistungen für abgebrannten Hausrat (OLG Köln FamRZ 1993, 1462).

Auch ein **Zurückbehaltungsrecht** an einzelnen Hausratsgegenständen besteht nicht, **24** weshalb auch keine **Zug-um-Zug-Verurteilung** in Betracht kommt. Diese würde dem Sinn und Zweck der Regelung widersprechen, der dahin geht, zu einer schnellen Klärung der Verhältnisse zu gelangen (LG Limburg FamRZ 1993, 1464).

VII. Einzelheiten zum Verteilungsbeschluß

Bei seiner Entscheidung muß das Gericht eine teilweise Einigung der Ehegatten **25** berücksichtigen (BGHZ 18, 143). Andererseits ist es an Anträge aber nicht gebunden. Diese stellen nur Vorschläge dar.

Durch die Entscheidung müssen **klare Verhältnisse** geschaffen werden, weshalb eine **26** Zuteilung von Gegenständen „soweit vorhanden" unzulässig ist (LG Freiburg Rpfleger 1950, 568). Da die Zuteilung **unbedingt** zu erfolgen hat, kann das Gericht die Herausgabe zwar von der Zahlung der Ausgleichsforderung abhängig machen, nicht aber den Eigentumsübergang als solchen (SOERGEL/HEINTZMANN § 8 HausratsVO Rn 15; **aA**: HOFFMANN/STEPHAN Anm 5 a.E.).

Die Entscheidung muß eine **Herausgabeanordnung** enthalten, wenn Sachen aus dem **27** Besitz des einen in den des anderen übergehen sollen. Das Gericht kann auch über die **Fälligkeit der Ausgleichszahlung** befinden, gegebenenfalls deren Verzinsung anordnen oder dem Schuldner **Ratenzahlungen** ermöglichen.

Die Entscheidung kann im Wege der **Vollstreckung** durchgesetzt werden (§ 16 Abs 3). **28** Sofern sich dabei herausstellt, daß Gegenstände nicht mehr vorhanden sind, ist **Geldersatz** zu leisten, der nach herrschender Auffassung im Prozeßwege durchzusetzen ist (BGH FamRZ 1980, 45; BGH FamRZ 1980, 988; OLG Frankfurt FamRZ 1981, 375; OLG Koblenz FamRZ 1982, 507; vgl im übrigen § 1 Rn 6).

Auf die Zuweisung von Hausratsgegenständen findet das Kaufrecht keine entsprechende Anwendung, weshalb auch die Vorschriften über die **Sachmängelhaftung** nicht **29** anwendbar sind. Erweisen sich zugewiesene Hausratsgegenstände jedoch nachträglich als mangelhaft, so kann die Hausratsentscheidung gegebenenfalls gemäß § 17 HausratsVO korrigiert werden (OLG Karlsruhe FamRZ 1981, 63). Auch eine **unberechtigte Verfügung** eines Ehegatten über Hausrat kann eine Änderung der Entscheidung rechtfertigen.

§ 9
Alleineigentum eines Ehegatten

(1) Notwendige Gegenstände, die im Alleineigentum eines Ehegatten stehen, kann der Richter dem anderen Ehegatten zuweisen, wenn dieser auf ihre Weiterbenutzung angewiesen ist und es dem Eigentümer zugemutet werden kann, sie dem anderen zu überlassen.

(2) Im Falle des Absatzes 1 kann der Richter ein Mietverhältnis zwischen dem Eigentümer und dem anderen Ehegatten begründen und den Mietzins festsetzen. Soweit im Einzelfall eine endgültige Auseinandersetzung über den Hausrat notwendig ist, kann er statt dessen das Eigentum an den Gegenständen auf den anderen Ehegatten übertragen und dafür ein angemessenes Entgelt festsetzen.

Systematische Übersicht

Alphabetische Übersicht

I.   Allgemeines

1 Nach § 9 HausratsVO können unter Umständen auch im **Alleineigentum eines Ehegatten** stehende Gegenstände dem anderen zugewiesen werden. Eine derartige rechtsgestaltende Maßnahme verändert unmittelbar die Eigentumsverhältnisse an den betroffenen Hausratsgegenständen, weshalb die Vorschrift wegen des verfassungsrechtlichen Schutzes des Eigentums eng auszulegen ist. Ihre Anwendung ist auf wenige und sehr seltene Ausnahmefälle zu beschränken. Ihre Rechtfertigung findet die Norm in den zu Solidarität verpflichtenden Nachwirkungen der ehelichen Lebensgemeinschaft. Zumal angesichts der bestehenden Möglichkeiten, durch die Träger der **Sozialhilfe** Unterstützung in Notlagen zu erhalten, kommt der Vorschrift heute in der Praxis kaum mehr Bedeutung zu. Zu denken ist insbesondere an Fälle, in denen der Eigentümer seinen Unterhaltspflichten nicht nachkommt, dem Ehegatten somit nicht die Möglichkeit gibt, sich den notwendigen Hausrat selbst zu beschaffen. Nur in den seltensten Fällen ist aber notwendiger Hausrat Eigentum nur eines Ehegatten.

II. Voraussetzungen der Übertragung

1. Alleineigentum

Voraussetzung für die Zuweisung nach § 9 ist zunächst, daß der zu übertragende **2** Hausratsgegenstand im **Alleineigentum** eines Ehegatten steht, wobei die Norm auch den Zugriff auf Aussteuer und Surrogate im Sinne des § 1370 BGB zuläßt. Wegen des **Begriffes des Hausrates** wird auf die Kommentierung zu § 1, wegen der Feststellung der **Eigentumsverhältnisse** auf diejenige zu § 8 verwiesen. Nicht geregelt ist der Fall, daß der Hausratsgegenstand im Miteigentum eines Ehegatten und eines Dritten steht, da die HausratsVO Eingriffe in die Rechte Dritter nicht zuläßt. Ist der Dritte mit einer Zuweisung jedoch einverstanden, so kann § 9 analog angewandt werden (SOERGEL/HEINTZMANN § 9 Rn 2). Sofern der Ehegatte den Hausrat unter Eigentumsvorbehalt erworben hat, gilt § 10 Abs 2 HausratsVO.

2. Notwendigkeit des Gegenstandes

Ob ein Gegenstand notwendig ist, ist vorwiegend nach **objektiven Gesichtspunkten** zu **3** beurteilen, doch bleiben auch die besonderen Bedürfnisse des Ehegatten im Einzelfall nicht außer Betracht. Die in § 811 ZPO enthaltene Aufzählung unpfändbarer Gegenstände ist zwar auf § 9 nicht direkt anwendbar, doch kann sie einen Anhaltspunkt dafür bieten, ob ein Gegenstand notwendig ist oder nicht.

Zu den notwendigen Gegenständen zählen beispielsweise **Tische, Stühle, Betten,** **4** **Herd, Kühlschrank, Küchenschrank, Kleiderschrank, Geschirr** und **Besteck** sowie **Tisch-** und **Bettwäsche,** jeweils in dem Umfang, in dem sie von dem Ehegatten und gegebenenfalls den Kindern gebraucht werden. Notwendig sind unter Umständen auch solche Gegenstände, die für die **Ausbildung eines Kindes** oder die **Berufsausübung des Ehegatten** benötigt werden (BayObLGZ 60, 370: Musikinstrument).

Hausratsgegenstände für den **gehobenen Bedarf** sowie **Luxusgegenstände** und **Sachen** **5** **von künstlerischem Wert** (SCHUBERT JR 1984, 380, 381) scheiden in jedem Fall aus. Dasselbe gilt für Hausrat, der der **Bequemlichkeit** oder **Gastlichkeit** dient (Gästezimmer, Herrenzimmer).

3. Der Ehegatte muß auf die Weiterbenutzung angewiesen sein

Der Ehegatte muß auf die Weiterbenutzung angewiesen sein. Das kann etwa deshalb **6** der Fall sein, weil er sich Ersatz angesichts seiner konkreten Eigentums- und Vermögensverhältnisse nicht leisten kann. Das wird bei teuren Hausratsgegenständen, beispielsweise dem Musikinstrument, naturgemäß eher zu bejahen sein als bei solchen, die gegebenenfalls auch gebraucht günstig zu erwerben sind. Das Erfordernis kann sich auch daraus ergeben, daß Ersatzgegenstände derzeit nicht angeboten werden (OLG Hamm JMBlNRW 1959, 17).

Gerd Weinreich

4. Zumutbarkeit

7 Auch notwendiger Hausrat darf dem Ehegatten, der nicht Eigentümer ist, nur zugewiesen werden, wenn dies dem anderen zumutbar ist. Das ist etwa dann nicht der Fall,
wenn die von ihrem Ehemann betrogene Ehefrau diesem ihre Möbel geben soll,
damit er sie nach der Scheidung gemeinsam mit der Ehebrecherin benutzt (LG Bonn
NJW 1960, 2243). Andererseits wird es dem Eigentümer regelmäßig zuzumuten sein,
die für die Kinder bestimmten Sachen demjenigen Ehegatten zu überlassen, der die
Kinder betreut. Das gilt auch für das für die Ausbildung benötigte Klavier
(BayObLGZ 1960, 370).

III. Rechtsfolge

1. Eigentumsübertragung oder Mietverhältnis

8 Sind die Voraussetzungen für eine Zuweisung an den Nichteigentümer erfüllt, so
kann das Gericht kraft richterlicher Gestaltung entweder dem Nichteigentümer das
Eigentum übertragen, oder ein **Mietverhältnis** zwischen den Ehegatten begründen.
Eine **unentgeltliche Zuweisung** ist unzulässig. So darf weder ein **Leihverhältnis** begründet, noch das **Eigentum ohne Gegenleistung** übertragen werden (OLG Celle NdsRpfl 1949,
89). Andererseits muß die Gegenleistung nicht in einer **Geldleistung** bestehen. Zu
denken ist auch daran, daß im Gegenzug ein anderer im Eigentum des begünstigten
Ehegatten stehender Gegenstand übertragen wird (BayObLG MDR 1951, 623). Da aber
der Hausratsrichter nicht in das sonstige Eigentum der Eheleute eingreifen darf, muß
es sich hierbei auch um einen **Hausratsgegenstand** handeln.

9 Auf die Zuweisung findet das Kaufrecht keine entsprechende Anwendung, so daß
auch die Vorschriften über die **Sachmängelhaftung** nicht anwendbar sind.

2. Billigkeitsentscheidung und Ermessen

10 Ob der Richter Eigentum überträgt oder ein Mietverhältnis begründet, hat er im
Rahmen des ihm zustehenden Ermessens zu entscheiden. Nach dem Wortlaut der
Vorschrift ist die Vermietung der Regelfall, während die Eigentumsübertragung nur
dann in Betracht kommt, wenn im Einzelfall eine endgültige Auseinandersetzung
notwendig ist. Für diese an den Wortlaut gebundene Auslegung streitet auch der
Grundsatz der Verhältnismäßigkeit sowie das **Gebot restriktiver Auslegung** der Norm
zum Zwecke der Wahrung der Belange des Eigentümers (vgl auch HOFFMANN/STEPHAN
§ 9 Anm 2 B; **aA**: SOERGEL/HEINTZMANN § 9 HausratsVO Rn 6, demzufolge die Eigentumsübertragung in erster Linie in Betracht kommt). An eine Eigentumsübertragung wird deshalb
vorrangig dann zu denken sein, wenn die Hausratsgegenstände ihrer Natur nach nicht
zur Vermietung geeignet sind, wie etwa Wäsche, Eß- und Kochgeschirr, ferner dann,
wenn die Eheleute so verfeindet sind, daß die Begründung eines Mietverhältnisses
mit Sicherheit zu neuen Schwierigkeiten führen würde (PALANDT/DIEDERICHSEN § 9 Rn 8;
HOFFMANN/STEPHAN § 9 Anm 2 B). Dasselbe gilt für Sachen, deren Rückschaffung auf
besondere und unverhältnismäßige Schwierigkeiten stoßen würde.

IV. Die Ausgestaltung des Mietverhältnisses

Wird ein Mietverhältnis begründet, so bestimmt das Gericht seine **Dauer** und die **11**
Höhe des Mietzinses. Darüber hinaus trifft es gegebenenfalls Anordnungen darüber,
ob und wann das Mietverhältnis frühestens gekündigt werden kann. Zweckmäßigerweise wird das Mietverhältnis von vornherein **befristet** werden.

Ein **Mietzins** ist zwingend festzusetzen. Seine Höhe bestimmt sich unter anderem **12**
nach dem **Verkehrswert** der Sache, der den **Mietwert** bestimmt, wobei eine Schwierigkeit daraus folgt, daß Hausratsgegenstände regelmäßig nicht vermietet zu werden
pflegen, es mithin keinen üblichen Mietzins gibt. Andererseits stellt der Verkehrswert aber auch nicht das einzige Bemessungskriterium dar. Auch die sonstigen Umstände des Einzelfalles sind nach billigem Ermessen zu berücksichtigen, etwa die
wirtschaftlichen Verhältnisse der Eheleute.

Auf das Mietverhältnis finden ergänzend die §§ 535 ff BGB Anwendung. Für Strei- **13**
tigkeiten aus dem Mietverhältnis ist das Prozeßgericht zuständig. Der Mietvertrag
wird mit der Rechtskraft des Zuweisungsbeschlusses wirksam.

Der unterhaltsberechtigte Ehegatte kann gegen den Mietzinsanspruch mit seinem **14**
Unterhaltsanspruch **aufrechnen,** während der unterhaltspflichtige Ehegatte wegen
§ 394 BGB nicht berechtigt ist, mit seinem Mietzinsanspruch gegen die Unterhalts-
forderung des anderen aufzurechnen.

§ 10

Gläubigerrechte

**(1) Haftet ein Ehegatte allein oder haften beide Ehegatten als Gesamtschuldner für
Schulden, die mit dem Hausrat zusammenhängen, so kann der Richter bestimmen,
welcher Ehegatte im Innenverhältnis zur Bezahlung der Schuld verpflichtet ist.**

**(2) Gegenstände, die einem der Ehegatten unter Eigentumsvorbehalt geliefert sind,
soll der Richter dem anderen nur zuteilen, wenn der Gläubiger einverstanden ist.**

Systematische Übersicht

Alphabetische Übersicht

Gerd Weinreich

I.   Allgemeines

1 Haftet ein Ehegatte allein oder haften beide Ehegatten gemäß § 421 BGB als Gesamtschuldner für Schulden, die im Zusammenhang mit dem Hausrat stehen, so kann
der Hausratsrichter nach § 10 Abs 1 bestimmen, welcher der Ehegatten im **Innenverhältnis** zur Begleichung der Schulden verpflichtet ist. Das **Außenverhältnis** zwischen den Gläubigern und den haftenden Ehegatten wird von dieser Entscheidung
nicht berührt.

II.   Haftung für Schulden nach Abs 1

1.   Mit dem Hausrat zusammenhängende Schulden

2 Mit dem **Hausrat zusammenhängende Schulden** sind solche, die aus dem Erwerb oder
der Unterhaltung des Hausratsgegenstandes rühren. Hierzu zählen vornehmlich
Kaufpreisschulden, auf den jeweiligen Gegenstand entfallende noch offene **Versiche-
rungsbeiträge** oder noch offene **Forderungen** aus Reparatur oder Änderung des Hausratsgegenstandes. Da diese Verbindlichkeiten der Hausratsverteilung unterliegen,
finden sie bei der Bewertung des **Endvermögens** im Zugewinnausgleich keine Berücksichtigung. Dabei ist es unerheblich, ob die Schuldenverteilung durch Richterspruch oder durch außergerichtliche Einigung erfolgt. Erfolgt dagegen keine Verteilung der von § 10 erfaßten Schulden, so mindern sie im Zugewinnausgleich das
Endvermögen desjenigen Ehegatten, der im Außenverhältnis Schuldner ist (BGH
NJW-RR 1986, 1325).

2.   Billiges Ermessen

3 Die Bestimmung erfolgt nach billigem Ermessen. Im Rahmen dieser Ermessensentscheidung kann einem Ehegatten in Abweichung von der bisher geltenden Haftungs-
verteilung die teilweise oder vollständige Bezahlung der Schuld auferlegt werden
(BGH FamRZ 1984, 144, 146). Eine **vollständige Auferlegung** der Schuld wird in der Regel
aber nur dann in Betracht kommen, wenn der betreffende Gegenstand dem die
Haftung übernehmenden Ehegatten zu Eigentum übertragen wird. Andererseits
ist sie aber auch dann nicht zwingend.

4 Eine Neuverteilung der Schulden erweist sich dann als nicht erforderlich oder der

Billigkeit entsprechend, wenn die Schuldverpflichtungen bereits im Rahmen **unterhaltsrechtlicher Regelungen** Berücksichtigung gefunden haben, sei es in Form der Minderung des unterhaltsrechtlich relevanten Einkommens, sei es durch entsprechende Erhöhung des Unterhaltsbedarfs. Da dies zumeist der Fall ist, kommt der Vorschrift des § 10 keine große praktische Bedeutung mehr zu.

3. Nur interne Haftungsneuverteilung

Da in die Rechte Dritter nicht eingegriffen werden kann, erfolgt die Verpflichtung **5** zur Zahlung der Schuld durch interne Begründung eines **Freistellungsanspruchs** des entlasteten Ehegatten von der Schuld. Wird der insoweit begünstigte Ehegatte gleichwohl von dem Gläubiger in Anspruch genommen, so hat er einen **Leistungsanspruch** gegen den anderen, der durch Leistungsklage vor dem Prozeßgericht geltend zu machen ist, da es hierbei nicht mehr um die Aufteilung von Hausrat und mit diesem zusammenhängenden Schulden, sondern um die betragsmäßige Ausgestaltung einer bereits vollzogenen Aufteilung geht (BayObLG FamRZ 1985, 1057).

Die Dritten sind, da ihre Rechte von der Neuverteilung der Hausratsschulden nicht **6** berührt werden, nicht am Verfahren beteiligt. Sind sie jedoch einverstanden, so kann auch die Haftung im Außenverhältnis neu geregelt werden.

III. Unter Eigentumsvorbehalt gelieferte Gegenstände (Abs 2)

Einem Ehegatten unter Eigentumsvorbehalt gelieferte Gegenstände sollen dem an- **7** deren nur mit **Einverständnis des Gläubigers** zugeteilt werden.

Streitig ist, ob die Formulierung der Vorschrift bedeutet, daß eine **Zuteilung ohne die** **8** **Zustimmung des Eigentümers** generell ausgeschlossen, oder in Ausnahmefällen möglich ist. Aus dem Umstand, daß der Verkäufer und Eigentümer regelmäßig einen Anspruch darauf hat, daß der unter Eigentumsvorbehalt gelieferte Gegenstand bei dem Käufer verbleibt und nicht in andere Hände kommt, folgert eine Meinung, daß eine Zuteilung ohne die Zustimmung des Eigentümers generell unzulässig ist (so: MünchKomm/Müller-Gindullis § 10 Rn 5; Soergel/Heintzmann § 10 Rn 3). Der Tatsache, daß die Vorschrift des § 10 Abs 2 jedoch als Sollvorschrift gefaßt ist, entnimmt dagegen die wohl herrschende Meinung, daß in Ausnahmefällen eine Zuteilung auch gegen den Willen des Verkäufers möglich ist, solange sich dadurch dessen Position nicht verschlechtert und seine Interessen gewahrt sind (OLG Saarbrücken OLGZ 1967, 1; Palandt/Diederichsen, § 10 Rn 2; BGB-RGRK/Kalthoener § 10 Rn 4; Hoffmann/Stephan, § 10 Anm 2). Dies kann durch **gesonderte Anordnungen** sichergestellt werden. So kann beispielsweise angeordnet werden, daß der durch die Zuteilung begünstigte Ehegatte den noch nicht in voller Höhe fälligen Kaufpreisrest sofort zahlt (Palandt/ Diederichsen § 10 Rn 2). Angesichts des Wortlautes der Norm und weil dem Gläubiger ein Nachteil nicht entstehen muß, ist der herrschenden Meinung der Vorzug zu geben. In jenen Fällen wird dem Gläubiger dann aber ein eigenes **Beschwerderecht** einzuräumen sein, ohne daß er zum Verfahrensbeteiligten wird (OLG Saarbrücken OLGZ 67, 1).

Die **Gläubigerrechte** bleiben von der gerichtlichen Regelung im übrigen unberührt. **9** Erklärt der Gläubiger allerdings seine Zustimmung zur Zuteilung an denjenigen

Gerd Weinreich

Ehegatten, der nicht sein Vertragspartner ist, so erfolgt eine Abänderung des Vertragsverhältnisses gemäß § 305 BGB. Ähnliches gilt für den Fall, daß der übernehmende Ehegatte den Kaufpreisanspruch weisungsgemäß vorzeitig erfüllt.

10 Die Zuteilung nach § 10 Abs 2 führt natürlich nicht zur **Begründung von Eigentum**. Übertragen wird lediglich die an der Kaufsache bestehende **Anwartschaft** (BayObLG FamRZ 1968, 321). Nach Auffassung HEINTZMANNS (SOERGEL/HEINTZMANN § 10 Rn 4) kommt dann, wenn der Richter bei der Übertragung irrig angenommen hat, die Sache befinde sich bereits im Eigentum des Ehegatten, eine Umdeutung in eine Zuweisung der Anwartschaft in Betracht.

11 Bei **auflösend bedingtem Eigentum** und insbesondere im Fall der **Sicherungsübereignung** an einen Ehegatten findet die Vorschrift entsprechende Anwendung. Dasselbe gilt für **gemieteten, geleasten** oder **geliehenen** Hausrat.

Vierter Abschnitt
Verfahrensvorschriften

§ 11
Zuständigkeit

(1) Zuständig ist das Gericht der Ehesache des ersten Rechtszuges (Familiengericht).

(2) Ist eine Ehesache nicht anhängig, so ist das Familiengericht zuständig, in dessen Bezirk sich die gemeinsame Wohnung der Ehegatten befindet. § 606 Abs. 2, 3 der Zivilprozeßordnung gilt entsprechend.

(3) Wird, nachdem ein Antrag bei dem nach Absatz 2 zuständigen Gericht gestellt worden ist, eine Ehesache bei einem anderen Familiengericht rechtshängig, so gibt das Gericht im ersten Rechtszug das bei ihm anhängige Verfahren von Amts wegen an das Gericht der Ehesache ab. § 281 Abs. 2, 3 Satz 1 der Zivilprozeßordnung gilt entsprechend.

Systematische Übersicht

Alphabetische Übersicht

Gerd Weinreich

I. Allgemeines

1 § 11 regelt die sachliche und örtliche Zuständigkeit für Hausratsverteilungsverfahren. Die Vorschrift ist durch das 1. EheRG neu gefaßt worden. Wurde früher nur die Zuständigkeit des Amtsgerichts begründet, ist jetzt ausdrücklich diejenige des **Familiengerichts** als besonderer Abteilung des Amtsgerichts gegeben. Überdies ist durch § 11 eine Konzentration der Verfahren beim Gericht der Ehesache ermöglicht.

II. Sachliche Zuständigkeit

2 Ausschließlich zuständig ist das **Familiengericht als eine Abteilung des Amtsgerichts** (§§ 23 b Abs 1 Nr 8 GVG, 621 Abs 1 Nr 7 ZPO). Die Zuständigkeit ist eine **ausschließliche** kraft **gesetzlicher Geschäftsverteilung** (BGHZ 71, 264, 267). Wird ein Verfahren, das der Sache nach ein Hausratsverfahren ist, vor dem Prozeßgericht anhängig gemacht, so hat dieses die Sache gemäß § 18 Abs 1 HausratsVO von Amts wegen an das Familiengericht abzugeben. Wird umgekehrt in einer Sache, die kein Hausratsverfahren darstellt, ein Antrag beim Familiengericht gestellt, so hat dieses das Verfahren ohne förmliche Verweisung an das Prozeßgericht weiterzuleiten.

3 Gegeben ist die Zuständigkeit für alle **Verfahren auf Verteilung des Hausrats und der ehelichen Wohnung** gemäß §§ 3–10 HausratsVO einschließlich der für die **Dauer des Getrenntlebens** nach §§ 1361 a und 1361 b BGB in Verbindung mit § 18 a HausratsVO sowie für das **Anordnungsverfahren** nach § 13 Abs 4 HausratsVO. Dasselbe gilt für **Klagen auf Schadensersatz** an Stelle von im Hausratsbeschluß titulierter Herausgabe von Hausratsgegenständen (LG München FamRZ 1992, 335) sowie Streitigkeiten über die **Wirksamkeit von** zwischen den Eheleuten getroffenen **Vereinbarungen** (OLG Hamm FamRZ 1980, 901; OLG Frankfurt FamRZ 1991, 1327) und über deren **Inhalt** (OLG Koblenz FamRZ 1984, 1241; OLG Düsseldorf FamRZ 1986, 1132; OLG Köln FamRZ 1987, 77). Anderes gilt für Streitigkeiten über die **Durchsetzung** eines seinem Inhalt nach unstreitigen und vollzugsfähigen Vergleichs über Hausrat (BGH FamRZ 1990, 987; BGH FamRZ 1979, 789; vgl im übrigen § 1 Rn 6, 7).

4 Eine familiengerichtliche Streitigkeit liegt auch vor, wenn die Ehegatten sich über die Zuweisung der Ehewohnung geeinigt haben und nur der **Vergütungsanspruch** nach § 1361 b Abs 2 BGB im Streit ist (OLG Schleswig FamRZ 1988, 722; OLG Hamm FamRZ 1993, 191; **aA** OLG Bamberg FamRZ 1990, 179). Etwas anderes gilt allerdings, wenn der Anspruch auf § 745 Abs 2 BGB gestützt wird (OLG Koblenz NJW-RR 1988, 1414).

5 Gemäß § 15 hat das Familiengericht die zur Durchführung der Entscheidung notwendigen Anordnungen zu treffen, mithin auch Räumungsfristen festzusetzen. Streiten die beteiligten Eheleute deshalb um die **Verlängerung einer Räumungsfrist**, so ist auch dies eine Familiensache (OLG Stuttgart FamRZ 1980, 467), nämlich ein Verfahren nach § 17 HausratsVO (OLG Hamm FamRZ 1969, 217).

Streiten Eheleute nach einer Einigung über die Verwendung der Ehewohnung dar- **6** über, ob und in welchem Umfang eine an den Vermieter geleistete **Mietkaution** intern auszugleichen ist, so liegt eine allgemeine Zivilrechtsstreitigkeit vor, für die das Prozeßgericht zuständig ist (OLG Hamm FamRZ 1980, 469).

Richtigerweise ist das Familiengericht auch dann nicht zuständig, wenn deutsches **7** Recht und mit ihm die HausratsVO keine Anwendung finden, das anzuwendende Recht – wie etwa das türkische – aber auch keine der HausratsVO entsprechenden Regelungen kennt (OLG Hamm NJW-RR 1993, 1349; OLG Köln FamRZ 1994, 1476; OLG Bamberg FamRZ 1995, 560; OLG Karlsruhe FamRZ 1997, 33; **aA**: OLG Düsseldorf FamRZ 1995, 1280). Wegen weiterer Einzelheiten vgl auch Einl 9 ff.

III. Örtliche Zuständigkeit

Für die Frage der örtlichen Zuständigkeit sind drei Fallgestaltungen zu unterschei- **8** den, wobei auch die örtliche Zuständigkeit eine ausschließliche ist (BGHZ 71, 69, 72).

1.   Bei Anhängigkeit eines Ehescheidungsverfahrens (Abs 1)

Ist eine Ehesache im Sinne des § 606 Abs 1 ZPO – insbesondere also das **Scheidungs- 9 verfahren** – anhängig, so ist nach § 11 Abs 1 ausschließlich das Gericht der Ehesache des ersten Rechtszuges zuständig. Anhängigkeit tritt ein mit der Einreichung der **Klage- oder Antragsschrift** (§ 622 Abs 1 ZPO). Unerheblich ist, in welcher Instanz die Ehesache schwebt. Sinn der Regelung ist es, über Hausratssachen grundsätzlich im **Verbund mit der Ehescheidung** zu entscheiden (§ 623 ZPO).

Endet die Anhängigkeit der Ehesache etwa mit der Rechtskraft des in der Sache **10** ergangenen Urteils oder aus sonstigen Gründen, so bleibt die Zuständigkeit für eine bis dahin anhängig gewordene Hausratssache bestehen (BGH NJW 1986, 3141), da auch im FGG – Verfahren der **Grundsatz der perpetuatio fori** gilt, wonach die einmal begründete Zuständigkeit fortdauert, auch wenn sich die hierfür maßgeblichen Umstände danach ändern.

2.   Ohne Anhängigkeit eines Ehescheidungsverfahrens (Abs 2)

Ist eine Ehesache nicht anhängig, etwa während der **Dauer des Getrenntlebens** vor **11** Anhängigkeit des Scheidungsverfahrens oder **nach Rechtskraft der Scheidung**, so ist nach § 11 Abs 2 das Familiengericht zuständig, in dessen Bezirk sich die Ehewohnung befindet. Das gilt für isolierte Verfahren nach Rechtskraft der Scheidung und über § 18 a HausratsVO auch für diejenigen nach § 1361 a und § 1361 b BGB.

Haben die Ehegatten **keine gemeinsame Wohnung**, so folgt über § 11 Abs 2 Satz 2 die **12** örtliche Zuständigkeit aus § 606 Abs 2, 3 ZPO. Das bedeutet, daß in erster Linie das Familiengericht zuständig ist, in dessen Bezirk die Ehegatten zuletzt ihren **gemeinsamen gewöhnlichen Aufenthaltsort** gehabt haben, sofern einer der Ehegatten sich noch in dem Bezirk aufhält, hilfsweise das Familiengericht am **Aufenthaltsort des jeweiligen Antragsgegners.**

3. Die Ehesache wird nach Anhängigkeit der Hausratssache rechtshängig (Abs 3)

13 Wird eine Ehesache erst rechtshängig, nachdem eine Hausratssache bei einem anderen Familiengericht anhängig gemacht worden ist, so ist die Hausratssache gemäß § 11 Abs 3 an das Gericht der Ehesache abzugeben. Damit soll die Konzentration der Verfahren beim Familiengericht erreicht werden, wobei insbesondere die Scheidungssache als die bedeutendere führend ist. Das abgegebene Verfahren bleibt aber ein selbständiges, unabhängig davon, daß gegebenenfalls auch daneben noch ein Hausratsverfahren im Scheidungsverbund zulässig ist, mit dem eine Regelung für die Zeit nach der Scheidung begehrt wird (§ 623 Abs 1 ZPO).

14 Nach Erlaß der erstinstanzlichen Entscheidung im Hausratsverfahren ist für eine Abgabe nach § 11 Abs 3 kein Raum mehr, weil eine Entscheidungskonzentration beim erstinstanzlichen Gericht nicht mehr erreicht werden kann (BGH NJW 1986, 2058). Schwebt also die Hausratssache bereits im Beschwerdeverfahren, so bleibt die Zuständigkeit des Beschwerdegerichts unberührt. Sollte dieses allerdings die erstinstanzliche Entscheidung aufheben und die Sache zurückverweisen, so erfolgt die Verweisung an das jetzt zuständige Gericht der Ehesache (SOERGEL/HEINTZMANN § 11 Rn 4).

15 Die Abgabe erfolgt ausweislich des Wortlautes der Vorschrift erst, wenn die Ehesache rechtshängig ist (§ 261 ZPO). Erfolgt die Abgabe, bevor die Antragsschrift dem Antragsgegner zugegangen ist, so wird zwar – was zulässig ist – dem Willen des Antragstellers Rechnung getragen, doch stellt die Abgabe dann noch keine rechtlich wirksame Entscheidung über die Zuständigkeit dar (BGH NJW-RR 1994, 645).

16 Eines **Antrages** bedarf es für die Abgabe nicht; die Abgabe erfolgt vielmehr von Amts wegen. Die Verweisung auf § 281 Abs 2, 3 Satz 1 ZPO hat zur Folge, daß der **Abgabebeschluß unanfechtbar** und für das in ihm bezeichnete Familiengericht bindend ist.

17 Eine entsprechende Regelung trifft § 23 b Abs 2 Satz 2 GVG für den Fall, daß die Ehesache in einer anderen Abteilung desselben Familiengerichts rechtshängig wird.

§ 12
Zeitpunkt der Antragstellung

Wird der Antrag auf Auseinandersetzung über die Ehewohnung später als ein Jahr nach Rechtskraft des Scheidungsurteils gestellt, so darf der Richter in die Rechte des Vermieters oder eines anderen Drittbeteiligten nur eingreifen, wenn dieser einverstanden ist.

Systematische Übersicht

I. Allgemeines

Der Antrag auf Teilung des Hausrates und Auseinandersetzung der Ehewohnung ist **1**
nicht fristgebunden. Da Vermieter oder andere Drittbeteiligte (zum Beispiel Grundstückseigentümer, Mitmieter) andererseits aber keine Möglichkeit haben, etwa durch
eigene Antragstellung die Auseinandersetzung über die Ehewohnung zu beschleunigen, um sich selbst Klarheit darüber zu verschaffen, welcher der Ehegatten künftig
ihr Mieter sein wird, verbietet § 12 es dem Hausratsrichter, nach Ablauf der in dieser
Vorschrift genannten Frist in ihre Rechte einzugreifen, wenn sie damit nicht einverstanden sind. Die Vorschrift hat somit nur Bedeutung für diejenigen Fälle, in
denen in die **Rechte Dritter** eingegriffen werden soll. Sind diese mit einer Änderung
der Rechtsverhältnisse einverstanden, so ist natürlich eine entsprechende Regelung
nicht ausgeschlossen. Wegen des durch das 1. EheRG eingeführten Scheidungsver-
bundes ist die praktische Bedeutung der Vorschrift nur noch gering.

II. Die Jahresfrist

Die Jahresfrist beginnt mit dem **Tag der Rechtskraft der Ehescheidung.** Wird zunächst **2**
Klage vor dem Prozeßgericht erhoben und die Sache sodann an das Familiengericht
abgegeben, so ist die Frist auch durch die **Klageerhebung** gewahrt (§ 18 Abs 2 HausratsVO). Wird der Zuweisungsantrag dagegen beim **örtlich unzuständigen Gericht** gestellt, ist die Frist versäumt, wenn er nicht noch fristgemäß beim zuständigen Gericht
eingeht. Wird der Antrag zwar fristgerecht gestellt, das Verfahren dann aber lange
Zeit **nicht betrieben,** so gilt die Frist in entsprechender Anwendung des § 211 Abs 2
BGB als versäumt (SOERGEL/HEINTZMANN § 12 Rn 2; HOFFMANN/STEPHAN § 12 Anm 1).

III. Nach Ablauf der Jahresfrist

1. Grundsätzliches

Nach Ablauf der Jahresfrist darf in die Rechte Dritter ohne oder gegen deren Willen **3**
nicht mehr eingegriffen werden. Daraus folgt, daß eine Gestaltung des Mietverhältnisses nach § 5 oder eine Teilung der Wohnung nach § 6 nicht mehr möglich ist, es sei
denn, der Vermieter erklärt zu diesen Maßnahmen sein **Einverständnis.** Deshalb hat
derjenige Ehegatte, der Mitmieter ist und die Ehewohnung zwischenzeitlich verlas-

sen hat, dann auch keine Möglichkeit mehr, sich noch gegen den Willen des Vermieters aus dem Mietvertrag zu lösen (AG Charlottenburg FamRZ 1990, 532).

2.   Das Einverständnis

4 Das Einverständnis muß nicht dem Gericht gegenüber erklärt werden. Es kann entsprechend § 183 BGB bis zur **letzten Tatsachenentscheidung**, also auch noch in der Beschwerdeinstanz, **widerrufen** werden (BayObLGZ 1957, 33, 38). Das gilt auch dann, wenn der Dritte (Vermieter oder Grundstückseigentümer) das Rechtsmittel gar nicht selbst eingelegt hat, da das Einverständnis eine Einwilligung in die Abänderung eines Vertrages darstellt, die jederzeit frei widerrufen werden kann, ohne daß es der Einhaltung einer Form bedarf.

5 Ist Vermieter eine **Erbengemeinschaft**, so ist gemäß §§ 2038 Abs 2, 745 Abs 1 BGB das Einverständnis der Mehrheit der Miterben ausreichend.

3.   Das Fehlen des Einverständnisses

6 Fehlt das Einverständnis des Drittbeteiligten, so kann das Gericht auch nach Fristablauf noch Regelungen treffen, die sich jedoch nur im **Innenverhältnis** zwischen den Eheleuten auswirken und deshalb die Rechte der Dritten nicht berühren dürfen (BayObLG FamRZ 1970, 35). Solange der bestehende Mietvertrag dadurch nicht berührt wird, kann beispielsweise die Wohnung unter den geschiedenen Eheleuten aufgeteilt werden (KG NJW 1961, 76). Korrespondierend damit ist dann aber im Innenverhältnis zu regeln, in welchem Umfang sich die Eheleute an der Zahlung der Mietzinsen zu beteiligen haben (BayObLGZ 1955, 202). Zulässig ist es auch, einen Ehegatten zur **Räumung** der Wohnung zu verpflichten und intern anzuordnen, daß der weichende Ehegatte von dem in der Wohnung verbleibenden von seinen gegenüber dem Vermieter bestehenden Pflichten **freigestellt** wird (vgl: KG NJW 1961, 78; BayObLG FamRZ 1970, 35; OLG München FamRZ 1986, 1019). Da der Vermieter keinen Anspruch darauf hat, daß die Mietwohnung von beiden Ehegatten gemeinsam genutzt wird, enthält diese Regelung nichts, was die Eheleute nicht auch selbst hätten vereinbaren dürfen (HOFFMANN/STEPHAN § 12 Anm 1).

§ 13
Allgemeine Verfahrensvorschriften

(1) Das Verfahren ist unbeschadet der besonderen Vorschrift des § 621 a der Zivilprozeßordnung eine Angelegenheit der freiwilligen Gerichtsbarkeit.

(2) Der Richter soll mit den Beteiligten in der Regel mündlich verhandeln und hierbei darauf hinwirken, daß sie sich gütlich einigen.

(3) Kommt eine Einigung zustande, so ist hierüber eine Niederschrift aufzunehmen, und zwar nach den Vorschriften, die für die Niederschrift über einen Vergleich im bürgerlichen Rechtsstreit gelten.

(4) Der Richter kann einstweilige Anordnungen treffen.

4. Abschnitt. Verfahrensvorschriften

Systematische Übersicht

Alphabetische Übersicht

Gerd Weinreich

I. Geltung von FGG- und ZPO-Normen im Hausratsverfahren

1 Das Hausratsverteilungsverfahren ist ein sogenanntes **echtes Streitverfahren der freiwilligen Gerichtsbarkeit** (BGH FamRZ 1979, 230). Es ist gemäß § 621 Abs 1 Nr 7 ZPO eine Familiensache. Für dieses Verfahren gelten neben den in der HausratsVO enthaltenen eigenen Verfahrensvorschriften (§§ 11–18) die Vorschriften des FGG und der §§ 621 ff ZPO. Dabei ist schon nach dem Wortlaut des § 13 Abs 1 grundsätzlich das FGG maßgeblich, an dessen Stelle aber die Verfahrensregelungen der HausratsVO oder die Vorschriften der ZPO und des GVG treten, soweit § 621 a Abs 1 Satz 2 ZPO dies ausdrücklich vorschreibt, oder soweit sich aus der ZPO oder dem GVG etwas Besonderes gegenüber dem FGG ergibt (§ 621 a Abs 1 Satz 1 ZPO). Insbesondere sind im FGG vorhandene Regelungslücken durch entsprechende Anwendung zivilprozessualer Normen zu schließen (ZÖLLER, ZPO § 621 a Rn 5).

2 Unter anderem gilt:

Die Zuständigkeitsregeln der §§ 3–5 FGG werden durch § 11 HausratsVO ersetzt.

§ 6 FGG, der die Ausschließung und Ablehnung von Richtern regelt, wird durch die §§ 41 ff ZPO ersetzt.

§§ 8 und 9 FGG, die die Gerichtssprache, die Sitzungspolizei, die Beratung und Abstimmung sowie die Zuziehung von Dolmetschern regeln, werden durch die §§ 176–197 GVG ersetzt.

II. Das Antragserfordernis

1. Antragsberechtigung

3 Das Verfahren wird nicht von Amts wegen, sondern nur auf **Antrag** eingeleitet.

Antragsberechtigt sind nur die **Ehegatten** selbst, nicht auch **Dritte**. Das gilt auch dann, wenn die Dritten – etwa als Vermieter – am Verfahren beteiligt sind.

2. Verfahrensantrag und Sachantrag

Hinsichtlich des Antrags wird zwischen dem Verfahrensantrag und dem Sachantrag **4** unterschieden, wobei der Antrag, ein Verfahren nach der HausratsVO durchzuführen die Grundlage für die gerichtliche Entscheidung darstellt. Er ist Voraussetzung für jede die Beteiligten bindende Tätigkeit des Gerichts und sein Vorliegen als **Verfahrensvoraussetzung** in jeder Lage des Verfahrens – also auch noch in der Beschwerdeinstanz – **von Amts wegen zu prüfen** (BayObLGZ 1956, 425, 430; BayObLGZ 1978, 1).

a)   Der Verfahrensantrag
Der Verfahrensantrag setzt ein **Rechtsschutzbedürfnis** der beteiligten Eheleute voraus. **5** Dieses besteht schon dann, wenn sich zwar die Ehegatten über die Zuweisung der ehelichen Wohnung einig sind, der Vermieter aber die Fortsetzung des Mietverhältnisses mit nur einem Mieter ablehnt (OLG Karlsruhe FamRZ 1993, 820; OLG Hamm FamRZ 1994, 388). Am Rechtsschutzbedürfnis für einen Antrag auf Zuweisung der Ehewohnung für die Dauer des Getrenntlebens kann es aber fehlen, wenn beide Ehegatten ohnehin zur Räumung der Wohnung verpflichtet sind (OLG Oldenburg FamRZ 1993, 1342).

b)   Der Sachantrag
An Sachanträge ist das Gericht nicht gebunden. Diese stellen lediglich **Vorschläge** **6** **seitens der beteiligten Eheleute** dar (BGH FamRZ 1992, 531; BayObLG FamRZ 1971, 34). Deshalb bedarf es auch keines im Sinne von § 253 ZPO bestimmten Antrages (OLG Zweibrücken FamRZ 1980, 1143). Auch darf das Gericht über den Antrag hinausgehen. Andererseits wird der Antrag aber regelmäßig das wiedergeben, was die Beteiligten selbst als billig empfinden, so daß es nur in Ausnahmefällen angebracht sein wird, einem Ehegatten mehr als beantragt zuzusprechen.

3.   Prozeßfähigkeit

Für den Antrag auf Verteilung des Hausrats und/oder Zuweisung der ehelichen **7** Wohnung muß der beteiligte Ehegatte prozeßfähig im Sinne des § 52 ZPO sein. § 607 ZPO gilt hier nicht, da das Hausratsverfahren keine Ehesache im Sinne dieser Norm ist (Soergel/Heintzmann § 13 Rn 2).

4.   Postulationsfähigkeit

Für das **isolierte Hausratsverfahren** besteht **kein Anwaltszwang**. Das gilt auch für das **8** Beschwerdeverfahren (§ 78 Abs 2 Nr 3 ZPO). Etwas anderes gilt nur dann, wenn die Hausratssache als **Folgesache im Verbund** geltend gemacht wird (§ 78 Abs 2 Nr 1 ZPO), und dann auch nur für die **Ehegatten** selbst, nicht auch für **beteiligte Dritte**, etwa die Vermieter (§ 78 Abs 2 ZPO). Alle Beteiligten können aber auch mit **Beiständen** erscheinen (§ 13 FGG). Für diese und ihre Qualifikation gelten die §§ 176, 157 ZPO. Auch für den Antrag auf Erlaß einer **einstweiligen Anordnung** nach § 620 Satz 1 Nr 7 ZPO bedarf es nicht der Vertretung durch einen Rechtsanwalt (§§ 620 a Abs 2 Satz 2, 78 Abs 3 ZPO), wohl aber für die mündliche Verhandlung.

III.   Das Verfahren als solches

1.   Grundsatz der Amtsermittlung

9 Im Verfahren selbst – auch dem betreffend die vorläufigen Regelungen (BGH FamRZ 1983, 263) – gilt der Grundsatz der **Amtsermittlung (Untersuchungsgrundsatz).** Daraus folgt, daß das Gericht die objektive Wahrheit von Amts wegen zu ergründen hat und daß das aus dem Zivilprozeß bekannte **Prinzip der materiellen Wahrheit** nicht zur Anwendung kommt (OLG Köln FamRZ 1991, 117; KEIDEL/KUNTZE/WINKLER § 12 FGG, Rn 21). Das bedeutet aber nicht, daß die Beteiligten am Verfahren nicht mitzuwirken bräuchten. Eine **Aufklärungs- und Ermittlungspflicht** besteht für das Gericht nur dann, wenn der Vortrag der Ehegatten oder der Sachverhalt als solcher sowie die aufzuklärenden Tatbestandsmerkmale bei sorgfältiger Überlegung dazu Anlaß geben. Keineswegs ist das Gericht gehalten, allen nur denkbaren Möglichkeiten von Amts wegen nachzugehen (BGH MDR 1955, 347; BayObLGZ 1989, 44, 48; KG NJW-RR 1989, 841, 843; OLG Köln FamRZ 1991, 117, 118). Deswegen besteht auch für die Beteiligten die **Verpflichtung,** in jeder ihnen möglichen Weise, unter anderem durch eingehende **Tatsachendarstellung,** an der **Aufklärung des Sachverhalts** mitzuwirken (BGHZ 16, 378, 383; BayObLG FamRZ 1965, 331, 332).

10 Das Gericht darf somit regelmäßig davon ausgehen, daß die Beteiligten die ihnen vorteilhaften Umstände von sich aus vorbringen (BGH FamRZ 1994, 234, 236). Die gerichtliche Pflicht, den Sachverhalt aufzuklären, findet deshalb dort ihre Grenze, wo ein Verfahrensbeteiligter es in der Hand hat, die notwendigen Erklärungen abzugeben, hiervon aber absieht (BGH FamRZ 1994, 234, 236). Bei **unbestrittenem Sachvortrag** kann aus diesen Gründen grundsätzlich von Ermittlungen abgesehen werden (BGH NJW 1988, 1839, 1840).

11 Etwas anderes gilt unter Umständen aber bei besonders **wertvollen Hausratsgegenständen,** vor allem dann, wenn sie allein noch im Streit sind. Hier besteht eine **weitergehende Aufklärungspflicht,** die sogar dazu führen kann, daß der Verbleib dieser Gegenstände auch dann von Amts wegen aufzuklären ist, wenn deren Veräußerung nicht bestritten wurde (OLG Hamm JMBlNRW 1959, 17). Gibt der Vortrag der Parteien **Anlaß zu konkreten Zweifeln** an der Vollständigkeit oder Richtigkeit der Auflistung des zu verteilenden Hausrats, so ist das Gericht gegebenenfalls auch gehalten, dessen Bestand von Amts wegen durch eine **Augenscheinseinnahme** zu klären (OLG Bamberg FamRZ 1996, 1293). Mindestens hat es die Beteiligten auf diese Zweifel **hinzuweisen** und auf **Vervollständigung des Vortrages** und **Klärung von Widersprüchen** zu drängen (OLG Zweibrücken FamRZ 1993, 82, 84).

2.   Beweise und Beweiserhebung

a)   Aufnahme nur geeignet erscheinender Beweise

12 Angebotene Beweise dürfen nicht mit der Begründung abgelehnt werden, das Gericht sei bereits vom Gegenteil der unter Beweis gestellten Behauptung überzeugt. Eine **Vorwegnahme der Beweiswürdigung** ist auch im Hausratsverteilungsverfahren unzulässig. Andererseits ist nicht jedem Beweisantritt nachzugehen. Es sind vielmehr nur „**geeignet erscheinende Beweise**" aufzunehmen (§ 12 FGG).

b)   Streng- und Freibeweis

Anders als im Zivilprozeß hat das Gericht die Wahl, ob es zur Beschaffung des von   **13** ihm für erheblich gehaltenen Tatsachenstoffes eine **förmliche Beweisaufnahme** durchführt, oder **formlose Ermittlungen** vornimmt. Die Wahl zwischen Frei- und Strengbeweis steht in seinem **pflichtgemäßen Ermessen** (KEIDEL/KUNTZE/WINKLER § 12 FGG Rn 42). Demzufolge ist es beispielsweise auch zulässig, **schriftliche Erklärungen** von Zeugen und Sachverständigen einzuholen, solange es auf den persönlichen Eindruck nicht ankommt, oder **formlosen Augenschein** vorzunehmen.

Sofern das Gericht **förmlich Beweis** erhebt, gelten die Vorschriften der ZPO über den   **14** **Augenscheinsbeweis**, den **Zeugen-** oder **Sachverständigenbeweis** entsprechend (§ 15 Abs 1 FGG). Dementsprechend steht auch die **Beeidigung** von Zeugen im Ermessen des Gerichts. Zulässig ist auch die eidliche Vernehmung der beteiligten Eheleute (BayObLGZ 1952, 376; OLG Hamm NJW 1957, 1816; aA allerdings: BGH St 10, 272). Keine Gültigkeit haben dagegen die ZPO-Vorschriften über den **Auslagenvorschuß**, so daß eine Beweiserhebung nicht von der Leistung eines Vorschusses abhängig gemacht werden darf. Das **persönliche Erscheinen** der Beteiligten zum Termin kann gemäß § 33 FGG gegebenenfalls erzwungen werden (OLG Bremen FamRZ 1989, 306; PALANDT/DIEDERICHSEN § 13 Rn 1).

c)   Beweislast

Auch im Hausratsverfahren gilt der in § 286 ZPO niedergelegte **Grundsatz der freien**   **15** **Beweiswürdigung**. Eine **Beweislast** im eigentlichen Sinne gibt es dagegen nicht (OLG Schleswig SchlHA 1955, 203; MünchKomm/MÜLLER-GINDULLIS § 13 Rn 3; aA: SOERGEL/HEINTZMANN § 13 Rn 4), weshalb das Gericht seine Entscheidung auch nicht damit begründen kann, einer der beteiligten Eheleute sei beweisfällig geblieben (KEIDEL/KUNTZE/WINKLER § 12 Rn 190). Andererseits gelten aber im FGG-Verfahren Regeln über die **Feststellungslast**. Danach tragen die beteiligten Ehegatten grundsätzlich die Feststellungslast hinsichtlich der ihr Vorbringen jeweils stützenden Umstände (KEIDEL/KUNTZE/ WINKLER § 12 FGG Rn 190; JOHANNSEN/HENRICH/BRUDERMÜLLER § 13 Rn 4). Der Unterscheidung dürfte letztlich kaum größere praktische Bedeutung zukommen. Auch im Hausratsverfahren gilt, daß etwa dann, wenn sich der Verbleib einer Sache bei einem Ehegatten oder dessen Eigentum daran nicht aufklären lassen, dies zu Lasten desjenigen Ehegatten geht, der aus dem Besitz oder Eigentum Rechte für sich herleitet.

3.   Verstoß gegen die Aufklärungspflicht als Verfahrensfehler

Hat das Gericht seiner **Aufklärungspflicht** nicht genügt, so beruht die Entscheidung   **16** auf einem **Verfahrensfehler**, so daß die Aufhebung und Zurückverweisung der Sache in Betracht kommt (OLG Zweibrücken FamRZ 1993, 82; BayObLGZ 1963, 286, 289). Das setzt aber voraus, daß der Verfahrensmangel schwer wiegt und die Aufklärung des Sachverhalts so unzureichend ist, daß die Behebung des Mangels dem Verlust einer Instanz gleichkäme.

4.   Die mündliche Verhandlung

a)   Öffentlichkeit

Die Beweisaufnahme ist zwar **parteiöffentlich**, die mündliche Verhandlung aber **nicht**   **17** **öffentlich** (§ 170 GVG).

b)   Regelmäßiges Erfordernis der mündlichen Verhandlung

18 Obwohl die mündliche Verhandlung im FGG-Verfahren grundsätzlich freigestellt ist, schreibt § 13 Abs 2 sie für das Hausratsverfahren als **Regelfall** vor. Insoweit gilt auch für das **Beschwerdeverfahren** nichts anderes (OLG Braunschweig FamRZ 1980, 568). Nur ausnahmsweise kann das Gericht nach pflichtgemäßem Ermessen von einer mündlichen Verhandlung absehen (OLG Braunschweig FamRZ 1980, 568). Das ist etwa dann der Fall, wenn ein Einigungsversuch aussichtslos erscheint, wenn es keiner weiteren Sachaufklärung bedarf (KG MDR 1966, 928; BayObLG FamRZ 1970, 36, 37), oder wenn das Erscheinen eines Beteiligten im Verhältnis zum Wert des zu verteilenden Hausrats zu umständlich und kostenspielig erscheint (OLG Hamm JMBlNRW 1950, 11, 12).

c)   Umfang der mündlichen Verhandlung

19 Wird mündlich verhandelt, so beschränkt sich der zur **Entscheidung anstehende Tatsachenstoff** nicht auf dasjenige, was in der mündlichen Verhandlung vorgebracht wird. Es ist auch regelmäßig nicht erforderlich, daß derjenige Richter die Entscheidung erläßt, vor dem verhandelt worden ist (MünchKomm/MÜLLER-GINDULLIS § 13 Rn 4; aA: BGB-RGRK/KALTHOENER § 13 Rn 13). Denn im Verfahren der freiwilligen Gerichtsbarkeit steht es dem Gericht in der Regel frei, in welcher Weise es die gebotenen Ermittlungen und die Anhörung der Beteiligten durchführt (OLG Hamm JMBlNRW 1950, 11; HOFFMANN/STEPHAN § 13 Anm C 2).

d)   Aussetzung

20 Obwohl die Aussetzung des Verfahrens dem FGG grundsätzlich fremd ist, ist diese nach pflichtgemäßem Ermessen im Hausratsverfahren im Einzelfall zulässig. Sie kommt in Betracht, wenn die Hausratsverteilung von Entscheidungen anderer Gerichte abhängig ist, zum Beispiel Dritte in einem anderen Verfahren **Eigentumsansprüche** geltend gemacht haben, oder zunächst über den **Verbleib gemeinsamer Kinder** zu entscheiden ist.

IV.   Die Entscheidung

1.   Allgemeines

21 Die Entscheidung ergeht, sofern die Hausratsverteilung **Folgesache im Verbund** ist, gemäß § 629 Abs 1 ZPO durch **Urteil**, sonst, also bei **isolierter Entscheidung**, durch **Beschluß**. Zwar schreibt § 25 FGG eine **Begründung** der Entscheidung nur für die Beschwerdeinstanz vor, doch ist im Hausratsverfahren auch die erstinstanzliche Entscheidung zu begründen (BVerfG NJW 1957, 298), was insbesondere auch wegen der Abänderungsmöglichkeit nach § 17 erforderlich ist.

22 Teilentscheidungen sind nicht zulässig, da eine sachgerechte Hausratsverteilung nur im Rahmen einer umfassenden und den gesamten Hausrat erfassenden Regelung möglich ist und für eine abschließende Vorabentscheidung über einzelne Hausratsgegenstände wegen der Möglichkeit vorläufiger Benutzungsregelungen kein Bedürfnis besteht (GERHARDT/VHEINTSCHEL-HEINEGG/KLEIN Kap 8 Rn 139).

2.   Die Beschlußformel

23 In der Beschlußformel ist auszusprechen, wem die Ehewohnung oder die als gemeinsames Eigentum geltenden Gegenstände zugeteilt werden, welche im Alleineigentum stehenden Gegenstände ihm verbleiben oder dem anderen – wenn ja in welcher Rechtsform – zugewiesen werden (HOFFMANN/STEPHAN § 13 Anm C 1). Dabei ist besonders zu beachten, daß die Entscheidung vollstreckbar wird, weshalb **Hausratsgegenstände** in der Beschlußformel – soweit möglich – **individualisiert** werden müssen. Sie müssen mit der **für die Zwangsvollstreckung nötigen Bestimmtheit** bezeichnet und gegenüber anderen unverwechselbar abgegrenzt werden (OLG Zweibrücken FamRZ 1993, 82, 84). Eine nur bedingte Zuweisung („soweit vorhanden") ist unzulässig.

Für die **Berichtigung** oder **Ergänzung** der Entscheidung sind die §§ 319 bis 321 ZPO **24** entsprechend anwendbar (HOFFMANN/STEPHAN § 13 Anm C 1).

V. Die Verpflichtung, auf eine gütliche Einigung hinzuwirken

1. Allgemeines

Stets ist das Gericht gehalten, auf eine gütliche Einigung hinzuwirken. Im Falle der **25** **einverständlichen Scheidung** nach §§ 1565, 1566 Abs 1 BGB ergibt sich der Zwang zur Einigung schon aus § 630 Abs 1 Nr 3 ZPO. Haben sich die Eheleute bereits zuvor faktisch auseinandergesetzt, oder sind sie sich einig, daß gegenseitige Ansprüche an der Ehewohnung und dem Hausrat nicht geltend gemacht werden oder nicht bestehen, so genügt eine entsprechende übereinstimmende Erklärung (SOERGEL/HEINTZMANN § 13 Rn 6).

2. Die Protokollierung der Einigung

Die gerichtliche Einigung, die gemäß § 16 Abs 3 HausratsVO auch **Vollstreckungstitel 26** ist, ist entsprechend den §§ 159 ff ZPO zu protokollieren. Der **Protokollierung** durch das Hausratsgericht steht nicht entgegen, daß sich die Einigung auch auf Gegenstände und Ansprüche erstreckt, die nicht unter die HausratsVO fallen.

VI. Einstweilige Anordnungen (Abs 4)

1. Voraussetzungen

a) Anhängigkeit eines Hausratsverfahrens
Gemäß Absatz 4 kann das Gericht einstweilige Anordnungen treffen. Voraussetzung **27** ist stets, daß ein **selbständiges Verfahren** nach der HausratsVO anhängig ist. Somit kommt eine einstweilige Anordnung erst dann in Betracht, wenn ein Antrag auf Zuweisung der ehelichen Wohnung oder Verteilung des Hausrats bei Gericht eingegangen und noch nicht abschließend über ihn entschieden ist. Ein **isoliertes Anordnungsverfahren** gibt es nicht (OLG Schleswig FamRZ 1997, 892). Allerdings wird das isolierte Anordnungsbegehren häufig auch als **Hauptsacheantrag** ausgelegt werden können (vgl: BGH FamRZ 1982, 1200). Andererseits darf nicht mehr durch einstweilige Anordnung entschieden werden, wenn das **isolierte Hausratsverfahren** seinerseits bereits **zur Entscheidung reif** ist, da der Sinn und Zweck des § 13 Abs 4 darin besteht, dem Familiengericht die Möglichkeit zum sofortigen Einschreiten zu geben, wenn den Beteiligten ein Abwarten bis zur Entscheidung in der Hauptsache nicht zugemutet werden kann (OLG Hamburg FamRZ 1996, 1294).

Gerd Weinreich

b) Einstweilige Anordnungen nur bei Getrenntleben und nach Rechtskraft der Ehescheidung

28 Einstweilige Anordnungen nach Absatz 4 sind zulässig sowohl nach **Getrenntleben der Eheleute** (§§ 1361 a, 1361 b BGB, 18 a HausratsVO), als auch nach **Rechtskraft der Scheidung.** Sie sind jedoch dann unzulässig, wenn eine Ehesache anhängig oder ein Antrag auf Bewilligung von Prozeßkostenhilfe hierfür gestellt worden ist. Dann richtet sich die Möglichkeit einstweiligen Rechtsschutzes nach herrschender Meinung allein nach §§ 620 a Abs 2, 620 Nr 7 ZPO (OLG Stuttgart FamRZ 1978, 686; OLG Karlsruhe FamRZ 1982, 274; AG Montabaur FamRZ 1990, 893; MünchKomm/MÜLLER-GINDULLIS § 13 Rn 6; PALANDT/DIEDERICHSEN § 13 Rn 2; aA: OLG Hamm FamRZ 1968, 648; ZÖLLER/PHILIPPI § 620 ZPO Rn 35).

29 Eine vor Anhängigkeit der Ehesache beantragte einstweilige Anordnung nach Absatz 4 wird nach Einleitung der Ehesache unzulässig, da sodann die Möglichkeit des einstweiligen Rechtsschutzes nach § 620 Nr 7 ZPO gegeben ist und dieser wegen der zentralen Bedeutung des Scheidungsverfahrens der Vorrang einzuräumen ist (OLG Bremen FamRZ 1982, 100; BERGERFURTH FamRZ 1985, 545, 549; aA OLG Frankfurt 1983, 91). Ein Übergang vom einen zum anderen Verfahren ist ohne weiteres möglich (OLG Hamm FamRZ 1992, 1455, 1456). Anders als die einstweilige Anordnung nach Absatz 4 setzt die nach § 620 Nr 7 ZPO ein anhängiges Verfahren nach der HausratsVO auch nicht voraus.

30 Wegen der **unterschiedlichen Tragweite** der einstweiligen Anordnungen nach § 620 Nr 7 ZPO und nach § 13 Abs 4 und der unterschiedlichen Anfechtungsmöglichkeiten muß die Entscheidung eindeutig erkennen lassen, auf welche der beiden Normen sie gestützt ist (OLG Hamm FamRZ 1992, 1455, 1456).

31 Einstweilige Anordnungen nach § 13 Abs 4 werden in der Praxis häufig als „vorläufige Anordnungen" bezeichnet, um eine Unterscheidung zur einstweiligen Anordnung nach § 620 ZPO herzustellen.

c) Unzulässigkeit der einstweiligen Verfügung

32 Einstweilige Verfügungen nach §§ 935 ff ZPO sind in Hausratssachen **unzulässig** (BGH NJW 1979, 1508). Allerdings wird ein Antrag auf Erlaß einer einstweiligen Verfügung häufig in den auf eine einstweilige Anordnung gerichteten umzudeuten sein.

d) Kein Antragserfordernis

33 Es bedarf keines gesonderten Antrages auf Erlaß einer einstweiligen Anordnung. Diese kann vielmehr auch **von Amts wegen** erlassen werden (OLG Düsseldorf FamRZ 1978, 358; OLG Karlsruhe NJW 1978, 2100; OLG Braunschweig FamRZ 1980, 568; OLG Bamberg FamRZ 1981, 1094; OLG Zweibrücken FamRZ 1982, 1031; OLG Hamm FamRZ 1992, 1455), was aus dem Grundsatz der **Amtsermittlung** gefolgert wird und im übrigen seine Berechtigung darin findet, daß das Gericht auch in der Hauptsache an Anträge der Beteiligten nicht gebunden ist. Da Änderungen von Entscheidungen nach der HausratsVO gemäß § 17 Abs 1 eines Antrages bedürfen, können einstweilige Anordnungen aber nur auf Antrag der Beteiligten, **nicht von Amts wegen aufgehoben werden** (OLG Köln FamRZ 1997, 1345; vgl auch Rn 39).

e) Zuweisung der ehelichen Wohnung nur in Ausnahmefällen

Die Zuweisung der Ehewohnung an einen der Ehegatten durch einstweilige Anord- **34** nung kommt nur ganz ausnahmsweise in besonderen Ausnahmefällen in Betracht, weil diese Maßnahme einen schwerwiegenden Eingriff in die Lebensverhältnisse desjenigen Ehegatten darstellt, der die Wohnung zu verlassen hat, und weil sie zumeist endgültige Fakten schafft. Sie ist deshalb nur im Rahmen der durch § 1361 b BGB gesetzten Grenzen möglich, wenn der Verbleib des Ehegatten in der ehelichen Wohnung für den anderen eine **besonders schwere Härte** darstellen würde, die über den Begriff der „schweren Härte" im Sinne des § 1361 b BGB noch deutlich hinausgeht und dann angenommen werden kann, wenn die Zuweisung der Ehewohnung aufgrund außergewöhnlicher Umstände ausnahmsweise auch unter Berücksichtigung der Belange des anderen Ehegatten dringend erforderlich ist, um eine unerträgliche Belastung des die Zuweisung begehrenden Ehegatten abzuwenden (OLG Schleswig FamRZ 1990, 546; OLG Frankfurt FamRZ 1993, 1343; OLG Rostock FamRZ 1995, 558). Das kann zum Beispiel angenommen werden, wenn weniger einschneidende Maßnahmen nicht in Betracht kommen und im Falle des weiteren Zusammenlebens unter einem Dach Leben oder Gesundheit des verbleibenden Ehegatten und/oder der ihm anvertrauten Kinder gefährdet wäre (OLG Oldenburg MDR 1979, 851; OLG Hamburg FamRZ 1981, 64; OLG Karlsruhe FamRZ 1982, 1220; OLG Hamm FamRZ 1989, 621; OLG Frankfurt FamRZ 1996, 289; OLG Braunschweig NJW-RR 1996, 578; OLG Hamm FamRZ 1996, 1411). Wegen weiterer Einzelheiten wird auf die Erläuterungen zu § 1361 b BGB verwiesen.

2. Inhalt der einstweiligen Anordnung

a) Vorläufigkeit der Regelung

Durch die einstweilige Anordnung kann nur die **vorläufige Benutzung der Ehewohnung** **35** wie die **vorläufige Verteilung des Hausrats** geregelt werden. Die endgültige Entscheidung soll nicht vorweggenommen und es sollen keine endgültigen Tatsachen geschaffen werden. Deswegen kann beispielsweise nicht angeordnet werden, daß ein Ehegatte Erklärungen zur **Auflösung des Mietverhältnisses** gegenüber dem Vermieter abgibt (OLG Hamburg FamRZ 1983, 621). Da Eingriffe in das Mietverhältnis wegen deren Endgültigkeit nicht in Betracht kommen, ist auch der Vermieter am Anordnungsverfahren nicht beteiligt.

b) Einstweilige Anordnung und Besitzschutz

Durch einstweilige Anordnung können auch Maßnahmen getroffen werden, die **36** Verfügungen über die eheliche Wohnung – etwa deren Veräußerung durch den Alleineigentümer-Ehegatten – oder den Hausrat verhindern sollen (COESTER FamRZ 1993, 249, 253). Weiter kann im Wege einstweiligen Rechtsschutzes nach § 13 Abs 4 das Ziel verfolgt werden, eigenmächtig aus der Wohnung entfernten Hausrat zurückzuschaffen. Denn auch insoweit handelt es sich um eine Familiensache, da einschlägige Anspruchsgrundlage § 1361 a BGB und nicht § 861 BGB ist (BGH FamRZ 1982, 1200; OLG Koblenz FamRZ 1985, 931).

Unter getrennt lebenden Eheleuten ist der Besitzschutz nach § 858 ff BGB nach wohl **37** herrschender Meinung durch die Regelung des § 1361 a BGB in Verbindung mit § 18a HausratsVO sogar ausgeschlossen, so daß einstweiliger Rechtsschutz gegen die eigenmächtige Fortschaffung von Hausrat nur durch einstweilige Anordnung nach

§§ 13 Abs 4, 18 a HausratsVO gegeben ist (OLG Schleswig FamRZ 1997, 892; OLG Düsseldorf FamRZ 1994, 390; OLG Oldenburg NJW-RR 1994, 581; vgl auch Kobusch FamRZ 1994, 935).

c) Kostenvorschuß

38 Gemäß § 621 f ZPO kann die einstweilige Anordnung schließlich auch den Inhalt haben, den Ehegatten zur Leistung eines Kostenvorschusses für das Hausratsverfahren zu verpflichten.

3. Abänderbarkeit der einstweiligen Anordnung

39 Die einstweilige Anordnung ist gemäß § 17 abänderbar, wenn sich die tatsächlichen Verhältnisse wesentlich geändert haben. Richtigerweise wird als Voraussetzung hierfür wohl ein Antrag eines der Beteiligten zu verlangen sein (vgl: OLG Köln FamRZ 1997, 1345; aA: OLG Hamm Rechtspfl 1958, 155; Keidel/Kuntze/Winkler § 18 Rn 20), da § 18 FGG wegen der spezielleren Vorschrift des § 17 HausratsVO keine Anwendung findet (Bumiller/Winkler § 18 Anm 1), für eine Abänderung nach § 17 HausratsVO aber ein Antrag erforderlich ist (vgl § 17 Rn 13). Im übrigen verliert sie ihre Wirkung mit der Rechtskraft der Entscheidung in der Hauptsache beziehungsweise deren anderweitiger Erledigung (MünchKomm/Müller-Gindullis § 13 Rn 6). Die einstweilige Anordnung nach § 620 Nr 7 ZPO tritt dagegen, sofern sie nicht nach § 620 b ZPO geändert wird, gemäß § 620 f ZPO außer Kraft.

40 Wegen der **Rechtsmittel gegen einstweilige Anordnungen** wird auf die Ausführungen zu § 14 verwiesen, wegen der **Kosten für das Anordnungsverfahren** auf die Erläuterungen zu § 21.

§ 14
Rechtsmittel

Eine Beschwerde nach § 621 e der Zivilprozeßordnung, die sich lediglich gegen die Entscheidung über den Hausrat richtet, ist nur zulässig, wenn der Wert des Beschwerdegegenstandes eintausendzweihundert Deutsche Mark übersteigt.

Systematische Übersicht

4. Abschnitt. Verfahrensvorschriften

Alphabetische Übersicht

I. Allgemeines

§ 14 begründete in seiner ursprünglichen Fassung eine eigenständige Rechtsmittel- **1**
möglichkeit. Durch Art 11 Nr 3 h des 1. EheRG ist die Vorschrift neu gefaßt worden.
Die Regelungen über Rechtsmittel im Hausratsverfahren sind seither nicht mehr in
der HausratsVO enthalten, sondern ergeben sich aus Vorschriften der ZPO (namentlich § 621 e ZPO) und des FGG. Aus diesem Grunde ist die unverändert gebliebene
Überschrift zu der Norm jetzt zumindest irreführend. § 14 stellt nur noch eine teilweise Einschränkung der sonst gegebenen Rechtsmittelmöglichkeit durch Begründung eines Beschwerdewertes dar.

II. Beschwerdewert

Für den Fall, daß sich die Entscheidung des Hausratsgerichts gegen eine die Vertei- **2**
lung des Hausrats betreffende Entscheidung richtet, bestimmt § 14, daß der Wert des
Beschwerdegegenstandes **1.200 DM** übersteigen muß. Abzustellen ist dabei stets auf
den **Verkehrswert** (LG München FamRZ 1970, 38; PALANDT/DIEDERICHSEN § 14 Rn 1; SOERGEL/

Gerd Weinreich

HEINTZMANN § 14 Rn 2; MünchKomm/MÜLLER-GINDULLIS § 14 Rn 3), nicht auf den **Neuwert**, den **Gebrauchswert** oder das **Interesse** der Ehegatten an den Gegenständen. Obwohl auch das Beschwerdegericht nicht an die Sachanträge der Beteiligten gebunden ist, ist dabei gleichwohl nicht auf den Wert des **gesamten Hausrates**, sondern nur den desjenigen Teils des Hausrats abzustellen, der durch die Beschwerde betroffen ist.- Greift der Beschwerdeführer mithin die Zuweisungsentscheidung nur teilweise an, so ist nur auf den Wert derjenigen Hausratsgegenstände abzustellen, die er mit der Beschwerde zusätzlich erstrebt (BayObLG 1959, 472; KG FamRZ 1960, 241; KG NJW 1961, 1028; MünchKomm/MÜLLER-GINDULLIS § 14 Rn 3; PALANDT/DIEDERICHSEN § 14 Rn 1).

3 Wird nur die **vorläufige Zuweisung für die Dauer des Getrenntlebens** begehrt, so ist der Wert allerdings nur mit einem **Bruchteil des Verkehrswertes** des gesamten Hausrats und entsprechend dem Interesse der Beteiligten an dessen Nutzung anzusetzen (OLG Köln FamRZ 1989, 417; OLG Düsseldorf FamRZ 1988, 535; GERHARDT/vHEINTSCHEL-HEINEGG/ KLEIN Kap 8 Rn 152).

4 Die Begrenzung der Zulässigkeit der Beschwerde gilt nur für den Fall der Anfechtung der den **Hausrat** betreffenden Entscheidung, mithin nicht für Entscheidungen über die Zuweisung der **ehelichen Wohnung**. Wird in der angefochtenen Entscheidung sowohl über die Ehewohnung als auch über den Hausrat entschieden, so ist die Beschwerde hiergegen gleichfalls unabhängig vom Beschwerdewert zulässig, es sei denn, der Beschwerdeführer wendet sich ausschließlich gegen den die eigentliche Hausratsverteilung betreffenden Inhalt der Entscheidung. Auch dann handelt es sich um eine Beschwerde gegen eine Entscheidung über Hausrat, so daß wiederum der genannte Beschwerdewert erreicht werden muß.

5 Der Beschwerdewert ist durch den Rechtsmittelführer wie im Falle der Einlegung einer Berufung nach § 511 a Abs 1 Satz 2 ZPO **glaubhaft zu machen**. Gegebenenfalls hat das Rechtsmittelgericht den Wert zu schätzen. Hierzu ist auch eine Beweiserhebung zulässig.

III. Rechtsmittel gegen Entscheidungen nach der HausratsVO

6 Hinsichtlich der Zulässigkeit der Beschwerde gegen Entscheidungen nach der HausratsVO ist zu differenzieren:

1. Entscheidungen über die Zuweisung der Ehewohnung oder des Hausrates durch Urteil im Verbundverfahren

a) Beschwerde gemäß §§ 629 a, 621 e ZPO

7 Gemäß §§ 629 a ZPO gilt § 621 e ZPO auch dann, wenn aus der **Verbundentscheidung** nur die Entscheidung in der Folgesache Hausrat angefochten werden soll. Dementsprechend findet gegen die Hausratsentscheidung gemäß §§ 621 e Abs 1, 621 Abs 1 Nr 7 ZPO die **Beschwerde** statt. Hinsichtlich der **Formalien** ist die Beschwerde der **Berufung nachgebildet**. Demnach sind Beschwerden – entgegen § 21 Abs 1 FGG – beim Beschwerdegericht, also beim Oberlandesgericht, einzulegen (§ 621 e Abs 3 ZPO). Wird die Beschwerde vorschriftswidrig beim Amts- oder Landgericht eingelegt, so ist wegen der Einhaltung der **Beschwerdefrist** auf den Eingang beim Oberlandesgericht abzustellen (BGH FamRZ 1978, 232). Geht sie dort zu spät ein, so hat der

Beschwerdeführer Anspruch auf Wiedereinsetzung in den vorigen Stand, da er darauf vertrauen darf, daß das Familiengericht die Beschwerde frristgerecht an das Oberlandesgericht weiterleitet (BVerfG FamRZ 1995, 1559; ZÖLLER/PHILIPPI § 621 e Rn 17).

b)   Beschwerdeberechtigung

Beschwerdeberechtigt sind außer den **Ehegatten** auch alle sonst am Verfahren **Be- 8 teiligten** (vgl §§ 7, 10 Abs 2 HausratsVO), soweit durch die Entscheidung in ihre Rechte eingegriffen worden ist. Fehlt es an einer derartigen Rechtsbeeinträchtigung, so ist die Beschwerde unzulässig.

c)   Einlegung der Beschwerde

Die Beschwerde ist gemäß § 621 e Abs 3 ZPO durch Einreichung einer **Beschwerde- 9 schrift** einzulegen. Diese Regelung unterscheidet sich von § 21 Abs 2 FGG dadurch, daß die Einlegung der Beschwerde zu Protokoll der Geschäftsstelle nicht vorgesehen ist.

Die Beschwerde ist binnen einer **Notfrist von einem Monat** nach Zustellung der in 10 vollständiger Form abgefaßten Entscheidung einzulegen (§§ 621 e Abs 3 Satz 2, 516 ZPO) und binnen einer weiteren Frist von einem Monat **zu begründen** (§§ 621 e Abs 3 Satz 2, 519 Abs 1, 2 ZPO). An den **Inhalt der Beschwerdebegründung** sind nicht die gleichen Anforderungen zu stellen wie an den einer Berufungsbegründung, jedoch muß vorgetragen werden, was der Beschwerdeführer an der angefochtenen Entscheidung mißbilligt (BGH DAVorm 1992, 499, 504; BGH FamRZ 1994, 159). Die bloß formelhafte Berufung auf den erstinstanzlichen Vortrag reicht auch hier nicht aus (OLG Düsseldorf FamRZ 1983, 721, 728).

Einen konkreten **Beschwerdeantrag** braucht die Beschwerdeschrift nicht zu enthalten, 11 zumal das Beschwerdegericht an ihn wie an das vom Beschwerdeführer verfolgte Ziel ohnehin nicht gebunden wäre (BGHZ 18, 143, 145; BGH FamRZ 1992, 414, 419; BGH FamRZ 1992, 531; OLG Zweibrücken FamRZ 1993, 82; BGH FamRZ 1994, 158).

Im Beschwerdeverfahren gilt gemäß §§ 78 Abs 2 Nr 1 ZPO für die Ehegatten **An- 12 waltszwang**, nicht dagegen für die sonst Beteiligten.

Im Ehewohnungs- und Hausratsverteilungsverfahren ist auch die **unselbständige An- 13 schlußbeschwerde** zulässig (BGH FamRZ 1979, 230; BGH FamRZ 1983, 154).

d)   Zulässigkeit der teilweisen Anfechtung

Entscheidungen nach der HausratsVO können grundsätzlich nur insgesamt, nicht 14 beschränkt auf einzelne Punkte angegriffen werden, da andernfalls die Ausgewogenheit der Hausratsteilung nicht sichergestellt wäre. Wird eine Hausratsteilung nur teilweise angegriffen, so ist gleichwohl die **gesamte Hausratsteilung** in die Beschwerdeinstanz gediehen (OLG Zweibrücken FamRZ 1993, 82). Isoliert angefochten werden können mit der Beschwerde allerdings **selbständige Teile** der Entscheidung, solange der nicht angefochtene Teil mit dem angegriffenen nicht untrennbar zusammenhängt und einer gesonderten Entscheidung zugänglich ist (BGH FamRZ 1984, 990; BGH FamRZ 1989, 376). Hierzu zählen beispielsweise die Entscheidung über die Ehewohnung und die über den Hausrat (BayObLG FamRZ 1970, 33), die Anordnung der Räumung (OLG Hamm FamRZ 1969, 428) oder die Anordnung der Erstattung von Umzugskosten

Gerd Weinreich

(BayObLG FamRZ 1970, 33), dagegen nicht die nachträgliche Einräumung oder Verlängerung einer Räumungsfrist, die schon keine Endentscheidung im Sinne des § 621 e ZPO darstellt und deshalb nur mit dem Rechtsmittel der Beschwerde nach § 19 FGG angefochten werden kann (so auch: SOERGEL/HEINTZMANN § 14 Rn 4). Selbständig angefochten werden kann auch die Entscheidung über die Ausgleichzahlung, wogegen die Beschwerde nicht auf einzelne Gegenstände beschränkt werden kann, es sei denn, die Eheleute haben sich über den Rest des Hausrats gütlich geeinigt (OLG Zweibrücken FamRZ 1993, 82, 83).

e)   Kein Eintritt der Rechtskraft

15 Die Beschwerde hindert den Eintritt der Rechtskraft, weshalb die angefochtene Entscheidung, da es im Hausratsverfahren **keine sofortige Vollstreckbarkeit** gibt, nicht wirksam wird (§ 16 Abs 1 HausratsVO).

f)   Keine Möglichkeit der Abhilfe der Beschwerde

16 Das Familiengericht darf der Beschwerde nicht abhelfen und die angefochtene Entscheidung auch im übrigen nicht ändern (§§ 621 e Abs 3, 577 Abs 3 ZPO).

g)   Erfordernis der mündlichen Verhandlung

17 Wird über die Folgesache Hausrat in der Rechtsmittelinstanz zusammen mit der Scheidungssache befunden, so ist die mündliche Verhandlung vorgeschrieben (§§ 623 Abs 1 Satz 1, 629 a Abs 2 Satz 3 ZPO). Wird nur die Folgesache Hausrat und/oder Ehewohnung angefochten, gilt § 13 Abs 2 HausratsVO, wonach in der Regel mündlich verhandelt werden soll. Allerdings wird häufiger als in der ersten Instanz kein weiterer Aufklärungsbedarf mehr bestehen und deshalb von einer mündlichen Verhandlung eher abgesehen werden können.

h)   Prüfungs- und Entscheidungsbefugnis des Beschwerdegerichts

18 Die Prüfungs- und Entscheidungsbefugnis des Beschwerdegerichts beschränkt sich grundsätzlich auf den Verfahrensgegenstand der Vorinstanz. Es gilt das sogenannte **Novenverbot**. Im Verfahren auf Zuweisung der ehelichen Wohnung darf deshalb in der Rechtsmittelinstanz nicht mehr beantragt werden, die Rechtsverhältnisse an der Ferienwohnung zu regeln, wenn nur diejenigen an der Hauptwohnung Gegenstand des erstinstanzlichen Verfahrens waren (ZÖLLER/PHILIPPI § 621 e Rn 22). Da jedoch im eigentlichen Hausratsverteilungsverfahren stets der gesamte Hausrat Gegenstand des Verfahrens ist, kann in der Beschwerdeinstanz die Zuweisung weiterer Hausratsgegenstände begehrt werden, die in der ersten Instanz noch keine Rolle gespielt haben (BGHZ 18, 143, 145).

i)   Verbot der Schlechterstellung

19 Für die streitigen Verfahren der freiwilligen Gerichtsbarkeit, besonders auch für das Verfahren auf Zuweisung der ehelichen Wohnung oder Verteilung des Hausrats gilt nach herrschender Meinung das **Verbot der Schlechterstellung** (BGHZ 19, 196, 199, BGH FamRZ 1979, 230; ZÖLLER/PHILIPPI § 621 e Rn 36; SOERGEL/HEINTZMANN § 14 Rn 8; MünchKomm/ MÜLLER-GINDULLIS § 14 Rn 6; PALANDT/DIEDERICHSEN § 14 Rn 1; aA: BGHZ 18, 143; HOFFMANN/ STEPHAN § 14 Anm 3; OLG Zweibrücken FamRZ 1993, 82). Daraus folgt, daß der Beschwerdeführer bei Einlegung der Beschwerde sicher sein kann, daß er durch die Beschwerdeentscheidung jedenfalls im Ergebnis nicht schlechter steht als vorher. Deshalb ist das Beschwerdegericht zwar an die Anträge der Beteiligten nicht gebunden, doch findet die Entscheidungsbefugnis des Beschwerdegerichts im Verschlechterungsverbot seine Grenzen. Dem Beschwerdeführer kann gleichwohl möglicherweise etwas entzogen werden, was ihm in erster Instanz bereits zuerkannt worden ist, doch hat er dann andererseits etwas Gleichwertiges als Ersatz zu erhalten (BayObLG FamRZ 1965, 513; BayObLG FamRZ 1977, 467).

k) Beschwerdeentscheidung
Die Beschwerdeentscheidung ist zu **begründen** (§ 25 FGG). Leidet die erstinstanz- **20** liche Entscheidung an einem wesentlichen Verfahrensmangel, so kommt, auch eine **Zurückverweisung** in Betracht, wenn diese durch besondere Gründe gerechtfertigt ist (BGH FamRZ 1982, 152; OLG Hamm FamRZ 1987, 1288). Ein derartiger Grund liegt etwa dann vor, wenn die Sache nur unzureichend aufgeklärt worden ist. Dann findet der Gedanke des § 539 ZPO entsprechende Anwendung (OLG Zweibrücken FamRZ 1993, 82).

l) Weitere Beschwerde
Die weitere Beschwerde ist auch dann, wenn die Beschwerde als unzulässig verwor- **21** fen worden ist, nicht statthaft (§§ 621 e Abs 2 Satz 1, 621 Abs 1 Nr 7 ZPO); die Entscheidungen des Oberlandesgerichts unterliegen im Verbundverfahren nicht der Revison (§ 629 a Abs 1 ZPO).

2. Entscheidungen über die Zuweisung der Ehewohnung oder des Hausrats im isolierten Verfahren

Ist die Entscheidung über die Zuweisung der Ehewohnung oder des Hausrats durch **22** Beschluß im isolierten Verfahren ergangen, so ist auch diese Entscheidung eine **Endentscheidung** im Sinne des § 621 Abs 1 Nr 7 ZPO und damit wie diese mit der **Beschwerde** nach § 621 e ZPO anfechtbar. Es gilt im wesentlichen das oben zu 1) Dargestellte. Allerdings besteht im Beschwerdeverfahren hier auch für die beteiligten Ehegatten **kein Anwaltszwang**, da es sich bei diesem Verfahren weder um eine Ehe-, noch um eine Folgesache handelt (§ 78 Abs 2 Nr 1 ZPO). Eine **mündliche Verhandlung** soll gemäß § 13 Abs 2 HausratsVO durchgeführt werden, wird sich aber häufiger als in erster Instanz als nicht erforderlich erweisen.

3. Entscheidungen über die Zuweisung der Ehewohnung oder des Hausrats im Wege einstweiligen Rechtsschutzes

a) Einstweilige Anordnung gemäß § 620 Nr 7 ZPO
Ist in erster Instanz nach **Anhängigkeit einer Ehesache** durch einstweilige Anordnung **23** gemäß § 620 Nr 7 ZPO entschieden worden, so ist das Rechtsmittel der **sofortigen Beschwerde** gemäß § 620 c ZPO nur dann gegeben, wenn und soweit durch die erstinstanzliche Entscheidung **auf Grund mündlicher Verhandlung** die eheliche Wohnung einem Ehegatten allein zugewiesen worden ist. Ist also über die Verteilung des Hausrates entschieden worden, so ist gegen die einstweilige Anordnung ein Rechtsmittel nicht gegeben. Dasselbe gilt, wenn die Wohnung etwa unter den Ehegatten geteilt, wenn der Zuweisungsantrag zurückgewiesen worden oder wenn über die Wohnungszuweisung ohne mündliche Verhandlung befunden worden ist. Im letzteren Fall ist zunächst nach § 620 b Abs 2 ZPO mündliche Verhandlung zu beantragen.

Gerd Weinreich

24 Diese Einschränkung der Anfechtbarkeit ist im Interesse einer zügigen Erledigung der Ehesache geboten und verstößt nicht gegen die Verfassung (BVerfG FamRZ 1980, 232).

25 Die sofortige Beschwerde ist innerhalb einer **Frist** von 2 Wochen ab Zustellung (§ 577 Abs 2 ZPO) bei dem Amtsgericht oder dem Oberlandesgericht einzulegen (§§ 569 Abs 1, 577 Abs 2 Satz 2 ZPO). Das Rechtsmittel ist innerhalb der Beschwerdefrist zu **begründen** (§ 620 d ZPO). Eine unzulässige Beschwerde kann gegebenenfalls als Antrag auf erneute Entscheidung nach mündlicher Verhandlung gemäß § 620 b Abs 2 ZPO ausgelegt werden (OLG Stuttgart NJW 1978, 279; OLG Hamm FamRZ 1980, 67, 68).

26 Für die beteiligten Ehegatten besteht gemäß § 78 Abs 2 Nr 1 ZPO **Anwaltszwang.**

27 Es gilt auch in diesem Verfahren das **Verschlechterungsverbot.** Die **Anschlußbeschwerde** ist zulässig.

28 Das Beschwerdegericht kann ohne **mündliche Verhandlung** entscheiden, doch ist diese andererseits zulässig. Die Beschwerdeentscheidung ist zu **begründen** (§ 620 d ZPO).

b)   Einstweilige Anordnung im isolierten Verfahren nach § 13 Abs 4 HausratsVO

29 Nach wohl zwischenzeitlich herrschender Auffassung ist auch die im isolierten Verfahren ergangene einstweilige Anordnung nach § 13 Abs 4 HausratsVO und deren Ablehnung mit der **Beschwerde** anfechtbar. Diese Frage ist allerdings durch das EheRG nicht geklärt worden. Bis dahin wurde im allgemeinen davon ausgegangen, daß eine Beschwerde gegen die einstweilige Anordnung nicht gegeben ist (vgl: HOFFMANN/STEPHAN § 14 Anm 4 mwN). Nach dem Inkrafttreten des EheRG und der neuen Fassung des § 14 wird die Auffassung vertreten, § 620 c ZPO sei nicht analog anwendbar. Die befristete Beschwerde nach §§ 14 HausratsVO, 621 e ZPO setze eine Endentscheidung voraus, die in der einstweiligen Anordnung gerade nicht gesehen werden könne (vgl: BGB-RGRK/KALTHOENER § 13 Rn 28; OLG Hamm FamRZ 1978, 361; OLG Düsseldorf FamRZ 1978, 257; OLG Karlsruhe FamRZ 1982, 274; OLG Zweibrücken FamRZ 1983, 518; OLG Stuttgart FamRZ 1986, 1235; OLG Düsseldorf FamRZ 1988, 1305).

30 Eine vermittelnde Meinung nimmt die Anfechtbarkeit im Falle **greifbarer Gesetzeswidrigkeit** an (OLG Frankfurt FamRZ 1980, 174).

31 Während der Bundesgerichtshof die Frage ausdrücklich offengelassen hat (BGH FamRZ 1978, 886), bejaht die heute wohl überwiegende Meinung zu Recht die **Statthaftigkeit der Beschwerde** gemäß § 19 Abs 1 FGG. Auf das Hausratsverteilungsverfahren sind grundsätzlich die Vorschriften des FGG anwendbar, soweit nicht die HausratsVO selbst oder die ZPO Sonderregelungen enthalten. Eine derartige Reglung ist in § 621 e Abs 1 ZPO nicht zu sehen, da dieser nur die Anfechtbarkeit von Endentscheidungen regelt. Die Vorschriften der §§ 44 Abs 3 WEG, 53 a Abs 3 FGG und 18 Abs 2 VertragshilfeG regeln nur eigenständige Lebenssachverhalte und sind deshalb hier nicht analog anwendbar. Im übrigen eröffnet § 620 c ZPO die Beschwerde gegen einstweilige Anordnungen stets dann, wenn die Ehewohnung einem Ehegatten im Rahmen eines Scheidungsverfahrens zugewiesen worden ist. Es wäre kaum nachvollziehbar, weshalb eine derartige Möglichkeit – zumal angesichts der Schwere des Eingriffs – nicht auch in einem isolierten Verfahren gegeben sein sollte (wie hier: MünchKomm/Müller-Gindullis § 13 Rn 10, 11; Soergel/Heintzmann § 13 Rn 8; Palandt/Diederichsen § 14 Rn 2; Brudermüller FamRZ 1987, 109, 121; OLG Karlsruhe FamRZ 1980, 902; OLG Bamberg FamRZ 1981, 1094; OLG Oldenburg FamRZ 1982, 273; KG FamRZ 1982, 272; OLG Schleswig FamRZ 1990, 546; OLG Hamm FamRZ 1988, 1303; OLG Celle FamRZ 1990, 545; OLG Frankfurt FamRZ 1993, 1343; OLG Naumburg FamRZ 1994, 389; OLG Rostock FamRZ 1995, 558; OLG Köln FamRZ 1997, 1345).

Nimmt man die Statthaftigkeit der Beschwerde an, so besteht – anders als bei § 620 c **32** ZPO – auch kein Anlaß, zwischen der Entscheidung über die Wohnungszuweisung und der über den Hausrat zu differenzieren.

Hinsichtlich der Einschränkung der Zulässigkeit der Beschwerde gilt § 14 Haus- **33** ratsVO, so daß der **Beschwerdewert** 1.200 DM übersteigen muß. Zuständig für die Entscheidung über das Rechtsmittel ist der **Familiensenat des Oberlandesgerichts**; § 119 Abs 1 Nr 2 GVG verdrängt insoweit § 19 Abs 2 FGG. Auch ist eine **weitere Beschwerde** an den Bundesgerichtshof entgegen § 27 FGG nicht gegeben.

Die Beschwerde nach § 19 FGG ist zwar **unbefristet**, doch kann sie unter Umständen **34** wegen **Verwirkung** unzulässig werden. Dazu gehört, daß zu einem längeren Zeitablauf noch besondere Umstände hinzutreten, die das Verhalten des Beschwerdeführers als unzulässige Rechtsausübung erscheinen lassen. Hiervon kann ausgegangen werden, wenn die Beteiligten sich wegen der Nichteinlegung der Beschwerde und der besonderen hinzugekommenen Umstände auf den durch die angefochtene Entscheidung geschaffenen Zustand einrichten durften und sich eingerichtet haben (BayObLG 1953, 357; BGH NJW 1965, 1532; OLG Frankfurt Rpfleger 1976, 213). Die Verwirkung wird allerdings nur ausnahmsweise anzunehmen sein, um nicht auf diesem Wege eine vom Gesetzgeber nicht vorgesehene Rechtsmittelfrist einzuführen.

Die Möglichkeit einer **weiteren Beschwerde** ist generell nicht gegeben (§§ 621 e Abs 2, **35** 629 a Abs 1 ZPO), auch dann nicht, wenn die Beschwerde als unzulässig verworfen wurde (BGH NJW 1980, 402).

§ 15
Durchführung der Entscheidung

Der Richter soll in seiner Entscheidung die Anordnungen treffen, die zu ihrer Durchführung nötig sind.

Systematische Übersicht

Gerd Weinreich

Alphabetische Übersicht

I.   Allgemeines

1   § 15 HausratsVO gibt dem Gericht die Möglichkeit, die zur Durchführung der Hausratsteilung oder Wohnungszuweisung erforderlichen Anordnungen zu treffen. Es
handelt sich dabei in erster Linie um solche Anordnungen, die die nach § 16
Abs 3 vorzunehmende **Vollstreckung** erleichtern und sichern sollen. Eines gesonderten **Antrages** bedarf es hierzu nicht.

2   Die Anordnungen können auch gegenüber **Dritten** ergehen, etwa dem Vermieter
oder dem mit einem Ehegatten in der zuzuweisenden Ehewohnung lebenden Le-
bensgefährten.

II.   Die in Betracht kommenden Anordnungen

1.   Im Falle der Verteilung des Hausrats

3   Wird der Hausrat verteilt, ist die **Herausgabe** derjenigen Hausratsgegenstände anzuordnen, die aus dem Besitz des einen in den des anderen überwechseln sollen. Die
Herausgabeanordnung muß so genau gefaßt sein, daß sie Grundlage der Vollstreckung
sein kann. Dies wird in der Praxis häufig auf Schwierigkeiten stoßen. Daneben
können Anordnungen über Art und Zeit der **Ausgleichszahlungen** getroffen werden.
Zu denken ist dabei insbesondere an die Einräumung von **Ratenzahlungen** oder die
Bewilligung einer Zug-um-Zug-Leistung. Hat ein Ehegatte Hausratsgegenstände eigenmächtig entfernt, so kann ihm aufgegeben werden, diese **zurückzubringen** (OLG Düsseldorf FamRZ 1979, 154). Gegebenenfalls kann einem Ehegatten auch das Wegschaffen
von Hausrat **untersagt** werden.

2.   Im Falle der Zuweisung der Ehewohnung

4   Bei der Zuweisung der Ehewohnung ist insbesondere an die **Räumungsanordnung**
sowie die Einräumung von **Räumungsfristen** zu denken, zumal die §§ 721 und 765 a
ZPO insoweit nach allgemeiner Meinung nicht anwendbar sind (OLG Karlsruhe NJW
1959, 342; BayObLG FamRZ 1964, 306; 1975, 421; OLG München FamRZ 1978, 196; OLG Stuttgart
FamRZ 1980, 467; OLG Hamburg FamRZ 1983, 1151). Die Bemessung der Räumungsfrist
unterliegt den Grundsätzen des § 2 HausratsVO, ist also nach **billigem Ermessen** zu
bestimmen, wobei auch auf die Verhältnisse am Wohnungsmarkt und den Umzugs-
aufwand abgestellt werden kann (OLG München FamRZ 1995, 1205, 1206). Dabei sollte

beachtet werden, daß Entscheidungen nach der HausratsVO erst mit ihrer Rechtskraft vollstreckt werden können, es also nicht die Möglichkeit einer vorläufigen Vollstreckung gibt (vgl § 16 Rn 2). Deshalb sollten Räumungsfristen auch erst mit der Rechtskraft der Entscheidung zu laufen beginnen. Die Räumung kann auch dritten in der Ehewohnung lebenden Personen aufgegeben werden.

Demjenigen Ehegatten, dem die Ehewohnung zugewiesen wird, kann aufgegeben **5** werden, **Ausgleichszahlungen** zu leisten. So kann er verpflichtet werden, **Umzugs- oder Transportkosten** zu übernehmen, wenn dies billig erscheint (§ 2). Ist der weichende Ehegatte Alleinmieter oder -eigentümer der Wohnung, so kommt die Anordnung eines **Verfügungsverbotes** in Betracht (COESTER FamRZ 1993, 249, 253).

Im Falle der **Teilung der Ehewohnung** nach § 6 HausratsVO kann daran gedacht **6** werden, Regelungen über die **Benutzung des Telefons** (OLG Hamburg FamRZ 1970, 142; KG FamRZ 1971, 651) oder des gemeinsamen **Fernsehgerätes** zu treffen (OLG Düsseldorf MDR 1960, 850). Hinsichtlich weiterhin gemeinschaftlich zu nutzender Räume kann ein **Rauchverbot** erlassen werden (OLG Celle FamRZ 1977, 203).

3. Sonstige sichernde Anordnungen

Insbesondere für die Zeit des Übergangs bis zur Räumung, aber auch im übrigen **7** können **Bedrohungs-, Mißhandlungs- und Belästigungsverbote** ausgesprochen werden (OLG Hamburg FamRZ 1978, 804; OLG Karlsruhe FamRZ 1984, 184). Unter Umständen kann einem Ehegatten auch das **Betreten der Wohnung** untersagt (OLG Düsseldorf FamRZ 1979, 154, 155) oder ihm aufgegeben werden, von ihm eingebaute neue **Schlösser wieder zu entfernen** (BRUDERMÜLLER FamRZ 1987, 109, 115).

§ 16
Rechtskraft und Vollstreckung

(1) Die Entscheidungen des Richters werden mit der Rechtskraft wirksam. Sie binden Gerichte und Verwaltungsbehörden.

(2) Die Änderung und die Begründung von Mietverhältnissen durch den Richter bedarf nicht der nach anderen Vorschriften etwa notwendigen Genehmigung.

(3) Aus rechtskräftigen Entscheidungen, gerichtlichen Vergleichen und einstweiligen Anordnungen (§ 13 Abs. 4) findet die Zwangsvollstreckung nach den Vorschriften der Zivilprozeßordnung statt.

Systematische Übersicht

Gerd Weinreich

I.   Allgemeines

1 § 16 HausratsVO stellt klar, daß Hausratsentscheidungen des Familiengerichts erst mit ihrer **Rechtskraft wirksam** und vollstreckbar sind; eine **vorläufige Vollstreckbarkeit** gibt es nicht. Die Vollstreckung als solche regelt sich nach den Vorschriften der ZPO.

II.   Wirksamkeit der Hausratsentscheidung (Abs 1)

1.   Keine vorläufige Vollstreckbarkeit

2 Entscheidungen nach der HausratsVO werden erst mit ihrer Rechtskraft wirksam. Daraus folgt, daß es keine vorläufige Vollstreckbarkeit gibt. Das gilt auch dann, wenn die Hausratsentscheidung nur teilweise angefochten worden ist. Selbst nämlich dann, wenn man die **teilweise Anfechtung** für zulässig hält, ist für die Anordnung der vorläufigen Vollstreckbarkeit für den nicht angefochtenen Teil der Entscheidung kein Platz, da § 16 Abs 1 HausratsVO als die speziellere Norm dem § 534 ZPO vorgeht (OLG Karlsruhe FamRZ 1983, 731). Das Familiengericht kann auch nicht die **sofortige Wirksamkeit** seiner Entscheidung gemäß § 26 Satz 2 FGG anordnen. Diese Bestimmung gilt nämlich nur dann, wenn die allgemeine Vorschrift des § 26 Satz 1 FGG Anwendung findet. Das ist jedoch bei Hausratsentscheidungen wegen der spezielleren Norm des § 16 Abs 1 nicht der Fall (vgl: HOFFMANN/STEPHAN § 16 Anm 1 A).

2.   Formelle Rechtskraft

3 Die formelle Rechtskraft der Entscheidung tritt ein, wenn die **Rechtsmittelfrist** für alle am Hausratsverfahren Beteiligten, also auch diejenigen nach § 7 HausratsVO, abgelaufen ist, ohne daß ein Rechtsmittel eingelegt worden wäre, wenn alle Beteiligten auf **Rechtsmittel verzichtet** haben oder wenn das Oberlandesgericht als **Beschwerdegericht entschieden** hat.

Streitig ist, ob Hausratsentscheidungen schon mit ihrem Erlaß wirksam werden, **4** wenn der **Beschwerdewert** des § 14 HausratsVO **nicht erreicht** ist. Auch in diesen Fällen tritt die Rechtskraft erst mit dem Ablauf der Rechtsmittelfrist ein, da bis dahin stets die Möglichkeit gegeben ist, daß die Voraussetzungen für die Zulässigkeit des Rechtsmittels anders beurteilt werden und weil der Gesetzgeber die Rechtskraft einer Entscheidung im Interesse der Rechtssicherheit von einheitlichen, leicht bestimmbaren zeitlichen Bezugsmerkmalen abhängig gemacht hat (BGHZ 4, 294; GmS OGB NJW 1984, 1027; KEIDEL/KUNTZE/WINKLER § 31 Rn 7; SOERGEL/HEINTZMANN § 16 Rn 1; **aA**: BGB-RGRK/KALTHOENER § 16 Rn 1; HOFFMANN/STEPHAN § 16 Anm 1 A).

Erging die Hausratsentscheidung als **Folgesache** gemäß § 623 Abs 1 ZPO für den Fall **5** der Scheidung der Ehe, so wird sie gemäß § 629 d ZPO erst mit der **Rechtskraft der Ehescheidung** wirksam.

Das **Rechtskraftzeugnis** wird gemäß § 31 FGG von der Geschäftsstelle des Familien- **6** gerichts erteilt, wobei diese gegebenenfalls von Amts wegen die erforderlichen **Ermittlungen** anzustellen hat. Daraus folgt, daß sie sich auch bei den Geschäftsstellen des für eine Beschwerde gegebenenfalls zuständigen Oberlandesgerichts zu erkundigen hat, ob dort ein Rechtsmittel eingegangen ist.

Mit der formellen Rechtskraft wird die Entscheidung **wirksam** und **vollstreckbar**. Mit **7** ihr vollzieht sich auch ein eventuell angeordneter **Eigentumsübergang** und mit ihr treten auch neu begründete **Mietverhältnisse** in Kraft.

3. Materielle Rechtskraft

Nach allgemeiner Meinung erwachsen Hausratsentscheidungen auch in materielle **8** Rechtskraft, da sich die HausratsVO auf ein Rechtsgebiet des streitigen Verfahrens bezieht, bei dem nur aus Zweckmäßigkeitsgründen die Verfahrensvorschriften der freiwilligen Gerichtsbarkeit angewandt werden (sogenanntes echtes Streitverfahren; BGHZ 6, 258; OLG Hamm JZ 1952, 634; SOERGEL/HEINTZMANN § 16 Rn 2; MünchKomm/MÜLLER-GINDULLIS § 16 Rn 2). Das gilt auch für solche Entscheidungen, die nur für die Dauer des Getrenntlebens getroffen werden (OLG Köln FamRZ 1997, 892). Die **Bedeutung der materiellen Rechtskraft** ist allerdings durch die **Abänderungsmöglichkeit** nach § 17 HausratsVO nur eingeschränkt. Nicht in materielle Rechtskraft erwachsen überdies die **Feststellungen zu Vorfragen**, sowie hinsichtlich der **Entscheidungen über Eigentum** an Ehewohnung und Hausrat.

III. Notwendige Genehmigungen (Abs 2)

Absatz 2 ist in den alten Bundesländern wegen der Aufhebung der Wohnraumbe- **9** wirtschaftung ohne wesentliche praktische Bedeutung. Dasselbe gilt seit dem 1. 1. 1996 auch in den neuen Bundesländern, da das gemäß Anl II Kapitel XIV Abschnitt III 1 des Gesetzes zum Einigungsvertrag vom 23. 9. 1990 (BGBl II 1239) zunächst fortgeltende Gesetz über die Gewährleistung von Belegungsrechten im kommunalen und genossenschaftlichen Wohnungsbau der DDR vom 22. 7. 1990 zum 31. 12. 1995 außer Kraft getreten ist.

10 Ausweislich des insoweit eindeutigen Wortlautes gilt die Vorschrift für gerichtliche Vergleiche ohnehin nicht.

IV. Zwangsvollstreckung (Abs 3)

1. Geltung der Vorschriften der ZPO

11 Absatz 3 bestimmt, daß aus rechtskräftigen Hausratsentscheidungen, aus im Hausratsverfahren geschlossenen gerichtlichen Vergleichen und aus einstweiligen Anordnungen nach § 13 Abs 4 HausratsVO die Zwangsvollstreckung nach den Vorschriften der ZPO stattfindet. Daraus folgt, daß vor der Vollstreckung die Erteilung einer **Vollstreckungsklausel** nach § 724 ZPO erforderlich ist.

12 Die Vollstreckung der **Anordnung der Herausgabe** von Hausrat vollzieht sich nach § 883 ZPO gegebenenfalls durch **Wegnahme** durch den Gerichtsvollzieher. Die **Wohnungszuweisung** für die Zeit nach der Scheidung wird nach § 885 ZPO dadurch vollstreckt, daß der Gerichtsvollzieher den verurteilten Ehegatten aus dem Besitz der Wohnung setzt und den anderen in den Besitz einweist. Streitig ist, ob das auch für die **vorläufige Zuweisung** für die Zeit des Getrenntlebens gilt. Wegen der Vorläufigkeit der Regelung wird insoweit die Auffassung vertreten, die Vollstreckung habe sich zweckmäßigerweise nach § 888 ZPO zu richten (OLG Köln FamRZ 1983, 1231; Münch-Komm/MÜLLER-GINDULLIS § 16 Rn 4). Die wohl herrschende Meinung stellt aber auch für diesen Fall auf § 885 ZPO ab, wobei allerdings § 885 Abs 2 ZPO keine Anwendung findet (OLG Hamburg FamRZ 1983, 1151; ZÖLLER/PHILIPPI § 620 ZPO Rn 72; SOERGEL/HEINTZMANN § 16 Rn 5).

13 Zuständig für die Vollstreckung ist das **Vollstreckungsgericht**, nicht das Familiengericht (BGH NJW 1979, 1048), was aus der Verweisung auf die Zivilprozeßordnung folgt.

2. Zulässigkeit der Vollstreckungsgegenklage

14 Die genannte Verweisung auf die Vorschriften der ZPO hat weiter zur Folge, daß nach herrschender Auffassung auch die Vollstreckungsgegenklage nach § 767 ZPO zulässig ist (OLG Hamm FamRZ 1988, 745). Diese ist selbst dann, wenn sie sich nur gegen einen Kostenfestsetzungsbeschluß richtet, immer noch **Hausratssache** im Sinne des § 621 Abs 1 Nr 7 ZPO (BGH FamRZ 1992, 538).

15 Streitig ist, ob dasselbe gilt, wenn statt der ursprünglich geschuldeten Herausgabe die **Leistung des Interesses** gefordert wird. Einerseits wird darauf verwiesen, daß es sich insoweit um die Geltendmachung eines Schadensersatzanspruches und damit nicht mehr um eine Hausrats- und Familiensache handelt (so: OLG Koblenz FamRZ 1982, 507; OLG Düsseldorf FamRZ 1985, 406). Andererseits wird aus dem Wortlaut des § 893 Abs 2 ZPO aber zu Recht gefolgert, daß es sich bei diesem Streit zwar nicht eigentlich um eine Familiensache handelt, aber gleichwohl das Familiengericht als das „Prozeßgericht des ersten Rechtszuges" zuständig ist (so: LG München II FamRZ 1992, 335, 336; ZÖLLER/STÖBER § 893 Rn 2; MünchKomm/MÜLLER-GINDULLIS § 16 Rn 4).

Der **Vollstreckungsgegenklage** wird jedoch häufig das **Rechtsschutzinteresse** fehlen, da **16**
veränderten Umständen nach § 17 HausratsVO Rechnung getragen werden kann
und dieser **Abänderungsmöglichkeit** als der spezielleren Regelung der Vorrang gegenüber der Vollstreckungsgegenklage gebührt.

Die Geltendmachung eines **Zurückbehaltungsrechts** kommt nur wegen eines im selben **17**
Verfahren festgestellten Herausgabeanspruchs in umgekehrter Richtung in Betracht.
Im übrigen ist die Ausübung eines Zurückbehaltungsrechts mit Sinn und Zweck des
Hausratsverfahrens nicht vereinbar (OLG Hamm FamRZ 1981, 875; BayObLG FamRZ 1975,
421).

3. Vollstreckung nur durch den Ehegatten

Aus der Hausratsentscheidung kann nur der **Ehegatte**, zu dessen Gunsten sie ergan- **18**
gen ist, vollstrecken. Die **Umschreibung eines Titels** auf Dritte ist unzulässig (OLG
Hamm FamRZ 1987, 509). Der Vermieter hat gleichfalls keine Möglichkeit, seinerseits
aus dem Titel die Räumung der Mietwohnung zu betreiben.

4. Vollstreckungsschutz

Der Vollstreckungsschutz richtet sich nach den allgemeinen Vorschriften. Das gilt **19**
allerdings nicht für die nachträgliche Gewährung oder Verlängerung einer **Räu-**
mungsfrist. Grundlage hierfür bieten §§ 2, 15, 17 HausratsVO, nicht § 721 ZPO
(OLG München FamRZ 1978, 196; OLG Stuttgart FamRZ 1980, 467; OLG Hamburg FamRZ
1983, 1151).

§ 17
Änderung der Entscheidung

**(1) Haben sich die tatsächlichen Verhältnisse wesentlich geändert, so kann der Rich-
ter seine Entscheidung ändern, soweit dies notwendig ist, um eine unbillige Härte zu
vermeiden. In Rechte Dritter darf der Richter durch die Änderung der Entscheidung
nur eingreifen, wenn diese einverstanden sind.**

**(2) Haben die Beteiligten einen gerichtlichen Vergleich (§ 13 Abs. 3) geschlossen, so
gilt Absatz 1 sinngemäß.**

**(3) Will der Richter auf Grund der Absätze 1 oder 2 eine Wohnungsteilung (§ 6)
wieder beseitigen, so soll er vorher die Gemeinde hören.**

Systematische Übersicht

Gerd Weinreich

Alphabetische Übersicht

I. Allgemeines

1 Da im Zeitpunkt der Zuweisung der ehelichen Wohnung und der Verteilung des Hausrats die zukünftige Entwicklung häufig nicht übersehen werden kann, schafft § 17 HausratsVO die Möglichkeit, die getroffene Regelung abzuändern und an die geänderten Verhältnisse anzupassen. Die Norm ist dem § 323 ZPO nachgebildet und begrenzt oder durchbricht die auch Hausratsentscheidungen grundsätzlich zukommende materielle Rechtskraft.

II. Abänderbare Titel

2 Abänderbar sind rechtskräftige gerichtliche **Hausratsentscheidungen**, gemäß Absatz 2 aber auch **gerichtliche Vergleiche**. Hierzu zählen nicht nur die nach § 13 Abs 3 im eigentlichen Hausratsverfahren geschlossenen, sondern auch diejenigen, in denen die Beteiligten sich in einem anderen Verfahren auch über den Hausrat geeinigt haben (OLG Celle FamRZ 1964, 511; Soergel/Heintzmann § 17 Rn 5). Nach allgemeiner Meinung ist die Norm schließlich auch auf **außergerichtliche Vergleiche** anwendbar (BayObLG FamRZ 1975, 582; Soergel/Heintzmann § 17 Rn 5; Palandt/Diederichsen § 17 Rn 1).

3 Vereinbaren die Parteien, daß die Verpflichtung zur Unterhaltszahlung dadurch (teilweise) ersetzt wird, daß dem unterhaltsberechtigten Ehegatten die unentgeltliche Nutzung der früheren Ehewohnung überlassen wird, so liegt ein **Unterhaltsvergleich** vor, dessen Abänderung sich nicht nach § 17 HausratsVO, sondern § 242 BGB richtet (OLG Karlsruhe FamRZ 1995, 1157).

III. Voraussetzungen für die Abänderbarkeit

1. Wesentliche Änderung der tatsächlichen Verhältnisse

Voraussetzung für die Abänderbarkeit der Hausratsregelung ist eine **wesentliche Än-** 4 **derung der tatsächlichen Verhältnisse**, die der getroffenen Regelung zugrundelagen. Hieraus folgt, daß nur geringfügige Änderungen für ein Verfahren nach § 17 nicht ausreichen. Aber selbst wesentliche Änderungen allein vermögen die Voraussetzungen für eine Abänderung der Hausratsregelung nicht zu begründen. Sie sind nämlich unerheblich, wenn die geänderten Umstände bei der Ursprungsentscheidung zwar hätten berücksichtigt werden können, die Entscheidung jedoch nicht auf sie gestützt worden ist. Hinzu kommen muß überdies, daß die Abänderung **erforderlich** ist, um eine durch die geänderten tatsächlichen Verhältnisse geschaffene **unbillige Härte** zu vermeiden oder zu beseitigen.

Derartige wesentliche, die Abänderung rechtfertigende Umstände liegen vor, wenn 5 das Erstgericht im Falle der Kenntnis der geänderten Verhältnisse anders entschieden hätte oder hätte entscheiden müssen. Sie können etwa angenommen werden, wenn sich der **Raumbedarf** eines Ehegatten ändert, weil die frühere Sorgerechtsregelung geändert worden ist (Soergel/Heintzmann § 17 Rn 2), oder wenn ein Ehegatte etwa durch eine Erbschaft Vermögen erhält und ihm nunmehr eine **Ausgleichszahlung** zugemutet werden kann.

2. Nachträgliche Änderung

Nach seinem Wortlaut setzt § 17 eine nachträgliche Änderung der Verhältnisse vor- 6 aus, was eine Abänderung dann ausschließt, wenn die Veränderungen durch den Richter bereits hätten **vorhergesehen** werden müssen oder wenn er sie bereits in Betracht gezogen und gewürdigt hat (OLG Schleswig JR 1949, 448; MünchKomm/Müller-Gindullis § 17 Rn 2). Deshalb scheidet die Abänderung dann aus, wenn ein Ehegatte bloß geliehene Möbel zurückzugeben hat (OLG Hamm FamRZ 1988, 645). Weil auch der Vermögenserwerb infolge Durchführung des **Zugewinnausgleichs** regelmäßig sicher verhersehbar ist, erscheint eine Abänderung wegen eines solchen Vermögenserwerbs gleichfalls ausgeschlossen (**aA**: Johannsen/Henrich/Brudermüller § 17 Rn 4).

§ 17 findet nach allgemeiner Meinung aber auch dann Anwendung, wenn **nachträglich** 7 **Umstände bekannt** werden, die die Entscheidung als unbillig erscheinen lassen (BayObLG 1963, 286). Das ist insbesondere dann der Fall, wenn einer der Ehegatten die **Regelung erschlichen** hat (OLG Schleswig SchlHA 1949, 269), wenn nachträglich weitere Hausratsgegenstände bekannt werden (OLG Düsseldorf FamRZ 1986, 1134, 1136), oder wenn die Durchführung der Hausratsteilung durch **Veräußerung von Hausratsgegenständen** vereitelt worden ist. Ferner ist eine Abänderung stets auch dann möglich, wenn die Gründe für eine **Wiederaufnahme des Verfahrens** nach den Vorschriften der ZPO vorliegen (BayObLGZ 1963, 286).

Nicht ausreichend ist dagegen, daß das Gericht tatsächliche Umstände nicht **zutref-** 8 **fend gewichtet** oder **gewürdigt** hat, oder daß ihm bei seiner Entscheidung **rechtliche Fehler** unterlaufen sind (OLG Köln FamRZ 1997, 892).

3. Nachträgliche grobe Unbilligkeit

9 Die geänderten Umstände müssen die getroffene Hausratsregelung nachträglich als grob unbillig erscheinen lassen (KUHNT AcP 150, 161; BayObLG FamRZ 1975, 582). Der Begriff der **groben Unbilligkeit** geht über die in § 2 HausratsVO genannten Billigkeitserwägungen hinaus. Grobe Unbilligkeit liegt deshalb noch nicht dann vor, wenn eine Regelung nur nicht mehr billig ist. Nur **außergewöhnliche Umstände** vermögen die grobe Unbilligkeit zu begründen (LG Berlin FamRZ 1971, 31).

IV. Anpassung an die geänderten Umstände

1. Änderung nur, um die grobe Unbilligkeit zu vermeiden

10 Liegen die Voraussetzungen für eine Abänderung der Hausratsregelung vor, so erfolgt eine Anpassung an die geänderten Umstände. Dabei ist das Gericht bei der Ausgestaltung der Änderung nicht frei. Die ursprüngliche Regelung darf vielmehr nur soweit geändert werden, wie dies erforderlich ist, um die grobe Unbilligkeit zu vermeiden.

2. Kein Eingriff in die Rechte Dritter

11 In die Rechte Dritter darf gemäß Abs 1 Satz 2 nicht eingegriffen werden, solange die Dritten hiermit nicht ausdrücklich einverstanden sind. Das gilt auch dann, wenn bereits mit der Erstentscheidung in ihre Rechte eingegriffen worden ist. Daraus folgt aber nicht, daß eine Befugnis zur Änderung nicht besteht, wenn durch die Entscheidung die Rechte Dritter nur mittelbar berührt werden. Soll beispielsweise die Zuweisung der Wohnung nach § 17 deshalb geändert werden, weil sie durch den begünstigten Ehegatten ganz oder teilweise untervermietet worden ist, so kann der Hausratsrichter zwar die Zuweisungsentscheidung ändern, allerdings nicht den Untermieter zur Räumung verurteilen. Die Räumungsverpflichtung kann nur in einem Rechtsstreit mit diesem festgestellt werden (HOFFMANN/STEPHAN § 17 Anm.1).

3. Räumungsfrist

12 Soll im Falle der Zuweisung der Ehewohnung nachträglich eine Räumungsfrist eingeräumt oder verlängert werden, so erfolgt dies über § 17; die Vorschriften der ZPO sind insoweit nicht anwendbar (OLG München FamRZ 1978, 196).

V. Antrag

1. Antragserfordernis

13 Ob die Abänderung einen Antrag voraussetzt, ist streitig. So wird in der Literatur auch die Auffassung vertreten, eine Änderung der Entscheidung sei auch von Amts wegen zulässig (HOFFMANN/STEPHAN § 17 Anm 4; SOERGEL/HEINTZMANN § 17 Rn 6; KEIDEL/KUNTZE/WINKLER § 18 FGG Rn 49). Richtigerweise wird ein entsprechender Antrag aber zu fordern sein, da die Regelung der Hausratsverteilung der **Verfügungsbefugnis der Eheleute** unterliegt, sie sich auch über die Hausratsverteilung als solche vergleichen können und deshalb auch befugt sein müssen, eine vom Gericht für grob unbillig gehaltene Regelung hinzunehmen, also eine Änderung nicht zu beantragen (so auch: MünchKomm/MÜLLER-GINDULLIS § 17 Rn 6; PALANDT/DIEDERICHSEN § 17 Rn 4; BGB-RGRK/ KALTHOENER § 17 Rn 12).

2. Keine Antragsfrist

Der Antrag kann unbefristet gestellt werden, jedoch wird eine Änderung erst nach **14** Ablauf längerer Zeit kaum mehr der Billigkeit entsprechen können (LG Berlin FamRZ 1971, 31), da anzunehmen ist, daß sich die Beteiligten zwischenzeitlich auf die Verhältnisse eingestellt haben. Die Abänderung kann auch **mehrfach** erfolgen, etwa dann, wenn eine verlängerte Räumungsfrist den Erfordernissen immer noch nicht gerecht wird.

VI. Zuständigkeit

Zuständig für das Abänderungsverfahren ist das **Familiengericht**, das die abzuän- **15** dernde Entscheidung erlassen hat, oder vor dem der abzuändernde Vergleich geschlossen worden ist. Soll eine vom **Rechtsmittelgericht** getroffene Entscheidung oder ein dort geschlossener Vergleich geändert werden, so ist das entsprechende erstinstanzliche Gericht zuständig. Im Falle der Änderung eines **außergerichtlichen Vergleichs** oder einer in einem anderen Verfahren getroffenen Regelung gilt § 11 HausratsVO.

VII. Vergleich im Abänderungsverfahren (Abs 2)

Die Eheleute können sich auch im Abänderungsverfahren vergleichen. Andererseits **16** können sie sich auch schon vorher dahingehend einigen, daß eine spätere Abänderung eines noch zu schließenden Vergleiches oder einer gerichtlichen Regelung ausgeschlossen sein soll, was den später gleichwohl gestellten Abänderungsantrag unzulässig werden läßt.

VIII. Anhörung der Gemeinde (Abs 3)

Abs 3 ist mit der Aufhebung der Wohnraumbewirtschaftung **gegenstandslos** gewor- **17** den. Im Bereich der neuen Bundesländer galt jedoch gemäß Anl II Kap XIV Abschnitt II 1 des Gesetzes zum Einigungsvertrag vom 23. 9. 1990 bis zum 31. 12. 1995 noch das Gesetz über die Gewährung von Belegungsrechten im kommunalen und genossenschaftlichen Wohnungsbau der DDR vom 22. 7. 1990 fort.

§ 18
Rechtsstreit über Ehewohnung und Hausrat

(1) Macht ein Beteiligter Ansprüche hinsichtlich der Ehewohnung oder des Hausrats (§ 1) in einem Rechtsstreit geltend, so hat das Prozeßgericht die Sache insoweit an das nach § 11 zuständige Familiengericht abzugeben. Der Abgabebeschluß kann nach Anhörung der Parteien auch ohne mündliche Verhandlung ergehen. Er ist für das in ihm bezeichnete Gericht bindend.

Gerd Weinreich

(2) Im Falle des Absatzes 1 ist für die Berechnung der in § 12 bestimmten Frist der Zeitpunkt der Klageerhebung maßgebend.

Systematische Übersicht

Alphabetische Übersicht

I. Allgemeines

1 § 18 sichert die **ausschließliche Zuständigkeit** des Familiengerichts für alle die Zuweisung der Ehewohnung und die Verteilung des Hausrats betreffenden Fragen. Diese beginnt, da § 18 a HausratsVO in Verbindung mit §§ 1361 a, b BGB die Möglichkeit der Wohnungszuweisung und der Hausratsverteilung bereits mit der **Trennung der Eheleute** schafft, schon zu diesem Zeitpunkt und wirkt für die Zeit nach der Scheidung fort (BGHZ 67, 217). Um die gewünschte Alleinzuständigkeit zu schaffen, setzt sich die Norm darüber hinweg, daß das Familiengericht kein selbständiges Gericht, sondern nur eine Abteilung des Amtsgerichts ist, die Abgabe somit auch keine solche im Sinne des § 281 ZPO ist.

II. Abgabe an das Familiengericht

1. Ansprüche hinsichtlich der Ehewohnung und des Hausrates

2 Zu den Ansprüchen hinsichtlich der Ehewohnung oder des Hausrates zählen vorrangig solche, die unmittelbar auf die HausratsVO gestützt sind. Die Norm ist gemäß § 18 a HausratsVO jedoch auch dann einschlägig, wenn entsprechende Ansprüche

nach § 1361 a oder § 1361 b BGB schon für die Dauer des Getrenntlebens geltend gemacht werden.

Die **Abgabepflicht** besteht auch dann, wenn die Zuständigkeit des Familiengerichts **3** erst im Laufe des Rechtsstreits begründet wird (BGHZ 67, 217, 219), etwa weil sich die Ehegatten während der Dauer des Rechtsstreits trennen oder der Scheidungsantrag gestellt wird. Die Abgabe hat gegebenenfalls auch noch in der **Berufungsinstanz** zu erfolgen (KG FamRZ 1974, 195).

Bilden die Ansprüche auf Ehewohnung oder Hausrat nur einen **Teil** der vor dem **4** Prozeßgericht geltend gemachten Ansprüche, so erfolgt die Abgabe nur hinsichtlich dieses Teils (PALANDT/DIEDERICHSEN § 18 Rn 2). **Verliert** die Sache nach der Abgabe ihren **Charakter als Hausratssache**, so kann das Familiengericht seinerseits an das zuständige Prozeßgericht (zurück-)verweisen, wenn etwa die Klage nach der Abgabe geändert wird (OLG Frankfurt FamRZ 1981, 186). Dasselbe gilt, wenn der Hausratsrichter feststellt, daß es sich bei dem bei ihm anhängigen Verfahren tatsächlich **nicht um eine Hausratssache** handelt (BGH NJW 1980, 2466, 2467; BGH NJW 1989, 714).

2. Abgabe von Amts wegen

Die Abgabe erfolgt von Amts wegen. Eines entsprechenden **Antrages** der Beteiligten **5** bedarf es nicht. Sie erfolgt sogar dann, wenn sie dem Willen der Beteiligten nicht entspricht, da die Zuständigkeit des Familiengerichts nicht ihrer Disposition unterliegt. Gemäß Absatz 1 Satz 2 sind die Beteiligten zu der geplanten Abgabe zwar zu hören, doch bedarf es hierzu keiner mündlichen Verhandlung.

3. Form der Abgabe

Die Abgabe erfolgt durch **Beschluß** (vgl: Absatz 1 Satz 2 „Der Abgabebeschluß"). **6** Etwas anderes gilt nur dann, wenn die Abgabe erst in der Berufungsinstanz erfolgt. Dann hat das Rechtsmittelgericht die fehlerhaft zustandegekommene Entscheidung der Vorinstanz durch **Urteil** aufzuheben und die Sache an das erstinstanzliche Familiengericht zu verweisen (BGHZ 97, 287, 288; KG FamRZ 1974, 195; OLG Düsseldorf FamRZ 1979, 836).

Ist der Anspruch bereits in einem **anderen familiengerichtlichen Verfahren** geltend **7** gemacht worden, etwa als güterrechtliche Klage, so ist sie in entsprechender Anwendung des § 18 in das Hausratsverfahren überzuleiten (OLG Düsseldorf FamRZ 1979, 836).

III. Wirkung der Abgabe

1. Bindung des Familiengerichts

Die Abgabe ist für das Familiengericht **bindend**. Das gilt nach herrschender Meinung **8** auch für eine Abgabe innerhalb desselben Gerichts, also von der Zivilprozeßabteilung an das Familiengericht (vgl: HEINTZMANN FamRZ 1983, 957, 960; EWERS FamRZ 1990, 1373; SOERGEL/HEINTZMANN § 18 Rn 3, MünchKomm/MÜLLER-GINDULLIS § 18 Rn 4; PALANDT/DIEDERICHSEN § 18 Rn 3; **aA** OLG Bamberg FamRZ 1990, 179). Da der Wortlaut ganz allgemein auf das nach § 11 HausratsVO zuständige Gericht abstellt, und weil auch Sinn und Zweck der Vorschrift dies gebieten, wird der herrschenden Meinung zu folgen sein.

2. Bindungswirkung

9 Die Abgabe ist bindend, sofern das Verfahren nur einen Hausratsgegenstand betreffen kann (OLG Stuttgart FamRZ 1996, 172), mögen auch ihre sachlichen Voraussetzungen tatsächlich nicht vorgelegen haben – da etwa der Fall einer Hausratssache tatsächlich nicht gegeben war. Dasselbe gilt, wenn die Entscheidung auf Verfahrensmängeln beruht (BayObLG FamRZ 1968, 319; FamRZ 1975, 582; OLG Köln FamRZ 1980, 173; SOERGEL/HEINTZMANN § 18 Rn 3; PALANDT/DIEDERICHSEN § 18 Rn 3; JOHANNSEN/HENRICH/BRUDERMÜLLER § 18 Rn 2; **aA**: ERMANN/RONKE § 18 Rn 1). Die Bindungswirkung entfällt allerdings dann, wenn der Abgabebeschluß jeglicher **gesetzlichen Grundlage** entbehrt (OLG Köln FamRZ 1980, 173), oder wenn den Beteiligten nicht das erforderliche **rechtliche Gehör** gewährt worden ist (SOERGEL/HEINTZMANN § 18 Rn 3; MünchKomm/MÜLLER-GINDULLIS § 18 Rn 4; PALANDT/DIEDERICHSEN § 18 Rn 3). Sie entfällt weiter dann, wenn die Abgabe auf der **irrtümlichen Annahme** des abgebenden Gerichts beruht, eine Familiensache sei rechtshängig, da eine Entscheidung immer nur insoweit bindend ist, als sie nach ihrem objektiven Gehalt binden will und die Abgabe nur unter der Voraussetzung gewollt ist, daß tatsächlich eine Ehesache schwebt (BGH NJW-RR 1996, 897).

10 Während die Aufhebung der fehlerhaften Entscheidung des Prozeßgerichts in der Vorinstanz und Zurückverweisung an das Familiengericht **Bindungswirkung** entfaltet (BayObLG FamRZ 1982, 399), ist dies bei der Abgabe vom Zivilsenat eines Oberlandesgerichts an einen Familiensenat nicht der Fall, zumal die Zuständigkeit für die zweite Instanz schon aus der formalen Anknüpfung des § 119 Abs 1 Nr 2 GVG folgt (BGH NJW 1991, 231; BayObLG FamRZ 1982, 399). Die Bindungwirkung gilt im übrigen aber auch für die **Rechtsmittelinstanz.**

11 **Allerdings bezieht sich die Bindungswirkung** nur auf die **Verfahrenszuständigkeit** des Familiengerichts, nicht aber auch auf die Frage, welche **Verfahrensvorschriften** oder gar, welches **materielle Recht** anzuwenden sind. Gelangt das Familiengericht, das insoweit eine eigene **Prüfungskompetenz** hat, zu dem Ergebnis, daß keine Hausrats- oder nicht einmal eine Familiensache vorliegt, so hat es gegebenenfalls nach den prozessualen Vorschriften der ZPO und den materiellrechtlichen Vorschriften des BGB zu entscheiden (HEINTZMANN FamRZ 1983, 957, 960; MünchKomm/MÜLLER-GINDULLIS § Rn 5). Versagt ist ihm aber – solange nicht geänderte Anträge dies rechtfertigen – die **Zurückverweisung** an das Prozeßgericht (OLG Frankfurt FamRZ 1981, 186).

IV. Kein Rechtsmittel gegen die Abgabe

12 In entsprechender Anwendung des § 281 Abs 2 Satz 1 ZPO ist gegen den Abgabebeschluß **kein Rechtsmittel** gegeben, da kein das Verfahren betreffendes Gesuch zurückgewiesen wurde (§ 567 ZPO). Diese Frage ist jedoch umstritten. Während die herrschende Meinung auch darauf abstellt, daß § 18 gerade den Zweck verfolgt, langwierige Zuständigkeitsstreitigkeiten zu vermeiden (vgl: BGH FamRZ 1994, 98, 100 = NJW 1993, 3326, 3328; SOERGEL/HEINTZMANN § 18 Rn 4; PALANDT/DIEDERICHSEN § 18 Rn 4; JOHANNSEN/HENRICH/BRUDERMÜLLER § 18 Rn 3), wird andererseits argumentiert, daß die

Abgabe, anders als die Verweisung nach § 281 ZPO, in eine anders ausgestaltete Verfahrensart führt (MünchKomm/Müller-Gindullis § 18 Rn 3). Eine **Anfechtungsmöglichkeit** besteht jedoch stets dann, wenn die Abgabe – etwa aus den oben Rn 9 genannten Gründen – **keine Bindungswirkung** entfaltet. Nach allgemeinen Grundsätzen sind darüber hinaus oberlandesgerichtliche Urteile dann mit der **Revison** anfechtbar, wenn sie eine Abgabe zum Gegenstand haben (BGH FamRZ 1994, 98, 100).

V. Das Verfahren vor dem Familiengericht

Das nach der Abgabe geführte Verfahren vor dem Familiengericht **stellt keine bloße** **13** **Fortsetzung** des vor dem Prozeßgericht geführten Verfahrens dar. Die Abgabe führt vielmehr zu einem völlig neuen Verfahren. Das gilt gemäß § 23 HausratsVO allerdings nicht für die **Kosten.**

Wegen der Berechnung der nach § 12 maßgeblichen Jahresfrist wird nicht auf den Zeit- **14** punkt der Abgabe, sondern den der Klageerhebung abgestellt.

§ 18 a
Getrenntleben der Ehegatten

Die vorstehenden Verfahrensvorschriften sind sinngemäß auf die Verteilung des Hausrats im Falle des § 1361 a und auf die Regelung über die Benutzung der Ehewohnung im Falle des § 1361 b des Bürgerlichen Gesetzbuches anzuwenden.

Systematische Übersicht

Alphabetische Übersicht

Gerd Weinreich

I.   Allgemeines

1.   Entstehung

1 Die Vorschrift des § 18a HausratsVO ist durch Art 5 des GleichberG vom 18. 6. 1957 eingefügt worden, und zwar im Zusammenhang mit § 1361 a BGB. Nachdem durch das UnterhaltsÄndG vom 20. 2. 1986 § 1361 b BGB die Möglichkeit der Zuweisung auch der Ehewohnung für die Dauer des Getrenntlebens schuf, erwies sich die Ausdehnung des § 18 a auch auf diese Norm als notwendig.

2.   Zweck der Vorschrift des § 18 a HausratsVO

2 Der Sinn der Vorschrift besteht darin, Streitigkeiten über die Rechtsverhältnisse an Hausrat und Ehewohnung bereits während des **Getrenntlebens** bei dem Gericht zu konzentrieren, das diesen mit der Ehesache eng verbundenen Angelegenheiten sachlich und örtlich am nächsten steht (BGH FamRZ 1976, 691).

II.   Anzuwendende Vorschriften während des Getrenntlebens

1.   Verfahrensvorschriften aus der HausratsVO

3 Während die §§ 1361 a und b BGB die **materielle Rechtsgrundlage** für die Zuweisung von Hausrat und Ehewohnung während der Trennung bilden, erklärt § 18 a die **Verfahrensvorschriften der HausratsVO** (§§ 11–18) für diese Fälle für anwendbar. Dabei entspricht es allgemeiner Meinung, daß auch die **Kostenvorschriften** der HausratsVO (§§ 20 ff) anzuwenden sind (BGH FuR 1991, 238; BayOLG FamRZ 1960, 220, 223; KG FamRZ 1987, 850; OLG Hamm FamRZ 1989, 739; Soergel/Heintzmann § 18 a Rn 1; MünchKomm/Müller-Gindullis § 18 a Rn 4). Darüber hinaus gilt auch hier die **Miteigentumsvermutung** des § 8 Abs 2 (OLG Frankfurt NJW 1960, 1768; OLG Düsseldorf MDR 1960, 850; OLG Hamburg FamRZ 1980, 250; **aA**: KG FamRZ 1960, 71).

4 Wegen des **Ablaufs des Verfahrens** wird auf die Ausführungen zu den §§ 11 ff verwiesen. Insbesondere besteht auch während des Getrenntlebens die Möglichkeit einer vorläufigen Regelung durch **einstweilige Anordnungen** nach § 13 Abs 4 HausratsVO. Insoweit wird auf die Erläuterungen zu § 13 Rn 28 ff, wegen der gegen die Anordnung gegebenen Rechtsmittel auf § 14 Rn 23 ff verwiesen.

5 Wird eine Ehesache bei einem anderen Gericht rechtshängig, nachdem ein Verfahren nach §§ 1361 a, b BGB, 18 a HausratsVO eingeleitet worden ist, so ist das die Dauer des Getrenntlebens betreffende Verfahren gemäß § 11 Abs 3 HausratsVO an das Gericht der Ehesache abzugeben. Dort läuft es außerhalb des Verbundes weiter, da keine Entscheidung für den Fall der Scheidung zu treffen ist (§ 623 ZPO).

6 Aus §§ 1361 b BGB, 18 a HausratsVO folgt, ähnlich wie beim Hausrat, daß auch Streitigkeiten der getrennt lebenden Eheleute, die im Zusammenhang mit der Ehewohnung stehen, dem Hausratsgericht zugewiesen sind (BGH FamRZ 1986, 436; OLG Köln FamRZ 1987, 77; OLG Hamm FamRZ 1991, 81). Das gilt auch für Streitigkeiten über die **Nutzungsvergütung** (OLG Köln FamRZ 1987, 77).

2. Eigentliches Hausratsverfahren – Verfahren nach § 18 a

Wegen der **materiellrechtlichen Voraussetzungen** wird auf die Erläuterungen zu 7 §§ 1361 a und 1361 b BGB verwiesen. Der wesentliche Unterschied zwischen den Verfahren nach §§ 1361 a, b BGB, 18 a HausratsVO und dem eigentlichen Hausratsverfahren liegt darin, daß im ersteren stets nur eine **vorläufige Zuweisung** für die Dauer des Getrenntlebens erfolgt, das eigentliche Hausratsverfahren aber auf darauf ausgerichtet ist, **endgültige Regelungen** zu schaffen. Daraus folgt, daß Hausratsgegenstände während des Getrenntlebens nicht zu Eigentum zugeteilt werden. In ein Mietverhältnis über die eheliche Wohnung kann während dieser Zeit nicht mit Außenwirkung eingegriffen werden; allenfalls kann angeordnet werden, daß ein Ehegatte die eheliche Wohnung verläßt und der andere ihn von Mietzinsforderungen freizustellen hat (OLG Zweibrücken FamRZ 1984, 478).

3. Verfahren nach § 18 a nur während des Getrenntlebens

Das Verfahren nach §§ 1361 a, b BGB, 18 a HausratsVO ist bis zur Auflösung der Ehe 8 oder der Beendigung des Getrenntlebens zulässig. Mit der Auflösung der Ehe werden sowohl die nach §§ 1361 a, b BGB, 18 a HausratsVO in der Hauptsache ergangenen Entscheidungen, als auch einstweilige Anordnungen nach § 13 Abs 4 HausratsVO wirkungslos (OLG Zweibrücken FamRZ 1991, 848; LG Oldenburg FamRZ 1979, 43; PALANDT/ DIEDERICHSEN § 18 a Rn 1; SOERGEL/HEINTZMANN § 18 a Rn 6; **aA**: MünchKomm/MÜLLER-GINDULLIS § 18 a Rn 8). Bleibt der Antrag auf Zuweisung von Hausrat oder der ehelichen Wohnung nur für die Dauer des Getrenntlebens über diesen Zeitpunkt hinaus aufrecht erhalten, so ist er als **unzulässig abzuweisen** (OLG Zweibrücken FamRZ 1991, 848; MünchKomm/MÜLLER-GINDULLIS § 18 a Rn 6; **aA** OLG Karlsruhe FamRZ 1988, 1305). Im übrigen ist auf **Antrag** der Beteiligten die **Erledigung festzustellen**, wobei die Kostenentscheidung sodann gemäß § 20 HausratsVO unter Berücksichtigung des bisherigen Sach- und Streitstandes zu treffen ist.

Beenden die Eheleute das Getrenntleben dadurch, daß sie die eheliche Lebensge- 9 meinschaft wieder aufnehmen, so gilt dasselbe (MAURER FamRZ 1991, 886, 891).

4. Verfahren nach § 18 a – Herausgabe- und Besitzschutzklagen

Nach herrschender Meinung ist neben den Verfahren nach §§ 1361 a BGB, 18 a 10 HausratsVO kein Platz für **Herausgabeklagen** nach § 985 BGB oder **Besitzschutzklagen** nach § 861 BGB. Sofern sich die getrennt lebenden Eheleute also über die Rückschaffung aus dem Hausrat entfernter Gegenstände streiten, ist stets das Hausratsgericht zuständig. Das gilt auch für **einstweiligen Rechtsschutz**, der nur nach § 13 Abs 4 HausratsVO gewährt werden kann (BGH FamRZ 1992, 1200; OLG Düsseldorf FamRZ 1986, 276; OLG Düsseldorf FamRZ 1987, 483; OLG Hamm FamRZ 1987, 483; OLG Frankfurt FamRZ 1988, 399; OLG Oldenburg NJW-RR 1994, 581; OLG Düsseldorf FamRZ 1994, 390; OLG Schleswig FamRZ 1997, 892; OLG Köln FamRZ 1997, 1276; MünchKomm/MÜLLER-GINDULLIS § 18 a Rn 3; **aA**: OLG Frankfurt FamRZ 1981, 184; OLG Düsseldorf FamRZ 1983, 164; OLG Düsseldorf FamRZ 1984, 1095; OLG Bamberg FamRZ 1993, 335). Eine vor dem Prozeßgericht anhängig gemachte Herausgabeklage ist gegebenenfalls gemäß § 18 HausratsVO an das Familiengericht abzugeben.

11 Streitig ist darüber hinaus, ob die **Besitzschutzvorschriften** auch **materiell** von § 1361 a BGB verdrängt werden. Wegen des Streitstandes wird auf die Kommentierung von STAUDINGER/HÜBNER[12] zu § 1361 a verwiesen.

§ 19

Aufgehoben durch Gesetz vom 14. 6. 1976, BGBl I 1421.

Fünfter Abschnitt
Kostenvorschriften

Vorbemerkung zu §§ 20–23 HausratsVO

Die §§ 20 ff HausratsVO enthalten kostenrechtliche Bestimmungen, die im Hinblick **1**
auf die Kostenentscheidung dem § 13 a FGG nachempfunden sind, diesem gegenüber
aber die spezielleren Vorschriften darstellen. Während §§ 20 und 23 für die **richterliche Kostenentscheidung** von Bedeutung sind, regelt § 21 die Höhe der **Gerichtsge-
bühren** und die **Festsetzung des Geschäftswerts**. Wegen der Gebühren für den Rechtsanwalt ist noch auf § 63 BRAGebO zu verweisen.

§ 20
Kostenentscheidung

**Welcher Beteiligte die Gerichtskosten zu tragen hat, bestimmt der Richter nach
billigem Ermessen. Dabei kann der Richter auch bestimmen, daß die außergerichtlichen Kosten ganz oder teilweise zu erstatten sind.**

Systematische Übersicht

Alphabetische Übersicht

Gerd Weinreich

I.   Anwendbarkeit

1 § 20 HausratsVO ist eine gegenüber § 13 a FGG speziellere kostenrechtliche Bestimmung. Sie gilt nur für das **isolierte Hausratsverfahren**, einschließlich desjenigen
nach § 18 a HausratsVO, dagegen nicht für Hausrats- und Ehewohnungssachen als
Folgesachen im Verbund. Für diese – auch für die einstweiligen Anordnungen nach
§ 620 Satz Nr 7 ZPO – folgen die Kostenentscheidungen aus §§ 93 a, 97 ZPO. Im
isolierten Verfahren gilt § 20 HausratsVO auch im **Falle der Erledigung** (BayObLG
MDR 1968, 934; OLG Hamm FamRZ 1969, 102). Dasselbe gilt, wenn Erledigung durch
den **Tod eines Ehegatten** eingetreten ist. Dann ist das Verfahren nur wegen der Kostenentscheidung mit den Erben fortzusetzen, da auch deren Kostenbelastung in
Betracht kommt (OLG Hamm FamRZ 1969, 102; BGB-RGRK/Kalthoener § 20 Rn 3).

II.   Die Kostenentscheidung

1.   Pflicht zur Entscheidung über die gerichtlichen Kosten

2 Über die **gerichtlichen Kosten** des Verfahrens muß das Gericht entscheiden. Darüber
hinaus kann es, wenn es dies nach billigem Ermessen für geboten hält, auch eine
Verteilung der außergerichtlichen Kosten vornehmen. Etwas anderes gilt für das
Verfahren der einstweiligen Anordnung nach § 13 Abs 4 HausratsVO, da für dieses
weder Gerichts- noch weitere Anwaltsgebühren anfallen (OLG Nürnberg FamRZ
1998, 116 = AnwBl 1997, 570). Denn gebührenrechtlich stellt dieses Verfahren kein
selbständiges dar.

2.   Kostenverteilung nach billigem Ermessen

3 Die Entscheidung über die Gerichtskosten erfolgt nach billigem Ermessen, wobei
auch hier die gemäß § 2 HausratsVO für die Sachentscheidung maßgeblichen Umstände mit herangezogen werden können (MünchKomm/Müller-Gindullis § 20 Rn 2). In
erster Linie wird dabei auf den **Ausgang des Verfahrens** abgestellt werden müssen. Mit
berücksichtigt werden können aber auch die **wirtschaftlichen Verhältnisse** der Beteiligten und ihr **Verhalten während des Verfahrens** (OLG Hamm FamRZ 1969, 102). Bedenklich ist es dagegen, die **Gründe** mit heranzuziehen, **die zum Scheitern der Ehe geführt
haben**, da diesen im Rahmen des Ehescheidungsverfahrens regelmäßig keine wesentliche Bedeutung mehr zukommt (aA: BGB-RGRK/Kalthoener § 20 Rn 4). Auch **außergerichtliche Vereinbarungen** der Beteiligten über die Kostenverteilung können zur
Grundlage der Kostenentscheidung genommen werden, da sie erkennen lassen,
was die Beteiligten als billig angesehen haben (Gerhardt/vHeintschel-Heinegg/Klein
Kap 8 Rn 141).

3.   Rücknahme des Antrages oder des Rechtsmittels

4 Wird der Antrag oder das Rechtsmittel zurückgenommen, so folgt die Kostenentscheidung gleichfalls aus § 20 HausratsVO, nicht aus §§ 269 Abs 3, 515 Abs 3 oder 93 a ZPO (OLG Hamm JurBüro 1987, 1548). Dabei wird es allerdings regelmäßig der Billigkeit entsprechen, dem Antragsteller oder Rechtsmittelführer die Verfahrenskosten aufzuerlegen (OLG Hamm JurBüro 1987, 1548, 1549), es sei denn, die Rücknahme ist Folge einer zwischen den Beteiligten erfolgten – auch außergerichtlichen – Einigung (LG Bayreuth JurBüro 1975, 1090, 1091).

4. Außergerichtliche Kosten

Enthält die Entscheidung keinen Ausspruch auch über die außergerichtlichen Ko- **5** sten, so findet eine **Kostenerstattung** nicht statt; jeder Beteiligte hat dann seine eigenen außergerichtlichen Kosten zu tragen. Nur dann, wenn das Gericht die ganze oder teilweise Erstattung der außergerichtlichen Kosten aus Billigkeitsgründen für geboten hält, wird es hierüber ausdrücklich befinden. Hinsichtlich der die Billigkeit begründenden Umstände gilt das oben zu Rn 3 Dargestellte. Fehlt es an besonderen Umständen der oben genannten Art, so sieht das Gericht von der Anordnung einer Kostenerstattung ab, da die Beteiligten eines FGG – Verfahrens ihre außergerichtlichen Kosten regelmäßig selbst zu tragen haben (vgl auch § 13 a Abs 1 Satz 1 FGG).

5. Beteiligte

Beteiligte im Sinne des § 20 HausratsVO sind außer den **Eheleuten** alle in § 7 Haus- **6** ratsVO genannten Personen, also auch die **Drittbeteiligten**, wie etwa die Vermieter. Diese werden aber nur in Ausnahmefällen mit Kosten belastet werden können. Eine Kostenbelastung kommt insbesondere dann in Betracht, wenn durch das Verhalten der Drittbeteiligten ansonsten vermeidbare Kosten entstanden sind. Deshalb können beispielsweise dem Vermieter sowohl die gerichtlichen als auch die außergerichtlichen Kosten auferlegt werden, wenn er einer außergerichtlichen Einigung der Eheleute nicht zustimmt, dies zu einer Verfahrensverzögerung und besonderen Kosten geführt hat und die mangelnde Zustimmung nicht durch ein erkennbar gewordenes Sicherungsinteresse des Vermieters begründet werden kann (BayObLG MDR 1968, 934; OLG Schleswig SchlHA 1984, 116; AG Detmold FamRZ 1996, 1292; sehr weitgehend: AG Duisburg FamRZ 1989, 1211).

III. Anfechtung der Kostenentscheidung

Die Kostenentscheidung kann nicht isoliert angefochten werden. Eine Anfechtung ist **7** gemäß § 20 a FGG nur zusammen mit der der Hauptsache zulässig. Gemäß § 20 a Abs 2 FGG kommt eine **isolierte Anfechtung der Kostenentscheidung** in Form der sofortigen Beschwerde aber dann in Betracht, wenn eine Entscheidung in der Hauptsache nicht ergangen ist. Voraussetzung für die Zulässigkeit des Rechtsmittels ist dann aber weiter, daß der **Beschwerdewert** 200 DM übersteigt (§ 20 a Abs 2 FGG) und daß ein Rechtsmittel gegen eine Entscheidung in der Hauptsache, sofern sie ergangen wäre, zulässig gewesen wäre (KEIDEL/KUNTZE/WINKLER § 20 a FGG, Rn 9; BGB-RGRK/ KALTHOENER § 20 Rn 7; MünchKomm/MÜLLER-GINDULLIS § 20 Rn 5). Da die isolierte Kostenentscheidung keine **Endentscheidung** ist, scheidet die Möglichkeit einer Beschwerde nach § 621 e ZPO dagegen aus (OLG München FamRZ 1979, 733).

IV. Kostenfestsetzung

8 Für die Kostenfestsetzung gelten die Vorschriften der §§ 103–107 ZPO, was aus der Bezugnahme in § 13 a Abs 3 FGG folgt. Deshalb ist auch hier der **Kostenfestsetzungsbeschluß** mit den in § 104 Abs 3 ZPO vorgesehenen Rechtsmitteln anfechtbar. Wird gegen die Entscheidung des Richters sofortige Beschwerde eingelegt (§ 104 Abs 3 ZPO), so entscheidet hierüber der Familiensenat des Oberlandesgerichts, weil auch das Kostenfestsetzungsverfahren eine Familiensache ist (BGH FamRZ 1978, 585).

9 Kostenschuldner ist nicht nur derjenige Beteiligte, dem die Kosten durch die gerichtliche Entscheidung auferlegt worden sind (§ 3 Nr 1 KostO), sondern auch derjenige, der den das Verfahren einleitenden Antrag gestellt hat (§ 2 Nr 1 KostO).

§ 21
Kosten des Verfahrens

(1) Für das gerichtliche Verfahren wird die volle Gebühr erhoben. Kommt es zur richterlichen Entscheidung, so erhöht sich die Gebühr auf das Dreifache der vollen Gebühr. Wird der Antrag zurückgenommen, bevor es zu einer Entscheidung oder einer vom Gericht vermittelten Einigung gekommen ist, so ermäßigt sich die Gebühr auf die Hälfte der vollen Gebühr.

(2) Sind für Teile des Gegenstandes verschiedene Gebührensätze anzuwenden, so sind die Gebühren für die Teile gesondert zu berechnen; die aus dem Gesamtbetrag der Wertanteile nach dem höchsten Gebührensatz berechnete Gebühr darf jedoch nicht überschritten werden.

(3) Der Geschäftswert bestimmt sich, soweit der Streit die Wohnung betrifft, nach dem einjährigen Mietwert, soweit der Streit den Hausrat betrifft, nach dem Wert des Hausrats. Betrifft jedoch der Streit im wesentlichen nur die Benutzung des Hausrats, so ist das Interesse der Beteiligten an der Regelung maßgebend. Der Richter setzt den Wert in jedem Falle von Amts wegen fest.

(4) In Verfahren über die Beschwerde gegen eine den Rechtszug beendende Entscheidung werden die gleichen Gebühren wie im ersten Rechtszug erhoben.

Systematische Übersicht

Alphabetische Übersicht

I.   Anwendbarkeit

§ 21 HausratsVO gilt nur für das isolierte Hausratsverfahren. Die Vorschrift wird aber auch **1**
im Verfahren nach §§ 1361 a, b BGB **analog** angewandt (BayObLG NJW 1972, 949). Wird
die Hausratsverteilung und/oder die Zuweisung der Ehewohnung dagegen im **Verbund** als Scheidungsfolgesache geltend gemacht, so berechnen sich die gerichtlichen
Kosten nicht – wie hier – nach der KostO, sondern nach dem GKG. Das hat zur Folge,
daß das isolierte Hausratsverfahren erheblich kostengünstiger ist, als die Geltendmachung der Ansprüche im Verbund, was den in § 623 ZPO erkennbar gewordenen
Intentionen des Gesetzgebers widerspricht.

II.   Die Verfahrenskosten

1.   Gebührenhöhe

Die Höhe der Gebühren bestimmt sich nach der **Tabelle zu § 32 KostO** und ist ab- **2**
hängig vom jeweiligen **Geschäftswert**. Die Gebühr ist eine **Pauschalgebühr** und deckt
die gesamte gerichtliche Tätigkeit in dem Verfahren ab.

2.   Anzahl der Gebühren

Für das gerichtliche Verfahren wird **eine volle Gebühr** nach § 32 KostO erhoben, für **3**
die richterliche Entscheidung entstehen **drei Gebühren**, wobei hierin die Verfahrensgebühr bereits enthalten ist. Kommt es zu einer durch das Gericht vermittelten
Einigung, so entsteht eine volle Gebühr. Dasselbe gilt dann, wenn der Antrag durch
richterliche Entscheidung **zurückgewiesen** wird, da nur die Zuweisung der ehelichen
Wohnung oder die Verteilung des Hausrats als solche eine richterliche Entscheidung
im Sinne des § 21 Abs 1 HausratsVO sind (LAPPE Rn 352). Nur eine **halbe Gebühr** wird
schließlich erhoben, wenn der **Antrag zurückgenommen** wird, bevor es zu einer richterlichen Entscheidung oder einer vom Gericht vermittelten Einigung kommt.

3.   Gebühren für die Beschwerdeinstanz

Für die Beschwerdeinstanz gelten die obigen Grundsätze entsprechend (Abs 4). Das **4** heißt, daß im Falle einer gerichtlichen Entscheidung weitere drei Gebühren, im Falle einer durch das Gericht vermittelten Einigung im Beschwerdeverfahren eine weitere Gebühr und im Falle der Beschwerderücknahme eine halbe Gebühr zusätzlich zu den in erster Instanz angefallenen in Ansatz zu bringen sind.

III. Rechtsanwaltsgebühren

5 Die Höhe der Rechtsanwaltsgebühren bestimmt sich nach § 63 BRAGebO.

IV. Berechnung der Gebühren bei verschiedenen Gebührensätzen (Abs 2)

6 § 21 Abs 2 HausratsVO ist eingefügt durch 8 Abs 13 KostRÄndG 1994 vom 24. 6. 1994 (BGBl I 1325). Die Regelung ist der des § 21 Abs 3 GKG nachempfunden. Es sollen mit ihr Auseinandersetzungen von Ehegatten um die Nutzung der ehelichen Wohnung und des Hausrats in gleicher Weise privilegiert werden, wie die dem GKG zuzuordnenden Streitigkeiten (OLG Karlsruhe FamRZ 1994, 249). Wie dort sind deshalb die Gebühren für **verschiedene Gegenstandsteile** gesondert zu berechnen. Es kommt jedoch höchstens diejenige Gebühr in Ansatz, die nach dem Gesamtwert aller Teile nach dem höchsten Gebührensatz berechnet wird. Diese Regelung wird beispielsweise dann relevant, wenn es zu außergerichtlichen Teileinigungen kommt. Streiten sich also etwa die beteiligten Eheleute um die Zuweisung der ehelichen Wohnung und die Verteilung des Hausrats und kommt es nur hinsichtlich des Hausrats zu einer gerichtlichen Entscheidung, während der Antrag im übrigen vorher zurückgenommen wird, so könnte sich folgende **Berechnung** ergeben, wenn der Wert des Hausrats beispielhaft mit 5.000 DM und die Höhe der Jahresmiete mit 12.000 DM errechnet würde:

Es wären das dreifache einer Gebühr für einen Wert von 5.000 DM (3 x 50 DM = 150 DM) und eine halbe Gebühr für einen Wert von 12.000 DM (^{1}/2x 90 DM = 45 DM) angefallen. Insgesamt errechnete sich mithin ein Betrag von 195 DM. Nach § 21 Abs 2 darf die Summe der Einzelgebühren die nach dem höchsten Gebührensatz errechnete Gebühr für den Gesamtbetrag nicht übersteigen, mithin das dreifache einer Gebühr für einen Wert von 17.000 DM. Die Gebühr beliefe sich auf (3 x 100 DM =) 300 DM, die mithin nicht überschritten würden.

V. Höhe des Geschäftswertes

7 Auch § 21 Abs 3 hat nur für das **isolierte Hausratsverfahren** Bedeutung. Für den Geschäftswert des Hausratsverfahrens als Scheidungsfolgesache gilt § 12 Abs 1 GKG.

8 Streiten die beteiligten Eheleute um die **Zuweisung der ehelichen Wohnung**, so bestimmt sich der Geschäftswert nach dem **einjährigen Mietwert**. Das gilt auch dann, wenn die Wohnung im Eigentum der Eheleute steht oder eine Miete aus sonstigen Gründen tatsächlich nicht gezahlt wird. Dann ist der Mietwert gegebenenfalls zu schätzen. Wird die Zuweisung der ehelichen Wohnung im Verfahren nach §§ 18 a HausratsVO, 1361 b BGB nur für die **Dauer des Getrenntlebens** erstrebt, so verringert sich der Geschäftswert. Regelmäßig wird er dem **sechsmonatigen Mietwert** entspre-

chen (OLG Celle NdsRpfl 1989, 131; OLG Bamberg FamRZ 1995, 560; OLG Köln FamRZ 1995, 562; OLG Hamm FamRZ 1997, 380).

Streiten sich die beteiligten Eheleute um die **Verteilung des Hausrats**, so ist der gegen- **9** wärtige **Verkehrswert des gesamten Hausrats** für die Wertfestsetzung maßgeblich (OLG Nürnberg FamRZ 1998, 310 = NJW-RR 1998, 420). Nicht abgestellt werden kann dagegen auf das Interesse der Eheleute an der Verteilung oder auf den Neuwert. Maßgeblich ist der Wert des gesamten Hausrats, nicht der Wert nur derjenigen Gegenstände, deren Zuweisung ein Ehegatte begehrt, da auch wegen der übrigen Gegenstände eine Regelung getroffen wird. Auch hier ist der Geschäftswert nur nach einem zu schätzenden Bruchteil des Verkehrswerts festzusetzen, wenn nur eine Benutzungsregelung für die **Dauer des Getrenntlebens** nach §§ 18 a HausratsVO, 1361 a BGB erstrebt wird.

Streiten die Eheleute um die **Zuweisung der Ehewohnung und die Verteilung des Haus- 10 rats**, so sind die nach den oben genannten Grundsätzen ermittelten Werte zu addieren.

Haben sich die Eheleute **teilweise** bereits **geeinigt** und streiten sie sich nur noch über **11** einen Teil der Wohnung, eine Räumungsfrist oder einen Teil des Hausrats, so ist der Geschäftswert entsprechend angemessen zu reduzieren.

Für das Verfahren der **einstweiligen Anordnung** ist der Wert gegenüber dem der **12** Hauptsache zu reduzieren, für diejenige, die für die Dauer des Getrenntlebens erstrebt wird, gegebenenfalls sogar auf $1/4$ des sonst üblichen Wertansatzes (OLG Düsseldorf JurBüro 1992, 53). Einstweiligen Anordnungen im **isolierten Hausratsverfahren** nach § 13 Abs 4 HausratsVO kommt allerdings kein eigener Geschäftswert zu, da sie nur Teil des Hauptsacheverfahrens sind (vgl § 20 Rn 2).

Für das **Beschwerdeverfahren** gelten die obigen Grundsätze entsprechend, wobei **13** allerdings berücksichtigt werden muß, ob im Beschwerdeverfahren eine vollständige Überprüfung der in erster Instanz getroffenen Regelung geboten ist. Gegebenenfalls verringert sich der Wert des Beschwerdeverfahrens gegenüber dem des erstinstanzlichen Verfahrens entsprechend.

Die **Festsetzung des Geschäftswertes** kann gemäß § 31 Abs 3 KostO mit der **Beschwerde 14** angefochten werden.

§ 22

Aufgehoben durch Gesetz vom 26. 7. 1957, BGBl I 861.

§ 23
Kosten des Verfahrens vor dem Prozeßgericht

Gibt das Prozeßgericht die Sache nach § 18 an das nach dieser Verordnung zuständige Familiengericht ab, so ist das bisherige Verfahren vor dem Prozeßgericht für die Erhebung der Gerichtskosten als Teil des Verfahrens vor dem übernehmenden Gericht zu behandeln.

Gerd Weinreich

1 Für den Fall, daß das Verfahren gemäß § 18 HausratsVO vom Prozeßgericht an das zuständige Familiengericht abgegeben wird, regelt § 23, daß Gerichtskosten nur nach §§ 20, 21 HausratsVO erhoben werden. Das Verfahren vor dem Prozeßgericht und dasjenige vor dem Familiengericht werden kostenrechtlich als Einheit behandelt.

2 Für die Rechtsanwaltsgebühren gilt § 14 BRAGebO.

Sechster Abschnitt
Schlußvorschriften

§ 24

Aufgehoben durch Gesetz vom 11. 8. 1961, BGBl I 1221.

§ 25
Aufhebung der Ehe

Wird eine Ehe aufgehoben, so gelten die §§ 1 bis 23 sinngemäß.

Diese Vorschrift ist durch Art 11 des am 1. 7. 1998 in Kraft getretenen Gesetzes zur **1** Neuordnung des Eheschließungsrechts (BGBl I 833) dem Umstand angepaßt worden, daß es das Institut der Ehenichtigkeit nicht mehr gibt.

Sie stellt klar, daß die Vorschriften der HausratsVO auch dann Gültigkeit haben, **2** wenn die Ehe aufgehoben worden ist (§§ 1313 ff BGB). Anders als bei der Ehescheidung kann über die vermögensrechtlichen Folgen dann aber nicht im **Verbund** entschieden werden. Eine Entscheidung über die Ehewohnung und den Hausrat ist deshalb erst nach **Rechtskraft des die Ehe aufhebenden Urteils** möglich.

§ 26

Aufgehoben durch Gesetz vom 11. 8. 1961, BGBl I 1221.

§ 27
Inkrafttreten

(1) Diese Verordnung tritt am 1. November 1944 in Kraft.

(2) (Aufgehoben durch Gesetz vom 11. 8. 1961, BGBl I 1221.)

Gerd Weinreich

Sachregister

Die fetten Zahlen beziehen sich auf die
Paragraphen, die mageren Zahlen auf die
Randnummern.

Ehescheidung (Scheitern der Ehe) (Forts.)
Unzumutbarkeit und Härte, Frage einheit-
licher oder getrennter Prüfung **1565** 143
Unzumutbarkeit und – **1565** 117, 121
Unzumutbarkeitskriterien **1565** 164 ff
Unzumutbarkeitsprüfung, Prüfungsreihen-
folge **1565** 116
Ursachen des Scheiterns, Bedeutung
1565 57 ff
Verhaltensweisen, für den Antragsteller
belastend wirkende **1565** 192
Verlassen des Antragstellers **1565** 190
Vermögensangelegenheiten, nachhaltige
Unwahrhaftigkeiten **1565** 191
Vermutung, unwiderlegbare des – **1566** 3
Verschuldensfrage **Vorbem 1564 ff** 26 ff
Versöhnung, Bedeutung früherer **1565** 59
Versöhnungsbereitschaft auf beiden Seiten
1565 60
Versöhnungsfähigkeit und Trennungs-
zwang **1565** 12
Versorgungsehe **1565** 46
Wohnungsnahme, getrennte **1565** 77
und Zerrüttungsbegriff **1565** 3, 25
und Zerrüttungstatbestand **1565** 1
als Zustand **1565** 25
Zustimmung des Antragsgegners als Indiz
1565 79
Zweifel am – **1565** 90
Ehescheidung (Urteil)
Abweisung des Antrags **1565** 70, 71
Ausländisches Gericht **1564** 9, 18
DDR-Scheidungsurteile **1564** 20
Erfordernis der Ehescheidung durch Urteil
1564 3
Erschleichung **1564** 77 ff
Familiengericht, Zuständigkeit **1564** 92
Folgesache, Rechtsmittel **1564** 82
Gerichtliches Urteil **1564** 16 ff
Gestaltungsurteil **1564** 5, 75
Härteklausel **1568** 26, 30
Rechtskraft, Eintritt formeller **1564** 80 ff
Rechtskraft, nachträglicher Wegfall
1564 84 ff
Rechtskraft eines den Scheidungsantrag
abweisenden Urteils **1564** 66 ff
Rechtsmittel **1564** 103 ff
Rechtsmittelentscheidungen der OLG'e
1564 82
Vermögensinteressen **1564** 78
Versäumnisentscheidung **1564** 112 ff
Vorabentscheidung nach Verbundauflö-
sung **1564** 99
Wiederaufnahmeverfahren **1564** 85 ff
Ehescheidung (Verfahren)
Amtsermittlung **1564** 107
Antrag ohne Folgenvereinbarung **1566** 59
Antrag statt Klage **1564** 21

Ehescheidung (Verfahren) (Forts.)
Antragszustellung, Bedeutung **1564** 27 ff
Aufhebungsverfahren, gleichzeitig anhän-
giges **Vorbem 1564 ff** 70
Aussetzung und Härteklausel **1568** 30, 31
Aussetzung bei mehr als dreijähriger Tren-
nung **1566** 98
Aussetzung und Trennungsdauer **1567** 8
Aussetzung und Trennungsjahr **1565** 99
Aussetzung des Verfahrens **1564** 109,
109 ff
Dauer des Verfahrens **1564** 99
Ehefeindliche Tatsachen, durch Amtser-
mittlung bekanntgewordene **1564** 107
FGG-Normen **1564** 21
Härteklausel, Einwendungscharakter
1568 23, 24
Hausratsverteilungsverfahren und Anhän-
gigkeit eines Ehescheidungsverfahrens
HausratsVO 11 8 ff
und Kinderschutzklausel **1568** 82
Kosten **1564** 125
Prozeßkostenhilfe **1564** 120 ff
Prozeßkostenvorschußanspruch **1564** 120
Rechtsmittel **1564** 103 ff
Ruhen des Verfahrens **1565** 99
Sachverhaltsermittlung **1564** 107
Scheitern der Ehe, Darlegungs- und
Beweislast **1565** 84 ff
Streitwert **1564** 124
Sühneverfahren, Ersatz für früheres
1566 99
Tod eines Ehegatten **1564** 74
Trennungsjahr **1565** 91 ff
Unzumutbare Härte, Aufklärung von Amts
wegen **1565** 196
Verbundsachen, Auflösung **1564** 99
Verfahrensverschleppung **1564** 111
ZPO-Regeln **1564** 108
ZPO-Verfahren, streitiges **1564** 21
**Ehescheidung (Verschuldens- und Zerrüttungs-
scheidung)**
und Ehegattenschutzklausel **1568** 85
Grundtatbestand § 1565 Abs 1 und Zerrüt-
tungstatbestand **1565** 1
Übergang zum Zerrüttungsprinzip
Vorbem 1564 ff 25
Verschuldensfrage und neues Eheschei-
dungsrecht **Vorbem 1564 ff** 26 ff
Verschuldensprinzip, Ablösung durch
Zerrüttungsprinzip **1565** 1
Verschuldensprinzip und Trennungsjahr
1565 19
Verschuldensscheidung und Konventional-
scheidung **Vorbem 1564 ff** 23
Verschuldensscheidung, vertraglich verein-
barte **1564** 39
Zerrüttung und Getrenntleben **1567** 18, 28

J. von Staudingers
Kommentar zum Bürgerlichen Gesetzbuch
mit Einführungsgesetz und Nebengesetzen

Übersicht Nr 60/1. April 1999

Die Übersicht informiert über die Erscheinungsjahre der Kommentierungen in der 12. Auflage sowie in der 13. Bearbeitung und deren Neubearbeitung (= Gesamtwerk STAUDINGER). *Kursiv* geschrieben sind diejenigen Teile, die zur Komplettierung der 12. Auflage noch ausstehen.

Die Übersicht ist für die 13. Bearbeitung und für deren Neubearbeitung zugleich ein Vorschlag für das Aufstellen des „Gesamtwerks STAUDINGER" (insbesondere für solche Bände, die nur eine Sachbezeichnung haben). Es wird empfohlen, die Austauschbände chronologisch neben den überholten Bänden einzusortieren, um bei Querverweisungen auf diese schnell Zugriff zu haben. Bei Platzmangel sollten die ausgetauschten Bände an anderem Ort in gleicher Reihenfolge verwahrt werden.

	12. Aufl.	13. Bearb.	Neubearb.
Erstes Buch. Allgemeiner Teil			
Einl BGB; §§ 1 - 12; VerschG	1978/1979	1995	
§§ 21 - 103	1980	1995	
§§ 104 - 133	1980		
§§ 134 - 163	1980	1996	
§§ 164 - 240	1980	1995	
Zweites Buch. Recht der Schuldverhältnisse			
§§ 241 - 243	1981/1983	1995	
AGBG	1980	1998	
§§ 244 - 248	1983	1997	
§§ 249 - 254	1980	1998	
§§ 255 - 292	1978/1979	1995	
§§ 293 - 327	1978/1979	1995	
§§ 328 - 361	1983/1985	1995	
§§ 362 - 396	1985/1987	1995	
§§ 397 - 432	1987/1990/1992/1994		
§§ 433 - 534	1978	1995	
Wiener UN-Kaufrecht (CISG)		1994	
§§ 535 - 563 (Mietrecht 1)	1978/1981 (2. Bearb.)	1995	
§§ 564 - 580 a (Mietrecht 2)	1978/1981 (2. Bearb.)	1997	
2. WKSchG (Mietrecht 3)	1981	1997	
MÜG (Mietrecht 3)		1997	
§§ 581 - 606	1982	1996	
§§ 607 - 610	1988/1989		
VerbrKrG; HWiG; § 13 a UWG		1998	
§§ 611 - 615	1989		
§§ 616 - 619	1993	1997	
§§ 620 - 630	1979	1995	
§§ 631 - 651	1990	1994	
§§ 651 a - 651 k	1983		
§§ 652 - 704	1980/1988	1995	
§§ 705 - 740	1980		
§§ 741 - 764	1982	1996	
§§ 765 - 778	1982	1997	
§§ 779 - 811	1985	1997	
§§ 812 - 822	1979	1994	
§§ 823 - 825	1985		
§§ 826 - 829	1985/1986	1998	
ProdHaftG		1998	
§§ 830 - 838	1986	1997	
§§ 839 - 853	1986		
Drittes Buch. Sachenrecht			
§§ 854 - 882	1982/1983	1995	
§§ 883 - 902	1985/1986/1987	1996	
§§ 903 - 924	1982/1987/1989	1996	
Umwelthaftungsrecht		1996	
§§ 925 - 984	1979/1983/1987/1989	1995	
§§ 985 - 1011	1980/1982	1993	
ErbbVO; §§ 1018 - 1112	1979	1994	
§§ 1113 - 1203	1981	1996	
§§ 1204 - 1296	1981	1997	
§§ 1 - 84 SchiffsRG		1997	
§§ 1 - 25 WEG (WEG 1)	1997		
§§ 26 - 64 WEG; Anh Besteuerung (WEG 2)	1997		

Nachbezug der 13. Bearbeitung und deren Neubearbeitung: Um sich die Vollständigkeit des „Gesamtwerks STAUDINGER" zu sichern, haben Abonnenten jederzeit die Möglichkeit, die ihnen fehlenden Bände früherer Jahre zu für sie erheblich vergünstigten Bedingungen nachzubeziehen (z. B. die von 1993 bis 1997 erschienenen 50 Bände – ca. 32.200 Seiten – seit Juni 1998 als Staudinger-Jubiläumspaket für DM 9.800,-/öS 71.540,-/sFr 8.722,-). Auskunft erteilt jede gute Buchhandlung und der Verlag.

Nachbezug der 12. Auflage: Abonnenten haben die Möglichkeit, die 12. Auflage komplett oder in Teilen zum Vorzugspreis zu beziehen (so lange der Vorrat reicht). Hierdurch verfügen sie schon zu Beginn ihres Abonnements über das „Gesamtwerk STAUDINGER".

Reprint 1. Auflage: Aus Anlaß des 100jährigen Staudinger-Jubiläums ist die 1. Auflage (1898-1903) als Reprint erschienen. Rund 3.600 Seiten in sechs Bänden. 1998. Halbleder DM 1.200,- (Zu beziehen bei Schmidt Periodicals, D-83075 Bad Feilnbach).

Dr. Arthur L. Sellier & Co. - Walter de Gruyter GmbH & Co. KG, Berlin
Postfach 30 34 21, D-10728 Berlin, Telefon (030) 2 60 05-0, Fax (030) 2 60 05-222